이신혜 · 스미유리카 지음

시나공 JLPT 일본어능력시험 N2

Crack the Exam! - JLPT for Level N2

초판 발행 · 2018년 7월 30일
초판 4쇄 발행 · 2024년 5월 20일

지은이 · 이신혜, 스미유리카
기획 · 북스코어
발행인 · 이종원
발행처 · (주)도서출판 길벗
브랜드 · 길벗이지톡
출판사 등록일 · 1990년 12월 24일
주소 · 서울시 마포구 월드컵로 10길 56(서교동)
대표 전화 · 02)332-0931 | **팩스** · 02)323-0586
홈페이지 · www.gilbut.co.kr | **이메일** · eztok@gilbut.co.kr

기획 및 책임 편집 · 오윤희(tahiti01@gilbut.co.kr), 김대훈 | **표지 디자인** · 최주연 | **제작** · 이준호, 손일순, 이진혁
마케팅 · 이수미, 장봉석, 최소영 | **유통혁신** · 한준희 | **영업관리** · 김명자, 심선숙 | **독자지원** · 윤정아

편집진행 및 교정 · 정보경 | **본문 디자인** · 이도경 | **본문 일러스트** · 최정을 | **전산편집** · 수(秀) 디자인
오디오 녹음 · 와이알미디어 | **CTP 출력 및 인쇄** · 예림인쇄 | **제본** · 신정문화사

· 길벗이지톡은 길벗출판사의 성인어학서 출판 브랜드입니다.
· 잘못 만든 책은 구입한 서점에서 바꿔 드립니다.

· 책 내용에 대한 문의는 길벗 홈페이지(www.gilbut.co.kr) 고객센터에 올려 주세요.

ISBN 979-11-5924-178-9 03730
(길벗 도서번호 300913)

정가 25,000원

독자의 1초까지 아껴주는 정성 길벗출판사
(주)도서출판 길벗 | IT교육서, IT단행본, 경제경영서, 어학&실용서, 인문교양서, 자녀교육서 www.gilbut.co.kr
길벗스쿨 | 국어학습, 수학학습, 어린이교양, 주니어 어학학습, 학습단행본 www.gilbutschool.co.kr

시험에 나오는 핵심만 요약했다!

2010년부터 일본어능력시험이 새롭게 바뀌었습니다. N2의 경우, 이전의 2급과 거의 같은 레벨이기 때문에 문자 · 어휘, 문법과 같은 일본어에 관한 지식에 대해서는 지금까지와 거의 다름없다고 볼 수 있습니다. 단, 새로 바뀐 新 일본어능력시험에서는 언어 커뮤니케이션 능력을 측정하는데 중점을 두고 있으므로 그 지식의 실제 커뮤니케이션에서의 활용도를 중요시하고 있습니다. 즉 지식뿐만이 아니라 종합적인 일본어 능력(과제 수행을 위한 커뮤니케이션 능력)을 측정하는 형태로 변화되었습니다. N2의 인정 목표는 '일상적인 장면에서 사용되는 일본어 이해와 더불어 보다 폭넓은 장면에서 사용되는 일본어를 어느 정도 이해할 수 있다'는 것입니다. 본서에서도 그 점에 유의하여 다양한 장면을 설정하여 폭넓은 장면에서 사용되는 일본어를 익힐 수 있도록 구성하였습니다. 평소에 일본 드라마, 영화, 애니메이션, 뉴스 등을 통해 실생활에서 사용되는 자연스러운 일본어를 많이 접해두는 것이 도움이 될 것입니다.

문제 유형 파악이 합격의 지름길!

新 일본어능력시험의 두드러진 변화를 살펴보면 문법 문제에 있어 문어체적인 표현보다는 회화체에 많이 쓰이는 문법표현의 비중이 높아지고 청해와 독해의 문제 유형이 다양해지고 점수 비중이 이전보다 높아졌습니다. 특히 과락제도가 생겨서 과거와는 달리 독해와 청해에서 일정 정도의 점수가 나오지 않으면 불합격 판정을 받게 되므로, 그만큼 독해와 청해가 중요해진 것이지요. 본서는 이러한 변화를 충분히 파악하고 대처할 수 있도록 각 유형의 문제를 완벽분석하고 대비법을 제시하였습니다. 문자, 어휘, 문법, 독해, 청해 각 파트의 첫 부분에 정리해놓은 '문제분석과 완벽대비법'을 우선적으로 잘 학습해두길 바랍니다.

혼자서도 시험에 완벽하게 대비할 수 있다!

본서는 시나공 JLPT 일본어능력시험 개정판으로 N2레벨에서 반드시 익혀야 할 핵심만 요약 정리하고 최신 출제경향에 딱 맞춘 문제와 문제에 대한 해설을 제시함으로써 혼자서도 시험에 완벽하게 대비할 수 있도록 구성되어 있습니다. 아울러 정답과 해설편에 모든 문제에 대한 어휘를 상세하게 제시하고 있으므로 꼼꼼하게 챙겨서 내 것으로 만들 수 있도록 한다면, 합격뿐만 아니라 고득점까지도 얻을 수 있으리라 확신합니다. 부디 이 교재가 여러분들의 일본어능력시험의 합격과 함께 일본어 실력 향상을 위해 많은 도움이 되길 바랍니다.

2018년 8월 이신혜, 스미유리카

목차

1교시 완벽대비 언어지식(문법) · 독해

| 셋째마당 | 문법편

| 넷째마당 | 독해편

2교시 완벽대비 청해

| 다섯째마당 | 청해편

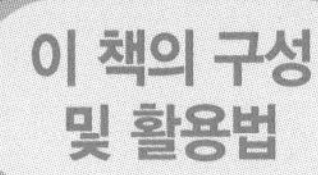

STEP 01 | 문제분석

문제유형을 익히고 대비책 세우기!

〈문제 소개〉와 〈문제 미리 풀어 보기 및 풀이〉를 통해 문제 유형을 소개하고, 최신 출제경향을 철저히 분석하여, 대비법과 기출어를 제시했다.

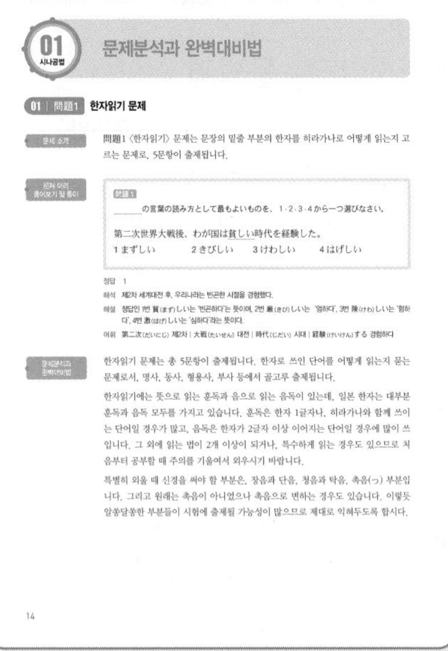

01 시나공법 문제분석과 완벽대비법

01 | 問題1 한자읽기 문제

문제 소개

問題1 〈한자읽기〉 문제는 문장의 밑줄 부분의 한자를 히라가나로 어떻게 읽는지 고르는 문제로, 5문항이 출제됩니다.

문제 미리 풀어보기 및 풀이

問題 1

_____の言葉の読み方として最もよいものを、1·2·3·4から一つ選びなさい。

第二次世界大戦後、わが国は貧しい時代を経験した。

1 まずしい　　2 きびしい　　3 けわしい　　4 はげしい

정답　1

해석　제2차 세계대전 후, 우리나라는 빈곤한 시절을 경험했다.

해설　정답인 1번 貧(まず)しい는 '빈곤하다'는 뜻이며, 2번 厳(きび)しい는 '엄하다', 3번 険(けわ)しい는 '험하다', 4번 激(はげ)しい는 '심하다'라는 뜻이다.

어휘　第二次(だいにじ) 제2차 | 大戦(たいせん) 대전 | 時代(じだい) 시대 | 経験(けいけん)する 경험하다

문제분석과 완벽대비법

한자읽기 문제는 총 5문항이 출제됩니다. 한자로 쓰인 단어를 어떻게 읽는지 묻는 문제로서, 명사, 동사, 형용사, 부사 등에서 골고루 출제됩니다.

한자읽기에는 뜻으로 읽는 훈독과 음으로 읽는 음독이 있는데, 일본 한자는 대부분 훈독과 음독 모두를 가지고 있습니다. 훈독은 한자 1글자나, 히라가나와 함께 쓰이는 단어일 경우가 많고, 음독은 한자가 2글자 이상 이어지는 단어일 경우에 많이 쓰입니다. 그 외에 읽는 법이 2개 이상이 되거나, 특수하게 읽는 경우도 있으므로 처음부터 공부할 때 주의를 기울여서 외우시기 바랍니다.

특별히 외울 때 신경을 써야 할 부분은, 장음과 단음, 청음과 탁음, 촉음(っ) 부분입니다. 그리고 원래는 촉음이 아니었으나 촉음으로 변하는 경우도 있습니다. 이렇듯 알쏭달쏭한 부분들이 시험에 출제될 가능성이 많으므로 제대로 익혀두도록 합시다.

14

STEP 02 | 핵심이론

핵심요약으로 탄탄하게 실력 쌓기!

N2 레벨에서 반드시 익혀야 할 핵심한자 537자, 핵심어휘, 핵심문법 212개를 골라 제시했다.

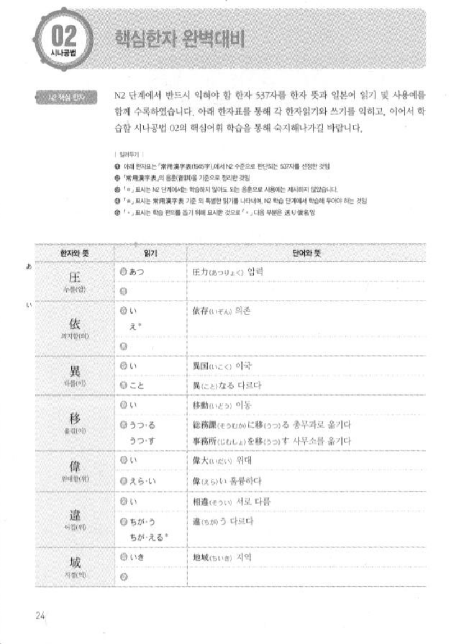

02 시나공법 핵심한자 완벽대비

N2 핵심 한자

N2 단계에서 반드시 익혀야 할 한자 537자를 한자 뜻과 일본어 읽기 및 사용예를 함께 수록하였습니다. 아래 한자표를 통해 각 한자읽기와 쓰기를 익히고, 이어서 학습할 시나공법 02의 핵심어휘 학습을 통해 숙지해나가길 바랍니다.

| 일러두기 |

❶ 아래 한자표는 「常用漢字表(1945字)」에서 N2 수준으로 판단되는 537자를 선정한 것임
❷ 「常用漢字表」의 음훈(音訓)을 기준으로 정리한 것임
❸ 「*」 표시는 N2 단계에서는 학습하지 않아도 되는 음훈으로 사용예는 제시하지 않았습니다.
❹ 「★」 표시는 常用漢字表 기준 외 특별한 읽기를 나타내며, N2 학습 단계에서 학습해 두어야 하는 것임
❺ 「·」 표시는 학습 편의를 돕기 위해 표시한 것으로 「·」 다음 부분은 送り仮名임

	한자와 뜻	읽기	단어와 뜻
あ	圧 누를(압)	あつ	圧力(あつりょく) 압력
い	依 의지할(의)	い え*	依存(いぞん) 의존
	異 다를(이)	い	異国(いこく) 이국
		こと	異(こと)なる 다르다
	移 옮길(이)	い	移動(いどう) 이동
		うつ·る うつ·す	総務課(そうむか)に移(うつ)る 총무과로 옮기다 事務所(じむしょ)を移(うつ)す 사무소를 옮기다
	偉 위대할(위)	い	偉大(いだい) 위대
		えら·い	偉(えら)い 훌륭하다
	違 어길(위)	い	相違(そうい) 서로 다름
		ちが·う ちが·える*	違(ちが)う 다르다
	域 지경(역)	いき	地域(ちいき) 지역

24

STEP 03 | 문제 풀기

완벽대비 문제 풀고 시험에 적응하기!

최신 시험을 철저하게 분석하여 출제경향에 딱 맞춘 문제와 문제에 대한 해설을 제시함으로써 혼자서도 시험에 완벽하게 대비할 수 있다.

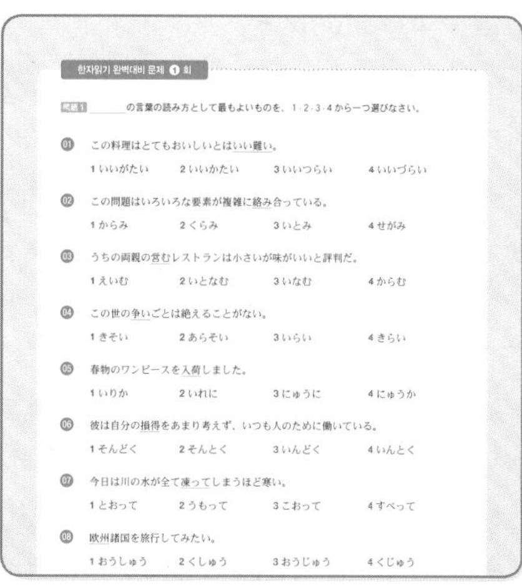
한자읽기 완벽대비 문제 ❶ 회

問題1 ＿＿＿の言葉の読み方として最もよいものを、1・2・3・4から一つ選びなさい。

01 この料理はとてもおいしいとはいい難い。
1 いいがたい　2 いいかたい　3 いいつらい　4 いいづらい

02 この問題はいろいろな要素が複雑に絡み合っている。
1 からみ　2 くらみ　3 いとみ　4 せがみ

03 うちの両親の営むレストランは小さいが味がいいと評判だ。
1 えいむ　2 いとなむ　3 いなむ　4 からむ

04 この世の争いごとは絶えることがない。
1 きそい　2 あらそい　3 いらい　4 きらい

05 春物のワンピースを入荷しました。
1 いりか　2 いれに　3 にゅうに　4 にゅうか

06 彼は自分の損得をあまり考えず、いつも人のために働いている。
1 そんどく　2 そんとく　3 いんどく　4 いんとく

07 今日は川の水が全て凍ってしまうほど寒い。
1 とおって　2 うもって　3 こおって　4 すべって

08 欧州諸国を旅行してみたい。
1 おうしゅう　2 くしゅう　3 おうじゅう　4 くじゅう

STEP 04 | 해설 보기

해설을 읽으며 꼼꼼하게 내 것으로 만들기!

해설편에 모든 문제에 대한 어휘 및 문법을 상세하게 풀이하였다. 꼼꼼하게 챙겨서 내 것으로 만들 수 있도록 한다면, 합격뿐만 아니라 고득점까지도 얻을 수 있다.

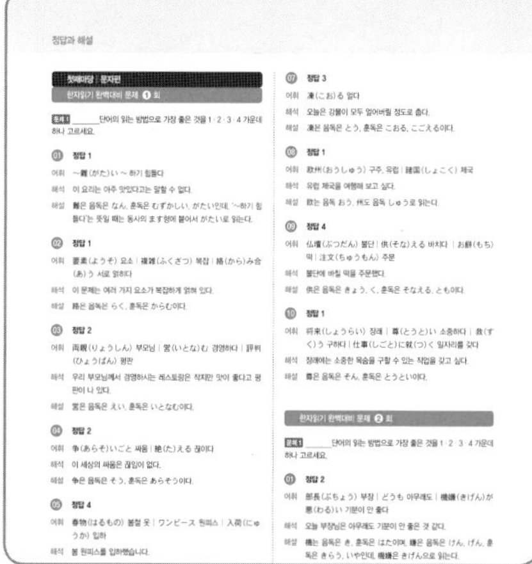
정답과 해설

첫째마당 | 문자편
한자읽기 완벽대비 문제 ❶ 회

문제 1 ＿＿＿단어의 읽는 방법으로 가장 좋은 것을 1·2·3·4 가운데 하나 고르세요.

01 정답 1
어휘 ～難(がた)い ～하기 힘들다
해석 이 요리는 아주 맛있다고는 말할 수 없다.
해설 難은 음독은 なん, 훈독은 むずかしい, がたい인데, '~하기 힘들다'는 뜻일 때는 동사의 ます형에 붙어서 がたい로 읽는다.

02 정답 1
어휘 要素(ようそ) 요소 | 複雑(ふくざつ) 복잡 | 絡(から)み合(あ)う 서로 얽히다
해석 이 문제는 여러 가지 요소가 복잡하게 얽혀 있다.
해설 絡은 음독은 らく, 훈독은 からむ이다.

03 정답 2
어휘 両親(りょうしん) 부모님 | 営(いとな)む 경영하다 | 評判(ひょうばん) 평판
해석 우리 부모님께서 경영하시는 레스토랑은 작지만 맛이 좋다고 평판이 나 있다.
해설 営은 음독은 えい, 훈독은 いとなむ이다.

04 정답 2
어휘 争(あらそ)いごと 싸움 | 絶(た)える 끊이다
해석 이 세상의 싸움은 끊임이 없다.
해설 争은 음독은 そう, 훈독은 あらそう이다.

05 정답 4
어휘 春物(はるもの) 봄철 옷 | ワンピース 원피스 | 入荷(にゅうか) 입하
해석 봄 원피스를 입하했습니다.

07 정답 3
어휘 凍(こお)る 얼다
해석 오늘은 강물이 모두 얼어버릴 정도로 춥다.
해설 凍은 음독은 とう, 훈독은 こおる, こごえる이다.

08 정답 1
어휘 欧州(おうしゅう) 구주, 유럽 | 諸国(しょこく) 제국
해석 유럽 제국을 여행해 보고 싶다.
해설 欧는 음독 おう, 州도 음독 しゅう로 읽는다.

09 정답 4
어휘 仏壇(ぶつだん) 불단 | 供(そな)える 바치다 | お餅(もち) 떡 | 注文(ちゅうもん) 주문
해석 불단에 바칠 떡을 주문했다.
해설 供은 음독은 きょう, く, 훈독은 そなえる, とも이다.

10 정답 1
어휘 将来(しょうらい) 장래 | 尊(とうと)い 소중하다 | 救(すく)う 구하다 | 仕事(しごと)に就(つ)く 일자리를 갖다
해석 장래에는 소중한 목숨을 구할 수 있는 직업을 갖고 싶다.
해설 尊은 음독은 そん, 훈독은 とうとい이다.

한자읽기 완벽대비 문제 ❷ 회

문제 1 ＿＿＿단어의 읽는 방법으로 가장 좋은 것을 1·2·3·4 가운데 하나 고르세요.

01 정답 2
어휘 部長(ぶちょう) 부장 | どうも 아무래도 | 機嫌(きげん)が悪(わる)い 기분이 안 좋다
해석 오늘 부장님은 아무래도 기분이 안 좋은 것 같다.
해설 機는 음독은 き, 훈독은 はた이며, 嫌은 음독은 けん, げん, 훈독은 きらう, いや인데, 機嫌은 きげん으로 읽는다.

STEP 05 | 모의고사

총 2회 실전 모의고사로 최종점검하기!

본 교재 학습이 끝난 후 시험 전에 최종점검용으로 풀어볼 수 있는 실전 모의고사를 2회 수록하였다. 실전처럼 시간을 체크하면서 풀어보자.

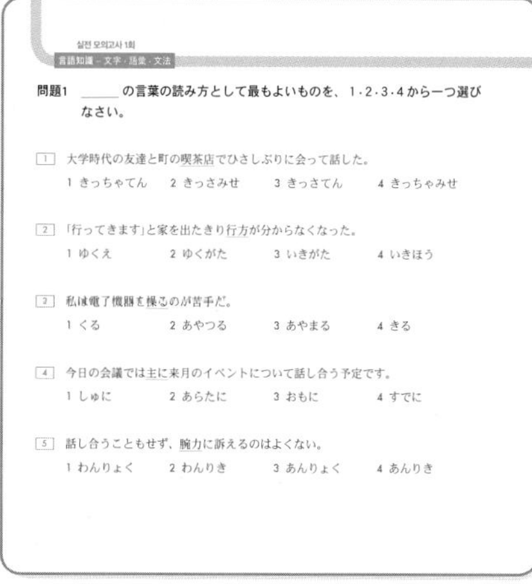
실전 모의고사 1회
言語知識 - 文字・語彙・文法

問題1 ＿＿＿の言葉の読み方として最もよいものを、1・2・3・4から一つ選びなさい。

1 大学時代の友達と町の喫茶店でひさしぶりに会って話した。
1 きっちゃてん　2 きっさみせ　3 きっさてん　4 きっちゃみせ

2 「行ってきます」と家を出たきり行方が分からなくなった。
1 ゆくえ　2 ゆくがた　3 いきがた　4 いきほう

3 私は電子機器を操るのが苦手だ。
1 くる　2 あやつる　3 あやまる　4 きる

4 今日の会議では主に来月のイベントについて話し合う予定です。
1 しゅに　2 あらたに　3 おもに　4 すでに

5 話し合うこともせず、腕力に訴えるのはよくない。
1 わんりょく　2 わんりき　3 あんりょく　4 あんりき

신 일본어능력시험 N2 알아보기

▶JLPT란 무엇인가요?

JLPT는 Japanese-Language Propiciency Test에서 따온 이름으로 일본어를 모국어로 하지 않는 사람을 대상으로 52개 국가에서 응시하고 있는 일본어능력을 평가하는 시험입니다. 일본어와 관련된 지식과 더불어, 실제로 사용할 수 있는 실용적인 일본어 능력을 중시하기 때문에, 문자 · 어휘 · 문법과 같은 언어 지식을 활용한 커뮤니케이션 상의 과제 수행능력을 측정합니다.

- **실시횟수 :** 연 2회 (7월과 12월에 실시)
- **시험레벨 :** N1, N2, N3, N4, N5의 5단계
- **시험접수 :** 능력시험사무국 홈페이지 (http://www.jlpt.or.kr)에 안내
- **주의사항 :** 수험표, 신분증 및 필기도구 (HB연필, 지우개)를 반드시 지참

▶N2 레벨은 구체적으로 어떤 수준인가요?

N2은 전체 레벨 중 상위레벨로, '생활일본어의 이해가 가능하며 폭넓은 분야의 일본어를 어느 정도 이해할 수 있는 수준'으로, 읽기와 듣기의 언어행동으로 나누어 제시한 인정기준은 아래와 같습니다.

읽기	· 폭넓은 화제에 대하여 쓰인 신문이나 잡지의 기사 · 해설, 평이한 논평 등의 요점이 명쾌한 글을 읽고 내용을 이해하는 것이 가능하다. · 일반적인 화제에 대하여 쓰인 글을 읽고, 글의 흐름이나 표현 의도를 파악하는 것이 가능하다.
듣기	일상적인 분야 및 폭넓은 분야에 있어, 이야기의 흐름과 내용, 등장인물 간의 관계를 이해하고 요점을 파악할 수 있다.

▶N2 시험 시간표를 알려주세요!

입실	1교시	휴식	2교시
13: 10	언어지식(문자 · 어휘 · 문법) · 독해 13:30~15:15	15:15~15:35	청해 15:35~16:30
	(105분)	(20분)	(55분)

▶ N2 합격기준은 어떻게 되나요?

새로운 일본어능력시험은 종합득점과 각 과목별 득점의 두 가지 기준에 따라 합격여부를 판정합니다. 즉, 종합득점이 합격에 필요한 점수(합격점) 이상이며, 각 과목별 득점이 과목별로 부여된 합격에 필요한 최저점(기준점) 이상일 경우 합격입니다.

구분	합격점	기준점		
		언어지식	독해	청해
N2	90	19	19	19

▶ N2 구성과 득점범위는 어떻게 되나요?

교시	항목	시간	내용		문항수	득점범위
1교시	언어 지식 (문자 · 어휘)	105분	1	한자읽기	5	0~60
			2	한자표기	5	
			3	단어형성	5	
			4	문맥규정	7	
			5	유의표현	5	
			6	용법	5	
	언어 지식 (문법)		7	문법형식판단	12	
			8	문장만들기	5	
			9	글의 문법	5	
	독해		10	단문이해	5	0~60
			11	중문이해	9	
			12	통합이해	2	
			13	주장이해	3	
			14	정보검색	2	
2교시	청해	50분	1	과제이해	5	0~60
			2	포인트이해	6	
			3	개요이해	5	
			4	즉시응답	12	
			5	통합이해	4	
		총 155분			총 107	0~180

※ 문항 수는 매회 시험에서 출제되는 대략적인 기준으로 실제 시험에서의 출제 수는 다소 달라질 수 있습니다.

N2 합격을 위한 학습요령을 알려주세요!

1 문자

문자는 한자읽기와 한자쓰기 문제가 출제되는데, 일본어 한자는 음으로 읽는 음독 읽기와 뜻으로 읽는 훈독 읽기가 있어서 까다롭습니다. 그 외에 읽는 법이 2개 이상이 되거나, 특수하게 읽는 경우도 있으므로 처음부터 공부할 때 주의를 기울여서 외워야 합니다. 한자쓰기 문제는 선택지에 정답과 비슷한 모양의 한자, 뜻이 비슷한 한자, 음이 비슷한 한자 등이 보기로 나오며, 특히 동음이의어(同音異義語)에는 주의를 기울일 필요가 있습니다. 평소에 한자를 눈으로만 보지 말고 소리 내어 읽고 쓰면서 학습하도록 하는 것이 좋습니다.

2 어휘

어휘는 단어형성, 문맥규정, 유의표현, 용법 문제가 출제됩니다. 단어를 외울 때 비슷한 뜻의 단어, 같은 뜻, 반대말 등도 동시에 외우는 습관을 들이도록 합니다. 또한 단순히 그 뜻만 외울 것이 아니라, 숙어, 예문과 함께 외우고 단어가 어떤 상황에서 어떤 단어나 표현들과 함께 자주 쓰이는지를 평소에 예문을 통해서 많이 접해보도록 합니다. 新 일본어능력시험은 단편적인 언어 지식을 측정하는 것이 아니라 지식을 활용한 커뮤니케이션 상의 과제 수행능력을 측정한다는 점을 명심하도록 합니다.

3 문법

문법은 문법형식 판단, 문장만들기, 글의 문법 문제가 출제되는데 문법파트에서 좋은 점수를 얻기 위해서는 평소 생활 속에서 단어와 다양한 문법적인 요소를 조합해 문장을 만들어 보는 연습과 예문이나 글을 많이 접해보아야 합니다. 문법 문제에 있어 문어체적인 표현보다는 회화체에 많이 쓰이는 문법표현의 비중이 높아지고 있으므로 일상생활에서 자주 접할 수 있는 회화체 표현을 잘 익혀두시기 바랍니다.

4 독해

독해는 단문이해, 중문이해, 주장이해, 통합이해, 정보검색 문제가 출제됩니다. 독해는 문제 유형이 다양해지고 읽어야 할 독해문의 길이가 길어졌습니다. 독해문제는 단어 하나하나의 뜻보다는 문장 전체의 의미파악, 필자의 주장파악, 핵심내용 파악 등이 중요하며 집중력과 시간 배분이 아주 중요합니다. 풀이 요령 등을 익히는 것은 물론 평소 단문부터 중 · 장문까지 다양한 분야의 많은 글을 빠른 시간 내에 읽어나가는 훈련을 꾸준히 하길 바랍니다.

5 청해

청해는 과제이해, 포인트이해, 개요이해, 즉시응답, 통합이해 문제가 출제됩니다. 독해와 마찬가지로 문제 유형이 다양해졌으며 문제수가 대폭적으로 늘었습니다. 문제 패턴이 문제마다 다르므로 청해 문제를 풀 때는 문제의 패턴을 알고 있으면 아주 유용할 것이며 평소에 일본 드라마, 영화, 애니메이션, 뉴스 등을 통해 실생활 전반에 걸쳐 폭넓게 사용되는 일본어를 많이 접해두는 것이 도움이 될 것입니다.

학습계획표

6주 완성 프로그램

본 교재의 최단기 학습 일자입니다. 시험이 얼마 남지 않은 분은 이 6주 완성 프로그램으로 학습하시고, 12주 전에 시작하시는 분은 6주 완성프로그램을 2회 반복하시거나 6주를 12주로 늘리거나 하여 각자 자신만의 학습계획을 세워보세요.

첫째주	1일차	2일차	3일차	4일차	5일차	6일차	7일차
학습 내용	| 첫째마당 | 시나공법 01	| 첫째마당 | 시나공법 02	| 첫째마당 | 시나공법 02	| 첫째마당 | 시나공법 02	| 첫째마당 | 문제풀이	| 첫째마당 | 문제풀이	| 첫째마당 | 복습
둘째주	8일차	9일차	10일차	11일차	12일차	13일차	14일차
학습 내용	| 둘째마당 | 시나공법 01	| 둘째마당 | 시나공법 02	| 둘째마당 | 시나공법 02	| 둘째마당 | 시나공법 02	| 둘째마당 | 시나공법 02	| 둘째마당 | 시나공법 02	| 둘째마당 | 복습
셋째주	15일차	16일차	17일차	18일차	19일차	20일차	21일차
학습 내용	| 둘째마당 | 시나공법 02	| 둘째마당 | 시나공법 02	| 둘째마당 | 시나공법 02	| 둘째마당 | 시나공법 02	| 둘째마당 | 문제풀이	| 둘째마당 | 문제풀이	| 둘째마당 | 복습
넷째주	22일차	23일차	24일차	25일차	26일차	27일차	28일차
학습 내용	| 셋째마당 | 시나공법 01	| 셋째마당 | 시나공법 02	| 셋째마당 | 시나공법 02	| 셋째마당 | 시나공법 02 시나공법 03	| 셋째마당 | 문제풀이	| 셋째마당 | 문제풀이	| 셋째마당 | 복습
다섯째주	29일차	30일차	31일차	32일차	33일차	34일차	35일차
학습 내용	| 넷째마당 | 시나공법 01	| 넷째마당 | 문제풀이	| 넷째마당 | 문제풀이	| 넷째마당 | 문제풀이	| 넷째마당 | 문제풀이	| 넷째마당 | 문제풀이	| 넷째마당 | 복습
여섯째주	36일차	37일차	38일차	39일차	40일차	41일차	42일차
학습 내용	| 다섯째마당 | 시나공법 01 시나공법 02	| 다섯째마당 | 문제풀이	| 다섯째마당 | 문제풀이	| 다섯째마당 | 문제풀이	| 다섯째마당 | 복습	실전 모의고사	총복습

시나공 JLPT 일본어능력시험 N2

음성강의 듣기

첫째마당 문자편

1교시 완벽대비 **언어지식(문자 · 어휘)**

문제분석과 완벽대비법

01 | 問題1 한자읽기 문제

문제 소개

問題1 〈한자읽기〉 문제는 문장의 밑줄 부분의 한자를 히라가나로 어떻게 읽는지 고르는 문제로, 5문항이 출제됩니다.

문제 미리 풀어보기 및 풀이

> **問題 1**
>
> ＿＿＿の言葉の読み方として最もよいものを、1·2·3·4から一つ選びなさい。
>
> 第二次世界大戦後、わが国は<u>貧しい</u>時代を経験した。
>
> 1 まずしい　　2 きびしい　　3 けわしい　　4 はげしい

정답 1

해석 제2차 세계대전 후, 우리나라는 빈곤한 시절을 경험했다.

해설 정답인 1번 貧(まず)しい는 '빈곤하다'는 뜻이며, 2번 厳(きび)しい는 '엄하다', 3번 険(けわ)しい는 '험하다', 4번 激(はげ)しい는 '심하다'라는 뜻이다.

어휘 第二次(だいにじ) 제2차 | 大戦(たいせん) 대전 | 時代(じだい) 시대 | 経験(けいけん)する 경험하다

문제분석과 완벽대비법

한자읽기 문제는 총 5문항이 출제됩니다. 한자로 쓰인 단어를 어떻게 읽는지 묻는 문제로서, 명사, 동사, 형용사, 부사 등에서 골고루 출제됩니다.

한자읽기에는 뜻으로 읽는 훈독과 음으로 읽는 음독이 있는데, 일본 한자는 대부분 훈독과 음독 모두를 가지고 있습니다. 훈독은 한자 1글자나, 히라가나와 함께 쓰이는 단어일 경우가 많고, 음독은 한자가 2글자 이상 이어지는 단어일 경우에 많이 쓰입니다. 그 외에 읽는 법이 2개 이상이 되거나, 특수하게 읽는 경우도 있으므로 처음부터 공부할 때 주의를 기울여서 외우시기 바랍니다.

특별히 외울 때 신경을 써야 할 부분은, 장음과 단음, 청음과 탁음, 촉음(っ) 부분입니다. 그리고 원래는 촉음이 아니었으나 촉음으로 변하는 경우도 있습니다. 이렇듯 알쏭달쏭한 부분들이 시험에 출제될 가능성이 많으므로 제대로 익혀두도록 합시다.

기출문제 분석

2010년 개정 후 한자읽기 기출문제를 살펴보면, 명사, 동사, 형용사, 부사 등에서 골고루 출제되고 있습니다. 특히 가장 많이 출제되는 문제는 2글자로 된 음독명사입니다.

기출어 보기

2010년 7월

- □□ 相互(そうご) 상호
- □□ 辛(から)い 맵다
- □□ 景色(けしき) 경치
- □□ 備(そな)える 준비하다, 갖추다
- □□ 防災(ぼうさい) 방재

2010년 12월

- □□ 規模(きぼ) 규모
- □□ 触(ふ)れる 접하다, 언급하다
- □□ 尊重(そんちょう) 존중
- □□ 治療(ちりょう) 치료
- □□ 隣(となり) 옆, 이웃

2011년 7월

- □□ 敗(やぶ)れる 패하다
- □□ 要求(ようきゅう)する 요구하다
- □□ 祝(いわ)う 축하하다
- □□ 調節(ちょうせつ)する 조절하다
- □□ 至急(しきゅう) 급히

2011년 12월

- □□ 地元(じもと) 고장, 지방
- □□ 密接(みっせつ) 밀접
- □□ 豊富(ほうふ) 풍부
- □□ 補(おぎな)う 보충하다
- □□ 率直(そっちょく) 솔직

2012년 7월

□□ 装置(そうち) 장치

□□ 占(し)める 차지하다

□□ 削除(さくじょ) 삭제

□□ 焦点(しょうてん) 초점

□□ 略(りゃく)す 생략하다

2012년 12월

□□ 抽象的(ちゅうしょうてき) 추상적

□□ 返却(へんきゃく) 반환, 반납

□□ 針(はり) 바늘

□□ 撮影(さつえい) 촬영

□□ 破片(はへん) 파편

2013년 7월

□□ 世(よ)の中(なか) 세상

□□ 勧誘(かんゆう) 권유

□□ 改(あらた)めて 다시

□□ 拡充(かくじゅう) 확충

□□ 模範(もはん) 모범

2013년 12월

□□ 清潔(せいけつ) 청결

□□ 隠(かく)す 숨기다

□□ 姿勢(しせい) 자세

□□ 積(つ)む 쌓다

□□ 逃亡(とうぼう) 도망

2014년 7월

□□ 大幅(おおはば) 대폭

□□ 悔(くや)しい 분하다

□□ 幼稚(ようち) 유치

□□ 圧勝(あっしょう) 압승

□□ 傷(いた)みやすい 상하기 쉽다

2014년 12월

□□ 極端(きょくたん) 극단

□□ 戻(もど)す 되돌리다

□□ 継続(けいぞく) 계속

□□ 除(のぞ)く 제외하다, 제거하다

□□ 貿易(ぼうえき) 무역

2015년 7월

□□ 省略(しょうりゃく) 생략

□□ 含(ふく)める 포함시키다

□□ 油断(ゆだん)する 방심하다

□□ 行事(ぎょうじ) 행사

□□ 詳(くわ)しい 상세하다

2015년 12월

□□ 拒否(きょひ)する 거부하다

□□ 囲(かこ)まれる 둘러싸이다

□□ 損害(そんがい) 손해

□□ 現象(げんしょう) 현상

□□ 憎(にく)い 밉다

2016년 7월

□□ 治療(ちりょう)する 치료하다

□□ 競(きそ)う 경쟁하다

□□ 批評(ひひょう) 비평

□□ 納(おさ)める 납부하다

□□ 劣(おと)る 뒤떨어지다

2016년 12월

□□ 貴重(きちょう) 귀중

□□ 怪(あや)しい 수상하다

□□ 容姿(ようし) 모습

□□ 伴(ともな)う 동반하다

□□ 願望(がんぼう) 바람

2017년 7월

□□ 幼(おさな)い	어리다
□□ 握(にぎ)る	쥐다
□□ 密閉(みっぺい)	밀폐
□□ 絞(しぼ)る	짜다, 범위를 좁히다
□□ 垂直(すいちょく)	수직

2017년 12월

□□ 乱(みだ)れる	흐트러지다, 어지러워지다
□□ 柔軟(じゅうなん)	유연
□□ 強火(つよび)	센 불
□□ 抱(かか)える	껴안다
□□ 求人(きゅうじん)	구인

02 | 問題2 한자쓰기 문제

문제 소개

問題2 〈한자쓰기〉 문제는 문장의 밑줄 부분의 히라가나를 한자로 어떻게 쓰는지 고르는 문제로, 5문항이 출제됩니다.

문제 미리 풀어보기 및 풀이

> **問題 2**
> ＿＿＿の言葉を漢字で書くとき、最もよいものを、1・2・3・4から一つ選びなさい。
>
> このノートパソコンはデザインも性能もすぐれている。
>
> 1 越れて　　2 恵れて　　3 秀れて　　4 優れて

정답　4

해석　이 노트북은 디자인도 성능도 뛰어나다.

해설　정답은 4번 '넉넉할 우'를 '優(すぐ)れる'로 읽으며, 뜻은 '뛰어나다'이다. 1번의 '越(こ)える'는 '넘다', 2번 '恵(めぐ)まれる'는 '풍족하다, 복 받다, 타고나다', 3번 '秀(ひい)でる'는 '빼어나다' 는 뜻이다.

어휘　ノートパソコン 노트북 | デザイン 디자인 | 性能(せいのう) 성능 | 優(すぐ)れる 뛰어나다

문제분석과 완벽대비법

한자쓰기 문제는 문자 · 어휘 문제 전체 32문항 중 5문항이 출제됩니다. 히라가나로 쓰인 단어를 한자로 어떻게 쓰는지를 묻는 문제입니다.

문제의 선택지에는 정답과 비슷한 모양의 한자, 뜻이 비슷한 한자, 음이 비슷한 한자 등이 보기로 나오며, 특히 동음이의어(同音異義語)에는 주의를 기울일 필요가 있습니다. 동음이의어는 훈독보다는 음독으로 읽는 경우에 많이 있습니다. 또한 선택지에 제시된 한자 중에는 실제로는 존재하지 않지만 정답 한자와 비슷하게 생긴 한자들도 있습니다. 즉 그럴듯한 한자를 만들어서 출제하기도 한다는 것이지요. 한자를 외울 때 꼼꼼하게 외우도록 합시다.

한자읽기 문제는 한자 부분만 읽고 그에 해당하는 정답만 찾으면 되지만, 한자쓰기 문제에서는 위에서 말한 바와 같이 대부분 같은 음의 한자들이 보기로 나오기 때문에 전체 문장의 뜻과 질문에서 묻는 단어의 쓰임을 정확하게 파악한 후에 정답을 고르도록 합니다.

기출문제 분석

2010년 개정 후 한자쓰기 기출 문제를 살펴보면, 명사와 동사 한자쓰기 문제가 주로 출제되고 있습니다. 그 중 가장 많이 출제되고 있는 것은 한자읽기와 마찬가지로 2글자로 된 음독명사입니다.

기출어 보기

2010년 7월

□□	礼儀(れいぎ)	예의
□□	出世(しゅっせ)	출세
□□	伝統(でんとう)	전통
□□	焦(あせ)る	초조해하다
□□	暮(くら)す	살다

2010년 12월

□□	開催(かいさい)	개최
□□	頼(たよ)り	의지
□□	乱(みだ)れる	흐트러지다
□□	運賃(うんちん)	운임
□□	撮影(さつえい)	촬영

2011년 7월

□□	象徴(しょうちょう)	상징
□□	激(はげ)しい	심하다
□□	登録(とうろく)	등록
□□	誘(さそ)う	권유하다
□□	変更(へんこう)	변경

2011년 12월

□□	与(あた)える	주다
□□	管理(かんり)	관리
□□	福祉(ふくし)	복지
□□	討論(とうろん)	토론
□□	属(ぞく)する	속하다

2012년 7월

□□	導(みちび)く	이끌다
□□	扱(あつか)う	취급하다
□□	積極的(せっきょくてき)	적극적

□□ 抵抗(ていこう) 저항

□□ 肩(かた) 어깨

2012년 12월

□□ 訪(おとず)れる 방문하다

□□ 収穫(しゅうかく) 수확

□□ 勢(いきお)い 기세

□□ 組織(そしき) 조직

□□ 至(いた)るところ 여러 곳

2013년 7월

□□ 削(けず)る 깎다

□□ 講義(こうぎ) 강의

□□ 傾(かたむ)く 기울어지다

□□ 果(は)たす 해내다

□□ 招待(しょうたい) 초대

2013년 12월

□□ 真剣(しんけん) 진지함

□□ 努(つと)める 노력하다

□□ 寄付(きふ) 기부

□□ 即座(そくざ)に 즉석에서, 그 자리에서

□□ 責(せ)める 책망하다, 나무라다

2014년 7월

□□ 湿(しめ)っぽい 축축하다

□□ 接続(せつぞく) 접속

□□ 逆(さか)らって 거슬러

□□ 批判(ひはん)する 비판하다

□□ 劣(おと)っている 뒤떨어지다

2014년 12월

□□ 詳(くわ)しい 상세하다

□□ 援助(えんじょ) 원조

□□ 破(やぶ)れる	찢어지다
□□ 面倒(めんどう)	성가심, 돌봄
□□ 拾(ひろ)う	줍다

2015년 7월

□□ 距離(きょり)	거리
□□ 驚(おどろ)く	놀라다
□□ 講師(こうし)	강사
□□ 腹(はら)	배
□□ 恵(めぐ)まれる	혜택 받다

2015년 12월

□□ 混乱(こんらん)	혼란
□□ 順調(じゅんちょう)	순조로움
□□ 争(あらそ)う	다투다
□□ 指摘(してき)	지적
□□ 鮮(あざ)やか	선명함

2016년 7월

□□ 簡潔(かんけつ)	간결
□□ 参照(さんしょう)	참조
□□ 焦(こ)げる	타다
□□ 症状(しょうじょう)	증상
□□ 快(こころよ)く	흔쾌히

2016년 12월

□□ 招(まね)く	초대하다
□□ 保証(ほしょう)	보증
□□ 催(もよお)し	행사, 개최
□□ 硬貨(こうか)	동전
□□ 製造(せいぞう)	제조

2017년 7월

□□ 凍(こお)る	얼다

□□	討論(とうろん)	토론
□□	救(すく)う	구조하다
□□	永久(えいきゅう)	영구
□□	好調(こうちょう)	순조로움

2017년 12월

□□	在籍(ざいせき)	재적
□□	従(したが)って	따라서
□□	福祉(ふくし)	복지
□□	領収書(りょうしゅうしょ)	영수증
□□	荒(あら)い	거칠다

핵심한자 완벽대비

N2 핵심 한자

N2 단계에서 반드시 익혀야 할 한자 537자를 한자 뜻과 일본어 읽기 및 사용예를 함께 수록하였습니다. 아래 한자표를 통해 각 한자읽기와 쓰기를 익히고, 이어서 학습할 시나공법 02의 핵심어휘 학습을 통해 숙지해나가길 바랍니다.

| 일러두기 |

❶ 아래 한자표는 「常用漢字表(1945字)」에서 N2 수준으로 판단되는 537자를 선정한 것임
❷ 「常用漢字表」의 음훈(音訓)을 기준으로 정리한 것임
❸ 「*」 표시는 N2 단계에서는 학습하지 않아도 되는 음훈으로 사용예는 제시하지 않았습니다.
❹ 「★」 표시는 常用漢字表 기준 외 특별한 읽기를 나타내며, N2 학습 단계에서 학습해 두어야 하는 것임
❺ 「・」 표시는 학습 편의를 돕기 위해 표시한 것으로 「・」 다음 부분은 送り仮名임

	한자와 뜻	읽기	단어와 뜻
あ	圧 누를(압)	음 あつ	圧力(あつりょく) 압력
		훈	
い	依 의지할(의)	음 い え*	依存(いぞん) 의존
		훈	
	異 다를(이)	음 い	異国(いこく) 이국
		훈 こと	異(こと)なる 다르다
	移 옮길(이)	음 い	移動(いどう) 이동
		훈 うつ·る うつ·す	総務課(そうむか)に移(うつ)る 총무과로 옮기다 事務所(じむしょ)を移(うつ)す 사무소를 옮기다
	偉 위대할(위)	음 い	偉大(いだい) 위대
		훈 えら·い	偉(えら)い 훌륭하다
	違 어길(위)	음 い	相違(そうい) 서로 다름
		훈 ちが·う ちが·える*	違(ちが)う 다르다
	域 지경(역)	음 いき	地域(ちいき) 지역
		훈	

한자와 뜻	읽기	단어와 뜻
因 인할(인)	음 いん	原因(げんいん) 원인
	훈 よ·る	不注意(ふちゅうい)に因(よ)る事故(じこ) 부주의로 인한 사고
う 宇 집(우)	음 う	宇宙(うちゅう) 우주
	훈	
羽 깃(우)	음 う*	
	훈 は はね	羽(は/はね) 날개, 새털
え 永 길(영)	음 えい	永遠(えいえん) 영원
	훈 なが·い	永(なが)い眠(ねむ)りにつく 영원히 잠들다
映 비칠(영)	음 えい	映画(えいが) 영화
	훈 うつ·る うつ·す はえ·る*	目(め)に映(うつ)る 눈에 비치다 鏡(かがみ)に映(うつ)す 거울에 비추다
営 경영할(영)	음 えい	営業(えいぎょう) 영업
	훈 いとな·む	会社(かいしゃ)を営(いとな)む 회사를 경영하다
鋭 날카로울(예)	음 えい	鋭利(えいり) 예리
	훈 するど·い	鋭(するど)い刃物(はもの) 날카로운 칼
易 바꿀(역)/ 쉬울(이)	음 えき い	貿易(ぼうえき) 무역 容易(ようい) 용이
	훈 やさ·しい	易(やさ)しい問題(もんだい) 쉬운 문제
益 더할(익)	음 えき やく*	利益(りえき)をあげる 이익을 올리다
	훈	
液 진(액)	음 えき	液体(えきたい) 액체
	훈	
越 넘을(월)	음 えつ	超越(ちょうえつ) 초월
	훈 こ·す こ·える	峠(とうげ)を越(こ)す 고개를 넘다 想像(そうぞう)を越(こ)える 상상을 뛰어넘다
延 끌(연)	음 えん	延長(えんちょう) 연장
	훈 の·びる の·べる* の·ばす	時間(じかん)が延(の)びる 시간이 늘어나다 営業時間(えいぎょうじかん)を延(の)ばす 영업시간을 늘리다

한자와 뜻	읽기	단어와 뜻
沿 물 따라갈(연)	음 えん	沿岸(えんがん) 연안
	훈 そ·う	川(かわ)に沿(そ)った道(みち) 강을 따라 난 길
煙 연기(연)	음 えん	喫煙(きつえん) 흡연
	훈 けむ·る* けむり けむ·い*	タバコの煙(けむり) 담배 연기
演 넓힐(연)	음 えん	演技(えんぎ) 연기
	훈	
お 汚 더러울(오)	음 お	汚染(おせん) 오염
	훈 けが·す* けが·れる* けが·らわしい* よご·す よご·れる きたな·い	服(ふく)を汚(よご)す 옷을 더럽히다 服(ふく)が汚(よご)れる 옷이 더러워지다 汚(きたな)い手(て) 더러운 손
応 응할(응)	음 おう	応援(おうえん) 응원
	훈 こた·える*	
押 누를(압)	음 おう*	
	훈 お·す お·さえる	ベルを押(お)す 벨을 누르다 指(ゆび)で押(お)さえる 손가락으로 누르다
欧 유럽(구)	음 おう	西欧(せいおう) 서구
	훈	
桜 앵두나무(앵)	음 おう*	
	훈 さくら	桜(さくら)の花(はな)が咲(さ)く 벚꽃이 피다
奥 속(오)	음 おう*	
	훈 おく	山奥(やまおく) 깊은 산속
恩 은혜(은)	음 おん	恩人(おんじん) 은인
	훈	
か 可 옳을(가)	음 か	可能(かのう) 가능
	훈	
仮 거짓(가)	음 か け	仮想(かそう) 가상 仮病(けびょう) 꾀병
	훈 かり*	

한자와 뜻	읽기	단어와 뜻
価 값(가)	음 か	価値(かち) 가치
	훈 あたい*	
河 물(하)	음 か	河川(かせん) 하천
	훈 かわ	河(かわ) 강
荷 연(하)	음 か	入荷(にゅうか) 입하
	훈 に	荷物(にもつ) 짐
菓 과자(과)	음 か	お菓子(かし) 과자
	훈	
過 지날(과)	음 か	過去(かこ) 과거
	훈 す·ぎる す·ごす あやま·つ* あやま·ち*	駅(えき)を過(す)ぎる 역을 지나다 楽(たの)しく過(す)ごす 즐겁게 지내다
靴 신(화)	음 か*	
	훈 くつ	靴下(くつした) 양말
介 낄(개)	음 かい	紹介(しょうかい) 소개
	훈	
灰 재(회)	음 かい*	
	훈 はい	灰色(はいいろ) 회색
快 유쾌할(쾌)	음 かい	快感(かいかん) 쾌감
	훈 こころよ·い	快(こころよ)い風(かぜ) 기분 좋은 바람
改 고칠(개)	음 かい	改造(かいぞう) 개조
	훈 あらた·める あらた·まる	規則(きそく)を改(あらた)める 규칙을 고치다 年(とし)が改(あらた)まる 해가 바뀌다
皆 모두(개)	음 かい*	
	훈 みな	皆(みな)さん 여러분
解 풀(해)	음 かい げ*	解答(かいとう) 해답
	훈 と·く と·かす* と·ける	問題(もんだい)を解(と)く 문제를 풀다 靴(くつ)のひもが解(ほど)ける 신발 끈이 풀어지다

한자와 뜻	읽기	단어와 뜻
拡 늘릴(확)	음 かく	拡大(かくだい) 확대
	훈	
革 가죽(혁)	음 かく	改革(かいかく) 개혁
	훈 かわ	革靴(かわぐつ) 가죽신발
格 격식(격)	음 かく こう*	価格(かかく) 가격
	훈	
較 견줄(교)	음 かく	比較(ひかく) 비교
	훈	
確 확실할(확)	음 かく	確実(かくじつ) 확실
	훈 たし·か たし·かめる	確(たし)かな情報(じょうほう) 확실한 정보 本当(ほんとう)かどうか確(たし)かめる 정말인지 어떤지 확인하다
額 이마(액)	음 がく	金額(きんがく) 금액
	훈 ひたい	額(ひたい)が狭(せま)い 이마가 좁다
割 나눌(할)	음 かつ	分割(ぶんかつ) 분할
	훈 わ·る わ·り わ·れる さ·く*	卵(たまご)を割(わ)る 달걀을 깨다 割(わ)り算(ざん) 나눗셈 ガラスが割(わ)れる 유리가 깨지다
株 그루(주)	음	
	훈 かぶ	株式会社(かぶしきがいしゃ) 주식회사
干 마를(간)	음 かん*	
	훈 ほ·す ひ·る*	洗濯物(せんたくもの)を干(ほ)す 빨래를 널다
刊 새길(간)	음 かん	週刊誌(しゅうかんし) 주간지
甘 달(감)	음 かん*	
	훈 あま·い あま·える* あま·やかす*	甘(あま)いケーキ 단 케이크
汗 땀(한)	음 かん*	
	훈 あせ	汗(あせ)が出(で)る 땀이 나다

한자와 뜻	읽기	단어와 뜻
巻 책(권)	음 かん	巻末(かんまつ) 권말
	훈 ま·く まき	包帯(ほうたい)を巻(ま)く 붕대를 감다 巻(まき)寿司(ずし) 김으로 만 초밥
看 볼(간)	음 かん	看病(かんびょう) 간병
	훈	
乾 마를(건)	음 かん	乾燥(かんそう) 건조
	훈 かわ·く かわ·かす	乾(かわ)いた空気(くうき) 건조한 공기 髪(かみ)を乾(かわ)かす 머리를 말리다
換 바꿀(환)	음 かん	気分転換(きぶんてんかん) 기분전환
	훈 か·える か·わる*	空気(くうき)を換(か)える 공기를 바꾸다
幹 줄기(간)	음 かん	新幹線(しんかんせん) 신칸센(고속철도)
	훈 みき	幹(みき) 나무줄기
慣 익숙할(관)	음 かん	習慣(しゅうかん) 습관
	훈 な·れる な·らす*	新(あたら)しい生活(せいかつ)に慣(な)れる 새로운 생활에 익숙해지다
環 고리(환)	음 かん	環境(かんきょう) 환경
	훈	
簡 대쪽(간)	음 かん	簡単(かんたん) 간단
	훈	
含 머금을(함)	음 がん*	
	훈 ふく·む ふく·める	水(みず)を口(くち)に含(ふく)む 물을 입에 머금다 サービス料(りょう)を含(ふく)めた料金(りょうきん) 서비스요금을 포함한 요금
危 위태할(위)	음 き	危険(きけん) 위험
	훈 あぶ·ない あや·うい あや·ぶむ*	危(あぶ)ない場所(ばしょ) 위험한 장소 危(あや)ういところだった 위험한 순간이었다
机 책상(궤)	음 き*	
	훈 つくえ	机(つくえ)といす 책상과 의자
祈 빌(기)	음 き	祈願(きがん) 기원
	훈 いの·る	成功(せいこう)を祈(いの)る 성공을 빌다

き

한자와 뜻	읽기	단어와 뜻
基 근본(기)	음 き	基準(きじゅん) 기준
	훈 もと もとい*	資料(しりょう)を基(もと)に 자료를 토대로
寄 붙어살(기)	음 き	寄付(きふ) 기부
	훈 よ·る よ·せる	寄(よ)り道(みち) 다른 곳에 들름 波(なみ)が寄(よ)せる 파도가 다가오다
規 법(규)	음 き	規則(きそく) 규칙
	훈	
揮 휘두를(휘)	음 き	発揮(はっき) 발휘
	훈	
技 재주(기)	음 ぎ	技術(ぎじゅつ) 기술
	훈 わざ*	
疑 의심할(의)	음 ぎ	疑問(ぎもん) 의문
	훈 うたが·う	疑(うたが)う 의심하다
議 의논할(의)	음 ぎ	会議(かいぎ) 회의
	훈	
喫 마실(끽)	음 きつ	喫煙(きつえん) 흡연
	훈	
詰 힐난할(힐)	음 きつ*	
	훈 つ·める つ·まる つ·む*	荷物(にもつ)を箱(はこ)に詰(つ)める 짐을 상자에 채워 넣다 予定(よてい)が詰(つ)まっている 예정이 차 있다
逆 거스릴(역)	음 ぎゃく	逆(ぎゃく)に 거꾸로
	훈 さか さか·らう	逆(さか)立ち 물구나무서기 流(なが)れに逆(さか)らう 흐름에 역행하다
久 오랠(구)	음 きゅう く*	永久(えいきゅう) 영구
	훈 ひさ·しい	久(ひさ)しぶりに 오래간만에
旧 옛(구)	음 きゅう	新旧(しんきゅう) 신구
	훈	
吸 마실(흡)	음 きゅう	呼吸(こきゅう) 호흡
	훈 す·う	息(いき)を吸(す)う 숨을 쉬다

한자와 뜻	읽기	단어와 뜻
求 구할(구)	음 きゅう	要求(ようきゅう) 요구
	훈 もと·める	助(たす)けを求(もと)める 도움을 청하다
泣 울(읍)	음 きゅう*	
	훈 なく	感動(かんどう)して泣(な)く 감동해서 울다
救 구원할(구)	음 きゅう	救助(きゅうじょ) 구조
	훈 すく·う	世(よ)の中(なか)を救(すく)う 세상을 구하다
球 공(구)	음 きゅう	地球(ちきゅう) 지구
	훈 たま	球(たま)を投(な)げる 공을 던지다
給 줄(급)	음 きゅう	給料(きゅうりょう) 급료
	훈	
巨 클(거)	음 きょ	巨大(きょだい) 거대
	훈	
居 살(거)	음 きょ	住居(じゅうきょ) 주거
	훈 い·る	居眠(いねむ)り 졸음
許 허락할(허)	음 きょ	許可(きょか) 허가
	훈 ゆる·す	罪(つみ)を許(ゆる)す 죄를 용서하다 営業(えいぎょう)を許(ゆる)す 영업을 허락하다
御 거느릴(어)	음 ぎょ* ご	御結婚(ごけっこん) 결혼의 높임말
	훈 おん*	
漁 고기 잡을(어)	음 ぎょ りょう	漁業(ぎょぎょう) 어업 漁師(りょうし) 어부
	훈	
共 함께(공)	음 きょう	共通(きょうつう) 공통
	훈 とも	共(とも)に 같이
叫 부르짖을(규)	음 きょう*	
	훈 さけ·ぶ	大声(おおごえ)で叫(さけ)ぶ 큰소리를 지르다
供 이바지할(공)	음 きょう く*	供給(きょうきゅう) 공급
	훈 そな·える とも	お供(そな)え物(もの) 제물 子供(こども) 어린이
協 화할(협)	음 きょう	協力(きょうりょく) 협력
	훈	

한자와 뜻	읽기	단어와 뜻
況 상황(황)	음 きょう	状況(じょうきょう) 상황
	훈	
挟 낄(협)	음 きょう*	
	훈 はさ·む はさ·まる	ペンをノートに挟(はさ)む　펜을 노트에 끼우다 ドアに手(て)が挟(はさ)まる 문에 손이 끼다
狭 좁을(협)	음 きょう*	
	훈 せま·い せば·める* せば·まる*	狭(せま)い部屋(へや) 좁은 방
恐 두려울(공)	음 きょう	恐怖(きょうふ) 공포
	훈 おそ·れる おそ·ろしい	恐(おそ)れ入(い)ります 죄송합니다 恐(おそ)ろしい事故(じこ) 무서운 사고
胸 가슴(흉)	음 きょう*	
	훈 むね むな*	胸(むね)が痛(いた)い 가슴이 아프다
郷 시골(향)	음 きょう ごう*	故郷(こきょう) 고향
	훈	
境 지경(경)	음 きょう けい*	境界(きょうかい) 경계
	훈 さかい	境目(さかいめ) 경계선
競 다툴(경)	음 きょう けい	競技(きょうぎ) 경기 競馬(けいば) 경마
	훈 きそ·う せ·る*	力(ちから)を競(きそ)う 힘을 겨루다
均 고를(균)	음 きん	平均(へいきん) 평균
	훈	
勤 부지런할(근)	음 きん ごん*	勤務(きんむ) 근무
	훈 つと·める つと·まる*	会社(かいしゃ)に勤(つと)める 회사에 근무하다
筋 힘줄(근)	음 きん	筋肉(きんにく) 근육
	훈 すじ	あら筋(すじ)を書(か)く 줄거리를 쓰다

く
け

한자와 뜻	읽기	단어와 뜻
禁 금할(금)	음 きん	禁止(きんし) 금지
	훈	
偶 짝(우)	음 ぐう	偶然(ぐうぜん) 우연
	훈	
隅 모퉁이(우)	음 ぐう*	
	훈 すみ	部屋(へや)の隅(すみ) 방구석
掘 팔(굴)	음 くつ	発掘(はっくつ) 발굴
	훈 ほ·る	穴(あな)を掘(ほ)る 구멍을 파다
群 무리(군)	음 ぐん	群衆(ぐんしゅう) 군중
	훈 む·れる* む·れ むら*	鳥(とり)の群(む)れ 새의 무리
経 지날(경)	음 けい きょう*	経験(けいけん) 경험
	훈 へ·る	年月(ねんげつ)を経(へ)て 세월이 흘러
恵 은혜(혜)	음 けい え	恩恵(おんけい) 은혜 知恵(ちえ) 지혜
	훈 めぐ·む	緑(みどり)に恵(めぐ)まれた都市(とし) 자연의 혜택을 받은 도시, 자연 환경이 좋은 도시
敬 공경(경)	음 けい	尊敬(そんけい) 존경
	훈 うやま·う	お年寄(としよ)りを敬(うやま)う 노인을 공경하다
傾 기울(경)	음 けい	傾向(けいこう) 경향
	훈 かたむ·く かたむ·ける	地震(じしん)で家(いえ)が傾(かたむ)く 지진으로 집이 기울다 耳(みみ)を傾(かたむ)ける 귀를 기울이다
警 깨우칠(경)	음 けい	警告(けいこく) 경고
	훈	
迎 맞을(영)	음 げい	歓迎(かんげい) 환영
	훈 むか·える	駅(えき)まで迎(むか)えに行(い)く 역까지 마중 나가다
劇 심할(극)	음 げき	演劇(えんげき) 연극
	훈	
激 과격할(격)	음 げき	感激(かんげき) 감격
	훈 はげ·しい	変化(へんか)が激(はげ)しい 변화가 심하다

한자와 뜻	읽기	단어와 뜻
潔 깨끗할(결)	음 けつ	清潔(せいけつ) 청결
	훈 いさぎよ·い*	
件 사건(건)	음 けん	事件(じけん) 사건
	훈	
券 문서(권)	음 けん	乗車券(じょうしゃけん) 승차권
	훈	
肩 어깨(견)	음 けん*	
	훈 かた	肩(かた)を並(なら)べる 어깨를 나란히 하다
軒 집(헌)	음 けん	一軒(いっけん) 한 채
	훈 のき*	
険 험할(험)	음 けん	危険(きけん) 위험
	훈 けわ·しい	険(けわ)しい山道(やまみち) 험한 산길
検 검사할(검)	음 けん	検査(けんさ) 검사
	훈	
絹 비단(견)	음 けん*	
	훈 きぬ	絹(きぬ)の布(ぬの) 비단천
権 권세(권)	음 けん ごん*	権力(けんりょく) 권력
	훈	
憲 법(헌)	음 けん	憲法(けんぽう) 헌법
	훈	
賢 어질(현)	음 けん	賢明(けんめい) 현명
	훈 かしこ·い	賢(かしこ)い 현명하다
験 시험할(험)	음 けん げん*	実験(じっけん) 실험
	훈	
限 한할(한)	음 げん	限界(げんかい) 한계
	훈 かぎ·る	知(し)っている限(かぎ)り 알고 있는 한
現 나타날(현)	음 げん	現在(げんざい) 현재
	훈 あらわ·れる あらわ·す	夢(ゆめ)に現(あらわ)れる 꿈에 나타나다 姿(すがた)を現(あらわ)す 모습을 드러내다

こ

한자와 뜻	읽기	단어와 뜻
減 덜(감)	음 げん	減少(げんしょう) 감소
	훈 へ·る へ·らす	体重(たいじゅう)が減(へ)る 체중이 줄다 負担(ふたん)を減(へ)らす 부담을 줄이다
源 근원(원)	음 げん	資源(しげん) 자원
	훈 みなもと	力(ちから)の源(みなもと) 힘의 원천
厳 엄할(엄)	음 げん ごん*	厳重(げんじゅう) 엄중
	훈 きび·しい おごそ·か*	厳(きび)しい規則(きそく) 엄격한 규칙
呼 부를(호)	음 こ	呼吸(こきゅう) 호흡
	훈 よ·ぶ	友達(ともだち)を呼(よ)ぶ 친구를 부르다
固 굳을(고)	음 こ	固有(こゆう) 고유
	훈 かた·める かた·まる かた·い	地盤(じばん)を固(かた)める　지반을 굳히다 雨降(あめふ)って地固(じかた)まる 비 온 후에 땅이 굳는다 固(かた)い決心(けっしん) 굳은 결심
故 연고(고)	음 こ	事故(じこ) 사고
	훈 ゆえ	それ故(ゆえ)に 그렇기 때문에
枯 마를(고)	음 こ*	
	훈 か·れる か·らす*	花が枯(か)れる 꽃이 마르다
個 낱(개)	음 こ	一個(いっこ) 1개
	훈	
湖 호수(호)	음 こ	琵琶湖(びわこ) 비와호수(지명)
	훈 みずうみ	湖(みずうみ) 호수
雇 품팔(고)	음 こ	雇用(こよう) 고용
	훈 やと·う	人(ひと)を雇(やと)う 사람을 고용하다
互 서로(호)	음 ご	相互(そうご) 상호
	훈 たが·い	お互(たが)い 서로
誤 그르칠(오)	음 ご	誤解(ごかい) 오해
	훈 あやま·る	誤(あやま)ってガラスを割(わ)った 잘못해서 유리를 깼다

한자와 뜻	읽기	단어와 뜻
交 사귈(교)	음 こう	交換(こうかん) 교환
	훈 まじ·わる* まじ·える* ま·じる ま·ざる* ま·ぜる か·う* かわ·す*	白(しろ)い犬(いぬ)の中(なか)に一匹(いっぴき)だけ黒(くろ)い犬(いぬ)が交(ま)じっている 흰 개 중에 한 마리만 검은 개가 섞여있다 赤(あか)と青(あお)を交(ま)ぜると紫(むらさき)になる 빨강과 파랑을 섞으면 보라색이 된다
孝 효도(효)	음 こう	親孝行(おやこうこう)をする 부모님께 효도하다
	훈	
更 고칠(경)	음 こう	更新(こうしん) 경신, 갱신
	훈 さら ふ·ける ふ·かす	更(さら)に悪(わる)くなる 더 나빠지다 夜(よ)が更(ふ)ける 밤이 깊어지다 夜更(よふ)かしする 밤을 새우다
効 본받을(효)	음 こう	効果(こうか) 효과
	훈 き·く	よく効(き)く薬(くすり) 잘 듣는 약
肯 즐길(긍)	음 こう	肯定(こうてい) 긍정
	훈	
厚 두터울(후)	음 こう	厚生年金(こうせいねんきん) 후생연금
	훈 あつ·い	厚(あつ)い本(ほん) 두꺼운 책
紅 붉을(홍)	음 こう く*	紅茶(こうちゃ) 홍차
	훈 べに くれない*	ピンクの口紅(くちべに)を塗(ぬ)る 핑크색 립스틱을 바르다
荒 거칠(황)	음 こう*	
	훈 あら·い あ·れる あ·らす*	呼吸(こきゅう)が荒(あら)い 호흡이 거칠다 肌(はだ)が荒(あ)れる 피부가 거칠어지다
郊 들(교)	음 こう	郊外(こうがい) 교외
	훈	

한자와 뜻	읽기	단어와 뜻
香 향기(향)	[음] こう きょう*	香水(こうすい) 향수
	[훈] か* かお·り かお·る*	いい香(かお)りがする 좋은 향기가 난다
候 기후(후)	[음] こう	気候(きこう) 기후
	[훈] そうろう*	
耕 밭 갈(경)	[음] こう	耕作(こうさく) 경작
	[훈] たがや·す	畑(はたけ)を耕(たがや)す 밭을 경작하다
航 배(항)	[음] こう	航空(こうくう) 항공
	[훈]	
降 항복할(항)/내릴(강)	[음] こう*	
	[훈] お·りる お·ろす ふ·る	バスを降(お)りる 버스에서 내리다 駅(えき)の前(まえ)で降(お)ろしてください 역 앞에서 내려주세요 雨(あめ)が降(ふ)る 비가 오다
硬 굳을(경)	[음] こう	硬貨(こうか) 금속화폐
	[훈] かた·い	硬(かた)い 단단하다
港 항구(항)	[음] こう	空港(くうこう) 공항
	[훈] みなと	船(ふね)が港(みなと)を出(で)る 배가 항구를 떠나다
鉱 쇳돌(광)	[음] こう	鉱山(こうざん) 광산
	[훈]	
構 얽을(구)	[음] こう	構成(こうせい) 구성
	[훈] かま·える* かま·う	私(わたし)に構(かま)わないでください 저에게 신경 쓰지 마세요
興 일어날(흥)	[음] こう* きょう	興味(きょうみ) 흥미
	[훈] おこ·る* おこ·す*	
講 외울(강)	[음] こう	講義(こうぎ) 강의
	[훈]	
刻 새길(각)	[음] こく	遅刻(ちこく) 지각
	[훈] きざ·む	野菜(やさい)を刻(きざ)む 야채를 잘게 썰다

한자와 뜻	읽기	단어와 뜻
穀 곡식(곡)	음 こく	穀物(こくもつ) 곡물
	훈	
骨 뼈(골)	음 こつ	骨折(こっせつ) 골절
	훈 ほね	骨(ほね)が折(お)れる 뼈가 부러지다
込 담을(입)	음	
	훈 こ·む	道(みち)が込(こ)む 길이 막히다
	こ·める	心(こころ)を込(こ)める 마음을 담다
困 곤할(곤)	음 こん	困難(こんなん) 곤란
	훈 こま·る	困(こま)る 곤란하다
婚 혼인할(혼)	음 こん	結婚(けっこん) 결혼
	훈	
混 섞을(혼)	음 こん	混合(こんごう) 혼합
	훈 ま·じる	麦(むぎ)の混(ま)じったご飯(はん) 보리가 섞인 밥
	ま·ざる	酒(さけ)に水(みず)が混(ま)ざる 술에 물이 섞이다
	ま·ぜる	混(ま)ぜご飯(はん) 비빔밥
査 조사할(사)	음 さ	調査(ちょうさ) 조사
	훈	
砂 모래(사)	음 さ しゃ*	黄砂(こうさ) 황사
	훈 すな	砂浜(すなはま) 모래해변
座 자리(좌)	음 ざ	座席(ざせき) 좌석
	훈 すわ·る	いすに座(すわ)る 의자에 앉다
再 두(재)	음 さい	再会(さいかい) 재회
	さ	再来年(さらいねん) 내후년
	훈 ふたた·び	再(ふたた)び始(はじ)まる 다시 시작하다
妻 아내(처)	음 さい	夫妻(ふさい) 부부
	훈 つま	夫(おっと)と妻(つま) 남편과 아내
採 캘(채)	음 さい	採点(さいてん) 채점
	훈 と·る	虫(むし)を採(と)る 곤충을 채집하다
済 건널(제)	음 さい	経済(けいざい) 경제
	훈 す·む	契約(けいやく)が済(す)んだ 계약이 끝났다
	す·ます	会計(かいけい)を済(す)ませる 회계를 끝내다

한자와 뜻	읽기	단어와 뜻
歳 해(세)	음 さい せい*	一歳(いっさい) 1살
	훈	
裁 마를(재)	음 さい	裁判所(さいばんしょ) 재판소
	훈 た·つ* さば·く*	
際 즈음(제)	음 さい	実際(じっさい) 실제
	훈 きわ	窓際(まどぎわ) 창가
在 있을(재)	음 ざい	現在(げんざい) 현재
	훈 あ·る	北(きた)に在(あ)る国(くに) 북쪽에 있는 나라
財 재물(재)	음 ざい さい	財産(ざいさん) 재산 財布(さいふ) 지갑
	훈	
罪 허물(죄)	음 ざい	罪悪(ざいあく) 죄악
	훈 つみ	罪(つみ)を犯(おか)す 죄를 범하다
策 꾀(책)	음 さく	対策(たいさく) 대책
	훈	
咲 필(소)	음	
	훈 さ·く	花(はな)が咲(さ)く 꽃이 피다
冊 책(책)	음 さつ さく*	一冊(いっさつ) 1권
	훈	
札 편지(찰)	음 さつ	改札口(かいさつぐち) 개찰구
	훈 ふだ*	
刷 인쇄할(쇄)	음 さつ	印刷(いんさつ) 인쇄
	훈 す·る*	
雑 섞일(잡)	음 ざつ ぞう*	複雑(ふくざつ) 복잡
	훈	
散 흩을(산)	음 さん	散歩(さんぽ) 산책
	훈 ち·る ち·らす ち·らかす ち·らかる	桜(さくら)の花(はな)が散(ち)る 벚꽃이 지다 花(はな)を散(ち)らす 꽃을 흩뜨리다 部屋(へや)を散(ち)らかす 방을 어지르다 散(ち)らかった部屋(へや) 어지른 방

し

한자와 뜻	읽기	단어와 뜻
酸 실(산)	음 さん	酸素(さんそ) 산소
	훈 す·い	酸(す)っぱい 시다
賛 도울(찬)	음 さん	賛成(さんせい) 찬성
	훈	
残 남을(잔)	음 ざん	残念(ざんねん)だ 아쉽다
	훈 のこ·る	記憶(きおく)に残(のこ)る 기억에 남다
	のこ·す	メモを残(のこ)す 메모를 남기다
支 지탱할(지)	음 し	支出(ししゅつ) 지출
	훈 ささ·える	支(ささ)える 지탱하다
至 이를(지)	음 し	至急(しきゅう) 급히
	훈 いた·る	現在(げんざい)に至(いた)る 현재에 이르다
伺 엿볼(사)	음 し	
	훈 うかが·う	伺(うかが)う 묻다, 찾아뵙다
志 뜻(지)	음 し	志望(しぼう) 지망
	훈 こころざ·す	俳優(はいゆう)を志(こころざ)す 배우를 지망하다
	こころざし	志(こころざし)の固(かた)い人(ひと) 뜻이 확고한 사람
刺 찌를(자)	음 し*	
	훈 さ·す	針(はり)を刺(さ)す 바늘을 찌르다
	さ·さる*	
枝 가지(지)	음 し*	
	훈 えだ	木(き)の枝(えだ) 나뭇가지
姿 맵시(자)	음 し	姿勢(しせい) 자세
	훈 すがた	姿(すがた)を現(あらわ)す 모습을 드러내다
飼 먹일(사)	음 し	飼育(しいく) 사육
	훈 か·う	ペットを飼(か)う 애완동물을 기르다
師 스승(사)	음 し	教師(きょうし) 교사
	훈	
脂 기름(지)	음 し	脂肪(しぼう) 지방
	훈 あぶら	脂(あぶら) 기름
詞 말(사)	음 し	作詞(さくし) 작사
	훈	

한자와 뜻	읽기	단어와 뜻
資 재물(자)	음 し	資源(しげん) 자원
	훈	
誌 기록할(지)	음 し	雑誌(ざっし) 잡지
	훈	
示 보일(시)	음 じ し*	表示(ひょうじ) 표시
	훈 しめ·す	態度(たいど)で示(しめ)す 태도를 나타내다
似 닮을(사)	음 じ	類似(るいじ) 유사
	훈 に·る	父(ちち)と似(に)ている 아버지와 닮다
治 다스릴(치)	음 じ ち	政治(せいじ) 정치 自治体(じちたい) 자치단체
	훈 おさ·める おさ·まる* なお·る なお·す	国(くに)を治(おさ)める 나라를 다스리다 風邪(かぜ)が治(なお)る 감기가 낫다 傷(きず)を治(なお)す 상처를 낫게 하다
辞 말(사)	음 じ	辞書(じしょ) 사전
	훈 や·める	会社(かいしゃ)を辞(や)める 회사를 그만두다
磁 자석(자)	음 じ	磁石(じしゃく) 자석
	훈	
識 알(식)	음 しき	常識(じょうしき) 상식
	훈	
湿 젖을(습)	음 しつ	湿度(しつど) 습도
	훈 しめ·る しめ·す*	湿(しめ)った空気(くうき) 습한 공기
質 바탕(질)	음 しつ しち* ち*	質問(しつもん) 질문
	훈	
舎 집(사)	음 しゃ	校舎(こうしゃ) 교사 / 田舎(いなか) 시골
	훈	
射 쏠(사)	음 しゃ	発射(はっしゃ) 발사
	훈 い·る*	

한자와 뜻	읽기	단어와 뜻
捨 버릴(사)	음 しゃ	四捨五入(ししゃごにゅう) 반올림
	훈 す·てる	ゴミを捨(す)てる 쓰레기를 버리다
謝 사례할(사)	음 しゃ	感謝(かんしゃ) 감사
	훈 あやま·る	謝(あやま)る 사과하다
借 빌릴(차)	음 しゃく	借金(しゃっきん) 돈을 빌림, 빚
	훈 か·りる	お金(かね)を借(か)りる 돈을 빌리다
若 같을(약)	음 じゃく* にゃく*	
	훈 わか·い も·しくは*	若(わか)い青年(せいねん) 젊은 청년
授 줄(수)	음 じゅ	授業(じゅぎょう) 수업
	훈 さず·ける さず·かる	賞状(しょうじょう)を授(さず)ける 상장을 수여하다 天(てん)から授(さず)かる 하늘에서 내려주다
収 거둘(수)	음 しゅう	収入(しゅうにゅう) 수입
	훈 おさ·める おさ·まる*	勝利(しょうり)を収(おさ)める 승리를 거두다
舟 배(주)	음 しゅう*	
	훈 ふね ふな*	舟(ふね)をこぐ 배를 젓다
宗 마루(종)	음 しゅう そう*	宗教(しゅうきょう) 종교
	훈	
修 닦을(수)	음 しゅう しゅ*	修理(しゅうり) 수리
	훈 おさ·める* おさ·まる*	
就 나아갈(취)	음 しゅう じゅ*	就職(しゅうしょく) 취직
	훈 つ·く つ·ける*	位(くらい)に就(つ)く 지위에 오르다
衆 무리(중)	음 しゅう しゅ*	公衆電話(こうしゅうでんわ) 공중전화
	훈	

한자와 뜻	읽기	단어와 뜻
集 모일(집)	음 しゅう	集合(しゅうごう) 집합
	훈 あつ·まる あつ·める つど·う*	人(ひと)が大勢(おおぜい)集(あつ)まる 사람들이 많이 모이다 切手(きって)を集(あつ)める 우표를 모으다
柔 부드러울(유)	음 じゅう にゅう*	柔軟(じゅうなん) 유연
	훈 やわ·らか やわ·らかい	柔(やわ)らかなもち 부드러운 떡 柔(やわ)らかい手(て) 부드러운 손
従 따를(종)	음 じゅう しょう* じゅ*	従業員(じゅうぎょういん) 종업원
	훈 したが·う したが·える*	きまりに従(したが)う 규칙에 따르다
縦 세로(종)	음 じゅう	操縦(そうじゅう) 조종
	훈 たて	縦(たて) 세로
祝 빌(축)	음 しゅく しゅう*	祝日(しゅくじつ) 경축일
	훈 いわ·う	合格(ごうかく)を祝(いわ)う 합격을 축하하다
縮 오그라들(축)	음 しゅく	縮小(しゅくしょう) 축소
	훈 ちぢ·む ちぢ·まる* ちぢ·める ちぢ·れる ちぢ·らす*	セーターが縮(ちぢ)む 스웨터가 줄어들다 文章(ぶんしょう)を縮(ちぢ)める 문장을 줄이다 縮(ちぢ)れ髪(がみ) 곱슬머리
熟 익을(숙)	음 じゅく	熟語(じゅくご) 숙어
	훈 う·れる*	
述 펼(술)	음 じゅつ	述語(じゅつご) 술어
	훈 の·べる	意見(いけん)を述(の)べる 의견을 말하다
術 재주(술)	음 じゅつ	手術(しゅじゅつ) 수술
	훈	
純 순수할(순)	음 じゅん	純情(じゅんじょう) 순정
	훈	

한자와 뜻	읽기	단어와 뜻
準 준할(준)	음 じゅん	基準(きじゅん) 기준
	훈	
処 곳(처)	음 しょ	処理(しょり) 처리
	훈	
初 처음(초)	음 しょ	最初(さいしょ) 처음
	훈 はじ·め はじめ·て はつ うい* そ·める*	初(はじ)めに 처음에 初(はじ)めて行(い)く 처음 가다 初雪(はつゆき) 첫눈, 初恋(はつこい) 첫사랑
署 마을(서)	음 しょ	警察署(けいさつしょ) 경찰서
	훈	
緒 실마리(서)	음 しょ ちょ	一緒(いっしょ) 함께 情緒(じょうちょ) 정서
	훈 お*	
諸 모두(제)	음 しょ	諸国(しょこく) 여러 나라
	훈	
序 차례(서)	음 じょ	順序(じゅんじょ) 순서
	훈	
除 덜(제)	음 じょ じ	除外(じょがい) 제외 掃除(そうじ) 청소
	훈 のぞ·く	除(のぞ)く 제외하다
召 부를(소)	음 しょう*	
	훈 め·す	召(め)し上(あ)がる 잡수시다
床 평상(상)	음 しょう	起床(きしょう) 기상
	훈 とこ ゆか	床屋(とこや) 이발소 床掃除(ゆかそうじ) 바닥청소
招 부를(초)	음 しょう	招待(しょうたい)する 초대하다
	훈 まね·く	客(きゃく)を招(まね)く 손님을 초대하다
承 이을(승)	음 しょう	承知(しょうち)する 승낙하다
	훈 うけたまわ·る	承(うけたまわ)る 받다
昇 오를(승)	음 しょう	上昇(じょうしょう) 상승
	훈 のぼ·る	朝日(あさひ)が昇(のぼ)る 아침 해가 떠오르다

한자와 뜻	읽기	단어와 뜻
証 증거(증)	음 しょう	証明書(しょうめいしょ) 증명서
	훈	
傷 상처(상)	음 しょう	負傷(ふしょう) 부상
	훈 きず いた·む* いた·める*	傷(きず)が痛(いた)む 상처가 아프다
照 비출(조)	음 しょう	対照(たいしょう) 대조
	훈 て·る て·らす て·れる*	日(ひ)が照(て)る 해가 비치다 ライトで舞台(ぶたい)を照(て)らす 라이트로 무대를 비추다
障 막힐(장)	음 しょう	故障(こしょう) 고장
	훈 さわ·る*	
将 장수(장)	음 しょう	将来(しょうらい) 장래
	훈	
紹 이을(소)	음 しょう	紹介(しょうかい) 소개
	훈	
条 가지(조)	음 じょう	条件(じょうけん) 조건
	훈	
状 형상(상)	음 じょう	状態(じょうたい) 상태
	훈	
城 재(성)	음 じょう	大阪城(おおさかじょう) 오사카성
	훈 しろ	王(おう)の住(す)む城(しろ) 왕이 사는 성
常 항상(상)	음 じょう	日常生活(にちじょうせいかつ) 일상생활
	훈 つね とこ*	常(つね)に 항상
情 뜻(정)	음 じょう せい*	情報(じょうほう) 정보
	훈 なさ·け	情(なさ)けない 한심하다
畳 거듭(첩)	음 じょう	一畳(いちじょう) 다다미 1장
	훈 たた·む たたみ	洗濯物(せんたくもの)を畳(たた)む 빨래를 개다 畳(たたみ)の上(うえ)で寝(ね)る 다다미 위에서 자다

한자와 뜻	읽기	단어와 뜻
蒸 찔(증)	음 じょう	蒸気(じょうき) 증기
	훈 む·す む·れる* む·らす*	蒸(む)し暑(あつ)い 무덥다
娘 여자(낭)	음 じょう*	
	훈 むすめ	一人娘(ひとりむすめ) 외동딸
触 닿을(촉)	음 しょく	感触(かんしょく) 감촉
	훈 ふ·れる さわ·る	手(て)を触(ふ)れる 손을 만지다 人(ひと)のものを触(さわ)るな 남의 것에 손대지 마라
織 짤(직)	음 しょく* しき	 組織(そしき) 조직
	훈 お·る	布(ぬの)を織(お)る 천을 짜다
職 직분(직)	음 しょく	職業(しょくぎょう) 직업
	훈	
伸 펼(신)	음 しん	伸縮(しんしゅく) 신축
	훈 の·びる の·ばす	背(せ)が伸(の)びる 키가 자라다 手(て)を伸(の)ばす 손을 뻗다
辛 매울(신)	음 しん*	
	훈 から·い	塩辛(しおから)い 짜다
針 바늘(침)	음 しん	方針(ほうしん) 방침
	훈 はり	時計(とけい)の針(はり) 시계 바늘
寝 잘(침)	음 しん	寝台(しんだい) 침대
	훈 ね·る ね·かす*	ぐっすり寝(ね)る 푹 자다
震 우레(진)	음 しん	地震(じしん) 지진
	훈 ふる·う* ふる·える	 寒(さむ)さで震(ふる)える 추위에 떨다
吹 불(취)	음 すい*	
	훈 ふ·く	風(かぜ)が吹(ふ)く 바람이 불다 / 吹雪(ふぶき)★ 눈보라
垂 드리울(수)	음 すい	垂直(すいちょく) 수직
	훈 た·れる た·らす*	水(みず)が垂(た)れる 물이 떨어지다

せ

한자와 뜻	읽기	단어와 뜻
寸 마디(촌)	음 すん	寸法(すんぽう) 치수
	훈	
制 억제할(제)	음 せい	制度(せいど) 제도
	훈	
姓 성씨(성)	음 せい しょう*	姓名(せいめい) 성명
	훈	
性 성품(성)	음 せい しょう*	性格(せいかく) 성격
	훈	
政 정사(정)	음 せい しょう*	政治(せいじ) 정치
	훈 まつりごと*	
星 별(성)	음 せい しょう*	星座(せいざ) 별자리
	훈 ほし	流(なが)れ星(ぼし) 유성
盛 성할(성)	음 せい じょう*	盛大(せいだい) 성대
	훈 も·る さか·る さか·ん	ご飯(はん)を茶碗(ちゃわん)に盛(も)る 밥을 그릇에 담다 花(はな)の盛(さか)り 꽃이 한창 핌 食欲(しょくよく)が盛(さか)んだ 식욕이 왕성하다
勢 형세(세)	음 せい	勢力(せいりょく) 세력
	훈 いきお·い	勢(いきお)いがいい 기세가 좋다
精 정할(정)	음 せい しょう*	精神(せいしん) 정신
	훈	
製 지을(제)	음 せい	製造(せいぞう) 제조
	훈	
税 세금(세)	음 ぜい	税金(ぜいきん) 세금
	훈	
責 꾸짖을(책)	음 せき	責任(せきにん) 책임
	훈 せ·める	失敗(しっぱい)を責(せ)める 실패를 책망하다

한자와 뜻	읽기	단어와 뜻
積 쌓을(적)	음 せき	面積(めんせき) 면적
	훈 つ·む つ·もる	経験(けいけん)を積(つ)む 경험을 쌓다 雪(ゆき)が積(つ)もる 눈이 쌓이다
績 길쌈할(적)	음 せき	成績(せいせき) 성적
	훈	
接 이을(접)	음 せつ	直接(ちょくせつ) 직접
	훈 つ·ぐ*	
設 베풀(설)	음 せつ	施設(しせつ) 시설
	훈 もう·ける	窓口(まどぐち)を設(もう)ける 창구를 설치하다
舌 혀(설)	음 ぜつ*	
	훈 した	舌(した)を出(だ)す 혀를 내밀다
絶 끊을(절)	음 ぜつ	絶対(ぜったい) 절대
	훈 た·える た·やす* た·つ	息絶(いきた)える 숨이 끊어지다 連絡(れんらく)を絶(た)つ 연락을 끊다
占 점령할(점)	음 せん	占領(せんりょう) 점령
	훈 し·める うらな·う	位置(いち)を占(し)める 위치를 차지하다 未来(みらい)を占(うらな)う 미래를 점치다
宣 베풀(선)	음 せん	宣伝(せんでん) 선전
	훈	
専 오로지(전)	음 せん	専門家(せんもんか) 전문가
	훈 もっぱ·ら*	
泉 샘(천)	음 せん	温泉(おんせん) 온천
	훈 いずみ	泉(いずみ)が湧(わ)く 샘이 솟다
洗 씻을(세)	음 せん	洗濯(せんたく) 빨래
	훈 あら·う	手(て)を洗(あら)う 손을 씻다
染 물들일(염)	음 せん	伝染(でんせん) 전염
	훈 そ·める そ·まる* し·みる* しみ*	髪(かみ)を染(そ)める 머리를 물들이다

한자와 뜻	읽기	단어와 뜻
戦 싸울(전)	음 せん	戦争(せんそう) 전쟁
	훈 いくさ* たたか·う	敵(てき)と戦(たたか)う 적과 싸우다
銭 돈(전)	음 せん	金銭(きんせん) 금전
	훈 ぜに*	
善 착할(선)	음 ぜん	善悪(ぜんあく) 선악
	훈 よ·い	善(よ)い行(おこな)い 착한 행동
然 그럴(연)	음 ぜん ねん	自然(しぜん) 자연 天然(てんねん) 천연
	훈	
そ 祖 할아버지(조)	음 そ	祖父(そふ) 조부
	훈	
素 흴(소)	음 そ す*	酸素(さんそ) 산소
	훈	素人(しろうと)★ 아마추어
双 두(쌍)	음 そう	双方(そうほう) 쌍방
	훈 ふた	双子(ふたご) 쌍둥이
争 다툴(쟁)	음 そう	戦争(せんそう) 전쟁
	훈 あらそ·う	優勝(ゆうしょう)を争(あらそ)う 우승을 다투다
奏 아뢸(주)	음 そう	演奏(えんそう) 연주
	훈 かな·でる*	
捜 찾을(수)	음 そう	捜査(そうさ) 수사
	훈 さが·す	落(お)とし物(もの)を捜(さが)す 분실물을 찾다
掃 쓸(소)	음 そう	掃除(そうじ) 청소
	훈 は·く	床(ゆか)を掃(は)く 바닥을 쓸다
窓 창(창)	음 そう	同窓会(どうそうかい) 동창회
	훈 まど	窓際(まどぎわ) 창가
創 비롯할(창)	음 そう	創作(そうさく) 창작
	훈 つく·る*	

한자와 뜻	읽기	단어와 뜻
装 꾸밀(장)	음 そう しょう*	装置(そうち) 장치
	훈 よそお·う*	
層 층(층)	음 そう	高層(こうそう)ビル 고층빌딩
	훈	
総 다(총)	음 そう	総合(そうごう) 종합
	훈	
操 잡을(조)	음 そう	体操(たいそう) 체조
	훈 みさお* あやつ·る	 人形(にんぎょう)を操(あやつ)る 인형을 다루다
燥 마를(조)	음 そう	乾燥(かんそう) 건조
	훈	
造 지을(조)	음 ぞう	創造(そうぞう) 창조
	훈 つく·る	家(いえ)を造(つく)る 집을 만들다
像 모양(상)	음 ぞう	想像(そうぞう) 상상
	훈	
増 더할(증)	음 ぞう	増加(ぞうか) 증가
	훈 ま·す ふ·える ふ·やす	人口(じんこう)が増(ま)す 인구가 늘다 体重(たいじゅう)が増(ふ)える 체중이 늘어나다 貯金(ちょきん)を増(ふ)やす 저금을 늘리다
憎 미울(증)	음 ぞう	愛憎(あいぞう) 애증
	훈 にく·む にく·い にく·らしい にく·しみ*	罪(つみ)を憎(にく)む 죄를 미워하다 犯人(はんにん)が憎(にく)い 범인이 밉다 憎(にく)らしいやつ 미운 녀석
蔵 감출(장)	음 ぞう	冷蔵庫(れいぞうこ) 냉장고
	훈 くら*	
贈 줄(증)	음 ぞう そう*	贈呈(ぞうてい) 증정
	훈 おく·る	プレゼントを贈(おく)る 선물을 주다
臓 오장(장)	음 ぞう	内臓(ないぞう) 내장
	훈	

한자와 뜻	읽기	단어와 뜻
則 법(칙)	음 そく	規則(きそく) 규칙
	훈	
測 헤아릴(측)	음 そく	推測(すいそく) 추측
	훈 はか·る	熱(ねつ)を測(はか)る 열을 재다
属 붙을(속)/부탁할(촉)	음 ぞく	金属(きんぞく) 금속
	훈	
率 비율(률)/거느릴(솔)	음 りつ そつ*	確率(かくりつ) 확률
	훈 ひき·いる*	
存 있을(존)	음 そん ぞん	存在(そんざい) 존재 保存(ほぞん) 보존
	훈	
尊 높을(존)	음 そん	尊敬(そんけい) 존경
	훈 たっと·い* とうと·い たっと·ぶ* とうと·ぶ*	尊(とうと)い命(いのち) 소중한 생명
損 덜(손)	음 そん	損害(そんがい) 손해
	훈 そこ·なう そこ·ねる*	健康(けんこう)を損(そこ)なう 건강을 해치다
退 물러날(퇴)	음 たい	退職(たいしょく) 퇴직
	훈 しりぞ·く しりぞ·ける*	一歩(いっぽ)退(しりぞ)く 한걸음 물러서다
袋 자루(대)	음 たい*	
	훈 ふくろ	紙袋(かみぶくろ) 종이 가방 / 足袋(たび)★ 일본 버선
替 바꿀(체)	음 たい	交替(こうたい) 교체
	훈 か·える か·わる	水(みず)を替(か)える 물을 갈다 為替(かわせ)★ 환율
貸 빌릴(대)	음 たい*	
	훈 か·す	お金(かね)を貸(か)す 돈을 빌려 주다
態 태도(태)	음 たい	態度(たいど) 태도
	훈	

한자와 뜻	읽기	단어와 뜻
宅 댁(댁)	음 たく	帰宅(きたく) 귀가
	훈	
濯 씻을(탁)	음 たく	洗濯(せんたく) 빨래
	훈	
担 떨칠(단)	음 たん	担当(たんとう) 담당
	훈 かつ·ぐ* にな·う*	
探 찾을(탐)	음 たん	探検(たんけん) 탐험
	훈 さぐ·る	敵(てき)の様子(ようす)を探(さぐ)る 적의 동정을 살피다
	さが·す	仕事(しごと)を探(さが)す 일을 찾다
誕 태어날(탄)	음 たん	誕生日(たんじょうび) 생일
	훈	
団 둥글(단)	음 だん とん*	団体(だんたい) 단체
	훈	
段 층계(단)	음 だん	階段(かいだん) 계단
	훈	
断 끊을(단)	음 だん	断絶(だんぜつ) 단절
	훈 た·つ*	
	ことわ·る	誘(さそ)いを断(ことわ)る 권유를 거절하다
暖 따뜻할(난)	음 だん	暖房(だんぼう) 난방
	훈 あたた·か	暖(あたた)かな部屋(へや) 따뜻한 방
	あたた·かい	暖(あたた)かい春(はる)の天気(てんき) 따뜻한 봄 날씨
	あたた·まる	風呂(ふろ)に入(はい)って暖(あたた)まる 목욕하면서 몸을 따뜻하게 하다
	あたた·める	空気(くうき)を暖(あたた)める 공기를 따뜻하게 하다
値 값(치)	음 ち	価値(かち) 가치
	훈 ね	値段(ねだん) 값
	あたい	高(たか)い値(あたい) 비싼 값
恥 부끄러울(치)	음 ち*	
	훈 は·じる* はじ* は·じらう*	
	は·ずかしい	恥(は)ずかしい失敗(しっぱい) 부끄러운 실패

ち

한자와 뜻	읽기	단어와 뜻
畜 짐승(축)	음 ちく	家畜(かちく) 가축
	훈	
築 쌓을(축)	음 ちく	建築(けんちく) 건축
	훈 きず·く	家庭(かてい)を築(きず)く 가정을 이루다
仲 버금(중)	음 ちゅう*	
	훈 なか	仲(なか)のいい友達(ともだち) 사이가 좋은 친구
宙 집(주)	음 ちゅう	宇宙(うちゅう) 우주
	훈	
駐 머무를(주)	음 ちゅう	駐車場(ちゅうしゃじょう) 주차장
	훈	
著 나타날(저)	음 ちょ	著者(ちょしゃ) 저자
	훈 あらわ·す	小説(しょうせつ)を著(あらわ)す 소설을 쓰다
	いちじる·しい	著(いちじる)しい変化(へんか) 현저한 변화
貯 쌓을(저)	음 ちょ	貯金(ちょきん) 저금
	훈	
庁 관청(청)	음 ちょう	東京都庁(とうきょうとちょう) 도쿄도청
	훈	
兆 조(조)	음 ちょう	5兆円(ごちょうえん)の予算(よさん) 5조 엔의 예산
	훈 きざ·す*	
	きざ·し*	
張 베풀(장)	음 ちょう	緊張(きんちょう) 긴장
	훈 は·る	気(き)が張(は)る 긴장하다
頂 정수리(정)	음 ちょう*	
	훈 いただ·く	本(ほん)を頂(いただ)く 책을 받다
	いただき*	
超 뛰어넘을(초)	음 ちょう	超過(ちょうか) 초과
	훈 こ·える	限界(げんかい)を超(こ)える 한계를 넘어서다
	こ·す	予算(よさん)を超(こ)す 예산을 넘다
沈 잠길(침)	음 ちん	沈黙(ちんもく) 침묵
	훈 しず·む	日(ひ)が沈(しず)む 해가 지다
	しず·める*	

	한자와 뜻	읽기	단어와 뜻
	珍 보배(진)	음 ちん*	
		훈 めずら·しい	珍(めずら)しい虫(むし) 희귀한 벌레
	賃 품삯(임)	음 ちん	賃金(ちんぎん) 임금
		훈	
つ	痛 아플(통)	음 つう	頭痛(ずつう) 두통
		훈 いた·い いた·む いた·める*	頭(あたま)が痛(いた)い 머리가 아프다 傷(きず)が痛(いた)む 상처가 아프다
て	提 끌(제)	음 てい	提案(ていあん) 제안
		훈 さ·げる*	
	程 한도(정)	음 てい	程度(ていど) 정도
		훈 ほど	どれ程(ほど) 어느 정도
	泥 진흙(니)	음 でい*	
		훈 どろ	泥遊(どろあそ)び 진흙놀이
	滴 물방울(적)	음 てき	一滴(いってき) 한 방울
		훈 しずく* したた·る	水(みず)が滴(したた)る 물이 떨어지다
	適 맞을(적)	음 てき	最適(さいてき) 최적
		훈	
	敵 맞을(적)	음 てき	敵(てき)と味方(みかた) 적과 아군
		훈 かたき*	
	展 펼(전)	음 てん	展開(てんかい) 전개
		훈	
	殿 전각(전)	음 でん てん*	神殿(しんでん) 신전
		훈 との どの	殿様(とのさま) 영주님 ～殿(どの) ～님
と	途 길(도)	음 と	途中(とちゅう) 도중
		훈	
	渡 건널(도)	음 と*	
		훈 わた·る わた·す*	橋(はし)を渡(わた)る 다리를 건너다

한자와 뜻	읽기	단어와 뜻
塗 칠할(도)	음 と*	
	훈 ぬ·る	ペンキを塗(ぬ)る 페인트를 칠하다
努 힘쓸(노)	음 ど	努力(どりょく)する 노력하다
	훈 つと·める	サービスに努(つと)める 서비스에 힘쓰다
到 이를(도)	음 とう	到着(とうちゃく) 도착
	훈	
逃 도망할(도)	음 とう	逃亡(とうぼう) 도망
	훈 に·げる に·がす のが·す* のが·れる*	あわてて逃(に)げる 서둘러 도망가다 鳥(とり)を逃(に)がしてやる 새를 놓아주다
倒 넘어질(도)	음 とう	倒産(とうさん) 도산
	훈 たお·れる たお·す	ビルが倒(たお)れる 빌딩이 무너지다 木(き)を倒(たお)す 나무를 쓰러뜨리다
凍 얼(동)	음 とう*	
	훈 こお·る こご·える	湖(みずうみ)が凍(こお)る 호수가 얼다 寒(さむ)さで凍(こご)える 추위에 얼다
党 무리(당)	음 とう	政党(せいとう) 정당
	훈	
盗 도둑(도)	음 とう	強盗(ごうとう) 강도
	훈 ぬす·む	財布(さいふ)を盗(ぬす)む 지갑을 훔치다
塔 탑(탑)	음 とう	エッフェル塔(とう) 에펠탑
	훈	
筒 대통(통)	음 とう	封筒(ふうとう) 봉투
	훈 つつ	竹(たけ)の筒(つつ) 죽통
統 내통(통)	음 とう	大統領(だいとうりょう) 대통령
	훈 す·べる*	
銅 구리(동)	음 どう	銅像(どうぞう) 동상
	훈	
導 인도할(도)	음 どう	導入(どうにゅう) 도입
	훈 みちび·く	導(みちび)く 인도하다

한자와 뜻	읽기	단어와 뜻
徳 큰(덕)	음 とく	道徳(どうとく) 도덕
	훈	
毒 독(독)	음 どく	毒(どく)のある植物(しょくぶつ) 독이 있는 식물
	훈	
独 홀로(독)	음 どく	独身(どくしん) 독신
	훈 ひと·り	独(ひと)り言(ごと) 혼잣말
突 갑자기(돌)	음 とつ	突然(とつぜん) 갑자기
	훈 つ·く	針(はり)で突(つ)く 바늘로 찌르다
届 이를(계)	음	
	훈 とど·く とど·ける	手紙(てがみ)が届(とど)く 편지가 도착하다 警察(けいさつ)に届(とど)ける 경찰에 신고하다
鈍 둔할(둔)	음 どん	鈍感(どんかん) 둔감
	훈 にぶ·い にぶ·る*	鈍(にぶ)い音(おと) 둔한 소리
曇 흐릴(담)	음 どん*	
	훈 くも·る	曇(くも)り 흐림
軟 연할(연)	음 なん	柔軟(じゅうなん) 유연
	훈 やわ·らか やわ·らかい	軟(やわ)らかな布団(ふとん) 부드러운 이불 体(からだ)が軟(やわ)らかい 몸이 유연하다
難 어려울(난)	음 なん	難解(なんかい) 난해
	훈 かた·い むずか·しい	信(しん)じ難(がた)い 믿기 어렵다 難(むずか)しいテスト 어려운 시험
乳 젖(유)	음 にゅう	牛乳(ぎゅうにゅう) 우유
	훈 ちち ち*	乳(ちち)を飲(の)む 젖을 먹다
任 맡길(임)	음 にん	任務(にんむ) 임무
	훈 まか·せる まか·す*	仕事(しごと)を任(まか)せる 일을 맡기다
認 알(인)	음 にん	認識(にんしき) 인식
	훈 みと·める	誤(あやま)りを認(みと)める 잘못을 인정하다

	한자와 뜻	읽기	단어와 뜻
ね	燃 탈(연)	음 ねん	燃料(ねんりょう) 연료
		훈 も·える も·やす も·す*	火(ひ)が燃(も)える 불이 타다 ごみを燃(も)やす 쓰레기를 태우다
の	悩 번뇌할(뇌)	음 のう	苦悩(くのう) 고뇌
		훈 なや·む なや·ます*	悩(なや)み事(ごと) 고민거리
	能 능할(능)	음 のう	可能(かのう) 가능
		훈	
	脳 골(뇌)	음 のう	頭脳(ずのう) 두뇌
		훈	
	濃 짙을(농)	음 のう	濃度(のうど) 농도
		훈 こ·い	濃(こ)いコーヒー 진한 커피
は	破 깨뜨릴(파)	음 は	破産(はさん) 파산
		훈 やぶ·る やぶ·れる	写真(しゃしん)を破(やぶ)る 사진을 찢다 紙(かみ)が破(やぶ)れる 종이가 찢어지다
	拝 절(배)	음 はい	拝見(はいけん) 삼가 봄
		훈 おが·む	神様(かみさま)を拝(おが)む 신에게 빌다
	杯 잔(배)	음 はい	乾杯(かんぱい) 건배
		훈 さかずき	杯(さかずき)を交(か)わす 술잔을 주고받다
	背 등(배)	음 はい*	
		훈 せ せい* そむ·く* そむ·ける*	背(せ)が高(たか)い 키가 크다
	俳 광대(배)	음 はい	俳優(はいゆう) 배우
		훈	
	敗 패할(패)	음 はい	失敗(しっぱい) 실패
		훈 やぶ·れる*	
	泊 머무를(박)	음 はく	宿泊(しゅくはく) 숙박
		훈 と·まる と·める	ホテルに泊(と)まる 호텔에 묵다 友達(ともだち)を家(いえ)に泊(と)める 친구를 집에 묵게 하다

한자와 뜻	읽기	단어와 뜻
薄 엷을(박)	음 はく	軽薄(けいはく) 경박
	훈 うす·い うす·める うす·まる* うす·らぐ* うす·れる*	薄(うす)い色(いろ) 연한 색 水(みず)に薄(うす)める 물에 희석시키다
爆 불 터질(폭)	음 ばく	爆発(ばくはつ) 폭발
	훈	
肌 살가죽(기)	음 き*	
	훈 はだ	肌(はだ)のぬくもり 몸의 온기
髪 머리(발)	음 はつ*	
	훈 かみ	髪(かみ)の毛(け) 머리카락
抜 뽑을(발)	음 ばつ*	
	훈 ぬ·く ぬ·ける ぬ·かす* ぬ·かる*	白髪(しらが)を抜(ぬ)く 흰머리를 뽑다 歯(は)が抜(ぬ)ける 이가 빠지다
犯 범할(범)	음 はん	犯罪(はんざい) 범죄
	훈 おか·す	過(あやま)ちを犯(おか)す 잘못을 저지르다
判 판단할(판)	음 はん ばん	判断(はんだん) 판단 評判(ひょうばん) 평판
	훈	
版 판목(판)	음 はん	版画(はんが) 판화
	훈	
般 가지(반)	음 はん	一般(いっぱん) 일반
	훈	
販 팔(판)	음 はん	販売(はんばい) 판매
	훈	
晩 늦을(만)	음 ばん	晩(ばん)ご飯(はん) 저녁밥
	훈	

한자와 뜻	읽기	단어와 뜻
比 견줄(비)	음 ひ	比較(ひかく) 비교
	훈 くら·べる	長(なが)さを比(くら)べる 길이를 비교하다
皮 가죽(피)	음 ひ	皮膚(ひふ) 피부
	훈 かわ	毛皮(けがわ) 모피
否 아닐(부)	음 ひ	拒否(きょひ) 거부
	훈 いな*	
批 비평할(비)	음 ひ	批判(ひはん) 비판
	훈	
彼 저(피)	음 ひ*	
	훈 かれ かの*	彼(かれ) 그
非 아닐(비)	음 ひ	非常(ひじょう)に 아주
	훈	
疲 피곤할(피)	음 ひ	疲労(ひろう) 피로
	훈 つか·れる つか·らす*	目(め)が疲(つか)れる 눈이 피곤하다
秘 숨길(비)	음 ひ	秘密(ひみつ) 비밀
	훈 ひ·める*	
被 입을(피)	음 ひ	被害(ひがい) 피해
	훈 こうむ·る	損害(そんがい)を被(こうむ)る 손해를 입다
備 갖출(비)	음 び	準備(じゅんび) 준비
	훈 そな·える そな·わる*	明日(あす)に備(そな)える 내일에 대비하다
匹 짝(필)	음 ひつ	匹敵(ひってき) 필적
	훈 ひき	一匹(いっぴき) 1마리
評 평할(평)	음 ひょう	評判(ひょうばん) 평판
	훈	
秒 분초(초)	음 びょう	1秒(いちびょう)
	훈	

한자와 뜻	읽기	단어와 뜻
猫 고양이(묘)	음 びょう*	
	훈 ねこ	子猫(こねこ) 새끼 고양이
貧 가난할(빈)	음 ひん びん	貧血(ひんけつ) 빈혈 貧乏(びんぼう) 가난
	훈 まず·しい	貧(まず)しい家(いえ) 가난한 집
布 베(포)	음 ふ	財布(さいふ) 지갑
	훈 ぬの	布地(ぬのじ) 천
怖 두려워할(포)	음 ふ	恐怖(きょうふ) 공포
	훈 こわ·い	怖(こわ)い思(おも)いをする 무서워하다
浮 뜰(부)	음 ふ	浮力(ふりょく) 부력
	훈 う·く	水(みず)に浮(う)く 물에 뜨다
	う·かれる*	
	う·かぶ	いい考(かんが)えが頭(あたま)に浮(う)かぶ 좋은 생각이 머리에 떠오르다
	う·かべる	船(ふね)を浮(う)かべる 배를 띄우다
婦 며느리(부)	음 ふ	婦人(ふじん) 부인
	훈	
符 부호(부)	음 ふ	切符(きっぷ) 표
	훈	
富 부유할(부)	음 ふ ふう*	豊富(ほうふ) 풍부
	훈 と·む とみ*	資源(しげん)に富(と)む 자원이 풍부하다
普 넓을(보)	음 ふ	普通(ふつう) 보통
	훈	
膚 살갗(부)	음 ふ	皮膚(ひふ) 피부
	훈	
武 호반(무)	음 ぶ む	武士(ぶし) 무사 武者(むしゃ) 무사
	훈	

한자와 뜻	읽기	단어와 뜻
舞 춤출(무)	음 ぶ	舞台(ぶたい) 무대
	훈 ま·う* まい*	
封 봉할(봉)	음 ふう ほう*	封筒(ふうとう) 봉투
	훈	
幅 폭(폭)	음 ふく*	
	훈 はば	幅(はば)が広(ひろ)い 폭이 넓다
復 회복할(복)	음 ふく	復習(ふくしゅう) 복습
	훈	
腹 배(복)	음 ふく	空腹(くうふく) 공복
	훈 はら	腹(はら)がへる 배가 고프다
複 겹칠(복)	음 ふく	複雑(ふくざつ) 복잡
	훈	
払 떨칠(불)	음 ふつ*	
	훈 はら·う	代金(だいきん)を払(はら)う 대금을 지불하다
沸 끓을(비)	음 ふつ*	
	훈 わ·く わ·かす	お湯(ゆ)が沸(わ)く 물이 끓다 風呂(ふろ)を沸(わ)かす 목욕물을 데우다
仏 부처(불)	음 ぶつ	仏像(ぶつぞう) 불상
	훈 ほとけ	仏様(ほとけさま) 부처님
粉 가루(분)	음 ふん*	
	훈 こ こな	小麦粉(こむぎこ) 밀가루 粉(こな)にする 가루로 만들다
並 나란히(병)	음 へい	並列(へいれつ) 병렬
	훈 なみ なら·べる なら·ぶ なら·びに*	並木(なみき) 가로수 くつを並(なら)べる 신발을 가지런히 놓다 列(れつ)に並(なら)ぶ 줄을 서다

한자와 뜻	읽기	단어와 뜻
閉 닫을(폐)	음 へい	閉口(へいこう) 입을 닫음
	훈 と·じる と·ざす* し·める し·まる	口(くち)を閉(と)じる 입을 다물다 窓(まど)を閉(し)める 창문을 닫다 店(みせ)が閉(し)まる 가게가 문을 닫다
壁 벽(벽)	음 へき	城壁(じょうへき) 성벽
	훈 かべ	壁紙(かべがみ) 벽지
片 조각(편)	음 へん	破片(はへん) 파편
	훈 かた	片方(かたほう) 한쪽
編 엮을(편)	음 へん	編集(へんしゅう) 편집
	훈 あ·む	セーターを編(あ)む 스웨터를 짜다
弁 고깔(변)	음 べん	弁当(べんとう) 도시락
	훈	
ほ 保 지킬(보)	음 ほ	保険(ほけん) 보험
	훈 たも·つ	平均値(へいきんち)を保(たも)つ 평균치를 유지하다
捕 잡을(포)	음 ほ	捕獲(ほかく) 포획
	훈 と·らえる と·らわれる* と·る つか·まえる つか·まる	獲物(えもの)を捕(と)らえる 사냥감을 잡다 ボールを捕(と)る 공을 잡다 泥棒(どろぼう)を捕(つか)まえる 도둑을 잡다 スピード違反(いはん)で捕(つか)まる 속도위반으로 잡히다
補 기울(보)	음 ほ*	
	훈 おぎな·う	不足(ふそく)を補(おぎな)う 부족한 부분을 보충하다
募 모을(모)	음 ぼ	募集(ぼしゅう) 모집
	훈 つの·る	意見(いけん)を募(つの)る 의견을 모으다
墓 무덤(묘)	음 ぼ	墓地(ぼち) 묘지
	훈 はか	お墓参(はかまい)り 성묘
暮 저물(모)	음 ぼ	お歳暮(せいぼ) 연말선물
	훈 く·れる く·らす	日(ひ)が暮(く)れる 날이 저물다 田舎(いなか)で暮(く)らす 시골에서 지내다

한자와 뜻	읽기	단어와 뜻
包 싼(포)	음 ほう	包装(ほうそう) 포장
	훈 つつ·む	風呂敷(ふろしき)で包(つつ)む 보자기로 싸다
宝 보배(보)	음 ほう	宝石(ほうせき) 보석
	훈 たから	宝物(たからもの) 보물
抱 안을(포)	음 ほう	辛抱(しんぼう) 참음
	훈 だ·く いだ·く かか·える	子供(こども)を抱(だ)く 아이를 안다 夢(ゆめ)を抱(いだ)く 꿈을 품다 膝(ひざ)を抱(かか)えて座(すわ)る 무릎을 안고 앉다
訪 찾을(방)	음 ほう	訪問(ほうもん) 방문
	훈 おとず·れる* たず·ねる	先生(せんせい)を訪(たず)ねる 선생님을 방문하다
報 갚을(보)	음 ほう	情報(じょうほう) 정보
	훈 むく·いる*	
豊 풍성할(풍)	음 ほう	豊富(ほうふ) 풍부
	훈 ゆた·か	豊(ゆた)かな生活(せいかつ) 풍족한 생활
亡 망할(망)	음 ぼう もう	死亡(しぼう) 사망
	훈 な·い	亡(な)くなる 돌아가시다
忙 바쁠(망)	음 ぼう	多忙(たぼう) 많이 바쁨
	훈 いそが·しい	忙(いそが)しい仕事(しごと) 바쁜 일
坊 동네(방)	음 ぼう ぼっ	坊(ぼう)や 꼬마 坊(ぼっ)ちゃん 도련님
	훈	
忘 잊을(망)	음 ぼう	
	훈 わす·れる	うっかり忘(わす)れる 깜빡 잊다
防 막을(방)	음 ぼう	予防(よぼう) 예방
	훈 ふせ·ぐ	風(かぜ)を防(ふせ)ぐ 바람을 막다
望 바랄(망)	음 ぼう もう*	希望(きぼう) 희망
	훈 のぞ·む	成功(せいこう)を望(のぞ)む 성공을 바라다

	한자와 뜻	읽기	단어와 뜻
	帽 모자(모)	음 ぼう	帽子(ぼうし) 모자
		훈	
	棒 막대(봉)	음 ぼう	木(き)の棒(ぼう) 나무 막대기
		훈	
	貿 무역할(무)	음 ぼう	貿易(ぼうえき) 무역
		훈	
	暴 사나울(폭)	음 ぼう ばく	乱暴(らんぼう) 난폭 暴露(ばくろ) 폭로
		훈 あば·く* あば·れる	 酔(よ)って暴(あば)れる人 술 취해서 난동 부리는 사람
ま	磨 갈(마)	음 ま*	
		훈 みが·く	腕(うで)を磨(みが)く 실력을 닦다
	枚 낱(매)	음 まい	一枚(いちまい) 1장
		훈	
	埋 묻을(매)	음 まい	埋蔵(まいぞう) 매장
		훈 う·まる* う·める う·もれる*	 土(つち)に埋(う)める 땅에 묻다
	幕 휘장(막)	음 まく 음 ばく*	舞台(ぶたい)の幕(まく)があがる 무대의 막이 오르다
		훈	
み	密 빽빽할(밀)	음 みつ	秘密(ひみつ) 비밀
		훈	
	眠 잘(면)	음 みん	睡眠(すいみん) 수면
		훈 ねむ·る ねむ·い	ぐっすり眠(ねむ)る 푹 자다 眠(ねむ)くなる 졸리다
む	務 힘쓸(무)	음 む	任務(にんむ) 임무
		훈 つと·める	主役(しゅやく)を務(つと)める 주인공을 맡다
	夢 꿈(몽)	음 む	夢中(むちゅう) 열중함, 몰두함, 몰입함
		훈 ゆめ	夢(ゆめ)を見(み)る 꿈을 꾸다
	迷 미혹할(미)	음 めい	迷惑(めいわく) 폐 / 迷子(まいご)★ 미아
		훈 まよ·う	道(みち)に迷(まよ)う 길을 잃다

한자와 뜻	읽기	단어와 뜻
綿 솜(면)	음 めん	綿(めん) 면
	훈 わた	綿(わた)あめ 솜사탕
や 訳 통역할(역)	음 やく	通訳(つうやく) 통역
	훈 わけ	申(もう)し訳(わけ)ない 죄송하다
ゆ 輸 보낼(수)	음 ゆ	輸出入(ゆしゅつにゅう) 수출입
	훈	
郵 우편(우)	음 ゆう	郵便(ゆうびん) 우편
	훈	
優 넉넉할(우)	음 ゆう	優勝(ゆうしょう) 우승
	훈 やさ·しい	優(やさ)しい人(ひと) 상냥한 사람
	すぐ·れる	優(すぐ)れた作品(さくひん) 뛰어난 작품
よ 与 더불(여)	음 よ	与党(よとう) 여당
	훈 あた·える	えさを与(あた)える 먹이를 주다
余 나(여)	음 よ	余裕(よゆう) 여유
	훈 あま·る	時間(じかん)が余(あま)る 시간이 남다
	あま·す*	
預 맡길(예)	음 よ	預金(よきん) 예금
	훈 あず·ける	銀行(ぎんこう)にお金(かね)を預(あず)ける 은행에 돈을 맡기다
	あず·かる	かばんを預(あず)かる 가방을 맡다
幼 어릴(유)	음 よう	幼稚(ようち) 유치
	훈 おさな·い	幼(おさな)い子(こ) 어린 아이
容 얼굴(용)	음 よう	内容(ないよう) 내용
	훈	
溶 녹을(용)	음 よう	溶岩(ようがん) 용암
	훈 と·ける	氷(こおり)が溶(と)ける 얼음이 녹다
	と·かす	バターを溶(と)かす 버터를 녹이다
	と·く	塩(しお)を水(みず)で溶(と)く 소금을 물에 녹이다
腰 허리(요)	음 よう*	
	훈 こし	腰(こし)が痛(いた)む 허리가 아프다
踊 뛸(용)	음 よう*	
	훈 おど·る	曲(きょく)に合(あ)わせて踊(おど)る 곡에 맞추어 추다
	おど·り	踊(おど)りがうまい人(ひと) 춤을 잘 추는 사람

한자와 뜻	읽기	단어와 뜻
欲 하고자할(욕)	음 よく	欲張(よくば)り 욕심쟁이
	훈 ほっ·する* ほ·しい	車(くるま)が欲(ほ)しい 차를 갖고 싶다
翌 다음날(익)	음 よく	翌日(よくじつ) 다음날
	훈	
頼 의뢰할(뢰)	음 らい	依頼(いらい) 의뢰
	훈 たの·む たの·もしい たよ·る	仕事(しごと)を頼(たの)む 일을 부탁하다 頼(たの)もしい若者(わかもの) 믿음직스러운 젊은이 いつも頼(たよ)りになる人(ひと) 항상 의지하게 되는 사람
絡 이을(락)	음 らく	連絡(れんらく) 연락
	훈 から·む	糸(いと)が絡(から)む 실이 엉키다
乱 어지러울(란)	음 らん	乱雑(らんざつ) 난잡
	훈 みだ·れる みだ·す*	髪(かみ)が乱(みだ)れる 머리카락이 흐트러지다
卵 알(란)	음 らん*	
	훈 たまご	卵焼(たまごや)き 달걀 프라이
覧 볼(람)	음 らん	展覧会(てんらんかい) 전람회
	훈	
裏 속(리)	음 り*	
	훈 うら	裏表(うらおもて) 앞뒤
律 법칙(률)	음 りち* りつ	法律(ほうりつ) 법률
	훈	
略 간략할(략)	음 りゃく	省略(しょうりゃく) 생략
	훈	
留 머무를(류)	음 りゅう る	留学(りゅうがく) 유학 留守(るす) 부재중
	훈 と·まる* と·める	紙(かみ)をピンで留(と)める 종이를 핀으로 고정시키다
粒 낟알(립)	음 りゅう*	
	훈 つぶ	豆粒(まめつぶ) 콩 알갱이

한자와 뜻	읽기	단어와 뜻
了 마칠(료)	음 りょう	完了(かんりょう) 완료
	훈	
涼 서늘할(량)	음 りょう*	
	훈 すず·しい	涼(すず)しい風(かぜ) 시원한 바람
領 거느릴(령)	음 りょう	領域(りょういき) 영역
	훈	
療 병 고칠(료)	음 りょう	治療(ちりょう) 치료
	훈	
緑 푸를(록)	음 りょく ろく*	緑地(りょくち) 녹지
	훈 みどり	緑色(みどりいろ)に塗(ぬ)る 녹색으로 칠하다
輪 바퀴(륜)	음 りん	車輪(しゃりん) 차 바퀴
	훈 わ	指輪(ゆびわ)をはめる 반지를 끼다
涙 눈물(루)	음 るい*	
	훈 なみだ	涙(なみだ)が出(で)る 눈물이 나오다
類 무리(류)	음 るい	人類(じんるい) 인류
	훈 たぐい*	
令 명령할(령)	음 れい	命令(めいれい) 명령
	훈	
礼 예도(례)	음 れい らい*	礼儀(れいぎ) 예의
	훈	
冷 찰(랭)	음 れい	冷蔵庫(れいぞうこ) 냉장고
	훈 つめ·たい ひ·える ひや ひ·やす ひ·やかす* さ·める さ·ます	冷(つめ)たいビール 차가운 맥주 朝晩(あさばん)は冷(ひ)える 아침저녁으로 춥다 お冷(ひや) 찬물 頭(あたま)を冷(ひ)やす 머리를 식히다 スープが冷(さ)める 스프가 식다 熱(ねつ)を冷(さ)ます 열을 식히다

한자와 뜻	읽기	단어와 뜻
戻 어그러질(태)	음 れい*	
	훈 もど·す もど·る	元(もと)に戻(もど)す 원래대로 돌리다 席(せき)に戻(もど)る 자리로 돌아오다
零 떨어질(령)	음 れい	零点(れいてん) 0점, 빙점
	훈	
齢 나이(령)	음 れい	年齢(ねんれい) 연령
	훈	
歴 지낼(력)	음 れき	歴史(れきし) 역사
	훈	
列 벌일(렬)	음 れつ	列島(れっとう) 열도
	훈	
恋 그리워할(련)	음 れん	恋愛(れんあい) 연애
	훈 こい	恋心(こいごころ) 연정
ろ 論 논할(론)	음 ろん	議論(ぎろん) 논의
	훈	
湾 물굽이(만)	음 わん	東京湾(とうきょうわん) 도쿄만
	훈	
腕 팔뚝(완)	음 わん	腕力(わんりょく) 완력
	훈 うで	両腕(りょううで) 양팔

특별하게 읽는 한자

한자와 뜻	읽기	단어와 뜻
田舎	いなか	시골
笑顔	えがお	미소
伯父/ 叔父	おじ	백부 숙부
伯母/叔母	おば	백모 숙모
お巡りさん	おまわりさん	순경
風邪	かぜ	감기

한자와 뜻	읽기	단어와 뜻
仮名	かな	가나(일본 글자)
為替	かわせ	환율
景色	けしき	경치
差し支える	さしつかえる	지장이 있다
芝生	しばふ	잔디
白髪	しらが	흰머리
素人	しろうと	아마추어
相撲	すもう	스모(일본씨름)
足袋	たび	일본 버선
一日	ついたち いちにち	1일/하루
梅雨	つゆ	장마
凸凹	でこぼこ	울퉁불퉁
博士	はかせ	박사
二十/二十歳	はたち	20살
吹雪	ふぶき	눈보라
迷子	まいご	미아
真っ赤	まっか	새빨감
真っ青	まっさお	새파람
土産	みやげ	선물
眼鏡	めがね	안경
紅葉	もみじ / こうよう	단풍
木綿	もめん	목면
八百屋	やおや	야채가게
浴衣	ゆかた	유카타
行方	ゆくえ	행방

問題 1 ＿＿＿＿の言葉の読み方として最もよいものを、1・2・3・4から一つ選びなさい。

01 この料理はとてもおいしいとはいい難い。

1 いいがたい　2 いいかたい　3 いいつらい　4 いいづらい

02 この問題はいろいろな要素が複雑に絡み合っている。

1 からみ　2 くらみ　3 いとみ　4 せがみ

03 うちの両親の営むレストランは小さいが味がいいと評判だ。

1 えいむ　2 いとなむ　3 いなむ　4 からむ

04 この世の争いごとは絶えることがない。

1 きそい　2 あらそい　3 いらい　4 きらい

05 春物のワンピースを入荷しました。

1 いりか　2 いれに　3 にゅうに　4 にゅうか

06 彼は自分の損得をあまり考えず、いつも人のために働いている。

1 そんどく　2 そんとく　3 いんどく　4 いんとく

07 今日は川の水が全て凍ってしまうほど寒い。

1 とおって　2 うもって　3 こおって　4 すべって

08 欧州諸国を旅行してみたい。

1 おうしゅう　2 くしゅう　3 おうじゅう　4 くじゅう

09 仏壇にお供えするお餅を注文した。

1 おともえ　2 おつかえ　3 おかかえ　4 おそなえ

10 将来、尊い命を救えるような仕事に就きたい。

1 とうとい　2 たうとい　3 おもい　4 きよい

한자읽기 완벽대비 문제 ❷ 회

問題 1 ＿＿＿＿の言葉の読み方として最もよいものを、1・2・3・4から一つ選びなさい。

01 今日の部長はどうも機嫌が悪いようだ。

1 ぎげん　　2 きげん　　3 ぎけん　　4 きけん

02 18世紀のイギリスで産業革命は起こった。

1 かいめい　　2 かいみょう　　3 かくめい　　4 かくみょう

03 二十歳になって成人式に参加した。

1 はつか　　2 はたち　　3 ようか　　4 はちか

04 我が家では食後に季節の果物を食べる。

1 くだぶつ　　2 かじつ　　3 かぶつ　　4 くだもの

05 仮病を使って学校を休んだ。

1 かびょう　　2 がびょう　　3 けびょう　　4 げびょう

06 同じ失敗は二度と犯さないようにしなければならない。

1 おこさない　　2 おかさない　　3 かもさない　　4 さとさない

07 為替の変動を予想するのは大変難しい。

1 ためせ　　2 ためたい　　3 かわせ　　4 かわたい

08 年末に家族そろって家の大掃除をした。

1 おおそうじ　　2 おおしょうじ　　3 だいそうじ　　4 だいしょうじ

09 この町の人口は減少しつつある。

1 げんしょ　　2 げんしょう　　3 かんしょ　　4 かんしょう

10 新しいシステムを導入したところ、著しい変化が見られた。

1 いそがしい　　2 あわただしい　　3 あらわしい　　4 いちじるしい

問題 1 ＿＿＿＿の言葉の読み方として最もよいものを、1・2・3・4から一つ選びなさい。

01 眼鏡をどこに置いたか分からなくなってしまった。

1 めがね　2 めかがみ　3 がんぎょう　4 がんけい

02 シルクは身につけたときの、さらっとした感触が魅力だ。

1 かんしょく　2 かんちゅう　3 かんちょく　4 かんかく

03 あの学者はこれまでの業績が認められ、賞が授けられた。

1 あずけ　2 ことずけ　3 もうけ　4 さずけ

04 台風で看板が飛ばされそうだった。

1 かんばん　2 かんぱん　3 がんばん　4 がんぱん

05 どんなに苦しい時でも希望を持たなければならない。

1 きもう　2 ひもう　3 きぼう　4 ひぼう

06 最後まで頑張りきれるかどうかが成功と失敗の境目だ。

1 さかめ　2 きょうめ　3 きょうもく　4 さかいめ

07 講義室をレンタルするには事務所の許可が必要だ。

1 ほか　2 ほが　3 きょか　4 きょが

08 空港に行く時はいつもリムジンバスを利用している。

1 こうく　2 くうこ　3 こうくう　4 くうこう

09 南から暖かく湿った空気が流れ込んできた。

1 しめった　2 くもった　3 こもった　4 しまった

10 仕事で一人前になるまで、あとどれ程の時間がかかるか分からない。

1 ごろ　2 めど　3 ほど　4 くらい

한자읽기 완벽대비 문제 ④ 회

問題 1 ＿＿＿＿の言葉の読み方として最もよいものを、1·2·3·4から一つ選びなさい。

01 ルールを守らない人には厳重な注意を与えるべきだ。

1 げんじょう　**2** げんちょう　**3** げんちゅう　**4** げんじゅう

02 限られた時間で効率的に仕事を進める。

1 きょうりつ　**2** きょうそつ　**3** こうりつ　**4** こうそつ

03 彼は私のお願いを快く引き受けてくれた。

1 よく　**2** かるく　**3** ここちよく　**4** こころよく

04 強盗事件はここ数年減少傾向にあるようだ。

1 ごうどう　**2** ごうとう　**3** きょうどう　**4** きょうとう

05 田舎の両親に週に一度は電話をかけるようにしている。

1 ふるさと　**2** でんえん　**3** こきょう　**4** いなか

06 数種類の薬品を混合して作られた総合風邪薬。

1 こんごう　**2** こんこう　**3** ごんごう　**4** ごんこう

07 親しい人たちと杯を交わし語り合うのは楽しいものだ。

1 さけ　**2** ぱい　**3** うつわ　**4** さかずき

08 雑草といわれるものの中にもきれいな花を咲かせるものがある。

1 ざっそう　**2** ぞうそう　**3** ざつくさ　**4** ぞうぐさ

09 きれいな芝生を維持するためにはきちんと手入れしなければならない。

1 しせい　**2** じせい　**3** しばふ　**4** じばふ

10 アンケート調査を基に資料を作成した。

1 した　**2** これ　**3** もと　**4** き

問題 1 ＿＿＿の言葉の読み方として最もよいものを、1·2·3·4から一つ選びなさい。

01 磁石は多くの電気製品に利用されている。

1 じしゃく　2 じせき　3 じゃじゃく　4 じゃせき

02 欲張りな彼はみんなから嫌われている。

1 やくはりな　2 やくばりな　3 よくはりな　4 よくばりな

03 わが国ならではの特産品を海外に輸出している。

1 ゆしゅつ　2 すしゅつ　3 しゅしゅつ　4 すうしゅつ

04 アルバイトとして親戚の会社を手伝うことになった。

1 てちがう　2 てつだう　3 てまどう　4 しゅつたう

05 車の調子が悪いので修理に出した。

1 すり　2 すうり　3 しゅり　4 しゅうり

06 笑顔は周りの人の心まで明るくしてくれる。

1 わらいがお　2 わらがお　3 えがお　4 えがん

07 日々、今の状況に満足して過ごしている。

1 じょうけい　2 じょうほう　3 じょうきょう　4 じょうこう

08 40歳を過ぎた頃から白髪が目立つようになってきた。

1 しろが　2 しらが　3 しろはつ　4 はくばつ

09 この森には珍しい種類の花が咲いている。

1 めずらしい　2 いちじるしい　3 すばらしい　4 あたらしい

10 全国の城を訪ねる旅をしている。

1 じょう　2 しょう　3 せい　4 しろ

한자읽기 완벽대비 문제 ❻ 회

問題 1 ＿＿＿＿の言葉の読み方として最もよいものを、1·2·3·4から一つ選びなさい。

01 飛行機を操縦して空から町を眺めてみたい。

1 そうじゅう　2 じょうじゅう　3 そうじゅ　4 じょうじゅ

02 冬は空気が乾燥し、火災がよく起こる。

1 けんそう　2 けんじょう　3 かんそう　4 かんじょう

03 あのマラソン選手は今回の試合でまた世界新記録を更新した。

1 けいしん　2 こうしん　3 そうしん　4 さんしん

04 これほどすばらしいものを素人が作れるはずがない。

1 そじん　2 しじん　3 しろうと　4 くろうと

05 差し支えなければ、こちらにご自宅の電話番号をご記入ください。

1 さしささえ　2 さしおぼえ　3 さいおさえ　4 さしつかえ

06 あまりに多忙な日々を過ごしていると心の余裕もなくなってしまう。

1 たもう　2 だもう　3 たぼう　4 だぼう

07 小学校の担任の先生とは今でも連絡をとっている。

1 たんいん　2 たんにん　3 だんいん　4 だんにん

08 時計の秒針の音が気になって眠れない。

1 ちょちん　2 ひょうしん　3 ちょうちん　4 びょうしん

09 迷ってしまったのでお巡りさんに道を尋ねた。

1 おめぐりさん　2 おかわりさん　3 おまわりさん　4 おさがりさん

10 今日のパーティーには各界の著名人が集まるそうだ。

1 ちょめいじん　2 しょめいじん　3 ちょうみょうじん　4 しょみょうじん

한자읽기 완벽대비 문제 ⑦ 회

問題 1 ＿＿＿＿の言葉の読み方として最もよいものを、1・2・3・4から一つ選びなさい。

01 天然素材でつくられた化粧品だけを使うようにしている。

1 てんねん　2 てんぜん　3 ちょうねん　4 ちょうぜん

02 私が子どもの頃はよく泥だらけになって遊んだものだ。

1 すな　2 つち　3 どろ　4 はい

03 この店は女性客が大半を占めている。

1 うめて　2 しめて　3 つめて　4 はめて

04 この塔は町のシンボルとして親しまれている。

1 たう　2 どう　3 ごう　4 とう

05 これは人工頭脳を持ったロボットです。

1 どのう　2 どうのう　3 ずのう　4 ずうのう

06 努力すればするほど目に見えて成績が上がっていった。

1 どうりょく　2 どりょく　3 のうりょく　4 のりょく

07 自分の意見をはっきり述べることは重要だ。

1 しゃべる　2 なべる　3 のべる　4 とべる

08 サービス業ではお客に対し柔軟な対応ができなければならない。

1 ゆうなん　2 にゅうなん　3 じゅうなん　4 しゅうなん

09 人類の祖先はアフリカ大陸から生まれたと言われている。

1 じんすう　2 にんすう　3 じんるい　4 にんるい

10 山道は凸凹していて歩きにくい。

1 あちこち　2 たてよこ　3 くちぐち　4 でこぼこ

問題 1 ＿＿＿の言葉の読み方として最もよいものを、1・2・3・4から一つ選びなさい。

01 梅雨の季節を楽しく乗り切るためにきれいな色の傘を買った。

1 まゆ　2 つゆ　3 ばいあめ　4 うめあめ

02 博士号を取るまで長い道のりだった。

1 ばかせ　2 はかせ　3 はくじ　4 ばくし

03 あちこちでビルの拡張工事を行っている。

1 かくはり　2 はくはり　3 はくちょう　4 かくちょう

04 あの会社の勢いはとどまるところを知らない。

1 うらない　2 うやまい　3 いきおい　4 さからい

05 文化財の発掘作業が昼夜行われている。

1 ほっくつ　2 はっくつ　3 ほっしゅつ　4 はっしゅつ

06 ガラスの破片が飛び散った。

1 はへん　2 はぺん　3 ぱへん　4 はかた

07 比較的短時間で仕事を済ませることができた。

1 ひきょう　2 びきょう　3 ひかく　4 ぴかく

08 先生の適切なアドバイスがこのプロジェクトを成功へと導いてくれました。

1 みちびいて　2 ついて　3 しりぞいて　4 ひきいて

09 戦争は悲劇的な結末となるものだ。

1 ひげき　2 さげき　3 ひごく　4 きごく

10 彼女からはいつも香水の甘い香りがする。

1 きょうすい　2 ひょうすい　3 かすい　4 こうすい

한자읽기 완벽대비 문제 ⑨ 회

問題1 ＿＿＿の言葉の読み方として最もよいものを、1·2·3·4から一つ選びなさい。

01 布製のかばんを購入した。

1 ぬのそう　2 ぬのせい　3 ふそう　4 ふせい

02 舞台の上は華やかな世界が広がっていた。

1 むだい　2 ぶだい　3 むたい　4 ぶたい

03 毎日双子の赤ちゃんの育児に追われています。

1 ふたご　2 ふたし　3 そうじ　4 そうこ

04 桜の花も美しいが、どちらかというと私は赤く染まった紅葉の方が好きだ。

1 もみじ　2 こうじ　3 べには　4 こうば

05 豆腐はたんぱく質が豊富に含まれている。

1 ほふ　2 ほぶ　3 ほうふ　4 ほうぶ

06 知らせを聞いた彼はショックで真っ青になった。

1 まっあお　2 まっせい　3 まっか　4 まっさお

07 人手が足りないのでアルバイトを雇う必要がある。

1 うとう　2 まどう　3 やとう　4 つどう

08 通路側より窓際の席のほうが好きだ。

1 まどさい　2 まどがわ　3 まどぎわ　4 まどざわ

09 木の枝においしそうな実がたくさん成っている。

1 くき　2 えだ　3 みき　4 また

10 八百屋の店先には今が旬の野菜が所狭しと並んでいる。

1 はっぴゃくや　2 みせや　3 あおや　4 やおや

問題 1 ＿＿＿＿の言葉の読み方として最もよいものを、1・2・3・4から一つ選びなさい。

01 学内に留学生のための相談窓口を設けた。

1 さずけた　2 みつけた　3 あずけた　4 もうけた

02 日本は多くの国々と貿易を行っている

1 ぼういき　2 ぼうえき　3 むいき　4 むえき

03 できる限り武力を用いず問題を解決したいものだ。

1 むりき　2 ぶりき　3 むりょく　4 ぶりょく

04 子どもの頃、デパートで迷子になってしまったことがある。

1 まいこ　2 まいご　3 めいご　4 めいこ

05 良好な人間関係を保つのは簡単ではない。

1 わかつ　2 たもつ　3 もつ　4 たつ

06 不足しがちなビタミンを補うために毎朝野菜ジュースを飲んでいる。

1 おぎなう　2 まかなう　3 やしなう　4 そこなう

07 ここ最近、毎日のように夜更かししている。

1 よあかし　2 よふかし　3 やふかし　4 やあかし

08 浴衣を着て神社の祭りに出かけた。

1 よくい　2 ゆかた　3 ゆくい　4 よかた

09 世界各国の切手を収集することが私の趣味だ。

1 しゅしゅ　2 しゅしゅう　3 しゅうしゅ　4 しゅうしゅう

10 今後、さらに研究領域を広げて行きたいと考えている。

1 りょういき　2 よういき　3 りょうえき　4 ようえき

한자쓰기 완벽대비 문제 ❶ 회

問題 1 ＿＿＿＿の言葉を漢字で書くとき最もよいものを、1·2·3·4から一つ選びなさい。

01 遺産の相続をめぐって親族間であらそいが起きた。

1 洗い　2 争い　3 戦い　4 荒い

02 エジソンはいだいな発明家だ。

1 違大　2 依大　3 偉大　4 異大

03 私が生きているうちにうちゅう旅行ができるようになるだろうか。

1 宇住　2 宇駐　3 宇宙　4 宇注

04 注目の試合はえんちょう戦の末、引き分けに終わった。

1 延長　2 演張　3 煙長　4 塩張

05 ビジネスをする上で電話のおうたいがきちんとできなければならない。

1 欧体　2 欧対　3 応体　4 応対

06 気まぐれな彼女の行動はとても理解しがたい。

1 固い　2 難い　3 違い　4 硬い

07 かのうな限り家族と過ごす時間を作るようにしている。

1 加能　2 仮能　3 化能　4 可能

08 学校のかべは誰が書いたのか落書きだらけだ。

1 壁　2 塀　3 癖　4 垣

09 彼女は時間にかまわず電話をかけて来るので困る。

1 講わず　2 構わず　3 請わず　4 溝わず

10 かみを切るために美容院へ行った。

1 紙　2 上　3 髪　4 神

한자쓰기 완벽대비 문제 ❷ 회

問題 1 ＿＿＿＿の言葉を漢字で書くとき最もよいものを、1·2·3·4から一つ選びなさい。

01 大事にしていた花がかれてしまった。

1 故れて　2 固れて　3 効れて　4 枯れて

02 怪我人のかんごに当たる。

1 換互　2 漢語　3 看護　4 環誤

03 この団体の機関紙は年に2回かんこうされる。

1 観光　2 慣行　3 刊行　4 完工

04 明るく楽しい家庭をきずくのが私の夢だ。

1 築く　2 気付く　3 突く　4 磨く

05 きせいの概念にとらわれず、自由な発想で新しい企画を立てる。

1 規制　2 概成　3 帰征　4 既成

06 道端でぐうぜん先生に出会った。

1 突然　2 偶然　3 隅然　4 空然

07 けいざいの流れをつかむため、毎日新聞を読むようにしている。

1 径済　2 軽財　3 経済　4 怪財

08 今月の売り上げ報告を聞いて社長の表情がけわしくなった。

1 険しく　2 検しく　3 験しく　4 倹しく

09 子どもにも選択の自由とそれを決定するけんりはある。

1 権利　2 賢利　3 券利　4 件利

10 私はこいコーヒーが好きだ。

1 渋い　2 濃い　3 苦い　4 薄い

問題 1 ＿＿＿＿の言葉を漢字で書くとき最もよいものを、1・2・3・4から一つ選びなさい。

01 このクリームは高いだけあって美白こうかがある。

1 高価　2 降下　3 効果　4 交科

02 時計が止まっていたので新しい電池とこうかんした。

1 交代　2 交換　3 交感　4 変換

03 夏に行く海外旅行のこうくう券を予約した。

1 航空　2 高空　3 鋼空　4 港空

04 このホームページは1年以上もこうしんされていない。

1 行進　2 交信　3 更新　4 孝心

05 １年生と２年生がごうどうでセミナーを開催した。

1 講堂　2 合同　3 行動　4 号道

06 今年の夏は気温が40度をこえる暑い日が去年よりも多かった。

1 過える　2 肥える　3 請える　4 超える

07 パソコンがこしょうしたので修理に出した。

1 故障　2 故章　3 古障　4 古章

08 映画に誘ってみたが、ことわられてしまった。

1 絶られて　2 困られて　3 断られて　4 倒られて

09 彼は死後、ざいさんを全額寄付したそうだ。

1 材産　2 財産　3 在散　4 罪散

10 さいしを養うために毎日仕事に励んでいる。

1 再試　2 再視　3 妻師　4 妻子

한자쓰기 완벽대비 문제 ❹ 회

問題 1 ＿＿＿の言葉を漢字で書くとき最もよいものを、1・2・3・4から一つ選びなさい。

01 飼い犬がいなくなってしまったので、町中をさがしまわった。

1 預し　2 捜し　3 渡し　4 咲し

02 窓を開けっ放しにしていたら3箇所も蚊にさされてしまった。

1 指されて　2 差されて　3 志されて　4 刺されて

03 お腹に新しい命をさずかった。

1 受かった　2 授かった　3 察かった　4 札かった

04 その意見には全面的にさんせいだ。

1 賛成　2 賛声　3 参政　4 参生

05 じしんが起こったら、まず身の安全を確保しなければならない。

1 地神　2 自身　3 地震　4 指針

06 幼い子どもがいるのでじたくでできる仕事を探している。

1 支度　2 地宅　3 自宅　4 時択

07 大手銀行の近所のしてんで新しい口座を開いた。

1 枝点　2 支店　3 誌店　4 指点

08 反省しているなら口だけではなく、態度でもしめして欲しい。

1 示して　2 湿して　3 締して　4 占して

09 母のしゅじゅつは成功に終わった。

1 授術　2 取述　3 受述　4 手術

10 今のじょうきょうを正確に把握した上で、今後の計画を立てた方がよい。

1 上京　2 状況　3 城境　4 情恐

한자쓰기 완벽대비 문제 ⑤ 회

問題 1 ＿＿＿の言葉を漢字で書くとき最もよいものを、1・2・3・4から一つ選びなさい。

01 物価のじょうしょうにともない、給料もあがった。

1 情状　2 条照　3 常性　4 上昇

02 規則正しい生活を心がけているので健康じょうたいは良好だ。

1 状態　2 城帯　3 招待　4 条対

03 怪我をした時は適切なしょちをしなければ跡が残ってしまう。

1 所地　2 処地　3 所置　4 処置

04 あまりにも驚いたので、しんぞうが止まるかと思った。

1 心蔵　2 心臓　3 深臓　4 深蔵

05 山のきれいな空気をすうと心まで洗われる気がする。

1 収う　2 吹う　3 吸う　4 呼う

06 彼女のピアノの腕は他の誰よりもすぐれている。

1 秀れて　2 優れて　3 偉れて　4 凄れて

07 疲れのためか、昨日からずつうがする。

1 頭痛　2 頭通　3 図痛　4 図通

08 今日は仕事が早くすんだから家でゆっくり休めそうだ。

1 住んだ　2 清んだ　3 注んだ　4 済んだ

09 せいしんを集中させて今日の試合に臨んだ。

1 清神　2 静神　3 精神　4 晴神

10 この仕事はせいべつや年齢を問わず誰でもできます。

1 姓別　2 牲別　3 生別　4 性別

한자쓰기 완벽대비 문제 ❻ 회

問題 1 ＿＿＿の言葉を漢字で書くとき最もよいものを、1・2・3・4から一つ選びなさい。

01 失敗した場合のせきにんは私が負う。

1 積任　2 責任　3 績任　4 債任

02 この映画はそうぞうしていたよりずっと面白かった。

1 想像　2 創造　3 双憎　4 相増

03 信頼を築くのは大変でも、そこなうのはあっという間だ。

1 底なう　2 尊なう　3 外なう　4 損なう

04 母が帰る前に洗濯物をたたんでおいた。

1 豊んで　2 畳んで　3 堂んで　4 富んで

05 あのけんか以来、彼とは連絡をたったままだ。

1 立った　2 経った　3 発った　4 絶った

06 アマゾンをたんけんするドキュメンタリー番組を見た。

1 探険　2 探験　3 短剣　4 短検

07 彼はちしきだけではなく経験も豊富だ。

1 知職　2 組織　3 知識　4 組式

08 不動産屋のちゅうかいで新しいマンションを購入した。

1 中介　2 中華　3 仲介　4 仲華

09 日本では10年に一度国勢ちょうさが行われる。

1 調舎　2 調査　3 超査　4 超差

10 噂が本当かどうかちょくせつ本人に確かめたわけではない。

1 直設　2 直接　3 直折　4 直節

한자쓰기 완벽대비 문제 7 회

問題 1 ＿＿＿の言葉を漢字で書くとき最もよいものを、1・2・3・4から一つ選びなさい。

01 この本のちょしゃと一度でいいから会ってみたい。

1 調査　2 張射　3 著者　4 貯社

02 虫歯ができたら、できる限り早くちりょうしてもらったほうがいい。

1 治了　2 治療　3 恥両　4 恥領

03 テスト前の週末は1日中つくえに向かっていなければならない。

1 柱　2 格　3 机　4 柵

04 一人前になるには、もっと経験をつまなければならない。

1 績まなければ　2 積まなければ　3 載まなければ　4 勣まなければ

05 これはポイントを集めててきを倒していくゲームです。

1 敵　2 適　3 滴　4 摘

06 このドラマの今後のてんかいが楽しみだ。

1 天界　2 転回　3 点会　4 展開

07 古文の時間に古文どうしの活用形を習った。

1 同時　2 同志　3 動辞　4 動詞

08 10年ぶりに高校のどうそう生たちと集まった。

1 同総　2 同窓　3 同相　4 同草

09 飛行機チケットの予約はしたが、とまる場所の手配はまだだ。

1 止まる　2 停まる　3 泊まる　4 途まる

10 カブトムシをとるため、朝早く起きた。

1 捕る　2 補る　3 取る　4 浦る

한자쓰기 완벽대비 문제 8 회

問題 1 ＿＿＿の言葉を漢字で書くとき最もよいものを、1·2·3·4から一つ選びなさい。

01 急な雨で、新しい靴がどろだらけになってしまった。

1 沼　2 泥　3 尼　4 底

02 子どもたちは地球の未来をになっている。

1 担って　2 但って　3 伺って　4 候って

03 ちょっと油断したすきに財布をぬすまれた。

1 塗まれた　2 与まれた　3 包まれた　4 盗まれた

04 このぬのはとても手触りがいい。

1 符　2 府　3 怖　4 布

05 週末をのぞいて毎日運動するようにしている。

1 除いて　2 覗いて　3 望いて　4 助いて

06 留学したおかげで、英語の実力がずいぶんのびた。

1 延びた　2 帯びた　3 伸びた　4 浴びた

07 はいゆうを目指して演技の勉強をしている。

1 配勇　2 俳優　3 配偶　4 俳有

08 身長をはかったら去年より3センチも伸びていた。

1 側ったら　2 則ったら　3 即ったら　4 測ったら

09 昨晩、あの工場でばくはつ事故が起こったそうだ。

1 漠発　2 爆発　3 薄発　4 迫発

10 チームのはぐるまがかみ合わず、今日の試合に負けてしまった。

1 波車　2 破車　3 歯車　4 派車

한자쓰기 완벽대비 문제 ⑨ 회

問題 1 ＿＿＿＿の言葉を漢字で書くとき最もよいものを、1·2·3·4から一つ選びなさい。

01 エレベーターのドアに指をはさんでしまった。

1 狭んで　2 挟んで　3 快んで　4 狂んで

02 デパートで試食はんばいをしている。

1 販倍　2 販売　3 判倍　4 犯売

03 台風のひがいは想像以上にひどかった。

1 被害　2 比害　3 破害　4 皮害

04 家の犬が5ひきもの子犬を産んだ。

1 引　2 区　3 匹　4 四

05 ほうりつが必ずしも正しい人の身方になってくれるとは限らない。

1 法津　2 方率　3 法律　4 方筆

06 アルバイトのぼしゅうを見て電話をかけた。

1 墓集　2 暮集　3 保集　4 募集

07 スキーをしていた時、転んでほねを折ってしまった。

1 腰　2 脚　3 肯　4 骨

08 まずしいながらも、私たち家族はいつも幸せだった。

1 乏しい　2 貧しい　3 虚しい　4 恋しい

09 コーヒーにはいつもミルクと砂糖をまぜて飲む。

1 合ぜて　2 混ぜて　3 雑ぜて　4 守ぜて

10 引越しした友達の新居にまねかれた。

1 招かれた　2 紹かれた　3 召かれた　4 昭かれた

한자쓰기 완벽대비 문제 ⑩ 회

問題 1 ＿＿＿の言葉を漢字で書くとき最もよいものを、1・2・3・4から一つ選びなさい。

01 渡り鳥のむれが南の方へと飛んでいった。

1 揺れ　2 郡れ　3 群れ　4 枯れ

02 バスに乗りかけたが、財布を忘れたことに気づき家にもどった。

1 返った　2 戻った　3 涙った　4 帰った

03 やちんが生活費の三分の一以上を占めている。

1 屋賃　2 野賃　3 夜賃　4 家賃

04 ペットボトルのようきにお茶を入れて持ち歩いている。

1 用機　2 陽気　3 容器　4 要期

05 さっきは怒ってしまったが、れいせいに考えると何でもないことだ。

1 冷静　2 例性　3 令声　4 零勢

06 ご飯は多めに炊いてれいとうしておくと便利だ。

1 令凍　2 冷東　3 令東　4 冷凍

07 結果がわかり次第、れんらくいたします。

1 練格　2 連絡　3 連落　4 練楽

08 ラーメンを作るため、なべにお湯をわかした。

1 分かした　2 熱かした　3 沸かした　4 別かした

09 あの雲はふわふわしていてまるでわたあめのようだ。

1 綿　2 絹　3 布　4 皮

10 図書館はあの橋をわたったところにあります。

1 通った　2 渡った　3 透った　4 戻った

시나공
JLPT
일본어능력시험
N2

음성강의 듣기

둘째마당 어휘편

1교시 완벽대비 언어지식(문자 · 어휘)

문제분석과 완벽대비법

01 | 問題3 단어형성 문제

문제 소개

문자 · 어휘의 問題3 문제는 파생어와 복합어의 지식을 묻는 문제로서 괄호 안에 들어갈 알맞은 접두어, 접미어, 복합어를 고르는 〈단어형성〉 문제로, 5문항이 출제됩니다.

문제 미리 풀어보기 및 풀이

問題 3

(　　)に入れるのに最もよいものを、1·2·3·4から一つ選びなさい。

このシーンがこの映画の（　　）場面だと思います。

1 名　　2 高　　3 最　　4 真

정답 1

해석 이 장면이 이 영화의 (명)장면이라고 생각합니다.

해설 1번 名는 '명', 2번 高는 '고', 3번 最는 '최', 4번 真는 '진'이다. '名(めい)'가 접두어로 사용될 경우에는 '훌륭하다'는 뜻이 되는데, 장면 앞에 붙이면 '명장면'이 되어 정답으로 가장 적합하다.

어휘 シーン 장면 | 名場面(めいばめん) 명장면

문제분석과 완벽대비법

단어형성 문제는 총 5문항이 출제됩니다. 파생어와 복합어의 지식을 묻는 문제로서, 2개 이상의 말이 한 단어가 되는 합성어 문제가 출제됩니다.

파생어란 접두어나 접미어가 붙은 말을 뜻하는데, 접두어의 예를 들어 보면 다음과 같습니다. 高(こう)～를 단어 앞에 붙이면 高血圧(こうけつあつ) '고혈압', 高学歴(こうがくれき) '고학력'이 되고, 大(だい)～를 단어 앞에 붙이면 大自然(だいしぜん) '대자연', 大都市(だいとし) '대도시' 등으로 쓸 수 있습니다.

다음으로 접미어로는, ～的(てき)를 단어 마지막에 붙여서 積極的(せっきょくてき) '적극적', 比較的(ひかくてき) '비교적'으로 만들 수 있으며, ～化를 단어 마지막에 붙이면 機械化(きかいか) '기계화', 温暖化(おんだんか) '온난화' 등으로 쓸 수 있습니다.

그리고 복합어에는 복합동사, 복합명사가 있는데, 복합동사로는 思(おも)う와 出(だ)す라는 동사가 합해진 思(おも)い出(だ)す '기억해내다'를 비롯하여, 引(ひ)き取(と)る '인수하다', 見送(みおく)る '배웅하다' 등이 있습니다. 복합명사로는 思

(おも)う와 出(で)る가 합해진 명사형 思(おも)い出(で) '추억', 待(ま)ち合(あ)わせ '약속', 乗(の)り換(か)え '환승' 등을 들 수 있습니다.

단어형성 문제는 N2에만 있는 문제인데, 이 문제를 잘 풀기 위해서는 우선 단어를 많이 외우는 길밖에 없습니다. 특별히 파생어나 복합어의 수는 한정되어 있으므로 어휘리스트에 정리된 단어만 잘 외워두면 어렵지 않게 풀 수 있을 것입니다.

기출문제 분석

단어형성 문제의 범위는 파생어와 복합어인데, 2010년 개정 후 단어형성 기출문제를 살펴보면, 주로 파생어 문제가 출제되고 있습니다. 즉 접두어, 접미어 문제가 많이 출제되었다는 것입니다. 지금까지는 복합어가 출제되지 않았다고는 해도 시험문제 출제범위에 해당하므로 앞으로는 출제될 것으로 여겨집니다.

기출어 보기

2010년 7월

□□ 教育の(諸)問題について
교육의 (여러) 문제에 대해서

□□ 駅前の商店(街)で
역 앞의 상점(가)에서

□□ (高)収入のアルバイト
(고)수입 아르바이트

□□ 社長と(副)社長
사장과 (부)사장

□□ 集中(力)が落ちて
집중(력)이 떨어져서

2010년 12월

□□ 2(対)1で勝った
2(대)1로 이겼다

□□ 来週から(再)放送される
다음 주부터 (재)방송된다

□□ レストランは予約(制)です
레스토랑은 예약(제)입니다.

□□ 就職(率)が高い
취업(률)이 높다

□□ (旧)制度から
(구)제도로부터

2011년 7월

□□ 医学(界)では
의학(계)에서는

□□ (準)優勝に終わった
(준)우승으로 끝났다

□□ (現)段階では
(현)단계에서는

□□ (非)公式に
(비)공식으로

□□ 今年の(総)売上は
올해의 (총)매출은

2011년 12월

□□ 文学(賞)を獲得
문학(상)을 획득

□□ (悪)条件がいくつも
(악)조건이 몇 개씩이나

□□ クリーム(状)になるまで
크림 (상태)가 될 때까지

□□ 一日(おき)に
하루 (걸러)

□□ (来)シーズンは
(다음) 시즌은

2012년 7월

□□ ビジネスマン(風)の男
비즈니스맨(풍)의 남자

□□ 今はまだ(仮)採用だが
지금은 아직 (임시)채용이지만

□□ 国際(色)の豊かな
국제(색)이 풍부한

□□ (諸)外国の教育事情

(여러) 외국의 교육사정

□□ (低)価格の商品

(저)가상품

2012년 12월

□□ (真)夜中に

(한)밤중에

□□ 選挙の投票(率)

선거 투표(율)

□□ アルファベット(順)に

알파벳(순)으로

□□ (半)透明のガラス

(반)투명의 유리

□□ 日本(流)のサービス

일본(식) 서비스

2013년 7월

□□ (準)決勝まで進む

(준)결승까지 진출

□□ 親子(連れ)のお客

가족(동반) 손님

□□ 昼でも(薄)暗い

낮에도 (좀) 어둡다

□□ 風邪(気味)なので

감기 (기운)이 있어서

□□ 食器(類)は

식기(류)는

2013년 12월

□□ (再)提出するように

(재) 제출하도록

□□ 東京駅(発)の新幹線

도쿄역 (출발)인 신칸센

□□ 音楽(全般)に
음악 (전반)에

□□ (最)有力だ
(가장) 유력하다

□□ 夏休み(明け)に
여름방학 (끝난 후)에

2014년 7월

□□ 作品(集)が発行された
작품(집)이 발행되었다

□□ 線路(沿い)の道
선로(따라 있는) 길

□□ 英語教育に関する(諸)問題
영어교육에 관한 (여러) 문제

□□ 電車(賃)がかかる
전철(요금)이 든다

□□ お祭りムード(一色)だった
축제무드 (일색)이었다

2014년 12월

□□ けがをする危険(性)
다칠 위험(성)

□□ (未)経験の人
(미)경험인 사람

□□ 期限(切れ)なので
기한 (종료)라서

□□ (高)性能のカメラ
(고)성능의 카메라

□□ 一日(おき)にしている
하루 (걸러) 하고 있다

2015년 7월

□□ 社長の代わりに(副)社長が
사장 대신에 (부)사장이

□□ (無)責任だ
(무)책임하다

□□ 子ども(連れ)の客
어린이(동반) 손님

□□ パーティーの招待(状)
파티 초대(장)

□□ (真)新しい靴
(완전히) 새로운 구두

2015년 12월

□□ 各チームの応援(団)
각 팀의 응원(단)

□□ (悪)影響を与えかねない
(악)영향을 줄지도 모른다

□□ 成功(率)は高い
성공(률)은 높다

□□ 現実(離れ)していて
현실과 (동떨어져) 있어서

□□ ヨーロッパ(風)の家が多くて
유럽(풍)의 집이 많아서

2016년 7월

□□ (異)文化に触れ
(이)문화에 접하여

□□ 作品が年代(順)に
작품이 연대(순)으로

□□ 国の管理(下)に
국가의 관리(하)에

□□ 駅前の(再)開発
역 앞 (재)개발

□□ 薬の(主)成分
약의 (주)성분

2016년 12월

□□ 結婚(観)の違い
결혼(관) 차이

□□ (高)水準の医療
(고)수준의 의료

□□ 日本(式)の経営
일본(식) 경영

□□ (未)使用のもの
(미)사용인 것

□□ 勉強(漬け)の毎日
공부에만 (몰입)하는 매일

2017년 7월

□□ (初)年度の会費
(초)년도 회비

□□ (前)社長より15歳も若い
(전)사장보다 15살이나 젊다

□□ 会員(制)のスポーツクラブ
회원(제) 스포츠 클럽

□□ 家族(連れ)
가족(동반)

□□ (真)後ろからでは
(바로) 뒤에서는

2017년 12월

□□ 住宅(街)が
주택(가)가

□□ (不)正確なところ
(부)정확한 부분

□□ (低)カロリーだ
(저)칼로리이다

□□ 会社員(風)の人
회사원(풍)의 사람

□□ (諸)外国から
(여러) 외국으로부터

02 | 問題4 문맥규정 문제

문제 소개

문자 · 어휘의 問題4 문제는 문맥에 따라 의미적으로 규정되는 단어가 무엇인지 묻는 문제입니다. 전체 문장의 뜻이 통하도록 (　　) 속에 들어갈 적당한 말을 고르는 문제이며, 7문항이 출제됩니다.

문제 미리 풀어보기 및 풀이

> 問題 4
>
> (　　)に入れるのに最もよいものを、1·2·3·4から一つ選びなさい。
>
> お昼を食べに行くのも面倒だから、（　　）でもとって食べようか。
>
> 1 配達　　2 出前　　3 注文　　4 伝達

정답 2

해석 점심을 먹으러 가는 것도 귀찮으니까 (배달)이라도 시켜 먹을까?

해설 1번은 配達(はいたつ) '물건 배달', 2번은 出前(でまえ)는 '음식 배달', 3번은 注文(ちゅんもん) '주문', 4번은 伝達(でんたつ) '전달'인데, 이 문제에서는 점심을 시켜 먹으려고 하므로 정답은 2번이다.

어휘 面倒(めんどう)だ 귀찮다 | 出前(でまえ)をとる 음식 배달을 주문하다

문제분석과 완벽대비법

문맥규정 문제는 문자 · 어휘 문제 전체 32문항 중 7문항이 출제됩니다. 문장 전체의 문맥이 통하게 하려면 괄호 안에 어떤 말을 넣으면 좋은지 묻는 문제입니다.

우선 문장 전체의 의미를 살펴보고 나서 괄호 안에 넣기에 가장 적당한 단어를 고르면 됩니다. 선택지에는 정답과 비슷한 뜻의 단어나 비슷한 소리를 가진 단어가 나올 가능성이 많으므로, 틀린 답을 고르지 않도록 신중하게 정답을 선택하기 바랍니다.

그리고 새로운 단어를 외울 때에는 비슷한 뜻의 단어, 같은 뜻, 반대말 등도 동시에 외우는 습관을 들이도록 합시다. 또한 단어를 외울 때, 단순히 그 뜻만 외울 것이 아니라, 숙어, 예문과 함께 외운다면 좀 더 효과적으로 외울 수 있게 되어 이러한 유형의 문제도 쉽게 풀 수 있게 될 것입니다. 왜냐하면 단어란 1개로서만 그 역할을 다하기 보다는 다른 단어와 함께 숙어, 혹은 관용표현으로 자주 쓰이기 때문입니다.

기출문제 분석

2010년 개정 후 문맥규정 기출 문제를 살펴보면, 명사, 동사, 부사, 형용사, 접속사, 외래어, 복합어, 관용표현, 인사말 등에서 골고루 출제되고 있습니다. 그 중 가장 많이 출제되고 있는 것은 명사와 부사입니다.

기출어 보기

2010년 7월

□□ 家で(のんびり)
집에서 느긋하게

□□ (マイペース)で走ると
자신의 페이스로 달리면

□□ サービスが良いと(評判)だ
서비스가 좋다고 평판이 나다

□□ 話が(尽きない)
이야기가 끝나지 않는다

□□ 練習の成果が(発揮)できれば
연습성과를 발휘할 수 있다면

□□ この表現は(あいまい)で
이 표현은 애매해서

□□ 明日まで(有効)です
내일까지 유효합니다

2010년 12월

□□ (徐々に)減少
서서히 감소

□□ 最近、物価が(上昇)している。
최근에 물가가 상승하고 있다.

□□ 観光(シーズン)は
관광시즌에는

□□ 私の上司はとても(温厚)で
나의 상사는 아주 온화하여

□□ 新しいゲームが(相次いで)
새로운 게임이 잇따라

□□ 冗談が(通じない)
농담이 통하지 않는다

□□ 朝食も(含まれて)いる
조식도 포함되어 있다

2011년 7월

□□ データを(分析)した結果

데이터를 분석한 결과

□□ 街を(ぶらぶら)していたら

거리를 어슬렁어슬렁 거리고 있었더니

□□ 町が(活気)にあふれている

마을이 활기가 넘친다

□□ 紙が(つまって)

종이가 끼어서

□□ 今の時代を(反映)した

지금 시대를 반영한

□□ 長い間(ぼんやり)

오랜 동안 멍하니

□□ 彼の(強み)だ

그의 강점이다

2011년 12월

□□ ストレスを(解消)するために

스트레스를 해소하기 위하여

□□ 生活習慣を(改善)してから

생활습관을 개선하고 나서

□□ 明日に(迫って)いる

내일로 다가왔다

□□ (わりと)すいている

비교적 한산하네.

□□ 広い(視野)を持つこと

넓은 시야를 갖는 것

□□ 体も気分も(さっぱり)した

몸도 기분도 상쾌해졌다

□□ いろいろな(機能)が

여러 가지 기능이

2012년 7월

□□ おもちゃが(散らかって)いる

장난감이 어질러져 있다

□□ 代表を(辞退)

대표를 사퇴

□□ 調査で(得た)結果

조사에서 얻은 결과

□□ 荷物を(抱えて)いたので

짐을 안고 있어서

□□ 法律が(改正)されて

법률이 개정되어

□□ 読書に(夢中)になっていて

독서에 몰입하여

□□ ベッドで(ごろごろ)

침대에서 뒹굴뒹굴

2012년 12월

□□ 栄養が(かたよらない)ように

영양이 치우치지 않도록

□□ 計画通り(着々と)

계획대로 착착

□□ 前に進まなくて(いらいら)した

앞으로 가지 못해서 초조했다

□□ 会社の(ぐち)ばかり

회사에 대한 푸념만

□□ 再会する(場面)が

재회하는 장면이

□□ 大企業に(成長)

대기업으로 (성장)

□□ (適度な)運動を

적당한 운동을

2013년 7월

□□ 突然(呼び止められて)
갑자기 불러 세워져서

□□ 午後4時(解散)の予定
오후 4시 해산 예정

□□ (スムーズに)進む
순조롭게 진행되다

□□ 別れるのが(つらくて)
헤어지는 것이 괴로워서

□□ 仕事への(意欲)も
일에 대한 의욕도

□□ 勉強に(専念)することに
공부에 전념하기로

□□ ちゃんとした(格好)で
제대로 된 모습으로

2013년 12월

□□ 世界中に(中継)
전세계로 중계

□□ (ぜいたくな)生活を
사치스러운 생활을

□□ (見当)がつかない
짐작이 안 된다

□□ 気分が(すっきり)した
기분이 상쾌해졌다

□□ 気温の上昇に(比例)して
기온 상승에 비례해서

□□ 小さな石に(つまずいて)
작은 돌에 걸려

□□ (あいにく)ほかに予定が
공교롭게도 다른 예정이

2014년 7월

□□ いちいち(腹を立て)ても
일일이 화를 내도

□□ 多くの会社に(導入)
많은 회사에 도입

□□ 工事の音が(やかましくて)
공사 소리가 시끄러워서

□□ タイヤが(パンク)して
타이어가 펑크가 나서

□□ (あらかじめ)コピーして
미리 복사해

□□ がっしりした(体格)
탄탄한 체격

□□ 仕事に(差し支える)
업무에 지장이 있다

2014년 12월

□□ 親友に(思い切って)相談
친구에게 과감하게 상담

□□ 赤のペンで(訂正)
빨간펜으로 정정

□□ 優勝を(めざして)
우승을 목표로

□□ 最後まで(一気に)読んでしまった
끝까지 단숨에 읽어버렸다

□□ 必要な知識を(蓄えて)おくことが
필요한 지식을 비축해 놓는 것이

□□ 音楽でも聞いて(リラックス)したい
음악이라도 들으면서 편하게 쉬고 싶다

□□ つい(うとうと)してしまった
나도 모르게 꾸벅꾸벅 졸고 말았다

2015년 7월

□□ この学校の（特色）は
이 학교의 특색은

□□ 服が（びっしょり）ぬれて
옷이 흠뻑 젖어

□□ （輝かしい）成績を
눈부신 성적을

□□ 大通りに（面して）いて
대로변에 면하고 있어서

□□ （鋭い）質問
날카로운 질문

□□ 色や（デザイン）も
색상이나 디자인도

□□ （柔軟な）思考を
유연한 사고를

2015년 12월

□□ 様々なデータから（予測）
여러 가지 데이터를 통해 예측

□□ 茶色く（濁って）いて
갈색으로 탁해져 있어서

□□ 手続きは（完了）
수속은 완료

□□ 栄養の（バランス）を考えて
영양 밸런스를 생각해서

□□ 量が（たっぷり）あるので
양이 듬뿍 있으니까

□□ 意見の（相違）があり
의견 차이가 있어서

□□ 喫茶店に入って（時間をつぶした）
찻집에 들어가서 시간을 때웠다

2016년 7월

□□ 確認もしないで、(安易に)
확인도 하지 않고 안이하게

□□ 農作物が(収穫)できるだろう
농작물을 수확할 수 있을 것이다

□□ (のんびり)過ごした
느긋하게 보냈다

□□ 一般の人々に(普及)するには
일반 사람들에게 보급하기까지는

□□ 友人を(引き止めた)
친구를 붙잡았다

□□ チームの(リーダー)として
팀의 리더로서

□□ とても(頼もしかった)
매우 믿음직스러웠다

2016년 12월

□□ 社会に学習の場を(提供)
사회에 학습의 장을 제공

□□ つかれて(ぐったり)してしまう
피곤해서 축 늘어져 버린다

□□ とても(ショック)だった
매우 쇼크였다

□□ 通る人に(邪魔)に
지나가는 사람에게 방해가

□□ (なだらか)だったので
경사가 완만해서

□□ 意見を(活発に)交換
의견을 활발히 교환

□□ 強引に(割り込まれて)
억지로 끼어들어서

2017년 7월

□□ カルシウムを(豊富に)含む食品
칼슘이 풍부하게 들어 있는 식품

□□ (穏やかな)天気
온화한 날씨

□□ 十分に(確保)するのが
충분히 확보하는 것이

□□ もっと(アピール)したい
더욱 어필하고 싶다

□□ 失敗したことを(悔やむ)より
실패한 것을 후회하기보다는

□□ 海外への進出を考える(契機)となったのは
해외진출을 생각하는 계기가 된 것은

□□ (ひそひそ)話しているが
소근소근 이야기하고 있는데

2017년 12월

□□ 栄養の(バランス)が
영양 밸런스가

□□ 迷惑行為に対する(苦情)が
민폐행위에 대한 불평이

□□ ここは桜の(名所)で
이곳은 벚꽃 명소로

□□ (ぎりぎり)間に合って
아슬아슬 늦지 않고

□□ 就職に(有利)になると
취직에 유리하다고

□□ 噂を(打ち消した)
소문을 부정했다

□□ (そそっかしい)人
덜렁거리는 사람

03 | 問題5 유의표현 문제

문제 소개

문자 · 어휘의 問題5 문제는 출제되는 말이나 표현과 의미적으로 가장 가까운 말이나 표현을 고르는 유의표현 문제로, 5문항이 출제됩니다.

문제 미리 풀어보기 및 풀이

> **問題 5**
>
> ＿＿＿＿の言葉に意味が最も近いものを、１・２・３・４から一つ選びなさい。
>
> 彼女のピアノの演奏は見事だった。
>
> 1 まあまあだった　　2 予想通りだった
>
> 3 すばらしかった　　4 めずらしかった

정답 3

해석 그녀의 피아노 연주는 훌륭했다.

해설 1번 まあまあだ는 '그저 그렇다', 2번 予想通りだ는 '예상대로이다', 3번 すばらしい는 '멋지다', 4번 めずらしい는 '드물다'이다. 문제의 見事(みごと)だ는 '훌륭하다, 멋지다' 이므로, 이와 가장 비슷한 뜻은 3번이다.

어휘 演奏(えんそう) 연주 | 見事(みごと)だ 훌륭하다, 멋지다

문제분석과 완벽대비법

유의표현 문제는 총 5문항이 출제됩니다. 같은 의미의 단어, 표현, 비슷한 뜻의 단어를 고르는 문제가 출제됩니다.

밑줄 친 부분의 단어와 선택지에 나온 단어 중에서 어느 한쪽만 안다고 해서 풀 수 있는 문제가 아닙니다. 양쪽의 뜻을 정확히 알아야만 풀 수 있으므로, 평소에 동의어를 눈여겨서 익혀두도록 합니다. 또한 두 단어의 뜻이 완전히 일치하지 않을 수도 있는데, 중요한 것은 바꿔 사용해도 문장의 뜻이 변하지 않는 단어를 고르면 된다는 것입니다.

그리고 기출문제를 보면, 어떤 선택지를 택하더라도 제시된 문장의 문맥이 통하도록 되어 있습니다. 그렇기 때문에 문맥에 맞는 단어를 고르는 것이 아니라 이 문장 속에서 출제된 단어와 바꿔 써도 의미가 통하는지를 판단재료로 삼아야 합니다.

그리고 밑줄 친 단어와 선택지의 단어를 비교해 봤을 때, 선택지는 주로 밑줄 친 단어를 쉬운 말로 풀어쓴 것일 경우가 많습니다. 명사와 부사, 동사가 많이 출제되는데, 특히 부사는 발음이 비슷한 단어도 많고 비슷한 뉘앙스의 단어들도 많기 때문에 정확히 외워두도록 합니다.

결국 이 문제를 잘 풀기 위해서는 평소에 사전을 찾아 볼 때, 자세하게 소개된 동의어, 비슷한 말, 예문 등을 꼭 확인하는 습관을 들이면 좋을 것 같습니다.

기출문제 분석

2010년 개정 후의 유의표현 기출문제를 살펴보면, 부사, 동사, 명사, 형용사, 외래어 등이 골고루 출제되고 있습니다.

기출어 보기

2010년 7월

□□ とりあえず 우선, 일단 ≒ 一応 우선, 일단
□□ ゆずる 양도하다, 양보하다, 주다 ≒ 売る 팔다
□□ 雑談 잡담 ≒ おしゃべり 수다, 잡담
□□ 賢い 똑똑하다 ≒ 頭がいい 머리가 좋다
□□ 大げさだ 과장하다 ≒ オーバーだ 오버하다

2010년 12월

□□ 勝手 제멋대로임 ≒ わがまま 제멋대로임
□□ たびたび 종종 ≒ 何度も 몇 번이나
□□ ぶかぶか 헐렁헐렁 ≒ とても大きい 매우 크다
□□ 見解 견해 ≒ 考え方 생각, 사고 방식
□□ レンタルする 대여하다 ≒ 借りる 빌리다

2011년 7월

□□ ブーム 붐 ≒ 流行 유행
□□ 回復する 회복하다 ≒ よくなる 좋아지다
□□ ちぢむ 줄어들다 ≒ ちいさくなる 작아지다
□□ 慎重に 신중하게 ≒ 十分に注意して 충분히 주의해서
□□ ほぼ 거의 ≒ だいたい 대체로

2011년 12월

□□ くたくたになった 기진맥진하다 ≒ ひどく疲れた 매우 지쳤다
□□ わずかに 얼마 안되는 ≒ 少し 조금
□□ 優秀だった 우수했다 ≒ 頭がよかった 머리가 좋았다
□□ うつむいていた 고개를 숙이고 있다 ≒ 下を向いて 아래를 보고
□□ いきなり 갑자기 ≒ とつぜん 갑자기

2012년 7월

□□ ただちに 즉시 ≒ すぐに 바로
□□ 奇妙な 기묘한 ≒ 変な 이상한
□□ 仕上げる 끝내다 ≒ 完成させる 완성시키다
□□ 日中 낮 ≒ 昼間 낮
□□ 湿っている 젖어 있다 ≒ まだ乾いていない 아직 마르지 않다

2012년 12월

□□ 過ち 틀린, 잘못한 ≒ 正しくない 올바르지 않다
□□ かさかさしている 말라있다 ≒ 乾燥している 건조하다
□□ じっとする 가만히 있다 ≒ 動かない 움직이지 않다
□□ 相当 상당히 ≒ かなり 상당히
□□ 追加する 추가하다 ≒ 足す 더하다

2013년 7월

□□ 済ます 마치다, 끝내다 ≒ 終える 끝내다, 마치다
□□ あいまいだった 애매했다 ≒ はっきりしなかった 확실하지 않았다
□□ 思いがけない 뜻밖인 ≒ 意外な 의외인
□□ 自ら 스스로 ≒ 自分で 스스로, 자신이
□□ プラン 플랜 ≒ 計画 계획

2013년 12월

□□ 依然として 여전히 ≒ 相変わらず 여전히
□□ およそ 대략 ≒ だいたい 대체로
□□ そろう 갖추어지다 ≒ 集まる 모이다
□□ 必死だ 필사적이다 ≒ 一生懸命だ 열심이다
□□ 山のふもと 산기슭 ≒ 山の下の方 산 아래쪽

2014년 7월

□□ お勘定を済ませる 지불을 끝내다 ≒ お金を払う 돈을 지불하다
□□ 買い占めた 매점하다 ≒ 全部買った 전부 샀다
□□ そろえる 같게 맞추다 ≒ 同じにする 같게 하다
□□ たちまち 금세 ≒ すぐに 바로
□□ 間際 직전 ≒ 直前 직전

2014년 12월

□□ 異なる 다르다 ≒ 違う 다르다

□□ たまたま 우연히 ≒ 偶然 우연

□□ あきらかな 분명한 ≒ はっきりした 확실한

□□ 用心する 조심하다 ≒ 注意する 주의하다

□□ そうぞうしい 소란스럽다 ≒ うるさい 시끄럽다

2015년 7월

□□ 所有している 소유하고 있다 ≒ 持っている 갖고 있다

□□ おそらく 아마 ≒ たぶん 아마

□□ 収納する 수납하다 ≒ しまう 간수하다

□□ 小柄だ 몸집이 작다 ≒ 体が小さい 몸집이 작다

□□ 無口だ 과묵하다 ≒ あまり話さない 말이 별로 없다

2015년 12월

□□ やや 다소 ≒ 少し 조금

□□ テンポ 템포, 속도 ≒ 速さ 속도

□□ 妙な 묘한, 이상한 ≒ 変な 이상한

□□ ささやくように話した 속삭이듯 이야기했다 ≒ 小声で話した 작은 목소리로 말했다

□□ かつて 일찍이, 예전부터 ≒ 以前 이전, 예전

2016년 7월

□□ たびたび 여러 번 ≒ 何度も 몇 번이나

□□ 注目する 주목하다 ≒ 関心を持つ 관심을 가지다

□□ 直に 직접 ≒ 直接 직접

□□ 衝突する 충돌하다 ≒ ぶつかる 부딪히다

□□ 卑怯な 비겁한 ≒ ずるい 교활하다

2016년 12월

□□ 愉快 유쾌 ≒ 面白い 재미있다

□□ やむを得ない 어쩔 수 없다 ≒ 仕方ない 어쩔 수 없다

□□ 息抜きする 쉬다 ≒ 休む 쉬다

□□ ついている 운이 좋다 ≒ 運がいい 운이 좋다

□□ つねに 항상 ≒ いつも 항상

2017년 7월

□□ 過剰である 과잉이다 ≒ 多すぎる 너무 많다

□□ あやまり 실수, 잘못, 틀림 ≒ 間違っているところ 잘못되어 있는 부분

□□ 臆病だ 겁이 많다 ≒ 何でも怖がる 무엇이든 무서워하다

□□ とっくに 진작에 ≒ ずっと前に 훨씬 전에

□□ ゆずりました 양보했습니다 ≒ あげました 줬습니다

2017년 12월

□□ 記憶して 기억하고 ≒ 覚えて 기억하고

□□ 不平 불평 ≒ 文句 불평

□□ むかつく 화나다 ≒ 怒る 화내다

□□ 勝手な 제멋대로인 ≒ わがままな 제멋대로인

□□ まれな 드문 ≒ ほとんどない 거의 없다

04 | 問題6 용법 문제

문제 소개

문자 · 어휘의 問題6 문제는 출제어가 문장 속에서 어떻게 쓰이는지 묻는 문제입니다. 4개의 선택지 문장을 읽어보고 제시된 출제어가 올바로 쓰인 정답을 고르는 문제이며, 5문항이 출제됩니다.

문제 미리 풀어보기 및 풀이

問題 6

次の言葉の使い方として最もよいものを、1·2·3·4から一つ選びなさい。

実に

1 実に確認しましたから、間違いありません。

2 申し訳ありません。実に私のミスだったんです。

3 実に言いますと、支社のほうから要請がありまして…。

4 実に残念なご報告をしなければならなくなりました。

정답 4

해석 실로 유감스러운 보고를 하지 않으면 안 되게 되었습니다.

해설 1번 実際(じっさい)に '실제로'로 바꾸면 '실제로 확인했으므로 틀림없습니다.', 2번은 実(じつ)は '실은'로 바꾸면 '죄송합니다. 실은 제 실수였습니다.', 3번은 実(じつ)を '사실을'로 바꾸면 '사실을 말하자면 지사 쪽에서 요청이 있어서…'가 된다.

어휘 実(じつ)に 실로 | 確認(かくにん) 확인 | 間違(まちが)い 틀림 | 要請(ようせい) 요청 | 残念(ざんねん)だ 유감스럽다 | 報告(ほうこく) 보고

문제분석과 완벽대비법

용법 문제는 문자 · 어휘 문제 전체 32문항 중 5문항이 출제됩니다. 어떤 단어가 문장 속에서 적절하게 사용되고 있는지 어떤지를 묻는 문제입니다. 문법 문제가 아닌 어휘 문제이기 때문에 의미적인 사용법이 적절한지를 잘 판단하면 됩니다.

이 용법 문제는 그저 단어만 외우고 있다고 해서 잘 풀 수 있는 것은 아닙니다. 왜냐하면 출제어가 어떤 상황에서 어떤 단어나 표현들과 함께 자주 쓰이는지를 평소에 예문을 통해서 많이 접해보는 편이 훨씬 유리하기 때문입니다. 특히 부사의 경우에는 뒤에 부정문을 수반하거나, 혹은 추측, 감탄 표현이 오는 등 거의 정해진 패턴이 있는 것들이 많습니다. 또한 명사의 경우에는 する를 붙여서 동사를 만들거나, だ를 붙여서 な형용사를 만들 수 있는 단어들도 있으므로 잘 외워두도록 합니다.

기출문제 분석

2010년 개정 후 용법 기출 문제를 살펴보면, 명사, 동사, 부사, 형용사가 출제되고 있습니다. 그 중 가장 많이 출제되고 있는 것은 역시 명사이며, 이어서 동사가 차지하고 있습니다.

기출어 보기

2010년 7월

- □□ 取材(しゅざい) 취재
- □□ きっかけ 계기
- □□ 深刻(しんこく)な 심각한
- □□ 続出(ぞくしゅつ) 속출
- □□ 外見(がいけん) 외관, 겉보기

2010년 7월

- □□ 外(はず)す 떼어 내다, 빼다
- □□ 普及(ふきゅう) 보급
- □□ 注目(ちゅうもく) 주목
- □□ ふさわしい 어울리다, 적합하다
- □□ 保(たも)つ 유지하다, 보존하다

2011년 7월

- □□ 方針(ほうしん) 방침
- □□ 範囲(はんい) 범위
- □□ せめて 적어도, 최소한
- □□ 利益(りえき) 이익
- □□ かなう (꿈, 희망 등이) 이루어지다

2011년 12월

- □□ 世間(せけん) 세간, 세상
- □□ 違反(いはん) 위반
- □□ 質素(しっそ)な 검소한
- □□ とっくに 훨씬 전에, 진작에
- □□ 受(う)け入(い)れる 받아들이다

2012년 7월

- □□ とぼしい 부족하다
- □□ 矛盾(むじゅん) 모순
- □□ 問(と)い合(あ)わせる 문의하다

□□ 交代(こうたい) 교대

□□ 合同(ごうどう) 합동

2012년 12월

□□ 廃止(へいし) 폐지

□□ 心強(こころづよ)い 든든하다

□□ さっさと 빨리, 서둘러서

□□ ふさぐ 막다, 차단하다

□□ 冷静(れいせい) 냉정함

2013년 7월

□□ 掲示(けいじ) 게시

□□ 快(こころよ)い 기분 좋다, 유쾌하다

□□ 分野(ぶんや) 분야

□□ 生(い)き生(い)き 생기가 넘치는 모양

□□ 隔(へだ)てる 사이에 두다, 가르다

2014년 7월

□□ 頑丈(がんじょう) 튼튼함

□□ 畳む(たたむ) 접다, 개다

□□ 合図(あいず) 신호

□□ こつこつ 꾸준하게

□□ 縮(ちぢ)む 줄어들다, 주름이 지다

2014년 12월

□□ 会見(かいけん) 회견

□□ 支持(しじ) 지지

□□ 妥当(だとう)な 타당한

□□ 言(い)い訳(わけ) 변명

□□ 手軽(てがる) 간편함, 손쉬움

2015년 7월

□□ 温暖(おんだん) 온난

□□ 振(ふ)り向(む)く 돌아보다

□□ 用途(ようと) 용도

□□ 甘(あま)やかす 응석을 받아 주다

□□ 行方(ゆくえ) 행방

2015년 12월

□□ 作成(さくせい) 작성

□□ いったん 일단

□□ 思(おも)いつく 생각이 떠오르다

□□ 中断(ちゅうだん) 중단

□□ たくましい 씩씩하다

2016년 7월

□□ 発達(はったつ) 발달

□□ きっかけ 계기

□□ 引退(いんたい) 은퇴

□□ 順調(じゅんちょう) 순조롭다

□□ 生(しょう)じる 발생하다

2016년 12월

□□ 延長(えんちょう) 연장

□□ さびる 녹슬다

□□ 目上(めうえ) 손윗사람

□□ 大(おお)げさ 과장

□□ 反省(はんせい) 반성

2017년 7월

□□ 頂上(ちょうじょう) 정상

□□ 節約(せつやく) 절약

□□ 分解(ぶんかい) 분해

□□ 略(りゃく)す 줄이다, 생략하다

□□ 覆(おお)う 덮다

2017년 12월

□□	破(やぶ)る	찢다
□□	限定(げんてい)	한정
□□	いっせいに	일제히
□□	散(ち)らかす	어지르다
□□	論争(ろんそう)	논쟁

핵심어휘 완벽대비

N2 핵심 어휘

N2 단계에서 반드시 익혀야 할 어휘를 일본어 읽기와 뜻과 함께 수록하였습니다. 반대말, 관련어휘 등 함께 학습하는 것이 좋은 어휘들은 같이 학습하도록 하세요.

01 | 한 글자 명사

□□에 체크하면서 학습하세요!

あ행

	어휘	뜻
□□	汗(あせ)	땀
□□	跡(あと)	자국
□□	穴(あな)	구멍
□□	油(あぶら)	(식물, 동물의) 기름
□□	脂(あぶら)	(동물의) 기름
□□	嵐(あらし)	폭풍
□□	泡(あわ)	거품
□□	胃(い)	위
□□	息(いき)	숨
□□	泉(いずみ)	샘
□□	板(いた)	판자
□□	稲(いね)	벼
□□	命(いのち)	목숨
□□	岩(いわ)	바위
□□	梅(うめ)	매화
□□	餌(えさ)	먹이
□□	丘(おか)	언덕 / 岡(おか) 언덕
□□	沖(おき)	앞바다
□□	奥(おく)	안
□□	鬼(おに)	도깨비
□□	帯(おび)	허리에 두르는 띠
□□	親(おや)	부모
□□	恩(おん)	은혜

か행

	어휘	뜻
□□	蚊(か)	모기

□□ 貝(かい) | 조개
□□ 害(がい) | 해 예 害を与える 해가 되다
□□ 鍵(かぎ) | 열쇠
□□ 影(かげ) | 그림자
□□ 陰(かげ) | 그늘
□□ 数(かず) | 수
□□ 肩(かた) | 어깨
□□ 刀(かたな) | 칼
□□ 鐘(かね) | 종
□□ 株(かぶ) | 주식
□□ 釜(かま) | 솥
□□ 神(かみ) | 신
□□ 雷(かみなり) | 천둥
□□ 空(から) | (속이) 빔
□□ 殻(から) | 껍질
□□ 柄(がら) | 무늬
□□ 革(かわ) | 가죽, 피혁
□□ 皮(かわ) | 가죽, 껍질
□□ 瓦(かわら) | 기와
□□ 缶(かん) | 캔
□□ 勘(かん) | 직감력
□□ 岸(きし) | 물 가
□□ 傷(きず) | 상처
□□ 逆(ぎゃく) | 반대 / 逆(さか)さ 거꾸로
□□ 霧(きり) | 안개
□□ 鎖(くさり) | 사슬
□□ 癖(くせ) | 버릇
□□ 管(くだ) | 관
□□ 唇(くちびる) | 입술

쪽지 시험 A와 B 중 알맞은 어휘를 고르세요.

01 飲み終わったら、(ⓐ から/ⓑ あき)になった缶をこのゴミ箱に捨ててください。

02 最近は子どもの(ⓐ かず/ⓑ いのち)が減っている。

03 外出の際は、必ず(ⓐ 窓 / ⓑ 鍵)をかけるようにしてください。

□□ 組(くみ)	조
□□ 位(くらい)	지위
□□ 劇(げき)	극
□□ 煙(けむり)	연기
□□ 碁(ご)	바둑
□□ 恋(こい)	사랑
□□ 氷(こおり)	얼음
□□ 腰(こし)	허리
□□ 琴(こと)	거문고
□□ 紺(こん)	감색

さ행

□□ 差(さ)	차이
□□ 際(さい)	때, 즈음
□□ 境(さかい)	경계
□□ 桜(さくら)	벚꽃
□□ 札(さつ)	지폐 / 札(ふだ) 표
□□ 猿(さる)	원숭이
□□ 詩(し)	시
□□ 舌(した)	혀
□□ 質(しつ)	질
□□ 霜(しも)	서리
□□ 州(しゅう)	주
□□ 銃(じゅう)	총
□□ 賞(しょう)	상
□□ 畳(じょう)	~첩 (다다미 장수를 세는 단위)
□□ 汁(しる)	즙, 국물
□□ 印(しるし)	표시
□□ 城(しろ)	성
□□ 芯(しん)	심
□□ 巣(す)	둥지
□□ 酢(す)	식초
□□ 末(すえ)	끝, 말
□□ 姿(すがた)	모습
□□ 隙(す)き	틈
□□ 杉(すぎ)	삼나무
□□ 鈴(すず)	방울
□□ 砂(すな)	모래

□□	咳(せき)	기침
□□	隻(せき)	~척 (배를 세는 단위)
□□	栓(せん)	마개, 꼭지
□□	象(ぞう)	코끼리
□□	像(ぞう)	상
□□	底(そこ)	바닥
□□	袖(そで)	소매

た행

□□	題(だい)	제목
□□	宝(たから)	보물
□□	滝(たき)	폭포
□□	お宅(たく)	댁
□□	竹(たけ)	대나무
□□	谷(たに)	계곡
□□	種(たね)	씨
□□	束(たば)	묶음
□□	旅(たび)	여행
□□	玉(たま)	구슬
□□	弾(たま)	총알
□□	兆(ちょう)	조
□□	土(つち)	흙
□□	綱(つな)	밧줄
□□	翼(つばさ)	날개
□□	粒(つぶ)	알갱이
□□	罪(つみ)	죄
□□	爪(つめ)	손톱
□□	敵(てき)	적
□□	鉄(てつ)	철
□□	問(とい)	질문

쪽지 시험 A와 B 중 알맞은 어휘를 고르세요.

01 恵まれない子どもたちの(ⓐ かたち / ⓑ すがた)を見たのがきっかけで、ボランティア活動を始めた。

02 ここは浅くて(ⓐ 泡 / ⓑ 波)が静かなので、子どもでも泳げる。

03 この茶色い(ⓐ 額 / ⓑ 種)からどんな花が咲くのだろうか。

□□ 銅(どう) 동 예 金·銀·銅 금은동
□□ 峠(とうげ) 고개
□□ 毒(どく) 독
□□ 泥(どろ) 진흙
□□ 丼(どんぶり) 덮밥

な행

□□ 仲(なか) 사이
□□ 謎(なぞ) 수수께끼
□□ 鍋(なべ) 냄비
□□ 生(なま) 생
□□ 波(なみ) 파도
□□ 涙(なみだ) 눈물
□□ 縄(なわ) 새끼줄
□□ 虹(にじ) 무지개
□□ 布(ぬの) 천
□□ 根(ね) 뿌리
□□ 軒(のき) 처마

は행

□□ 灰(はい) 재
□□ 墓(はか) 무덤
□□ 端(はし) 가장자리
□□ 柱(はしら) 기둥
□□ 旗(はた) 깃발
□□ 肌(はだ) 피부
□□ 裸(はだか) 알몸
□□ 畑(はたけ) 밭
□□ 鉢(はち) 주발, 대접
□□ 羽, 羽根(はね) 날개
□□ 罰(ばつ) 벌
□□ 幅(はば) 폭
□□ 腹(はら) 배
□□ 針(はり) 침
□□ 灯(ひ) 등
□□ 膝(ひざ) 무릎
□□ 肘(ひじ) 팔꿈치
□□ 額(ひたい) 이마
□□ 瞳(ひとみ) 눈동자
□□ 表(ひょう) 표

□□ 秒(びょう)	초 예 1秒(いちびょう) 1초
□□ 瓶(びん)	병 예 ビール瓶 맥주병
□□ 笛(ふえ)	피리
□□ 節(ふし)	마디
□□ 蓋(ふた)	뚜껑
□□ 縁(ふち)	테두리
□□ 筆(ふで)	붓
□□ 塀(へい)	담
□□ 仏(ほとけ)	부처
□□ 骨(ほね)	뼈
□□ 炎(ほのお)	불꽃
□□ 頬(ほほ／ほお)	볼
□□ 堀(ほり)	해자
□□ お盆(ぼん)	쟁반, 백중맞이

ま행

□□ 幕(まく)	막
□□ 枕(まくら)	베개
□□ 孫(まご)	손자
□□ 松(まつ)	소나무
□□ 豆(まめ)	콩
□□ 丸(まる)	동그라미
□□ 円(まる)	원
□□ 岬(みさき)	곶, 갑
□□ 都(みやこ)	도읍
□□ 胸(むね)	가슴
□□ 紫(むらさき)	보라색
□□ 芽(め)	싹
□□ 綿(めん)	면
□□ 元(もと)	원래
□□ 基(もと)	기초

쪽지 시험 A와 B 중 알맞은 어휘를 고르세요.

01 丸くて小さいものを(ⓐ つぶ / ⓑ つな)と言います。

02 真っ暗な(ⓐ 穴 / ⓑ 塀)の中に一人だけ残されていた。

03 (ⓐ 泥 / ⓑ 涙)だらけの靴で家に入って怒られた。

□□ 素(もと) 근본

やび행~わ행

□□ 役(やく) 역할
□□ 訳(やく) 번역
□□ 宿(やど) 숙소
□□ 床(ゆか) 바닥
□□ 嫁(よめ) 신부, 며느리
□□ 欄(らん) 란
□□ 陸(りく) 육지
□□ 量(りょう) 양
□□ 寮(りょう) 기숙사
□□ 礼(れい) 사례
□□ 列(れつ) 열
□□ 輪(わ) 원형, 고리
□□ 脇(わき) 겨드랑이
□□ 綿(わた) 솜
□□ 湾(わん) 만 예 東京湾(とうきょうわん) 도쿄만
□□ お碗(わん) 그릇

02 | 오쿠리가나가 있는 한 글자 명사

□□에 체크하면서 학습하세요!

あ행

□□ 明(あ)かり 빛
□□ 空(あ)き 비어 있음
□□ 辺(あた)り 근처
□□ 誤(あやま)り 오류
□□ 勢(いきお)い 기세
□□ 祝(いわ)い 축하
□□ 恨(うら)み 원한
□□ お代(か)わり 음식 추가
□□ お辞儀(じぎ) 인사, 절

쪽지 시험 A와 B 중 알맞은 어휘를 고르세요.

01 みんなで(ⓐ 輪 / ⓑ 羽)になって座りましょう。

02 (ⓐ 湾 / ⓑ 谷)の底から珍しい鉱物が発見された。

□□ 恐(おそ)れ | 우려
□□ 踊(おど)り | 춤
□□ お参(まい)り | 참배

か행

□□ 香(かお)り | 향기
□□ 係(かか)り | 담당
□□ 限(かぎ)り | 한계, 마지막
□□ 飾(かざ)り | 장식
□□ 貸(か)し | 빌려 줌
□□ 勝(か)ち | 이김 반 負(ま)け 패배
□□ 決(き)まり | 결정
□□ 下(くだ)り | 하행 예 上(のぼ)り 상행
□□ 暮(く)らし | 생활
□□ 小遣(こづか)い | 용돈
□□ 好(この)み | 기호, 취향

さ행

□□ 逆(さか)さ | 거꾸로 / 逆(ぎゃく) 반대
□□ 騒(さわ)ぎ | 소동
□□ 知(し)らせ | 소식
□□ 好(す)き好(ず)き | 각기 기호가 다름
□□ 住(す)まい | 주거

た행

□□ だ円(えん) | 타원
□□ 頼(たの)み | 의뢰
□□ 便(たよ)り | 편지
□□ 違(ちが)い | 차이
□□ 疲(つか)れ | 피로
□□ 続(つづ)き | 계속
□□ 包(つつ)み | 포장
□□ 強(つよ)み | 강점
□□ 釣(つ)り | 낚시

쪽지 시험 A와 B 중 알맞은 어휘를 고르세요.

01 この説は(ⓐ 誤り / ⓑ 違い)だということが明らかになった。

02 暗いから(ⓐ あかり / ⓑ ひかり)をつけてください。

03 舞台の上ではスピード感あふれる(ⓐ 祭り / ⓑ 踊り)が展開された。

な행

□□ 半(なか)ば	절반
□□ 無(な)し	없음
□□ 斜(なな)め	경사
□□ 望(のぞ)み	바람
□□ 上(のぼ)り	상행 예 下(くだ)り 하행

は행

□□ 働(はたら)き	기능
□□ 独(ひと)り	혼자 / 一人(ひとり) 1명
□□ 響(ひび)き	울림
□□ 便(びん)せん	편지지
□□ 誇(ほこ)り	자랑
□□ 坊(ぼう)や	사내아이를 부르는 말, 얘야

ま행~や행

□□ 負(ま)け	패배 예 勝(か)ち 이김
□□ 祭(まつ)り	축제
□□ 向(む)かい	맞은편
□□ 群(む)れ	무리
□□ 催(もよお)し	행사
□□ 湯(ゆ)げ	김, 수증기
□□ 喜(よろこ)び	기쁨

わ행

□□ 笑(わら)い	웃음

03 | 2글자 훈독 명사

□□에 체크하면서 학습하세요!

あ행

□□ 相手(あいて)	상대
□□ 足跡(あしあと)	발자국
□□ 足元(あしもと)	발치
□□ 宛名(あてな)	수신인의 주소, 성명
□□ 甘口(あまくち)	단맛
□□ 雨戸(あまど)	덧문
□□ 粗筋(あらすじ)	줄거리
□□ 家出(いえで)	가출
□□ 市場(いちば)	시장
□□ 井戸(いど)	우물
□□ 居間(いま)	거실
□□ 植木(うえき)	정원수

□□ 裏口(うらぐち)	뒷문
□□ 大家(おおや)	집주인
□□ 親指(おやゆび)	엄지 손가락
か행	
□□ 書留(かきとめ)	등기
□□ 垣根(かきね)	울타리
□□ 貸家(かしや)	셋집
□□ 片道(かたみち)	편도
□□ 革靴(かわぐつ)	가죽신발
□□ 組合(くみあい)	조합
□□ 薬指(くすりゆび)	약지
□□ 口癖(くちぐせ)	입버릇
□□ 口紅(くちべに)	립스틱
□□ 黒字(くろじ)	흑자
□□ 毛糸(けいと)	털실
□□ 毛皮(けがわ)	모피
□□ 恋人(こいびと)	연인
□□ 小包(こづつみ)	소포
□□ 小麦(こむぎ)	밀
□□ 小屋(こや)	오두막
□□ 小指(こゆび)	새끼 손가락
さ행	
□□ 酒場(さかば)	술집
□□ 下町(したまち)	다운타운
□□ 芝居(しばい)	연기, 공연, 연극
□□ 隙間(すきま)	틈새
□□ 背中(せなか)	등
た행	
□□ 立場(たちば)	입장
□□ 近頃(ちかごろ)	최근
□□ 父親(ちちおや)	부친

쪽지 시험 A와 B 중 알맞은 어휘를 고르세요.

01 危ないですので、(ⓐ 足跡 / ⓑ 足元)に気をつけてください。

02 この(ⓐ 革靴 / ⓑ 上着)は柔らかくてはきやすい。

03 最近(ⓐ 毛皮 / ⓑ 背中)や腰のほねが痛む。

□□ 月日(つきひ) 세월
□□ 手首(てくび) 손목
□□ 手品(てじな) 마술
□□ 手間(てま) 수고
□□ 手前(てまえ) 자기 앞
□□ 年月(としつき) 세월
□□ 戸棚(とだな) 안에 선반을 단 장

な행

□□ 仲間(なかま) 동료
□□ 中指(なかゆび) 가운데 손가락
□□ 並木(なみき) 가로수

ま행

□□ 真心(まごころ) 진심
□□ 街角(まちかど) 길거리
□□ 窓口(まどぐち) 창구
□□ 水着(みずぎ) 수영복
□□ 店屋(みせや) 가게
□□ 見本(みほん) 견본
□□ 虫歯(むしば) 충치
□□ 目上(めうえ) 손위
□□ 目下(めした) 손아래
□□ 目印(めじるし) 표시
□□ 目安(めやす) 기준
□□ 物置(ものおき) 창고
□□ 物音(ものおと) 소리
□□ 物語(ものがたり) 이야기
□□ 物事(ものごと) 사물

や행~わ행

□□ 矢印(やじるし) 화살표
□□ 家主(やぬし) 집주인

쪽지 시험 A와 B 중 알맞은 어휘를 고르세요.

01 この国の対外貿易の(ⓐ 目印 / ⓑ 割合)は全体の30%を占める。

02 あの旅館は30名から団体(ⓐ 割引 / ⓑ 組合)料金で宿泊できる。

03「成人式を迎えるまでは親の言うことを聞け」というのが父の(ⓐ ものがたり / ⓑ くちぐせ)だった。

□□ 屋根(やね)	지붕
□□ 夕立(ゆうだち)	소나기
□□ 夕日(ゆうひ)	석양
□□ 割合(わりあい)	비율
□□ 割引(わりびき)	할인
□□ 悪口(わるぐち)	험담

04 | 2글자 음훈혼합 명사

□□에 체크하면서 학습하세요!

훈독+음독

□□ 合図(あいず)	신호
□□ 赤字(あかじ)	적자
□□ 油絵(あぶらえ)	유화
□□ 株式(かぶしき)	주식
□□ 生地(きじ)	본바탕, 직물
□□ 寒気(さむけ)	한기
□□ 敷地(しきち)	부지
□□ 手配(てはい)	수배
□□ 船便(ふなびん)	배편
□□ 道順(みちじゅん)	길가는 순서
□□ 身分(みぶん)	신분
□□ 指図(さしず)	지시

음독+훈독

□□ 王様(おうさま)	임금님
□□ 缶詰(かんづめ)	통조림
□□ 現場(げんば)	현장
□□ 工場(こうば)	공장
□□ 献立(こんだて)	메뉴
□□ 残高(ざんだか)	잔고
□□ 地元(じもと)	지방, 고장

쪽지 시험 A와 B 중 알맞은 어휘를 고르세요.

01 あなたの(ⓐ 指図 / ⓑ 合図)なんか受けません。

02 博物館までの(ⓐ 道順 / ⓑ 敷地)は複雑で、時間もけっこうかかります。

03 夕食の(ⓐ 蛇口 / ⓑ 献立)は何ですか。

□□ 蛇口(じゃぐち)	수도꼭지
□□ 職場(しょくば)	직장
□□ 単一(たんいつ)	단일
□□ 判子(はんこ)	도장
□□ 皮肉(ひにく)	비꼼
□□ 味方(みかた)	같은 편
□□ 役目(やくめ)	임무
□□ 役割(やくわり)	역할
□□ 両替(りょうがえ)	환전
□□ 両側(りょうがわ)	양측

05 | 히라가나로 주로 쓰이는 명사

□□에 체크하면서 학습하세요!

あ행

□□ あくび	하품
□□ いたずら	장난
□□ うわさ	소문
□□ うがい	입안을 물로 가셔냄
□□ おかず	반찬
□□ おしゃべり	수다, 수다쟁이

か행

□□ かたまり	덩어리
□□ かび	곰팡이
□□ きっかけ	계기
□□ くぎ	못
□□ くし	빗
□□ くしゃみ	재채기
□□ けた	자리 수 / 2(ふた)けた 두 자리
□□ げた	나막신
□□ こしょう	후추
□□ ことわざ	속담

さ행

□□ さじ	숟가락
□□ しっぽ	꼬리
□□ しゃっくり	딸꾹질
□□ じゃんけん	가위바위보
□□ じゅうたん	양탄자
□□ しわ	주름

□□ すき	틈
□□ それぞれ	각각

た행

□□ ためいき	한숨
□□ たんす	장롱
□□ つや	광택

な행~は행

□□ なぞなぞ	수수께끼
□□ ねじ	나사
□□ ねずみ	쥐
□□ のこぎり	톱
□□ のろい	저주
□□ ばか	바보
□□ はかり	저울
□□ はさみ	가위
□□ はしご	사다리
□□ ばね	용수철
□□ ふすま	맹장지
□□ ふもと	기슭
□□ へそ	배꼽
□□ ほうき	빗자루
□□ ほこり	먼지

ま행~ら행

□□ まね	흉내
□□ まぶた	눈꺼풀
□□ やかん	주전자
□□ やけど	화상
□□ ろうそく	양초

쪽지 시험 A와 B 중 알맞은 어휘를 고르세요.

01 青木さんは(ⓐ おかわり / ⓑ おしゃべり)な人だ。

02 そんな(ⓐ うらみ / ⓑ うわさ)は、でたらめだ。本気にしないほうがいい。

03 友だちにほめられたのが(ⓐ きっかけ / ⓑ かたまり)で、本格的に勉強を始めた。

あ행

□□ 明(あ)け方(がた)	새벽
□□ 編(あ)み物(もの)	뜨개질
□□ 生(い)け花(ばな)	꽃꽂이
□□ 居眠(いねむ)り	졸음
□□ 入(い)れ物(もの)	용기
□□ 受(う)け取(と)り	수령
□□ 打(う)ち合(あ)わせ	미리 상의함
□□ 売(う)り上(あ)げ	매상
□□ 売(う)り切(き)れ	다 팔림
□□ 売(う)れ行(ゆ)き	매출
□□ 絵(え)の具(ぐ)	물감
□□ 大通(おおどお)り	큰길
□□ 送(おく)り仮名(がな)	한자 읽기에서 한자 뒤에 다는 가나 예 送る
□□ お出掛(でか)け	외출
□□ お手伝(てつだ)いさん	파출부
□□ 落(お)とし物(もの)	분실물
□□ 思(おも)い出(で)	추억

か행

□□ 書(か)き取(と)り	받아쓰기
□□ 掛(か)け算(ざん)	곱셈
□□ 貸(か)し出(だ)し	대출
□□ 紙(かみ)くず	휴지
□□ かみそり	면도칼
□□ 髪(かみ)の毛(け)	머리카락
□□ 勘違(かんちが)い	착각
□□ 着替(きが)え	갈아입음
□□ 組(く)み合(あ)わせ	조합
□□ 心当(こころあ)たり	짐작이 가는 데
□□ 言葉遣(ことばづか)い	말투

さ행

□□ 刺(さ)し身(み)	회
□□ 下書(したが)き	초고
□□ 支払(しはら)い	지불
□□ 締(し)め切(き)り	마감
□□ 知(し)り合(あ)い	서로 아는 사이
□□ 末(すえ)っ子(こ)	막내

□□ 好(す)き嫌(きら)い | 좋고 싫음/ 편식

た행

□□ 田植(たう)え | 모내기
□□ ちり紙(がみ) | 휴지
□□ 手洗(てあら)い | 화장실
□□ 手入(ていれ)れ | 손질
□□ 手続(てつづ)き | 수속
□□ 出入(でい)り | 출입
□□ 問(と)い合(あ)わせ | 문의
□□ 年寄(としよ)り | 노인

な행

□□ 仲直(なかなお)り | 화해
□□ 仲良(なかよ)し | 단짝 친구
□□ 乗(の)り換(か)え | 환승
□□ 乗(の)り越(こ)し | 내릴 역을 지나침

は행

□□ 吐(は)き気(け) | 구역질
□□ 話(はな)し合(あ)い | 의논
□□ 話(はな)し中(ちゅう) | 이야기 중
□□ 日当(ひあ)たり | 볕이 듦
□□ 日帰(ひがえ)り | 당일치기
□□ 日差(ひざ)し | 햇살
□□ 日(ひ)の入(い)り | 일몰
□□ 日(ひ)の出(で) | 일출
□□ 引(ひ)き算(ざん) | 뺄셈
□□ 引(ひ)き分(わ)け | 무승부
□□ 人込(ひとご)み | 사람으로 붐빔
□□ 人(ひと)さし指(ゆび) | 집게 손가락
□□ 一通(ひととお)り | 대충
□□ 一休(ひとやす)み | 잠깐 쉼
□□ 独(ひと)り言(ごと) | 혼잣말

쪽지 시험 A와 B 중 알맞은 어휘를 고르세요.

01 (ⓐ 心地 / ⓑ 差し支え)がなければ、住所をお教えください。

02 会社が終わってから、(ⓐ 絵の具 / ⓑ 生け花)教室に行きます。

□□ 振(ふ)り仮名(がな) | 한자의 읽는 음을 다는 토
□□ 風呂敷(ふろし)き | 보자기

ま행

□□ 回(まわ)り道(みち) | 우회로
□□ 見(み)かけ | 겉보기
□□ 見出(みだ)し | 표제어
□□ 見舞(みま)い | 문병
□□ 目覚(めざ)まし | 잠을 깸
□□ 目(め)まい | 현기증
□□ 物差(ものさ)し | 척도

や행~わ행

□□ 湯飲(ゆの)み | 찻잔
□□ 夜明(よあ)け | 새벽
□□ 酔(よ)っ払(ぱら)い | 술주정뱅이
□□ 世(よ)の中(なか) | 세상
□□ 割(わ)り算(ざん) | 나눗셈

07 | 음독명사

□□에 체크하면서 학습하세요!

あ행

あ □□ 愛情(あいじょう) | 애정
□□ 握手(あくしゅ) | 악수
□□ 悪魔(あくま) | 악마
悪化(あっか) | 악화
□□ 圧縮(あっしゅく) | 압축
圧力(あつりょく) | 압력
□□ 安易(あんい) | 안이
安静(あんせい) | 안정
□□ 暗殺(あんさつ) | 암살
暗算(あんざん) | 암산
暗示(あんじ) | 암시
い □□ 委員(いいん) | 위원
□□ 意義(いぎ) | 의의
意志(いし) | 의지
意思(いし) | 의사
意識(いしき) | 의식
意図(いと) | 의도
意欲(いよく) | 의욕

	어휘	뜻
□□	維持(いじ)	유지
□□	移住(いじゅう)	이주
	移転(いてん)	이전
	移民(いみん)	이민
□□	衣装(いしょう)	의상
	衣服(いふく)	의복
	衣類(いるい)	의류
□□	異常(いじょう)	이상
	異性(いせい)	이성
□□	依存(いぞん)	의존
	依頼(いらい)	의뢰
□□	偉大(いだい)	위대
□□	緯度(いど)	위도
□□	違反(いはん)	위반
□□	医療(いりょう)	의료
□□	育児(いくじ)	육아
	育成(いくせい)	육성
□□	一流(いちりゅう)	일류
	一気(いっき)	단숨
	一切(いっさい)	일체
	一種(いっしゅ)	일종
	一瞬(いっしゅん)	한 순간
	一生(いっしょう)	일생
	一致(いっち)	일치
	一定(いってい)	일정
	一般(いっぱん)	일반
	一方(いっぽう)	일방
□□	印刷(いんさつ)	인쇄
	印象(いんしょう)	인상

쪽지 시험 A와 B 중 알맞은 어휘를 고르세요.

01 旅行の予約の(ⓐ ふみきり / ⓑ 締め切り)は明日だ。

02 海へ(ⓐ 日当たり / ⓑ 日の出)を見に行きました。

03 朝は時間がないので、新聞の(ⓐ 見出し / ⓑ 見かけ)を確認するだけで、記事はあとで読みます。

	□□	引退(いんたい)	은퇴
		引用(いんよう)	인용
		引力(いんりょく)	인력
う	□□	宇宙(うちゅう)	우주
	□□	雨天(うてん)	우천
	□□	有無(うむ)	유무
	□□	運営(うんえい)	운영
		運河(うんが)	운하
		運命(うんめい)	운명
え	□□	永遠(えいえん)	영원
		永久(えいきゅう)	영구
	□□	影響(えいきょう)	영향
	□□	営業(えいぎょう)	영업
	□□	英字(えいじ)	영자
		英文(えいぶん)	영문
	□□	衛生(えいせい)	위생
	□□	映像(えいぞう)	영상
	□□	栄養(えいよう)	영양
	□□	液体(えきたい)	액체
	□□	宴会(えんかい)	연회
	□□	延期(えんき)	연기
		延長(えんちょう)	연장
	□□	演技(えんぎ)	연기
		演劇(えんげき)	연극
		演出(えんしゅつ)	연출
		演説(えんぜつ)	연설
		演奏(えんそう)	연주
	□□	園芸(えんげい)	원예
	□□	円周(えんしゅう)	원주
		円満(えんまん)	원만
	□□	援助(えんじょ)	원조
	□□	遠足(えんそく)	소풍
	□□	煙突(えんとつ)	굴뚝
お	□□	汚染(おせん)	오염
	□□	応援(おうえん)	응원
		応急(おうきゅう)	응급
		応接(おうせつ)	응접

応対(おうたい)	응대
応募(おうぼ)	응모
応用(おうよう)	응용
□□ 王子(おうじ)	왕자
王女(おうじょ)	왕녀
□□ 横断(おうだん)	횡단
□□ 往復(おうふく)	왕복
□□ 欧米(おうべい)	구미
□□ 恩恵(おんけい)	은혜
□□ 温泉(おんせん)	온천
温帯(おんたい)	온대
温暖(おんだん)	온난
温和(おんわ)	온화

か행

か □□ 家屋(かおく)	가옥
家事(かじ)	가사
家計(かけい)	가계
□□ 架空(かくう)	가공
□□ 可決(かけつ)	가결
可能(かのう)	가능
□□ 加減(かげん)	가감, 조절, 알맞은 상태
加工(かこう)	가공
加速(かそく)	가속
加入(かにゅう)	가입
加熱(かねつ)	가열
□□ 火災(かさい)	화재
火星(かせい)	화성
□□ 過失(かしつ)	과실
過剰(かじょう)	과잉
過程(かてい)	과정

쪽지 시험 A와 B 중 알맞은 어휘를 고르세요.

01 一般に(ⓐ 緯度 / ⓑ 温帯)が高い地域では、冬の寒さがきびしいそうだ。

02 彼は、今シーズンが終わったら選手生活を(ⓐ 引退 / ⓑ 移動)したいと語った。

	過労(かろう)	과로
□□	果実(かじつ)	과실
□□	化石(かせき)	화석 / 化粧(けしょう) 화장
□□	課税(かぜい)	과세
	課題(かだい)	과제
	課程(かてい)	과정
□□	仮定(かてい)	가정
□□	花粉(かふん)	꽃가루
□□	科目(かもく)	과목
□□	貨物(かもつ)	화물
□□	歌謡(かよう)	가요
□□	画家(がか)	화가
□□	我慢(がまん)	참음
□□	絵画(かいが)	회화
□□	開会(かいかい)	개회
	開始(かいし)	개시
	開通(かいつう)	개통
	開発(かいはつ)	개발
	開放(かいほう)	개방
□□	改革(かいかく)	개혁
	改札(かいさつ)	개찰
	改善(かいぜん)	개선
	改造(かいぞう)	개조
	改良(かいりょう)	개량
□□	階級(かいきゅう)	계급
□□	解決(かいけつ)	해결
	解散(かいさん)	해산
	解釈(かいしゃく)	해석
	解説(かいせつ)	해설
	解答(かいとう)	해답
	解放(かいほう)	해방
□□	会見(かいけん)	회견
	会談(かいだん)	회담
□□	回収(かいしゅう)	회수
	回転(かいてん)	회전
	回答(かいとう)	회답
	回復(かいふく)	회복

	회로
回路(かいろ)	회로
□□ 快晴(かいせい)	쾌청
快適(かいてき)	쾌적
□□ 海洋(かいよう)	해양
□□ 外交(がいこう)	외교 / 外科(げか) 외과
□□ 概論(がいろん)	개론
□□ 覚悟(かくご)	각오
□□ 拡散(かくさん)	확산
拡大(かくだい)	확대
拡張(かくちょう)	확장
□□ 確実(かくじつ)	확실
確信(かくしん)	확신
確定(かくてい)	확정
確認(かくにん)	확인
確保(かくほ)	확보
確率(かくりつ)	확률
確立(かくりつ)	확립
□□ 各種(かくしゅ)	각종
各地(かくち)	각지
□□ 角度(かくど)	각도
□□ 格別(かくべつ)	각별
□□ 革命(かくめい)	혁명
□□ 学者(がくしゃ)	학자
学習(がくしゅう)	학습
学年(がくねん)	학년
学歴(がくれき)	학력
学科(がっか)	학과
□□ 活気(かっき)	활기
活字(かつじ)	활자
活動(かつどう)	활동

쪽지 시험 A와 B 중 알맞은 어휘를 고르세요.

01 松田さんは出産後、(ⓐ 育児 / ⓑ 育成)のため休暇をとっている。

02 あのスーパーは夜遅くまで(ⓐ 作業 / ⓑ 営業)しているので便利だ。

	活発(かっぱつ)	활발
	活躍(かつやく)	활약
	活用(かつよう)	활용
	活力(かつりょく)	활력
□□	括弧(かっこ)	괄호
□□	合唱(がっしょう)	합창 / 合意(ごうい) 합의
□□	感覚(かんかく)	감각
	感激(かんげき)	감격
	感謝(かんしゃ)	감사
	感情(かんじょう)	감정
	感触(かんしょく)	감촉
	感心(かんしん)	감동
	感染(かんせん)	감염
	感想(かんそう)	감상
	感動(かんどう)	감동
□□	間隔(かんかく)	간격
	間接(かんせつ)	간접
□□	換気(かんき)	환기
□□	観客(かんきゃく)	관객
	観光(かんこう)	관광
	観察(かんさつ)	관찰
	観測(かんそく)	관측
	観点(かんてん)	관점
	観念(かんねん)	관념
	観覧(かんらん)	관람
□□	環境(かんきょう)	환경
□□	歓迎(かんげい)	환영
□□	看護(かんご)	간호
	看板(かんばん)	간판
	看病(かんびょう)	간병
□□	刊行(かんこう)	간행
□□	関西(かんさい)	관서(지방)
	関心(かんしん)	관심
	関連(かんれん)	관련
□□	患者(かんじゃ)	환자
□□	鑑賞(かんしょう)	감상
□□	勘定(かんじょう)	계산

	□□ 完成(かんせい)	완성
	完全(かんぜん)	완전
	完了(かんりょう)	완료
	□□ 乾燥(かんそう)	건조
	乾杯(かんぱい)	건배
	□□ 官庁(かんちょう)	관청
	□□ 監督(かんとく)	감독
	□□ 管理(かんり)	관리
	□□ 願書(がんしょ)	원서
	□□ 眼科(がんか)	안과
	□□ 元日(がんじつ)	정월초하루
	元来(がんらい)	원래
き	□□ 気圧(きあつ)	기압 / 気配(けはい) 기색, 기미
	気候(きこう)	기후
	気象(きしょう)	기상
	気体(きたい)	기체
	気品(きひん)	기품
	□□ 器械(きかい)	기계
	器具(きぐ)	기구
	□□ 企画(きかく)	기획
	企業(きぎょう)	기업
	□□ 期間(きかん)	기간
	期限(きげん)	기한
	期末(きまつ)	기말
	□□ 機関(きかん)	기관
	機能(きのう)	기능
	機嫌(きげん)	기분
	□□ 危機(きき)	위기
	□□ 帰京(ききょう)	귀경

쪽지 시험 A와 B 중 알맞은 어휘를 고르세요.

01 うちの会社は、倉庫を(ⓐ 改正 / ⓑ 改造)して、事務室にしている。

02 会社をやめる(ⓐ 我慢 / ⓑ 覚悟)で、部長の命令に逆らった。

03 山本さんは最後に(ⓐ 感染 / ⓑ 感謝)のことばを述べた。

	帰宅(きたく)	귀가
□□	飢饉(ききん)	기근
□□	起源(きげん)	기원
	起床(きしょう)	기상
□□	記号(きごう)	기호
	記事(きじ)	기사
	記者(きしゃ)	기자
	記述(きじゅつ)	기술
	記入(きにゅう)	기입
	記念(きねん)	기념
	記録(きろく)	기록
□□	規準(きじゅん)	기준이 되는 규칙
	規定(きてい)	규정
	規模(きぼ)	규모
	規律(きりつ)	규율
□□	奇数(きすう)	홀수 반 偶数(ぐうすう) 짝수
□□	基礎(きそ)	기초
	基地(きち)	기지
	基盤(きばん)	기반
□□	貴族(きぞく)	귀족
	貴重(きちょう)	귀중
□□	寄付(きふ)	기부
□□	希望(きぼう)	희망
□□	議員(ぎいん)	의원
	議会(ぎかい)	의회
	議長(ぎちょう)	의장
	議論(ぎろん)	논의
□□	儀式(ぎしき)	의식
□□	義務(ぎむ)	의무
	義理(ぎり)	의리
□□	疑問(ぎもん)	의문
□□	客席(きゃくせき)	객석
	客間(きゃくま)	손님방
	客観(きゃっかん)	객관
□□	逆転(ぎゃくてん)	역전
□□	休学(きゅうがく)	휴학
	休業(きゅうぎょう)	휴업

	休憩(きゅうけい)	휴게
	休講(きゅうこう)	휴강
	休戦(きゅうせん)	휴전
	休息(きゅうそく)	휴식
	休養(きゅうよう)	휴양
□□	急激(きゅうげき)	급격
	急速(きゅうそく)	급속
□□	求婚(きゅうこん)	구혼
□□	吸収(きゅうしゅう)	흡수
□□	救助(きゅうじょ)	구조
□□	給食(きゅうしょく)	급식
	給与(きゅうよ)	급여
	給料(きゅうりょう)	급료
□□	許可(きょか)	허가
	許容(きょよう)	허용
□□	居住(きょじゅう)	거주
□□	巨大(きょだい)	거대
□□	距離(きょり)	거리
□□	漁業(ぎょぎょう)	어업
□□	教員(きょういん)	교원
	教科(きょうか)	교과
	教訓(きょうくん)	교훈
	教材(きょうざい)	교재
	教授(きょうじゅ)	교수
	教習(きょうしゅう)	교습
	教養(きょうよう)	교양
	強行(きょうこう)	강행
	強制(きょうせい)	강제
	強調(きょうちょう)	강조

쪽지 시험 A와 B 중 알맞은 어휘를 고르세요.

01 人を(ⓐ 外部 / ⓑ 外見)で判断するのはよくないことだ。

02 今日は、久しぶりに天気が(ⓐ 回復 / ⓑ 快晴)しました。

03 作物ができなくて、食糧が足りなくなる状態を(ⓐ 火災 / ⓑ 飢饉)と言います。

	強力(きょうりょく)	강력
□□	境界(きょうかい)	경계
	境地(きょうち)	경지
□□	協会(きょうかい)	협회
	協議(きょうぎ)	협의
	協力(きょうりょく)	협력
□□	共感(きょうかん)	공감
	共存(きょうそん)	공존
	共通(きょうつう)	공통
	共同(きょうどう)	공동
□□	競技(きょうぎ)	경기
□□	供給(きょうきゅう)	공급
□□	行儀(ぎょうぎ)	예의범절
	行事(ぎょうじ)	행사
	行政(ぎょうせい)	행정
	行列(ぎょうれつ)	행렬
□□	業者(ぎょうしゃ)	업자
	業務(ぎょうむ)	업무
	業績(ぎょうせき)	업적
□□	恐縮(きょうしゅく)	황송하게 여김
	恐怖(きょうふ)	공포
□□	曲線(きょくせん)	곡선
□□	極端(きょくたん)	극단
□□	禁煙(きんえん)	금연
	禁止(きんし)	금지
□□	金額(きんがく)	금액
	金魚(きんぎょ)	금붕어
	金庫(きんこ)	금고
	金銭(きんせん)	금전
	金属(きんぞく)	금속
	金融(きんゆう)	금융
□□	近郊(きんこう)	근교
	近代(きんだい)	근대
□□	緊張(きんちょう)	긴장
□□	筋肉(きんにく)	근육
□□	勤務(きんむ)	근무
□□	区域(くいき)	구역

	단어	뜻
	区間(くかん)	구간
	区分(くぶん)	구분
	区別(くべつ)	구별
□□	苦情(くじょう)	불평, 고충
	苦痛(くつう)	고통
	苦労(くろう)	고생
□□	工夫(くふう)	궁리함
□□	具体(ぐたい)	구체
□□	空間(くうかん)	공간
	空想(くうそう)	공상
	空中(くうちゅう)	공중
□□	偶数(ぐうすう)	짝수
	偶然(ぐうぜん)	우연
□□	訓練(くんれん)	훈련
□□	軍事(ぐんじ)	군사
	軍隊(ぐんたい)	군대
け □□	化粧(けしょう)	화장 / 化石(かせき) 화석
□□	気配(けはい)	기색, 기미 / 気候(きこう)
□□	下旬(げじゅん)	하순
□□	外科(げか)	외과 / 下降(かこう) 하강
□□	敬意(けいい)	경의
	敬語(けいご)	경어
□□	経営(けいえい)	경영
	経過(けいか)	경과
	経度(けいど)	경도
	経費(けいひ)	경비
	経由(けいゆ)	경유
	経歴(けいれき)	경력
□□	景気(けいき)	경기
□□	契機(けいき)	계기

쪽지 시험 A와 B 중 알맞은 어휘를 고르세요.

01 この町はいつも(ⓐ 活発 / ⓑ 活気)にあふれている。

02 あまりに寒くて、手足の(ⓐ 感覚 / ⓑ 感激)がなくなってきた。

□□	稽古(けいこ)	연습, 익힘
□□	傾向(けいこう)	경향
□□	警告(けいこく)	경고
	警備(けいび)	경비
□□	掲示(けいじ)	게시
□□	刑事(けいじ)	형사
□□	形成(けいせい)	형성
	形態(けいたい)	형태
□□	継続(けいぞく)	계속
□□	軽率(けいそつ)	경솔
□□	競馬(けいば)	경마
□□	契約(けいやく)	계약
□□	芸術(げいじゅつ)	예술
	芸能(げいのう)	예능
□□	劇場(げきじょう)	극장
	劇団(げきだん)	극단
□□	激増(げきぞう)	격증
□□	血圧(けつあつ)	혈압
	血液(けつえき)	혈액
□□	決意(けつい)	결의
	決勝(けっしょう)	결승
	決心(けっしん)	결심
	決断(けつだん)	결단
	決定(けってい)	결정
□□	結果(けっか)	결과
	結局(けっきょく)	결국
	結合(けつごう)	결합
	結成(けっせい)	결성
	結論(けつろん)	결론
□□	欠陥(けっかん)	결함
	欠席(けっせき)	결석
	欠点(けってん)	결점
□□	傑作(けっさく)	걸작
□□	月給(げっきゅう)	월급
□□	謙虚(けんきょ)	겸허
	謙遜(けんそん)	겸손
□□	健康(けんこう)	건강

	健全(けんぜん)	건전
□□	検査(けんさ)	검사
	検事(けんじ)	검사
	検討(けんとう)	검토
□□	研修(けんしゅう)	연수
□□	建設(けんせつ)	건설
	建築(けんちく)	건축
□□	憲法(けんぽう)	헌법
□□	賢明(けんめい)	현명
□□	権利(けんり)	권리
	権力(けんりょく)	권력
□□	限界(げんかい)	한계
	限定(げんてい)	한정
	限度(げんど)	한도
□□	現金(げんきん)	현금
	現在(げんざい)	현재
	現実(げんじつ)	현실
	現象(げんしょう)	현상
	現状(げんじょう)	현상
	現代(げんだい)	현대
	現地(げんち)	현지
□□	原型(げんけい)	원형
	原稿(げんこう)	원고
	原作(げんさく)	원작
	原産(げんさん)	원산
	原始(げんし)	원시
	原則(げんそく)	원칙
	原点(げんてん)	원점
	原理(げんり)	원리
	原料(げんりょう)	원료

쪽지 시험 A와 B 중 알맞은 어휘를 고르세요.

01 この島は(ⓐ 季節 / ⓑ 気候)がおだやかで、過ごしやすい。

02 では、こちらにお名前とご住所をご(ⓐ 記入 / ⓑ 記録)ください。

□□	言語(げんご)	언어
	言論(げんろん)	언론
□□	減少(げんしょう)	감소
こ □□	呼吸(こきゅう)	호흡
□□	個人(こじん)	개인
	個性(こせい)	개성
	個別(こべつ)	개별
□□	故人(こじん)	고인
□□	固体(こたい)	고체
	固定(こてい)	고정
	固有(こゆう)	고유
□□	古代(こだい)	고대
	古典(こてん)	고전
□□	雇用(こよう)	고용
□□	娯楽(ごらく)	오락
□□	誤解(ごかい)	오해
□□	語学(ごがく)	어학
□□	好意(こうい)	호의
	好調(こうちょう)	호조
	好評(こうひょう)	호평
□□	行為(こうい)	행위
	行進(こうしん)	행진
	行動(こうどう)	행동
□□	工芸(こうげい)	공예
	工作(こうさく)	공작
	工事(こうじ)	공사
□□	幸運(こううん)	행운
□□	講演(こうえん)	강연
□□	公演(こうえん)	공연
	公開(こうかい)	공개
	公害(こうがい)	공해
	公共(こうきょう)	공공
	公式(こうしき)	공식
	公衆(こうしゅう)	공중
	公正(こうせい)	공정
	公認(こうにん)	공인
	公表(こうひょう)	공표

	公平(こうへい)	공평
	公立(こうりつ)	공립
□□	効果(こうか)	효과
	効率(こうりつ)	효율
	効力(こうりょく)	효력
□□	硬貨(こうか)	동전(코인)
□□	高価(こうか)	고가
	高級(こうきゅう)	고급
	高層(こうそう)	고층
	高速(こうそく)	고속
	高等(こうとう)	고등
□□	交換(こうかん)	교환
	交差(こうさ)	교차
	交際(こうさい)	교제
	交替(こうたい)	교체
	交代(こうたい)	교대
	交流(こうりゅう)	교류
□□	抗議(こうぎ)	항의
□□	航空(こうくう)	항공
□□	光景(こうけい)	광경
	光線(こうせん)	광선
□□	攻撃(こうげき)	공격
□□	貢献(こうけん)	공헌
□□	孝行(こうこう)	효행
□□	広告(こうこく)	광고
□□	講師(こうし)	강사
	講習(こうしゅう)	강습
□□	口実(こうじつ)	구실, 핑계
	口述(こうじゅつ)	구술

쪽지 시험 A와 B 중 알맞은 어휘를 고르세요.

01 この家庭にも私たちと(ⓐ 共同 / ⓑ 共通)の問題があるようです。

02 市役所に行って(ⓐ 工夫 / ⓑ 苦情)をうったえた。

03 父が病気になってから、母は(ⓐ 苦労 / ⓑ 苦痛)して僕を育ててくれた。

	口頭(こうとう)	구두
□□	校舎(こうしゃ)	교사
	校庭(こうてい)	교정
□□	後者(こうしゃ)	후자
	後退(こうたい)	후퇴
	後輩(こうはい)	후배
	後半(こうはん)	후반
□□	向上(こうじょう)	향상
□□	香水(こうすい)	향수
□□	降水(こうすい)	강수
□□	洪水(こうずい)	홍수
□□	構成(こうせい)	구성
	構想(こうそう)	구상
	構造(こうぞう)	구조
□□	功績(こうせき)	공적
□□	肯定(こうてい)	긍정
□□	幸福(こうふく)	행복
□□	鉱物(こうぶつ)	광물
□□	候補(こうほ)	후보
□□	項目(こうもく)	항목
□□	紅葉(こうよう)	단풍 / 紅葉(もみじ) 단풍
□□	考慮(こうりょ)	고려
□□	合意(ごうい)	합의 / 合唱(がっしょう) 합창
	合格(ごうかく)	합격
	合成(ごうせい)	합성
	合同(ごうどう)	합동
	合理(ごうり)	합리
	合流(ごうりゅう)	합류
□□	豪華(ごうか)	호화
□□	強盗(ごうとう)	강도
□□	国産(こくさん)	국산
	国籍(こくせき)	국적
	国立(こくりつ)	국립
	国連(こくれん)	유엔
	国会(こっかい)	국회
	国境(こっきょう)	국경
□□	告白(こくはく)	고백

		단어	뜻
	□□	克服(こくふく)	극복
	□□	穀物(こくもつ)	곡물
	□□	骨折(こっせつ)	골절
	□□	根気(こんき)	끈기
		根本(こんぽん)	근본
	□□	混合(こんごう)	혼합
		混雑(こんざつ)	혼잡
		混同(こんどう)	혼동
		混乱(こんらん)	혼란
	□□	今日(こんにち)	오늘날
	□□	根本(こんぽん)	근본
	□□	婚約(こんやく)	약혼
さ행			
さ	□□	作業(さぎょう)	작업
		作法(さほう)	작법
	□□	砂漠(さばく)	사막
	□□	差別(さべつ)	차별
	□□	座席(ざせき)	좌석
	□□	再会(さいかい)	재회
		再建(さいけん)	재건
		再生(さいせい)	재생
	□□	災害(さいがい)	재해
		災難(さいなん)	재난
	□□	祭日(さいじつ)	축제일
	□□	最終(さいしゅう)	최종
		最善(さいぜん)	최선
		最中(さいちゅう)	한창인 때
		最低(さいてい)	최저
	□□	採集(さいしゅう)	채집

쪽지 시험 A와 B 중 알맞은 어휘를 고르세요.

01 ものが多すぎて余っている状態のことを(ⓐ 過剰 / ⓑ 過労)と言います。

02 見たり聞いたりして、思ったことを(ⓐ 感覚 / ⓑ 感想)と言います。

03 社会に(ⓐ 貢献 / ⓑ 候補)できるような研究がしたい。

04 弱点を(ⓐ 回復 / ⓑ 克服)して、県代表選手に選ばれた。

	採点(さいてん)	채점
	採用(さいよう)	채용
□□	催促(さいそく)	재촉
□□	才能(さいのう)	재능
□□	裁判(さいばん)	재판
	裁縫(さいほう)	재봉
□□	材木(ざいもく)	재목
	材料(ざいりょう)	재료
□□	在学(ざいがく)	재학
	在庫(ざいこ)	재고
□□	最高(さいこう)	최고
□□	財産(ざいさん)	재산
	財政(ざいせい)	재정
□□	作者(さくしゃ)	작자
	作成(さくせい)	작성
	作製(さくせい)	제작
	作戦(さくせん)	작전
	作品(さくひん)	작품
	作物(さくもつ)	작물
	作曲(さっきょく)	작곡
□□	索引(さくいん)	색인
□□	削除(さくじょ)	삭제
□□	撮影(さつえい)	촬영
□□	殺人(さつじん)	살인
□□	雑音(ざつおん)	잡음
	雑貨(ざっか)	잡화
	雑談(ざつだん)	잡담
□□	参加(さんか)	참가
	参考(さんこう)	참고
	参照(さんしょう)	참조
□□	産後(さんご)	산후
□□	賛成(さんせい)	찬성
□□	酸性(さんせい)	산성
	酸素(さんそ)	산소
□□	産地(さんち)	산지
	産物(さんぶつ)	산물
□□	山林(さんりん)	산림

し □□	飼育(しいく)	사육
□□	歯科(しか)	치과
□□	司会(しかい)	사회
□□	四角(しかく)	사각
	四季(しき)	사계
□□	資格(しかく)	자격
	資金(しきん)	자금
	資源(しげん)	자원
	資本(しほん)	자본
	資料(しりょう)	자료
□□	視覚(しかく)	시각
□□	指揮(しき)	지휘
	指示(しじ)	지시
	指定(してい)	지정
	指導(しどう)	지도
□□	支給(しきゅう)	지급
	支持(しじ)	지지
	支出(ししゅつ)	지출
	支店(してん)	지점
	支配(しはい)	지배
□□	刺激(しげき)	자극
□□	思考(しこう)	사고, 생각
	思想(しそう)	사상
□□	志向(しこう)	지향
	志望(しぼう)	지망
□□	市場(しじょう)	시장
□□	詩人(しじん)	시인
□□	姿勢(しせい)	자세
□□	施設(しせつ)	시설
□□	子孫(しそん)	자손

쪽지 시험 A와 B 중 알맞은 어휘를 고르세요.

01 注文した商品がなかなか届かないので、(ⓐ 招待 / ⓑ 催促)の電話をかけた。

02 (ⓐ 志望 / ⓑ 雑談)しているときにいいアイデアが浮かんだ。

□□	死体(したい)	사체
	死亡(しぼう)	사망
□□	私鉄(してつ)	민영 철도
	私立(しりつ)	사립
□□	視点(してん)	시점
	視野(しや)	시야
□□	紙幣(しへい)	지폐
□□	司法(しほう)	사법
□□	姉妹(しまい)	자매
□□	氏名(しめい)	이름
□□	使命(しめい)	사명
□□	寺院(じいん)	사원
□□	自衛(じえい)	자위
	自殺(じさつ)	자살
	自主(じしゅ)	자주
	自習(じしゅう)	자습
	自信(じしん)	자신(감)
	自身(じしん)	(자기)자신
	自宅(じたく)	자택
	自治(じち)	자치
	自動(じどう)	자동
	自慢(じまん)	자랑
	自立(じりつ)	자립
□□	時期(じき)	시기
	時刻(じこく)	시각
	時差(じさ)	시차
	時速(じそく)	시속
□□	事業(じぎょう)	사업
	事件(じけん)	사건
	事実(じじつ)	사실
	事情(じじょう)	사정
	事前(じぜん)	사전
	事態(じたい)	사태
	事務(じむ)	사무
□□	持参(じさん)	지참
□□	磁石(じしゃく)	자석
□□	辞退(じたい)	사퇴

□□ 児童(じどう) 아동
□□ 地盤(じばん) 지반
□□ 式場(しきじょう) 식장
□□ 失格(しっかく) 실격
失業(しつぎょう) 실업
失望(しつぼう) 실망
失恋(しつれん) 실연
□□ 湿気(しっけ／しっき) 습기
湿度(しつど) 습도
□□ 執筆(しっぴつ) 집필
□□ 実感(じっかん) 실감
実験(じっけん) 실험
実現(じつげん) 실현
実行(じっこう) 실행
実施(じっし) 실시
実習(じっしゅう) 실습
実績(じっせき) 실적
実態(じったい) 실태
実用(じつよう) 실용
実力(じつりょく) 실력
実例(じつれい) 실례
実物(じつぶつ) 실물
□□ 車庫(しゃこ) 차고
車掌(しゃしょう) 차장
車道(しゃどう) 차도
車輪(しゃりん) 차바퀴
□□ 社交(しゃこう) 사교
社説(しゃせつ) 사설
□□ 写生(しゃせい) 사생
□□ 弱点(じゃくてん) 약점

쪽지 시험 A와 B 중 알맞은 어휘를 고르세요.

01 祖父は礼儀や(ⓐ 作法 / ⓑ 作業)にきびしい。

02 そんなくだらないことで人を(ⓐ 差別 / ⓑ 失格)してはいけない。

□□	借金(しゃっきん)	빚
□□	主演(しゅえん)	주연
	主観(しゅかん)	주관
	主義(しゅぎ)	주의
	主役(しゅやく)	주역
	主要(しゅよう)	주요
□□	取材(しゅざい)	취재
□□	種類(しゅるい)	종류
□□	需要(じゅよう)	수요
□□	周囲(しゅうい)	주위
	周期(しゅうき)	주기
	周辺(しゅうへん)	주변
□□	集会(しゅうかい)	집회
	集計(しゅうけい)	집계
	集合(しゅうごう)	집합
	集団(しゅうだん)	집단
	集中(しゅうちゅう)	집중
□□	収穫(しゅうかく)	수확
	収集(しゅうしゅう)	수집
	収入(しゅうにゅう)	수입
□□	就職(しゅうしょく)	취직
	就任(しゅうにん)	취임
□□	修正(しゅうせい)	수정
	修繕(しゅうぜん)	수선
	修理(しゅうり)	수리
	修了(しゅうりょう)	수료
□□	終点(しゅうてん)	종점
	終了(しゅうりょう)	종료
□□	住居(じゅうきょ)	주거
	住宅(じゅうたく)	주택
	住民(じゅうみん)	주민
□□	宗教(しゅうきょう)	종교
□□	習字(しゅうじ)	습자
□□	重視(じゅうし)	중시
	重体(じゅうたい)	중태
	重大(じゅうだい)	중대
	重点(じゅうてん)	중점

	重複(じゅうふく)	중복
	重役(じゅうやく)	중역, 임원
	重要(じゅうよう)	중요
	重量(じゅうりょう)	중량
	重力(じゅうりょく)	중력
□□	従事(じゅうじ)	종사
□□	渋滞(じゅうたい)	지체
□□	従来(じゅうらい)	종래
□□	祝日(しゅくじつ)	경축일
□□	縮小(しゅくしょう)	축소
□□	宿泊(しゅくはく)	숙박
□□	熟語(じゅくご)	숙어
□□	出世(しゅっせ)	출세
□□	瞬間(しゅんかん)	순간
□□	循環(じゅんかん)	순환
□□	順序(じゅんじょ)	순서
	順番(じゅんばん)	순서
□□	純情(じゅんじょう)	순정
	純粋(じゅんすい)	순수
□□	書斎(しょさい)	서재
	書籍(しょせき)	서적
	書物(しょもつ)	책
	書類(しょるい)	서류
□□	初旬(しょじゅん)	초순
	初歩(しょほ)	초보
□□	所属(しょぞく)	소속
	所定(しょてい)	소정
	所得(しょとく)	소득
	所有(しょゆう)	소유
□□	処置(しょち)	처치

쪽지 시험 A와 B 중 알맞은 어휘를 고르세요.

01 この書類を(ⓐ 支給 / ⓑ 至急)コピーしてきてください。

02 新しい制度がいよいよ来年から(ⓐ 実習 / ⓑ 実施)される。

	処分(しょぶん)	처분
	処理(しょり)	처리
□□	署名(しょめい)	서명
	女優(じょゆう)	여배우
□□	助詞(じょし)	조사
	助手(じょしゅ)	조수
□□	消化(しょうか)	소화
	消毒(しょうどく)	소독
□□	障害(しょうがい)	장애
□□	将棋(しょうぎ)	장기
□□	商業(しょうぎょう)	상업
	商社(しょうしゃ)	상사
	商店(しょうてん)	상점
	商人(しょうにん)	상인
□□	賞金(しょうきん)	상금
	賞品(しょうひん)	상품
□□	証拠(しょうこ)	증거
	証明(しょうめい)	증명
□□	正体(しょうたい)	정체
	正味(しょうみ)	순량, 실질
	正面(しょうめん)	정면
□□	障子(しょうじ)	장지
□□	症状(しょうじょう)	증상
□□	昇進(しょうしん)	승진
□□	小数(しょうすう)	소수
□□	焦点(しょうてん)	초점
□□	衝突(しょうとつ)	충돌
□□	承認(しょうにん)	승인
□□	少年(しょうねん)	소년
□□	勝敗(しょうはい)	승패
	勝負(しょうぶ)	승부
	勝利(しょうり)	승리
□□	消費(しょうひ)	소비
	消防(しょうぼう)	소방
	消耗(しょうもう)	소모
□□	省略(しょうりゃく)	생략
□□	上演(じょうえん)	상연

	上級(じょうきゅう)	상급
	上京(じょうきょう)	상경
	上空(じょうくう)	상공
	上司(じょうし)	상사
	上旬(じょうじゅん)	상순
	上昇(じょうしょう)	상승
	上達(じょうたつ)	숙달
□□	蒸気(じょうき)	증기
	蒸発(じょうはつ)	증발
□□	定規(じょうぎ)	자
□□	乗客(じょうきゃく)	승객
	乗車(じょうしゃ)	승차
□□	状況(じょうきょう)	상황
	状態(じょうたい)	상태
□□	条件(じょうけん)	조건
	条約(じょうやく)	조약
□□	常識(じょうしき)	상식
□□	情勢(じょうせい)	정세
	情緒(じょうちょ/じょうしょ)	정서
	情熱(じょうねつ)	정열
□□	情報(じょうほう)	정보
□□	冗談(じょうだん)	농담
□□	職員(しょくいん)	직원
	職人(しょくにん)	장인
□□	食塩(しょくえん)	식염
	食卓(しょくたく)	식탁
	食物(しょくもつ)	음식물
	食欲(しょくよく)	식욕
	食料(しょくりょう)	식료
	食糧(しょくりょう)	식량

쪽지 시험 A와 B 중 알맞은 어휘를 고르세요.

01 山本選手の練習の様子を(ⓐ 取材 / ⓑ 測定)したときは、とても緊張しました。

02 彼は苦労を重ねて、会長にまで(ⓐ 出世 / ⓑ 出題)した。

	食器(しょっき)	식기
□□	進化(しんか)	진화
	進行(しんこう)	진행
	進出(しんしゅつ)	진출
	進展(しんてん)	진전
	進歩(しんぽ)	진보
	進路(しんろ)	진로
□□	真空(しんくう)	진공
	真実(しんじつ)	진실
	真相(しんそう)	진상
	真理(しんり)	진리
□□	神経(しんけい)	신경
	神話(しんわ)	신화
□□	信仰(しんこう)	신앙
	信念(しんねん)	신념
	信用(しんよう)	신용
	信頼(しんらい)	신뢰
□□	新婚(しんこん)	신혼
	新鮮(しんせん)	신선
□□	診察(しんさつ)	진찰
	診断(しんだん)	진단
□□	心身(しんしん)	심신
	心臓(しんぞう)	심장
	心理(しんり)	심리
□□	申請(しんせい)	신청
□□	親戚(しんせき)	친척
	親友(しんゆう)	절친한 친구
	親類(しんるい)	친척
□□	身体(しんたい)	신체
	身長(しんちょう)	신장
□□	寝台(しんだい)	침대
□□	侵入(しんにゅう)	침입
□□	審判(しんぱん)	심판
□□	森林(しんりん)	삼림
□□	人格(じんかく)	인격
	人工(じんこう)	인공
	人材(じんざい)	인재

	人事(じんじ)	인사
	人種(じんしゅ)	인종
	人造(じんぞう)	인조
	人体(じんたい)	인체
	人物(じんぶつ)	인물
	人命(じんめい)	인명
	人類(じんるい)	인류
す □□	図鑑(ずかん)	도감
	図形(ずけい)	도형
	図表(ずひょう)	도표
	頭痛(ずつう)	두통
	頭脳(ずのう)	두뇌
□□	水産(すいさん)	수산
	水準(すいじゅん)	수준
	水素(すいそ)	수소
	水滴(すいてき)	물방울
	水筒(すいとう)	물통
	水平(すいへい)	수평
	水面(すいめん)	수면
□□	炊事(すいじ)	취사
□□	推薦(すいせん)	추천
□□	垂直(すいちょく)	수직
□□	推定(すいてい)	추정
□□	随筆(ずいひつ)	수필
□□	睡眠(すいみん)	수면
□□	寸法(すんぽう)	치수
せ □□	世間(せけん)	세상
	世代(せだい)	세대
	世論(せろん/よろん)	여론
□□	赤道(せきどう)	적도

쪽지 시험 A와 B 중 알맞은 어휘를 고르세요.

01 この国の国民の平均(ⓐ 生命 / ⓑ 寿命)は、何歳くらいですか。

02 あの日の出来事を全て(ⓐ 素直 / ⓑ 正直)に話してください。

□□ 責任(せきにん) 책임
□□ 石油(せきゆ) 석유
□□ 折角(せっかく) 모처럼
□□ 接近(せっきん) 접근
接続(せつぞく) 접속
□□ 設計(せっけい) 설계
設置(せっち) 설치
設定(せってい) 설정
設備(せつび) 설비
設立(せつりつ) 설립
□□ 説得(せっとく) 설득
□□ 切実(せつじつ) 절실
□□ 節約(せつやく) 절약
□□ 絶望(ぜつぼう) 절망
絶滅(ぜつめつ) 절멸
□□ 選挙(せんきょ) 선거
選手(せんしゅ) 선수
選択(せんたく) 선택
□□ 専攻(せんこう) 전공
専制(せんせい) 전제
専用(せんよう) 전용
□□ 洗剤(せんざい) 세제
洗面(せんめん) 세면
□□ 先日(せんじつ) 요 전날
先祖(せんぞ) 선조
先端(せんたん) 첨단
先着(せんちゃく) 선착
先頭(せんとう) 선두
□□ 扇子(せんす) 부채
□□ 宣伝(せんでん) 선전
□□ 占領(せんりょう) 점령
□□ 戦力(せんりょく) 전력
□□ 線路(せんろ) 선로
□□ 全員(ぜんいん) 전원
全身(ぜんしん) 전신
全体(ぜんたい) 전체
全力(ぜんりょく) 전력

□□	前後(ぜんご)	전후
	前者(ぜんしゃ)	전자
	前提(ぜんてい)	전제
	前半(ぜんはん)	전반
	前例(ぜんれい)	전례
□□	善良(ぜんりょう)	선량
そ □□	素材(そざい)	소재
	素質(そしつ)	소질
□□	組織(そしき)	조직
□□	祖先(そせん)	조상
□□	相違(そうい)	상이(서로 다름)
	相互(そうご)	상호
	相続(そうぞく)	상속
	相対(そうたい)	상대
	相当(そうとう)	상당
□□	騒音(そうおん)	소음
□□	総会(そうかい)	총회
	総合(そうごう)	종합
□□	送金(そうきん)	송금
	送別(そうべつ)	송별
	送料(そうりょう)	배송료
□□	倉庫(そうこ)	창고
□□	操作(そうさ)	조작
□□	創作(そうさく)	창작
	創立(そうりつ)	창립
	創造(そうぞう)	창조
□□	葬式(そうしき)	장례식
□□	想像(そうぞう)	상상
□□	装置(そうち)	장치
	装備(そうび)	장비

쪽지 시험 A와 B 중 알맞은 어휘를 고르세요.

01 ある社会の中でだれでも当然知っているべきものごとを(ⓐ 常識 / ⓑ 情報)と言います。

02 これからもいろいろな国と(ⓐ 相互 / ⓑ 組織)理解を深めていくべきだ。

□□	増加(ぞうか)	증가
	増減(ぞうげん)	증감
	増大(ぞうだい)	증대
□□	造船(ぞうせん)	조선
□□	草履(ぞうり)	짚신
□□	速達(そくたつ)	속달
□□	測定(そくてい)	측정
	測量(そくりょう)	측량
□□	側面(そくめん)	측면
□□	続出(ぞくしゅつ)	속출
□□	損害(そんがい)	손해
□□	尊敬(そんけい)	존경
	尊重(そんちょう)	존중
□□	存在(そんざい)	존재
□□	損失(そんしつ)	손실
	損得(そんとく)	득실

た행

た □□	多少(たしょう)	다소
	多忙(たぼう)	다망, 아주 바쁨
	多様(たよう)	다양
□□	他人(たにん)	타인
□□	妥当(だとう)	타당
□□	体育(たいいく)	체육
	体格(たいかく)	체격
	体系(たいけい)	체계
	体験(たいけん)	체험
	体重(たいじゅう)	체중
	体制(たいせい)	체제
	体積(たいせき)	부피
	体操(たいそう)	체조
	体力(たいりょく)	체력
□□	対応(たいおう)	대응
	対決(たいけつ)	대결
	対策(たいさく)	대책
	対処(たいしょ)	대처
	対象(たいしょう)	대상
	対照(たいしょう)	대조

	対談(たいだん)	대담
	対等(たいとう)	대등
	対比(たいひ)	대비
	対面(たいめん)	대면
	対立(たいりつ)	대립
	対話(たいわ)	대화
□□	大気(たいき)	대기
	大金(たいきん)	대금
	大使(たいし)	대사
	大衆(たいしゅう)	대중
	大戦(たいせん)	대전
	大半(たいはん)	과반수
	大陸(たいりく)	대륙
□□	退学(たいがく)	퇴학
	退治(たいじ)	퇴치
	退職(たいしょく)	퇴직
□□	待遇(たいぐう)	대우
□□	太鼓(たいこ)	북
	太陽(たいよう)	태양
□□	滞在(たいざい)	체재
□□	態度(たいど)	태도
□□	逮捕(たいほ)	체포
□□	大工(だいく)	목수
	大臣(だいじん)	대신
□□	代金(だいきん)	대금
	代理(だいり)	대리
□□	台本(だいほん)	대본
□□	題名(だいめい)	제목 명
□□	達成(たっせい)	달성
□□	脱線(だっせん)	탈선

쪽지 시험 A와 B 중 알맞은 어휘를 고르세요.

01 今までになかった新しいものを作り出すことを(ⓐ 創作 / ⓑ 操作)と言います。

02 暑さのせいで気分が悪くなる人が(ⓐ 宣伝 / ⓑ 続出)した。

	日本語	한국어
	脱退(だったい)	탈퇴
□□	単位(たんい)	단위
	単純(たんじゅん)	단순
	単独(たんどく)	단독
□□	短所(たんしょ)	단점
	短編(たんぺん)	단편
□□	探検(たんけん)	탐험
□□	担当(たんとう)	담당
□□	段階(だんかい)	단계
□□	団結(だんけつ)	단결
	団体(だんたい)	단체
	団地(だんち)	단지
□□	断水(だんすい)	단수
	断定(だんてい)	단정
	断面(だんめん)	단면
ち □□	治安(ちあん)	치안
	治療(ちりょう)	치료
□□	地位(ちい)	지위
	地域(ちいき)	지역
	地球(ちきゅう)	지구
	地形(ちけい)	지형
	地質(ちしつ)	지질
	地点(ちてん)	지점
	地方(ちほう)	지방
	地名(ちめい)	지명
□□	知恵(ちえ)	지혜
	知事(ちじ)	지사
	知識(ちしき)	지식
	知人(ちじん)	지인
	知性(ちせい)	지성
	知的(ちてき)	지적
	知能(ちのう)	지능
□□	遅刻(ちこく)	지각
□□	着手(ちゃくしゅ)	착수
	着席(ちゃくせき)	착석
	着目(ちゃくもく)	착목
	着陸(ちゃくりく)	착륙

□□ 中旬(ちゅうじゅん) 중순
中世(ちゅうせい) 중세
中性(ちゅうせい) 중성
中断(ちゅうだん) 중단
中毒(ちゅうどく) 중독
中年(ちゅうねん) 중년
中立(ちゅうりつ) 중립
□□ 忠告(ちゅうこく) 충고
忠実(ちゅうじつ) 충실
□□ 駐車(ちゅうしゃ) 주차
□□ 抽象(ちゅうしょう) 추상
□□ 昼食(ちゅうしょく) 중식
□□ 注目(ちゅうもく) 주목
注文(ちゅうもん) 주문
□□ 貯金(ちょきん) 저금
貯蔵(ちょぞう) 저장
貯蓄(ちょちく) 저축
□□ 著者(ちょしゃ) 저자
著書(ちょしょ) 저서
著名(ちょめい) 저명
□□ 超過(ちょうか) 초과
□□ 朝刊(ちょうかん) 조간
□□ 彫刻(ちょうこく) 조각
□□ 調査(ちょうさ) 조사
調子(ちょうし) 상태
調整(ちょうせい) 조정
調節(ちょうせつ) 조절
調理(ちょうり) 조리
調和(ちょうわ) 조화
□□ 長所(ちょうしょ) 장점

쪽지 시험 A와 B 중 알맞은 어휘를 고르세요.

01 血液型が分かれば、(ⓐ 大体 / ⓑ 態度)の性格がわかります。

02 学校の(ⓐ 代表 / ⓑ 対決)選手として選ばれた。

□□	頂上(ちょうじょう)	정상
	頂点(ちょうてん)	정점
□□	直後(ちょくご)	직후
	直接(ちょくせつ)	직접
	直線(ちょくせん)	직선
	直前(ちょくぜん)	직전
	直通(ちょくつう)	직통
	直面(ちょくめん)	직면
	直角(ちょっかく)	직각
	直感(ちょっかん)	직감
	直径(ちょっけい)	직경
□□	賃金(ちんぎん)	임금
つ □□	追加(ついか)	추가
	追放(ついほう)	추방
□□	通過(つうか)	통과
	通貨(つうか)	통화
	通勤(つうきん)	통근
	通行(つうこう)	통행
	通信(つうしん)	통신
	通知(つうち)	통지
	通帳(つうちょう)	통장
	通訳(つうやく)	통역
	通用(つうよう)	통용
	通路(つうろ)	통로
□□	痛感(つうかん)	통감
て □□	弟子(でし)	제자
□□	提案(ていあん)	제안
	提出(ていしゅつ)	제출
□□	定員(ていいん)	정원
	定価(ていか)	정가
	定期(ていき)	정기
	定義(ていぎ)	정의
	定食(ていしょく)	정식
	定年(ていねん)	정년
□□	低下(ていか)	저하
□□	抵抗(ていこう)	저항
□□	停止(ていし)	정지

	停車(ていしゃ)	정차
	停電(ていでん)	정전
□□	訂正(ていせい)	정정
□□	程度(ていど)	정도
□□	適応(てきおう)	적응
	適性(てきせい)	적성
	適切(てきせつ)	적절
	適用(てきよう)	적용
□□	哲学(てつがく)	철학
□□	鉄橋(てっきょう)	철교
	鉄道(てつどう)	철도
	鉄砲(てっぽう)	소총
□□	徹底(てってい)	철저
	徹夜(てつや)	철야
□□	天下(てんか)	천하
	天候(てんこう)	날씨
	天井(てんじょう)	천장
	天地(てんち)	천지
	天然(てんねん)	천연
	天皇(てんのう)	천황
□□	展開(てんかい)	전개
	展示(てんじ)	전시
	展望(てんぼう)	전망
□□	転換(てんかん)	전환
	転勤(てんきん)	전근
□□	典型(てんけい)	전형
□□	点検(てんけん)	점검
□□	田園(でんえん)	전원
□□	伝記(でんき)	전기
	伝言(でんごん)	전하는 말

쪽지 시험 A와 B 중 알맞은 어휘를 고르세요.

01 このバイトに対して1万円は(ⓐ 独自 / ⓑ 妥当)な金額だと思いますよ。

02 この自転車は子どもの身長に合わせて高さを(ⓐ 彫刻 / ⓑ 調節)することができます。

	伝説(でんせつ)	전설
	伝染(でんせん)	전염
	伝達(でんたつ)	전달
	伝統(でんとう)	전통
□□	電球(でんきゅう)	전구
	電源(でんげん)	전원
	電子(でんし)	전자
	電線(でんせん)	전선
	電卓(でんたく)	전자계산기
	電池(でんち)	전지
	電柱(でんちゅう)	전봇대
	電波(でんぱ)	전파
	電流(でんりゅう)	전류
	電力(でんりょく)	전력
と □□	登山(とざん)	등산
□□	都市(とし)	도시
□□	土地(とち)	토지
□□	努力(どりょく)	노력
□□	答案(とうあん)	답안
□□	統一(とういつ)	통일
	統計(とうけい)	통계
□□	登校(とうこう)	등교
	登場(とうじょう)	등장
	登録(とうろく)	등록
□□	東西(とうざい)	동서
	東洋(とうよう)	동양
□□	倒産(とうさん)	도산
□□	投資(とうし)	투자
	投書(とうしょ)	투서
	投入(とうにゅう)	투입
	投票(とうひょう)	투표
□□	当時(とうじ)	당시
	当日(とうじつ)	당일
	当選(とうせん)	당선
	当然(とうぜん)	당연
	当番(とうばん)	당번
□□	逃走(とうそう)	도주

	逃亡(とうぼう)	도망
□□	灯台(とうだい)	등대
□□	到達(とうたつ)	도달
	到着(とうちゃく)	도착
□□	盗難(とうなん)	도난
□□	冬眠(とうみん)	동면
□□	透明(とうめい)	투명
□□	同意(どうい)	동의
	同一(どういつ)	동일
	同格(どうかく)	동격
	同感(どうかん)	동감
	同級(どうきゅう)	동급
	同居(どうきょ)	동거
	同志(どうし)	동지
	同情(どうじょう)	동정
	同等(どうとう)	동등
	同封(どうふう)	동봉
	同僚(どうりょう)	동료
□□	動員(どういん)	동원
	動機(どうき)	동기
	動向(どうこう)	동향
	動作(どうさ)	동작
	動詞(どうし)	동사
□□	道徳(どうとく)	도덕
□□	導入(どうにゅう)	도입
□□	童謡(どうよう)	동요
	童話(どうわ)	동화
□□	特技(とくぎ)	특기
	特産(とくさん)	특산
	特殊(とくしゅ)	특수

쪽지 시험 A와 B 중 알맞은 어휘를 고르세요.

01 この道は一方(ⓐ 通行 / ⓑ 通勤)なので、注意してください。

02 夕べは(ⓐ 徹夜 / ⓑ 冬眠)したので、今朝は眠くてしかたがない。

		特集(とくしゅう)	특집
		特色(とくしょく)	특색
		特徴(とくちょう)	특징
		特長(とくちょう)	특색, 특유의 장점
		特定(とくてい)	특정
		特売(とくばい)	특별판매
		特有(とくゆう)	특유
		特許(とっきょ)	특허
		特権(とっけん)	특권
	□□	得点(とくてん)	득점
	□□	独自(どくじ)	독자
		独身(どくしん)	독신
		独占(どくせん)	독점
		独創(どくそう)	독창
		独特(どくとく)	독특
		独立(どくりつ)	독립
	□□	読者(どくしゃ)	독자
	□□	突破(とっぱ)	돌파
な행			
な	□□	内科(ないか)	내과
		内心(ないしん)	내심
		内線(ないせん)	내선
		内臓(ないぞう)	내장
	□□	納得(なっとく)	납득
	□□	南極(なんきょく)	남극
		南北(なんぼく)	남북
に	□□	肉親(にくしん)	육친
		肉体(にくたい)	육체
	□□	日常(にちじょう)	일상
		日課(にっか)	일과
		日光(にっこう)	일광
		日中(にっちゅう)	대낮
		日程(にってい)	일정
	□□	入社(にゅうしゃ)	입사
		入手(にゅうしゅ)	입수
		入賞(にゅうしょう)	입상
		入場(にゅうじょう)	입장

	入浴(にゅうよく)	입욕
□□	人間(にんげん)	인간
	人情(にんじょう)	인정
□□	認識(にんしき)	인식
□□	任務(にんむ)	임무
ね □□	熱意(ねつい)	열의
	熱帯(ねったい)	열대
	熱中(ねっちゅう)	열중
□□	年賀(ねんが)	연하
	年長(ねんちょう)	연장
	年度(ねんど)	연도
	年齢(ねんれい)	연령
□□	念願(ねんがん)	염원
□□	燃焼(ねんしょう)	연소
	燃料(ねんりょう)	연료
の □□	農業(のうぎょう)	농업
	農耕(のうこう)	농경
	農村(のうそん)	농촌
	農地(のうち)	농지
	農民(のうみん)	농민
	農薬(のうやく)	농약
□□	濃度(のうど)	농도
□□	能率(のうりつ)	능률
	能力(のうりょく)	능력

は행

は □□	博士(はかせ)	박사
□□	破産(はさん)	파산
	破片(はへん)	파편
□□	場面(ばめん)	장면
□□	配達(はいたつ)	배달

쪽지 시험 A와 B 중 알맞은 어휘를 고르세요.

01 この店は(ⓐ 伝統 / ⓑ 伝達)の味を守り続けている。

02 ボランティア活動を始めることになった(ⓐ 動向 / ⓑ 動機)は何ですか。

03 (ⓐ 投票 / ⓑ 逃亡)中の犯人はもう疲れきっているはずだ。

	配置(はいち)	배치
	配布(はいふ)	배부
	配分(はいぶん)	배분
	配列(はいれつ)	배열
□□	俳句(はいく)	하이쿠(17글자의 일본의 짧은 시)
□□	背景(はいけい)	배경
	背後(はいご)	배후
□□	敗戦(はいせん)	패전
□□	梅雨(ばいう)	장마 / 梅雨(つゆ) 장마
□□	売店(ばいてん)	매점
	売買(ばいばい)	매매
□□	迫害(はくがい)	박해
□□	拍手(はくしゅ)	박수
□□	爆発(ばくはつ)	폭발
□□	発育(はついく)	발육
	発揮(はっき)	발휘
	発掘(はっくつ)	발굴
	発見(はっけん)	발견
	発言(はつげん)	발언
	発行(はっこう)	발행
	発車(はっしゃ)	발차
	発射(はっしゃ)	발사
	発生(はっせい)	발생
	発想(はっそう)	발상
	発達(はったつ)	발달
	発展(はってん)	발전
	発電(はつでん)	발전
	発売(はつばい)	발매
	発表(はっぴょう)	발표
	発明(はつめい)	발명
□□	範囲(はんい)	범위
□□	反映(はんえい)	반영
	反抗(はんこう)	반항
	反射(はんしゃ)	반사
	反省(はんせい)	반성
	反応(はんのう)	반응
	反発(はんぱつ)	반발

□□ 半径(はんけい) 반경
半島(はんとう) 반도
□□ 判決(はんけつ) 판결
判断(はんだん) 판단
判事(はんじ) 판사
判定(はんてい) 판정
□□ 犯罪(はんざい) 범죄
犯人(はんにん) 범인
□□ 販売(はんばい) 판매
□□ 万歳(ばんざい) 만세
万能(ばんのう) 만능
□□ 晩年(ばんねん) 만년
ひ □□ 被害(ひがい) 피해
□□ 比較(ひかく) 비교
比重(ひじゅう) 비중
比率(ひりつ) 비율
比例(ひれい) 비례
□□ 悲観(ひかん) 비관
悲劇(ひげき) 비극
悲鳴(ひめい) 비명
□□ 飛行(ひこう) 비행
非難(ひなん) 비난
□□ 否定(ひてい) 부정
□□ 批判(ひはん) 비판
批評(ひひょう) 비평
□□ 皮膚(ひふ) 피부
□□ 秘密(ひみつ) 비밀
□□ 費用(ひよう) 비용
□□ 疲労(ひろう) 피로

쪽지 시험 A와 B 중 알맞은 어휘를 고르세요.

01 そんな説明では(ⓐ 念願 / ⓑ 納得)できない。

02 (ⓐ 日程 / ⓑ 日中)の最高気温は30度を上回るでしょう。

03 この中では前田さんが一番(ⓐ 年長 / ⓑ 年賀)ですね。

美容(びよう) 미용
□□ 筆記(ひっき) 필기
筆者(ひっしゃ) 필자
□□ 必死(ひっし) 필사
必修(ひっしゅう) 필수
必然(ひつぜん) 필연
□□ 評価(ひょうか) 평가
評判(ひょうばん) 평판
評論(ひょうろん) 평론
□□ 表現(ひょうげん) 표현
表紙(ひょうし) 표지
表情(ひょうじょう) 표정
表面(ひょうめん) 표면
□□ 標語(ひょうご) 표어
標識(ひょうしき) 표식
標準(ひょうじゅん) 표준
標本(ひょうほん) 표본
□□ 平等(びょうどう) 평등
□□ 貧血(ひんけつ) 빈혈
貧困(ひんこん) 빈곤
□□ 品質(ひんしつ) 품질
ふ □□ 不安(ふあん) 불안
不意(ふい) 불의
不運(ふうん) 불운
不可(ふか) 불가
不吉(ふきつ) 불길
不況(ふきょう) 불황
不潔(ふけつ) 불결
不幸(ふこう) 불행
不在(ふざい) 부재
不順(ふじゅん) 불순
不正(ふせい) 부정
不当(ふとう) 부당
不評(ふひょう) 평이 나쁨
不平(ふへい) 불평
不満(ふまん) 불만
不明(ふめい) 불명

	不利(ふり)	불리
□□	夫妻(ふさい)	부부
	夫人(ふじん)	부인
□□	普及(ふきゅう)	보급
	普段(ふだん)	평소
□□	付近(ふきん)	부근
	付属(ふぞく)	부속
	付録(ふろく)	부록
□□	符号(ふごう)	부호
□□	婦人(ふじん)	부인
□□	負担(ふたん)	부담
□□	部下(ぶか)	부하
	部首(ぶしゅ)	부수
	部品(ぶひん)	부품
	部門(ぶもん)	부문
□□	武器(ぶき)	무기
	武士(ぶし)	무사
	武装(ぶそう)	무장
	武力(ぶりょく)	무력
□□	無事(ぶじ)	무사
	無難(ぶなん)	무난
	無礼(ぶれい)	무례
□□	舞台(ぶたい)	무대
□□	風景(ふうけい)	풍경
	風習(ふうしゅう)	풍습
	風船(ふうせん)	풍선
	風土(ふうど)	풍토
□□	夫婦(ふうふ)	부부
□□	複写(ふくしゃ)	복사

쪽지 시험 A와 B 중 알맞은 어휘를 고르세요.

01 このスーパーは買った物を自宅まで(ⓐ 配達 / ⓑ 発達)してくれます。

02 開会のあいさつが終わると、会場から(ⓐ 握手 / ⓑ 拍手)が起こった。

03 練習の成果が(ⓐ 発生 / ⓑ 発揮)できれば、きっと優勝できるだろう。

	複数(ふくすう)	복수
□□	服装(ふくそう)	복장
□□	復活(ふっかつ)	부활
	復旧(ふっきゅう)	복구
□□	物価(ぶっか)	물가
	物資(ぶっし)	물자
	物質(ぶっしつ)	물질
	物体(ぶったい)	물체
	物理(ぶつり)	물리
□□	仏像(ぶつぞう)	불상
□□	噴火(ふんか)	분화
	噴水(ふんすい)	분수
□□	粉末(ふんまつ)	분말
□□	分解(ぶんかい)	분해
	分散(ぶんさん)	분산
	分子(ぶんし)	분자
	分数(ぶんすう)	분수
	分析(ぶんせき)	분석
	分担(ぶんたん)	분담
	分布(ぶんぷ)	분포
	分野(ぶんや)	분야
	分離(ぶんり)	분리
	分量(ぶんりょう)	분량
	分類(ぶんるい)	분류
□□	文芸(ぶんげい)	문예
	文献(ぶんけん)	문헌
	文書(ぶんしょ)	문서
	文脈(ぶんみゃく)	문맥
	文明(ぶんめい)	문명
へ □□	閉会(へいかい)	폐회
□□	平均(へいきん)	평균
	平行(へいこう)	평행
	平常(へいじょう)	평상
	平凡(へいぼん)	평범
	平和(へいわ)	평화
□□	並行(へいこう)	병행
	並列(へいれつ)	병렬

□□	兵士(へいし)	병사
□□	別居(べっきょ)	별거
	別荘(べっそう)	별장
□□	変化(へんか)	변화
	変革(へんかく)	변혁
	変更(へんこう)	변경
	変動(へんどう)	변동
□□	編集(へんしゅう)	편집
□□	弁当(べんとう)	도시락
ほ □□	保育(ほいく)	보육
	保温(ほおん)	보온
	保管(ほかん)	보관
	保険(ほけん)	보험
	保守(ほしゅ)	보수
	保証(ほしょう)	보증
	保障(ほしょう)	보장
	保存(ほぞん)	보존
□□	補助(ほじょ)	보조
□□	歩道(ほどう)	보도
□□	募金(ぼきん)	모금
	募集(ぼしゅう)	모집
□□	母校(ぼこう)	모교
	母国(ぼこく)	모국
□□	方角(ほうがく)	방위, 방향
	方言(ほうげん)	방언
	方向(ほうこう)	방향
	方式(ほうしき)	방식
	方針(ほうしん)	방침
	方法(ほうほう)	방법

쪽지 시험 A와 B 중 알맞은 어휘를 고르세요.

01 あのレストランはサービスがいいと(ⓐ 評価 / ⓑ 評判)だ。

02 あのころはやりたいことも仕事も見つからず、毎日が(ⓐ 不順 / ⓑ 不安)だった。

03 このあたりの海岸線の形を30年前と(ⓐ 比較 / ⓑ 平均)してみましょう。

	方面(ほうめん)	방면
□□	法学(ほうがく)	법학
	法則(ほうそく)	법칙
	法廷(ほうてい)	법정
□□	報告(ほうこく)	보고
	報道(ほうどう)	보도
□□	放出(ほうしゅつ)	방출
	放置(ほうち)	방치
□□	宝石(ほうせき)	보석
□□	包装(ほうそう)	포장
	包帯(ほうたい)	붕대
	包丁(ほうちょう)	식칼
□□	豊富(ほうふ)	풍부
□□	訪問(ほうもん)	방문
□□	防火(ぼうか)	방화
	防災(ぼうさい)	방재
	防止(ぼうし)	방지
	防犯(ぼうはん)	방범
□□	冒険(ぼうけん)	모험
	冒頭(ぼうとう)	모두
□□	暴動(ぼうどう)	폭동
	暴風(ぼうふう)	폭풍
	暴力(ぼうりょく)	폭력
□□	牧場(ぼくじょう)	목장
□□	北極(ほっきょく)	북극
□□	本格(ほんかく)	본격
	本質(ほんしつ)	본질
	本人(ほんにん)	본인
	本能(ほんのう)	본능
	本文(ほんぶん)	본문
	本名(ほんみょう)	본명
	本物(ほんもの)	진품 / 偽者(にせもの) 가짜 물건
	本来(ほんらい)	본래
□□	盆地(ぼんち)	분지

ま행

ま □□	摩擦(まさつ)	마찰
□□	枚数(まいすう)	장수

	□□	毎度(まいど)	매번
	□□	末期(まっき)	말기
	□□	満員(まんいん)	만원
		満月(まんげつ)	만월
		満点(まんてん)	만점
み	□□	味覚(みかく)	미각
	□□	未婚(みこん)	미혼
		未知(みち)	미지
		未定(みてい)	미정
		未満(みまん)	미만
	□□	魅力(みりょく)	매력
	□□	名字(みょうじ)	성
	□□	民間(みんかん)	민간
		民宿(みんしゅく)	민박
		民族(みんぞく)	민족
		民俗(みんぞく)	민속
		民謡(みんよう)	민요
む	□□	無限(むげん)	무한
		無効(むこう)	무효
		無言(むごん)	무언
		無視(むし)	무시
		無地(むじ)	무지
		無線(むせん)	무선
		無断(むだん)	무단
		無知(むち)	무지
		無能(むのう)	무능
		無用(むよう)	무용
	□□	矛盾(むじゅん)	모순
め	□□	明確(めいかく)	명확
		明白(めいはく)	명백

쪽지 시험 A와 B 중 알맞은 어휘를 고르세요.

01 今から、(ⓐ 防災 / ⓑ 防止)訓練を行います。

02 所得税に対する政府の(ⓐ 方角 / ⓑ 方針)には従うしかない。

□□ 名作(めいさく) 명작
名刺(めいし) 명함
名詞(めいし) 명사
名所(めいしょ) 명소
名物(めいぶつ) 명물
□□ 迷信(めいしん) 미신
迷惑(めいわく) 폐
□□ 命令(めいれい) 명령
□□ 面会(めんかい) 면회
面積(めんせき) 면적
面接(めんせつ) 면접
□□ 免許(めんきょ) 면허
免税(めんぜい) 면세
も □□ 文字(もじ／もんじ) 문자
□□ 模様(もよう) 무늬
□□ 毛布(もうふ) 담요
□□ 木材(もくざい) 목재
□□ 目次(もくじ) 목차
目的(もくてき) 목적
目標(もくひょう) 목표
□□ 文句(もんく) 불평
□□ 問答(もんどう) 문답

や행

や □□ 野外(やがい) 야외
野心(やしん) 야심
野生(やせい) 야생
野党(やとう) 야당
□□ 夜行(やこう) 야행
□□ 家賃(やちん) 집세
□□ 役者(やくしゃ) 배우
役所(やくしょ) 관공서
役人(やくにん) 공무원
□□ 薬品(やくひん) 약품
薬局(やっきょく) 약국
ゆ □□ 輸血(ゆけつ) 수혈
輸送(ゆそう) 수송
□□ 油断(ゆだん) 방심

□□	唯一(ゆいいつ)	유일
□□	優越(ゆうえつ)	우월
	優秀(ゆうしゅう)	우수
	優勝(ゆうしょう)	우승
	優先(ゆうせん)	우선
□□	夕刊(ゆうかん)	석간
□□	勇気(ゆうき)	용기
□□	有機(ゆうき)	유기
	有効(ゆうこう)	유효
	有能(ゆうのう)	유능
	有利(ゆうり)	유리
	有料(ゆうりょう)	유료
	有力(ゆうりょく)	유력
□□	友好(ゆうこう)	우호
	友情(ゆうじょう)	우정
□□	郵送(ゆうそう)	우송
よ □□	予感(よかん)	예감
	予期(よき)	예기
	予言(よげん)	예언
	予想(よそう)	예상
	予測(よそく)	예측
	予備(よび)	예비
	予報(よほう)	예보
	予防(よぼう)	예방
□□	余計(よけい)	필요 없음
	余分(よぶん)	여분
	余裕(よゆう)	여유
□□	預金(よきん)	예금
□□	与党(よとう)	여당

쪽지 시험 A와 B 중 알맞은 어휘를 고르세요.

01 チケットの(ⓐ 名刺 / ⓑ 枚数)を確認してください。

02 (ⓐ 無断 / ⓑ 毎度)で外泊するようなことがないように気をつけてね。

03 ここで働きたいのなら、一度(ⓐ 面接 / ⓑ 面会)を受けに来てください。

□□	容易(ようい)	용이
	容器(ようき)	용기
	容積(ようせき)	용적
□□	要因(よういん)	요인
	要求(ようきゅう)	요구
	要旨(ようし)	요지
	要素(ようそ)	요소
	要点(ようてん)	요점
	要望(ようぼう)	요망
	要領(ようりょう)	요령
□□	溶液(ようえき)	용액
	溶岩(ようがん)	용암
□□	用件(ようけん)	용건
	用語(ようご)	용어
	用紙(ようし)	용지
	用心(ようじん)	조심
	用途(ようと)	용도
	用品(ようひん)	용품
	用法(ようほう)	용법
□□	幼児(ようじ)	유아
	幼稚(ようち)	유치
□□	様式(ようしき)	양식
	様子(ようす)	모습
□□	養成(ようせい)	양성
	養分(ようぶん)	양분
□□	羊毛(ようもう)	양털
□□	浴室(よくしつ)	욕실
□□	欲望(よくぼう)	욕망

ら행

ら □□	落第(らくだい)	낙제

쪽지 시험 A와 B 중 알맞은 어휘를 고르세요.

01 そのチケットは、あさってまで(ⓐ 有効 / ⓑ 有能)です。

02 この雑誌は時代の(ⓐ 要求 / ⓑ 要素)にこたえている。

03 話が複雑になるから、(ⓐ 余裕 / ⓑ 余計)なことは言わないでください。

		落下(らっか)	낙하
	□□	楽観(らっかん)	낙관
り	□□	利益(りえき)	이익
		利害(りがい)	이해
		利子(りし)	이자
		利点(りてん)	이점
	□□	理科(りか)	이과
		理解(りかい)	이해
		理性(りせい)	이성
		理想(りそう)	이상
		理論(りろん)	이론
	□□	離婚(りこん)	이혼
	□□	立法(りっぽう)	입법
	□□	流域(りゅういき)	유역
		流行(りゅうこう)	유행
		流通(りゅうつう)	유통
	□□	旅券(りょけん)	여권
	□□	領域(りょういき)	영역
	□□	良好(りょうこう)	양호
		良心(りょうしん)	양심
	□□	漁師(りょうし)	어부
	□□	領事(りょうじ)	영사
		領収(りょうしゅう)	영수
		領土(りょうど)	영토
	□□	両立(りょうりつ)	양립
	□□	臨時(りんじ)	임시
れ	□□	例外(れいがい)	예외
	□□	礼儀(れいぎ)	예의
	□□	冷静(れいせい)	냉정

쪽지 시험 A와 B 중 알맞은 어휘를 고르세요.

01 店の(ⓐ 利点 / ⓑ 利益)がなかなか上がらない。

02 風邪がとても(ⓐ 流行 / ⓑ 流通)しているので、気をつけてください。

03 鈴木さんはとても(ⓐ 良心 / ⓑ 礼儀)正しい人です。

	冷蔵(れいぞう)	냉장
	冷淡(れいたん)	냉담
	冷凍(れいとう)	냉동
□□	零点(れいてん)	영점
□□	列車(れっしゃ)	열차
	列島(れっとう)	열도
□□	恋愛(れんあい)	연애
□□	連休(れんきゅう)	연휴
	連合(れんごう)	연합
	連想(れんそう)	연상
	連続(れんぞく)	연속
	連帯(れんたい)	연대
ろ □□	労働(ろうどう)	노동
□□	録音(ろくおん)	녹음
□□	論争(ろんそう)	논쟁
	論理(ろんり)	논리

わ행

わ □□	話題(わだい)	화제
□□	和服(わふく)	일본 전통옷

08 | 3글자 음독명사

□□에 체크하면서 학습하세요!

あ행

□□	衣食住(いしょくじゅう)	의식주

か행

□□	過半数(かはんすう)	과반수
□□	海水浴(かいすいよく)	해수욕
□□	乾電池(かんでんち)	건전지
□□	機関車(きかんしゃ)	기관차
□□	喫茶店(きっさてん)	찻집
□□	句読点(くとうてん)	구두점
□□	蛍光灯(けいこうとう)	형광등
□□	形容詞(けいようし)	형용사
□□	顕微鏡(けんびきょう)	현미경

さ행

□□	座布団(ざぶとん)	방석
□□	時間割(じかんわり)	시간표
□□	実業家(じつぎょうか)	실업가

□□ 耳鼻科(じびか) | 이비인후과
□□ 従業員(じゅうぎょういん) | 종업원
□□ 主人公(しゅじんこう) | 주인공
□□ 受話器(じゅわき) | 수화기
□□ 奨学金(しょうがくきん) | 장학금
□□ 消極的(しょうきょくてき) | 소극적
□□ 小児科(しょうにか) | 소아과
□□ 消防署(しょうぼうしょ) | 소방서
□□ 助教授(じょきょうじゅ) | 조교수
□□ 新幹線(しんかんせん) | 신칸센(고속철도)
□□ 水蒸気(すいじょうき) | 수증기
□□ 水平線(すいへいせん) | 수평선
□□ 青少年(せいしょうねん) | 청소년
□□ 正方形(せいほうけい) | 정사각형
□□ 積極的(せっきょくてき) | 적극적
□□ 先天的(せんてんてき) | 선천적
□□ 扇風機(せんぷうき) | 선풍기

た행

□□ 大学院(だいがくいん) | 대학원
□□ 大統領(だいとうりょう) | 대통령
□□ 大部分(だいぶぶん) | 대부분
□□ 代名詞(だいめいし) | 대명사
□□ 多数決(たすうけつ) | 다수결
□□ 地平線(ちへいせん) | 지평선
□□ 長方形(ちょうほうけい) | 직사각형
□□ 調味料(ちょうみりょう) | 조미료
□□ 定期券(ていきけん) | 정기권
□□ 定休日(ていきゅうび) | 정기휴일
□□ 出入口(でいりぐち) | 출입구
□□ 停留所(ていりゅうじょ) | 정류소

쪽지 시험 A와 B 중 알맞은 어휘를 고르세요.

01 久しぶりに会ったんだし、(ⓐ 喫茶店 / ⓑ 遊園地)でコーヒーでもいっぱいどう？

02 この(ⓐ 奨学金 / ⓑ 報告書)は、みんなの意見をまとめたものです。

□□ 出来事(できごと) | 사건

な행

□□ 日用品(にちようひん) | 일용품
□□ 農産物(のうさんぶつ) | 농산물

は행

□□ 配偶者(はいぐうしゃ) | 배우자
□□ 博物館(はくぶつかん) | 박물관
□□ 比較的(ひかくてき) | 비교적
□□ 必需品(ひつじゅひん) | 필수품
□□ 不可欠(ふかけつ) | 불가결
□□ 不動産(ふどうさん) | 부동산
□□ 雰囲気(ふんいき) | 분위기
□□ 文化財(ぶんかざい) | 문화재
□□ 文房具(ぶんぼうぐ) | 문방구
□□ 望遠鏡(ぼうえんきょう) | 망원경
□□ 報告書(ほうこくしょ) | 보고서
□□ 方程式(ほうていしき) | 방정식

ま행

□□ 待合室(まちあいしつ) | 대합실
□□ 三日月(みかづき) | 초승달

や행

□□ 遊園地(ゆうえんち) | 유원지
□□ 幼稚園(ようちえん) | 유치원

ら행

□□ 留守番(るすばん) | 집을 지킴

09 | 4글자 음독명사

□□에 체크하면서 학습하세요!

□□ 横断歩道(おうだんほどう) | 횡단보도
□□ 交通機関(こうつうきかん) | 교통기관
□□ 産婦人科(さんふじんか) | 산부인과
□□ 四捨五入(ししゃごにゅう) | 반올림
□□ 生年月日(せいねんがっぴ) | 생년월일
□□ 総理大臣(そうりだいじん) | 총리대신
□□ 百科事典(ひゃっかじてん) | 백과사전

10 | い형용사

□□에 체크하면서 학습하세요!

あ행

□□	青白(あおじろ)い	창백하다
□□	厚(あつ)かましい	뻔뻔스럽다
□□	危(あや)うい	위태롭다 / 危(あぶ)ない 위험하다
□□	怪(あや)しい	수상쩍다
□□	粗(あら)い	엉성하다, 꺼칠꺼칠하다
□□	荒(あら)い	거칠다
□□	ありがたい	고맙다
□□	慌(あわ)ただしい	분주하다, 어수선하다
□□	勇(いさ)ましい	용감하다
□□	薄暗(うすぐら)い	어둑하다
□□	うらやましい	부럽다
□□	偉(えら)い	훌륭하다
□□	幼(おさな)い	어리다
□□	惜(お)しい	아깝다
□□	恐(おそ)ろしい	무섭다
□□	おとなしい	점잖다
□□	おめでたい	경사스럽다
□□	思(おも)いがけない	뜻밖이다

か행

□□	賢(かしこ)い	현명하다
□□	かゆい	가렵다
□□	かわいらしい	귀엽다 / かわいい 귀엽다
□□	きつい	힘들다, 심하다, 꽉 끼다 반 緩(ゆる)い 느슨하다
□□	清(きよ)い	깨끗하다, 맑다
□□	臭(くさ)い	냄새 나다
□□	くだらない	시시하다
□□	くどい	집요하다
□□	悔(くや)しい	분하다

쪽지 시험 A와 B 중 알맞은 어휘를 고르세요.

01 郵便局はあの(ⓐ 横断歩道 / ⓑ 交通機関)をわたってまっすぐの所にあります。

02 答えは(ⓐ 生年月日 / ⓑ 四捨五入)して書いてください。

□□ 詳(くわ)しい	자세하다
□□ 煙(けむ)い	연기 때문에 맵다
□□ 険(けわ)しい	험하다
□□ 濃(こ)い	진하다 반 薄(うす)い 연하다, 얇다
□□ 恋(こい)しい	그립다

さ행

□□ 騒(さわ)がしい	떠들썩하다
□□ 塩辛(しおから)い	짜다 /辛(から)い 맵다
□□ 親(した)しい	친하다
□□ しつこい	집요하다
□□ ずうずうしい	뻔뻔스럽다
□□ 酸(す)っぱい	시다
□□ ずるい	교활하다
□□ 鋭(するど)い	날카롭다 반 鈍(にぶ)い 둔하다
□□ 騒々(そうぞう)しい	시끄럽다
□□ そそっかしい	덜렁대다

た행

□□ 頼(たの)もしい	믿음직스럽다
□□ だらしない	야무지지 못하다
□□ 力強(ちからづよ)い	힘차다
□□ 茶色(ちゃいろ)い	갈색이다
□□ つらい	힘들다
□□ とんでもない	당치도 않다

な행

□□ 長(なが)い	(길이, 시간이) 길다 / 永(なが)い (시간이) 길다
□□ 懐(なつ)かしい	그립다
□□ 憎(にく)い	밉다
□□ 鈍(にぶ)い	둔하다 반 鋭(するど)い 날카롭다

は행

□□ ばからしい	바보 같다
□□ 激(はげ)しい	격하다, 심하다
□□ 甚(はなは)だしい	매우 심하다
□□ 等(ひと)しい	같다
□□ ふさわしい	어울리다, 적합하다

ま행~わ행

□□ 貧(まず)しい	가난하다
□□ まぶしい	눈부시다
□□ みっともない	꼴사납다
□□ 醜(みにく)い	보기 흉하다

□□ 蒸(む)し暑(あつ)い	무덥다
□□ 面倒(めんどう)くさい	귀찮다
□□ もったいない	아깝다
□□ 緩(ゆる)い	느슨하다, 엄하지 않다 반 きつい 꽉 끼다
□□ 若々(わかわか)しい	젊디젊다 반 若(わか)い 젊다

11 | な형용사

□□에 체크하면서 학습하세요!

あ행

□□ 曖昧(あいまい)だ	애매하다
□□ 明(あき)らかだ	명백하다
□□ 温(あたた)かだ	따뜻하다
□□ 当(あ)たり前(まえ)だ	당연하다
□□ 哀(あわ)れだ	가엾다
□□ 安易(あんい)だ	안이하다
□□ 意外(いがい)だ	의외이다
□□ 意地悪(いじわる)だ	심술궂다
□□ 大(おお)ざっぱだ	엉성하다, 대충 하다
□□ おしゃれだ	멋쟁이다
□□ 穏(おだ)やかだ	온화하다
□□ 主(おも)だ	주되다
□□ 温厚(おんこう)だ	온후하다, 온화하고 차분하다

か행

□□ 格別(かくべつ)だ	각별하다
□□ 勝手(かって)だ	제멋대로이다
□□ かわいそうだ	불쌍하다 * かわいい 귀엽다
□□ 気(き)の毒(どく)だ	가엾다
□□ 奇妙(きみょう)だ	기묘하다
□□ 器用(きよう)だ	손재주가 있다
□□ 気楽(きらく)だ	마음이 편하다

쪽지 시험 A와 B 중 알맞은 어휘를 고르세요.

01 何があったのか(ⓐ くわしく / ⓑ けわしく)話してもらえませんか。

02 あの人は、私が何度だめだと言っても、また頼みに来る。本当に(ⓐ しつこい / ⓑ こまかい)人だ。

03 こんな(ⓐ もったいない / ⓑ みっともない)すがたは、だれにも見られたくない。

□□ けちだ 인색하다
□□ 下品(げひん)だ 품위가 없다 반 上品(じょうひん)だ 품위가 있다
□□ 厳重(げんじゅう)だ 엄중하다
□□ 強引(ごういん)だ 억지로 하다
□□ 困難(こんなん)だ 곤란하다

さ행

□□ 幸(さいわ)いだ 운이 좋다
□□ 逆(さか)さまだ 거꾸로이다
□□ 様々(さまざま)だ 여러 가지다
□□ さわやかだ 상쾌하다
□□ 幸(しあわ)せだ 행복하다
□□ 地味(じみ)だ 수수하다 반 派手(はで)だ 화려하다
□□ 順調(じゅんちょう)だ 순조롭다
□□ 正直(しょうじき)だ 정직하다
□□ 上等(じょうとう)だ 뛰어나다
□□ 上品(じょうひん)だ 품위가 있다 반 下品(げひん)だ 품위가 없다
□□ 真剣(しんけん)だ 진지하다
□□ 深刻(しんこく)だ 심각하다
□□ 慎重(しんちょう)だ 신중하다
□□ 素敵(すてき)だ 멋지다
□□ 素直(すなお)だ 순진하다
□□ 正確(せいかく)だ 정확하다
□□ ぜいたくだ 사치스럽다
□□ そっくりだ 꼭 닮았다
□□ 率直(そっちょく)だ 솔직하다

た행

□□ 退屈(たいくつ)だ 지루하다
□□ 平(たい)らだ 평평하다
□□ 強気(つよき)だ 뜻이 굳세다
□□ 的確(てきかく)だ 적확, 정확하다

쪽지 시험 A와 B 중 알맞은 어휘를 고르세요.

01 彼は(ⓐ 厳重な / ⓑ 深刻な)悩みをかかえているようだ。
02 この作品はこわれやすいので、(ⓐ しんちょう / ⓑ かわいそう)に扱ってください。
03 いつもと比べると、今日は水道の水の色が(ⓐ 微妙 / ⓑ 平気)に違っている。

□□ 適度(てきど)だ	알맞다
□□ 手頃(てごろ)だ	적당하다
□□ でたらめだ	엉터리이다
□□ 透明(とうめい)だ	투명하다
□□ 同様(どうよう)だ	마찬가지이다
な행~は행	
□□ なだらかだ	완만하다, 평온하다
□□ 斜(なな)めだ	비스듬하다
□□ 生意気(なまいき)だ	건방지다
□□ のんきだ	무사태평하다
□□ 莫大(ばくだい)だ	막대하다
□□ 派手(はで)だ	화려하다 반 地味(じみ)だ 수수하다
□□ 卑怯(ひきょう)だ	비겁하다
□□ 微妙(びみょう)だ	미묘하다
□□ 不思議(ふしぎ)だ	이상하다
□□ 物騒(ぶっそう)だ	위험을 느껴서 불안하다
□□ 平気(へいき)だ	태연하다
□□ 別々(べつべつ)だ	따로따로이다
□□ 膨大(ぼうだい)だ	방대하다
□□ 朗(ほが)らかだ	명랑하다
ま행~わ행	
□□ 真(ま)っ赤(か)だ	새빨갛다
□□ 真(ま)っ暗(くら)だ	깜깜하다
□□ 真(ま)っ黒(くろ)だ	새까맣다
□□ 真(ま)っ青(さお)だ	새파랗다
□□ 真(ま)っ白(しろ)だ	새하얗다
□□ 稀(まれ)だ	드물다
□□ 見事(みごと)だ	훌륭하다
□□ 惨(みじ)めだ	비참하다
□□ 妙(みょう)だ	묘하다

쪽지 시험 A와 B 중 알맞은 어휘를 고르세요.

01 妹は最近デビューした新人歌手に(ⓐ 夢中 / ⓑ 熱中)だ。

02 渡辺さんはいつも落ち着いていて、(ⓐ もっともな / ⓑ 冷静な)人のようだ。

03 そんなに(ⓐ わがままな / ⓑ さわやかな)ことばかり言っていたら、みんなにきらわれるよ。

□□ 無駄(むだ)だ	소용없다
□□ 夢中(むちゅう)だ	열중하다
□□ めちゃくちゃだ	엉망진창이다
□□ 面倒(めんどう)だ	귀찮다 / 厄介(やっかい)だ 귀찮다
□□ もっともだ	당연하다
□□ 厄介(やっかい)だ	귀찮다 / 面倒(めんどう)だ 귀찮다
□□ 愉快(ゆかい)だ	유쾌하다
□□ 豊(ゆた)かだ	풍족하다
□□ 陽気(ようき)だ	밝다
□□ 欲張(よくば)りだ	욕심이 많다
□□ 楽(らく)だ	편하다
□□ 乱暴(らんぼう)だ	난폭하다
□□ 利口(りこう)だ	영리하다
□□ 冷静(れいせい)だ	냉정하다
□□ わがままだ	제멋대로다

12 | 동사

□□에 체크하면서 학습하세요!

あ행

□□ 相次(あいつ)ぐ	잇달다, 연달다
□□ 遭(あ)う	겪다, 당하다
□□ あきらめる	포기하다
□□ 飽(あ)きる	싫증나다
□□ あきれる	기가 막히다
□□ 明(あ)ける	날이 새다
□□ 揚(あ)げる	튀기다
□□ 憧(あこが)れる	동경하다
□□ 味(あじ)わう	맛보다
□□ 預(あず)かる	맡다, 보관하다 / 預(あず)ける 맡기다
□□ 与(あた)える	주다
□□ 暖(あたた)まる, 温(あたた)まる	따뜻해지다 / 暖(あたた)める, 温(あたた)める 따뜻하게 하다
□□ 当(あ)たる	맞다 / 当(あ)てる 맞추다
□□ 扱(あつか)う	취급하다
□□ 暴(あば)れる	난폭하게 굴다
□□ あふれる	가득 차서 넘치다
□□ 甘(あま)やかす	응석을 받아 주다

□□ 余(あま)る　남다
□□ 編(あ)む　뜨다, 엮다
□□ 争(あらそ)う　다투다
□□ 改(あらた)める　고치다
□□ 現(あら)われる　(모습, 모양을) 드러나다, 나타나다 / 現(あらわ)す 드러내다, 나타내다
□□ 表(あらわ)す　(감정, 생각을) 드러내다, 나타내다
□□ 著(あらわ)す　저술하다
□□ 荒(あ)れる　거칠어지다
□□ 慌(あわ)てる　당황하다
□□ 抱(いだ)く　안다, 품다
□□ 痛(いた)む　아프다, 고통스럽다
□□ 至(いた)る　도달하다
□□ 威張(いば)る　뽐내다
□□ 嫌(いや)がる　싫어하다
□□ 祝(いわ)う　축하하다
□□ 飢(う)える　굶주리다
□□ 浮(う)かぶ　뜨다, 나타나다 / 浮(う)く 뜨다, 나타나다 / 浮(う)かべる 띄우다, 떠올리다
□□ 承(うけたまわ)る　받다, 듣다의 겸양어
□□ 失(うしな)う　잃다
□□ 薄(うす)める　묽게 하다
□□ 疑(うたが)う　의심하다
□□ 撃(う)つ　쏘다 / 的(まと)を撃(う)つ 표적을 쏘다
□□ 討(う)つ　공격하다 / 仇(かたき)を討(う)つ 원수를 갚다
□□ 移(うつ)す　옮기다
□□ 訴(うった)える　호소하다, 고소하다
□□ 写(うつ)る　(사진에) 찍히다
□□ 映(うつ)る　비치다 / 映(うつ)す 비추다
□□ うなずく　고개를 끄덕이다, 수긍하다
□□ うなる　신음하다

쪽지 시험 A와 B 중 알맞은 어휘를 고르세요.

01 同じことを長い時間続けて、いやになることを(ⓐ あきる / ⓑ あきれる)と言います。

02 野球選手に(ⓐ めぐまれる / ⓑ あこがれる)子どもたちは多い。

03 昨夜の大雨で川の水が(ⓐ こぼれ / ⓑ あふれ)、付近の家屋が被害にあった。

□□ 奪(うば)う　빼앗다, 사로잡다
□□ 埋(う)める　묻다
□□ 敬(うやま)う　존경하다
□□ 占(うらな)う　점치다
□□ 恨(うら)む　원망하다
□□ 描(えが)く　그리다
□□ 得(え/う)る　얻다
□□ 追(お)う　뒤쫓아가다
□□ 応(おう)じる/ずる　응하다
□□ 覆(おお)う　덮다
□□ 犯(おか)す　범하다
□□ 拝(おが)む　두 손 모아 빌다
□□ 補(おぎな)う　보충하다
□□ 贈(おく)る　보내다
□□ 押(お)さえる　누르다
□□ 治(おさ)める　다스리다
□□ 納(おさ)める　넣다, 납부하다
□□ 収(おさ)める　간직하다, 거두다
□□ 恐(おそ)れる　무서워하다
□□ 教(おそ)わる　배우다
□□ 脅(おど)かす　위협하다
□□ 劣(おと)る　뒤떨어지다
□□ 驚(おどろ)かす　깜짝 놀라게 하다
□□ おぼれる　물에 빠지다
□□ 及(およ)ぼす　미치게 하다
□□ 卸(おろ)す　도매하다
□□ 降(お)ろす　내리다

か행

□□ 飼(か)う　기르다
□□ 代(か)える　바꾸다 / 代(か)わる 대신하다 예 あいさつに代える 인사로 대신하다
□□ 換(か)える　바꾸다 / 換(か)わる 바뀌다 예 家具の配置を換える 가구 배치를 바꾸다
□□ 替(か)える　교체하다 / 替(か)わる 바뀌다 예 商売を替える 장사를 바꾸다
□□ 変(か)える　바꾸다 / 変(か)わる 변화하다 예 予定を変える 예정을 바꾸다
□□ 抱(かか)える　껴안다
□□ 輝(かがや)く　빛나다
□□ かかわる　관계되다
□□ 限(かぎ)る　한정하다

□□	隠(かく)れる	숨다 / 隠(かく)す 감추다
□□	欠(か)ける	깨져 떨어지다, 부족하다
□□	囲(かこ)む	둘러싸다
□□	重(かさ)なる	포개어지다, 거듭되다 / 重(かさ)ねる 겹치다, 반복하다
□□	かじる	갉아먹다, 조금 알다
□□	稼(かせ)ぐ	벌다
□□	数(かぞ)える	세다
□□	固(かた)まる	굳어지다, 확실해지다
□□	傾(かたむ)く	기울다
□□	語(かた)る	이야기하다
□□	担(かつ)ぐ	짊어지다
□□	叶(かな)う	이루어지다
□□	悲(かな)しむ	슬퍼하다
□□	兼(か)ねる	겸하다
□□	かぶせる	씌우다
□□	からかう	놀리다
□□	刈(か)る	베다
□□	枯(か)れる	마르다
□□	かわいがる	귀여워하다
□□	乾(かわ)かす	말리다
□□	渇(かわ)く	목이 마르다
□□	感(かん)じる/ずる	느끼다
□□	効(き)く	효과가 있다
□□	刻(きざ)む	잘게 썰다, 새기다
□□	気(き)づく	알아차리다
□□	嫌(きら)う	싫어하다
□□	腐(くさ)る	썩다
□□	崩(くず)れる	무너지다 / 崩(くず)す 무너뜨리다
□□	砕(くだ)ける	부서지다 / 砕(くだ)く 부수다, 마음을 쓰다

쪽지 시험 A와 B 중 알맞은 어휘를 고르세요.

01 まっすぐに立っていた物がななめになることを(ⓐ かたよる / ⓑ かたむく)と言います。

02 歌手になりたいと思っていた夢がやっと(ⓐ のぞんだ / ⓑ かなった)。

03 高橋さんは結婚生活に大きな夢を(ⓐ かかえて / ⓑ いだいて)いる。

□□ くたびれる | 지치다
□□ くっつく | 들러붙다 / くっつける 붙이다
□□ 配(くば)る | 나눠주다
□□ 組(く)む | 끼다, 짜다
□□ 悔(く)やむ | 뉘우치다
□□ 暮(く)らす | 살다
□□ 加(くわ)わる | 늘다 / 加(くわ)える 더하다
□□ 削(けず)る | 깎다
□□ 蹴(け)る | 차다
□□ 越(こ)える | 넘다, 건너다
□□ 凍(こお)る | 얼다
□□ 焦(こ)げる | 타다 / 焦(こ)がす 그을리다, 애태우다
□□ 凍(こご)える | 추워서 몸이 얼다
□□ 越(こ)す | 넘기다
□□ 超(こ)す | 넘다
□□ こする | 문지르다
□□ 言(こと)づける | 전달을 부탁하다
□□ 異(こと)なる | 다르다
□□ 断(ことわ)る | 양해를 구하다, 거절하다
□□ 好(この)む | 좋아하다
□□ こぼれる | 넘쳐흐르다 / こぼす 흘리다
□□ 込(こ)める | 채우다
□□ こらえる | 참다
□□ 転(ころ)がる | 구르다 / 転(ころ)ぶ 구르다, 넘어지다 / 転(ころ)がす 굴리다
□□ 殺(ころ)す | 죽이다

さ행

□□ 探(さが)す | (원하는 것을) 찾다
□□ 捜(さが)す | (잃은 것을) 찾다
□□ 逆(さか)らう | 거스르다
□□ 裂(さ)く | 찢다
□□ 叫(さけ)ぶ | 외치다
□□ 避(さ)ける | 피하다, 삼가다
□□ 支(ささ)える | 받치다, 유지하다
□□ ささやく | 속삭이다
□□ 刺(さ)さる | 꽂히다 / 刺(さ)す 찌르다
□□ 差(さ)す | 비치다
□□ 誘(さそ)う | 권유하다, 유혹하다

□□	さびる	녹슬다
□□	妨(さまた)げる	방해하다
□□	冷(さ)める	식다 / 冷(さ)ます 식히다
□□	覚(さ)める	잠이 깨다, 정신을 차리다 / 覚(さ)ます 깨우다
□□	去(さ)る	떠나다
□□	仕上(しあ)がる	완성되다
□□	敷(し)く	깔다
□□	静(しず)まる	조용해지다
□□	沈(しず)む	가라앉다
□□	従(したが)う	따르다
□□	縛(しば)る	묶다
□□	しびれる	저리다
□□	しぼむ	시들다
□□	絞(しぼ)る	짜다
□□	示(しめ)す	보이다
□□	占(し)める	차지하다
□□	湿(しめ)る	습기 차다
□□	しゃがむ	쭈그리고 앉다
□□	しゃべる	수다 떨다
□□	生(しょう)じる/ずる	생기다
□□	信(しん)じる/ずる	믿다
□□	救(すく)う	구하다
□□	優(すぐ)れる	뛰어나다
□□	過(す)ごす	보내다
□□	勧(すす)める	권하다
□□	済(す)ませる	끝내다
□□	澄(す)む	맑다
□□	刷(す)る	인쇄하다
□□	ずれる	기준에서 조금 벗어나다 / ずらす 위치나 시간을 조금 옮기다

쪽지 시험 A와 B 중 알맞은 어휘를 고르세요.

01 今朝はニワトリの鳴き声で目が(ⓐ ふけた / ⓑ さめた)。

02 このお金は、もしものときに(ⓐ そなえて / ⓑ ととのえて)残しておこう。

03 国に税金を(ⓐ おさめる / ⓑ すませる)のは、国民の義務である。

□□ 背負(せお)う	짊어지다
□□ 接(せっ)する	접하다
□□ 迫(せま)る	다가오다
□□ 攻(せ)める	공격하다
□□ 責(せ)める	책하다
□□ 添(そ)う	따르다 예 付き添う, 連れ添う 같이 가다
□□ 沿(そ)う	따르다 예 川に沿って歩く 강을 따라 걷다
□□ 属(ぞく)する	속하다
□□ 注(そそ)ぐ	붓다
□□ 育(そだ)つ	자라다
□□ 備(そな)える	갖추다, 대비하다
□□ それる	빗나가다
□□ 揃(そろ)う	갖추어지다 / 揃(そろ)える 고루 갖추다
□□ 存(ぞん)じる/ずる	알고 있다

た행

□□ 倒(たお)す	넘어뜨리다
□□ 高(たか)める	높이다
□□ 耕(たがや)す	경작하다
□□ 炊(た)く	밥을 짓다
□□ 抱(だ)く	안다
□□ 蓄(たくわ)える	모아두다
□□ 確(たし)かめる	확인하다
□□ 助(たす)かる	살아나다 / 助(たす)ける 구하다
□□ 戦(たたか)う	싸우다
□□ 叩(たた)く	두드리다
□□ 畳(たた)む	개다, 접다
□□ 達(たっ)する	도달하다
□□ 例(たと)える	예를 들다
□□ ダブる	겹쳐지다
□□ だます	속이다
□□ 溜(た)まる	모이다 / 溜(た)める 한곳에 모아 두다
□□ 黙(だま)る	입을 다물다
□□ 試(ため)す	시험해보다
□□ ためらう	주저하다
□□ 保(たも)つ	유지하다
□□ 頼(たよ)る	의지하다
□□ 足(た)る	족하다

□□	誓(ちか)う	맹세하다
□□	近(ちか)づく	접근하다
□□	ちぎる	잘게 찢다
□□	縮(ちぢ)む	오그라들다 / 縮(ちぢ)める 줄이다
□□	散(ち)らかる	흩어지다, 널브러지다 / 散(ち)らかす 어지르다
□□	散(ち)る	떨어지다, 흩어지다
□□	通(つう)じる/ずる	통하다
□□	捕(つか)まる	잡히다 / 捕(つか)まえる 잡다, 붙들다
□□	尽(つ)きる	다하다
□□	就(つ)く	취업하다, 오르다
□□	突(つ)く	찌르다
□□	付(つ)く	붙다 / 付(つ)ける 붙이다
□□	次(つ)ぐ	잇따르다
□□	着(つ)ける	걸치다
□□	伝(つた)わる	전해지다
□□	続(つづ)く	계속되다
□□	務(つと)める	역할을 하다
□□	努(つと)める	노력하다
□□	つながる	이어지다, 관련되다 / つなげる 연결하다 / つなぐ 묶어두다, 연결하다, 지속하다
□□	つぶれる	찌부러지다 / つぶす 찌그러뜨리다
□□	つまずく	발이 걸려 넘어질 뻔하다, 차질이 생기다
□□	詰(つ)まる	막히다 / 詰(つ)める 채워넣다
□□	積(つ)もる	쌓이다 / 積(つ)む 쌓다, 싣다
□□	吊(つ)る	매달다, 매다 / 吊(つ)るす 매달다
□□	適(てき)する	적합하다
□□	問(と)う	묻다
□□	通(とお)す	통하게 하다, 안내하다
□□	とがる	뾰족해지다
□□	溶(と)ける	녹다 / 溶(と)かす 녹이다 / 溶(と)く 풀다, 녹이다

쪽지 시험 A와 B 중 알맞은 어휘를 고르세요.

01 田村さんと久しぶりに会ったので、何時間話しても話が(ⓐ 尽きない / ⓑ 枯れない)。

02 実際にやってみることを(ⓐ ためる / ⓑ ためす)と言います。

□□ 解(と)ける	풀리다 / 解(と)く 풀다
□□ どける	치우다, 비키다
□□ 届(とど)く	닿다, 도착하다
□□ 整(ととの)う	정돈되다, 갖추어지다
□□ とどまる	머무르다
□□ 怒鳴(どな)る	고함치다
□□ 飛(と)ばす	날리다
□□ 跳(と)ぶ	뛰어오르다
□□ 留(と)める	멈추다
□□ 泊(と)める	묵게 하다
□□ 伴(ともな)う	동반하다
□□ 捕(と)らえる	붙잡다
□□ 採(と)る	뽑다, 취하다
□□ 捕(と)る	잡다
□□ 取(と)れる	떨어지다, 사라지다

な행

□□ 治(なお)す	치료하다
□□ 直(なお)す	고치다
□□ 眺(なが)める	바라보다
□□ 慰(なぐさ)める	위로하다
□□ 殴(なぐ)る	때리다
□□ 成(な)す	이루다
□□ 撫(な)でる	쓰다듬다
□□ 怠(なま)ける	게으름 피우다
□□ 悩(なや)む	고민하다, 병에 시달리다
□□ 鳴(な)らす	울리다
□□ 似合(にあ)う	어울리다
□□ 煮(に)える	익다, 끓다 / 煮(に)る 삶다
□□ 匂(にお)う	냄새 나다
□□ 逃(に)がす	놓아주다, 놓치다
□□ 握(にぎ)る	쥐다
□□ 憎(にく)む	미워하다
□□ 濁(にご)る	흐려지다, 탁해지다
□□ にらむ	노려보다
□□ 縫(ぬ)う	바느질하다
□□ 抜(ぬ)ける	빠지다 / 抜(ぬ)く 빼다, 뽑다
□□ 濡(ぬ)らす	적시다

□□ ねじる | 비틀다
□□ 熱(ねっ)する | 데우다
□□ 狙(ねら)う | 노리다
□□ 載(の)る | 얹히다, 실리다 / 載(の)せる 싣다, 올려놓다
□□ 覗(のぞ)く | 엿보다
□□ 除(のぞ)く | 제외하다
□□ 伸(の)びる | 펴지다, 자라다 / 伸(の)ばす 늘이다
□□ 延(の)びる | 길어지다, 연장되다 / 延(の)ばす 연장시키다
□□ 述(の)べる | 말하다

は행

□□ 這(は)う | 기다
□□ 生(は)える | 나다
□□ はがす | 벗기다, 떼다
□□ 測(はか)る | (길이, 면적) 재다 예 熱を測る 열을 재다
□□ 量(はか)る | (무게, 용적) 재다 예 分量を量る 분량을 재다
□□ 計(はか)る | (숫자, 시간) 재다 예 タイミングを計る 타이밍을 보다
□□ 図(はか)る | (의도, 생각) 꾀하다 예 解決を図る 해결을 도모하다
□□ 掃(は)く | 쓸다
□□ 吐(は)く | 토하다
□□ 挟(はさ)まる | 사이에 끼이다 / 挟(はさ)む 끼우다
□□ 外(はず)れる | 빠지다, 벗어나다 / 外(はず)す 떼다, 벗다, 풀다
□□ 罰(ばっ)する | 벌하다
□□ 離(はな)れる | 떨어지다, 벗어나다 / 離(はな)す 떼다, 놓다, 풀다
□□ 放(はな)れる | 놓이다 / 放(はな)す 놓다
□□ 跳(は)ねる | 뛰어오르다, 튀다
□□ 省(はぶ)く | 생략하다
□□ はめる | 끼우다
□□ はやる | 유행하다
□□ 反(はん)する | 반하다
□□ ひねる | 비틀다

쪽지 시험 A와 B 중 알맞은 어휘를 고르세요.

01 薬が(ⓐ きいて / ⓑ なおって)、痛みが止まった。

02 口の中で食べ物のおいしさを楽しむことを(ⓐ ふれる / ⓑ あじわう)と言います。

□□ 響(ひび)く	울리다
□□ 冷(ひ)やす	식히다, 진정시키다
□□ 広(ひろ)がる	넓어지다, 퍼지다 / 広(ひろ)げる 넓히다 / 広(ひろ)める 넓히다
□□ 増(ふ)える	늘어나다 / 増(ふ)やす 늘리다
□□ 深(ふか)まる	깊어지다
□□ ふく	닦다
□□ 含(ふく)む	포함하다 / 含(ふく)める 포함시키다
□□ 膨(ふく)らむ	부풀다 / 膨(ふく)らます 부풀리다
□□ 更(ふ)ける	깊어지다
□□ ふさがる	막히다, 닫히다 / ふさぐ 막다, 닫다
□□ ふざける	장난치다
□□ 防(ふせ)ぐ	막다, 방지하다
□□ ぶつかる	부딪치다 / ぶつける 부딪치다, 던져 맞히다
□□ 振(ふ)る	흔들다
□□ 震(ふる)える	흔들리다, 떨리다
□□ 触(ふ)れる	닿다, 언급하다
□□ へこむ	움푹 들어가다
□□ 隔(へだ)てる	사이에 두다
□□ 減(へ)る	줄다 / 減(へ)らす 줄이다
□□ 吠(ほ)える	짖다
□□ 干(ほ)す	말리다
□□ ほどく	풀다
□□ ほほえむ	미소 짓다
□□ 掘(ほ)る	파다
□□ 彫(ほ)る	새기다, 조각하다

ま행

□□ 任(まか)せる	맡기다
□□ 巻(ま)く	감다
□□ 蒔(ま)く	(씨를) 뿌리다
□□ 曲(ま)げる	구부리다
□□ 混(ま)ざる, 交(ま)ざる	섞이다 / 混(ま)じる, 交(ま)じる 섞이다, 끼이다
□□ 増(ま)す	늘다, 늘리다
□□ またぐ	넘다
□□ 間違(まちが)う	틀리다
□□ まとまる	성립되다, 정리되다 / まとめる 합치다, 정리하다
□□ 学(まな)ぶ	배우다
□□ 招(まね)く	부르다, 초대하다

□□ まねる | 흉내 내다
□□ 守(まも)る | 지키다
□□ 迷(まよ)う | 헤매다
□□ 回(まわ)す | 돌리다
□□ 満(み)ちる | 가득 차다
□□ 認(みと)める | 인정하다
□□ 実(みの)る | 열매를 맺다
□□ 診(み)る | 진찰하다
□□ 迎(むか)える | 맞이하다
□□ 向(む)く | 향하다 / 向(む)ける 향하게 하다
□□ 蒸(む)す | 찌다
□□ 結(むす)ぶ | 맺다
□□ 命(めい)じる/ずる | 명하다
□□ 恵(めぐ)まれる | 좋은 환경, 재능, 기회 등이 주어지다
□□ 巡(めぐ)る | 돌아다니다
□□ 目指(めざ)す | 목표로 하다
□□ もうかる | 돈이 벌리다 / もうける 돈을 벌다
□□ 燃(も)える | 타다 / 燃(も)やす 태우다
□□ 潜(もぐ)る | 기어들다, 잠수하다
□□ もたれる | 기대다, 체하다
□□ 用(もち)いる | 사용하다
□□ 戻(もど)す | 되돌리다, 토하다
□□ 基(もと)づく | 의거하다
□□ 求(もと)める | 구하다, 요구하다
□□ もむ | 주무르다
□□ 盛(も)る | 쌓아 올리다, 담아서 채우다

や행

□□ 訳(やく)す/する | 해석하다
□□ やっつける | 물리치다
□□ 雇(やと)う | 고용하다

쪽지 시험 A와 B 중 알맞은 어휘를 고르세요.

01 みそ汁をつくって、ご飯を(ⓐ わかした / ⓑ たいた)。

02 友だちがバイクをただで(ⓐ 売って / ⓑ ゆずって)くれた。

□□	敗(やぶ)れる	패하다
□□	破(やぶ)れる	찢어지다 / 破(やぶ)る 깨다, 어기다 / 破(やぶ)く 찢다
□□	辞(や)める	그만두다
□□	譲(ゆず)る	물려주다, 양보하다
□□	茹(ゆ)でる	삶다
□□	許(ゆる)す	허락하다
□□	酔(よ)う	취하다
□□	汚(よご)す	더럽히다
□□	寄(よ)せる	밀려오다
□□	因(よ)る	의거하다

ら행~わ행

□□	略(りゃく)す/する	생략하다
□□	論(ろん)じる/ずる	논하다
□□	分(わ)かれる	갈리다 / 分(わ)ける 나누다
□□	わびる	사과하다
□□	割(わ)る	쪼개다

13 | 복합동사

□□에 체크하면서 학습하세요!

あ행

□□	当(あ)てはまる	들어맞다 / 当(あ)てはめる 들어맞추다
□□	言(い)いつける	지시하다, 고자질하다
□□	受(う)け取(と)る	받다
□□	受(う)け持(も)つ	담당하다
□□	打(う)ち合(あ)わせる	미리 의논하다, 맞부딪히다
□□	打(う)ち消(け)す	부정하다, 없애다
□□	裏返(うらがえ)す	뒤집다
□□	裏切(うらぎ)る	배반하다
□□	売(う)り切(き)れる	다 팔리다
□□	追(お)い掛(か)ける	쫓아가다
□□	追(お)い越(こ)す	추월하다
□□	追(お)い付(つ)く	따라잡다
□□	落(お)ち着(つ)く	안정되다
□□	思(おも)い込(こ)む	굳게 믿다
□□	思(おも)い付(つ)く	생각이 떠오르다

か행

□□	片付(かたづ)く	정돈되다

□□	片寄(かたよ)る	기울다, 치우치다
□□	区切(くぎ)る	일단락을 짓다
□□	組(く)み立(た)てる	조립하다
□□	繰(く)り返(かえ)す	반복하다
□□	心得(こころえ)る	이해하다
□□	腰掛(こしか)ける	걸터앉다

さ행

□□	逆上(さかのぼ)る	거슬러 올라가다
□□	差(さ)し引(ひ)く	빼다, 뽑다
□□	締(し)め切(き)る	마감하다
□□	透(す)き通(とお)る	투명하다, 소리가 맑게 울리다
□□	擦(す)れ違(ちが)う	엇갈리다

た행

□□	立(た)ち上(あ)がる	일어서다
□□	立(た)ち止(ど)まる	멈춰서다
□□	立(た)ち退(の)く	떠나다
□□	近(ちか)づける	접근시키다
□□	近寄(ちかよ)る	다가가다
□□	付(つ)き合(あ)う	사귀다
□□	突(つ)き当(あ)たる	막다르다
□□	突(つ)っ込(こ)む	돌진하다, 깊이 파고들다
□□	釣(つ)り合(あ)う	균형이 잡히다, 조화를 이루다
□□	出来上(できあ)がる	완성되다
□□	出迎(でむか)える	마중 나가다
□□	通(とお)り掛(か)かる	마침 지나가다
□□	通(とお)り過(す)ぎる	지나치다
□□	溶(と)け込(こ)む	녹아 들다
□□	飛(と)び込(こ)む	뛰어들다 반 飛(と)び出(だ)す 뛰어나가다
□□	飛(と)び回(まわ)る	이리저리 뛰어다니다
□□	取(と)り上(あ)げる	집어 들다, 채택하다
□□	取(と)り入(い)れる	받아들이다, 채택하다 반 取(と)り出(だ)す 꺼내다

쪽지 시험 A와 B 중 알맞은 어휘를 고르세요.

01 新しい商品を売るために、朝から晩まで忙しく(ⓐ 飛び回って / ⓑ 飛びかかって)いる。

02 名前を呼ばれて(ⓐ ふるまう / ⓑ ふりむく)と、中村さんが立っていた。

03 わが社は積極的にリサイクル運動に(ⓐ 取り出して / ⓑ 取り組んで)います。

□□ 取(と)り組(く)む	맞붙다, 몰두하다
□□ 取(と)り消(け)す	취소하다
な행	
□□ 長引(ながび)く	오래 걸리다
は행	
□□ 話(はな)し掛(か)ける	말을 걸다
□□ 払(はら)い込(こ)む	납부하다
□□ 払(はら)い戻(もど)す	되돌려주다
□□ 張(は)り切(き)る	힘이 넘치다
□□ 引(ひ)き受(う)ける	책임지고 떠맡다
□□ 引(ひ)き返(かえ)す	되돌아가다
□□ 引(ひ)き出(だ)す	꺼내다
□□ 引(ひ)き止(と)める	말리다
□□ 引(ひ)っかかる	걸리다 / 引(ひ)っかける 걸다, 걸치다
□□ 引(ひ)っ繰(く)り返(かえ)す	뒤집다
□□ 引(ひ)っ込(こ)む	틀어박히다, 움푹 꺼지다
□□ 引(ひ)っ張(ぱ)る	잡아당기다
□□ ぶら下(さ)げる	늘어뜨리다
□□ 振(ふ)り向(む)く	뒤돌아보다
□□ 振(ふ)る舞(ま)う	행동하다
ま행	
□□ 待(ま)ち合(あ)わせる	약속해서 만나다
□□ 見上(みあ)げる	올려다보다
□□ 見送(みおく)る	배웅하다
□□ 見下(みお)ろす	내려다보다
□□ 見詰(みつ)める	응시하다
□□ 見直(みなお)す	다시 보다
□□ 見慣(みな)れる	낯익다
□□ 見舞(みま)う	문병하다
□□ 目立(めだ)つ	눈에 띄다
□□ 申(もう)し込(こ)む	신청하다
□□ 持(も)ち上(あ)げる	들어올리다
や행	
□□ 役立(やくだ)つ	도움이 되다
□□ 呼(よ)び掛(か)ける	호소하다, 고소하다
□□ 呼(よ)び出(だ)す	불러내다

14 | 부사(의성어,의태어)

□□에 체크하면서 학습하세요!

あ행

□□	あいにく	공교롭게도
□□	あくまで	어디까지나
□□	改(あらた)めて	새삼스럽게
□□	あらゆる	모든
□□	案外(あんがい)	의외로
□□	あんまり	너무
□□	いきいき	생생하게
□□	いきなり	갑자기
□□	いずれ	어쨌든
□□	一々(いちいち)	일일이
□□	いちおう	일단
□□	一段(いちだん)と	한층 더
□□	一度(いちど)に	한 번에
□□	一斉(いっせい)(に)	일제히
□□	一層(いっそう)	한층
□□	一体(いったい)	도대체
□□	いったん	일단
□□	いつの間(ま)にか	어느새
□□	いつまでも	언제까지나
□□	今(いま)に	이제 곧
□□	今(いま)にも	당장에라도
□□	いよいよ	점점, 드디어
□□	以来(いらい)	~이래
□□	言(い)わば	말하자면
□□	うっかり	깜빡
□□	うろうろ	우왕좌왕
□□	うんと	몹시
□□	大(おお)いに	매우

쪽지 시험 A와 B 중 알맞은 어휘를 고르세요.

01 変な人かと思っていたら、(ⓐ 案外 / ⓑ 事実)いい人だった。

02 犯人は(ⓐ いきなり / ⓑ うんと)駅の方へ逃げ出した。

03 楽しみにしていた海外旅行にいけなくなって(ⓐ さっぱり / ⓑ がっかり)した。

□□ 恐(おそ)らく	아마
□□ 各々(おのおの)	각각
□□ 思(おも)い切(き)り	마음껏
□□ 思(おも)わず	문득
□□ およそ	대략

か행

□□ かえって	오히려
□□ がっかり	실망하는 모양
□□ 勝手(かって)に	제멋대로
□□ 必(かなら)ずしも	반드시 (~라고는 할 수 없다)
□□ かなり	꽤
□□ きちんと	정확히
□□ ぎっしり	잔뜩
□□ ぐっすり	푹
□□ 現(げん)に	실제로
□□ ごく	극히
□□ こっそり	남몰래

さ행

□□ 再三(さいさん)	재삼, 여러 번
□□ さすが	역시
□□ さっさと	빨리빨리
□□ 早速(さっそく)	즉시
□□ ざっと	대충
□□ さっぱり	전혀
□□ 更(さら)に	더욱 더
□□ しいんと(する)	쥐 죽은 듯이
□□ じかに	직접
□□ 直(じき)	바로
□□ 至急(しきゅう)	급히
□□ しきりに	끊임없이
□□ 自然(しぜん)に	자연스럽게
□□ 次第(しだい)に	점차
□□ じっと	가만히
□□ 実(じつ)に	실로
□□ 実(じつ)は	실은
□□ しばしば	자주
□□ しみじみ	절실히, 곰곰이

□□	徐々(じょじょ)に	서서히
□□	ずっと/ずうっと	훨씬, 줄곧
□□	少(すく)なくとも	적어도
□□	少(すこ)しも	조금도
□□	すっきり	상쾌하게, 말쑥하게, 깔끔하게
□□	すっと	가볍게 재빨리 움직이는 모양
□□	既(すで)に	이미
□□	全(すべ)て	모두
□□	ずらり	잇달아 늘어선 모양
□□	せいぜい	기껏해야
□□	せっせと	부지런히
□□	絶対(ぜったい)(に)	절대로, 꼭
□□	せめて	적어도
□□	そ(う)っと	가만히, 살짝
□□	続々(ぞくぞく)	잇달아

た행

□□	大(たい)した	대단한, 별 이렇다 할
□□	大(たい)して	그다지
□□	たいそう	매우
□□	絶(た)えず	끊임없이
□□	確(たし)か	분명히, 아마
□□	直(ただ)ちに	즉시
□□	たちまち	금세
□□	たった	고작
□□	たっぷり	듬뿍
□□	度々(たびたび)	자주
□□	たまたま	우연히
□□	近々(ちかぢか)	조만간에
□□	着々(ちゃくちゃく)	착착
□□	ちゃんと	제대로

쪽지 시험 A와 B 중 알맞은 어휘를 고르세요.

01 こちらの商品は均一価格なので、(ⓐ すべて / ⓑ まるで)千円です。

02 「あれ、小山君は？」「小山君なら、(ⓐ どっと / ⓑ とっくに)帰ったよ。」

03 昨日は(ⓐ たちまち / ⓑ たまたま)父と同じ電車に乗って帰った。

□□ つい	문득
□□ ついで	하는 김에
□□ ついに	드디어
□□ 次々(つぎつぎ)	잇따라
□□ 常(つね)に	항상
□□ つまり	결국
□□ できれば	가능하면
□□ どうせ	어차피
□□ 堂々(どうどう)と	당당하게
□□ とっくに	훨씬 전에
□□ 突然(とつぜん)	갑자기
□□ どっと	우르르
□□ 共(とも)に	같이

な행

□□ なにぶん	아무쪼록, 아무래도
□□ 何(なん)でも	무엇이든
□□ 何(なん)とか	어떻게든
□□ 何(なん)となく	왠지
□□ 何(なん)とも	뭐라고도
□□ にこにこ	싱글벙글
□□ にっこり	방긋
□□ 年中(ねんじゅう)	일년 내내, 언제나
□□ のろのろ	느릿느릿
□□ のんびり	한가롭게

は행

□□ 果(は)たして	과연
□□ ばったり	털썩, 딱
□□ ぴかぴか	번쩍번쩍
□□ ぴったり	딱, 꼭
□□ ひとまず	우선
□□ ひとりでに	저절로
□□ 広々(ひろびろ)	널찍하다
□□ ぶかぶか	헐렁헐렁
□□ 再(ふたた)び	다시
□□ ぶつぶつ	투덜투덜
□□ ふと	문득
□□ ふわふわ	푹신푹신
□□ 方々(ほうぼう)	여기저기

□□	ほぼ	거의
□□	ぼんやり	희미하게, 멍하게

ま행

□□	まあまあ	그럭저럭
□□	まさか	설마
□□	まさに	정말로, 꼭
□□	ますます	점점 더
□□	真(ま)っ先(さき)に	제일 먼저
□□	全(まった)く	전혀, 완전히
□□	間(ま)もなく	곧
□□	まるで	마치
□□	万一(まん(が)いち)	만일
□□	みずから	스스로
□□	むしろ	오히려
□□	めちゃくちゃ	엉망진창
□□	めっきり	뚜렷이
□□	めったに	좀처럼
□□	もしかすると	어쩌면
□□	もしも	만약에
□□	最(もっと)も	가장
□□	もともと	원래

や행

□□	やや	약간
□□	ようやく	드디어

わ행

□□	わざと	일부러
□□	わずか	약간
□□	わりに/わりと	비교적

쪽지 시험 A와 B 중 알맞은 어휘를 고르세요.

01 今日中にファックス、(ⓐ あるいは / ⓑ しかも)、メールで送ってください。

02 レポートは手書きでもよい。(ⓐ ただし / ⓑ その上)、きれいに書くこと。

03 (ⓐ やがて / ⓑ さて)、この辺で、次の発表に移りたいと思います。

15 | 접속사

□□에 체크하면서 학습하세요!

□□	或(あるい)は	혹은, 또는
□□	こうして	이렇게 해서
□□	さて	그건 그렇고
□□	しかも	게다가
□□	従(したが)って	따라서
□□	すなわち	즉
□□	そういえば	그러고 보니
□□	そこで	그래서
□□	その上(うえ)	그 위에, 게다가
□□	そのうち	멀지 않아
□□	その頃(ころ)	그 때
□□	そのため	그 때문에
□□	そのほか	그 외
□□	そのまま	그대로
□□	それでも	그래도
□□	それと	그리고
□□	それとも	아니면
□□	それなのに	그런데도
□□	それなら	그렇다면
□□	だが	하지만
□□	だけど	그렇지만
□□	ただ	오직
□□	但(ただ)し	단
□□	どうしても	아무래도, 꼭
□□	ところが	그러나
□□	ところで	그런데
□□	とにかく	아무튼
□□	ともかく	어쨌든
□□	なお	또한
□□	なぜなら(ば)	왜냐하면
□□	なにしろ	여하튼
□□	やがて	이윽고
□□	要(よう)するに	요컨대

16 | 접두어

□□에 체크하면서 학습하세요!

□□ 異(い)～	이~	異文化(いぶんか) 이문화 / 異民族(いみんぞく) 이민족
□□ 大(おお/だい)～	대~	大掃除(おおそうじ) 대청소 / 大金持(おおがねも)ち 큰 부자 大統領(だいとうりょう) 대통령 / 大成功(だいせいこう) 대성공
□□ 各(かく)～	각~	各家庭(かくかてい) 각가정 / 各方面(かくほうめん) 각방면
□□ 上(かみ/じょう)～	상~	上半期(かみはんき) 상반기 / 上機嫌(じょうきげん) 기분이 좋음
□□ 逆(ぎゃく)～	역~	逆効果(ぎゃくこうか) 역효과 / 逆輸出(ぎゃくゆしゅつ) 역수출
□□ 旧(きゅう)～	구~	旧憲法(きゅうけんぽう) 구헌법 / 旧正月(きゅうしょうがつ) 구정
□□ 現(げん)～	현~	現段階(げんだんかい) 현단계 / 現住所(げんじゅうしょ) 현주소
□□ 高(こう)～	고~	高学歴(こうがくれき) 고학력 / 高血圧(こうけつあつ) 고혈압
□□ 今(こん)～	금~	今学期(こんがっき) 이번 학기 / 今(こん)シーズン 이번 시즌
□□ 再(さい)～	재~	再開発(さいかいはつ) 재개발 / 再認識(さいにんしき) 재인식
□□ 最(さい)～	최~	最高位(さいこうい) 최고위 / 最年少(さいねんしょう) 최연소
□□ 重(じゅう)～	중~	重工業(じゅうこうぎょう) 중공업 / 重労働(じゅうろうどう) 중노동
□□ 準(じゅん)～	준~	準決勝(じゅんけっしょう) 준결승 / 準優勝(じゅんゆうしょう) 준우승
□□ 初(しょ/はつ)～	첫~	初対面(しょたいめん) 첫대면 / 初体験(はつたいけん) 첫경험
□□ 諸(しょ)～	제~	諸経費(しょけいひ) 모든 경비 / 諸問題(しょもんだい) 모든 문제
□□ 助(じょ)～	조~	助監督(じょかんとく) 조감독 / 助動詞(じょどうし) 조동사
□□ 省(しょう)～	성~	省(しょう)エネ 에너지 절약
□□ 全(ぜん)～	전~	全世界(ぜんせかい) 전세계 / 全国民(ぜんこくみん) 전국민
□□ 総(そう)～	총~	総売上(そううりあげ) 총매출 / 総選挙(そうせんきょ) 총선
□□ 第(だい)～	제~	第一位(だいいちい) 제1위 / 第一歩(だいいっぽ) 첫걸음
□□ 短(たん)～	단~	短距離(たんきょり) 단거리 / 短時間(たんじかん) 단시간

쪽지 시험 A와 B 중 알맞은 어휘를 고르세요.

01 この国の(ⓐ 総 / ⓑ 全)人口は約何人くらいですか。

02 もし失敗しても、初めてなんだから(ⓐ しかたがない / ⓑ たまらない)。

□□	長(ちょう/なが)～	장~	長期間(ちょうきかん) 장기간 / 長距離(ちょうきょり) 장거리 長続(ながつづ)き 오래 지속됨 / 長電話(ながでんわ) 장시간 통화
□□	超(ちょう)～	초~	超小型(ちょうこがた) 초소형 / 超満員(ちょうまんいん) 초만원
□□	低(てい)～	저~	低気圧(ていきあつ) 저기압 / 低脂肪(ていしぼう) 저지방
□□	同(どう)～	동	同世代(どうせだい) 같은 세대 / 同民族(どうみんぞく) 같은 민족
□□	反(はん)～	반~	反政府(はんせいふ) 반정부 / 反比例(はんぴれい) 반비례
□□	非(ひ)～	비~	非科学的(ひかがくてき) 비과학적 / 非公開(ひこうかい) 비공개 / 非公式(ひこうしき) 비공식 / 非常識(ひじょうしき) 비상식
□□	不(ふ／ぶ)～	불~	不安定(ふあんてい) 불안정 / 不可能(ふかのう) 불가능 / 不自由(ふじゆう) 부자유 / 不愉快(ふゆかい) 불유쾌 / 不器用(ぶきよう) 손재주가 없음 / 不用心(ぶようじん) 경계가 소홀함
□□	無(む／ぶ)～	무~	無意識(むいしき) 무의식 / 無関係(むかんけい) 관계 없음 / 無差別(むさべつ) 무차별 / 無責任(むせきにん) 무책임 / 無愛想(ぶあいそう) 애교가 없음 / 無遠慮(ぶえんりょ) 사양하지 않음
□□	副(ふく)～	부	副社長(ふくしゃちょう) 부사장 / 副作用(ふくさよう) 부작용
□□	古(ふる)～	고~	古新聞(ふるしんぶん) 오래된 신문 / 古本屋(ふるほんや) 헌책방
□□	毎(まい)～	매~	毎年度(まいねんど) 매년도
□□	未(み)～	미~	未完成(みかんせい) 미완성 / 未成年(みせいねん) 미성년
□□	名(めい)～	명~	名産地(めいさんち) 명산지 / 名場面(めいばめん) 명장면
□□	翌(よく)～	다음~	翌朝(よくあさ) 다음날 아침 / 翌営業日(よくえいぎょうび) 다음 영업일
□□	両(りょう)～	양~	両極端(りょうきょくたん) 양극단 / 両選手(りょうせんしゅ) 양선수
□□	和(わ)～	일본~	和菓子(わがし) 일본과자 / 和服(わふく) 일본의상(기모노)

※ 참고

부정표현 : 不　無　未　非 (不安定、無意味、未完成、非効率)

17 | 접미어

□□에 체크하면서 학습하세요!

□□	～一(いち)	~제일	世界一(せかいいち) 세계 제일 / 日本一(にほんいち) 일본 제일
□□	～園(えん)	~원	動物園(どうぶつえん) 동물원 / 幼稚園(ようちえん) 유치원
□□	～下(か)	~하	支配下(しはいか) 지배하 / 氷点下(ひょうてんか) 영하

□□	~化(か)	~화	機械化(きかいか) 기계화 / 高齢化(こうれいか) 고령화
□□	~科(か)	~과	小児科(しょうにか) 소아과 / 日本語学科(にほんがっか) 일본어학과
□□	~家(か)	~가	政治家(せいじか) 정치가 / 専門家(せんもんか) 전문가
□□	~歌(か/うた)	~가	主題歌(しゅだいか) 주제가 / 子守歌(こもりうた) 자장가
□□	~海(かい)	~해	地中海(ちちゅうかい) 지중해 / 北極海(ほっきょくかい) 북극해
□□	~界(かい)	~계	医学界(いがくかい) 의학계 / 芸能界(げいのうかい) 연예계
□□	~外(がい)	~외	問題外(もんだいがい) 문제 외 / 予想外(よそうがい) 예상 외
□□	~街(がい)	~가	商店街(しょうてんがい) 상점가 / 中心街(ちゅうしんがい) 중심가
□□	~型(がた)	~형	血液型(けつえきがた) 혈액형 / 最新型(さいしんがた) 최신형
□□	~間(かん)	~간	業者間(ぎょうしゃかん) 업자간 / 夫婦間(ふうふかん) 부부간
□□	~巻(かん)	~권	上巻(じょうかん) 상권 / 下巻(げかん) 하권
□□	~館(かん)	~관	映画館(えいがかん) 영화관 / 図書館(としょかん) 도서관
□□	~感(かん)	~감	違和感(いわかん) 위화감 / 責任感(せきにんかん) 책임감
□□	~期(き)	~기	更年期(こうねんき) 갱년기 / 反抗期(はんこうき) 반항기
□□	~器(き)	~기	消火器(しょうかき) 소화기 / 洗面器(せんめんき) 세면기
□□	~機(き)	~기	洗濯機(せんたくき) 세탁기 / 掃除機(そうじき) 청소기
□□	~業(ぎょう)	~업	建築業(けんちくぎょう) 건축업 / 製造業(せいぞうぎょう) 제조업
□□	~口(こう/ぐち)	~구	排気口(はいきこう) 배기구 / 噴火口(ふんかこう) 분화구 非常口(ひじょうぐち) 비상구 / 出入口(でいりぐち) 출입구
□□	~形(けい)	~형	三角形(さんかくけい) 삼각형 / 正方形(せいほうけい) 정사각형
□□	~権(けん)	~권	選挙権(せんきょけん) 선거권 / 著作権(ちょさくけん) 저작권
□□	~港(こう)	~항	貿易港(ぼうえきこう) 무역항 / 輸出港(ゆしゅつこう) 수출항
□□	~号(ごう)	~호	最新号(さいしんごう) 최신호 / 創刊号(そうかんごう) 창간호
□□	~祭(さい)	~제	学園祭(がくえんさい) 학교축제 / 文化祭(ぶんかさい) 문화제

쪽지 시험 A와 B 중 알맞은 어휘를 고르세요.

01 明日の会議には、社長と(ⓐ 副 / ⓑ 準)社長も出席する予定です。

02 あの映画のラストシーンは(ⓐ 真 / ⓑ 名)場面だと思います。

03 今日の研究会の主題は、「少子(ⓐ 家 / ⓑ 化)」の問題である。

□□	～産(さん)	～산	日本産(にほんさん) 일본산 / 中国産(ちゅうごくさん) 중국산
□□	～史(し)	～사	古代史(こだいし) 고대사 / 世界史(せかいし) 세계사
□□	～紙(し)	～지	画用紙(がようし) 도화지 / 包装紙(ほうそうし) 포장지
□□	～師(し)	～사	調理師(ちょうりし) 조리사 / 美容師(びようし) 미용사
□□	～式(しき)	～식	卒業式(そつぎょうしき) 졸업식 / 日本式(にほんしき) 일본식
□□	～手(しゅ)	～수	運転手(うんてんしゅ) 운전수 / 外野手(がいやしゅ) 외야수
□□	～集(しゅう)	～집	写真集(しゃしんしゅう) 사진집 / 問題集(もんだいしゅう) 문제집
□□	～所(しょ／じょ)	～소	研究所(けんきゅうしょ/けんきゅうじょ) 연구소 / 事務所(じむしょ) 사무소 / 案内所(あんないじょ) 안내소 / 洗面所(せんめんじょ) 화장실
□□	～省(しょう)	～성	外務省(がいむしょう) 외무성 / 文部科学省(もんぶかがくしょう) 문부과학성
□□	～商(しょう)	～상	貿易商(ぼうえきしょう) 무역상 / 両替商(りょうがえしょう) 환전상
□□	～状(じょう)	～장	案内状(あんないじょう) 안내장 / 紹介状(しょうかいじょう) 소개장
□□	～場(じょう)	～장	会議場(かいぎじょう) 회의장 / 駐車場(ちゅうしゃじょう) 주차장
□□	～色(しょく)	～색	地方色(ちほうしょく) 지방색 / 天然色(てんねんしょく) 천연색
□□	～性(せい)	～성	可能性(かのうせい) 가능성 / 安全性(あんぜんせい) 안전성
□□	～制(せい)	～제	予約制(よやくせい) 예약제 / 会員制(かいいんせい) 회원제
□□	～製(せい)	～제	外国製(がいこくせい) 외제 / 金属製(きんぞくせい) 금속제
□□	～戦(せん)	～전	延長戦(えんちょうせん) 연장전 / 決勝戦(けっしょうせん) 결승전
□□	～代(だい)	～값	修理代(しゅうりだい) 수리비 / 電気代(でんきだい) 전기값
□□	～団(だん)	～단	応援団(おうえんだん) 응원단 / 少年団(しょうねんだん) 소년단
□□	～値(ち)	～치	基準値(きじゅんち) 기준치 / 平均値(へいきんち) 평균치
□□	～着(ちゃく)	～도착	大阪着(おおさかちゃく) 오사카 도착 / 10時着(じゅうじちゃく) 10시 도착
□□	～中(ちゅう/じゅう)	～중/ 온～	仕事中(しごとちゅう) 업무중 / 授業中(じゅぎょうちゅう) 수업중 / 一日中(いちにちじゅう) 온종일 / 世界中(せかいじゅう) 온 세계
□□	～庁(ちょう)	～청	気象庁(きしょうちょう) 기상청 / 警視庁(けいしちょう) 경시청
□□	～長(ちょう)	～장	委員長(いいんちょう) 위원장 / 支店長(してんちょう) 지점장
□□	～賃(ちん)	～값	乗車賃(じょうしゃちん) 승차비 / 電車賃(でんしゃちん) 전철요금
□□	～的(てき)	～적	圧倒的(あっとうてき) 압도적 / 精神的(せいしんてき) 정신적 / 代表的(だいひょうてき) 대표적 / 比較的(ひかくてき) 비교적 /

		個人的(こじんてき) 개인적 / 消極的(しょうきょくてき) 소극적
□□ ～店(てん)	～점	喫茶店(きっさてん) 찻집 / 代理店(だいりてん) 대리점
□□ ～内(ない)	～내	時間内(じかんない) 시간 내 / 予算内(よさんない) 예산 내
□□ ～難(なん)	～난	経営難(けいえいなん) 경영난 / 交通難(こうつうなん) 교통난
□□ ～発(はつ)	～발	東京発(とうきょうはつ) 도쿄 출발 / 関西発(かんさいはつ) 간사이 출발
□□ ～版(ばん)	～판	最新版(さいしんばん) 최신판 / 限定版(げんていばん) 한정판
□□ ～費(ひ)	～비	交通費(こうつうひ) 교통비 / 生活費(せいかつひ) 생활비
□□ ～病(びょう)	～병	成人病(せいじんびょう) 성인병 / 伝染病(でんせんびょう) 전염병
□□ ～部(ぶ)	～부	経理部(けいりぶ) 경리부 / 総務部(そうむぶ) 총무부
□□ ～風(ふう)	～풍	学者風(がくしゃふう) 학자풍 / 西洋風(せいようふう) 서양풍
□□ ～物(ぶつ/もの)	～물	郵便物(ゆうびんぶつ) 우편물 / 建築物(けんちくぶつ) 건축물 / 時代物(じだいもの) 시대물 / 恋愛物(れんあいもの) 연애물
□□ ～率(りつ)	～율	支持率(しじりつ) 지지율 / 競争率(きょうそうりつ) 경쟁률
□□ ～流(りゅう)	～류	自己流(じこりゅう) 자기류 / 西洋流(せいようりゅう) 서양류
□□ ～料(りょう)	～료	授業料(じゅぎょうりょう) 수업료 / 入場料(にゅうじょうりょう) 입장료
□□ ～力(りょく)	～력	記憶力(きおくりょく) 기억력 / 原子力(げんしりょく) 원자력
□□ ～論(ろん)	～론	芸術論(げいじゅつろん) 예술론 / 文学論(ぶんがくろん) 문학론

※ 참고

사람을 나타내는 표현 : 士　師　者　家　人　員　手 (飛行士, 教師, 技術者, 音楽家, 中国人, 会社員, 歌手)

요금을 나타내는 표현 : 代　料　費　金 (ガス代, 通行料, 生活費, 予約金)

모양을 나타내는 표현 : 式　型　風　流 (西洋式, 人間型, 学者風, 自己流)

가게 표현 : 店　屋 (専門店, ラーメン屋)

쪽지 시험 A와 B 중 알맞은 어휘를 고르세요.

01 この村の人は(ⓐ 比較的 / ⓑ 経済的)長生きしている。

02 疲れると、集中(ⓐ 気 / ⓑ 力)が落ちて勉強が進まなくなる。

03 駅前の商店(ⓐ 町 / ⓑ 街)で、買い物をした。

18 | 기타 뒤에 붙는 말

□□에 체크하면서 학습하세요!

□□	～限(かぎ)り	～한정	今日限(きょうかぎ)り 오늘까지만
□□	～難(がた)い	～하기 힘들다	動(うご)きがたい 움직이기 힘들다
□□	～気味(ぎみ)	～인 경향이 있다	風邪気味(かぜぎみ) 감기 기운이 있다
□□	～切(き)れ	～끝남	期限切(きげんぎ)れ 기한이 끝남
□□	～ごと	～째	まるごと 통째로
□□	～込(こ)み	～들어있음	税込(ぜいこ)み 세금 포함
□□	～時間目(じかんめ)	～교시	一時間目(いちじかんめ) 1교시
□□	～済(ず)み	～끝냄	確認済(かくにんず)み 확인을 다 끝냄
□□	～沿(ぞ)い	～따라	川沿(かわぞ)い 강 따라
□□	～だらけ	～투성이	間違(まちが)いだらけ 틀린 것 투성이
□□	～遣(づか)い	～을 사용함	言葉遣(ことばづか)い 말투
□□	～付(つ)き	～부착	タイマー付(つ)き 타이머 부착
□□	～づらい	～하기 힘들다	話(はな)しづらい 이야기하기 힘들다
□□	～通(どお)り	～대로	予想通(よそうどお)り 예상대로
□□	～向(む)け	～용	大人向(おとなむ)け 성인용
□□	～目(め)	～째	一回目(いっかいめ) 첫 번째
□□	～行(ゆ)き	～행	名古屋行(なごやゆ)き 나고야 행
□□	～羽(わ)	～마리	一羽(いちわ) 한 마리

19 | 외래어

□□에 체크하면서 학습하세요!

あ행

□□	アイデア／アイディア	아이디어
□□	アイロン	다리미
□□	アウト	아웃
□□	アクセント	악센트
□□	アルバム	앨범
□□	イコール	같음
□□	イメージ	이미지

쪽지 시험 A와 B 중 알맞은 어휘를 고르세요.

01 今日は風邪(ⓐ 気味 / ⓑ がち)だから、学校を休むことにする。

02 彼女の部屋はゴミ(ⓐ ごと / ⓑ だらけ)である。

□□ インタビュー　인터뷰
□□ ウール　울
□□ ウエートレス/ウエイトレス　웨이트리스
□□ エチケット　에티켓
□□ エネルギー　에너지
□□ エプロン　앞치마
□□ エンジン　엔진
□□ オイル　오일
□□ オーケストラ　오케스트라
□□ オフィス　오피스
□□ オリンピック　올림픽
□□ オルガン　오르간

か행

□□ カーブ　커브
□□ カバー　커버
□□ ガム　껌
□□ カラー　컬러
□□ カロリー　칼로리
□□ キャプテン　캡틴, 주장
□□ キャンパス　캠퍼스
□□ キャンプ　캠프
□□ クーラー　쿨러, 에어컨
□□ クラシック　클래식
□□ グラス　글라스
□□ クラブ　클럽
□□ グラフ　그래프
□□ グランド　그랜드, 대형의
□□ クリーニング　크리닝, 세탁

쪽지 시험　A와 B 중 알맞은 어휘를 고르세요.

01 考えや案などのことを(ⓐ イメージ / ⓑ アイデア)と言います。

02 電気などの(ⓐ カロリー / ⓑ エネルギー)の供給は、10年後には地球において大きな問題になるだろう。

03 今週の(ⓐ シーズン / ⓑ スケジュール)はもういっぱいで、ほかの予定は入れられない。

□□ グループ	그룹
□□ ケース	케이스
□□ コース	코스
□□ コーチ	코치
□□ コード	코드
□□ コーラス	코러스
□□ ゴール	골
□□ コック	요리사
□□ コミュニケーション	커뮤니케이션
□□ コレクション	컬렉션
□□ コンクール	콩쿠르
□□ コンクリート	콘크리트
□□ コンセント	콘센트

さ행

□□ サークル	서클
□□ サービス	서비스
□□ サイレン	사이렌
□□ サラリーマン	샐러리맨
□□ サンプル	샘플
□□ シーズン	시즌
□□ シーツ	시트
□□ ジーンズ	청바지
□□ ジェット機(き)	제트기
□□ ジャーナリスト	저널리스트
□□ シャッター	셔터
□□ シェフ	셰프, 주방장
□□ シリーズ	시리즈
□□ スイッチ	스위치
□□ スクール	스쿨
□□ スケート	스케이트
□□ スケジュール	스케줄
□□ スタート	스타트
□□ スタイル	스타일
□□ スタンド	스탠드
□□ ステージ	스테이지
□□ ストップ	스톱
□□ スピーカー	스피커

□□ スピーチ	스피치
□□ スマート	스마트
□□ スライド	슬라이드
□□ セット	세트
□□ セミナー/ゼミ	세미나
□□ セメント	시멘트
□□ センター	센터
□□ センチ（メートル）	센티(미터)
□□ ソファー	소파

た행

□□ タイヤ	타이어
□□ ダイヤ	버스, 열차 운행표
□□ ダイヤ／ダイヤモンド	다이아/다이아몬드
□□ ダム	댐
□□ チーム	팀
□□ チップ	팁
□□ チャンス	찬스
□□ チョーク	분필
□□ デート	데이트
□□ テーマ	테마
□□ デモ	데모
□□ テンポ	템포
□□ トップ	탑
□□ ドライブ	드라이브
□□ トラック	트럭
□□ トランプ	트럼프
□□ トレーニング	트레이닝
□□ トン	톤
□□ トンネル	터널

쪽지 시험 A와 B 중 알맞은 어휘를 고르세요.

01 高橋さんは毎日まじめに(ⓐ カバー / ⓑ トレーニング)している。

02 床掃除をするために、(ⓐ ベンチ / ⓑ バケツ)に水をくんできました。

03 仕事ばかりじゃなくて、たまには(ⓐ レジャー / ⓑ ドラマ)も必要だ。

な행

□□ ナイロン　나일론
□□ ナンバー　넘버
□□ ネックレス　목걸이
□□ ノック　노크

は행

□□ パーセント　퍼센트
□□ バイオリン　바이올린
□□ ハイキング　하이킹
□□ パイプ　파이프
□□ パイロット　파일럿
□□ バケツ　양동이
□□ パスポート　여권
□□ パターン　패턴
□□ バランス　밸런스
□□ ハンサム　핸섬
□□ ハンドル　핸들
□□ ビール　맥주
□□ ピクニック　피크닉
□□ ピストル　권총
□□ ビタミン　비타민
□□ ビニール　비닐
□□ ビル　빌딩=ビルディング
□□ ピン　핀
□□ ファスナー　지퍼
□□ フライパン　프라이팬
□□ ブラシ　솔
□□ プラス　플러스
□□ プラスチック　플라스틱
□□ プラットホーム　플랫폼
□□ プラン　계획
□□ プレゼン　프레젠테이션=プレゼンテーション
□□ ブレーキ　브레이크
□□ プロ　프로
□□ プログラム　프로그램
□□ ベテラン　베테랑
□□ ヘリコプター　헬리콥터

□□	ベルト	벨트
□□	ペンキ	페인트
□□	ボーイ	소년
□□	ボート	보트
□□	ボーナス	보너스
□□	ホーム	홈
□□	ポスター	포스터

ま행

□□	マーケット	마켓
□□	マイク	마이크
□□	マイナス	마이너스
□□	マスク	마스크
□□	マスター	마스터
□□	マフラー	목도리
□□	マラソン	마라톤
□□	マンション	맨션
□□	ミシン	미싱
□□	ミス	실수
□□	ミリ(メートル)	밀리(미터)
□□	メーター	미터
□□	メニュー	메뉴
□□	メンバー	멤버
□□	モーター	모터
□□	モダン	모던
□□	モノレール	모노레일

や행

□□	ユーモア	유머
□□	ヨーロッパ	유럽

쪽지 시험 A와 B 중 알맞은 어휘를 고르세요.

01 私のドイツ語は、まだ日常生活で十分役に立つという(ⓐ パターン / ⓑ レベル)ではありません。

02 「お茶のおかわり、いかがですか？」「いえ、(ⓐ ご遠慮なく / ⓑ お構いなく)。そろそろ帰りますので」

03 他人に不幸なことが起こったときには、(ⓐ お気の毒に / ⓑ おつかれさま)と言います。

□□ ヨット	요트

ら행

□□ ライター	라이터
□□ ライト	라이트
□□ ラケット	라켓
□□ ラッシュアワー	러시아워
□□ ランニング	런닝
□□ リズム	리듬
□□ リットル	리터
□□ レインコート	비옷
□□ レジャー	레저
□□ レベル	레벨
□□ レンズ	렌즈
□□ レンタル	대여
□□ ローマ字(じ)	로마자, 영문
□□ ロケット	로켓
□□ ロッカー	로커
□□ ロビー	로비

20 | 인사

□□에 체크하면서 학습하세요!

□□ お目(め)にかかる	만나 뵙다
□□ おかけください	앉으세요
□□ お構(かま)いなく	신경 쓰지 마세요
□□ お(気)きの毒(どく)に	안되었군요
□□ お先(さき)に	먼저 실례하겠습니다
□□ お邪魔(じゃま)します	실례합니다
□□ お世話(せわ)になりました	신세 많이 졌습니다
□□ お待(ま)ちどお様(さま)	오래 기다리셨습니다
□□ 是非(ぜひ)とも	꼭
□□ どうか	부디
□□ かまいません	상관없습니다
□□ くれぐれも	부디
□□ ご遠慮(えんりょ)なく	사양 마시고
□□ ご苦労様(くろうさま)	수고 많으셨습니다
□□ ご存(ぞん)じですか	알고 계시나요?
□□ ご無沙汰(ぶさた)	오랫동안 소식 전하지 못함

쪽지시험 총정리 1회

01 お風呂は一日の(ⓐ 誇り / ⓑ 疲れ)をとってくれる。

02 法律に詳しいのが彼の(ⓐ 喜び / ⓑ 強み)でもある。

03 この料理を作るには(ⓐ 手間 / ⓑ 手入れ)も時間もかかります。

04 戦いで、自分と同じ側にいる人のことを(ⓐ 味方 / ⓑ 役目)といいます。

04 あの山の(ⓐ ふすま / ⓑ ふもと)に小さな村があります。

06 危ないですので、絶対に(ⓐ ばね / ⓑ まね)をしないようにしてください。

07 ちょっと席をはなれた(ⓐ すき / ⓑ あき)にかばんを盗まれてしまった。

08 このクラスの学生たちの能力の高さに(ⓐ 感心 / ⓑ 感触)した。

09 ほかの人に言えないことや、隠しておきたいことを(ⓐ 秘密 / ⓑ 本質)と言います。

10 東日本の広い(ⓐ 範囲 / ⓑ 番地)で暴雨警報が出ています。

11 争いのない(ⓐ 並行 / ⓑ 平和)な社会の実現を目指して、国際会議が開かれた。

12 近ごろ火事が多いので、(ⓐ 消防署 / ⓑ 停留所)では、緊張している。

13 私は、他人の迷惑を考えないで行動するような(ⓐ あわただしい / ⓑ あつかましい)人ではない。

14 (ⓐ くどい / ⓑ くさい)ようですが、重要なことなので、もう一度確認します。

15 ずっと前から好きだった先輩に、どきどきしながら(ⓐ 話し出して / ⓑ 話しかけて)みた。

16 彼の話はいつも(ⓐ 大げさ / ⓑ 器用)だ。

17 将来について、子どもと(ⓐ 上等に / ⓑ 真剣に)話をしていますか。

18 この二人は顔も性格も(ⓐ 不思議 / ⓑ そっくり)だ。

19 日記には自分の思っていることを(ⓐ 率直に / ⓑ みじめに)書くものです。

20 今日はとても(ⓐ 利口な / ⓑ 退屈な)一日だった。

21 うちのおばあちゃんはいつも(ⓐ むちゅう / ⓑ ほがらか)です。

22 木村君は、私がうそを言っているのではないかと(ⓐ うたがっている / ⓑ 認めている)。

23 ほめられた時に、「そんなことありません」などと言うことを(ⓐ 謙遜する / ⓑ 遠慮する)と言う。

24 このライオンの群れを(ⓐ 支配している / ⓑ 支度している)のは、あそこにいるライオンらしい。

25 会長は、記者会見でそのうわさを(ⓐ 打ち消した / ⓑ 打ち合わせた)。

26 新しい考えが頭に浮かぶことを(ⓐ 思いつく / ⓑ 思い出す)と言います。

27 川の流れとは反対の方へ進むことを(ⓐ さかのぼる / ⓑ とりかえる)と言います。

쪽지시험 총정리 2회

01 あの猫は彼にとって、(ⓐまさか/ⓑいわば)子どものようなものだ。

02 あちらの会社には(ⓐ再三/ⓑわざと)お願いしています。

03「(ⓐ実に/ⓑ実は)」という言葉は、言いにくいことや相手の知らない事情を説明するときに使う。

04 100点がとれなくても、(ⓐせめて/ⓑたった)70点はとりたい。

05 両親は思い出の故郷を(ⓐたびたび/ⓑどうどう)訪ねている。

06 今日のテストは(ⓐまあまあ/ⓑやや)だった。

07 家から駅まで(ⓐちょっと/ⓑわずか)10分だ。

08「川田さんは、まだ来ていないの？」「(ⓐそういえば/ⓑだけど)、昨日も休みだったね。」

09(ⓐ現/ⓑ今)段階では、まだお知らせすることはできません。

10 冬休みに旅行に行きたいので、(ⓐ上/ⓑ高)収入のアルバイトを探している。

11 環境のために、ゴミの(ⓐ再開発/ⓑ再利用)を進めるべきだ。

12 決勝戦で負けて、(ⓐ準/ⓑ次)優勝にとどまった。

13 今日の授業のテーマは、マスコミの(ⓐ複/ⓑ諸)問題についてです。

14 今回のレポートは、時間が足りなかったため、(ⓐ非/ⓑ不)完全なものしか書けなかった。

15 彼は医学(ⓐ通/ⓑ界)でかなり知られた存在だ。

16 自分から進んでしようという態度ではないことを(ⓐ消極的/ⓑ積極的)と言います。

17 少子化のため、大学への(ⓐ進学率/ⓑ就職率)はだんだん減っているようだ。

18 これはあくまでもわたしの(ⓐ個人的/ⓑ圧倒的)な意見です。

19 (ⓐアンテナ/ⓑエンジン)が故障して、車が動かなくなった。

20 人間は言葉による(ⓐオートメーション/ⓑコミュニケーション)を行う動物である。

21 今回のマラソン大会は、あちらの競技場から(ⓐスタート/ⓑセット)することになっています。

22 トラックは徐々に(ⓐスピード/ⓑカーブ)を増していった。

23 体育大会では、この２つの(ⓐゲーム/ⓑチーム)が戦うことになっている。

24 いい(ⓐチャンス/ⓑネックレス)だから、その話は断らないほうがいい。

25 この曲はだれにでも歌いやすい(ⓐテンポ/ⓑステージ)だ。

26 足りない点を補うことを(ⓐマイナスする/ⓑカバーする)と言います。

27 研究室に入るときは、ドアを(ⓐサイン/ⓑノック)してください。

28 特定の分野で豊富な経験のある人のことを、(ⓐ キャプテン/ⓑ ベテラン)と言います。

問題 3 (　　　) に入れるのに最もよいものを、1·2·3·4 から一つ選えらびなさい。

01 子どもに、小言ばかり言うのはむしろ（　　　）効果だ。

1 反　　2 逆　　3 無　　4 非

02 全国（　　　）年少の市長が誕生した。

1 最　　2 第　　3 総　　4 現

03 今回のこの作戦は（　　　）成功だった。

1 毎　　2 全　　3 初　　4 大

04 この薬は強力でよく利くが、（　　　）作用が起こるおそれもある。

1 準　　2 反　　3 副　　4 病

05 富士山は日本（　　　）高い山だ。

1 一　　2 最　　3 界　　4 万

06 何事もその道の専門（　　　）の言う通りにするとうまくいくものだ。

1 者　　2 通　　3 家　　4 部

07 質が悪ければいくら安くても問題（　　　）だ。

1 別　　2 外　　3 他　　4 異

08 （　　　）書きしておいた原稿を少し手直ししてパソコンに打ち直した。

1 未　　2 裏　　3 下　　4 前

09 電車の中で拾った（　　　）物を警察に届けた。

1 当たり　　2 見つけ　　3 落し　　4 失くし

10 成績を上げるためには、日ごろからの積み（　　　）が大事だ。

1 抱え　　2 重ね　　3 直し　　4 上げ

단어형성 완벽대비 문제 ❷ 회

問題 3 (　　　) に入れるのに最もよいものを、1·2·3·4 から一つ選びなさい。

01 空気とは人間にとって（　　　）可欠なものだ。

1 非　　2 無　　3 否　　4 不

02 環境問題の深刻さを（　　　）認識した。

1 再　　2 総　　3 全　　4 改

03 けがのため、（　　　）シーズンは試合に出られそうもない。

1 本　　2 今　　3 初　　4 始

04 四国と言えば、うどんの（　　　）産地だ。

1 高　　2 有　　3 名　　4 最

05 本当に血液（　　　）で人の性格が分かるかどうかは疑わしい。

1 形　　2 型　　3 方　　4 式

06 夫婦（　　　）の問題は他人が口出しするものではない。

1 中　　2 相　　3 合　　4 間

07 物を作ることに関心があるので、将来は製造（　　　）に就きたい。

1 社　　2 職　　3 業　　4 所

08 この食品から基準（　　　）を上回る発がん性物質が検出されたそうだ。

1 値　　2 価　　3 致　　4 的

09 新しい電球に取り（　　　）たいが、手が届かない。

1 替え　　2 戻し　　3 外し　　4 出し

10 この活動は多くの人たちの協力によって（　　　）立っている。

1 組み　　2 成り　　3 引き　　4 入れ

問題 3 （　　）に入れるのに最もよいものを、1・2・3・4から一つ選びなさい。

01 クラスの（　　）半数がこの意見に賛成した。

1 大　2 超　3 多　4 過

02 （　　）監督として映画の製作に関わっている。

1 準　2 副　3 助　4 次

03 マラソンとは（　　）距離を走ってタイムや順位を競うスポーツだ。

1 短　2 永　3 超　4 長

04 みんなの意見が（　　）極端に分かれてしまった。

1 両　2 全　3 反　4 半

05 満20歳から選挙（　　）を持つことができる。

1 券　2 権　3 票　4 件

06 調理（　　）免許を取るための学校に通っている。

1 士　2 師　3 家　4 者

07 このスーパーは会員（　　）で、商品を購入するためには入会しなければならない。

1 型　2 所　3 集　4 制

08 この会社は海外移住を考えている人の（　　）助けをしている。

1 腕　2 手　3 足　4 胸

09 たまったプリント類を整理するのに（　　）一日かかった。

1 超　2 半　3 丸　4 全

10 留学に行く友達を空港まで見（　　）。

1 慣れた　2 張った　3 送った　4 守った

단어형성 완벽대비 문제 ❹ 회

問題 3 （　　　）に入れるのに最もよいものを、1·2·3·4から一つ選びなさい。

01 身動きができないほどの（　　　）満員の電車に乗って毎日通勤している。

1 超　　2 非　　3 最　　4 過

02 中東地域に（　　　）政府デモの動きが拡がっているそうだ。

1 逆　　2 抗　　3 反　　4 旧

03 任された仕事を最後までしないなんて（　　　）責任だ。

1 重　　2 無　　3 非　　4 不

04 タクシーの運転（　　　）になるためには2種免許が必要だ。

1 師　　2 手　　3 家　　4 者

05 子どもが５人もいるので生活（　　　）がずいぶんかかる。

1 料　　2 金　　3 代　　4 費

06 家のリフォームは何とか予算（　　　）に収めることができた。

1 中　　2 内　　3 案　　4 外

07 この病院の院長先生は学者（　　　）の物静かな方です。

1 風　　2 並　　3 式　　4 型

08 （　　　）当たりのないアドレスからメールが届いた場合は開かない方がいい。

1 手　　2 心　　3 人　　4 風

09 彼の小説からは自然を愛する気持ちが感じ（　　　）。

1 かける　　2 とれる　　3 こめる　　4 だせる

10 今では楽しく働いているが、入社したばかりの頃はなかなか（　　　）込めなかった。

1 引き　　2 思い　　3 溶け　　4 混じり

問題 3 （　　　）に入れるのに最もよいものを、1·2·3·4から一つ選びなさい。

01 結婚するなら価値（　　　）が合う人がいい。

1 考　　2 方　　3 観　　4 感

02 （　　　）事情により、来月会社を辞めなければならなくなった。

1 類　　2 諸　　3 所　　4 緒

03 会社で失敗したが、家族に心配をかけないように（　　　）元気を出して振舞った。

1 不　　2 大　　3 空　　4 超

04 その日あった出来事を毎日、日記（　　　）に記録するようにしている。

1 帳　　2 編　　3 簿　　4 報

05 急な来客があると聞いて慌てて掃除（　　　）をかけた。

1 具　　2 械　　3 器　　4 機

06 細かい作業が苦手なのでプラモデルの完成（　　　）を買ってきた。

1 物　　2 品　　3 体　　4 器

07 今日は少し歩きたい気分だったので遠（　　　）して帰って来た。

1 行き　　2 回り　　3 道　　4 通り

08 好きだと言い出せないまま、もう3年以上も片（　　　）をしている。

1 煩い　　2 愛　　3 恋　　4 思い

09 使用（　　　）切手を集めるボランティア活動をしている。

1 済み　　2 切り　　3 過ぎ　　4 越し

10 今月発売された新商品の売れ（　　　）はなかなかいい。

1 込み　　2 出し　　3 切れ　　4 行き

問題 4 （　　　）に入れるのに最もよいものを、1·2·3·4から一つ選びなさい。

01 あの学者はエジプトの古代文明に関してはかなり（　　　）知識を持っている。

1 くわしい　2 むずかしい　3 さわがしい　4 はなはだしい

02 いつかは庭付き（　　　）建ての家に住みたいと思っている。

1 一家　2 一戸　3 単独　4 一件

03 気をつけようと思っていても、母には（　　　）きついことを言ってしまう。

1 つい　2 さて　3 ただ　4 なお

04 彼女はいつも明るく、なんでも（　　　）話すので見ていて気持ちがいい。

1 うきうき　2 ぐちぐち　3 はきはき　4 すきずき

05 彼女は本当のことを話そうか、話すまいか（　　　）ようだ。

1 ためらっている　2 うたがっている　3 さからっている　4 うやまっている

06 テストではこれまでの勉強の成果が（　　　）できるようがんばってください。

1 活発　2 開発　3 発揮　4 発表

07 ずいぶん前に出発したそうだから（　　　）来るだろう。

1 まだまだ　2 いまだに　3 もうすぐ　4 やっと

08 フランスの映画を見たけど、話の（　　　）が全然わからなかった。

1 筋　2 題　3 栓　4 節

09 うちの猫はとても（　　　）。

1 貧しい　2 等しい　3 賢い　4 ふさわしい

10 今までになかった新しいものを作り出すことを（　　　）と言います。

1 発揮　2 発明　3 発見　4 発掘

問題 4 （　　　）に入れるのに最もよいものを、1・2・3・4から一つ選びなさい。

01 計画を見直したほうがいいという（　　　）が上がっている。

1 声　　2 口　　3 手　　4 耳

02 （　　　）待ちに待った本格的な夏がやってきました。

1 つぎつぎに　　2 いよいよ　　3 おのおの　　4 まだまだ

03 問題を解くためには（　　　）の意味を正確に把握することが必要だ。

1 ユーモア　　2 キーワード　　3 パターン　　4 パスワード

04 大学の4年生になってから就職（　　　）を始めるのは遅すぎる。

1 活動　　2 活力　　3 活発　　4 活躍

05 毎日30分の運動を習慣にしようと思っているが、（　　　）うまくいかない。

1 とても　　2 わりと　　3 なかなか　　4 それほど

06 （　　　）何度失敗しても、最後まであきらめないつもりだ。

1 たとえ　　2 ただし　　3 むしろ　　4 あえて

07 あの映画の最後の場面が（　　　）に残って忘れられない。

1 追憶　　2 想像　　3 印象　　4 記録

08 自分の子どもの子どものことを（　　　）と言います。

1 鬼　　2 孫　　3 嫁　　4 娘

09 工事は（　　　）進んでいて、予定どおりに終了しそうです。

1 十分に　　2 順調に　　3 慎重に　　4 器用に

10 台風のため、船が港に（　　　）。

1 引き止めた　　2 引き返した　　3 引き出した　　4 引き受けた

問題 4 （　　　）に入れるのに最もよいものを、1・2・3・4から一つ選びなさい。

01 もう予約を済ませたのに（　　　）ホテルをかえろと言われても無理だ。

1 あらかじめ　　2 とっくに　　3 すでに　　4 いまさら

02 この若い選手は今後の（　　　）が期待される。

1 体力　　2 能力　　3 活躍　　4 生活

03 「コーヒーを買いに行くなら（　　　）私の分も買ってきて。」

1 ついでに　　2 じかに　　3 ともに　　4 しだいに

04 最近は電子（　　　）で支払いできるところが増えている。

1 ブック　　2 コール　　3 メール　　4 マネー

05 今回の大会で彼は世界新記録を更新し、世界中の注目を（　　　）。

1 かけた　　2 あびた　　3 ひろった　　4 させた

06 今回の展覧会は作品（　　　）特色があって見ていてとても楽しめた。

1 かぎり　　2 だらけ　　3 さらに　　4 ごとに

07 この紙は水に濡れても破れないよう（　　　）加工がされている。

1 独特な　　2 特色な　　3 特殊な　　4 特徴な

08 あの人は（　　　）人で、よく携帯電話を忘れてしまうそうだ。

1 そそっかしい　　2 そうぞうしい　　3 ずうずうしい　　4 はずかしい

09 いくら丈夫でも、こんなに働かされては（　　　）でいられるわけがない。

1 短気　　2 平気　　3 勇気　　4 景気

10 山田さんの家はうちの（　　　）にある。

1 逆さ　　2 向かい　　3 下り　　4 上り

問題 4（　　）に入れるのに最もよいものを、1·2·3·4から一つ選びなさい。

01 結婚を（　　）に貯蓄を始めた。

1 式　2 会　3 機　4 時

02 もう大人なのに、母は私のする事に（　　）口を出してくる。

1 ますます　2 いちいち　3 ぞくぞく　4 それぞれ

03 お子様ランチは子どもに野菜を食べさせるためのいろいろな（　　）がされている。

1 方式　2 挑戦　3 工夫　4 仕組み

04 遊園地は（　　）夢の国に来たかのような気分が味わえる。

1 たとえ　2 まるで　3 およそ　4 つまり

05 便利なのでコンタクトレンズは使い（　　）タイプのものを使っています。

1 捨て　2 終わり　3 投げ　4 出し

06 若い女性たちの間で読書の会を開くことが（　　）になっているらしい。

1 パターン　2 テーマ　3 モダン　4 ブーム

07 鈴木さんの家に電話をかけたが誰も出なかったので、留守番電話に（　　）を残した。

1 伝説　2 伝記　3 伝達　4 伝言

08 このごろ少し太ったせいか、ズボンが（　　）なった。

1 ゆるく　2 ずるく　3 しつこく　4 きつく

09 現場から逃げたどろぼうの（　　）はまだわかっていない。

1 芝居　2 行方　3 見方　4 手配

10 この作品は今の時代を（　　）している。

1 反省　2 反応　3 反射　4 反映

問題 4 （　　　）に入れるのに最もよいものを、1・2・3・4から一つ選びなさい。

01 前もって、先生のご都合を（　　　）おいた方がいいですよ。

1 まいって　2 いただいて　3 たまわって　4 うかがって

02 10人いたら10（　　　）の生き方がある。

1 持ち　2 限り　3 使い　4 通り

03 新しいシステムがここ10年でずいぶん（　　　）した。

1 普及　2 普遍　3 普通　4 普段

04 文楽とは日本を代表する伝統（　　　）の一つである。

1 価値　2 芸能　3 現状　4 演技

05 平日は仕事で忙しいが、週末は家族（　　　）をするようにしている。

1 サービス　2 スケジュール　3 プラン　4 プログラム

06 久しぶりの休みだから何もせずに（　　　）家ですごしたい。

1 たっぷり　2 はりきって　3 のんびり　4 あらためて

07 1ヶ月以上も続いた梅雨がやっとで（　　　）。

1 出した　2 開いた　3 始まった　4 明けた

08 安くなったとはいっても、私にとって海外旅行はまだ（　　　）なんです。

1 上品　2 愉快　3 手頃　4 ぜいたく

09 この表現は（　　　）でわかりにくい。

1 なだらか　2 あいまい　3 そっちょく　4 てごろ

10 授業中に（　　　）が出てなかなか止まらなかった。

1 こづかい　2 まね　3 しゃっくり　4 うがい

問題 4 （　　　）に入れるのに最もよいものを、1・2・3・4から一つ選びなさい。

01 とても疲れていたので、朝まで（　　　）眠った。

1 ぐっすり　2 どっと　3 とっくに　4 そうっと

02 私の料理は、自慢できる（　　　）ではありません。

1 タイプ　2 テーマ　3 レベル　4 スタイル

03 メールでは文章だけでなく顔（　　　）を使って気持ちを伝えることもできる。

1 色　2 型　3 機能　4 文字

04 あのレストンは高級料理が気軽な雰囲気で（　　　）ことで人気だ。

1 味わえる　2 感じられる　3 調べられる　4 味見できる

05 （　　　）アイドルのコンサートに行けるなんて、飛び上がるほどうれしい。

1 やっかいな　2 あこがれの　3 かわいそうな　4 さかりの

06 バイクに乗る際は、ヘルメットの着用が（　　　）付けられている。

1 義務　2 責務　3 任務　4 勤務

07 資格試験の合格を（　　　）毎日勉強に励んでいる。

1 気をつけて　2 目指して　3 気になって　4 目立って

08 彼はこれまで経験した（　　　）出来事をもとにして小説を書いた。

1 強引な　2 奇妙な　3 粗末な　4 地味な

09 近頃、仕事や人間関係が大変で、（　　　）することが多い。

1 わくわく　2 しみじみ　3 いらいら　4 にこにこ

10 彼女はいつも流行の（　　　）を行っている。

1 留学　2 近道　3 道程　4 先端

問題 4 （　　　）に入れるのに最もよいものを、1·2·3·4 から一つ選びなさい。

01 最近、人気アニメを小説化した本がおもしろいと（　　　）になっている。

1 主題　　2 有名　　3 名物　　4 話題

02 男女の意識の違いについての大変興味（　　　）アンケート結果が発表された。

1 深い　　2 重い　　3 大きい　　4 多い

03 お腹をよく壊してしまうので、風邪を引いたときには胃に（　　　）薬を飲むようにしている。

1 したしい　　2 たのもしい　　3 やさしい　　4 きびしい

04 このボールペン、高いといっても（　　　）千円くらいのものだろう。

1 ぜったいに　　2 せいぜい　　3 せっせと　　4 うんと

05 読み方はひらがなではなく、（　　　）字で書いてください。

1 カラー　　2 ローマ　　3 イメージ　　4 ヨーロッパ

06 あそこなら近いから泊まらず（　　　）でも行って来れそうだね。

1 日暮れ　　2 日当たり　　3 日増し　　4 日帰り

07 工事中なのか水道の（　　　）をひねっても水が出てこない。

1 蛇口　　2 洗面　　3 容器　　4 調整

08 （　　　）ことに、母の目の手術はうまくいった。

1 ゆかいな　　2 みじめな　　3 さいわいな　　4 むだな

09 この薬品を使う時には、水で（　　　）。

1 薄めます　　2 移します　　3 潜ります　　4 茹でます

10 家の中は（　　　）きれいにしておきましょう。

1 ついに　　2 つねに　　3 たちまち　　4 とっくに

問題 4 （　　　）に入れるのに最もよいものを、1･2･3･4 から一つ選びなさい。

01 ペットを飼うのは個人の自由だが、（　　　）は守ってほしい。

1 マナー　　2 メンバー　　3 コース　　4 メニュー

02 汗をたくさんかいたのでシャワーを浴びて（　　　）した。

1 ずっしり　　2 しっかり　　3 すっきり　　4 しっとり

03 レポート提出の（　　　）は来週だ。

1 おもいきり　　2 だしきり　　3 ふみきり　　4 しめきり

04 今日の食事会に山田さんが来られないなんて（　　　）。

1 愉快だ　　2 見事だ　　3 残念だ　　4 無駄だ

05 各グループの代表に1枚（　　　）プリントを配った。

1 ごと　　2 ずつ　　3 なお　　4 たび

06 私は小学校の担任の先生から影響を（　　　）。

1 うけた　　2 あたえた　　3 された　　4 およぼした

07 データを（　　　）する仕事をしているので一日中パソコンの前から離れられない。

1 導入　　2 入手　　3 入力　　4 記入

08 太らないために、（　　　）の低い料理を食べましょう。

1 ビタミン　　2 カロリー　　3 バランス　　4 エネルギー

09 （　　　）怪我じゃなくてよかったです。

1 たいそう　　2 たいした　　3 たいして　　4 たまたま

10 荷物を運ぶための自動車のことを（　　　）と言います。

1 ドライブ　　2 トラック　　3 トラベル　　4 ヨット

問題 4（　　　）に入れるのに最もよいものを、1·2·3·4 から一つ選びなさい。

01 子どもの頃、兄弟げんかをすると母はいつも妹の（　　　）をした。

1 役目　　2 味方　　3 敵　　4 相手

02 今年こそはスキー場に通ってスノーボードを（　　　）したい。

1 コーチ　　2 スマート　　3 マスター　　4 シーズン

03 彼は何かを探しているのか、さっきからあたりを（　　　）見回している。

1 ちらりと　　2 じっと　　3 ぐるりと　　4 きょろきょろ

04 地球の（　　　）防止のために毎日の生活の中でできることから始めるべきだ。

1 熱帯化　　2 温帯化　　3 温暖化　　4 温熱化

05 子どもの頃、デパートで母と離れて（　　　）になってしまった。

1 弟子　　2 迷子　　3 素人　　4 成人

06 退職後、父は観葉植物の（　　　）をすることを日課としている。

1 田植え　　2 段取り　　3 手入れ　　4 手続き

07 友達の結婚の（　　　）に何をあげようか悩んでいる。

1 お祭り　　2 お見舞い　　3 お遣い　　4 お祝い

08 出張につれていけないので、私は友だちにペットの猫を（　　　）。

1 よびかけた　　2 あずけた　　3 なでた　　4 やとった

09 鳥の（　　　）が北の空に飛んでいった。

1 群れ　　2 便り　　3 催し　　4 勢い

10 あの店はサービスがいいと（　　　）だ。

1 評判　　2 順調　　3 陽気　　4 厄介

問題 4 （　　　）に入れるのに最もよいものを、1･2･3･4から一つ選びなさい。

01 急な用事ができてしまったので、今日の予約を（　　　）した。

1 スイッチ　2 オーバー　3 キャンセル　4 サービス

02 彼はアイロンをかけないのでいつも（　　　）のシャツを着ている。

1 よれよれ　2 つやつや　3 ぴかぴか　4 ぼさぼさ

03 微妙な差ではあるが、私の方が彼より（　　　）早く到着した。

1 まったく　2 ほぼ　3 やや　4 けっこう

04 この店はわかりにくい場所にあります。赤い看板を（　　　）にお越しください。

1 標識　2 目印　3 表示　4 目標

05 大学時代の思い出として英語のスピーチコンテストに（　　　）した。

1 応対　2 応援　3 応接　4 応募

06 みんなが無理だと言うなら（　　　）から私がやります。

1 さしつかえない　2 しょうがない　3 とんでもない　4 くだらない

07 地球以外の場所で人類が住むというのは（　　　）可能だろうか。

1 はたして　2 どうも　3 やはり　4 あるいは

08 上司の命令に（　　　）なんて、わたしにはできない。

1 さからう　2 うやまう　3 あまえる　4 だます

09 今から行っても（　　　）遅刻だから、行かないことにする。

1 めったに　2 さすが　3 どうせ　4 まさに

10 （　　　）行きたいのなら、一人で行きなさい。

1 そのほか　2 どうしても　3 すなわち　4 やがて

問題 5 ＿＿＿＿の言葉に意味が最も近いものを、1・2・3・4から一つ選びなさい。

01 彼はよく仕事のことでぶつぶつ言っている。

1 不満を　2 皮肉を　3 同じことを　4 新しいことを

02 新しい環境に徐々に慣れていった。

1 すぐに　2 わずかに　3 少しずつ　4 さらに

03 案外簡単にできた。

1 考えたとおり　2 思いのほか　3 見た目より　4 聞いた話とちがい

04 今回のテストの結果に失望した。

1 がっかりした　2 よろこんだ　3 くるしんだ　4 びっくりした

05 あんなずうずうしい人見たことない。

1 すばらしい　2 うるさい　3 みっともない　4 あつかましい

06 いつも迷惑をかけてばかりで、みんなには本当にすまないと思っている。

1 もうしわけない　2 はずかしい　3 なさけない　4 ありがたい

07 ひょっとして彼はあの日のことを全く覚えてないのではないか。

1 今では　2 もしかすると　3 やはり　4 どう考えても

08 風がますます 強くなった。

1 わずかに　2 また　3 やや　4 さらに

09 この新車はスピードにかけては日本一です。

1 安さ　2 大きさ　3 乗り心地　4 速さ

10 いいチャンスにめぐりあえたことに感謝しています。

1 上司　2 同僚　3 機会　4 季節

유의표현 완벽대비 문제 ❷ 회

問題 5 ＿＿＿＿の言葉に意味が最も近いものを、1･2･3･4から一つ選びなさい。

01 ご予約は電話あるいは電子メールで受け付けています。

1 ではなく　2 そして　3 だけではなく　4 または

02 この展示場にある全作品はおのおのの味がある。

1 すばらしい　2 なんともいえない　3 それなりの　4 それぞれの

03 会場にはざっと1万名の人々が集まった。

1 およそ　2 すでに　3 のべ　4 なんと

04 突然、昔別れた恋人から連絡がきた。

1 久しぶりに　2 あらためて　3 ときどき　4 いきなり

05 くどいようですが、もう一度確認しますね。

1 きびしい　2 しつこい　3 こまかい　4 いそがしい

06 初めて会った時から彼女のことが気に入っていた。

1 いやだった　2 かわいそうだった　3 たのもしかった　4 好きだった

07 この服のサイズは私にぴったりだ。

1 きつい　2 小さい　3 大きめだ　4 ちょうどよい

08 校長先生の話は長くて退屈だった。

1 つまらなかった　2 楽しかった　3 詳しかった　4 するどかった

09 旅行の前にダイヤを確認した。

1 日程表　2 座席表　3 時刻表　4 予約表

10 団体生活においてはルールを守ることが一番大事だ。

1 順番　2 約束　3 時間　4 規則

問題 5 ＿＿＿＿の言葉に意味が最も近いものを、1・2・3・4 から一つ選びなさい。

01 一日中立ちっぱなしだったので、くたくたただ。

1 足が痛い　2 座りたい　3 疲れた　4 眠い

02 今夜の会議に出席できる人はせいぜい10人だろう。

1 約　2 合わせて　3 たぶん　4 多くても

03 彼はぼろぼろの帽子をかぶっている。

1 柔らかい　2 暖かい　3 古い　4 大きい

04 このゲームは小学生の間でもっとも人気がある。

1 一番　2 最近　3 とても　4 ずっと

05 前の車がのろのろと進んでいった。

1 すばやく　2 軽く　3 すぐに　4 ゆっくり

06 お隣のおばさんはいつもほがらかです。

1 声が大きい　2 怒りっぽい　3 明るい　4 おしゃべり

07 高橋さんの言ったことはでたらめだった。

1 当たっていた　2 信じられなかった　3 おそろしかった　4 間違っていた

08 昨日は久しぶりに 徹夜した。

1 無理した　2 疲れた　3 寝なかった　4 飲みすぎた

09 あの人のスピーチは人の心をひきつけるものがある。

1 演説　2 演奏　3 演技　4 演出

10 おもしろいマジックが披露された。

1 踊り　2 手品　3 技術　4 作品

問題 5 ＿＿＿＿の言葉に意味が最も近いものを、1・2・3・4から一つ選びなさい。

01 私はケーキに目がない。

1 が苦手だ　2 をよく作る　3 が食べられない　4 が大好きだ

02 中村君の表情を見るとどうやら腹を立てているようだ。

1 怒っている　2 喜んでいる　3 気分がいい　4 空腹の

03 そんなあいまいな返事はだめよ。

1 なまいきな　2 無責任な　3 はっきりしない　4 あきれた

04 それは当然のことだ。

1 ありえない　2 あきらかな　3 あいまいな　4 あたりまえの

05 この商品、今ならお手ごろ価格で購入できます。

1 安く　2 簡単に　3 無料で　4 半額で

06 それは単なるうわさです。

1 ただの　2 ありえない　3 変な　4 おもしろい

07 こうなった以上、手術はやむを得ない。

1 できない　2 さけられない　3 効果がない　4 許せない

08 この電子辞書は役に立つし、おまけに安い。

1 わりと　2 ずいぶん　3 なにより　4 その上

09 運転の際、カーブでは特に注意が必要だ。

1 横断歩道　2 交差点　3 曲がり道　4 坂道

10 3週間のヨーロッパツアーに行くことにした。

1 海外旅行　2 自由旅行　3 個人旅行　4 団体旅行

問題 5 ＿＿＿＿の言葉に意味が最も近いものを、1·2·3·4 から一つ選びなさい。

01 山下君はオンラインゲームに夢中になっている。

1 関心がある　2 はまっている　3 才能がある　4 あきている

02 木村さんを訪ねたが、あいにく留守だった。

1 予想どおり　2 ちょうど　3 たまたま　4 残念ながら

03 教育費の目安を立てる。

1 基準　2 計画　3 金額　4 予算

04 この仕事をさっさと終わらせてください。

1 注意深く　2 時間内に　3 すべて　4 はやく

05 来年の夏にふたたび訪ねたい。

1 必ず　2 また　3 二人で　4 こっそり

06 飲酒運転は危険だ。

1 とんでもない　2 違法だ　3 あぶない　4 おそろしい

07 コンサートのチケットは残りわずかだ。

1 少し　2 半分　3 なし　4 すぎ

08 幾分そういう傾向がある。

1 いつも　2 かなり　3 何となく　4 やや

09 同窓会と社員旅行がダブってしまった。

1 変わって　2 中止になって　3 変更になって　4 重なって

10 英会話教室では自分のレベルに合った授業をとることができる。

1 好み　2 水準　3 学年　4 年齢

問題 6 次の言葉の使い方として最もよいものを、1·2·3·4から一つ選びなさい。

01 感心

1 私は以前からカメラに感心がある。
2 彼はいつも上司の感心を買おうとしている。
3 あの新人作家の表現力には感心した。
4 親になってはじめて両親のありがたさを感心した。

02 通用

1 その程度の実力では世界では通用しない。
2 あの人は英語が上手だからアメリカ人とも通用する。
3 この道具は日常生活の中で広く通用されている。
4 失敗を恐れず通用するようにしている。

03 くれぐれも

1 新婚なので、くれぐれも生活道具を買い集めている。
2 このボタンを押すと、おもちゃはくれぐれも回ります。
3 午後6時が過ぎ、くれぐれも暗くなってきた。
4 暑いので、お体にはくれぐれもお気をつけください。

04 さしつかえ

1 大統領の失言をさしつかえにする。
2 彼が来ないとなるとさしつかえだ。
3 飲みすぎは明日の仕事にさしつかえる。
4 なんのさしつかえもない家庭なんてありません。

05 いばる

1 あの課長は部下にいばってばかりで嫌われている。
2 この荷物はひもでしっかりといばってください。
3 今日、誕生日なのに、誰もいばってくれない。
4 いつもいばるような気持ちで見守っています。

問題 6 次の言葉の使い方として最もよいものを、1・2・3・4から一つ選びなさい。

01 作法

1 インドカレーの作法をここにメモしておきました。
2 クレーム対応の作法をマスターしましょう。
3 きちんとした礼儀作法を身につけなければならない。
4 健康な体にする作法を教えてください。

02 苦労

1 苦労のある薬ほど効果があると言われています。
2 苦労して育てた野菜をスーパーへ出荷した。
3 就職か、それとも進学か、今苦労しています。
4 苦労な日々が過ぎてやっと落ち着いてきました。

03 余計

1 幸せとは、いつも心に余計を持つことです。
2 書類には余計なことは書かないでください。
3 参加者が増えそうなので、資料は余計に用意してください。
4 合格は余計に成績がよくないと難しいだろう。

04 至急

1 年金は65歳から至急されるそうです。
2 朝至急からできるバイトといったら、何かな。
3 家に着くと至急電話のベルが鳴った。
4 心当たりのある方は至急ご連絡下さい。

05 うらやむ

1 人もうらやむような仲がいい二人だった。
2 僕は兄弟の多い人がうらやみます。
3 私をだました彼のことをうらやみつづける。
4 彼は神をうらやみ、人を愛する人だった。

問題 6 次の言葉の使い方として最もよいものを、1·2·3·4から一つ選びなさい。

01 着々と

1 最近、よく食べるので着々と太っています。
2 来年留学へ行くための準備を着々と進めている。
3 借りたものを着々と返すのは当然のことです。
4 お年寄りが着々と暮らせる社会を目指します。

02 再三

1 こんなチャンスはもう再三訪れることはないだろう。
2 新入社員に再三注意をしたけれど全く聞いていないようだ。
3 寝苦しい夜に再三聞きたい曲は何ですか。
4 彼と10年ぶりに同窓会で再三したが、昔のままだった。

03 手間

1 手間のけがで2週間も会社を休んでいます。
2 本日も朝早くからお手間様でした。
3 革製品を長く使う上で大切なことは手間です。
4 お弁当作りはけっこう手間がかかる。

04 つぶす

1 遅れてきた彼女のせいで大切な時間をつぶした。
2 彼の言った一言で私の心はつぶされた。
3 じゃがいもをつぶしてポテトサラダを作ります。
4 子どもがお気に入りの花びんをつぶしてしまった。

05 臨時

1 努力をすればそれなりの臨時があるはずだ。
2 小さな会社だが臨時の成果をあげている。
3 彼はもうすぐ臨時の父親になります。
4 夏休みだけの臨時の仕事を探している。

용법 완벽대비 문제 ④ 회

問題6 次の言葉の使い方として最もよいものを、1・2・3・4から一つ選びなさい。

01 微妙

1 なんでも物事を微妙に考えすぎないほうがいい。
2 この本は男女の微妙な心境の変化が上手く描かれている。
3 光があまりに強いため、微妙に見ることができない。
4 微妙な時はあわてず、まずは落ち着いて行動するべきだ。

02 きつい

1 彼は天才というよりむしろきつい。
2 姉はいつもきつい店員のいる店に行く。
3 きついところですが、一度遊びに来てください。
4 太ったのか、スカートがきつくて入らない。

03 ほんの

1 ほんの小さなことがきっかけで大げんかになった。
2 風をともなうほんのきびしい雨が降り続いた。
3 彼はがまん強いからほんのことではあきらめない。
4 彼女には人をひきつけるほんの魅力がある。

04 イメージ

1 テレビを見ているときにいいイメージが浮かんだ。
2 できるかぎりイメージを節約するようにしている。
3 フランスは料理がおいしいというイメージがある。
4 彼は頭が固くて、なかなかイメージが通じない。

05 吸収

1 人の話を吸収するのはよくないです。
2 土が水を吸収するように知識を増やしていった。
3 このクラブは新しい会員を吸収している。
4 技術の発展は生活に大きな吸収を及ぼした。

問題6 次の言葉の使い方として最もよいものを、1・2・3・4から一つ選びなさい。

01 防ぐ

1 今日は、朝からどうも気分が防いで仕方がない。
2 長かった夏休みも、とうとう防いでしまった。
3 日焼けを防ぐため、外出時はいつも帽子をかぶる。
4 新しい自転車なので汚れを防ぐようにしている。

02 皮肉

1 仕事ばかりではなく、皮肉も必要だ。
2 今回の成功は森田君の皮肉抜きには語れない。
3 皮肉はこのくらいにして、本題に入りましょう。
4 期待と全く異なる皮肉な結果となってしまった。

03 一気

1 結末が気になって一気に読みきった。
2 信じていれば夢は一気にかなうはずだ。
3 何かあった時は一気に知らせてください。
4 季節の変わり目は一気に風邪を引くものだ。

04 無事

1 無事な田舎での生活が気に入っている。
2 新しい車を無事に運転している。
3 娘が旅行先に無事到着したか心配だ。
4 彼に対して無事な感情を持っている。

05 勘違い

1 勘違いしていれば、あんな事故は起こらなかっただろう。
2 ふるさとは帰るたびに勘違いしていてびっくりする。
3 彼は会社に対して給料の問題などの勘違いが多い。
4 休日なのに勘違いして学校へ行ってしまった。

시나공
JLPT
일본어능력시험
N2

음성강의 듣기

셋째마당 문법편

1교시 완벽대비 언어지식(문법) · 독해

문제분석과 완벽대비법

01 | 問題7 문법형식 판단

문제 소개

問題7 문제는 문장 내용에 맞는 문법 형식이 무엇인지를 묻는 문제로서, 괄호 안에 넣기에 알맞은 어구나 표현을 찾는 문제입니다. 12문항이 출제됩니다.

문제 미리 풀어보기 및 풀이

問題 7

次の文の（　　　）に入れるのに最もよいものを、1·2·3·4から一つ選びなさい。

かたいあいさつは（　　　）、さっそく乾杯しましょう。

1 ぬかずに　　2 ぬくものか　　3 ぬきながら　　4 ぬきにして

정답 4

해석 딱딱한 인사는 생략하고, 곧바로 건배합시다.

해설 ぬく는 '빼다, 생략하다'라는 뜻인데, 1번 ぬかずに는 '빼지 말고', 2번 ぬくものか는 '뺄까 보냐', 3번 ぬきながら는 '빼면서, 생략하면서', 4번 ぬきにして는 '빼고서, 생략하고서'이다.

어휘 かたい 딱딱하다 | ぬく 빼다, 생략하다 | さっそく 곧바로 | 乾杯(かんぱい) 건배

문제 분석과 완벽대비법

문법형식 판단 문제는 총 12문항이 출제됩니다. 괄호 안에 들어가는 말은 문법적인 기능을 가진 어구나 표현이 중심을 이룹니다. 이외에 사역, 수동, 경어 표현 등도 포함되므로 그 부분을 반드시 정리한 후에, 문법 리스트에 올려놓은 범위 내에서 외우면 충분하리라 생각합니다.

～するわけがない(～할 리가 없다)나 ～するしかない(～할 수밖에 없다) 처럼 포인트가 한 군데인 것도 있지만, ～すれば ～ほど(～하면 ～할수록)나 ～といっても, ～ほどではない(～라고는 하지만, ～할 정도는 아니다)처럼 관용적 표현으로 외워야 하는 것 등, 한 문장 속에서 두 군데에 걸쳐서 포인트가 있는 경우도 있으므로 문맥 속에서 문법사항을 잘 연결해서 정답을 찾도록 합니다.

이 문제에서는 단문 형식의 문제가 주로 출제되는 가운데, 개정 전에도 A와 B의 대화문으로 된 문제가 조금씩 나오곤 했습니다만, 2010년 개정 후에는 대화문의 비중이 더 늘어났습니다. 그것은 바로 원활한 커뮤니케이션 능력을 측정하겠다는 개정 취지와 맞물리는 것이겠지요. 그러므로 일상생활에서 자주 접할 수 있는 회화체 표현이 많이 나올 수 있다는 것입니다.

이를 위해서는 평소에 청해 시험 대비도 할 겸, 노래, 드라마, 애니메이션, 영화 등을 꾸준히 보면서 회화체 표현을 많이 익혀두면 좋을 것입니다.

기출문제 분석

문법형식 판단 문제는 문장 속에서 문법적 기능을 하는 요소들을 잘 익혔는지 어떤지를 파악하는 문제입니다. 2010년 개정 후의 기출문제를 살펴보면, 12문제 중에서 주로 앞부분에서는 간단한 표현위주이며, 뒤로 갈수록 괄호 안에 들어갈 말이 길어지는 경향이 있으며, 또한 2가지 요소가 동시에 복합적으로 얽혀있는 문제가 출제되고 있습니다. 앞서 언급했듯이 회화문도 많이 출제되고 있으니, 이에 대비하도록 합시다.

기출어 보기

2010년 7월

□□ 客の予算(に応じて)
손님의 예산에 맞추어

□□ 学校に来る(とちゅうで)
학교에 오는 도중에

□□ 2時間(にわたり)
2시간에 걸쳐서

□□ (なにも)そこまで悪く言わなくても
굳이 그렇게까지 나쁘게 말할 것까지는

□□ 期待は高まる(一方だ)
기대는 높아지기만 한다

□□ 理解(しがたい)
이해하기 어렵다

□□ ぜひわたしに(やらせていただけないでしょうか)
아무쪼록 제가 할 수 있도록 해주시면 안 될까요?

□□ 出張に(いかされたばかり)なんです
출장에 다녀온 지 얼마 되지 않았는데요

□□ 時々遠くを見るように(したところ)
가끔 먼 곳을 보도록 했더니

□□ まだほんの一部に(すぎないとはいえ)
아직 극히 일부분에 지나지 않는다고는 해도

□□ アイデアを自由に出し合う(ことにあったはずだが)
아이디어를 서로 자유롭게 내는 것에 있었는데

□□ 自分の人生は(このままでいいのだろうか)と思って
자신의 인생은 이대로 괜찮은 것일까라고 생각하여

2010년 12월

□□ お電話でご予約の(うえ)
전화로 예약한 후에

□□ 現実的で(あり)ながらも
현실적이면서도

□□ もう一生会えない(みたいに)
이제 평생 만날 수 없는 것처럼

□□ (とても)プロの試合とは思えない
정말이지 프로 시합이라고는 생각할 수 없는

□□ 最初から順調だった(わけではない)
처음부터 순조로웠던 것은 아니다

□□ (直しようがない)ですね
고칠 방도가 없네요

□□ 深く(おわび申し上げます)
깊이 사과드립니다

□□ 迷惑になっては(いないでしょうか)
폐가 된 것은 아닐까요?

□□ 私たちの目を(楽しませてくれます)
우리들의 눈을 즐겁게 해 줍니다

□□ あなたに(わかってほしくもない)
당신이 알아주었으면 좋겠다고 바라지도 않는다

2011년 7월

□□ もうだめ(とか)言うの?
이제 못 하겠어라는 식으로 말하는 거니?

□□ あれこれ悩んだ(すえに)
이래저래 고민한 끝에

□□ あれこれ質問に答え(させられた)あげく
이것저것 질문에 대답하게 한 후에

□□ 引き受けるしか(あるまい)
맡을 수밖에 없겠지

□□ ふるさとに戻って(まいりました)
고향에 돌아 왔습니다

□□ 国内より(むしろ)海外での
국내보다 오히려 국외에서의

□□ 立派な大人に(なっているだろう)
훌륭한 어른이 되어 있을 것이다

□□ 毎日(書いても書かなくても)
매일 써도 안 써도

□□ せっけんを(使いすぎずに)
비누를 너무 많이 사용하지 말고

□□ 世界の一部分(でしかないことに)
세계의 일부분에 불과하다는 것을

□□ 今ここに(いるわけないじゃない)
지금 여기에 있을 리가 없잖아

□□ この人を見ない日は(ないといってもいいぐらいだ)
이 사람을 보지 않는 날이 없다고 해도 될 정도야

2011년 12월

□□ 今まで何人(もの)人に
지금까지 몇 사람이나 되는 사람에게

□□ 質問の内容(すら)
질문 내용조차

□□ 子供の遊び(くらい)に
어린아이의 놀이 정도로

□□(どうも)間違っていたようだ。
아무래도 잘못된 것 같다.

□□ 利用者の声に(こたえて)
이용자의 의견에 부응하여

□□ 何度も聞いている(うちに)
몇 번이나 듣는 사이에

□□ 数量や合計金額(によらず)
수량이나 합계금액에 관계없이

□□ 問題がある気が(しないでもないが)
조금 문제가 있다는 생각이 들지 않는 것도 아니지만

□□ 早めに予約(しとかなくちゃ)
일찍 예약해 두지 않으면

□□ 母によく「部屋を片付なさい」と(しかられる)のだが
어머니에게 자주 "방을 정리해라"라고 혼나는데

□□ 残念だが(延期せざるを得ない)
아쉽지만 연기하지 않을 수 없다

□□ 資格を何か(お持ちですか)
자격을 뭔가 갖고 있으십니까?

2012년 7월

□□ 夕食(も)食べないで
저녁도 먹지 않고

□□ 初心者、経験者(を問わず)
초보자, 경험자를 불문하고

□□ (もっとも)本人はそれほど気にしていないかもしれないが
단, 본인은 그다지 신경 쓰고 있지 않을 지도 모르지만

□□ 自分はどうなったって(かまわない)という
자신은 어떻게 되어도 상관없다고 한다

□□ ようこそ(お越しくださいました)
잘 오셨습니다

□□ 3年前に一度(登っている)から、
3년 전에 한 번 등산했으니까

□□ 世界(へと)広げている
세계로 넓히고 있다

□□ 講師になった(おかげで)、
강사가 된 덕분에

□□ だれだって、失敗もするし、(やらなくてはいけないことが)やれないときも
누구라도 실패도 하고 해야만 하는 일을 할 수 없을 때도

□□ 長い時間(聞かなければならないとしたら)
오랜 시간 듣지 않으면 안 된다고 한다면

□□ 親に無理やり(別れさせられそうになる)
부모 때문에 강제로 헤어지게 될 뻔한

2012년 12월

□□ 今の時代であるから(こそ)
지금의 시대이니까

□□ 寝て(ばかり)いないで、
자기만 하지 말고

□□ (かりに)通勤に往復2時間かかるとすると
만약 통근에 왕복 2시간이 걸린다면

□□ いくらも(使わないうちに)壊れてしまった
그다지 많이 사용하기 전에 고장나버렸다

□□ 長編小説を(発表しており)
장편소설을 발표하고 있으며

□□ 大雨(にもかかわらず)
비가 많이 오는데도 불구하고

□□ 青木君(らしい)ね
아오키 군답네

□□ スーパー(によっては)
슈퍼에 따라서는

□□ 大学に(行かせたがっている)
대학에 보내고 싶어 한다

□□ そんなサービスがあったら(どれだけよかったか)
그런 서비스가 있다면 얼마나 좋았을까?

□□ (ご覧のように)新車と変らないように
보시는 바와 같이 신차와 다름없이

□□ 同じことが何度も(繰り返されるようならば)
같은 상황이 몇 번이나 반복되는 것 같으면

2013년 7월

□□ 1000万人(に)上がった
1000만 명에 달했다

□□ 長期間の議論(の末に)
장기간의 논의 끝에

□□ むしろ(強くなる)ばかりだった
오히려 강해지기만 한다

□□ 哲学Ⅰの単位を修得(してからでないと)
철학Ⅰ의 학점을 취득한 후가 아니면

□□ 商品が(なくなり次第)
상품이 다 팔리는 대로 바로

□□ 全国発送も(承ります)
전국 발송도 받습니다

□□ 大事な会議があるから、(休むわけにはいかない)
중요한 회의가 있어서 쉴 수는 없다

□□ 最近雑誌(か何かで)
요즘 잡지인가 어딘가에서

□□ 日本食を作る(のに欠かせない)
일본식을 만드는데 없어서는 안 되는

□□ 私が(出かけようとするたびに)
내가 외출하려고 할 때마다

□□ ストレスは悪い(ものだとばかり)思っていたので
스트레스는 나쁜 것이라고만 생각했어서

□□ 確かに(それもあるかもしれません)が
분명히 그런 점도 있을지도 모릅니다만

2013년 12월

□□ 鶏肉と卵(さえ)あれば
닭고기와 달걀만 있으면

□□ 安全性(において)
안정성에 있어서

□□ (行ける)ものなら行きたいけど
갈 수만 있다면 가고 싶지만

□□ 受講料は無料です。(ただし)、飲料代は
수강료는 무료입니다. 다만, 음료수 값은

□□ 大幅に上回る(勢い)だ
대폭 웃돌 기세이다

□□ ホームページを(ご覧いただく)か
홈페이지를 보시든지

□□ かつては小さな村(にすぎなかった)が
예전에는 작은 마을에 지나지 않았지만

□□ デートで着る(ならともかく)
데이트에서 입는다면 몰라도

□□ 誰かに話しを(聞いてもらう)ことで
누군가가 이야기를 들어줌으로써

□□ そんなに(急がせないで)
그렇게 재촉하지 마

□□ こちらから(お電話いたしましょうか)
이쪽에서 전화드릴까요?

□□ つい(思ってしまいがち)だが
자칫 생각해 버리기 십상이지만

2014년 12월

□□ 約700メートル(にわたって)
약 700미터에 걸쳐서

□□ 持参するか、(あるいは)郵送して
지참하거나 또는 우편 발송하여

□□ 今日(だって)一日晴れるって
오늘도 하루 종일 화창할 거라고

□□ 彼の努力をずっと見てきた(だけに)本当に嬉しい
그의 노력을 계속 지켜봐 온 만큼 정말로 기쁘다

□□ 至急連絡がほしい(とのこと)です
바로 연락을 바란다고 합니다

□□ もう(あきらめるしかない)のか
이제 포기할 수밖에 없는 것인가

□□ ABC大学の石川春子先生に(お越しいただきました)
ABC대학의 이시카와 하루코 선생님께서 와 주셨습니다

□□ 一日に千個も売れる(というから)
하루에 천 개나 팔린다고 하니까

□□ いつ雨が(降ってもいいように)
언제 비가 와도 괜찮도록

□□ (面倒くさがらずに)きちんと
귀찮아하지 말고 잘

□□ どうせ(やらなきゃいけないなら)
어차피 하지 않으면 안 되는 것이라면

□□ 公共施設が設備(されつつある)
공공시설을 설비하는 중이다

2015년 7월

□□ 南極の氷を調べること(によって)
남극의 빙하를 조사하는 것에 의해서

□□ 難しすぎて(とても)弾けそうにない
너무 어려워서 정말이지 칠 수 있을 것 같지 않다

□□ 面接で緊張の(あまり)
면접에서 긴장한 나머지

□□ バスで30分(ほど)行ったところ
버스로 30분 정도 간 곳

□□ 場所は(決まり)次第
장소는 정해지는 대로

□□ 生産量は、一時減少した(ものの)
생산량은 일시적으로 감소하였지만

□□ 元気に遊んでいるなら、(慌てることはありません)
잘 놀고 있다면 당황할 필요는 없습니다

□□ 応募(しないことには)
응모하지 않고서는

□□ エアコンを(使いたいだけ)使っていたら
에어컨을 사용하고 싶은 만큼 사용했더니

□□ 次に会うときに(持ってきてくれればいい)よ
다음에 만날 때 가져와 주면 돼요

□□ しばらく本は(買わずにおこう)と決めていたのに
당분간 책은 사지 않고 있어야지라고 마음먹고 있었는데

□□ ベンチに座っていると、つい(眠ってしまいそうになった)
벤치에 앉아 있었더니 깜빡 잠들 뻔 했다

2015년 12월

□□ 2日(おきに)
이틀 간격으로

□□ 正しく行わないと、(かえって)
올바른 방법으로 하지 않으면 오히려

□□ おいしいパンを作ること(にかけては)
맛있는 빵을 만드는 것에 있어서는

□□ 全部の作品を(見きれなかった)
전 작품을 다 볼 수 없었다

□□ 家の中は物が増える(一方だ)
집에 물건이 계속 늘기만 한다

□□ 修理に(出すほかない)
수리를 보낼 수밖에 없다

□□ 必ずテニスシューズを履く(こと)
반드시 테니스 신발을 신을 것

□□ 早く(寝なきゃって)
빨리 자야 한다고

□□ 少し(痛いくらいなら)我慢してしまう
조금 아픈 정도라면 참고 만다

□□ 心配して電話をかけて(きてくれた)友達
걱정해서 전화를 걸어준 친구

□□ 今週は晴れる日が(一日もないみたいだ)よ
이번 주에는 맑은 날이 하루도 없는 듯하다

□□ 私にどういうアドバイスを(してほしいのだろうか)
내가 어떤 조언을 해 주기를 바라는 것일까?

2016년 7월

□□ 卵、牛乳(についで)三番目に
계란, 우유에 이어서 세 번째로

□□ 初めてにしては(なかなか)上手だった
처음 치고는 꽤 잘 했다

□□ たまには小説を読むこと(だって)
가끔은 소설을 읽을 때도

□□ 家族や先生と何日も(話し合った末に)
가족이랑 선생님과 함께 며칠이고 이야기 한 끝에

□□ A社の木村さんが(おいでになったら)
A회사의 기무라 씨가 오시면

□□ よくこんな昔の写真が今まで残っていた(ものだ)
잘도 이런 옛날 사진이 지금까지 남아 있었네!

□□ 現時点では(判断しかねる)
현시점에서는 판단하기 어렵다

□□ 抽選で一人じゃ、(当たりっこない)よ
추첨으로 한 명 뽑는 거라면 당첨 될 리가 없어

□□ なぜか私(に対してだけは)
어째서인지 나에 대해서만은

□□ 人生を大きく変える(かもしれないとしたら)
인생을 크게 바꿀지도 모른다고 한다면

□□ たくさんの人が読める(ようにしてほしい)
많은 사람들이 읽을 수 있게 해 주면 좋겠다

□□ 解約の理由を(お聞きしてもよろしいでしょうか)
해약하신 이유를 여쭤 봐도 되겠습니까?

2016년 12월

□□ 一時は(あきらめ)かけたが
한때 포기하려고 했는데

□□ 母(の)作ったハンバーガー
어머니가 만든 햄버거

□□ 多様な情報があふれる現代社会(において)
다양한 정보가 넘쳐나는 현대사회에 있어서

□□ たくさん書けば(そのうち)
많이 쓰면 머지않아

□□ この仕事を選んだ(以上)
이 일을 선택한 이상

□□ 中川様が(お越しに)なりました
나카가와 님이 오셨습니다

□□ 80歳まで生きる(とします)
80살까지 산다고 합시다

□□ 夢を語る(だけなら)
꿈을 이야기할 뿐이라면

□□ 必ずコンセントを(抜いてから)
반드시 콘센트를 빼고 나서

□□ スピーチを(することになって)しまって
스피치를 하게 되어 버려서

□□ どうも夕日は(見られそうにない)
아무래도 석양은 보지 못할 것 같다

□□ 毎日ジョギング(してるんだって)?
매일 조깅하고 있다면서?

2017년 7월

□□ 私のことが(心配でならない)らしい
내가 너무 걱정이 되는 모양이다

□□ 激しい雨が(降る恐れが)ある
강한 비가 내릴 우려가 있다

□□ 何かを(お探しでしたら)
뭔가 찾고 계신다면

□□ 早く夏休みに(ならないかな)
빨리 여름방학이 되지 않으려나

□□ 来週(にでも)お願いします
다음 주에라도 부탁드립니다

□□ 春は花見、夏は遊び、秋は紅葉、冬はスキー(というように)
봄에는 꽃구경, 여름에는 놀이, 가을에는 단풍, 겨울에는 스키라는 식으로

□□ 外に(落ちちゃったんじゃない)?
바깥에 떨어져버린 거 아닐까?

□□ これまでと(同じでいいはずがない)
지금까지와 같은 형태로 괜찮을 리가 없다

2017년 12월

□□ 毎朝、体操を(続けるうちに)
매일 아침 체조를 계속하는 사이에

□□ 初めは(負けてばっかりだった)が
처음에는 지기만 했지만

□□ 回復しつつある(ということだ)が、
회복하고 있는 중이라고 하는데

□□ 新刊コーナーに(ございます)
신간 코너에 있습니다

□□ この問題をどうやって(解いたか)
이 문제를 어떻게 풀었는지

□□ 無理に(泳ごうとしないで)
무리해서 헤엄치려고 하지 말고

□□ よかったら、すこし(もらってくれない)?
괜찮으면 조금 받아주지 않을래?

02 | 問題8 문장만들기 문제

문제 소개

問題8 문제는 전체 문장을 뜻이 통할 수 있도록 문법적으로 올바르게 낱말들을 배열하여 문장을 만들 수 있는지를 묻는 〈문장만들기〉 문제입니다. 4개의 공란 중에서 ___★___표가 있는 부분에 배열하기에 적당한 말을 찾는 문제이며, 5문항이 출제됩니다.

문제 미리 풀어보기 및 풀이

> **問題 8**
>
> 次の文の___★___に入る最もよいものを、1・2・3・4から一つ選びなさい。
>
> ひとくちに_____ ___★___ _____ _____材料はさまざまだ。
>
> 1 それぞれの店　2 といっても　3 によって　4 カレーライス

정답　2

해석　한 마디로 카레라이스라고 해도 각각의 가게에 따라 재료는 여러 가지이다.

해설　といっても(~라고는 해도)는 カレーライス에 이어지고, によって는 それぞれの店에 이어지면 가장 적절한 문장이 된다. 그렇게 되면 ひとくちにカレーライスといってもそれぞれの店によって材料はさまざまだ라는 문장이 완성되므로 ★표에 들어갈 말은 2번 'といっても'이다.

어휘　ひとくちに 한 마디로 | 材料(ざいりょう) 재료 | さまざまだ 여러 가지이다

문제 분석과 완벽대비법

문장만들기 문제는 5문항이 출제됩니다. 문장 전체의 문맥이 통하게 하려면 선택지에 나와 있는 4개의 말들을 어떻게 배열하면 되는지를 묻는 문제입니다.

주어진 낱말들을 가지고 여러분들이 직접 올바른 문장을 만들어야 하는 문제입니다. 선택지에 나와 있는 4개의 말들을 어떻게 배열하면 올바른 문장이 될지를 잘 생각하고 나서, ★표에 들어갈 말의 번호를 찾으면 됩니다. 품사의 접속 등 문법적 지식을 총동원하여 문장의 전체적인 뜻을 추측하면서 풀어보도록 합니다.

익혀둔 문법적 지식을 최대한 활용하여 문장을 만들어나가는 연습을 많이 해서, 개정 후에 새롭게 도입된 이러한 형식의 문제에 익숙해질 필요가 있습니다. 처음에는 어렵게 느껴질지 모르지만, 이미 제시된 낱말과 선택지에 나와있는 낱말들을 서로서로 연결해가다보면 하나의 문장을 완성해나가는 재미도 느낄 수 있습니다.

이러한 연습을 꾸준히 되풀이 한다면 문법력은 물론, 문장을 읽는 능력과 작문력 등 여러 가지로 종합적인 일본어 능력을 갖출 수 있게 될 것입니다.

기출문제 분석

문장만들기 기출 문제를 살펴보면, 1문장인 경우도 있지만, 점점 2문장 정도로 내용이 길어지고 있습니다. 즉 보다 명확한 뜻의 문장을 만들기 위하여 앞서 상황 설명문을 자세하게 제시하는 것입니다. 그리고 대화문 등의 회화체 문장도 많이 등장하고 있다는 것도 참고하시기 바랍니다.

기출 문제 보기

2016년 12월

□□ 結婚生活を送る 上で 何が 大切か といえば、相手への思いやりである。
결혼생활을 보내는 데 있어서 무엇이 중요하냐고 하면 상대에 대한 배려이다.

□□ 就職した時に 買って以来、ずっと使っていた カバンが とうとう壊れた。
취직했을 때 산 이후로 계속 사용하던 가방이 드디어 망가졌다.

□□ 山に登っているときはこんなに苦しいことは 2度としたくないと 思うのに、山を降りて何日かすると なぜかまた登りたくなる。
산에 오를 때에는 이렇게 힘든 일은 두 번 다시 하고 싶지 않다고 생각하는데, 산을 내려와서 며칠 지나면 왠지 또 오르고 싶어진다.

□□ 形はシンプル ながら 今にも 動き出し そうな生命力にあふれている。
모양은 심플하지만 지금이라도 움직이기 시작할 것 같은 생명력이 넘치고 있다.

□□ 成功できる人とできない人の違いは、どんなに大変な状況でもあきらめずに 最後まで 取り組める かどうか にある と思う
성공할 수 있는 사람과 못하는 사람의 차이는 아무리 힘든 상황이라도 포기하지 않고 끝까지 임할 수 있는지 어떤지에 있다고 생각한다.

2017년 7월

□□ 良い 商品やサービスであっても その良さが 客に伝わらなければ 売り上げの 増加は期待できない。
좋은 상품이나 서비스일지라도 그 장점을 고객에서 전달하지 않으면 판매증가는 기대할 수 없다.

□□ 先輩の家にはオルガンがある。5年前に 海外に引っ越した 友達からもらったもので もらった時に 一度弾いたきり だと言っていた。
선배 집에는 오르간이 있다. 5년 전에 해외로 이사간 친구로부터 받은 것으로 받았을 때 한 번 친 것이 전부라고 했다.

□□ 雑誌か 何かで 誰かが 自分にとって 人生で一番大切なのは 人との出会

いだとインタビューに答えていたのを見て、本当にそうだなと思った。
잡지인가 어딘가에서 누군가가 자신에게 있어서 인생에서 가장 중요한 것은 사람과의 만남이라고 인터뷰에 대답했던 것을 보고 정말로 그렇다고 생각했다.

□□ なかなか 予約が取れなくて 行けなかった レストランに ようやく 行けることになった。
좀처럼 예약을 잡을 수 없어서 가지 못했던 레스토랑에 마침내 갈 수 있게 되었다.

□□ なぜときどき駅で すれ違う だけの 彼女のことが こんなに気になるのか、自分でもよくわからない。
왜 가끔 역에서 마주치는 것뿐인 그녀가 이렇게 신경이 쓰이는지 내 자신도 잘 모르겠다.

2017년 12월

□□ これからご紹介するのは、私が新しい単語を覚える のに いい方法はないか とあれこれ考えた 末に 思いついた方法です。
지금부터 소개드릴 내용은 제가 새로운 단어를 외우는 데 좋은 방법은 없을까 하고 이리저리 고민한 끝에 알게된 방법입니다.

□□ 片付けが苦手という話を聞きますが、それは 決して 性格や能力の問題ではなく やり方を知らないだけなので、やり方を身につければ、必ず片付けられるようになります。
정리가 어렵다고 하는 이야기를 듣습니다만 그것은 결코 성격이나 능력의 문제가 아니고 하는 방법을 모를 뿐이기 때문에 하는 법을 익히면 반드시 정리할 수 있게 됩니다.

□□ X市には市民のための文化施設が ふたつあり、 音楽コンサートを 始めとした 様々な催しを 行なっている。
X시에는 시민을 위한 문화 시설이 두 곳이 있어서 음악 콘서트를 비롯한 다양한 행사를 개최하고 있다.

□□ お腹が空いている わけ でもないのに お腹が鳴るのは どうして だろう。
배가 고픈 것도 아닌데 배꼽시계가 울리는 것은 왜일까?

□□ 出張に行く たびに 泊まっている Yホテルが 先週から工事で作業中なので、今回は別のホテルに泊まることにした。
출장갈 때마다 묵고 있는 Y호텔이 지난주부터 공사로 작업 중이라서 이번에는 다른 호텔에 묵기로 하였다.

03 | 問題9 글의 문법 문제

문제 소개

問題9 글의 문법 문제는 전체 문장의 흐름에 맞게 공란에 적당한 말을 넣을 수 있는지 어떤지를 묻는 문제로서, 문맥상 적당한 어휘, 접속사, 부사 등을 고르는 문제로, 5문항이 출제됩니다.

문제 미리 풀어보기 및 풀이

問題 9

次の文章を読んで、文章全体の内容を考えて[01]から[05]の中に入る最もよいものを、1・2・3・4から一つ選びなさい。

新聞や雑誌では、よく「12星座占い」が取り上げられます。星占いでは、総合運、恋愛運、金銭運、仕事運などがわかり、毎日の運勢も占えます。これは、自分の生まれた月の星座によって運勢が決まる、言い換えれば、星座が分かれば、大体の運勢が分かるという[01]です。

星占いによると、人の運勢は、12の星座ごとに決まっているのだそうです。しかし、この世界には何十億人もの人がいるわけですから、人の運勢をたったの12種類に分類することが[02]。

私たちがこの世に生まれる日時は、決して私たちの思い通りに決められません。つまり、誕生日は生まれてから死ぬまで、変わることはありません。[03]、運勢はどうでしょうか。これに関して言えば、子どものときはやる気のなかった子が、成長とともに自分の人生のために努力するようになったということも少なくないでしょう。

また、私たちの周りには、交際中の人との相性や、仕事や上司との相性を星占いを通し見ている人もいるし、その日の運勢をチェックしてからでないと一日が始まらない人もいます。知らないうちに自分の運命がその占いによって左右されていると信じきっているようです。「私は○○座だから、こういう運命なんだ」という思い込みで、運勢がつくられている可能性も否定できないというのです。[04]、星座と運勢に関係があると言えるかもしれませんが、それは星座で運勢が決まるということではありません。

こう考えると、やはり、星座によって運勢がたったの12種類に分けられるとは[05]。

01

1 言葉　　2 もの　　3 点　　4 ところ

02

1 できたのではないかと考えます　　2 できるのかと疑問に思います

3 疑問に思われなかったのです　　4 できなかったのだと考えられます

03

1 だから　　2 したがって　　3 それで　　4 一方

04

1 それが本当ならば　　2 それと比べても

3 そうあるべきなので　　4 それが前提でなかったら

05

1 言われてこなかったのです　　2 言われていないのでしょう

3 言えないことはないのです　　4 言えないのではないでしょうか

정답 문제 01 2　문제 02 2　문제 03 4　문제 04 1　문제 05 4

해석 신문이나 잡지에서는 흔히 '12 별자리 점'이 나와 있습니다. 별자리 점에서는 종합운, 연애운, 금전운, 사업운 등을 알 수 있고, 매일의 운세도 점칠 수 있습니다. 이는 자신이 태어난 달의 별자리에 따라 운세가 결정된다, 바꿔 말하자면 별자리를 알면 대강의 운세를 알 수 있다고 하는 [것] 입니다.

별자리 점에 의하면 인간의 운세는 12가지 별자리별로 정해져 있다고 합니다. 하지만 이 세계에는 몇 십억 명이나 되는 사람이 있는 셈이니까, 사람의 운세를 고작 12종류로 분류 [할 수 있는가, 하고 의문스러운 생각이 듭니다].

우리가 이 세상에 태어나는 일시는 결코 우리 마음대로 결정할 수 없습니다. 즉 생일은 태어나서 죽을 때까지 변하는 일이 없습니다. [한편으로], 운세는 어떨까요? 이에 관해 말하자면 어릴 적에는 의욕이 없던 아이가 성장과 더불어 자신의 인생을 위해 노력하게 되는 일도 적지 않겠지요.

또한 우리 주위에는 교제중의 사람과의 궁합이나 사업이나 상사와의 운도 별자리를 통해서 보는 사람도 있고, 그 날의 운세를 체크하지 않고서는 하루가 시작되지 않는다는 사람도 있습니다. 모르는 사이에 자신의 운명이 그 점에 의해 좌우된다고 믿고 있는 것 같습니다. '나는 ㅇㅇ별자리니까 이런 운명이구나'라고 생각하면서 운세가 만들어질 가능성도 부정할 수 없습니다. [그것이 정말이라면] 별자리와 운세는 관계가 있다고 할 수 있을지도 모르지만, 그것은 별자리로 운세가 결정되는 것은 아닙니다.

이렇게 생각하면 역시 별자리에 따라 운세가 고작 12종류로 나누어진다고는 [할 수 없지 않을까요?]

어휘 星座占(せいざうらな)い 별자리 점 | 取(と)り上(あ)げる 채택하다 | 総合運(そうごううん) 종합운 | 恋愛運(れんあいうん) 연애운 | 金銭運(きんせんうん) 금전운 | 運勢(うんせい) 운세 | 大体(だいたい) 대체 | たった 고작 | 疑問(ぎもん) 의문 | 日時(にちじ) 일시 | 思(おも)い通(どお)り 생각대로 | やる気(き) 의욕 | 成長(せいちょう) 성장 | 交際(こうさい) 교제 | 相性(あいしょう) 궁합 | 上司(じょうし) 상사 | 左右(さゆう)される 좌우되다 | 信(しん)じる 믿다 | 運命(うんめい) 운명 | 思(おも)い込(こ)み 마음 먹음 | 可能性(かのうせい) 가능성 | 否定(ひてい) 부정

01

해석 별자리를 알면 대강의 운세를 알 수 있다고 하는 것입니다.

해설 1번 言葉는 '말', 2번 もの는 '것', 3번 点은 '점', 4번 ところ는 '점, 곳'인데, 여기서는 문맥상 2번 もの가 적당하다.

어휘 星座(せいざ) 별자리 | 運勢(うんせい) 운세 | 決(き)まる 결정되다 | 大体(だいたい) 대강

02

해석 이 세계에는 몇 십억 명이나 되는 사람이 있는 셈이니까, 사람의 운세를 고작 12종류로 분류할 수 있는가, 하고 의문스러운 생각이 듭니다.

해설 몇 십억 명이나 되는 사람의 운세를 고작 12종류로 분류하기는 어렵다는 말을 해야 하는데, 이에 해당하는 것은 2번 できるのかと疑問に思います(의문스럽다)이다. 4번은 できなかったのだと考えられます(못했을 것이다)라고 단정을 해버렸는데, 실제로 누군가에 의해 12종류로 분류가 되어있는 기정사실을 부정할 수는 없다. 이에 정답은 2번이다.

어휘 億(おく) 억 | 種類(しゅるい) 종류 | 分類(ぶんるい)する 분류하다

03

해석 생일은 태어나서 죽을 때까지 변하는 일이 없습니다. 한편으로 운세는 어떨까요?

해설 문맥의 흐름에 따라 읽어 보면 자연스럽게 찾을 수 있는 답이다. 생일은 일생동안 거의 변하지 않는 것으로 알고 있는데, 이어지는 내용은 사람의 운세는 변한다고 하면서 상반되는 화제를 제시하고 있다. 1번 だから는 '그러므로', 2번 したがって는 '따라서', 3번 それでは '그래서', 4번 一方는 '한편으로'이다. 앞과 다른 내용을 뒤에서 설명하고 있으므로 정답은 4번이다.

어휘 変(か)わる 변하다

04

해석 그것이 정말이라면 별자리와 운세는 관계가 있다고 할 수 있을지도 모르지만,

해설 1번 '그것이 정말이라면', 2번 '그것과 비교해도', 3번 '그래야 하기 때문에', 4번 '그것이 전제가 아니라면' 중에서, 앞에서 '자신의 별자리가 어떤 운세인지를 듣고 나서 어느새 그렇게 운명적으로 생각해버린다는 것'이 정말이라면 별자리와 운세는 모종의 관계가 있을지도 모른다고 하는 문장이기에 정답은 1번이다.

어휘 関係(かんけい) 관계

05

해석 이렇게 생각하면 역시 별자리에 따라 운세가 고작 12종류로 나누어진다고는 할 수 없지 않을까요?

해설 1번 '말해지지 않았다', 2번 '말해지고 있지 않다', 3번 '말할 수 없는 것은 아니다', 4번 '말할 수 없지 않을까요?'이다. 어떤 주장에 대해 완곡하게 부정하면서 동의를 구하는 표현이므로 정답은 4번이다.

어휘 やはり 역시

문제 분석과 완벽대비법

문장 흐름 문제는 총 5문항이 출제됩니다. 문장 내용과 흐름에 맞는 말을 [01] ~[05]까지의 공란에 넣는 문제이며, 문맥상의 문법뿐만 아니라 어휘나 접속사, 문장 표현 등 다양한 문제가 출제됩니다.

문장 전체의 흐름을 파악하는 능력과 동시에 문장 하나하나의 뜻과 문장과 문장간의 연결고리를 잘 찾아서 이해할 수 있는지를 묻는 문제입니다. 공란 부분에 들어가는 것은 의미적으로 문맥에 맞는 적절한 어구나 문장, 흐름이나 논리적 추측에 맞는 접속사, 문법적인 표현문형 등 여러 가지를 들 수 있습니다. 문법 분야의 문제이기는 하지만 독해력도 필요한 문제가 되겠습니다.

이 문제를 풀 때에는 장문이라고 해서 너무 긴장하지 말고, 침착하게 차근차근 문장 전체의 흐름이나 의미를 파악하면서 문장과 문장의 관계를 이해하고, 선택지를 체크하면서 답을 찾도록 합니다. 장문의 글을 읽으면서 이러한 작업을 제한된 시간 내에 하는 것은 어려운 일이므로 충분한 연습이 필요합니다.

기출문제 분석

2010년 개정 후의 문장 흐름 기출문제를 살펴보면, 적절한 어휘, 문법적인 문형 표현, 접속사 등이 출제되고 있습니다. 특히 문법적인 문형표현에서는 선택지의 길이가 아주 긴 경우가 많으므로 침착하게 정답을 고르도록 합시다.

혈액형과 성격의 관계

□□ 血液が分かれば、大体の性格が分かるという(もの)です。
혈액을 알면 대략적인 성격을 알 수 있는 (것)입니다.

□□ しかし、この世界には何十億人もの人が(いるわけですから)、人の性格をたった四種類に分類することが(できるのかと疑問に思います)。
그러나 이 세계에는 몇 십억이나 되는 사람이 (있는 거라서) 사람의 성격을 겨우 4종류로 분류하는 것이 (가능한가하고 의문이 생깁니다).

□□ つまり、(血液型)は生まれてから死ぬまで、変わることはほぼありません。一方、(性格)はどうでしょうか。(性格)に関して言えば、…
즉 (혈액형)은 태어나서 죽을 때까지 변하는 일이 거의 없습니다. 한편으로, (성격)은 어떨까요? (성격)에 관해 말하자면…

□□ (それが本当ならば)、性格と血液型に関係があると言えるかもしれませんが、
(그것이 정말이라면) 성격과 혈액형과 관계가 있다고 할 수 있을지도 모릅니다만

□□ やはり、血液型によって性格がたった四種類に分けられるとは(言えないのではないでしょうか)。

역시 혈액형에 따라 성격이 겨우 4종류로 나눠진다고는 (말할 수 없는 것이 아닐까요).

꽃가루 알레르기

□□ 最近(この季節に)花粉症に悩まされている人が増えています。

최근 (이 계절에) 꽃가루 알레르기로 고생하는 사람이 늘고 있습니다.

□□ (このように)花粉に対して体が過剰に反応して病状が出る。

(이와 같이) 꽃가루에 몸이 과잉으로 반응하여 증상이 나타난다.

□□ 帰宅時には、服についた花粉を落としてから、家に(入りましょう)。

귀가할 때는 옷에 묻은 꽃가루를 털고나서 집에 (들어갑시다).

□□ 誰でも自分には関係がないとは言えないもの、それが(花粉症)です。

누구나 자신과는 관계없다고 말할 수 없는 것, 그것이 (꽃가루 알레르기)입니다.

□□ 春は過ごし方に少し(気をつけてみたらどうでしょうか)。

봄에는 지내는 법에 조금 (유의해보면 어떨까요)?

철도팬

□□ (どうように)趣味を楽しんでいるのでしょうか。

(어떤식으로) 취미를 즐기고 있는 것일까요?

□□ 乗り鉄(のほか)

타는 철도 (외에)

□□ 鉄道の魅力を(こう)語る。

철도의 매력을 (이렇게) 말한다.

□□ (彼女たち)の特徴に

(그녀들)의 특징으로

□□ たのしみ方も(さまざまだ)。

즐기는 법도 (다양하다).

일본의 쌀 주식의 변화

□□ ところが日本に来てみると、(そうではなかった)ので驚いた。
그런데 일본에 와보니 (그렇지 않았기) 때문에 놀랐다.

□□ 50年で一日の食事の回数や総量が半減する(とは思えない)。
50년 만에 하루의 식사 횟수와 총량이 반감(하리라고는 생각할 수 없다).

□□ それにはいくつか(理由)があるようだ。
그것에는 몇 가지 (이유)가 있는 것 같다.

□□ (だが)、食の多様化に伴う問題も起きているようだ。
(하지만) 주식의 다양화에 수반된 문제도 일어나고 있는 것 같다.

□□ その土地に生きる人と食文化とのつながりについて(考えさせられた)。
그 땅에 사는 사람과 음식문화와의 연관성에 대해서 (생각하게 되었다).

핵심문법 완벽대비

N2 핵심 문법

N2 단계에서 반드시 익혀야 할 문법 212개를 선정하여 뜻과 사용예문 및 해설을 함께 수록하였습니다. 예문과 함께 잘 익혀두시기 바랍니다.

※ 각 문법의 뜻은 제시 순서대로 /로 구분하여 정리하였습니다.

あ

문법	뜻과 예문
~あげく(に)	~한 끝에 いろいろ悩んだあげく、計画を中止することにした。 여러 가지 고민한 끝에 계획을 중지하기로 했다. 弟は父と口論のあげくに家を飛び出して行った。 남동생은 아버지와 말다툼 끝에 집을 뛰쳐나갔다.
~あまり(に)	너무 ~한 나머지 コンクールの結果を気にするあまり、夜眠れなくなってしまった。 콩쿠르 결과에 너무 신경을 쓴 나머지 밤에 잠을 못 이루게 되었다. 何でも完璧にやろうと思うあまりに、体をこわしてまで仕事をする人もいる。 뭐든지 완벽하게 하려고 생각한 나머지 몸이 상하도록 일을 하는 사람도 있다.
~以上(いじょう) ~以上は	~한 이상(은), ~인 이상(은) 全員賛成で決定した以上、変更はしない。 전원 찬성으로 결정한 이상, 변경은 하지 않는다. 留学する以上は、勉強だけでなく、その国の文化も学びたいと思う。 유학을 가는 이상은 공부뿐만 아니라 그 나라의 문화도 배우고 싶다.
~一方(いっぽう) ~一方で ~一方では	~하는 한편(으로) 大学で講義する一方、学会での研究発表や論文の投稿などで忙しい毎日です。 대학에서 강의를 하는 한편, 학회의 연구발표나 논문투고 등으로 매일 바쁘게 지내고 있다. 社会が発展し、豊かで便利な生活ができる一方で、環境問題なども生じています。 사회가 발전하여 풍족하고 편리한 생활을 할 수 있는 한편으로, 환경문제 등이 발생하고 있습니다. 必要なところに十分な投資をしつつ、一方では徹底的に無駄をなくすようにしている。 필요한 곳에 충분한 투자를 하면서 한편으로는 철저히 낭비를 없애도록 하고 있다.

문법	뜻과 예문
～一方だ(いっぽう)	오로지 ~할 뿐이다, ~하기만 하다 ここ数年、この町の出生率は減る一方だ。 최근 몇 년 동안 이 동네의 출생률은 줄어들기만 한다.
～上(うえ)(に)	~한데다가, ~인데다가 田口さんは頭がよい上、努力もするので、成績は上がる一方だ。 다구치 씨는 머리가 좋은데다가 노력도 하기 때문에 성적은 오를 뿐이다. そのスイミング教室は入会金が要らない上に、わが家から近い。 그 수영교실은 입회비가 필요 없는데다가 우리 집에서 가깝다.
～上(うえ)で ～上の	~하고 나서, ~한 후에 説明をよく聞いた上で、旅行のコースを選んでください。 설명을 잘 듣고 나서 여행 코스를 선택해주세요. 東京で働くと決めたのは、よく考えた上のことです。 도쿄에서 일하기로 결정한 것은 충분히 생각한 후에 내린 결정입니다.
～うちに ～ないうちに	~하는 동안에 / ~하기 전에 若いうちに流さなかった汗は、年をとると涙に変わる。 젊은 동안에 흘리지 않은 땀은 나이가 들면 눈물로 바뀐다. 暗くならないうちに、家に帰りたい。 어두워지기 전에 집에 가고 싶다.
～(よ)うではないか	(함께) ~하자, ~해야 하지 않겠는가 みんなで、手を取り合って頑張ろうではないか。 다 함께 손을 맞잡고 힘을 내야 하지 않겠는가.
～得(う/え)る ～得(え)ない	~할 수 있다 / ~할 수 없다 海面が上昇すれば、島国は海の中に沈んでしまうこともありうる。 해면이 상승하면 섬나라는 바다 속에 잠겨버릴 수도 있다. まあ、現実ではありえない話ですね。 뭐, 현실적으로는 있을 수 없는 이야기군요.

문법	뜻과 예문
～おかげで ～おかげだ	～덕택에, ～덕분에 先生のおかげで試験に合格しました。 선생님 덕분에 시험에 합격했습니다. こうして元気になったのは君が看病してくれたおかげだ。 이렇게 건강해진 것은 네가 간병해준 덕분이다.
～おそれがある	～할 우려가 있다 工場が増えると、川の水が汚くなるおそれがある。 공장이 늘어나면 강물이 더러워질 우려가 있다.
～かぎり ～ないかぎり	～한 / ～하지 않는 한 命のあるかぎり、希望はあるものだ。 목숨이 있는 한, 희망은 있다. 心は言葉や態度によって表さないかぎり相手に伝わらない。 마음은 말이나 태도로 나타내지 않는 한 상대방에게 전달되지 않는다.
～かける ～かけの	～하다 말다, ～하다만 彼は何か言いかけて途中でやめた。 그는 무슨 말을 하다 말고 도중에 그만뒀다. 最近、やりかけの作業がたまってきています。 최근에 손 데다가 만 작업이 쌓여가고 있습니다.
～がたい	～하기 어렵다 アンケート調査で、信じがたい結果が出た。 앙케트 조사에서 믿기 어려운 결과가 나왔다.
～がちの ～がちだ	자주 ～하는, ～하기 쉬운, 자주 ～하다 病気がちの祖母にピアノを演奏してあげました。 자주 아프신 할머니께 피아노를 연주해드렸습니다. 普段車で移動していると、運動不足になりがちだ。 평소에 자동차로 이동을 하다 보면 운동부족이 되기 쉽다.
～かと思うと ～かと思ったら	～나 싶더니 곧, ～하자 곧 さっきまでにこにこしていたかと思うと、突然怒り出す。 조금 전까지 방긋방긋 웃고 있나 싶었는데, 갑자기 화를 내기 시작한다. 突然ピカッと光ったかと思ったら、ゴロゴロと雷が鳴り出した。 갑자기 번쩍 하고 빛난다 싶더니 우르르 천둥이 치기 시작했다.

문법	뜻과 예문
～か～ないかのうちに	～하자마자 父は横になるかならないかのうちに眠ってしまった。 아버지는 눕자마자 잠들어버렸다.
～かねない	～할 지도 모른다 適度の運動は健康にいいが、やりすぎると体をこわしかねない。 적당한 운동은 건강에 좋지만, 지나치면 몸을 망가뜨릴 지도 모른다.
～かねる	～하기 어렵다, ～할 수 없다 何と返事をしたらいいのか判断しかねます。 뭐라고 대답을 하면 좋을지 판단하기 어렵습니다.
～かのようだ	～인 것 같다 この人形はとてもよく作られていて、まるで生きているかのようだ。 이 인형은 아주 잘 만들어져서 마치 살아있는 것 같다.
～から～にかけて	～부터 ～에 걸쳐서 天気予報によると、今晩から明日にかけて大雪が降るそうです。 일기예보에 의하면 오늘밤부터 내일에 걸쳐서 많은 눈이 온다고 합니다.
～からこそ	～이기 때문에, ～이기에 好きなことを職業にする人が多いが、私は絵が好きだからこそ、職業にはしないことにした。 좋아하는 일을 직업으로 삼는 사람이 많은데, 나는 그림을 좋아하기 때문에 직업으로는 삼지 않기로 했다.
～からして	～부터가 プロの文章は書き出しからして違う。 프로의 문장은 서두부터가 다르다.
～からといって	～라고 해서 一度ぐらい断られたからといって、そう簡単にあきらめることはない。 한번 거절당했다고 해서 그렇게 쉽게 포기할 것은 아니다.
～からには	～한 이상은, ～인 이상은 やるからには最後までやり遂げましょう。 하기로 한 이상은 마지막까지 해냅시다.

문법	뜻과 예문
～から見ると ～から見れば ～から見ても	～에서 보면 外国人から見ると、日本はどんな国だろう。 외국인의 입장에서 보면 일본은 어떤 나라일까? 他人から見れば冷たい人間に見えるかもしれませんが、実は寂しがりやなのです。 남이 보면 차가운 인간으로 보일지 모르지만, 사실은 외로움을 잘 타는 사람이에요. 高校の成績から見ても、勉強には興味がなさそうだ。 고등학교 성적으로 보더라도 공부에는 흥미가 없는 것 같다.
～かわりに	～대신에 英語を教えてもらったかわりに、昼ごはんをごちそうしよう。 영어 지도를 받은 대신에 점심밥을 한턱 내야지.
～気味(ぎみ)	약간 ～한 느낌이 있다 風邪気味で、のどが痛く鼻水も出る。 감기 기운이 있어서 목이 아프고 콧물이 나온다.
～きり ～きりだ	～한 채로 / ～한 채이다 彼は５年前に外国へ行ったきり帰って来ない。 그는 5년 전에 외국으로 간 채로 돌아오지 않는다. 高橋さんとは10年前に一度会ったきりだ。 다카하시 씨와는 10년 전에 한번 만난 이후로 보지를 못했다.
～きる ～きれる ～きれない	완전히 ～하다 / 다 ～할 수 없다 三日かけて800ページもある小説を読みきった。 3일 걸려서 800페이지나 되는 소설을 다 읽었다. もはや安全と言いきれる食べ物はないのではないか。 더 이상 안전하다고 말할 수 있는 음식물은 없는 것이 아닌가? 夜空には数えきれないほどの星が輝いている。 밤하늘에는 다 셀 수 없을 정도의 별이 빛나고 있다.
～くせに	～한(인) 주제에, ～한(인)데도 部下のくせに上司に逆らうなんて生意気だ。 부하 주제에 상사를 거역하다니 건방지다.

문법	뜻과 예문
～くらい(ぐらい) ～くらいだ(ぐらいだ)	~정도 / ~정도다 食べたら自分の食器くらいは自分で片付けるようにしてください。 먹었으면 자기 그릇 정도는 스스로 치우도록 하세요. 自分が情けなくて、泣きたいくらいだ。 나 자신이 한심해서 눈물이 날 정도다.
～げ	~한 듯, ~한 듯한 모양 あの赤ちゃんは一人でも楽しげに遊んでいる。 저 아기는 혼자서도 즐겁게 놀고 있다.
～こそ	~야말로 今こそ実行に移すべきだと判断し、会社を辞めた。 지금이야말로 실행에 옮겨야 한다고 판단하여 회사를 그만뒀다.
～ことか	~인가, ~던가, ~한지 学生時代、体育大会で優勝できてどれほどうれしかったことか。 학창시절에 체육대회에서 우승할 수 있어서 얼마나 기뻤던가!
～ことから	~ 때문에, ~데에서 彼女はよく笑い、誰にでもやさしいことから、クラスのみんなに好かれている。 그녀는 잘 웃고 누구에게나 상냥하기 때문에 반 친구들 모두가 좋아한다.
～ことだ	~ 것이다, ~해야 한다 健康な体にしたいなら、すききらいをしないで何でも食べることだ。 건강한 몸을 만들고 싶다면 편식을 하지 말고 뭐든지 잘 먹어야 한다.
～ことだから	~이니까 毎日のことだから、キッチンでは便利なものを使いたい。 매일 사용하는 것이니까 주방에서는 편리한 것을 사용하고 싶다.
～ことなく	~하지 않고, ~하는 일 없이 相手に告白することなく、私の初恋は終わってしまった。 상대방에게 고백하지 않고 나의 첫사랑은 끝나버렸다.
～ことに	~하게도 幸いなことに、台風は陸地から離れて通過しそうです。 다행스럽게도 태풍은 육지를 벗어나서 통과할 것 같습니다.

さ

문법	뜻과 예문
～ことになっている	～하기로 되어 있다 2時から体育館でバレーボールの決勝戦が行われることになっている。 2시부터 체육관에서 배구 결승전이 열리기로 되어 있다.
～ことは～が、～ない	～기는 ～지만 ～지 않다 論文を最後まで書いたことは書いたが、まだ足りない部分もある。 논문을 끝까지 쓰기는 썼지만 아직 부족한 부분도 있다.
～ことはない	～할 필요는 없다 乾燥機は確かに便利そうだが、なくても困らないのだから、わざわざ買うことはない。 건조기는 분명히 편리할 것 같지만 없어도 곤란한 것이 아니니까 일부러 살 필요는 없다.
～際(に) ～際は ～に際して	～때(는), ～때에, ～에 즈음하여 仕事で海外へ転勤になった際、引っこしはどうしますか。 업무차 해외로 전근하게 되었을 때 이사는 어떻게 하시나요? 出国手続きの際は、パスポートときっぷを忘れないでください。 출국 수속할 때 여권과 표를 잊지 말아 주세요. 取引先を訪問する際に使う敬語は間違えないようにしましょう。 거래처를 방문할 때 사용하는 경어는 틀리지 않도록 합시다. 契約に際して必要な書類をお知らせください。 계약할 때 필요한 서류를 알려 주세요.
～最中に ～最中だ	한창 ～하고 있을 때, 한창 ～ 중이다 掃除をしている最中に、お客さんが来た。 한창 청소를 하고 있는 중에 손님이 왔다. そのクレームについては、今検討している最中です。 그 클레임에 관해서는 지금 검토하고 있는 중입니다.
～さえ ～でさえ	～도, ～조차 日本に来たばかりの時は、自分の名前さえ書けなかった。 일본에 갓 처음 왔을 때는 내 이름조차 쓰지 못했다. 彼の話を聞いて、温厚な山下さんでさえ怒ってしまった。 그의 이야기를 듣고 온화한 야마시타 씨조차 화를 냈다.

문법	뜻과 예문
～さえ～ば	~만 ~하면, ~만 ~이면 兄はひまさえあれば、つりに出かける。 형은 틈만 있으면 낚시하러 나간다.
～ざるをえない	~하지 않을 수 없다 同じ失敗を何度もくりかえすとは、注意が足りなかったと言わざるをえない。 같은 실패를 몇 번이나 되풀이하다니, 주의가 부족했다고 말하지 않을 수 없다.
～しかない ～よりほかない ～ほかしかたがない	~할 수밖에 없다 ここまで来たらもうやるしかないのに、太田さんはまだ迷っている。 여기까지 왔으면 이제 할 수밖에 없는데 오타 씨는 아직 망설이고 있다. やるだけやったんだから、もうあきらめるよりほかはない。 할 만큼 했으니까 이제 포기할 수밖에 없다. 彼にはもう何度も断られたから、他の人に頼むほかしかたがない。 그에게는 이미 몇 번이나 거절당했으니까 다른 사람에게 부탁할 수밖에 없다.
～次第(しだい)	~하면 바로, 하는 대로 この半額セールは商品がなくなり次第、終了します。 이 반액 세일은 상품이 없어지는대로 종료하겠습니다.
～次第(しだい)だ ～次第で ～次第では	~인 것이다 , ~나름이다/ ~여하에 따라/~여하에 따라서는 このプロジェクトが成功するかどうかはあなた次第だ。 이 프로젝트가 성공하느냐 마느냐는 당신에게 달려있다. このペンはアイデア次第でいろいろな使い方ができます。 이 펜은 아이디어 여하에 따라 여러 가지 사용법이 가능합니다. 先生のご都合次第では、明日の講演は延期になります。 선생님의 상황 여하에 따라서는 내일 강연은 연기됩니다.
～上 ～上は	~상/~상은/~상으로도 他人の住所や連絡先を勝手に公表することは、法律上、認められていない。 타인의 주소나 연락처를 함부로 공표하는 것은 법률상 용인되지 않는다. 実際と違って、表面上は変化がない。 실제와 달리 표면상으로는 변화가 없다.

문법	뜻과 예문
~末に(すえ)	~한 끝에 海外への移住は、さんざん迷った末に出した結論です。 해외 이주는 몹시 고민한 끝에 내린 결론입니다.
~ずにはいられない	~하지 않고는 있을 수가 없다 地震の被害にあった人々のために、一日も早い復旧を願わずにはいられない。 지진 피해를 입은 사람들을 위해 하루라도 빨리 복구를 바라지 않을 수 없다.
~せいだ ~せいで ~せいか	~탓이다 / ~탓으로 / ~탓인지 ボールがとれなかったのは、まぶしい太陽のせいだ。 공을 잡지 못했던 것은 눈 부신 태양 탓이다. 私のせいで、今日の試合は負けてしまった。 내 탓으로 오늘 시합은 져버렸다. 今年は気温が高いせいか、5月頃からもう夏が来たようだ。 올해는 기운이 높은 탓인지 5월경부터 벌써 여름이 온 것 같다.
~だけあって	~한 만큼, ~인 만큼, ~답게 多くの観光客に人気があるだけあって、展望台からのながめは素晴らしかった。 많은 관광객에게 인기가 있는 만큼, 전망대에서 바라본 경치는 훌륭했다.
~だけに	~한 만큼, ~인 만큼 中森さんの新曲を楽しみにしていただけに、彼女の病気の知らせを聞いて驚いた。 나카모리 씨의 신곡을 기대하고 있었던 만큼, 그녀의 질병 소식을 듣고 놀랐다.
~だけの	~껏, ~ 만큼 橋本さんの発音はきれいで聞きやすい。さすがに元声優だっただけのことはある。 하시모토 씨의 발음은 아름답고 알아듣기 쉽다. 역시 전직 성우라 할만 하다.
たとえ~ても	설령 ~라고 해도 たとえ大手企業でなくても、好きな仕事ができるところならかまわない。 설령 대기업이 아니더라도 좋아하는 일을 할 수 있는 곳이라면 상관없다.
~たところ	~했더니, ~한 결과 仕事の合間に時々遠くを見るようにしたところ、目の疲れがなくなった。 업무 중간 중간에 가끔씩 먼 곳을 바라보도록 한 결과, 눈의 피로가 없어졌다.

た

문법	뜻과 예문
~たとたん(に)	~하자마자, ~한 순간에 両親からの手紙を見たとたん、彼女は泣き出してしまった。 부모님께서 보내신 편지를 보자마자 그녀는 울기 시작했다.
~たび(に)	~할 때마다 木村さんは会うたびに髪型がちがう。 기무라 씨는 만날 때마다 머리 스타일이 다르다.
~だらけ	~투성이 新入社員の使う敬語は間違いだらけだ。 신입사원이 사용하는 경어는 실수투성이다.
~ついでに	~하는 김에 郵便局に行ったついでに、コンビニに寄った。 우체국에 간 김에 편의점에 들렀다.
~っけ	~던가, ~였지, ~곤 했지 川村君の携帯番号、何番だっけ。 가와무라 군의 휴대전화 번호 몇 번이었더라?
~っこない	~할 리가 없다 弱虫の彼にそんなことができっこないよ。 겁쟁이인 그가 그런 일을 할 리가 없어.
~つつある	지금 ~하고 있다 車の増加とともに、この辺りの駐車環境は悪くなりつつある。 자동차의 증가와 더불어 이 주변의 주차환경은 나빠지고 있다.
~つつも	~하면서도 (역설) 健康を第一に考えつつも、不規則な生活をしてしまう。 건강을 제일로 생각하면서도 불규칙한 생활을 하게 된다.
~っぽい	~한 느낌이 들다, 잘 ~하다 娘は受験のストレスでだんだん怒りっぽくなってきた。 딸은 입시 스트레스로 점점 화를 자주 내게 되었다.

문법	뜻과 예문
～て以来	～한 이래, ～한 이후 彼とは3年前にクラス会で会って以来、一度も連絡をとっていない。 그와는 3년 전에 반창회에서 만난 이래 한 번도 연락을 하지 않았다.
～てからでないと ～てからでなければ	～하고 나서가 아니면 今日の宿題が終わってからでないと、テレビは見られない。 오늘 숙제를 다 한 후가 아니면 TV를 볼 수 없다. 担任の許可をもらってからでなければ早退はできない。 담임의 허락을 받은 후가 아니면 조퇴할 수 없다.
～でしかない	～에 지나지 않는다 今回発覚した不正はひょうざんの一角でしかない。 이번에 발각된 부정은 빙산의 일각에 지나지 않는다.
～てしょうがない ～てしかたがない	～해서 어쩔 도리가 없다, 너무 ～하다 ゆうべ、プレゼンの準備のために徹夜したので、眠くてしょうがない。 어젯밤에 프레젠테이션 준비 때문에 밤을 새워서 너무 졸리다. 隣の席の松本君が気になってしかたがない。 옆자리의 마쓰모토 군이 너무 신경 쓰인다.
～てたまらない	～해서 참을 수가 없다, 너무 ～하다 私は2年も国へ帰っていないので、早く家族に会いたくてたまらない。 나는 2년이나 고국으로 돌아가지 않았기 때문에 빨리 가족들과 만나고 싶다.
～てならない	～해서 참을 수가 없다, 너무 ～하다 数日間、学校を休んでいる友達に何かあったのか、心配でならない。 며칠 동안 학교를 쉰 친구에게 무슨 일이 있었는지 너무 걱정이 된다.
～てはじめて	～하고 나서 비로소 病気になってはじめて健康のありがたさを知った。 병이 나고 나서 비로소 건강의 소중함을 알았다.
～ということだ	～라고 한다 マネージャーの話では、彼が試合に出れば、優勝はまちがいないということだ。 매니저 이야기로는 그가 시합에 나가면 우승은 틀림없다고 한다.

문법	뜻과 예문
～というと	～라고 하면 日本と異なり、台湾では温泉というと水着を着てのプール遊びとなる。 일본과는 달리 대만에서는 온천이라고 하면 수영복을 입고 수영장에서 노는 것이다.
～というものだ	～라는 것이다 相手の話も聞かずに自分の意見だけ通そうとするなんて、それは「わがまま」というものだ。 상대방의 이야기를 듣지 않고 자기 의견만 말하려고 하다니, 그것은 '제멋대로'라는 것이다.
～というものではない ～というものでもない	～라는 것은 아니다/ ～라는 것이 아니다 物を買う時は、値段が安ければいいというものではなく、商品の質を第一に考えるべきだ。 물건을 살 때는 가격만 싸면 되는 것이 아니라, 상품의 질을 제일로 생각해야 한다. レポートはページ数が多ければよいというものでもない。 리포트는 페이지수만 많으면 되는 것이 아니다.
～というより	～라기 보다 竹中さんは上司というより同僚みたいな感じの人です。 다케나카 씨는 상사라기보다 동료 같은 느낌의 사람입니다.
～といえば	～라고 하면, ～을 화제로 삼으면 昨日、財布を忘れて出かけたが、困ったかといえば、それほどでもなかった。 어제 지갑을 놔두고 외출했는데, 곤란했느냐 하면 꼭 그렇지는 않았다.
～といったら	～로 말할 것 같으면, ～는 (정말) 山からながめた夜空の星の美しさといったら、言葉では言い表わせない。 산에서 바라본 밤하늘의 별의 아름다움으로 말할 것 같으면, 정말로 말로는 다 표현할 수 없다.
～といっても	～이라고 해도 一口にパスタといっても、料理法はさまざまだ。 한마디로 파스타라고 해도 요리법은 여러 가지이다.
～といってもいいくらい	～라고 해도 될 정도로 我が家では食後に、必ずといってもいいくらい果物を食べています。 우리 집에서는 식후에 반드시 라고 해도 될 정도로 과일을 먹습니다.

문법	뜻과 예문
~とおり(に) ~どおり(に)	~대로 あなたが言ったとおり、 苦労はいつか報われる。 당신이 말한 대로 고생은 언젠가 보상받는다. 説明書どおり組み立ててみたのだが、なぜか動かない。 설명서대로 조립해봤는데, 왜인지 움직이지 않는다.
~とか	~라고 한다, ~라든가 なんですぐもう嫌だとか言うの？もっと頑張って！ 왜 금방 이제 싫다라는 둥 말하는 거야? 좀 더 힘내!
~どころか	~은커녕 医者には安静にしていれば治ると言われたが、よくなるどころかますます悪くなってきた。 의사는 안정을 취하면 낫는다고 했지만, 낫기는커녕 더 나빠졌다.
~ところだった	(하마터면) ~할 뻔했다 あやうく、走ってきた車にぶつかるところだった。 하마터면 달려온 자동차에 부딪힐 뻔했다.
~どころではない	~할 상황이 아니다 強い地震があり、授業どころではなかった。 강한 지진이 일어나서 수업을 할 상황이 아니었다.
~ところに ~ところへ ~ところを	~시점에, ~참에/ 장면을 財布を忘れて困っていたところに、運よく会社の同僚が通りかかり、お金を貸してくれた。 지갑을 잃어버려서 곤란하던 참에, 운 좋게 회사 동료가 지나가길래 돈을 빌려줬다. ちょうど食事をしているところへ友だちが来た。 마침 식사를 하고 있는 참에 친구가 왔다. 後輩にまずいところを見られた。 후배에게 곤란한 장면을 보여주고 말았다.
~ところをみると	~것을 보면 朝からにこにこしているところを見ると、何かいいことがあったようだ。 아침부터 방긋방긋 웃고 있는 것을 보면, 뭔가 좋은 일이 있었던 것 같다.

문법	뜻과 예문
~としたら ~とすれば	~라고 하면 今週中に製品が完成できないとしたら、わが社の信用はなくなってしまう。 이번 주 중으로 상품이 완성되지 않는다면 우리 회사의 신용은 잃고 만다. みんなで先生のお見舞いに行くとすれば明日しかない。 다 같이 선생님의 병문안을 간다면 내일밖에 없다.
~として ~としては	~로서/~로서는 原則として、休学期間は1年以内とする。 원칙적으로 휴학기간은 1년 이내로 한다. 最優秀選手といっても、私としてはやるべきことをやっただけです。 최우수 선수라고 해도, 나로서는 해야 할 일을 했을 뿐이다.
~としても	~라고 해도, ~로서도 お土産を買うとしても、一番安いものしか買えない。 선물을 산다고 해도 가장 싼 것밖에 살 수 없다.
~とともに	~와 함께 いつまでもあなたとともに生きていきたいです。 언제까지나 당신과 함께 살아가고 싶습니다.
~ないことには	~하지 않고서는 事実を確認しないことには、何とも言えません。 사실을 확인하지 않고서는 뭐라고 말할 수 없습니다.
~ないことはない ~ないこともない	~하지 않는 것은 아니다 バレーはできないことはないけど、もう何年もやってないから自信がない。 발레를 못할 것은 없지만 벌써 몇 년이나 하지 않았기 때문에 자신이 없다. 先輩からぜひと頼まれれば、行けないこともない。 선배로부터 간곡하게 부탁을 받았다면 못 갈 것도 없다.

な

문법	뜻과 예문
～ないではいられない	～하지 않고서는 있을 수가 없다 常に挑戦し続ける彼の生き方を見ていると、私は感動しないではいられない。 항상 도전을 계속하는 그의 인생을 보고 있으면 나는 감동받지 않을 수 없다.
～ながら	～하(이)지만, ～하(이)면서 全力を出して走ったが、残念ながら優勝できなかった。 전력을 다해 달렸지만 아쉽게도 우승하지 못했다.
～など ～なんて	～등, ～따위, ～같은 (경우) パチンコなどするものか。 빠칭코 따위를 (내가) 하나 봐라! 田中なんて人、私は知りません。 다나카 같은 사람, 나는 모릅니다.
～にあたり	～할 때에, ～을 맞이하여, ～을 하는데 있어서 この仕事を始めるにあたり、不安なことはありませんでしたか。 이 일을 시작하는데 있어서 불안한 일은 없었습니까?
～において ～においては ～においても ～における	～에서, ～에서의/～에는/～에서든지/～에 있어서의 婚約式は１時から小ホールにおいて行われます。 약혼식은 1시부터 소강당에서 진행됩니다. 当時においては、ヨーロッパ旅行など夢のようなことだった。 당시에는 유럽여행 등은 꿈과 같은 것이었다. どの地域においても少子化は深刻な社会問題の一つになっています。 어느 지역에서든지 저출산은 심각한 사회문제의 하나가 되고 있습니다. 日本経済における諸問題について考えてみましょう。 일본경제에 있어서의 여러 문제에 대해 생각해봅시다.
～に応(おう)じて(は) ～に応じた	～에 따라서, ～에 맞게 / ～에 맞는 この旅行社は、旅行の目的に応じていくつかのプランを用意してくれる。 이 여행사는 여행 목적에 맞게 몇 가지 플랜을 준비해준다. あのレストランでは予算に応じたコースメニューが選べる。 저 레스토랑에서는 예산에 맞는 코스 메뉴를 선택할 수 있다.

문법	뜻과 예문
～にもかかわらず ～に(は)かかわりなく	～에 관계없이, ～에 상관없이 雨にもかかわらず、会場には大勢のファンが集まりました。 비가 오는데도 불구하고 회장에는 많은 팬이 모였습니다. 経験の有無にかかわりなく、長期で働ける人を募集している。 경험이 있고 없고에 상관없이 장기간 일할 수 있는 사람을 모집하고 있다.
～に限らず	～뿐만 아니라 このゲームは子どもに限らず、大人にも楽しんでもらえると思います。 이 게임은 어린이뿐만 아니라 어른도 즐길 수 있다고 생각합니다.
～に限り ～に限って	～만은, ～에 한하여/～ 때만 この水族館は５歳以下の子供に限り無料です。 이 수족관은 5세 이하의 어린이에 한해 무료입니다. 家の中がすごく散らかっている時に限って、突然客が訪ねて来たりする。 집안이 굉장히 어질러져 있을 때만 갑자기 손님이 방문하거나 한다.
～に限る	～이 가장 좋다, ～이 최고다 雨の日は読書に限ります。 비가 오는 날에는 독서가 최고입니다.
～にかけては ～にかけても	～에 있어서는, ～에서는/～에 있어서도 値段は別として、インテリアの良さにかけては、この喫茶店が一番だ。 가격은 제쳐두고, 인테리어가 좋은 점에 있어서는 이 찻집이 최고이다. 英文法のテストはもちろん、発音にかけても、うちのクラスでは鈴木さんが一番だ。 영문법 시험은 물론, 발음에 있어서도 우리 반에서는 스즈키씨가 최고이다.
～に加え	～에 덧붙여, ～에 더하여 パソコンに加え、携帯電話での利用も可能です。 컴퓨터에 더하여 휴대전화로 이용하는 것도 가능합니다.
～にきまっている	당연히 ～이다, ～가 당연하다 同じ質なら、デザインのいい方がたくさん売れるにきまっている。 같은 질이라면 디자인이 좋은 쪽이 많이 팔리는 것이 당연하다.

문법	뜻과 예문
～に比べ	～에 비해 一次に比べ、二次試験は難しかった。 1차에 비해 2차 시험은 어려웠다.
～にこたえ ～にこたえる	～에 따라, ～에 부응하여 /～에 부응하는 お客様のご希望にこたえ、様々なコースをご用意しています。 손님의 희망에 따라 여러 가지 코스를 준비하고 있습니다. 生徒の期待にこたえる教員を目指してがんばります。 학생들의 기대에 부응하는 교원을 목표로 열심히 하겠습니다.
～に先立って	～에 앞서 定例会の開始に先立って、新しいメンバーが紹介された。 정례모임 개시에 앞서 새 멤버가 소개되었다.
～にしたがい ～にしたがって	～에 따라 物価の上昇にしたがい、国民の生活は苦しくなっていく。 물가상승에 따라 국민의 생활은 어려워진다. 寒くなるにしたがって、温かいコーヒーを飲む機会が増えてきます。 추워짐에 따라 따뜻한 커피를 마실 기회가 늘어납니다.
～にしたら ～にすれば ～にしても	～로서는, ～에게는 / ～로서도 納豆は外国人にしたら食べにくい食べものだろう。 낫토는 외국인에게는 먹기 힘든 음식일 것이다. 姉にすれば、私にいろいろと不満があるようだが、私にしてもそれは同じだ。 언니로서는 나에게 여러 가지 불만이 있는 것 같은데, 나로서도 그것은 마찬가지이다. 両親にしても、息子が独身でいるよりは結婚した方が安心でしょう。 부모로서도 아들이 독신으로 있는 것보다는 결혼하는 쪽이 더 안심되시겠지요.
～にしては	～치고는 この子は10歳にしてはずいぶんしっかりしている。 이 아이는 10살치고는 꽤 야무지다.
～にしても～にしても	～도 ～도, ～하든 ～하든 ものを売るにしても買うにしても税金が必ずついてくる。 물건을 팔든지 사든지 간에 세금은 반드시 따라 온다.

문법	뜻과 예문
～にしろ ～にせよ	～라고 해(도), ～든 ～든 出席するにしろ欠席するにしろ、返事は今週中にした方がいい。 출석하든 결석하든 간에 답장은 이번 주 중에 하는 편이 좋다. たった1時間の講演にせよ、資料の準備は必要だ。 단 1시간의 강연이라고 해도 자료 준비는 필요하다.
～にすぎない	～에 불과하다, ～에 지나지 않다 宇宙に関する研究で明らかになったことはまだほんの一部にすぎない。 우주에 관한 연구에서 밝혀진 것은 아직 겨우 일부분에 지나지 않는다.
～に沿って	～에 따라 この川に沿って200メートルほど行くと、海が見える。 이 강을 따라 200미터 정도 가면 바다가 보인다.
～に対して ～に対する	～에게, ～에 대해서 / ～에 대한 役所の不正に対して、批判の声が次第に高まっている。 관청의 부정에 대해서 비판의 목소리가 점점 높아지고 있다. 地震で被害を受けた人々に対する援助が始まった。 지진으로 피해를 입은 사람들에 대한 원조가 시작되었다.
～に違いない	～임에 틀림없다, 틀림없이 ～이다 空気の汚染をこのままにしておくと、自然環境はますます悪くなるに違いない。 공기 오염을 이대로 놔두면 자연환경은 더욱더 나빠질 것이 틀림없다.
～について	～에 대해, ～에 관해서 大学では日本の近代化について研究したいと思っています。 대학에서는 일본의 근대화에 대해 연구하고 싶습니다.
～につき	～이기 때문에, ～이므로 昼休みにつき、受付は1時まで休みです。 점심시간이므로 접수는 1시까지 쉽니다.
～につけ(ても)	～과 관련하여 항상, ～때마다 いいにつけ悪いにつけ、マスコミの影響力は無視できない。 좋든 나쁘든 간에 매스컴의 영향력은 무시할 수 없다.

문법	뜻과 예문
~につれて	~에 따라서 時間がたつにつれて、いやな思い出は忘れていった。 시간이 지남에 따라 싫은 기억은 잊혀졌다.
~にとって	~에게 있어서 このガイドブックは、受験者にとってあまり役に立たない。 이 가이드북은 수험생에게 그다지 도움이 되지 않는다.
~に伴(とも)い ~に伴う	~에 따라(서) / ~에 따른 現代医学の進歩に伴い、人間の平均寿命は延びている。 현대의학의 진보에 따라 인간의 평균수명은 늘어나고 있다. 私たちは戦争に伴う多大な犠牲を忘れてはいけない。 우리는 전쟁에 따른 크나큰 희생을 잊어서는 안 된다.
~に反(はん)して	~와 달리, ~에 반해 政府の予測に反して、あいかわらず経済はよくなっていない。 정부의 예측과는 달리 여전히 경제는 나아지지 않고 있다.
~にほかならない	바로 ~이다, ~임에 틀림없다 キャンペーンが失敗に終わった原因は、準備不足にほかならない。 캠페인이 실패로 끝난 원인은 바로 준비부족 때문이다.
~にもかかわらず	~에도 불구하고, ~이지만 激しい雨が降っているにもかかわらず、野球大会は実施された。 비가 심하게 오는데도 불구하고 야구대회는 실시되었다.
~に基(もと)づいて	~에 기초해서, ~을 기본으로 하여 先日行ったアンケート調査の結果に基づいて企画書を書く。 지난번에 한 앙케트조사 결과에 기초해서 기획서를 쓴다.
~によって ~による	~에 따라 / ~에 따른 参加者の皆様のご協力によって、無事コンテストを終了することができました。 참가자 여러분의 협력으로 무사히 콘테스트를 마칠 수 있었습니다. ボーナスが出るかどうかは、今シーズンの売り上げ状況による。 보너스가 나올지 어떨지는 이번 시즌의 매상상황에 따른다.

문법	뜻과 예문
~にわたって ~にわたる	~에 걸쳐서 / ~에 걸친 踏切事故のために、2時間にわたって、電車が動きませんでした。 철길 사고 때문에 3시간에 걸쳐서 전철이 움직이지 않았습니다. 30年間にわたる戦争で、多くの建物は破壊された。 30년간에 걸친 전쟁으로 많은 건물이 파괴되었다.
~ぬく	끝까지 ~하다, 몹시 ~하다 村上さんもずいぶん悩みぬいて、会社をやめることを決めたんでしょう。 무라카미 씨는 몹시 고민한 끝에 회사를 그만두기로 결정했겠지요.
~のみならず	~뿐만 아니라 担当者のみならず、チーム全員で不正な取引をしていた。 담당자뿐만 아니라 팀 전원이 부정거래를 하고 있었다.
~のもとで ~のもとに	~하에서, ~아래에서, (범위가 미치는)곳으로 赤西先生のもとで、英文学に関する卒業論文を書いています。 아카니시 선생님 밑에서 영문학에 관한 졸업논문을 쓰고 있습니다. 試合直前の作戦会議のために、選手たちはコーチのもとに集まった。 시합직전의 작전회의를 위해서 선수들은 코치 곁으로 모였다.
~ばかりか ~ばかりでなく	~뿐만 아니라 彼は銀行からの借金ばかりか、友人たちからも相当の金を借りているらしい。 그는 은행 빚뿐만 아니라 친구들로부터 꽤 돈을 빌린 것 같다. 林君は英語ばかりでなくロシア語も上手だ。 하야시 군은 영어뿐만 아니라 러시아어도 잘한다.
~ばかりに	~ 탓에, ~바람에 いねむりしたばかりに、降りる駅を乗り越してしまった。 조는 바람에 내릴 역을 지나쳐버렸다.
~はともかく(として)	~은 차치하고, ~은 어쨌든 このパン屋は、値段はともかくとてもおいしい。 이 빵집은 가격은 차치하고 맛은 매우 좋다.

문법	뜻과 예문
~は~ほど	~하면 ~할수록 歴史小説は読めば読むほどおもしろくなる。 역사소설은 읽으면 읽을수록 재미있어진다.
~はもちろん ~はもとより	~은 물론(이고) 面接試験では、話し方はもちろん、服装や姿勢などにも気をつける必要がある。 면접시험에서는 말투는 물론 복장이나 자세 등도 신경 쓸 필요가 있다. 彼女は英語はもとより、フランス語も中国語もできる。 그녀는 영어는 물론 프랑스어도 중국어도 할 수 있다.
~反面(はんめん) ~半面(はんめん)	~인 반면 自動車は便利な反面、 環境問題の原因にもなる。 자동차는 편리한 반면, 환경문제의 원인이 되기도 한다. この会社に入ると収入が増える半面、自由時間は減るだろう。 이 회사에 들어가면 수입이 늘어나는 반면, 자유시간은 줄어들 것이다.
~べきだ ~べきではない	~해야 한다 / ~해서는 안 된다 周りの雰囲気に流されることなく、自分の意見ははっきり言うべきだ。 주변의 분위기에 휩쓸리는 일 없이 자신의 의견을 확실하게 말해야 한다. 大学は自分で学問を習得するところだから、先生に頼ろうとするべきではない。 대학은 스스로 학문을 습득하는 곳이므로 선생님에게 의지하려고 해서는 안 된다.
~ほど ~ほどだ	~만큼/ ~정도다 母の手料理ほどおいしいものはこの世にない。 엄마가 손수 만들어주신 요리만큼 맛있는 것은 이 세상에 없다. このキムチはとても辛くて、体じゅうから汗が出るほどだ。 이 김치는 너무 매워서 온몸에서 땀이 날 정도다.
ま ~まい ~まいか	~하지 않을 것이다 (부정의 추량)/ ~하지 않을 것이다 (부정의 의지)/ ~하지 않을까? 自分の目で確かめない限り、そんな話は誰も信じまい。(부정의 추량) 자신의 눈으로 확인하지 않는 한, 그런 이야기는 아무도 믿지 않을 것이다. 海外勤務の希望を出すか出すまいか迷っている。(부정의 의지) 해외근무 희망을 낼까 말까 망설이고 있다.

문법	뜻과 예문
～向(む)き	～에게 적합한, ～용 今年は女性向きのレインブーツがよく売れています。 올해는 여성용 장화가 잘 팔리고 있습니다.
～向(む)けに ～向けの	～용으로, ～용의, ～용이다 この教科書は留学生向けに編集しています。 이 교과서는 유학생용으로 편집했습니다. これは初心者向けのゴルフ雑誌です。 이것은 초보자용 골프 잡지입니다.
～もかまわず	～도 신경 쓰지 않고, ～도 아랑곳하지 않고 彼は、けがをした足が痛むのもかまわず、市場調査に出た。 그는 다친 다리가 아픈데도 아랑곳하지 않고 시장 조사하러 나갔다.
～ものか	～하나 봐라! あんなサービスのひどいホテルには、もう二度と行くものか。 그렇게 서비스가 형편없는 호텔에 이제 두 번 다시 가나 봐라!
～ものがある	～하는 것이 있다 彼女のバイオリン演奏には、人の心を動かすものがある。 그녀의 바이올린 연주에는 사람의 마음을 움직이게 하는 것이 있다.
～ものだ ～ものではない	～ 것이다 / ～ 것이 아니다 暑い夏ほどクーラーは売れるものだと言われている。 더운 여름일수록 에어컨은 잘 팔린다고 한다. 希望する会社に入れなかったくらいで、そんなにがっかりするものではない。 희망하는 회사에 들어가지 못한 것 정도로 그렇게 낙심하는 것이 아니다.
～ものだから	～하기 때문에, ～하므로 前からほしかったＣＤがやっと手に入ったものだから、早速聞いてみた。 전부터 갖고 싶었던 CD를 마침내 손에 넣었기에 바로 들어봤다.
～ものなら	～하다면 当時の記憶を消せるものならすべて消してしまいたい。 당시의 기억을 지울 수 있다면 모두 지워버리고 싶다.

문법	뜻과 예문
～ものの	～하지만 あの本は一度読んだものの、作者のメッセージがまったくわからなかった。 그 책을 한 번 읽기는 읽었지만 작자의 메시지를 전혀 모르겠다.
～も～ば、～も	～도 ～하고, ～도 うちの子はまだ小学生だが、クッキーも作れば、カレーも作る。 우리 아이는 아직 초등학생이지만 쿠키도 만들고 카레도 만든다.
～やら～やら	～나 ～등, ～며, ～랑 ～랑 バックには財布やら携帯電話やらが入っている。 백에는 지갑이나 휴대전화 등이 들어 있다.
～ように ～ようにする ～ようになる	～하도록 親は子供が病気にならないように気をつけるべきだ。 부모는 아이가 병에 걸리지 않도록 조심해야 한다. 目のためにパンコン作業の途中に時々遠くをながめるようにしている。 눈을 위해서 컴퓨터 작업 도중에 가끔씩 먼곳을 바라보기로 하고 있다. 来年からこのシステムは使えないようになる。 내년부터 이 시스템은 사용할 수 없게 된다.
～ようがない	～할 수가 없다 部品がなくては修理のしようがない。 부품이 없어서 수리할 수가 없다.
～わけがない	～할 리가 없다, ～일 리가 없다 小学生がこんな難しい問題を解けるわけがない。 초등학생이 이런 어려운 문제를 풀 수 있을 리가 없다.
～わけではない	반드시 ～한 것은 아니다 歌が苦手だといっても、音楽をきくのが嫌いというわけではない。 노래를 잘 못한다 하더라도, 음악 듣는 것을 싫어하는 것은 아니다.
～わけにはいかない	～할 수는 없다 重要な打ち合わせだから、責任者の私が遅れていくわけにはいかない。 중요한 회의라서 책임자인 내가 늦게 갈 수는 없다.

문법	뜻과 예문
~わりに(は)	~에 비해서(는) その会社は、仕事がきついわりには給料が安い。 그 회사는 일이 힘든 것 치고는 월급이 싸다.
~をきっかけに ~を契機(けいき)に	~을 계기로 中島さんは先日のパーティーでの出会いをきっかけに彼女と交際を始めた。 나카지마 씨는 며칠 전 파티에서의 만남을 계기로 그녀와 교제를 시작했다. 東京の株価の暴落を契機に世界中の株価が暴落した。 도쿄의 주가 폭락을 계기로 전 세계의 주가가 폭락했다.
~をこめて	~을 담아 父の誕生日に、心をこめてケーキを焼いた。 아버지의 생일에 마음을 담아서 케이크를 구웠다.
~を通(つう)じて ~を通(とお)して	~을 통해서, ~에 걸쳐서 大槻さんご夫妻とは、大西さんを通じて知り合いました。 오쓰키 씨 부부와는 오니시 씨를 통해서 알게 되었습니다. 先輩を通して入社試験の案内をもらった。 선배를 통해 입사시험 안내를 받았다.
~を中心に(して) ~を中心として	~을 중심으로 この作家の作品は、中年男性を中心に読まれている。 이 작가의 작품은 중년남성을 중심으로 읽혀지고 있다. うちのチームは課長を中心としてよくまとまっている方だ。 우리 팀은 과장님을 중심으로 단합이 잘되는 편이다.
~を問(と)わず	~을 불문하고, ~에 관계없이 この相撲のサークルは経験の有無を問わず、誰でも入れます。 이 스모 서클은 경험의 유무를 불문하고 누구나 들어갈 수 있습니다.
~をぬきにして(は)	~를 빼고서(는) 川端の小説は旅をぬきにしては語ることができない。 가와바타의 소설은 여행을 빼고서는 이야기할 수가 없다.

문법	뜻과 예문
~をはじめ	~을 비롯해서 私たちの町にはこの神社をはじめ、いろいろな古い建物がある。 우리 마을에는 이 신사를 비롯하여 여러 오래된 건물이 있다.
~をめぐって	~을 둘러싸고 政治家が言った一言をめぐって、ネット上では議論がわきおこっている。 정치가가 말한 한마디를 둘러싸고 인터넷상에서는 논의가 불거지고 있다.
~をもとに(して)	~을 소재 · 기초 · 힌트 · 토대로 하여 昨日見た映画は、実際にあった話をもとに作られたそうだ。 어제 본 영화는 실제로 있었던 이야기를 소재로 하여 만들어졌다고 한다.

주제별 문법 완벽대비

N2 주제별 문법

주제별 문법에서는 사역, 수동과 사역수동, 경어 순으로 자세하게 다루었습니다. 아울러 문법 문제에 출제되고 있는 부사, 접속사는 어휘 문제에도 출제되고 있어서 본 책에서는 앞쪽 어휘편에 정리해 두었습니다. 어휘편의 접속사와 부사, 접두어, 접미어까지 함께 학습해두시기 바랍니다.

01 | 사역

～せる ～させる	～시키다, ～하게 하다 先生は私に本を読ませました。 선생님께서는 나에게 책을 읽게 하셨습니다. 娘をアメリカへ留学させました。 딸을 미국에 유학시켰습니다.
～(さ)せてくださる ～(さ)せてください	～시켜 주시다 / ～시켜 주십시오 先生は私にその本を使わせてくださった。 선생님께서는 나에게 그 책을 사용하게 하셨다. あの歌手が大好きなので、ぜひ私に彼女のインタビューをさせてくださいませんか。 저 가수를 아주 좋아하기 때문에, 꼭 저에게 그녀의 인터뷰를 하게 해 주시지 않겠습니까?
～(さ)せてもらう	(나에게) ～하도록 해줬다 私のやりたいように自由にさせてもらった。 내가 하고 싶은 대로 자유롭게 했다.
～(さ)せてもらえない	(나에게) ～하지 못하게 하다 宿題を終わらせないと、遊びに行かせてもらえない。 숙제를 끝내지 않으면 놀러 가지 못하게 한다.
～(さ)せていただく	(내가 허락을 받고) ～하기로 하다 先生の辞書を利用させていただいた。 (나는) 선생님의 사전을 이용했다. これから発表をさせていただきます。 지금부터 발표를 하겠습니다.

~(さ)せてもらえませんか	(내가 허락을 받고) ~해도 되겠습니까? 写真を一枚撮らせてもらえませんか。 사진을 한 장 찍어도 되겠습니까?
~(さ)せていただけませんか	(내가 허락을 받고) ~해도 되겠습니까? (정중) 熱があるので休ませていただけませんか。 열이 있는데, 쉬어도 되겠습니까?

02 | 수동과 사역수동

~れる ~られる	① ~당하다, ~받다 友達から川田さんを紹介された。 친구로부터 가와다 씨를 소개받았다. 授業中にいたずらをしたので、先生にしかられた。 수업 중에 장난을 쳤기 때문에 선생님께 혼났다. ② 결과적으로 피해를 입다 夕べ友だちに来られて試験勉強できなかった。 어제 저녁에 친구가 오는 바람에 시험공부를 못했다. 昨日隣の人に騒がれて一晩中眠れなかった。 어제 옆집 사람이 떠드는 바람에 밤새도록 못 잤다.
~される(=せられる) ~させられる	사역수동, (누군가가 시켜서) 어쩔 수 없이 ~하다 みんなの前で歌を歌わされた。 사람들 앞에서 (어쩔 수 없이) 노래를 불렀다. 納豆は苦手なのに無理やり食べさせられた。 낫토는 싫어하는데 (먹으라고 시켜서) 억지로 먹었다.

03 | 존경어

召し上がる(=あがる)	잡수시다 どうぞたくさん召し上がってください。부디 많이 잡수세요.
～ていらっしゃる ～でいらっしゃる ～くていらっしゃる	~하고 계시다/ ~이시다/ ~시다 先生は歴史を研究していらっしゃる。선생님께서는 역사를 연구하고 계신다. こちらが会長でいらっしゃいます。이 분이 회장님이십니다. 先生はきれいでいらっしゃる。선생님께서는 예쁘시다. 先生は忙しくていらっしゃる。선생님께서는 바쁘시다.
～ておいでになる	~하고 계시다 先生は中世文学を研究しておいでになる。 선생님께서는 중세문학을 연구하고 계신다.
おいでくださる おいでください	와 주시다 / 오십시오 お忙しいところおいでくださってありがとうございます。 바쁘신 와중에 와 주셔서 고맙습니다. どうぞ写真展においでください。아무쪼록 사진전에 오십시오.
お越しになる お越しください	오시다 / 오십시오 お越しになる際は、事前にご予約をお願いいたします。 오실 때에는 사전에 예약을 해주시기 바랍니다. 石田様、正面玄関までお越しください。이시다님, 정면 현관까지 오십시오.
お/ご～だ お/ご～です	~이시다 社長がお呼びです。사장님의 호출이십니다. 先生は最近どんな問題をご研究ですか。 선생님은 최근에 어떤 문제를 연구 중이십니까?
お/ご～になれる	~하실 수 있다 あの喫茶店ならゆっくりお話しになれますよ。 저 찻집이라면 느긋하게 이야기할 수 있습니다.
お/ご～くださる お/ご～ください	~해주시다 / ~해주십시오 先生がCDをお貸しくださった。선생님께서 CD를 빌려주셨다. 今年もよろしくご指導ください。올해도 잘 지도해주시기 바랍니다.

ご覧ください	보시다 / 보십시오 詳しくは当社ホームページをご覧ください。 자세한 사항은 당사 홈페이지를 보십시오.
お/ご~なさる	~하시다 パーティーにはどなたをお招きなさいますか。 파티에 누구를 초대하십니까?

04 | 겸양어

あがる	~에 들어가(오)다 どうぞ、おあがりください。 어서 들어오세요.
お/ご~いただく	~해주시다 パーティーにご招待いただき、ありがとうございます。 파티에 초대해주셔서 감사합니다.
お/ご~ねがう	부탁 드리다 このことについてお調べ願いたいのですが。 이 일에 대해서 조사를 부탁드리고 싶습니다만. ご検討願えませんか。 검토해 주실 수 없습니까?
うけたまわる	받다 大沢様のご予約をうけたまわっております。 오사와님의 예약을 접수했습니다.
お/ご~できる	할 수 있다 明日お届けできます。 내일 받으실 수 있습니다.
お目にかかる	만나 뵙다 社長にお目にかかりたいのですが。 사장님을 만나 뵙고 싶습니다만.
お目にかける	보여 드리다 実物をお目にかけましょう。 실물을 보여드리겠습니다.
ご覧(らん)に入れる	보여드리다 新たな作品をご覧に入れましょう。 새 작품을 보여드리겠습니다.

存(ぞん)じる 存ずる	생각하다, 알고 있다 お忙しいとは存じますが、よろしくお願いします。 바쁘시리라 생각되지만 잘 부탁드립니다. そのことならよく存じております。 그 일이라면 잘 알고 있습니다.
存(ぞん)じ上(あ)げる	알고 있다(정중) お父様のことは以前からよく存じ上げております。 아버님에 대해서는 이전부터 잘 알고 있었습니다.
ちょうだいする	받다 先生からおみやげをちょうだいした。 선생님으로부터 선물을 받았다.
拝見(はいけん)する	뵙다 先生の絵を拝見しました。 선생님의 그림을 봤습니다.
拝(はい)～	삼가 ~함 拝聴(はいちょう) 삼가 들음 拝読(はいどく) 삼가 읽음
お/ご～申(もう)し上(あ)げる	~해 드리다 よろしくお願い申し上げます。 잘 부탁드립니다. それでは、ご案内申し上げます。 그럼, 안내해 드리겠습니다.

05 | 정중어

～ございます	(형용사(음편형)에 붙어서) ~입니다 (お)高うございます。 비쌉니다. 大きゅうございます。 큽니다. (お)寒うございます。 춥습니다. 細うございます。 가느다랗습니다.

문법형식 판단 완벽대비 문제 1 회

問題 7 次の文の（　　　）に入れるのに最もよいものを、1·2·3·4から一つ選びなさい。

01 環境問題に（　　　）もっと地球レベルで考えていかなければならない。

1 かぎって　2 したがい　3 わたって　4 ついて

02 たばこは健康に悪いと（　　　）なかなかやめられない。

1 知ったばかりに　2 知らないばかりか　3 知ってかいなか　4 知りつつも

03 彼女からは去年留学でアメリカに行った（　　　）何の連絡もない。

1 ばかりに　2 きり　3 わりには　4 だけあって

04 いくつになってもチャレンジ精神をうしなう（　　　）持ち続けたいものだ。

1 ことなく　2 こととなって　3 かわりに　4 かのように

05 暑い（　　　）クーラーのきいた部屋にずっといるのはよくない。

1 だけあって　2 だけに　3 からといって　4 からには

06 これまで一生懸命練習してきたんだから失敗（　　　）。

1 するまでだ　2 するはずない　3 するしかない　4 するかもしれない

07 やっとでテストが終わったと（　　　）、今度はレポートの締め切りだ。

1 思ったら　2 思って　3 思えば　4 思い

08 たまごは工夫（　　　）いろいろな食べ方ができます。

1 抜きで　2 勝負で　3 半面で　4 次第で

09 いくら勉強と仕事の両立がつらくても、ここで弱音を吐く（　　　）。

1 わけにはいかない　2 にすぎない
3 どころではない　4 ことではない

10 A：「また今日の発表、緊張してうまくできなかった。」
B：「機会はまたあるんだから、そんなに気にする（　　　）。」

1 のはないよ　2 ものないよ　3 ことないよ　4 はずないよ

問題 7 つぎの文の（　　）に入れるのに最もよいものを、1・2・3・4から一つ選びなさい。

01 いろいろ考えた（　　）、彼との結婚はあきらめることにした。

1 とたん　2 あまり　3 ため　4 あげく

02 出張で東京まで 行った（　　）、東京に住む友達に会ってきた。

1 ところ　2 だけに　3 ついでに　4 せいで

03 給料はそのままなのに、物価は上がる（　　）。

1 一方だ　2 次第だ　3 つもりだ　4 ほどだ

04 インターネットを（　　）、海外の友達と連絡を取り合っている。

1 めぐって　2 問わず　3 はじめ　4 通して

05 先生が親身になって相談に乗ってくれた（　　）、受験する大学を決められました。

1 せいで　2 おかげで　3 だけで　4 ものの

06 子どもたちは服がびしょびしょになる（　　）、川遊びに夢中だ。

1 のもかまわず　2 のはもとより　3 に限って　4 につれて

07 来週の登山に（　　）連絡は早めにしてください。

1 行くわけじゃないけど　2 行くか行かないかのうちに
3 行っても行かなくても　4 行くにしろ行かないにしろ

08 今住んでいる家は家賃（　　）、きれいで日当たりがいいので気に入っている。

1 にもかかわらず　2 にしても　3 はともかく　4 といったら

09 彼女は日本に来てもう半年以上経つのに、漢字（　　）ひらがなもまだ読めない。

1 どころか　2 さえ　3 だけか　4 というより

10 A：「ピアノを習い始めてまだ半年しか経ってなくて…。」
B：「へえ、その（　　）上手だね。」

1 わりには　2 かわり　3 ことだから　4 とおり

問題 7 次の文の（　　）に入れるのに最もよいものを、1·2·3·4から一つ選びなさい。

01 雨が続く梅雨の季節は外出せずに、家にこもり（　　）なってしまう。
1 がたく　2 っぽく　3 がちに　4 げに

02 田中さん（　　）、この前のパーティで会った田中さんのことですか。
1 といっても　2 としたら　3 にしたら　4 というと

03 この映画祭ではジャンルを（　　）様々な映画が上映される予定です。
1 問わず　2 始め　3 除き　4 限り

04 筆記試験に合格した（　　）、まだ面接試験が残っています。
1 にほかならないが　2 といっても　3 のみならず　4 につれ

05 今日は天気が悪い（　　）、いつもより人が少ない気がする。
1 ことなく　2 にもかかわらず　3 せいか　4 しかなく

06 このドラマの最終回が（　　）感動的で、涙無しでは見られなかった。
1 あえて　2 あくまでも　3 あまりにも　4 必ずしも

07 自分が子どもを生んで（　　）、親のありがたさを実感した。
1 はじめて　2 以降　3 以来　4 以上

08 彼女は新入社員（　　）、仕事がよくできる。
1 につき　2 にとって　3 にすぎず　4 にしては

09 さすが一流ホテル（　　）施設もサービスもすばらしい。
1 にもかかわらず　2 だらけで　3 にしては　4 だけあって

10 A：お兄ちゃん、遅いね。どこへ行ってるんだろう。
B：どうせまたゲームセンターかなんか（　　）わよ。
1 にわたっている　2 に伴っている　3 に決まっている　4 にあたっている

問題 7 次の文の（　　　）に入れるのに最もよいものを、1·2·3·4から一つ選びなさい。

01 今日はバケツをひっくり返した（　　　）大雨が降った。

1 にほかならない　2 にすぎない　3 かのような　4 ばかりに

02 驚いた（　　　）、犯人はクラスで一番まじめな田中君だということが判明した。

1 ことから　2 上は　3 ことに　4 かのように

03 彼女は風邪をひいても薬を（　　　）すぐに治ると思い込んでいる。

1 飲むにしろ　2 飲むものだから　3 飲みさえすれば　4 飲むばかりで

04 アルバイトは今の仕事の契約（　　　）できないことになっている。

1 上　2 際　3 時　4 内

05 家を出ようとした（　　　）、電話のベルが鳴った。

1 といっても　2 とたん　3 ところを　4 どころか

06 今度の全体会議っていつ（　　　）。

1 だっけ　2 かも　3 とか　4 っぽい

07 実物を（　　　）、彼の話が本当かどうかは判断しかねる。

1 見るうちに　2 見る上で　3 見たからには　4 見てみないことには

08 ゴルフ（　　　）彼に勝てる人は誰もいない。

1 にとっては　2 に応じては　3 にかけては　4 にわたっては

09 彼は新入生のくせに先輩に（　　　）態度が悪い。

1 ついての　2 関する　3 向けた　4 対する

10 Ａ：あの歌手、好き？
Ｂ：当たり前よ。あの歌手ほど歌がうまい人（　　　）いないわよ。

1 とか　2 なんて　3 さえ　4 こそ

問題 7 次の文の（　　　）に入れるのに最もよいものを、1·2·3·4から一つ選びなさい。

01 アメリカで生活するのなら、英語を（　　　）。

1 覚えられるかのようだ　　2 覚えるものがある
3 覚えざるをえない　　4 覚えるどころではない

02 子どもが大けがをして手術した時、どんなに心配（　　　）。

1 するどころか　　2 したことか　　3 になるだろうか　　4 するんだっけ

03 ヨーロッパ帰りの先生からおみやげを（　　　）。

1 いただきかけた　　2 ちょうだいされた　　3 いただかれた　　4 ちょうだいした

04 暑い日が続いている（　　　）、最近なんだか食欲がない。

1 ように　　2 せいか　　3 にしては　　4 わりには

05 アンケート調査を（　　　）、新商品の開発を始めた。

1 ともない　　2 もとに　　3 こめて　　4 かねて

06 日本国内では年末から年始（　　　）、いろいろな行事が行われる。

1 にかけて　　2 にそって　　3 をめぐって　　4 をぬきに

07 ゴルフ場の建設を（　　　）、住民と業者間の争いが続いている。

1 先立って　　2 通して　　3 めぐって　　4 反して

08 課長、どうも体調がよくなくて…、今日は早退（　　　）いただけないでしょうか。

1 させて　　2 されて　　3 させられて　　4 して

09 デパートが急に揺れだし、買い物（　　　）なかった。

1 するしか　　2 どころでは　　3 しないことも　　4 というものでは

10 A：先輩！中村さんて、すごく怒りっぽいんですね。
B：まあね、でも、お天気やの彼の（　　　）10分ぐらいしたら機嫌がよくなるはずよ。

1 ことから　　2 ことだから　　3 ことには　　4 ことで

問題 7 次の文の（　　　）に入れるのに最もよいものを、1·2·3·4から一つ選びなさい。

01 このスポーツセンターではヨガ（　　　）さまざまな講座が開かれています。

1 をはじめ　2 どころか　3 に伴い　4 に続いて

02 私が子どもの時はバナナ（　　　）高級な果物だった。

1 としたら　2 といっても　3 とか　4 というと

03 隣の家の犬が朝からずっと吠えている。まったくうるさくて（　　　）。

1 はならない　2 しょうがない　3 やまない　4 がまんしない

04 こちらの注意事項をよく読んだ（　　　）、ご使用ください。

1 際に　2 先に　3 上で　4 以上で

05 病気の時に母が作ってくれる料理（　　　）ありがたいものはない。

1 ばかり　2 ほど　3 こそ　4 だけに

06 今の川の様子（　　　）船で渡るのは無理だろう。

1 といえば　2 だけあって　3 でさえ　4 からすると

07 会社に行く（　　　）家に大事な書類を忘れてきたことに気づいた。

1 うちに　2 ついでに　3 とちゅうで　4 なかで

08 赤ちゃんが目を（　　　）、部屋のそうじをしておこう。

1 覚まさないうちに　2 覚ます際に　3 覚めるところで　4 覚めるまで

09 あなたの気持ちも分からないわけ（　　　）、もうあきらめたほうがいい。

1 がないが　2 にもいかないが　3 でもないが　4 だから

10 A：(学校で）明日は運動会で、学校給食はありません。
B：それじゃ、お昼は各自で用意してくる（　　　）。

1 といってもいいくらいですね　2 ということですね
3 こともないのですね　4 わけではないのですね

問題 7 次の文の（　　　）に入れるのに最もよいものを、1·2·3·4から一つ選びなさい。

01 かさ（　　　）どうせすぐに無くしてしまうものだから、安いものを買えばいい。

1 なんて　2 さえ　3 ほど　4 やら

02 胃の検査の時には、はじめにバリウムという薬をたくさん（　　　）。

1 飲ませてもらう　2 飲まされる　3 飲める　4 飲まれる

03 先生に私のスピーチの原稿を（　　　）。

1 見てくださった　2 見せていただいた　3 見せてくださった　4 見ていただいた

04 この前は仕事が大変だ（　　　）言ってたけど、最近はどう？

1 やら　2 とか　3 っけ　4 から

05 あまり（　　　）手軽に持ち歩けるコンパクトなノートパソコンがほしい。

1 大きいばかりか　2 大きすぎない　3 大きいにしては　4 大きいのもかまわず

06 私がどんな気持ちなのか、あなたには（　　　）わよ。

1 わかりかけている　2 わからずにはいられない
3 わかりっこない　4 わかるわけではない

07 都会は交通が便利で住みやすい（　　　）、車の往来がはげしく渋滞もある。

1 うえに　2 反面　3 と同時に　4 ほど

08 留学するかどうかは、両親に相談（　　　）決められません。

1 されすれば　2 するからといって　3 するにせよ　4 してからでないと

09 毎日予習と復習をしていれば、試験で悪い点を（　　　）。

1 とるはずだ　2 とらないどころだ　3 とらざるをえない　4 とることはない

10 A：白井さんったら、私が傷つくことを平気で言うんですよ。
B：白井さん（　　　）ただの冗談のつもりだったんだと思いますよ。

1 にせよ　2 にしてみれば　3 においては　4 としても

問題 7 次の文の（　　　）に入れるのに最もよいものを、1·2·3·4から一つ選びなさい。

01 彼が手伝ってくれた（　　　）、引越しは無事に終わった。
1 せいで　2 おかげで　3 ためで　4 末に

02 さすが評判の店（　　　）、従業員の対応がよかった。
1 だけあって　2 にあたり　3 に限らず　4 に基づき

03 動物園にでかけた（　　　）、あいにく定休日だった。
1 とたん　2 どころか　3 ものの　4 ついでに

04 食後のデザートはおいしそうなものがたくさんあってなかなか一つには（　　　）。
1 決めかけた　2 決めるしかない　3 決めがたい　4 決めたい

05 出版記念会にはどなたを（　　　）予定ですか。
1 お招きなさる　2 お招かれる　3 お招きされる　4 お招きいただく

06 赤道に近づくに（　　　）、気温は高くなっていく。
1 対して　2 そって　3 とって　4 つれて

07 今日は風邪（　　　）だったので、早めに寝た。
1 だらけ　2 っぽい　3 最中　4 ぎみ

08 予想（　　　）、試合は相手チームの勝利に終わった。
1 からして　2 によって　3 に反して　4 をこめて

09 自動車事故にあってからは、もう運転は（　　　）と決心した。
1 せずにいられない　2 するしかない　3 するまい　4 するわけがない

10 A：(会社で) 部長、新製品のキャンペーンの件、無理をすれば（　　　）が…。
B：そうですか。それではお願いします。

1 やりかねます　2 やれないこともないんです
3 やるわけじゃないんです　4 やりたくてたまらないんです

問題 7 次の文の（　　）に入れるのに最もよいものを、1･2･3･4から一つ選びなさい。

01 今日は試験（　　）発表もあるので、忙しい一日になりそうだ。
1 もあれば　2 にとどまらず　3 はもとより　4 に限らず

02 母は私にピンク色のかわいい服を（　　）が、私には似合わないと思う。
1 着たがる　2 着せたがる　3 着たい　4 着させる

03 出版（　　）記念パーティが開かれた。
1 したとたん　2 というと　3 にそって　4 に先立って

04 英会話教室に問い合わせてみた（　　）、来週から会員を募集するそうだ。
1 とおり　2 ところ　3 あげく　4 上は

05 合唱には、歌を歌う人にも聞く人にも感動を与える（　　）。
1 しかない　2 ものがある　3 こともある　4 はずがない

06 さっきお昼を食べた（　　）だというのに、もうおやつの時間が待ち遠しい。
1 ばかり　2 とたん　3 だけ　4 しだい

07 彼は最後まであきらめなかった（　　）、堂々と優勝できたのでしょう。
1 ことに　2 ように　3 せいか　4 からこそ

08 彼女は教師であり（　　）、人前に立つのが恥ずかしいそうだ。
1 ものの　2 ながら　3 つつも　4 ほど

09 A：(病院で) あの、私に心臓の病気があることを母には（　　）。
B：はい…、わかりました。
1 言ってほしくないでしょう　2 おっしゃらずにはいられません
3 言わないでいただけませんか　4 おっしゃっていただきます

10 この辺は静か（　　）、人影もなく外に出るのがこわいくらいだ。
1 ばかりか　2 というより　3 につき　4 にこたえ

問題 7 次の文の（　　　）に入れるのに最もよいものを、1·2·3·4から一つ選びなさい。

01 その他、詳しくは当社ホームページを（　　　）。

1 ご拝見ください　2 ご覧いただきます　3 拝見願います　4 ご覧ください

02 試合は雨天（　　　）延期いたします。

1 につき　2 のせいで　3 からこそ　4 にそって

03 18の言語で放送している海外（　　　）のラジオ番組もあるそうです。

1 向き　2 向け　3 宛て　4 受け

04 親が子どもをしかるのは、愛情があるからに（　　　）。

1 ほかならない　2 しかない　3 あたりまえだ　4 しかたない

05 生徒会長をひきうけた（　　　）、一生懸命がんばりたいと思っています。

1 最中に　2 ところ　3 といえば　4 からには

06 彼は高校3年間全科目（　　　）優秀な成績をおさめた。

1 にかけて　2 にわたって　3 に対して　4 について

07 ヘレン・ケラーは耳が聞こえない（　　　）目も見えなかった。

1 にもかかわらず　2 に加えて　3 上に　4 ばかりで

08 絶滅の（　　　）生き物を保護していかなければなりません。

1 おそれのある　2 しかたのない　3 たびに　4 ものなら

09 A：え、またですか。海外出張が多い会社ですね。
B：ええ、先週は中東に行ったついでにアフリカにまで（　　　）よ。

1 参ってきました　2 参られました　3 行かれました　4 行かされました

10 A：昨日、買ったＣＤどうだった？
B：それが、（　　　）プロの演奏とは思えないようなひどいものだったよ。

1 なんと　2 しかも　3 とても　4 仮に

문장만들기 완벽대비 문제 ❶ 회

問題 8 次の文の ___★___ に入る最もよいものを、1·2·3·4から一つ選びなさい。

01 お祝いの花が飾って ______ ______ ___★___ ______ 間もないようだ。

1 を見ると　2 開店して　3 どうやら　4 あるところ

02 被害を受けた人の悲しみも ______ ___★___ ______ ______ をしないでほしい。

1 わかった　2 知らない　3 ふり　4 くせに

03 去年、______ ______ ___★___ ______ 。言葉では言い尽くせない。

1 美しかったことか　2 富士山の頂上で　3 どれほど　4 見た日の出は

04 ______ ___★___ ______ ______ ならない。

1 しなければ　2 運転する
3 必ずシートベルトを着用　4 際は

05 このにぎやかで楽しい ______ ______ ___★___ ______ あなたをここに連れてきたのです。

1 見て　2 からこそ　3 もらいたい　4 祭りを

06 店に ___★___ ______ ______ ______ ビールを注文した。

1 メニューを　2 見ることなく　3 入って　4 すぐ

07 私の ______ ___★___ ______ ______ まだ発売されていない。

1 日本では　2 知っている　3 この製品は　4 限りでは

08 最近のある調査によると、喫煙者の数は ______ ___★___ ______ ______ 。

1 ある　2 年々　3 しつつ　4 減少

09 弟は ______ ___★___ ______ ______ 成績が伸びない。

1 暇さえ　2 しているので　3 あれば　4 ゲームばかり

10 できるだけのことはやった。___★___ ______ ______ ______ 。

1 よりほか　2 今はただ　3 しかたない　4 結果を待つ

문장만들기 완벽대비 문제 ❷ 회

問題 8 次の文の＿＿★＿＿に入る最もよいものを、1·2·3·4から一つ選びなさい。

01 子どもが高価な運動靴がほしいと言い出した。少しぐらい高くても、私は子どもが ＿＿＿＿ ＿＿＿＿ ＿＿★＿＿ ＿＿＿＿と思っている。

1 やりたい　2 と思うものは　3 買いたい　4 買って

02 彼女は＿＿＿＿ ＿＿＿＿ ＿＿＿＿ ＿＿★＿＿とてもいい。

1 姿勢が　2 歩くときの　3 モデル出身　4 だけあって

03 家族が＿＿＿＿ ＿＿★＿＿ ＿＿＿＿ ＿＿＿＿広く感じる。

1 いつもより家が　2 のせいか　3 みんな　4 外出中

04 タイで＿＿＿＿ ＿＿＿＿ ＿＿★＿＿ ＿＿＿＿あの味が忘れられない。

1 以来　2 タイ料理を　3 食べて　4 本場の

05 数学が得意な子がいれば、体育が得意な子もいるから、＿＿＿＿ ＿＿★＿＿ ＿＿＿＿ ＿＿＿＿教育をしていかなければならないと思う。

1 一人一人の　2 に応じた　3 能力や適性　4 生徒

06 昨日の＿＿＿＿ ＿＿★＿＿ ＿＿＿＿ ＿＿＿＿ください。

1 について　2 もっと詳しく　3 事故　4 説明して

07 地球温暖化とは、＿＿＿＿ ＿＿＿＿ ＿＿＿＿ ＿＿★＿＿上昇する現象をいう。

1 温室効果ガスにより　2 発生する
3 地球全体の温度が　4 人の活動に伴って

08 優秀な成績で大学を＿＿＿＿ ＿＿★＿＿ ＿＿＿＿ ＿＿＿＿。

1 ものの　2 卒業した　3 なかなか　4 就職ができません

09 ＿＿★＿＿ ＿＿＿＿ ＿＿＿＿ ＿＿＿＿、新しい会社でもすぐに慣れるだろう。

1 ことだから　2 上手な　3 彼女の　4 人付き合いの

10 私は飲み会の＿＿＿＿ ＿＿＿＿ ＿＿★＿＿ ＿＿＿＿わけではない。

1 雰囲気が　2 お酒が飲めない　3 嫌いな　4 だけであって

문장만들기 완벽대비 문제 ❸ 회

問題 8 次の文の ★ に入る最もよいものを、1·2·3·4から一つ選びなさい。

01 子どもたちが____ ____ ★ ____ことが増えた。

1 行く　2 みんな結婚した　3 夫婦で旅行に　4 のをきっかけに

02 人間の自然に ★ ____ ____ ____環境保護への関心も高まる。

1 はじめて　2 対する　3 愛情　4 があって

03 明るく____ ★ ____ ____いられません。

1 誰でも　2 彼女には　3 夢中にならずに　4 笑顔の素敵な

04 できれば____ ____ ★ ____えません。

1 仕事ですから　2 残業なんか　3 したくありませんが　4 せざるを

05 このかばんは ★ ____ ____ ____とても便利だ。

1 もちろん　2 デザインが　3 いいのは　4 持ちやすくて

06 毎日____ ★ ____ ____ありません。

1 仕事が　2 楽しいわけが　3 しかられて　4 ばかりでは

07 今日が締め切りだったが、うっかり____ ____ ★ ____、申し込みできなかった。

1 きてしまった　2 書類を　3 せいで　4 家において

08 彼の勤務態度を見ると、____ ____ ____ ★ に違いない。

1 だった　2 学生　3 学生時代に　4 勤勉な

09 原子力発電所で____ ____ ★ ____はずだ。

1 ということは　2 十分予測しえた　3 起こるだろう　4 そのような事故が

10 その映画を見たら ★ ____ ____ ____でしょう。

1 いられない　2 あまり　3 涙を流さずには　4 感動の

問題8 次の文の＿★＿に入る最もよいものを、1・2・3・4から一つ選びなさい。

01 久しぶりに桜井先生に＿＿＿ ＿＿＿ ＿＿＿ ＿★＿ 仕事のこととかいろいろな話をうかがいました。

1 学問や人生　2 お目に　3 そして　4 かかって

02 たとえ＿＿＿ ＿＿＿ ＿★＿ ＿＿＿幸せな生活が送れるはずだ。

1 お金が　2 家族みんな　3 力を合わせれば　4 なくても

03 契約に＿＿＿ ＿★＿ ＿＿＿ ＿＿＿。

1 ご準備　2 際して　3 必要書類を　4 ください

04 携帯電話を置いたまま出て行った彼に、＿＿＿ ＿★＿ ＿＿＿ ＿＿＿。

1 とり　2 がない　3 よう　4 連絡の

05 旅の＿＿＿ ＿＿＿ ＿★＿ ＿＿＿。

1 語れない　2 おいしい料理を　3 楽しみは　4 抜きにしては

06 ＿＿＿ ＿★＿ ＿＿＿ ＿＿＿野菜も新鮮に保存する方法があるらしい。

1 かけの　2 カットした　3 お菓子も　4 食べ

07 直接肌にぬるもの＿＿＿ ＿＿＿ ＿★＿ ＿＿＿方がいい。

1 だから　2 購入した　3 確認したうえで　4 成分を

08 ここは＿＿＿ ＿＿＿ ＿＿＿ ＿★＿、若者のデートの場所として知られている。

1 夜景が　2 ことから　3 きれいな　4 見られる

09 車を修理に出しているので、今日は＿＿＿ ＿★＿ ＿＿＿ ＿＿＿。

1 出かける　2 ほかない　3 より　4 電車で

10 あの真面目な彼が、＿＿＿ ＿＿＿ ＿★＿ ＿＿＿。

1 ありえないことだ　2 出てこないなんて
3 会社に　4 連絡もなく

問題 8 次の文の ＿★＿ に入る最もよいものを、1·2·3·4から一つ選びなさい。

01 あの歌手の＿＿ ＿＿ ＿＿、＿★＿ ニュースを聞いてびっくりした。

1 だけに　2 新曲を　3 引退の　4 楽しみにしていた

02 まだ＿＿ ＿＿ ＿★＿ ＿＿ができていません。

1 したばかりで　2 整理　3 引越し　4 荷物の

03 料理の味の80％は、材料の＿＿ ＿★＿ ＿＿ ＿＿。

1 といっても　2 新鮮さ　3 いいくらいだ　4 にある

04 東京へ ＿＿ ＿★＿ ＿＿ ＿＿びっくりする。

1 人の多さに　2 あまりの　3 行く　4 たびに

05 1ヶ月も前から発表の準備を＿＿ ＿＿ ＿★＿ ＿＿失敗してしまった。

1 緊張し　2 かかわらず　3 すぎて　4 したにも

06 休みは＿★＿ ＿＿ ＿＿ ＿＿くらいです。

1 どころか　2 週に１回　3 取れればいい　4 月に１回

07 お隣さんから＿＿ ＿★＿ ＿＿ ＿＿いただいた。

1 たくさんの　2 食べきれない　3 ほど　4 みかんを

08 このタワーは５０年間に＿＿ ＿＿ ＿★＿ ＿＿親しまれてきた。

1 わたり　2 町のシンボル　3 として　4 人々に

09 風鈴が＿＿ ＿＿ ＿★＿ ＿＿。

1 風に揺れて　2 涼しげな　3 響かせた　4 音を

10 よりよい＿＿ ＿＿ ＿★＿ ＿＿。

1 のために　2 地球の未来　3 何もしないわけ　4 にはいかない

問題 9 次の文章を読んで、文章全体の内容を考えて 01 から 05 の中に入る最もよいものを、1・2・3・4から一つえらびなさい。

最近は、大人だけでなく子どもの生活も夜型になる傾向があります。塾からの帰りが遅かったり、父親の帰りを待っていたりして、夜の食事が遅くなると、就寝時間も自然と遅くなります。 01 起床時間が遅くなる、朝ご飯が食べられない、というような悪循環が繰り返されるのです。

「 02 」に関するある調査によると、幼児は22時以降に寝ている割合が30%程度であるのに比べて，中学生の約50%と高校生の約80%が24時以降に寝ているなど，青少年の生活はかなり夜型となっています。夜遅くまで勉強をしている学生も多いでしょうが、何となく眠れずぼーっとしている子もいるようです。

こういう傾向は、特に夏休みや冬休みになると、 03 。次の朝登校しなくてもいいので、早く寝ようとせず、24時が過ぎても、ゲームをしたり、インターネットをしたり、勉強したりしているのです。そうなると、起床や睡眠のリズムがこわれてしまいます。

十分な睡眠や食事，規則正しい生活リズムといった基本的生活習慣がくずれてしまうと，体がだるくなり，集中力が低下する傾向があるので、休み中 04 早寝早起きを心がける必要があります。

規則正しい生活習慣は自然と身につく 05 。規則正しい起床・睡眠リズムや正しい食習慣の大切さを理解することを通じてはじめて身につくものです。子どもたち自らの意志力で正しい生活習慣を維持できるように努力していくことが重要なのです。

01 1 こういうことから　2 それにもかかわらず　3 そうはいうものの　4 これではじめて

02 1 起床時間　2 食事時間　3 就寝時間　4 勉強時間

03 1 かえってなくなってしまいます　2 ますます深刻になっていきます　3 改善される方向へ向かいます　4 どんどん弱くなるかもしれません

04 1 ばかりは　2 ながら　3 だから　4 であっても

05 1 ものではありません　2 わけなのです　3 にきまっています　4 ことになっています

問題 9 次の文章を読んで、文章全体の内容を考えて 01 から 05 の中に入る最もよいものを、1・2・3・4 から一つえらびなさい。

高齢者人口の増加 01 医療・福祉業界の反応は早く、提供されるサービスも多種多様でその内容も充実していますが、それに比べ、スーパーなど販売店の対応は遅れていました。そんな中、高齢者への配慮を求める声がだんだん大きくなり、スーパーマーケットでも高齢者に向けたサービスの改善に乗り出しました。

具体的な事例としては、まず、高齢者専用のレジを設けたことです。昼間は、一部のレジをシルバー専用にして、ゆっくりと 02 ようにしました。これにより、「支払いにもたついて他のお客さんに迷惑をかけているようで、いつも不安だった」というお年寄りも気兼ねなくスーパーで会計を済ますことができます。

そして、買い物用のカートも 03 しました。従来の重さ約9キロの鉄製カートを、約5.5キロのアルミニウム製に入れ替えたのです。3.5キロも軽くなると、手足が弱くなっているお年寄りも楽に買い物ができるでしょう。

04 、「Delica」を「惣菜」、「Fish」を「鮮魚」などと案内板を日本語に改め、文字を大きくしたり、低速エスカレーターを導入したり、低い陳列棚を設置したり、段差が区別しやすいように階段を色分けしたりするなどの工夫もされています。店員が商品を袋詰めし、駐車場や近くのタクシー乗り場まで運ぶのを手伝うこともあります。このような高齢者を配慮したサービスは、きっと売り上げにもつながり、今後ますます 05 ていくことでしょう。

01　1 にくわえ　2 に伴う　3 にかけて　4 において

02　1 会計がしたい　2 会計をもらう　3 会計をさせる　4 会計ができる

03　1 重量化　2 大量化　3 軽量化　4 少量化

04　1 このほか　2 いわば　3 だから　4 やがて

05　1 早まって　2 広がって　3 遅れて　4 弱まって

問題 9 次の文章を読んで、文章全体の内容を考えて[01]から[05]の中に入る最もよいものを、1・2・3・4から一つえらびなさい。

部屋が散らかっていると、「そろそろ片付けなくちゃ」とか「掃除しようかなー」などと言うが、「片付け」と「掃除」は意味が違う。はいたりふいたりして、ごみやほこり、汚れなどを取り去ることが「掃除」で、散らばっているものをきちんとした状態にすることが「片付け」なのである。[01]、生活していればどうしたってチリやほこりは溜まるので、「[02a]」は時間をかけてするものだけれども、「[02b]」は、使い終わったものを元の位置に戻すだけで、特別時間をかけなくてもできるように思う。

しかし、きれい好きな性格の人ならともかく、部屋の散らかりようがあまり気にならない人や片付ける習慣が身についていない人にとって、「片付け」は[03]。片付けなきゃと思っていながらも、なかなかやる気がでなかったり、片付けたくてもどこから手を付けていいのかわからなかったりするからである。

専門家[04]、「片付け」に慣れるにもいくつかコツがあるという。それは、10分だけ動いてみようと思うこと、そして収納場所をキープしておくことである。やる気がなくても、「[05]」と思えば意外と重い腰は上がるものだし、ものをしまう場所を前もって決めておけば迷わずにすぐ収めることができるからである。

01　1 しかし　2 ということは　3 とにかく　4 だからこそ

02　1 a 生活掃除　b 簡単掃除　2 a 生活片付け　b 簡単片付け
　　3 a 片付け　b 掃除　4 a 掃除　b 片付け

03　1 そう簡単にできることではない　2 やればやるほど楽しくなるものである
　　3 何よりも興味あることである　4 たいして役に立たない

04　1 にかけては　2 を通して　3 によると　4 である以上

05　1 とりあえず10分だけ　2 10分もかかるのか
　　3 とても10分では終わらない　4 10分では間にあわないだろう

問題 9 次の文章を読んで、文章全体の内容を考えて 01 から 05 の中に入る最もよいものを、1・2・3・4から一つえらびなさい。

車社会と言われる今日、私たちの日常生活の中で、車無しの生活など 01 。それだけに、車を運転する一人ひとりには、安全な運転を心がけることが求められます。もちろん、全ての人が安全に気をつけながら日々ハンドルを握っているはずです。 02 、残念ながら交通事故は現実に起きていて、毎年、多くの尊い命が失われたり、怪我をしています。

もし私たちの家族が、そして私たち自身が交通事故にあったらと考えてみてください。そうすると、より安全な運転を心がけなければという気持ちになるでしょう。道路を通行する誰に対しても、私たちの家族と同じだという暖かい気持ちを持って運転をすれば、さらに交通事故を減らすことができるに 03 。

交通事故は事故にあった被害者ばかりでなく、その家族をも不幸にするものです。また、加害者やその家族も重い荷を背負うことになります。常に人の生命の尊さを念頭に置いた安全運転をしましょう。

04 は、全ての人が道路を安全に、そして円滑に利用するための最小限度の決まりを定めたものです。しかし、実際にハンドルを握ると、それだけでは解決できないケースがたくさん出てきます。これを円満に解決するのが 05 の気持ちです。人に優しい運転でより快適な車社会になるようみんなで協力していきましょう。

01
1 考えることはできません　　2 考えずに入られません
3 考えてはたまりません　　4 考えてみませんか

02
1 しかも　　2 さらに　　3 しかし　　4 そして

03
1 かわりありません　　2 ちがいありません
3 きまっていません　　4 こまりません

04
1 運転免許　　2 交通標識　　3 安全運転　　4 交通ルール

05
1「思いやり」と「ゆずりあい」　　2「優しさ」と「厳しさ」
3「家族」と「自分自身」　　4「加害者」と「被害者」

問題 9 次の文章を読んで、文章全体の内容を考えて 01 から 05 の中に入る最もよいものを、1・2・3・4から一つえらびなさい。

どこの国にも天気に関する言い伝えがあるものである。日本もその例外ではない。農耕社会では天気は収穫には非常に重要である。今のような天気予報のシステムもテレビもない時代の人々はさまざまな 01 から明日の天気を占っていた。 02 、雨は作物の順調な生育には欠かせないもので、雨の予兆には敏感であっただろうということが、雨に関する言い伝えの多さからもうかがえる。

その中でも、「猫が顔を洗うと雨が降る」というのは有名である。猫はよく前足をなめてはそれで顔をこするという動作を繰り返す。これを指して「猫が顔を洗う」と言う。実はこれは、口の周りやヒゲについたえさの匂いを消すことが目的でもあるが、顔というよりヒゲをきれいに整えるためにしているらしい。猫にとってヒゲはレーダーやアンテナの役割を果たす重要な器官である。 雨が近づいて湿気が多いと、大切なヒゲが下に垂れてしまうので、ピンと張るように整えているようだ。それで「猫が顔を洗う」ということは「湿気が多い」ということにつながり、これは 03 「雨が降る」という言い伝えになったのだろう。 04 、猫が顔を洗うと必ず雨が降るかというとそうでもないようだ。なぜなら、猫は暇さえあれば顔を洗っているが、その度に雨が降るというのなら毎日が 05 。

01　1 超常現象　2 日常現象　3 自然現象　4 化学現象

03　1 時に　2 たまに　3 特に　4 まれに

03　1 しばらく　2 間もなく　3 いずれ　4 わずかに

04　1 また　2 そして　3 ただ　4 たちまち

05　1 雨とはかぎらない　2 雨が降るに決まっている
3 雨は降らないだろう　4 雨ということになってしまう

시나공 JLPT 일본어능력시험 N2

넷째마당 독해편

1교시 완벽대비 언어지식(문법) · 독해

문제분석과 완벽대비법

01 | 問題10 단문이해 문제

문제 소개

問題10 문제는 200자 내외의 글을 읽고 그 요지를 묻는 질문에 답하는 〈단문이해〉 문제로, 5개 지문에서 1문항씩 출제됩니다.

문제 미리 풀어보기 및 풀이

問題 10

次の文章を読んで、後の問いに対する答えとして、最もよいもの1・2・3・4から一つ選びなさい。

　人間の体には体内時計というものがあり、それが自分の力でリズムを刻み、朝から夜への一日の変化や、季節の変化に適応できるように体の状態を調節している。しかし、この時計の針を早めたり、戻したりすることは人の意志でできるものではない。そのため、海外旅行に行った時などに疲れていても夜なかなか眠れなかったり、逆に昼間から眠くなって困ることがある。たとえば、朝夕が日本時間と逆であるアメリカに行った場合である。これは、現地の昼夜リズムと自分の体内リズムがずれることにより起こるものであり、「時差ボケ」という。

問　「時差ボケ」とは、どのようなものだといっているか。

1 脳の働きが鈍り、アメリカと日本の時差を計算できなくなること
2 海外旅行時などの時差に体が適応できずに、体調が悪くなること
3 体内時計が狂ってしまったことで、不眠などの症状がでること
4 体内時計を自分の意志で動かせなくなってしまう状態になること

정답 2

해석 인간의 몸에는 체내시계라는 것이 있어서, 그것이 스스로의 힘으로 리듬을 새겨서 아침에서 저녁으로의 하루의 변화나 계절의 변화에 적응할 수 있도록 몸 상태를 조절하고 있다. 그러나 이 시계 바늘을 빠르게 하거나 되돌리거나 하는 것은 사람의 의지로 할 수 있는 것이 아니다. 그래서 해외여행을 갔을 때 등, 피곤한데도 밤에 좀처럼 잠들지 못하거나, 반대로 낮부터 졸려서 곤란한 적이 있다. 예를 들면 아침저녁이 일본과 완전히 반대인 미국에 갔을 경우이다. 이는 현지의 낮과 밤의 리듬과 체내시계의 리듬에 격차가 생기게 됨으로써 일어나는 일이며, 이를 '시차부적응'이라고 한다.

문제 '시차부적응'이란 어떤 것이라고 하는가?

1 뇌의 기능이 둔해져서 미국과 일본의 시차를 계산할 수 없게 되는 것
2 해외여행에 갔을 때 등 시차에 몸이 적응하지 못하여 몸 상태가 안 좋아지는 것
3 체내시계가 엉망이 되어버려서 불면증 등의 증상이 나타나는 것
4 체내시계를 스스로의 의지로 움직일 수 없는 상태가 되는 것

어휘 体内(たいない) 체내 | 刻(きざ)む 새기다 | 変化(へんか) 변화 | 適応(てきおう) 적응 | 状態(じょうたい) 상태 | 調節(ちょうせつ)する 조절하다 | 針(はり) 바늘 | 意志(いし) 의지 | 昼間(ひるま) 낮 | 朝夕(あさゆう) 아침저녁 | 現地(げんち) 현지 | 昼夜(ちゅうや) 주야, 낮과 밤 | ずれる 어긋나다 | 時差(じさ)ボケ 시차 부적응 | 脳(のう) 뇌 | 働(はたら)き 기능 | 鈍(にぶ)る 둔해지다 | 狂(くる)う 엉망이 되다 | 不眠(ふみん) 불면 | 症状(しょうじょう) 증상

해설 체내시계의 리듬에 관한 글이다. 사람의 몸은 의지와 상관없이 주야, 계절의 변화에 맞게 몸 상태를 조절하고 있는데, 갑자기 주위 환경이 바뀌게 되면 체내시계가 제대로 적응하지 못하게 되며, 이를 시차부적응이라고 한다. 1번 나라 간의 시차를 계산할 수 없게 되는 것은 아니고, 3번 불면증뿐만 아니라 잠이 너무 많이 오기도 한다. 4번 체내시계는 원래부터 스스로 움직일 수 없는 것이다. 시차부적응이란 해외여행 등 다른 나라에 갔을 때 시차에 적응이 안 되어서 몸 상태가 안 좋아지는 것을 말하므로 정답은 2번이다.

문제분석과 완벽대비법

〈단문이해〉 문제는 총 5문항이 출제됩니다. 200자 정도의 짧은 본문을 읽고 내용을 이해할 수 있는지를 묻는 문제인데, 짧은 본문 속에는 세상 사람들의 일반적인 인식과 필자의 생각이 공존하는 경우가 많이 있습니다. 이 두 가지의 차이점을 정확히 구별하면서 본문을 읽고, 필자의 생각과 주장이 무엇인지를 파악하도록 합니다.

단문은 짧기 때문에 그만큼 빨리 읽을 수 있으므로, 앞으로 이어질 중문, 장문 문제에서 시간을 많이 확보하기 위해서 되도록이면 빠른 시간 내에 문제를 풀도록 합니다. 그러기 위해서는 막연하게 본문을 읽을 것이 아니라, 질문문의 내용이 무엇인지를 먼저 파악하고 나서 본문을 읽으면 정답을 좀 더 빨리 찾을 수 있습니다.

독해 문제 전체에 공통되는 사항이지만, 선택지를 보면 본문 내용이 그대로 나오는 것이 아니라 비슷한 표현이나, 다른 표현으로 바뀌어서 나오는 경우가 많이 있습니다. 본문에 없는 표현이 선택지에 나오더라도 당황하지 말고, 동의어나 비슷한 표현, 같은 취지의 내용이라면 충분히 정답이 될 수 있으므로 침착하게 풀도록 합니다.

기출문제 분석

2010년 개정 이후의 〈단문이해〉 기출문제를 살펴보면, 환경문제나 지구문제, 사회에서의 처세술, 인간관계, 인생에 대한 다양한 주제에 대해서 필자가 어떻게 설명하고 있는지에 대한 질문문이 주로 출제되고 있습니다.

기출 문제 보기

□□ 후광효과(헤일로효과)에 관한 설명문

□□ 나무를 지나치게 심어서 자연의 순환계를 무너뜨리는 '식림신화(植林神話)'에 관한 글

□□ 앙케이트 실시에 관한 의뢰문 (앙케이트를 실시하는데, 누가 누구에게 협력하는지?)

□□ 우주정거장에서 물 재생장치가 개발된다는 글

□□ 칭찬하는 교육이란 칭찬을 통해서 상대방에게 영향을 끼치는 것이라는 글

□□ 숲에 있는 어떤 물질에 관한 글 (어떤 물질의 역할은?)

□□ 필요하다면 쉬는 것도 연습 중의 하나라고 하는 글 (시합에서 실력을 발휘하기 위해서 필요한 것은?)

□□ 대규모 햄버거 회사에서 신상품 맛이 마음에 안 든다면 조건부로 전액 환불한다는 글

□□ 신상품 발표회에서 손님들께 건넨 안내장 (상품을 사고 싶을 때는 어떻게 하나?)

□□ 혼자서 일을 하다가 회사에 입사한 후 회사 생활이 편하게 느껴진다는 글 (왜 회사 생활이 편한가?)

□□ 환경문제를 인간문제로 불러야 하는 이유에 관한 글

□□ 프린트 구입시에 잉크할인 행사 및 추가 할인에 관한 홍보 글

□□ 자동차의 브레이크는 공포, 불안감을 불러일으켜서 안전을 지켜줄 수 있다는 글

□□ 두꺼운 책(大部)이라고 강한 영향을 끼치는 것은 아니다. 읽는 이의 자세에 따라 다르다는 내용의 글

□□ 그림이란 눈으로 본 것을 마음으로 느껴서 표현하는 것이라는 내용의 글

□□ 인공지능 로봇에 관한 글

□□ 바자회 개최에 관한 안내 글

□□ 말에 담긴 뜻에 관한 글

□□ 우편물과 가족 관계에 관한 글

□□ 우수 인재 획득에 관한 글

□□ 흉내 내는 것을 보고 감동하는 이유에 관한 글

□□ 기술부 전체회의 안내 글

□□ 사무용품 주문 글

□□ 서점의 매상에 관한 글

□□ 그릇과 주거의 공통점에 관한 글

□□ 스포츠의 룰에 관한 글

□□ 회사 내 난방 사용에 관한 안내 글

□□ 자신이 바라는 바에 관한 글

□□ 커피콩 할인 행사 안내 글

□□ 일기의 장점에 관한 글

02 | 問題11 중문이해 문제

문제 소개

問題11 문제는 500자 정도의 비교적 평이한 내용의 설명문, 평론, 해설, 수필 등 본문을 읽고 내용의 개요나 핵심에 대한 질문에 답하는 형태의 〈중문이해〉 문제로, 지문 3개와 각 지문당 3개의 문제가 출제됩니다. 즉 총 문항수는 9개입니다.

문제 미리 풀어보기 및 풀이

問題 11

次の文章を読んで、後の問いに対する答えとして、最もよいもの1·2·3·4から一つ選びなさい。

狭い道を通っていた時、片側車線を塞いで下水の工事をしていた。おかげで、道は大渋滞。当然、車に乗っている人たちは、皆いらいらしていた。ところが、現場付近でひとつの立て札が目に付いた。そこには「大雨による被害予防のための工事です」と書いてあった。それを見て、私の怒りは吹き飛んでしまった。それまでは、どうして車両通行の多い昼間に工事をするのかと腹が立ったが、昨今の水害を考えれば、①こういう工事は必要で、ありがたいとさえ思った。

このように、人間の心の中には自分なりの基準がある。その基準をうまく調節させると人の心を動かすことができる。つまり、②ちょっとの工夫で思考や判断を変えたりできるのである。たとえば、アメリカの有名なケーブル会社では、一ヶ月の視聴料を500円値上げした。これを一方的に通知していたら、視聴者の不満は爆発したかもしれない。そこで、こんな案内状を送ったのである。「最近、わがケーブル社の視聴料を1000円値上げするという噂をお聞きでしたら、ご安心ください。当社では諸事情により視聴料を1000円値上げせねばならない状況にありますが、なんとか500円で抑えるよう努力いたします。」そうしたところ、不満を訴える加入者はいなかったという。

問1 ①こういう工事とは何か。

1 今後の水害に備えての工事

2 住民の要請による下水管工事

3 水害で被害を受けた道路の補修工事

4 今年の水害で被った被害の復旧工事

問2 ②<u>ちょっとの工夫で思考や判断を変えたりできる</u>というのは、どういうことか。

1 論理をすりかえることで、人をだませる。

2 人間の感情はその時の気分によって変わる。

3 視点をかえることによって、感じ方も変わる。

4 人の怒りは、時間の経過と共にしずまっていく。

問3 ケーブル会社が案内状を送ったことで、加入者の考えはどうなったのか。

1 1000円は納得できる視聴料である。

2 500円でも1000円でもかまわない。

3 1000円じゃなく500円でよかった。

4 額に関わらず、値上げは不当である。

정답 문제 1 1 문제 2 3 문제 3 3

해석 좁은 길을 지나고 있을 때, 한쪽 차선을 막고 하수공사를 하고 있었다. 덕분에 길은 아주 막혔다. 당연히 차에 타고 있는 사람들은 모두 안절부절 하지 못했다. 그런데 현장부근에서 팻말 하나가 눈에 띄었다. 그곳에는 '큰 비로 인한 피해 예방을 위한 공사입니다'라고 쓰여져 있었다. 그것을 보고 나의 분노는 확 풀려버렸다. 그때까지는 왜 차량통행이 많은 낮에 공사를 하는지 화가 났지만, 요즘 겪은 수해를 생각한다면 ①<u>이런 공사</u>는 필요하며, 고맙다는 생각조차 들었다.

이와 같이 인간의 마음 속에는 자기만의 기준이 있다. 그 기준을 잘 조절하면 사람의 마음을 움직일 수 있다. 즉 ②<u>조금만 생각을 짜내면 사고나 판단을 바꿀 수 있는 것이다</u>. 예를 들면 미국의 유명한 케이블 회사에서는 1개월 시청료를 500엔 인상했다. 이것을 일방적으로 통지했다면 시청자의 불만은 폭발했을지도 모른다. 그래서 이런 안내장을 보낸 것이다. "최근 저희 케이블회사의 시청료를 1000엔 인상한다는 소문을 들으셨다면 안심하십시오. 저희 회사에서는 여러 사정 때문에 시청료를 1000엔 인상하지 않으면 안될 상황이지만, 어떻게든 500엔으로 낮출 수 있도록 노력하겠습니다." 그렇게 했더니, 불만을 호소하는 가입자는 없었다고 한다.

문제 1 ①<u>이런 공사</u>란 무엇인가?

1 앞으로의 수해에 대비한 공사

2 주민의 요청에 의한 하수관 공사

3 수해로 피해를 입은 도로의 보수공사

4 올해 수해로 입은 피해 복구 공사

문제 2 ②<u>조금만 생각을 짜내면 사고나 판단을 바꿀 수 있는 것이다</u>는 것은 어떤 것인가?

1 논리를 살짝 바꿈으로써 남을 속인다.

2 인간의 감정은 그 때의 기분에 따라 달라진다.

3 시점을 바꿈으로써 느낌도 달라진다.

4 인간의 노여움은 시간의 경과와 더불어 가라앉는다.

문제 3 케이블 회사가 안내장을 보냄으로써 가입자의 생각은 어떻게 되었나?

1 1000엔은 납득할 수 있는 시청료이다.

2 500엔이라도 1000엔이라도 상관없다.

3 1000엔이 아니라 500엔이라서 다행이다.

4 액수에 상관없이 인상은 부당하다.

어휘 片側(かたがわ) 한쪽 | 塞(ふさ)ぐ 막다 | 下水(げすい) 하수 | 渋滞(じゅうたい) 정체 | いらいらする 안절부절 못하다 | 現場(げんば) 현장 | 付近(ふきん) 부근 | 立(た)て札(ふだ) 팻말 | 被害(ひがい) 피해 | 予防(よぼう) 예방 | 怒(いか)り 분노 | 吹(ふ)き飛(と)ぶ 날아가다 | 車両(しゃりょう) 차량 | 通行(つうこう) 통행 | 昼間(ひるま) 낮 | 腹(はら)が立(た)つ 화가 나다 | 昨今(さっこん) 요즘 | 水害(すいがい) 수해 | 基準(きじゅん) 기준 | 調節(ちょうせつ) 조절 | 動(うご)かす 움직이다 | 工夫(くふう) 궁리 | 思考(しこう) 사고 | 判断(はんだん) 판단 | 視聴料(しちょうりょう) 시청료 | 値上(ねあ)げ 인상 | 一方的(いっぽうてき) 일방적 | 通知(つうち)する 통지하다 | 爆発(ばくはつ) 폭발 | 噂(うわさ) 소문 | 諸事情(しょじじょう) 여러 사정 | 抑(おさ)える 낮추다 | 訴(うった)える 호소하다 | 今後(こんご) 앞으로 | 要請(ようせい) 요청 | 下水管(げすいかん) 하수관 | 補修(ほしゅう) 보수 | 復旧(ふっきゅう) 복구 | 論理(ろんり) 논리 | すりかえる 살짝 바꾸다 | だます 속이다 | 視点(してん) 시점 | 経過(けいか) 경과 | しずまる 가라앉다 | 納得(なっとく) 납득 | かまわない 상관없다 | 額(がく) 액수 | 不当(ふとう) 부당

해설 **문제 1**

이런 공사가 가리키는 것이 무엇인지 묻는 문제이다. 공사장 부근 팻말에 '큰 비로 인한 피해 예방을 위한 공사'라고 쓰여져 있다고 했으므로, 앞으로 입을지도 모를 수해에 대비한 예방 공사라고 한 1번이 정답이다.

문제 2

밑줄 친 부분의 뜻을 고르는 문제이다. 바로 앞 문장을 보면, 인간의 마음 속에 있는 각자의 기준을 잘 조절하면 사람의 마음을 움직일 수 있다고 했다. 즉 생각이나 시점을 바꾸게 함으로써 어떤 일에 대한 느낌도 달라지게 할 수 있다는 뜻이다. 그러므로 정답은 3번이다.

문제 3

케이블 회사가 보낸 안내장을 보고 가입자의 생각이 어떻게 되었는지 묻는 문제이다. 단순하게 500엔 인상한다고 인상액만 전하기 보다는 시청자들의 마음을 움직여서 납득시키기 위하여 "사실은 1000엔을 인상해야 할 상황이지만, 최대한 노력해서 500엔만 인상하겠다"고 했다. 그래서 시청자들은 1000엔이 아닌 500엔 인상이라서 아무런 불평을 하지 않았다고 했으므로 정답은 3번이다.

문제분석과 완벽대비법

〈중문이해〉 문제는 총 9문항이 출제됩니다. N2에서는 그리 어렵지 않은 쉬운 내용의 평론이나 해설, 수필이 출제되는데, 도입부에서는 최근의 경향이나 수치, 통계 등을 빌려서 차근차근 이야기를 시작하는 경우가 많습니다. 그리고 중요한 내용은 비유, 비교 표현을 사용하여 설명하기도 합니다. 또한 구체적인 내용을 추상적인 키워드로 설명하거나 혹은 그 반대로 추상적인 키워드를 구체적인 내용으로 풀어서 설명하기도 하는데, 이는 그 내용이 중요하다는 것을 나타내며, 그것이 바로 필자의 주장일 수도 있기 때문에 이러한 키워드를 중심으로 내용을 잘 파악하도록 합니다.

500자 정도의 중문이기 때문에 앞뒤 문장과 단락이 어떻게 연결되는지, 특히 접속사를 중심으로 순접, 역접, 인과관계 등을 잘 짚으면서 읽어 내려간다면 의외로 빨리 문맥을 파악할 수 있습니다. 보통, 인과관계의 경우에는 'だから, 従って, それゆえ', 'なぜかというと(どうしてかというと), ～だからである' 와 같은 표현들이 많이 나옵니다. 또한 지시대명사의 경우에는 앞서 나온 문장을 잘 읽어보면 찾을 수 있으며, 정답이라고 생각되는 내용을 지시대명사에 대입했을 때 자연스럽게 의미가 통한다면 그것이 정답입니다.

다양한 소재와 주제를 가진 다양한 형식의 글을 접했을 때, 글을 쓴 사람이 하고 싶은 말이 무엇인지, 무엇을 주장하고 있는지를 파악하는 일은 아주 중요합니다. 평론이나 설명문 같은 글은 객관적인 시점을 전제로 의견을 이야기하지만, 견문이나 감상 등을 쓴 수필 같은 경우에는 필자의 주관적인 관점에서 이야기하기 때문에 글의 내용과 흐름을 잘 이해해야 합니다. 문제에서 요구하는 답도 일반적인 의견이나 모범답안이 아니라, 필자가 본문에서 말하거나 주장하고 있는 내용이 무엇인지 묻는 경우가 많습니다.

기출문제 분석

2010년 개정 이후의 〈중문이해〉 기출문제를 살펴보면, 직업, 인생관, 처세술, 시사문제 등에 관한 평론이나 해설, 수필 속에서, 밑줄 친 부분이 뜻하는 바, 필자가 주장하는 바, 글의 요지 등을 묻는 문제 등이 많이 출제되고 있습니다.

기출 문제 보기

□□ 회화를 하는데도 운전을 하는 것과 같은 기술이 필요하다는 글

문제 1 밑줄 친 ①부분은 어떤 의미인가?

문제 2 밑줄 친 ②부분은 어떤 의미인가?

문제 3 다같이 회화를 하고 있을 때에는 어떤 주의가 필요한가?

□□ 노인인구 증가로 인해 신문의 활자 크기가 커졌다는 글

문제 1 신문의 글자가 커진 이유는 무엇인가?

문제 2 밑줄 친 ①부분은 어떤 의미인가?

문제 3 밑줄 친 ②부분은 어떤 의미인가?

□□ 자신에게 잘 맞는 직업, 일을 선택하면 좋다는 내용의 글

문제 1 밑줄 친 ①부분의 이유로서 본문으로부터 생각할 수 있는 것은?

문제 2 밑줄 친 ②부분은 어떤 것인가?

문제 3 필자가 하고 싶은 말은 무엇인가?

□□ 현대사회에 있어서 시간이란 무엇인가를 생각해보는 글

문제 1 밑줄 친 ①부분은 어떤 것인가?

문제 2 밑줄 친 ②부분의 원인을 필자는 어떻게 생각하고 있는가?

문제 3 필자는 시간 사용법에 대해서 어떻게 생각하고 있는가?

□□ 커뮤니케이션 도구의 하나인 문서쓰기의 즐거움에 관한 글

문제 1 필자는 문서를 쓸 때 무슨 압박을 받는다고 했는가?

문제 2 밑줄 친 ①부분은 어떤 것인가?

문제 3 밑줄 친 ②부분은 어떤 것인가?

□□ 기부하는 측에도 득이 되는 기부 문화 소개 글

문제1 밑줄 친 ①부분이 어떤 좋은 결과로 이어지는가?

문제2 이 문장에서는 지금까지의 기부에는 어떤 문제점이 있었다고 하는가?

문제3 이 문장에서 말하는 새로운 기부란 어떤 것인가?

□□ 일본 소비자들의 새로운 가치관에 관한 글

문제1 일본의 소비자는 이전에 비해 어떻게 변했나?

문제2 필자는 소비자 의식의 변화를 어떻게 보고 있나?

문제3 밑줄 친 ①부분은 어떤 것인가?

□□ 사물을 보는 기준을 조금 낮추면 낙천적으로 일할 수 있다는 내용의 글

문제1 밑줄 친 ①부분의 예로서 가장 가까운 것은?

문제2 밑줄 친 ②부분은 어떤 것인가?

문제3 필자에 의하면 낙천적이 되기 위해서는 어떻게 하면 되는가?

□□ 빨리 뛰는 기술에 관한 글

문제1 왜 빨리 달리는 기술 익히기가 어려운가?

문제2 밑줄 친 ①부분은 어떤 경우인가?

문제3 빨리 달리는 기술을 익히기 위해서는 어떻게 하면 되는가?

□□ 학창시절에 친구를 사귀었던 기억에 관한 글

문제1 밑줄 친 ①"그건 아니다"는 무엇을 말하는가?

문제2 밑줄 친 ②"그들"이란 누구를 말하는가?

문제3 어른이 된 필자에게 있어서 친구란 어떤 존재인가?

□□ 인간의 얼굴 중, 입에 관한 글

문제1 인간이외의 포유류의 입에 대해서 말하고 있는 것은 어느 것인가?

문제2 괄호 안에 들어갈 적당한 문장은 어느 것인가?

문제3 인간의 입이 변화한 이유에 대해서 맞게 설명한 것은 어느 것인가?

□□ 육아휴가에 관한 글

문제1 육아휴가의 목적은 무엇인가?

문제2 육아휴가를 받는데 필요한 조건은 어느 것인가?

문제3 이 휴가를 받을 때 어떤 수속이 필요한가?

□□ 참신한 아이디어로 회사를 만든 대학생들에 관한 글

문제 1 밑줄 친 ①대학생은 무엇을 목적으로 회사를 만들었나?

문제 2 이 회사에서는 어떻게 복사비를 무료로 할 수 있나?

문제 3 밑줄 친 ②이점에서, 이 문장에서 알 수 있는 기업의 이점은 무엇인가?

□□ 효과적인 공부를 위한 시간활용법에 관한 글

문제 1 미국의 교육심리학자의 실험결과와 맞는 것은 어느 것인가?

문제 2 이 문장에 의하면 효과적인 공부법이란 어떤 것인가?

문제 3 '공격적인 자세'란 무엇인가?

□□ 어린이 교육에 대한 글

문제 1 밑줄 친 좋아하는 것밖에 하지 않으려고 하는 어린이로 만들어지고 있다고 하는데, 필자는 그 원인이 어디에 있다고 생각하는가?

문제 2 필자는 어린이의 개성을 중시하는 것은 어떤 것이라고 말하고 있는가?

문제 3 어린이 교육에 대해서 필자가 말하고 싶은 것은 무엇인가?

03 | 問題12 통합이해 문제

문제 소개

問題12 〈통합이해〉 문제는 비교적 평이한 내용의 600자 정도의 2~3개의 복수의 본문을 서로 비교, 통합하면서 읽은 후에 각 내용간의 공통점이나 주장에 대한 질문에 답하는 문제로, 600자의 지문1개에서 2문항이 출제됩니다.

문제 미리 풀어보기 및 풀이

問題 12

次の文章は「禁煙」に関する記事の一部です。 二つの文章を読んで、後の問いに対する答えとして、 最もよいもの1·2·3·4から 一つ選びなさい。

A

日本社会では、法律によって未成年の喫煙が禁止されています。未成年がタバコを吸ってはいけない理由は、発育途中に有毒なニコチンやタールなどを体に入れることで、精神的な異常を引き起こすからです。また、身体的にも、成長期の若い細胞は、ニコチンを吸収しやすいため、依存症になりやすく、それに栄養吸収率も落ちます。彼らが大人になって反省する頃には、もう取り返しのつかないことになり、癌や心臓病の発症率も高まると言われています。これは個人の問題だけではなく、喫煙による病気の医療費や、それによって失われる労働力を考えると社会的損失も大きく、社会経済的にも不利益になりえる問題なのです。

B

成人喫煙者の中で未成年のうちに喫煙を始めた割合は90%にものぼるそうです。喫煙を始めたきっかけとしては、かっこいいと思うから、好奇心やストレス、まわりの人に影響されて吸い始めたという回答が多くありました。また、吸い続ける理由としては、習慣になってしまったからや、成績を始めとした学校生活や人間関係からくるストレスを解消するため、等が挙げられます。この結果から見ると、一部の中高生たちは、彼らなりにたまっている学業や人間関係によるストレスをどう発散すればいいか分からず、禁止されていることを承知でついタバコに手を出してしまう場合も多いことがわかります。

問1 AとBで共通して述べられていることは何か。

1 喫煙のきっかけ

2 未成年の喫煙問題

3 喫煙による健康被害

4 ストレス解消としての喫煙

問2 AとBの内容について、正しいのはどれか。

1 AもBも、喫煙が社会に及ぼす損失について述べている。

2 AもBも、未成年の喫煙が体に及ぼす影響について述べている。

3 Aは未成年の喫煙に関する法律の内容を、Bはアンケート調査の結果をまとめている。

4 Aは喫煙してはいけない理由について、Bは喫煙の動機や吸い続ける理由を言っている。

정답 문제 1 2 문제 2 4

해석 A

일본사회에서는 법률에 의해 미성년자의 흡연이 금지되어 있습니다. 미성년자가 담배를 피워서는 안 되는 이유는 발육도중에 유독한 니코틴과 타르 등을 몸 속에 넣음으로써 정신적인 이상을 불러일으키기 때문입니다. 또한 신체적으로도 성장기의 젊은 세포는 니코틴을 흡수하기 쉽기 때문에 의존증이 되기 쉽고, 게다가 영양 흡수율도 떨어집니다. 그들이 성인이 되어 반성할 때쯤에는 이미 돌이킬 수 없게 되어 암이나 심장병 발병률도 높아진다고 합니다. 이는 개인의 문제뿐만 아니라 흡연으로 인한 질병의 의료비나 그에 따라 잃게 되는 노동력을 생각하자면 사회적인 손실도 크며, 사회경제적으로 불이익이 될 수 있는 문제인 것입니다.

B

성인 흡연자 중에서 미성년자일 때 흡연을 시작한 비율은 90%에나 달한다고 합니다. 흡연을 시작한 계기로는, 멋있다고 생각하기 때문에, 호기심이나 스트레스, 주변 사람에게 영향을 받아서 피우기 시작했다는 답변이 많이 있었습니다. 또한 계속 피우게 되는 이유로서는 습관이 되어 버려서, 성적을 비롯한 학교 생활이나 인간관계에서 오는 스트레스를 해소하기 위해서 등을 들 수 있습니다. 이 결과에서 보면 일부 중고생들은 그들 나름의 쌓인 학업이나 인간관계에 의한 스트레스를 어떻게 발산하면 좋을지 몰라서 금지되어 있는 것을 알면서도 무심코 담배에 손이 가는 경우가 많다는 것을 알 수 있습니다.

문제 1 A와 B에서 공통적으로 말하고 있는 것은 무엇인가?

1 흡연의 계기

2 미성년자의 흡연문제

3 흡연으로 인한 건강 피해

4 스트레스 해소로서의 흡연

문제 2 A와 B의 내용에 대해 올바른 것은 어느 것인가?

1 A도 B도 흡연이 사회에 끼치는 손실에 대해서 이야기하고 있다.

2 A도 B도 미성년자의 흡연이 몸에 끼치는 영향에 대해서 이야기하고 있다.

3 A는 미성년자의 흡연에 관한 법률 내용을, B는 앙케트 조사 결과를 정리했다.

4 A는 흡연해서는 안 되는 이유에 대해서, B는 흡연의 동기와 계속 피우는 이유에 대해서 이야기하고 있다

어휘 法律(ほうりつ) 법률 | 未成年(みせいねん) 미성년 | 喫煙(きつえん) 흡연 | 禁止(きんし) 금지 | 発育(はついく) 발육 | 途中(とちゅう) 도중 | 有毒(ゆうどく) 유독 | ニコチン 니코틴 | タール 타르 | 精神的(せいしんてき) 정신적 | 異常(いじょう) 이상 | 引(ひ)き起(お)こす 불러일으키다 | 身体的(しんたいてき) 신체적 | 成長期(せいちょうき) 성장기 | 細胞(さいぼう) 세포 | 吸収(きゅうしゅう) 흡수 | 依存症(いぞんしょう) 의존증 | 栄養(えいよう) 영양 | 反省(はんせい)する 반성하다 | 取(と)り返(かえ)しがつかない 돌이킬 수 없다 | 癌(がん) 암 | 心臓病(しんぞうびょう) 심장병 | 発症率(はっしょうりつ) 발병률 | 医療費(いりょうひ) 의료비 | 失(うしな)う 잃다 | 労働力(ろうどうりょく) 노동력 | 損失(そんしつ) 손실 | 不利益(ふりえき) 불이익 | 割合(わりあい) 비율 | 好奇心(こうきしん) 호기심 | 影響(えいきょう) 영향 | たまる 쌓이다 | 学業(がくぎょう) 학업 | 発散(はっさん) 발산 | 承知(しょうち) 알다 | 被害(ひがい) 피해 | 動機(どうき) 동기

해설 **문제 1**

A와 B에서 공통적으로 언급하는 내용을 찾는 문제이다. 1번 흡연의 계기는 B에서만, 3번 흡연으로 인한 건강 피해는 A에서만, 4번 스트레스 해소로서의 흡연에 관해서는 B에서만 언급하고 있다. 미성년자의 흡연문제에 대해서 A와 B에서 공통적으로 다루고 있으므로 정답은 2번이다.

문제 2

A와 B의 내용을 올바로 이해했는지 묻는 문제이다. 1번 흡연이 사회에 끼치는 손실에 대해서는 A 후반부에서만 언급했고, 2번 미성년자의 흡연이 몸에 끼치는 영향도 A에서만 언급하고 있다. 3번 B가 앙케트 조사 결과를 정리했다는 것은 맞지만, A는 첫 문장에서만 잠깐 법률에 관한 내용을 언급했을 뿐 나머지 문장은 흡연이 몸에 끼치는 영향에 관한 글이다. 정답은 A는 흡연을 해서는 안 되는 이유에 대해서, B는 앙케트 결과를 토대로 흡연의 동기와 계속 피우는 이유에 대해서 이야기했다고 한 4번이다.

문제분석과 완벽대비법

〈통합이해〉 문제는 비교적 평이한 내용의 600자 정도의 2~3개의 복수의 본문을 서로 비교, 통합하면서 읽은 후에 각 내용간의 공통점이나 주장에 대한 질문에 답합니다. 예를 들어 상담자의 상담내용에 대한 두 명의 답변이라든지, 비슷한 소재나 주제에 대한 두 가지 견해를 실은 본문에 관한 문제가 나올 가능성이 높습니다.

신시험의 가이드에서는 남자친구가 주는 선물의 취향이 마음에 안 드는 여성이 자신의 진심을 남자친구에게 확실하게 말해야 할지 어떨지 고민하는 내용에 대하여 답변자 A와 B가 조언을 하는 내용이 나와 있습니다. 첫 번째 질문은 상담자의 진심은 무엇인가, 두 번째 질문은 A ,B의 답변에 대해서 올바르게 설명한 것은 어느 것인가, 라는 것이었습니다. 이와 같은 문제를 풀기 위해서는 상담자의 상담내용이 정확히 무엇인지 알아야 하고, 답변자들의 문장을 읽고 어떤 식의 조언과 답변을 하고 있는지 잘 파악해야 합니다.

또 하나의 출제 형식으로는 두 개의 본문을 읽고 각각의 내용과 공통점, 차이점을 묻는 문제가 있습니다. 예를 들어 A 메모하는 법과 B 필기하는 법에 관한 두 문장에 대해서, 첫 번째 질문은 A에서 주장하는 내용이 무엇인지를 묻고, 두 번째 질문은 A와 B에서 공통적으로 이야기하고 있는 내용이 무엇인지 묻는 것입니다. 이와 같이 두 개의 본문을 읽고 각각의 주장과 그와 더불어 두 본문의 공통점과 차이점을 정확히 파악해두어야 합니다.

기출문제 분석

2010년 개정 이후의 〈통합이해〉 기출문제를 살펴보면, 각각의 본문의 주장을 이해했는지, 두 개의 본문간의 공통점과 차이점이 무엇인지를 묻는 문제가 출제되고 있습니다.

기출 문제 보기

□□ 메모하는 법과 필기하는 법

문제 1 A는 왜 메모하기를 권하고 있는가?

문제 2 A와 B의 각각의 입장은?

□□ 신사회인의 인간관계

문제 1 A와 B에서 공통적으로 언급하고 있는 내용은?

문제 2 A와 B에서는 신사회인에게 어떻게 조언하고 있는가?

□□ 환경배려 자동차

문제 1 A와 B에서 공통적으로 언급하고 있는 내용은?

문제 2 A와 B의 내용에 대해 바르게 설명하고 있는 것은?

□□ 힘든 일에 직면했을 때 도망가는 것에 대하여

문제 1 A와 B에서 공통적으로 언급하고 있는 내용은?

문제 2 도망가고 싶다는 것에 대하여 A와 B는 어떻게 이야기하고 있는가?

□□ 학교 공부에 관한 글

문제 1 A와 B에서 공통적으로 언급하고 있는 것은 무엇인가?

문제 2 공부하는 것에 대해서 A와 B는 어떻게 생각하고 있는가?

04 | 問題13 주장이해 문제

문제 소개

問題13 문제는 논리전개가 비교적 명쾌한 평론이나 수필 등 900자 정도의 본문을 읽고 전체적으로 전달하고자 하는 필자의 주장이나 의견, 생각을 파악할 수 있는지 묻는 〈주장이해〉 문제로, 1개의 지문에 3문항이 출제됩니다.

문제 미리 풀어보기 및 풀이

問題 13

次の文章を読んで、後の問いに対する答えとして、 最もよいもの1·2·3·4から 一つ選びなさい。

誰にでも人生にはターニングポイントと呼ばれる転換期が何度か訪れるものである。時に、人々はそれを運命と呼ぶ。ロンドンで有名なバレリーノとして名を挙げていたゴナカは、そんな運命を正面から受け止め、飛躍のきっかけとした人物である。

彼は、大公演を前に過度な練習で怪我をしてしまい、やむを得ず、公演は中止。休養として友人とアマゾンを旅する機会を得た。そこで彼はあまりに荒れたアマゾンを目の当たりにし、地球の環境保存のために生きることを決心する。戻った彼は、すぐにバレーを辞めて環境運動家になった。市民団体に加入し、何年もかけて市議員になり、地域社会の政治に関与する忙しい日々を送った。

そんなある日、彼の母親が亡くなった。母親が残したのは、一軒の古い家だけだった。あまりに古い家だったため、周りの人たちはその家を建て直すか、売り払うことを勧めた。しかし、彼は母の面影の残る家を処分することなどできず、その家を修理し、そこで環境にやさしい生活を始めることにした。（　　①　　）ゴナカは一切の政治活動をやめ、家の修繕に専念した。工事現場から拾ってきた木材を床に敷き、浴槽を作った。ソファーも、テーブルも、椅子も捨てられたものをきれいに直しリサイクルした。さらに、電気と温水を作る太陽エネルギー板と雨水浄化システムを設置し、家庭用風力エネルギー発電機を屋根の上につけ、ペチカ(注1)を設置した。

このように改造した家で暮らしているうちに、なんと<u>②マイナス表示された、電気代の請求書が届くようになった</u>。それればかりではない。水の消費量もかなり少なく、ゴミは１年にたったの２回出し、ガスもほとんど使用しなかった。

これが話題になり、新聞社や放送局の取材は絶えなかった。これまでも、家をエコ志向に設計したり、田舎で自然と共に暮らす人は結構いた。しかし、大都市でエネルギーの効率性もない古い家を改造した人はゴナカが初めてだったのである。

バレリーノから、政治家、地球に優しい家作りの達人へと見事な変身を遂げてきたゴナカも、もう50歳を過ぎた。彼はこれからどんなことに出会い、どのように人生の方向キーをかえるのだろうか。

(注1) ペチカ：ロシアの暖炉

問 1 ①に入る言葉として適当なものはどれか。

1 またもやゴナカの人生に転機が訪れたのである。

2 ゴナカは厳しい人生の現実を知ることになるのである。

3 ゴナカは止むを得ず、自分の夢をあきらめたのである。

4 ゴナカの人生に初めてのチャンスがめぐってきたのである。

問 2 ②マイナス表示された、電気代の請求書が届くようになったのは、どうしてか。

1 改造の際、電気工事に誤りがあって、使用量が表示されない。

2 自家発電で発生した電気の量が使用した電気量より多かった。

3 家庭内で使用した電気の量が、作った電気の量より多かった。

4 発電機で作られた電気が、使用した電気の量より少なかった。

問 3 筆者はターニングポイントについて、どのようなものだと述べているか。

1 運命的なもので、人はそれに振り回されて生きるしかない。

2 人生の転換期で、特別な人のみに与えられた運命的なもの。

3 正面から受け止めることで、チャンスに変えることができる。

4 運命的な飛躍のきっかけで、 誰の人生にも一度きりしかない。

정답 문제 1 1　문제 2 2　문제 3 3

해석 누구에게나 인생에는 터닝포인트라고 불리는 전환기가 몇 번인가 찾아오는 법이다. 때로는 사람들은 그것을 운명이라고 부른다. 런던의 유명한 발레리노로서 이름을 날렸던 고나카는 그런 운명을 정면에서 받아들여 비약의 계기로 삼은 인물이다.

그는 대공연 전에 과도한 연습으로 부상을 당하고 말아서 어쩔 수 없이 공연은 중지. 쉬려고 친구와 아마존을 여행할 기회를 가졌다. 거기서 그는 너무나 망가진 아마존을 직접 목격하고서 지구의 환경보존을 위해 살기로 결심한다. 돌아온 그는 곧바로 발레를 그만두고 환경운동가가 되었다. 시민단체에 가입하여 몇 년이나 걸려서 시의원이 되었고 지역사회의 정치에 관여하는 바쁜 나날을 보냈다.

그러던 어느 날, 그의 어머니가 돌아가셨다. 어머니가 남기고 가신 것은 낡은 집 한 채뿐이었다. 너무나 낡은 집이었기 때문에 주변 사람들은 그 집을 재건축하거나 팔아버리기를 권했다. 하지만 그는 기억 속의 어머니의 모습이 남아있는 집을 처분하는 일 따위는 할 수 없어서 그 집을 수리하여 그곳에서 친환경적인 생활을 시작하기로 했다. (①또다시 고나카의 인생에 전환기가 찾아온 것이다.) 고나카는 정치활동을 일체 그만두고 집 수선에 전념했다. 공사현장에서 주워온 목재를 바닥에 깔고, 욕조를 만들었다. 소파도, 테이블도 의자도 버려진 것을 깨끗하게 고쳐서 재활용했다. 또한 전기와 온수를 만드는 태양에너지판과 빗물정화 시스템을 설치하여 가정용 풍력에너지 발전기를 지붕에 달고 벽난로를 설치했다.

이와 같이 개조한 집에서 살다 보니, 놀랍게도 ②마이너스 표시가 된 전기요금 청구서가 도착했다. 그뿐만 아니다. 물 소비량도 상당히 줄고 쓰레기는 1년에 고작 2회 버리고, 가스도 거의 사용하지 않았다.

이것이 화제가 되어 신문사와 방송국 취재가 끊이지 않았다. 지금까지도 집을 친환경적으로 설계하거나 시골에서 자연과 더불어 사는 사람은 꽤 있었다. 하지만 대도시에서 에너지 효율성도 없는 낡은 집을 개조한 사람은 고나카가 처음이었던 것이다.

발레리노에서 정치가, 지구 친화적인 집 만들기의 달인으로 훌륭한 변신을 이룬 고나카도 이제 50세를 넘겼다. 그는 지금부터 어떤 일을 만나서 어떻게 인생의 방향키를 돌릴지 궁금하다.

주1) 페치카 : 러시아 난로

문제 1 ①에 들어갈 말로서 적당한 것은 어느 것인가?
1 또다시 고나카의 인생에 전환기가 찾아온 것이다.
2 고나카는 힘든 인생의 현실을 알게 되는 것이다.
3 고나카는 어쩔 수 없이 자신의 꿈을 포기한 것이다.
4 고나카의 인생에 첫 기회가 찾아온 것이다.

문제 2 ②마이너스 표시가 된 전기비 청구서가 도착했다는 것은 왜인가?
1 개조할 때 전기공사에 잘못이 있어서 사용량이 표시되지 않는다.
2 자가 발전으로 발생한 전기량이 사용한 전기량보다 많았다.
3 가정 내에서 사용한 전기량이 만든 전기량보다 많았다.
4 발전기에서 만들어진 전기가 사용한 전기량보다 적었다.

문제 3 필자는 터닝포인트에 대해서 어떤 것이라고 이야기하고 있는가?
1 운명적인 것이며, 사람은 그것에 휘둘려서 살 수밖에 없다.
2 인생의 전환기이며 특별한 사람에게만 주어진 운명적인 것.
3 정면으로 받아들임으로써 기회로 바꿀 수가 있다.
4 운명적인 비약의 계기이며, 누구의 인생에나 한 번밖에 없다.

어휘 ターニングポイント 터닝포인트 | 転換期(てんかんき) 전환기 | 名(な)を挙(あ)げる 이름을 날리다 | 正面(しょうめん) 정면 | 受(う)け止(と)める 받아내다 | 飛躍(ひやく) 비약 | 人物(じんぶつ) 인물 | 公演(こうえん) 공연 | 過度(かど) 과도 | やむを得(え)ず 어쩔 수 없이 | 中止(ちゅうし) 중지 | 休養(きゅうよう) 휴양 | 荒(あ)れる 황폐해지다 | 目(ま)の当(あ)たりにする 직접 목격하다 | 市議員(しぎいん) 시의원 | 関与(かんよ)する 관여하다 | 一軒(いっけん) 한 채 | 建(た)て直(なお)す 재건축하다 | 売(う)り払(はら)う 매각하다 | 勧(すす)める 권하다 | 面影(おもかげ) (기억 속의) 모습 | 処分(しょぶん)する 처분하다 | 修繕(しゅうぜん) 수선 | 専念(せんねん)する 전념하다 | 現場(げんば) 현장 | 木材(もくざい) 목재 | 床(ゆか) 바닥 | 浴槽(よくそう) 욕조 | 温水(おんすい) 온수 | 雨水(あまみず) 빗물 | 浄化(じょうか) 정화 | 風力(ふうりょく) 풍력 | 発電機(はつでんき) 발전기 | 屋根(やね) 옥상 | ペチカ 벽난로 | 改造(かいぞう) 개조 | 請求書(せいきゅうしょ) 청구서 | 生産(せいさん) 생산 | 消費量(しょうひりょう) 소비량 | 話題(わだい) 화제 | 取材(しゅざい) 취재 | エコ志向(しこう) 친환경적 | 設計(せっけい) 설계 | 効率性(こうりつせい) 효율성 | 達人(たつじん) 달인 | 変身(へんしん) 변신 | 遂(と)げる 이루다 | 方向(ほうこう)キー 방향 키 | 転機(てんき) 전환기 | 誤(あやま)り 잘못 | 自家発電(じかはつでん) 자가발전 | 振(ふ)り回(まわ)される 휘둘리다

해설 **문제 1**

①에 들어갈 알맞은 문장을 고르는 문제이다. 글머리부터 인생의 전환기에 대한 이야기를 하고 있는데, 괄호 앞에서 정치활동을 하던 고나카가 어머니의 죽음을 계기로 낡은 집에서 친환경적인 삶을 살기로 결심했다고 한다. 괄호 이후에서는 정치활동을 그만두고 집 수선에 전념했다고 한다. 2번 힘든 인생의 현실을 알게 되는 일은 없으며, 3번 어쩔 수 없이 자신의 꿈을 포기한 것은 아니며 자신이 원해서 진로를 바꾼 것이고, 4번 이 일로 첫 기회가 찾아왔다고는 할 수 없다. 정답은 또다시 인생의 전환기가 찾아왔다고 한 1번이다.

문제 2

마이너스 표시가 된 청구서가 도착한 이유를 묻는 문제이다. 바로 뒤 문장에 사용한 전기보다 생산한 전기가 많아서 그렇다고 나와 있다. 즉 고나카 집의 자가발전으로 발생한 전기량이 사용한 전기량보다 많았기 때문이라고 한 2번이 정답이다.

문제 3

필자가 생각하는 터닝포인트가 어떤 것인지 묻는 문제이다. 첫 단락에서 운명을 정면에서 받아들여 비약의 계기로 삼은 고나카를 예로 들면서 인생의 터닝포인트에 관해 언급하고 있다. 1번 운명적인 것이지만 휘둘려 살 수밖에 없는 것은 아니고, 2번 특별한 사람에게만 주어지는 것이 아닌 누구에게나 주어지는 것이라고 했으며, 4번 인생에서 한 번밖에 없는 것도 아니다. 정답은 정면으로 받아들임으로써 기회로 바꿀 수 있는 것이라고 한 3번이다.

문제분석과 완벽대비법

〈주장이해〉 문제는 900자의 지문 1개와 지문에 달린 문제 3문항이 출제됩니다. '주장이해'라는 문제 유형의 이름에서도 알 수 있듯이, 필자가 어떤 주장을 하고 있는지, 어떤 이야기를 전달하고자 하는지를 이해하는데 중점을 두어야 합니다. 본문이 900자 정도이기 때문에 집중력을 발휘해서 장문의 글을 읽고 그 흐름을 파악하는 능력이 요구되지만, 기본적으로 글을 읽어나가는데 있어서는 앞서 나온 단문이해, 중문이해의 풀이요령과 크게 다를 바가 없습니다.

본문의 내용이 비교적 논리전개가 명확한 평론이라고 했으므로, 주로 도입부에서 화제를 제시하고, 이에 대한 일반적인 의견이나 예를 든 후에, 본인의 생각이나 주장을 펼쳐나가는 형식이 가장 일반적일 것입니다. 그 외에 다양한 형식의 본문이 출제될 가능성이 있지만, 가장 핵심은 필자의 주장을 펼쳐나가는 방법을 잘 따라가며 읽으면서 중심이 되는 내용이 무엇인지를 파악하는 것입니다. 그를 위해서는 접속사에 유의하면서 전후 관계가 순접인지, 역접인지도 잘 이해해야 하겠습니다.

어떤 개념이나 사물, 현상에 대해서 필자가 어떻게 바라보고, 어떻게 생각하고 있는지를 잘 이해해야 합니다. 그러므로 문제를 푸는 동안에는 나의 생각을 버리고 필자의 입장에 서서, 필자가 왜 그렇게 생각했는지, 그 이유를 생각해보는 것도 좋은 방법일 것입니다.

기출문제 분석

2010년 개정 이후의 〈주장이해〉 기출문제를 살펴보면, 인생관, 어떤 사물의 개념 정리, 처세술 등의 문제가 출제되고 있습니다.

기출 문제 보기

□□ 노력하는 과정을 즐기고, 시간도 투자하자

문제1 (　　)에는 필자의 인생에 영향을 끼친 말이 들어간다. 그것은 어느 것인가?

문제2 밑줄 친 ①부분의 이유는 무엇이라고 말하고 있는가?

문제3 필자는 노력에 대해서 어떻게 말하고 있는가?

□□ 기억력을 높이는 방법

문제1 필자는 밑줄 친 ①부분을 할 수 없었던 이유를 어떻게 생각하고 있나?

문제2 필자는 컴퓨터의 예를 들어서 무엇을 말하고자 하는가?

문제3 필자는 기억력을 높이기 위해서 어떻게 하면 좋다고 하는가?

□□ 기호(좋고 싫음)

문제1 왜 밑줄 친 ①부분과 같이 생각하는가?

문제2 필자가 이과를 선택한 이유는?

문제3 기호는 인간에게 있어서 어떤 것인가?

□□ 심플함에는 많은 고민이 녹아 있다는 글

문제1 이 글에서 중요한 것은 무엇인가?

문제2 필자는 일본문화를 어떤 것이라고 생각하는가?

문제3 뭔가를 만드는데 있어서 필자는 어떤 점이 필요하다고 말하고 싶은가?

□□ 인생을 어떻게 살아야하는지에 대한 글

문제1 밑줄 친 ①이 상황은 어떤 상황인가?

문제2 밑줄 친 ②사는 법은 이것밖에 없다는 말을 듣는 편이 사실은 편할지도 모른다고 하는데, 왜인가?

문제3 이 문장에서 필자가 가장 하고 싶은 말은 무엇인가?

05 | 問題14 정보검색 문제

문제 소개

問題14문제는 700자 정도의 정보문을 읽고 필요한 정보를 찾아낼 수 있는지를 묻는 〈정보검색〉 문제로, 1개의 지문에서 2문항이 출제됩니다.

문제 미리 풀어보기 및 풀이

問題 14

右のページは「あおい市民センター利用案内」文である。後の問いに対する答えとして、最もよいもの1·2·3·4から 一つ選びなさい。

問1 あおい市に住んではいないが市内で働いている人が、会員カードを作るとき何が必要か。

1 現住所が確認できるもの
2 職場の住所が確認できるもの
3 現住所と身分が確認できるもの
4 現住所と通勤先が確認できるもの

問2 会議室の予約に関する説明として正しいものはどれか。

1 会議室の予約は１ヶ月前までにしなければならない。
2 １週間前ならより安い部屋に変更した場合、差額が戻ってくる。
3 使用料金は全ての人が必ず窓口で現金で支払わなくてはならない。
4 ホールの予約をキャンセルする場合、１０日前までなら無料である。

あおい市民センター利用案内

☆ 会員カードの作り方

※ センターの各施設をご利用の際は、会員カードが必要です。

		会員カードが作れます
あなたは、あおい市にお住まいですか。	→ はい	運転免許証、パスポート、自分あての郵便物など現住所が確認できるものをお持ちください。
↓いいえ		**会員カードが作れます**
あなたは、あおい市に通勤または通学していますか。	→ はい	上記の現住所が確認できるものに加えて、学生証、社員証など通勤・通学先が確認できるものをお持ちください。
↓いいえ		

会員カードは作れませんが、イベントによっては
利用可能なものもあります。その際は、身分証提示。

☆施設の予約

ホールや会議室を利用するには予約が必要です。
予約は2ヶ月前から利用日の前日夜６時３０分まで申し込むことができます。
市民センターの窓口に置いてある「利用申し込み書」を提出してください。
(窓口：午前９時から午後９時)

お支払いについて：使用料は、申し込みの際または使用日当日の使用前までに、ご利用になる施設の窓口で、現金でお支払いください。なお、登録団体は、口座振替でお支払いいただくことも可能です。

利用のキャンセルと変更について：利用を取りやめる場合は、取りやめる時期によってキャンセル料がかかる場合があります。料金については以下の通りです。

キャンセル：ホール
利用日の１ヵ月前まで … 無料
利用日の１ヵ月以内 … 利用料金の全額
会議室
利用日の１０日前まで … 無料
利用日の５日前まで … 利用料金の半額
利用日まで４日以内 … 利用料金の全額

変更：使用日の前日まで、使用日・使用時間帯・使用室を１回に限り変更できます。なお、７日前までにお申し出いただいた場合、お支払いいただいた使用料の差額をお返しします。

정답 **문제1** 4 **문제2** 2

해석 **문제1** 아오이시에 살고 있지 않지만 시내에서 일하고 있는 사람이 회원카드를 만들 때 무엇이 필요한가?

1 현주소를 확인할 수 있는 것
2 직장 주소를 확인할 수 있는 것
3 현주소와 신분을 확인할 수 있는 것
4 현주소와 근무처를 확인할 수 있는 것

문제2 회의실 예약에 관한 설명으로서 올바른 것은 어느 것인가?

1 회의실 예약은 1개월 전까지 하지 않으면 안 된다.
2 1주일전이라면 보다 싼 방으로 변경했을 경우, 차액을 돌려준다.
3 사용요금은 모든 사람이 반드시 창구에서 반드시 현금으로 지불하지 않으면 안 된다.
4 홀 예약을 취소할 경우, 10일전까지라면 무료이다.

아오이 시민센터 이용 안내

☆회원카드 만드는 법
※센터의 각 시설 이용 시에는 회원카드가 필요합니다.

당신은 아오이시에 살고 있습니까?	→ 예	**회원카드를 만들 수 있습니다** 운전면허증, 여권, 자신 앞으로 온 우편물 등 현주소를 확인할 수 있는 것을 가지고 오십시오.
↓아니오		
당신은 아오이시에 통근 또는 통학하고 있습니까?	→ 예	**회원카드를 만들 수 있습니다** 위의 현주소를 확인할 수 있는 것에 덧붙여 학생증, 사원증 등 통근 · 통학하는 곳을 확인할 수 있는 것을 가지고 오십시오.
↓아니오		

회원카드는 만들 수 없지만 이벤트에 따라서는 이용 가능한 것도 있습니다. 그 때는 신분증 제시.

☆시설의 예약
홀이나 회의실을 이용하려면 예약이 필요합니다.
예약은 2개월 전부터 이용일 전날 저녁 6시 30분까지 신청할 수 있습니다.
시민센터의 창구에 놓여져 있는 '이용 신청서'를 제출해 주십시오.
(창구 : 오전 9시부터 오후9시)

지불에 대해서 : 사용료는 신청 시 또는 사용일 당일 사용 전까지 이용하시는 시설 창구에서 현금으로 지불해주십시오. 그런데 등록단체는 계좌이체 지불도 가능합니다.

이용 취소와 변경에 대해서 : 이용을 취소할 경우에는 취소 시기에 따라서 취소요금이 들 경우가 있습니다. 요금에 대해서는 아래와 같습니다.

취소 : 홀

이용일 1개월 전까지 … 무료
이용일 1개월 이내 … 이용요금 전액

회의실

이용일 10일 전까지 … 무료
이용일 5일 전까지 … 이용요금 반액
이용일까지 4일 이내 … 이용요금 전액

변경 : 사용일 전날까지 사용일 · 사용 시간대 · 사용장소를 1회에 한해 변경할 수 있습니다. 그리고 7일전까지 말씀해주셨을 경우에 지불하신 사용료의 차액을 되돌려 드립니다.

어휘 職場(しょくば) 직장 | 確認(かくにん) 확인 | 身分(みぶん) 신분 | 通勤先(つうきんさき) 통근하는 곳 | 変更(へんこう) 변경 | 差額(さがく) 차액 | 窓口(まどぐち) 창구 | 現金(げんきん) 현금 | 免許証(めんきょしょう) 면허증 | 提示(ていじ) 제시 | 口座振替(こうざふりかえ) 계좌이체 | 取(と)りやめる 취소하다 | 全額(ぜんがく) 전액 | 半額(はんがく) 반액

해설 문제 1

아오이시에 살지는 않지만 아오이 시내에서 일하는 사람이 회원카드를 만들 때 필요한 것이 무엇인지 묻는 문제이다. '회원카드 만드는 법'에서, '아오이시에서 살고 있나?'는 질문에서 '아니오'를 택한 후에, '아오이시에 통근 또는 통학하나?'는 질문에서 예를 선택하다. 그러면 '현주소를 확인할 수 있는 것에 덧붙여 학생증, 사원증 등'을 가지고 오라고 했으므로, 정답은 현주소와 근무처를 확인할 수 있는 것이라고 한 4번이다.

문제 2

회의실 예약에 관한 설명으로 올바른 것을 고르는 문제이다. '시설의 예약' 부분을 보면 된다. 1번 예약은 2개월 전부터 이용일 전날 저녁 6시 30분까지 신청할 수 있고, 3번 등록된 단체일 경우에는 계좌이체를 할 수도 있다고 했으며, 4번 홀 예약 취소는 1개월 전까지 무료이다. 정답은 1주일전이라면 변경했을 경우에 차액을 돌려준다고 한 2번이다.

문제분석과 완벽대비법

〈정보검색〉 문제는 1개의 지문에서 2문항이 출제됩니다. 〈정보검색〉에서는 700자 정도의 광고, 팸플릿, 비즈니스 문서 등의 정보문을 읽고 필요한 정보를 찾아내어 질문에 답합니다.

처음부터 모든 내용을 자세하게 읽을 필요는 없으며 전체적으로 어떤 내용에 관해 이야기하고 있는지를 제목과 더불어 살펴봅니다. 실생활 속에서 접할 수 있는 많은 정보지를 보고 필요한 정보를 정확하고 빨리 찾아낼 수 있는지를 알아보는 문제이므로, 큰 제목과 소제목을 훑어보면서 어느 부분에 어떤 정보가 쓰여 있는지 우선 파악해 놓습니다.

전체적인 내용을 한번 살펴본 후에 이번에는 질문문으로 눈을 돌립니다. 질문문에서 요구하는 정보가 무엇인지 정확하게 파악한 후에 이제는 해당 본문을 꼼꼼하게 읽도록 합니다.

문제에 관한 부분 이외는 시간 절약을 위해 별로 신경을 쓰지 않아도 되지만, 이 때 '*, 주1), 단' 이나, '기호, 밑줄, 주의, 접속사, 괄호'와 같은 부분의 내용이 정답과 관련된 경우가 있으므로 이런 부분은 반드시 주의 깊게 읽도록 합니다.

정보문이라고 하면, 전단지, 팸플릿, 신문이나 잡지, 인터넷의 광고, 안내문, 기관의 안내책자 등등 우리의 일상생활에서 흔히 접할 수 있는 문서들입니다. 우리가 일본어로 된 정보문을 쉽게 접하기는 어렵지만, 가장 손쉬운 방법 중의 하나는 일본의 유명 포털사이트 몇 군데를 즐겨찾기로 설정해 놓고 시간이 날 때마다 방문해 보는 것도 좋은 공부가 되리라 생각됩니다. 그리고 광고 등을 보게 될 경우에 그저 바라보기만 할 것이 아니라, 만약에 이런 조건으로 신청하다면 어떻게 될까? 라는 식으로 설정을 상정하거나, 자신의 경우에 대입해보면서 필요한 정보를 찾아내는 연습을 하면 많은 도움이 될 것입니다.

기출문제 분석

2010년 개정 이후의 〈정보검색〉 기출문제를 살펴보면, 어떤 시의 시민 세미나 안내, 어떤 대학에서 개최한 '유학생을 위한 취직 세미나' 안내, 해외 이삿짐 센터의 여러 가지 플랜 안내 등에 관한 문제가 출제되었습니다.

기출 문제 보기

□□ 시민 세미나 안내

문제 1 시민 세미나를 수강할 수 있는 자격이 있는 사람은 누구인가?

문제 2 세미나 신청법으로 알맞은 것은 어느 것인가?

□□ 유학생을 위한 취직 세미나 안내

문제 1 컴퓨터 관련 기업에 취직을 희망하는 학생은 당일에 어떻게 하면 되는가?

문제 2 세미나 참가자는 당일에 어떻게 해야 하는가?

□□ 해외 이삿짐 안내

문제 1 해외 이사 시에 급한 짐을 제외한 나머지 짐을 저렴하게 보낼 수 있는 플랜은 무엇인가?

문제 2 가족동반 첫 해외 이사 시에 일본어가 가능한 일꾼을 쓸 수 있는 플랜은 무엇인가?

□□ 관광 패스에 관한 글

문제 1 이 패스를 구입하려면 어떻게 하면 되는가?

문제 2 이 패스를 가지고 있으면 무엇이 가능한가?

□□ 사전 판매 홍보 글

문제 1 이 사전을 가능한 싸게 구입하고 싶은데, 예약방법과 대금 지불은 어떻게 하면 되는가?

문제 2 이 사전을 예약판매로 구입할 경우, 가격이 싸다는 것 이외에 이점은 무엇인가?

問題 10 次の文章を読んで、後の問いに対する答えとして、 最もよいもの1·2·3·4から 一つ選びなさい。

01

「成功する人」と「成功しない人」の一番の違いは何だろうか。私が今まで見てきた「成功する人」に共通する特徴は、「訪れたチャンスを逃さずにつかむ」ということである。突然チャンスがやってきた時に、とにかく思い切ってやってみるのである。失敗を恐れてためらったり、漠然(注1)といつかはと考えるだけでなかなかスタートできないでいると、いつまで経っても状況は変わらない。機会が訪れたとき、失敗への恐れや自分の欠点から逃げない人が「成功」をつかむことができる人となるのだ。

(注1) 漠然：ぼんやりとして、はっきりしないさま

問 筆者から見た「成功する人」の特徴はどんなことか。

1 いつか成功するだろうという意識を持ち続けている。
2 失敗を避け、確実につかめる成功の機会を待つことができる。
3 いい機会があると、それを見逃さずに積極的に行動する。
4 いいスタートを切るための方法を考え出すことができる。

02

嘘をつくのは悪いことだ。我々は幼い頃からそのように教えられ、それが当然のことだと思ってきた。しかし、全ての嘘が悪いわけではないということも我々は、経験上知っている。ある程度の嘘は円滑(注1)なコミュニケーションには必要で、逆に人々が本心しか話さないとなると、あちこちでけんかが起きてしまうだろう。

また、ある調査によると人は好意を持っている異性の前で最も多くの嘘をつくという。これは、相手をだますためと言うよりも、つい自分自身をよりよく見せるためのものであったり、相手の気分を害さないよう気遣うあまりに出てしまう結果だといえる。このように、嘘といってもいろいろあるようだ。

(注1) 円滑：物事がすらすら運ぶこと

問　筆者は嘘はどのようなものだといっているか。

1 よい人間関係を築くために必ず必要なものである。
2 嘘をつくことは人間としてよくないことである。
3 嘘をついても結局ばれてしまい、それがけんかの原因になる。
4 配慮の気持ちから出たものなど、許される範囲のものもある。

キャンペーンのお知らせ

以前より当ホテルでは、ご宿泊いただいたお客様にポイントカードを無料で発行してまいりました。このカードは１泊される毎に１ポイントを差し上げ、10ポイントたまりますと、１枚に付き1泊分の宿泊料金をサービスするものです。それがこの度、さらにお得なキャンペーンといたしまして、6月から9月までの間、お友達をお一人ご紹介していただくと、お友達はもちろん、会員様にも1ポイント差し上げます。この機会に、たくさんのお友達のご紹介をお願いいたします。

問　キャンペーンとはどういう内容か。

1 友達を紹介すると、自分は１泊無料でホテルに宿泊できる。
2 友達を紹介すると、自分も友達も１ポイントためることができる。
3 ６月から９月までの間なら、ポイントカードを無料で発行できる。
4 10ポイントためると、自分も友達も１泊ホテルに無料で宿泊できる。

04

大学の入試では毎年多くの優秀な受験生たちが医学部を志願します。これは医者という職業が安定して高収入が得られるという理由のみならず、人の命を助ける尊い仕事であり、社会的にも必要とされ、やりがいを感じることができるためでもあるでしょう。

彼らには卒業後、医者になろうとした最初の気持ちを忘れず、個人的な成功や名誉のためだけではなく、医療技術や医療界全般を発展させたいという使命感を持った人物に成長してほしいと思います。

問 筆者は医者に対してどんなことを望んでいるのか。

1 医学部を卒業するその日まで優秀な成績を保ってほしい。
2 個人の生活よりは医学界の発展のために働いてほしい。
3 収入にこだわらず、やりがいのある仕事を続けてほしい。
4 初心を忘れず、医療に貢献できる人材に育ってほしい。

05

バリ島のお葬式は悲しみとはかけ離れ、まるで祭りのような雰囲気があり、この儀式を見に行く観光ツアーさえある。ここの住民たちにとって、死は苦しみに満ちていた身と心を安らかにしてくれるものである。そして、火葬(注1)という燃焼(注2)の行為を通してはじめて、魂(注3)は肉体から解放されると信じられているため、お葬式に参加した人々の顔は喜びと微笑みで満ちている。黒い喪服を着て悲しみに沈んでいる私たちのお葬式とはまるで対照的なのである。

(注1) 火葬：死体を火で焼く葬法
(注2) 燃焼：燃えること
(注3) 魂：こころ。精神

問 バリ島のお葬式はどうだと言っているか。

1 黒っぽい衣装を着、亡くなった人を懐かしみながら静かな雰囲気で儀式を行う。
2 死は苦しみのはじまりであるので、亡くなった人のことを思い悲しみを全身で表現する。
3 死ぬことによって苦しみから解放されると信じ、亡くなった人のために喜びを表現する。
4 亡くなった人から、これ以上苦しめられないで済むと考えるため、笑顔で満ちている。

問題 11 次の文章を読んで、後の問いに対する答えとして、 最もよいもの1･2･3･4から 一つ選びなさい。

01

夏バテ防止の食べ物といえば、誰もがウナギを思い浮かべるだろう。体が弱った時にウナギを食べる習慣は日本では大変古く、奈良時代(注1)までさかのぼる。この時代に作られた詩集『万葉集』(注2)に当時の人たちが栄養をつけるためウナギを食したことが分かる歌があるのだ。このようにウナギは古くから①日本の食文化に深い関わりを持つ魚なのである。

江戸時代(注3)には、夏の「土用の丑の日」(注4)にウナギを食べるという習慣が始まり、現在まで続いている。この日は、現在の暦(注5)で言うと7月の下旬に当たる。暑さが厳しくなり、夏バテする人も出始めるこの頃に、各種ビタミンをはじめ、脂肪もたんぱく質も豊富に含まれているウナギを食べる習慣が出来上がったことは、②すばらしい先祖の知恵だといえる。

ところで、このウナギの調理法だが、関東地方と関西地方ではかなり違う。最も大きな違いは裂き方で、関東では背中を裂くのに対して、関西では腹を開く。これは、武家社会の江戸は「腹を切る」と言うと「切腹」を連想するので縁起が悪い(注6)と考え、商人の町大阪では「腹を割って(注7)正直に話し合い、商売をするのがいい」と考えたからだと言う。このような話が伝わっているのも、うなぎが長い間人々に親しまれてきた証拠であろう。

(注1) 奈良時代：日本の710年から794年までの時代
(注2) 万葉集：奈良時代に作られた日本最古の歌集
(注3) 江戸時代： 日本の1603年から1867年までの時代
(注4) 土用の丑の日： 土用（立秋の前18日間）のうち、十二支が丑の日
(注5) 暦：カレンダー
(注6) 縁起が悪い： よくないことが起こりそうなこと
(注7) 腹を割る： 本心を打ち明けること

問1 ①日本の食文化に深い関わりを持つ魚とはどういうことか。

1 ウナギは古くから日本に多く生息していた。

2 ウナギは日本の昔話にも登場し、親しまれてきた。

3 ウナギの調理法は昔から日本全国で研究されてきた。

4 ウナギの栄養価は以前から知られ、食べられてきた。

問2 ②すばらしい先祖の知恵とはどういうことか。

1 ウナギのおいしい食べ方を知っていた。

2 ウナギの効果的な食べ方を知っていた。

3 ウナギによる病気の治療法を知っていた。

4 ウナギを食用以外にも多く活用してきた。

問3 ウナギの調理法が関東と関西でどのように違うのか。

1 関東ではウナギが縁起の悪いものと考えられていた。

2 関東ではウナギとはいえ、腹を切ること自体を嫌った。

3 関西ではウナギの腹を開く方がおいしいと考えられていた。

4 関西ではウナギの背中を裂くと商売に失敗すると考えていた。

02

歴史上、最強の軍隊は何と言ってもモンゴル軍と言えるだろう。戦闘力はもちろん、客観的な数値である征服地の広さは群を抜いており、征服までにかかった期間もかなり短い。

ところが、そんなモンゴル軍の数はわずか10万人あまり。実に少ない数で①アジアとヨーロッパを激しく揺るがした。なぜモンゴル軍はこれほど強かったのだろうか。

その理由として挙げられることは、まず、モンゴル軍は死を恐れないということだ。戦死した者は英雄になると考えられており、戦いの中で死ぬことを光栄に思ったのである。また、彼らは戦場に家族連れで向かった。すぐ後ろに愛する家族がいるのだから、死に物狂いで戦うしかない。

そして、最後に忘れてはならないのが馬である。兵士には一人当たり10頭もの馬が与えられたので総数でいうと100万大軍となる。これにより、兵士の少なさを克服した。また、乗っていた馬が疲れてくると、次々と他の元気な馬に乗り換え、突進し続けることにより、敵の不意をつく速さで戦場に到着し、攻撃をすることができた。このようにして、彼らは驚異的な破壊力と機動性を発揮し、わずかな人数であるにも関わらず、歴史の舞台へと躍り出てきたのである。

問1 ①アジアとヨーロッパを激しく揺るがしたというのは、どういう意味か。

1 大軍の移動で大地が震えるほどであった。

2 憧れのモンゴル軍の登場により心が揺れ動いた。

3 世の中に驚きと恐ろしさを呼び起こした。

4 馬に乗って走っていると体がつい揺れてしまう。

問2 モンゴル軍が最強の軍隊になりえた理由として合っているのはどれか。

1 家族と共に死ぬことを恐れなかったから

2 旅先で死ぬことは光栄なことだから

3 弱ってしまった馬を食糧にしたから

4 馬を使うことで弱点を克服できたから

問3 モンゴル軍にとって馬はどんな存在だったのか。

1 軍の戦力を倍増してくれる力強い存在

2 いくらでも代用品がある使い捨てできる存在

3 戦場で自分の代わりに戦ってくれる存在

4 家族のように大切に思い、守るべき存在

03

心理学は心の様々な働きを研究する学問で、人の行動を科学的に探求するものです。その中で色彩心理学は、色を通して科学的に心の動きを知り、さまざまな心の問題を解決することに役立っています。色によって人がどんな影響を受けるのかを知れば、色に振り回されることも少なくなり、自分自身ももっと効果的に色を活用することができます。

また、人がどの色を好み、どの色を嫌うかで心の基本的な性格も分かります。人と色の関係に詳しくなれば、人そのものの行動や性質が見えてきます。さらに、①色を使って誰か他の人の心を動かすこともできるのです。

近年、この色彩心理が多くの分野で活用されるようになっています。たとえば、店舗が効率よく人を集客し、販売を促進させ、回転率を上げることなどに活用されています。また、商品パッケージの色は商品のイメージ向上や購入の動機づけにもなり、看板やチラシの世界にも浸透しつつあります。このように身近なところで広く活用されているので、みなさんも知らず知らずのうちに、これらに動かされていたかもしれません。このような色による心の動きを知れば、②これまで見えなかったものが見えてきます。

問1 色彩心理学とはどのようなものか。

1 人の心の様々な働きを研究する学問

2 人の好みと性格を色で表現する学問

3 色と人間の心の関係性を研究する学問

4 色で科学分野の問題を解決する学問

問2 ①色を使って誰か他の人の心を動かすこともできる例として合っているのはどれか。

1 体を細く見せるために、暗い色の服を着る。

2 好きなインテリアカラーとして茶色系を挙げる人が多い。

3 結婚式の時、新婦は白いウェディングドレスを着る。

4 色鉛筆は普通、12色がセットになって売られている。

問3 ②これまで見えなかったものとは、どういうものか。

1 色が人に与える影響

2 色と科学的な問題の関係

3 きれいな色とそうでない色

4 人間の複雑な心理状況

問題 12 次の文章は、相談者からの相談と、それに対するAとBからの回答です。 三つの文章を読んで、後の問いに対する答えとして、 最もよいもの1・2・3・4から 一つ選びなさい。

相談者

成人式の振袖(注1)や出席のことで悩んでいます。近所の呉服屋(注2)さんに行って、レンタルの振袖を見せていただき、いいなと思ったものが約20万。あまりに高いので、ネットでレンタルを探したら、5万円あたりのものも見つかりました。

成人式にかかる費用は親からは出してもらえず、全て自分でバイトしてためたお金です。たった1日のために大金が飛んでしまうのはもったいない気がします。でも「ネットレンタルの安いのはどうなんだろう?」といろいろ考えてたら、成人式に出るのがどんどん面倒になってきてしまいました。成人式に参加しないと、いつか後悔するものなのでしょうか。

(注1) 振袖 :丈の長い袖のついた、未婚女性の礼装用の着物
(注2) 呉服屋 : 着物などを扱う店

回答者A

私も最初は成人式に行かないって決めていました。人は多いし、学生時代に良い思い出がなかったので皆に会いたくなかったし…。でも結局、行きつけの美容院で着付けとヘアメイクをやってもらって行きました。その日に写真も撮ってもらいました。成人式に行かず写真も撮らなかったら、後々後悔する人が多いみたいです。なるべく行った方が良いと思います。

回答者B

ネットレンタルでもいいと思います。振袖ってよほど着物が好きな人でないとあまり着る機会がありません。私は大学の大切なテストの前日が成人式で、どうしても出席できませんでした。それについては特になんとも思っていません。でも写真は是非撮っておいて下さい。私は写真さえ撮ってなくて、20代の振袖姿を残せなかったことを今になってとても残念に思っています。

問1 相談者はどんなことで悩んでいるのか。

1 成人式に似合う振袖とはどんなものなのか。

2 振袖のレンタルをネットで済ませてもいいのか。

3 成人式に高い費用をかけてまで出席すべきかどうか。

4 成人式に出席できない場合にはどうすればいいのか。

問2「相談者」の相談に対する回答ＡとＢについて、正しいのはどれか。

1 Ａは、成人式には行かなくても写真は撮った方がいいと言っている。

2 Ｂは、成人式に何もしなくても特に後悔することはないと言っている。

3 ＡもＢも、振袖を着て写真を撮っておいた方がいいと言っている。

4 ＡもＢも、振袖は着なくても写真は撮った方がいいと言っている。

問題 12 次の文章は、相談者からの相談と、それに対するAとBからの回答です。 三つの文章を読んで、後の問いに対する答えとして、 最もよいもの1·2·3·4から 一つ選びなさい。

相談者

私は今大学3年で、最近、就職について真剣に考えるようになりました。そこで、好きなことを仕事にしてもいいものか悩んでいます。例えば、テレビが好きだからといって、放送局を就職先に選んでしまってもいいのでしょうか。趣味は趣味で置いておくべきのような気もするし、好きじゃないと仕事を続けていくのは無理なような気もします。

回答者A

私は、趣味に関係する仕事を探すことに賛成です。働く期間や時間はとても長いので、少しでも好きなことに関わることを選んだ方が楽しく仕事ができますし、興味を持ち、自分に向いていると思うことであれば、仕事の成果も上がるはずです。それに、どんな仕事でもつらいことはあります。それでも好きだという気持ちがあれば、嫌なことも乗り越え、やり遂げることが出来るように思います。

回答者B

自分の本当に好きなことを仕事にできる人というのは幸せでしょう。世の中には、好きでもない仕事を仕方なくこなしている人も多いはずです。ただ、いくら好きなことでも、仕事としてしているうちに、つらいことや嫌なことは必ずあります。それでも続けるという「覚悟」がなければやっていけません。それに、仕事をしなければ知らずに済んだ、その世界に関する嫌な面に気づいてしまう場合もあります。そのせいで、もともとの趣味を楽しむ気持ちや情熱が薄れてしまうことも考えられます。その職場についてもっとよく調べ、自分がやっていけるのかをよく考えながら仕事選びをしてみてはどうでしょうか。

問1 Aは、なぜ趣味を仕事にすることを勧めているのか。

1 一度しかない人生を楽しまなければいけないから

2 好きな仕事に就くことは、とても幸せなことだから

3 長く続けるためには、好きなことである方がいいから

4 その世界の現実を知ることは、趣味生活に必要だから

問2 AとBの意見について、正しいのはどれか。

1 Aは情熱が冷めることがあっても、挑戦してみるべきだと述べている。

2 Bは好きなことであれば、仕事のつらい部分も克服できると述べている。

3 Aは趣味を仕事にすることは賛成だと述べ、Bはせっかくの趣味が嫌になる可能性があるので反対だと述べている。

4 Aはつらいことも好きなら乗り越えられると述べ、Bは好きなことでも嫌な面もあるので覚悟が必要だと述べている。

問題 12 次の文章は「ストレス」に関する記事の一部です。 二つの文章を読んで、後の問いに対する答えとして、 最もよいもの1·2·3·4から 一つ選びなさい。

03

A

スポーツをして、筋肉を使えばたまったストレスは発散できます。カラオケに出かけて、自分の感情と似たような曲を選んで歌えば、感情は静まっていきます。怒りの気持ちを吐き出したい時は叫べばいいし、悲しい時に、悲しい映画を見て涙を流せば、気持ちは癒されます。

とにかく重要なことは、感情を自分の中にためずに外に出すことです。そうすれば、あなたの気持ちが収まるのと同時に、周囲の人に自分の感情を伝えることができます。もしかすると、それを見ている誰かが、助けてくれるかもしれません。

B

現代社会において、一切のストレスを感じないでいられることは不可能に近いでしょう。とはいえ、たまったストレスをうまく発散・解消することができれば、多少のストレスがあっても問題はありません。ただ、ストレスに弱い人というのは、ストレスを発散することがうまくできない場合が多いのです。ストレス発散と言うと、まずはしゃべる、歌う、身体を動かすというような、外に発散するようなことが思い浮かびます。また、他にも、リラックスしたり、コリをほぐす(注1)ような方法が考えられます。心のストレス解消には、楽しいことや夢中になれることや安らげる時間などが大切になります。方法はいろいろありますが、自分に合った、自分に効くストレス発散法をいくつか身につけることができたら、ストレスに強くなりずいぶんと楽になります。

(注1) コリをほぐす：筋肉がかたくなって重く感じられる部分をやわらかくすること

問1 ＡとＢに共通して述べられていることは何か。

1 ストレスの発散の必要性

2 ストレスが心身に及ぼす影響

3 ストレスの原因を排除する方法

4 ストレスの原因を理解する必要性

問2 ＡとＢではストレスがたまっている人に、どのようにアドバイスをしているか。

1 Ａでは、効果的なストレス発散法を身につけることが大切だと述べている。

2 Ｂでは、ストレスの原因を排除することが大切だと述べている。

3 ＡもＢも、ストレスをためないことが何より重要だと述べている。

4 ＡもＢも、ストレスを外に出すことで周りの誰かが助けてくれると述べている。

問題 13 次の文章を読んで、後の問いに対する答えとして、 最もよいもの1・2・3・4から 一つ選びなさい。

01

私は長年、数学の教師をしています。少し前まで私の授業の学生はいつもつまらなそうで、時には堂々と寝てしまう学生もいました。最初は、「数学」というものは興味のない人にはおもしろくないものだから…という諦めがありました。しかし、実際には学生の心をつかみつつも、分かりやすく授業をしている教師もいます。そこで、①なんとかならないかと、様々な努力をし、試行錯誤を繰り返していく中で、あることに気づきました。

それは、「話し方」次第で、面白くもつまらなくもなるということです。どんなに教えている内容がすばらしくても、同じ表情、同じトーンでずっと話されては、聞いている方は眠くなってしまいます。聞き手は話の内容よりも、話す人の声、話し方、表情に大きな影響を受けるそうです。ということは、授業においても、教える側の「話し方」の工夫が非常に重要となってきます。

では、テンションを高くし、絶え間なくおもしろい話をすればいいかと言うとそうでもありません。元気よく始めると、最初はインパクトがあるかもしれませんが、それも最初の5分だけ。逆に、だんだん速いテンポに疲れを感じ、最終的には眠ってしまうのです。こちらがのどをからして一生懸命話しているのに、学生は寝てしまう…②これが現実でした。

その過程で分かったことは、人の集中力は、せいぜい20分ほどだということです。ですから、長時間同じ事を続ければ、あきるのは当然です。そこで、このリズムに合わせ、テンションをあげたり下げたりと緩急をつけていく[注1]ことで、長時間、聞き手の気持ちをつかめることに気が付いたのです。

また、その際に重要なのが、話す際の間と抑揚です。カリスマ政治家やお笑いタレントなど話の達人といわれる人たちは、この間と抑揚が絶妙です。例えば、最初にぱっと短いインパクトのあるフレーズを聴衆に浴びせることで聞き手の注意をひきつけ、その後はゆっくりと「間」を取りながら相手の心に入っていくやり方です。

とにかく、何事にもバランスが大事ですが、これは話術にも当てはまります。話し方を工夫するようになってから、授業を聞く学生たちの眼差しが変わり始め、今では居眠りする学生はいなくなりました。

(注1) 緩急をつける： 速度を調節すること

問1 ①なんとかならないかと言うのはどういうことを指すのか。

1 お笑いタレントのような話術を身につける。
2 学生に興味を持ってもらえるような授業をする。
3 数学に興味のある学生だけを対象に授業をする。
4 学生の心をつかめる教師に授業を代わってもらう。

問2 ②これが現実でしたと言うのはどういうことか。

1 テンションを高くしても、授業中に眠くなってしまう。
2 話し方を工夫し、おもしろい話をしても、笑ってくれない。
3 いくらおもしろい話をしても、それが続くとあきられてしまう。
4 どんなに内容がすばらしくても、聞いている人には理解できない。

問3 筆者の考えるよい「話し方」とはどのようなものか。

1 インパクトのある人の心をひきつける話し方
2 ゆっくりと相手の心に入っていける話し方
3 同じトーンを維持し、相手を疲れさせない話し方
4 話すテンポや間の取り方のバランスがいい話し方

02

私たちはこれまで読んだ本のことをどれだけ覚えているだろうか。たとえば、読んだ本に関する次のような質問に答えることができるだろうか。「その本にはどんなことが書かれていたか」「どんな影響を受けたか」「どういう点がよかったのか」…改めて考えてみると、なかなか難しいものである。

人というのは忘れやすい動物なのだ。実際に体で体験したこととなると、それなりに覚えているものの、名前や電話番号を始め、人から聞いた話、読んだ文章となると数日後にはきれいさっぱり忘れてしまうものである。

せっかく苦労して本を読んでも、結果として内容を覚えていないのでは意味がない。それでは読んでないのと同じである。それに対し、全部忘れたわけではなく、全体のうちのいくらかは頭に残っているし、はっきりとした内容は覚えていなくても、きっと何らかのかたちで自分に影響を与えているはずだと反論する人がいるかもしれない。しかし、それはどう考えても無理がある。全体のうち、ほんの一部を覚えているだけでは効率が悪すぎる。それに、何かしらの影響というのもあまりにも曖昧である。

では、どうしたら、ただ読むだけで終わらず、本から得た知識を生活や人生に生かすことができるのだろうか。それは、まず読む本をしっかりと選ぶことから始まる。これまで、話題になっているからという理由だけで、なんとなく本を選んでいなかっただろうか。日頃から、本につながる情報を探しておき、自分に本当に必要な「読むべき本」、「読みたい本」を慎重に選ぶようにすることが大切である。

そして、そのようにして選んだ本から自分なりに何かを学ぼうという目的意識を持ち、学んだ点はしっかりとノートに書き付けておくことである。何冊読むとかといった多読や、一冊をどのくらいの早さで読むかという速読は、①この観点から言うと、どうでもいいことである。時間がかかっても、メモに残し、後で参照できるようにしておくことがとても重要である。そうすれば、読んだ後でも、内容を忘れることなく、自分のものにすることができるし、何度でも感動がよみがえる。②一冊の本と濃密な関係を築くことができるのである。

問1 筆者がこの文章で一番言いたいことはどんなことか。

1 本は読めば読むほど、自分の人生を豊かにしてくれるものである。
2 本はただ読めばよいものではなく、選び方と読み方が重要である。
3 読書は何らかのかたちで、自分の人生によい影響を与えてくれる。
4 人は何でも忘れてしまうので、忘れないようにする努力が重要だ。

問2 ①この観点というのはどういう意味か。

1 いかに効率的に本を読めるかどうか。
2 いかに多くの本を短期間で読めるかどうか。
3 いかに本の内容を人生に生かせるかどうか。
4 いかに本の内容を正確に覚えられるかどうか。

問3 ②一冊の本と濃密な関係というのはどのようなものか。

1 本の内容や感動がいつまでも残り、自分の人生にしっかりと適用できること
2 じっくり選んだお気に入りの本を、何度も繰り返し読みつづけること
3 読んだ内容が、いくらか頭に残り、人生に何かしらの影響を与えてくれること
4 より早く効率的に読み進めることで、できる限り多くの本と関係をもつこと

03

脳は起きているのに、体は眠っている状態のことをレム睡眠といい、夢を見るのはこのレム睡眠の時だと言われています。睡眠中、このレム睡眠は周期的に何度かにわたり発生し、合計すると一晩に2時間ほどになります。つまり、覚えているかいないかは別にして、人は寝ている間に映画一本分くらいの夢を見ているものなのです。

そもそも、人はなぜ夢を見るのでしょうか。夢は無意識のうちにたまった①「欲求不満の表れだ」と言う人もいます。ダイエット中に、おいしいケーキをお腹一杯に食べて幸せに浸る夢を見たり、何年も恋人がいない人が、理想的な相手と楽しくデートをする夢を見たりします。こうした夢は、その人の欲求不満がもとになって夢に表れたと考えられます。

人間の心は、「顕在意識」という、自分で意識できる部分と、自分ではまったく意識していない「潜在意識」という部分の二つに分けられます。顕在意識では脳がストップをかけていた行動を、潜在意識の中で思い切って実行してしまった、というのがケーキの夢の例です。また、デートの夢の例では、プライドの高さや、日常生活の忙しさなどで 正面から向き合ってこなかった、自分自身の正直な気持ちを夢と言うかたちで潜在意識が教えてくれているのです。普段は意識的に考えないようにしていても、心の奥底ではやはり寂しいと感じているのです。

しかし、②すべての夢がこうした欲求不満の表出なわけではありません。人は日常生活を送っていく中で、多くの人と言葉をかわしたり、新聞、テレビ、雑誌などから膨大な情報を日々吸収しています。潜在意識の中にある膨大な情報のうちの一部が、何かのきっかけで夢に登場していると考えられています。

レム睡眠の時に夢を見ることによって、人間は一日に収集した膨大な情報を整理し、記憶として保存する必要があるものとないものに分類していると言われています。睡眠時間が長くなると当然レム睡眠も長くなり、情報の整理に使える時間が長くなります。ストレスの原因になるいやな出来事も、一晩寝るとスッキリするのは、レム睡眠の間に、そうした不愉快な情報は自分が楽しく生きていくには不要だ、と脳が判断して記憶に定着させないようにしているためと考えられます。

問1 筆者が述べている夢について正しいものはどれか。

1 覚えていなくても、睡眠中に誰もが何度か見るもの
2 一晩に一度見る、映画のようなストーリをもつもの
3 欲求不満がある場合に、一晩に何度も意識に現れるもの
4 脳は休んでいるのに、体が目覚めている状態で見るもの

問2 夢は①「欲求不満の表れだ」と言う人がいるのはなぜか。

1 夢とは顕在意識からのものと潜在意識からのものの二つの部分に分類されるから
2 夢の中では潜在意識の中で邪魔をしていた理性やプライドから、解放されるから
3 夢とは顕在意識で止められていた欲求が、潜在意識の中で表出されたものだから
4 普段、意識的に考えようとしていた問題の続きが夢になって現れてくるものだから

問3 ②すべての夢がこうした欲求不満の表出なわけではありませんとあるが、筆者は他に夢にはどのような働きがあると述べているか。

1 日常生活で感じるストレスの原因を除去し、解決してくれる働きがある。
2 生活の中で接した多量の情報から必要なものを取捨選択する働きがある。
3 毎日の生活をより楽しくかえていくための方法を教えてくれる働きがある。
4 生活に必要な膨大な情報を収集し、記憶として脳へ定着させる働きがある。

問題 14 右のページは「あおい市春の絵画大会」の案内文である。後の問いに対する答えとして、 最もよいもの1·2·3·4から 一つ選びなさい。

01 **問1** 絵画大会の説明として、正しいものはどれか。

1 予選と本選の主題は、両方とも自由である。

2 本選参加者は、予選通過者とその家族500人である。

3 受賞作は全作品が市役所のギャラリーに展示される。

4 授賞式には、入選受賞者は参加しなくてもいい。

問2 本選の当日に注意すべきこととして、合っているものはどれか。

1 本選では、ポスターやデッサンを描いてはいけない。

2 当日描いた作品なら何作品でも出品することができる。

3 家族は同伴できないので、終わるまで外で待ってもらう。

4 参加者の持ち物は、お昼、絵の具、画用紙などである。

あおい市　春の絵画大会

◆ 共通事項
参加対象：幼稚園児(満５歳)～高校生
作品の種類：制限なし(但し、ポスターとデッサンは不可)

◆ 予選作品の公募
応募期間：3月１日～4月１日　　参加方法：直接訪問、あるいは郵便
予選発表：４月15日、あおい市のホームページで(500人)
作品の主題：自由

◆ 本選大会
日時：4月25日　10：30～15：00　　場所：あおい市立中央公園内
参加者：予選に通過した500人とその家族　　参加費：無料
作品の主題：当日発表
持ち物：お昼、描く材料(クレヨン・パステル・水彩絵の具・鉛筆など)
(＊画用紙は公園でお配りします)

◆ 受賞および授賞式
受賞発表：5月３日、あおい市のホームページ及び個別通知
授賞式：5月13日　14：00
場所：市役所５階の講堂
出席対象：銅賞以上の受賞者50人とその家族

◆ 受賞の内容

区分	幼稚園児部	小学生部	中学生部	高校生部
大賞	１名	１名	１名	１名
金賞	１名	１名	１名	１名
銀賞	３名	３名	３名	３名
銅賞	10名	10名	５名	５名
入選	50名	50名	20名	20名

◆ 受賞作品の展示会
期間：5月13日～７月15日
場所：市役所１階のギャラリー
展示作品：銅賞以上の受賞作50点

◆ その他
お問い合わせ及び郵便での申し込み先は、市役所の「あおい市 春の絵画大会」まで。
予選作品と本選作品は一人当たり一作品のみ出品できます。
大会当日は、中央公園周辺道路の混雑による渋滞が予想されますので、なるべく電車やバスをご利用ください。

問題 14 右のページは「みらい大学学生寮 」の案内文である。後の問いに対する答えとして、 最もよいもの1·2·3·4から 一つ選びなさい。

02 **問1** 寮費の説明として正しいものは？

1 寮費に電気代や水道代は含まれていない。

2 寮費は、毎月45,000円を毎月の月末に支払う。

3 一日の食材費は一日2食だと480円×２＝960円になる。

4 入寮費・寮費・食費は一括で払わなければならない。

問2 学生寮での生活において正しいものは？

1 帰省・外泊をした場合は、後で届出を出せばいい。

2 朝食は、1限が始まる9時前までならいつでも利用できる。

3 寮には夜の11時までに帰って来なければならない。

4 浴室は一人で使えるが、洗濯機や冷蔵庫は共同で使う。

みらい大学学生寮

みらい大学学生寮は、大学生活の便宜を図り、共同生活の中で思いやりと協調性を養うことを目的としています。ここでの出会いが、あなたの新しい生活を充実したものにしてくれることでしょう。

★ 寮設備
鉄筋コンクリート造り11階建て
総180室（ワンルームタイプ）
洋室　約25平方メートル
<各室内備品>
照明器具・机・椅子・エアコン・ベッド・ミニキッチン・冷蔵庫・電子オーブンレンジ・3点ユニットバス・クローゼット・シューズボックス・ＴＶ端子・インターネット可能
<共有備品>
洗濯機・アイロン・掃除機

★ 寮費
<入寮費>　100,000円（入寮時のみ）
<寮費>（月額）45,000円
＊納入は年額に直し年2回払い（前期4月末日・後期9月末日まで）
＊電気代・ガス代・水道代は自己負担
＊その他：（年額）2,000円（各種事故保険）
<食費>
食材費：1日2食（朝・夕）480円（＊月初めに当月分を徴収）
食堂運営費：（年額）120,000円（＊年2回払い/前期4月末日・後期9月末日に大学生活協同組合へ納付）

★ 一日のスケジュール
朝食　07:00〜08:30（平日）　08:00〜09:00（土日祝）
夕食　18:00〜21:00
門限　23:00

★ その他
休み中、及び特別行事に関する日課は、別に定めます。
帰省・外泊をする場合は、事前に届出が必要です。
入寮期間は基本的に2年です。追加募集は空室分のみです。希望者多数の場合は入寮生を選考しますので、全員の入寮をお約束するものではありません。
詳細については、学生生活課へお問い合わせください。

問題 14 右のページは「 ABC海外留学フェア」の案内文である。後の問いに対する答えとして、最もよいもの1・2・3・4から 一つ選びなさい。

03 **問1** 山田さんは、アメリカへの留学を考えている。このセミナーでは留学費用に関する相談をしたいと思っている。山田さんはどうすればいいか。

1 個別相談の申し込みをした上で、13時に2階の201号室に行く。
2 個別相談の申し込みをした上で、13時に3階の301号室に行く。
3 奨学金の申し込みをした上で、13時に2階の201号室に行く。
4 個別相談の申し込みをせずに、13時に3階の301号室に行く。

問2 この留学フェアの参加者は当日どうしなければならないか。

1 全てのプログラムに必ず参加しなければならない。
2 全員、事前の予約をしておかなくてはならない。
3 筆記用具は自分で準備しなくてはならない。
4 具体的な留学計画を立てておかなければならない。

ABC海外留学フェア

この度、ABC機構では、海外留学を希望する方のためのイベントとして「海外留学フェア」(入場無料)を開催いたします。留学に興味関心がある方、留学の体験談を聞いてみたい方、ご家族・生徒さんなどのために話しを聞いておきたい方など、積極的に参加してください。

＜日時＞

10月30日(土) 午前10時～午後５時

＜参加対象＞

留学に興味関心がある方は誰でも

＜プログラム＞

第1部　留学準備の進め方について[講師：ABC機構　留学担当者]
　　留学の意義、留学前にしておくべきこと、留学先選びから出発まで。

第2部　留学経験者からのメッセージ

第3部　個別相談

①国別の説明
各国大使館・教育関係機関などの担当者が個別の留学相談に応じ、ビザの手続き，留学の制度・手続きなどについてご説明します。

②留学費用の相談
- 海外留学にかかる費用
- 奨学金の情報収集方法
- 学生支援機構の奨学金制度
- 留学ローンの種類
- 留学体験談・質疑応答

をご説明し、個人別に相談、質問にお答えします。

※奨学金等、留学資金のお申し込みは当説明会では受け付けておりません。

＜時間と会場＞

<table>
<tr><th></th><th>時間</th><th colspan="3">会場</th></tr>
<tr><td>第1部</td><td>10:00～10:50</td><td colspan="3">1階　大会議室</td></tr>
<tr><td>第2部</td><td>11:00～11:50</td><td colspan="3">1階　大会議室</td></tr>
<tr><td>休憩</td><td colspan="4">12:00～13:00</td></tr>
<tr><td rowspan="4">第３部</td><td rowspan="4">13:00～17:00</td><td rowspan="3">①</td><td>英語圏</td><td>2階　201号室</td></tr>
<tr><td>アジア圏</td><td>2階　202号室</td></tr>
<tr><td>その他の地域</td><td>2階　203号室</td></tr>
<tr><td>②</td><td>留学費用相談</td><td>2階　301号室</td></tr>
</table>

＜注意事項＞

第1部、2部のみご参加の方は、お申し込みは不要ですが、第3部の個別相談をご希望の方は会場・配布資料準備の都合上、事前のご予約をお願いしております。

また、当日は筆記用具とメモできるものをお持ちください。

ご予約・お問い合わせ先：留学生事業部　(01–234–5678)

시나공 JLPT 일본어능력시험 N2

강의 및 문제 mp3 듣기

다섯째마당 청해편

2교시 완벽대비 청해

문제분석과 완벽대비법

01 | 問題1 과제이해 문제

문제 소개

청해의 問題1 문제는 대화를 통해 구체적인 과제 해결에 필요한 정보를 듣고, 그 다음에 무엇을 해야 하는지를 묻는 〈과제이해〉 문제로, 5문항이 출제됩니다.

문제 미리 풀어보기 및 풀이

問題 1　　예제-01.mp3

この問題では、まず質問を聞いてください。それから話を聞いて、問題用紙の1から4の中から、最もよいものを一つ選んでください。

1 イベント現場を確保する
2 新製品のチェックをする
3 車の手配をもう一度する
4 アンケート用紙を追加する

스크립트

会社で女の人と男の人が話しています。女の人はこれから何をしなければなりませんか。

女：課長、明日の新製品発売のイベントの件なんですが、最終チェックをお願いします。
男：まず…、イベント現場は確保してあるんだよね。
女：はい。先ほど行ってきました。
男：明日使う新製品の確認は？
女：あっ、もう一度見ておこうと思ってたのに、うっかりしていました。
男：それと、アンケート用紙は多めに持っていった方がいいよ。できるだけ多くの消費者の反応が知りたいからね。
女：あっ、それは、足りなくなると困ると思ってかなり多めに入れておきました。
男：あと、車の手配はしてあるよね。
女：はい、それもバッチリです。

女の人はこれから何をしなければなりませんか。

1 イベント現場を確保する

2 新製品のチェックをする

3 車の手配をもう一度する

4 アンケート用紙を追加する

정답 2

해석 회사에서 여자와 남자가 이야기하고 있습니다. 여자는 앞으로 무엇을 해야 합니까?

여 : 과장님, 내일 신제품 발매 이벤트 건인데요, 최종 체크를 부탁드립니다.

남 : 우선……, 이벤트 현장은 확보해뒀지?

여 : 예, 조금 전에 다녀왔습니다.

남 : 내일 사용할 신제품의 확인은?

여 : 아, 다시 한번 봐두려고 생각했었는데, 깜박하고 있었어요.

남 : 그리고 앙케트 용지는 많이 가지고 가는 쪽이 좋아. 가능한 한 많은 소비자의 반응을 알고 싶으니까.

여 : 아, 그것은 모자라면 곤란할 것 같아서 꽤 많이 넣어뒀습니다.

남 : 그리고 차 준비는 해뒀지?

여 : 예, 그것도 완벽하게 해놨습니다.

여자는 앞으로 무엇을 해야 합니까?

1 이벤트 현장을 확보한다

2 신제품 체크를 한다

3 차 준비를 다시 한번 한다

4 앙케트 용지를 추가한다

어휘 新製品(しんせいひん) 신제품 | 発売(はつばい) 발매 | 最終(さいしゅう) 최종 | 現場(げんば) 현장 | 確保(かくほ)する 확보하다 | 先(さき)ほど 조금 전 | 確認(かくにん) 확인 | うっかりする 깜박하다 | 用紙(ようし) 용지 | 消費者(しょうひしゃ) 소비자 | 反応(はんのう) 반응 | 手配(てはい) 수배 | バッチリ 완벽하다 | 追加(ついか)する 추가하다

해설 가장 많이 출제되는 회화 형식이 회사에서 상사와 부하가 나누는 대화이며, 구체적으로 부하가 상사의 지시를 받아서 앞으로 가장 먼저 해야 하는 일이 무엇인지를 묻는 문제가 과제이해 문제의 핵심이다. 이 문제에서는 내일 있을 이벤트를 최종 점검하는 가운데, 현장은 조금 전에 다녀왔고 앙케트 용지도 많이 준비해 두었지만 내일 사용할 신제품의 확인은 깜박했다고 했으므로, 여자가 앞으로 해야 할 일은 신제품을 체크하는 일이다. 회화문에서는 확인한다(確認する)는 표현을 썼지만, 보기에서는 체크한다(チェックする)와 같이 다른 말로 바꿔서 쓰는 점에 주의하도록 한다.

문제분석과 완벽대비법

과제이해 문제는 총 5문항이 출제됩니다. 어떤 장면에서 구체적인 과제해결에 필요한 정보를 알아듣고 이어서 적절한 행동을 선택할 수 있는지 묻는 문제로, 지시나 조언을 하는 말을 듣고 그에 맞는 다음 행동을 고릅니다. 따라서 본문 안에는 반드시 어떤 과제가 있습니다. 그 과제가 이미 끝난 것인지 혹은 앞으로 해야 할 것인지에 주의해서 듣도록 합니다.

앞으로 해야 할 일이 여러 가지일 경우에는, 과제를 수행하는 순서를 잘 듣도록 합니다. 특히 가장 먼저 해야 할 일이나 이제부터 바로 해야 할 일에 대한 질문이 많이 출제되고 있습니다. この後まず(이후에 우선), これから(이제부터), まず最初に(우선 처음에), ～したすぐ後に(~한 후에 바로)와 같은 단어를 잘 듣고 이에 맞는 정답을 고를 수 있도록 합니다.

또한 대화문 본문 표현이 선택지에 그대로 나오지 않고 다른 표현으로 바뀌어 나오는 경우가 많으므로 평소에 유사표현을 많이 알아두면 좋습니다. 예를 들어 본문에서는 チェックする(체크하다)라고 했는데, 선택지에서는 検討する(검토하다) 등으로 바뀌어 나올 수가 있다는 것입니다.

기출문제 분석

2010년 개정 이후의 과제이해 기출문제를 살펴보면, 회사에서의 상사와 부하 간의 대화문에서는 상사가 부하에게 이제부터 할 일을 지시하는 내용, 학교에서의 선생님과 학생 간의 대화문에서는 선생님이 학생들에게 수업방식에 대한 설명이나 원고, 논문의 수정을 지도하는 내용, 선배와 친구 혹은 친구끼리의 대화문에서는 어떤 행사 준비를 돕거나 조언을 구하거나 하는 내용이 많이 출제되고 있습니다.

기출 문제 보기

□□ (大学で)女の人はこのあと何をしますか。
(대학에서) 여자는 이제부터 무엇을 하는가?

□□ 女の人は地震に備えて何をしておけばいいですか。
여자는 지진을 대비하여 무엇을 해두면 되는가?

□□ (電話で病院の診察の予約をする)今日の午後の診察を予約するにはどの番号を押せばいいですか。
(전화로 병원 진찰 예약을 하다) 오늘 오후에 진찰을 예약하려면 어느 번호를 누르면 되는가?

□□ (会社で電話で話す)女の人は同僚の田中さんにどんなメモを書きますか。
(회사에서 전화로 말하다) 여자는 동료인 다나카 씨에게 어떤 메모를 쓰는가?

□□ (大学で) 学生はこの後まず何をしなければなりませんか。
(대학에서) 학생은 이제부터 우선 무엇을 해야 하는가?

□□ (大学で) 女の学生はこの後何をしますか。
(대학에서) 여학생은 이제부터 무엇을 하는가?

□□ (会社で出張について話す) 女の人はこの後何をしなければなりませんか。
(회사에서 출장에 대해 이야기하다) 여자는 이제부터 무엇을 해야 하는가?

□□ (電話で) 女の人はこの後どうしますか。
(전화로) 여자는 이제부터 어떻게 하는가?

□□ (お年寄りの介護施設で仕事の説明) 男の人はこれからまず何をしますか。
(노인 요양시설에서 업무 설명) 남자는 앞으로 우선 무엇을 하는가?

□□ (会社で研修会について話す) 女の人は参加者リストをどのように直さなければなりませんか。
(회사에서 연수에 대해 이야기 하다) 여자는 참가자 리스트를 어떻게 고쳐야 하는가?

□□ (会社で) 女の人はこれから何をしますか。
(회사에서) 여자는 이제부터 무엇을 하는가?

□□ (大学で) 男の学生は最初に何をしなければなりませんか。
(대학에서) 남학생은 처음에 무엇을 해야 하는가?

□□ (先生と留学生) 留学生はこの後、何をしなければなりませんか。
(선생님과 유학생) 유학생은 이제부터 무엇을 해야 하는가?

□□ (映画館の窓口で、料金について聞いている) 女の人は全部でいくら払いますか。
(영화관 창구에서 요금에 대해 묻고 있다) 여자는 얼마를 지불하는가?

□□ (会社で) 女の人はこの後まず何をしなければなりませんか。
(회사에서) 여자는 이제부터 우선 무엇을 해야 하는가?

02 | 問題2 포인트이해 문제

문제 소개

청해의 問題2 문제는 내용이 갖춰진 본문을 듣고 포인트를 이해할 수 있는지를 묻는 〈포인트이해〉 문제로, 6문항이 출제됩니다.

문제 미리 풀어보기 및 풀이

問題 2 예제-02.mp3

この問題では、まず質問を聞いてください。そのあと、問題用紙のせんたくしを読んでください。読む時間があります。それから話を聞いて、問題用紙の1から4の中から、最もよいものを一つ選んでください。

1 魚が新鮮でおいしいところ
2 値段がそれほど高くないところ
3 店員が親切に対応してくれるところ
4 お寿司をたくさんサービスしてくれるところ

스크립트

男の人と女の人がある店について話しています。女の人はこの店の何が一番いいといっていますか。

女：昨日行ったおすし屋さん、すっごくよかったの。
男：へえ、でもおすしって高いんじゃない?
女：うーん、安いとはいえないかな。
男：じゃあ、何がよかったの？味？
女：魚も新鮮でおいしいんだけど、何よりサービスがいいのよ。店員さんがすごく感じよくて、気が利くの。
男：気が利くって？
女：お茶とか、新しいおしぼりとか、これがほしいな…と思うようなものをすぐに持ってきてくれるのよ。
男：へえ、なんだかずっと見られているようで、僕なら逆に落ち着かない気がするけど。
女：それが、すごく自然で、かゆいところに手がとどくって感じ。とにかく一度行ってみて。

女の人はこの店の何が一番いいといっていますか。

1 魚が新鮮でおいしいところ

2 値段がそれほど高くないところ

3 店員が親切に対応してくれるところ

4 お寿司をたくさんサービスしてくれるところ

정답 3

해석 남자와 여자가 어떤 가게에 대해서 이야기하고 있습니다. 여자는 이 가게의 무엇이 가장 좋다고 합니까?

여 : 어제 간 초밥집 굉장히 좋았어.
남 : 그래? 하지만 초밥은 비싸지 않아?
여 : 으음, 싸다고는 할 수 없지.
남 : 그럼, 뭐가 좋았어? 맛?
여 : 생선도 신선하고 맛있었지만, 무엇보다 서비스가 좋아. 점원이 굉장히 느낌이 좋고 잘 챙겨줘.
남 : 잘 챙겨주다니?
여 : 차나 새 물수건이나, 이게 필요하다…하고 생각하는 것을 곧바로 가져와 줘.
남 : 그래? 왠지 계속 보고 있는 것 같아서 나라면 반대로 불안할 것 같은데.
여 : 그런데 굉장히 자연스럽고 가려운 곳을 긁어주는 느낌이야. 아무튼 한번 가봐.

여자는 이 가게의 무엇이 가장 좋다고 합니까?

1 생선이 신선하고 맛있는 점
2 가격이 그다지 비싸지 않은 점
3 점원이 친절하게 대응해 주는 점
4 초밥을 많이 서비스 해 주는 점

어휘 おすし屋(や) 초밥집 | 魚(さかな) 생선 | 新鮮(しんせん) 신선 | 店員(てんいん) 점원 | 感(かん)じがいい 느낌이 좋다 | 気(き)が利(き)く 눈치가 빠르다, 배려를 잘 하다 | おしぼり 물수건 | 逆(ぎゃく)に 반대로, 거꾸로 | 落(お)ち着(つ)く 침착하다 | 気(き)がする 느낌이 들다 | かゆい 가렵다 | 手(て)がとどく 손이 닿다 | 対応(たいおう)する 대응하다

해설 여자가 초밥집의 어떤 부분을 가장 마음에 들어 하는지 파악하는 문제이다. 화제에 오른 초밥집은 비싸지만, 생선도 신선하고 맛있고 서비스가 좋다고 했는데, 그 중에서도 가장 좋은 점은 무엇보다도 서비스가 좋은 점(何よりサービスがいいのよ)이라고 하면서 점원이 아주 느낌이 좋고 눈치 빠르게 필요한 것을 잘 챙겨준다(すごく感じよくて、気が利く)고 했다. 즉 보기 1번은 좋은 점에 해당되지만 가장 좋은 점은 아니며, 2번 가격은 비싼 편이라고 했으며, 4번 서비스가 좋은 점은 맞지만 초밥을 더 준다는 말은 없다. 정답은 점원이 친절하게 대응해 주는 점이라고 한 3번이다.

문제분석과 완벽대비법

포인트이해 문제는 총 6문항이 출제됩니다. 수험자가 미리 무엇을 들어야 할지를 의식해서 들을 수 있도록, 상황설명문과 질문을 음성으로 제시해주고 또한 시험용지에 인쇄된 선택지를 읽을 공백시간이 주어집니다. 즉 먼저 질문이 나오기 때문에 어떤 부분을 중심으로 들어야 할 지를 미리 이해하도록 하고, 공백시간에 선택지를 꼭 한번 훑어보도록 합니다.

구체적인 질문으로는 '왜 그렇게 되었나?', '왜 그렇게 생각하는가?', '무엇이 가장 좋다고 하는가?' 등 주로 말하는 사람의 심정, 처한 상황, 생각 등이 어떤지를 명확히 이해해야지만 답을 고를 수 있는 문제들이 나옵니다. 대화문 속에 정답이 될 만한 사건이 나오지만, 'いや', 'でも' 등과 같은 부정 표현이 나왔을 경우에는 그 앞에 있는 사건은 정답이 될 수 없습니다. 그리고 선택지에 본문에서 나온 표현이나 단어가 나왔다고 해서 바로 정답으로 여겨서는 안 됩니다.

그리고 어떤 이유에 대해서 묻거나 이야기했을 때, 쉽게 수긍하지 않고 다른 이유를 대거나 설명하는 문장도 자주 나오는데, 'とも思ったんだけど(~라고도 생각했지만)', 'かと思ったんだけど(~인줄 알았는데)', 'それもそうなんだけど(그렇기도 하지만)', 'そうじゃなくて(그게 아니라)', 'それより(그것보다)', 'でもやっぱり(하지만 역시)'라는 표현 앞에 있는 것보다는 '実は(실은)'이라는 말 다음에 오는 것이 정답일 가능성이 높습니다.

기출문제 분석

2010년 개정 이후의 포인트이해 기출문제를 살펴보면, 상대방의 얼굴을 보고 왜 기분이 좋은지, 왜 기분이 나쁜지를 묻는 내용, 어떤 사건이나 대상에 대해 어떻게 생각하는지 상대방의 생각을 묻는 내용, 어떤 사건이 일어나게 된 이유를 묻는 문제 등이 많이 출제되고 있습니다.

기출 문제 보기

□□ (うちで息子と母親) 息子は明日どこに行くと言っていますか。
(집에서 아들과 어머니) 아들은 내일 어디에 간다고 합니까?

□□ 男の学生が就職する会社を選んだ理由は何ですか。
남학생이 취직하는 회사를 선택한 이유는 무엇입니까?

□□ (大学で) 男の学生はどうして怒っていますか。
(대학에서) 남학생은 왜 화가 났습니까?

□□ (大学で) 男の人はどうして禁煙することにした、と言っていますか。
(대학에서) 남학생은 왜 금연하기로 했다고 말하고 있습니까?

□□ (留守番電話のメッセージ) 女の人はどうして勉強会に参加できませんか。
(부재중 전화 메시지) 여자는 왜 스터디에 참가하지 못합니까?

□□ (会社で) 女の人はジョギングを始めて一番よかったことは何だと言っていますか。
(회사에서)여자는 조깅을 시작하고서 가장 좋았던 점은 무엇이라고 말하고 있습니까?

□□ (会議で男の人が説明) 男の人は新しい商品についてどうしたらいいと言っていますか。
(회사에서 남자가 설명) 남자는 신상품에 대해 어떻게 하면 좋겠다고 말하고 있습니까?

□□ (会社で) 二人は部長の家に持っていく物をどうすることにしましたか。
(회사에서) 두 사람은 부장님집에 가지고 갈 것을 어떻게 하기로 했습니까?

□□ (会社で) 男の人は何がよくなかったと言っていますか。
(회사에서) 남자는 무엇이 잘못이었다고 합니까?

□□ (引っ越し会社の人) 小さい赤い箱にどんな物を詰めたらいいですか。
(이삿짐 회사의 사람) 작은 빨간 상자에 어떤 것을 넣으면 됩니까?

□□ (会社で) 男の人はどうして残業していると言っていますか。
(회사에서) 남자는 왜 야근을 하고 있다고 합니까?

□□ (電話でカメラの修理について) 男の人はどうしますか。
(전화로 카메라 수리에 대해서) 남자는 어떻게 합니까?

□□ 男の学生はどうして昨日隣の部屋の人に怒られたと言っていますか。
(남학생은 왜 어제 옆방 사람에게 혼났다고 합니까?)

□□ (美容院について) 男の学生はどうしてこの美容院が気に入っていますか。
(미용실에 대해서) 남학생은 왜 이 미용실이 마음에 듭니까?

□□ (会社で) パーティーの会場が変更になった理由は何ですか。
(회사에서) 파티장소가 변경된 이유는 무엇입니까?

□□ (電話で) 男の学生の今日の体調はどうですか。
(전화에서) 남학생의 오늘 몸 상태는 어떻습니까?

□□ (ある店について) 男の人はこの店の何がいいと言っていますか。
(어떤 가게에 대해서) 남자는 이 가게의 어떤 점이 좋다고 합니까?

□□ (会社で) 二人はこの仕事をいつ終わらせる予定ですか。
(회사에서) 둘은 일을 언제 끝낼 예정입니까?

03 | 問題3 개요이해 문제

문제 소개

청해의 問題3 문제는 본문 전체를 듣고 화자의 의도나 주장을 이해할 수 있는지를 묻는 〈개요이해〉 문제로, 5문항이 출제됩니다.

문제 미리 풀어보기 및 풀이

問題 3 예제-03.mp3

この問題では、問題用紙に何も印刷されていません。この問題は全体としてどんな内容かを聞く問題です。話の前に質問はありません。まず話を聞いてください。それから質問とせんたくしを聞いて、問題用紙の1から4の中から、最もよいものを一つ選んでください。

ー メモ ー

스크립트

テレビでアナウンサーがペットに関する調査の結果を話しています。

最近ではペットを飼っている家庭が増えています。それに、飼われているペットの種類もずいぶん多様化してきているようです。ペットを飼うとあれこれお金がかかり、世話も大変そうですが、あるアンケート調査によると、「動物が好きだから」「かわいいから」という意見の他、「一緒にいるとリラックスできるから」という意見が最も多く出されました。

ペットに関する何についての調査ですか。

1 飼う理由
2 飼わない理由
3 人気の動物
4 経済的負担

정답 1

해석 TV에서 아나운서가 애완동물에 관한 조사 결과를 이야기하고 있습니다.

최근에는 애완동물을 키우는 가정이 늘고 있습니다. 게다가 키우는 애완동물의 종류도 꽤 다양해진 것 같습니다. 애완동물을 키우면 이래저래 돈이 들고 돌보는 것도 힘들 것 같지만, 어떤 앙케트 조사에 의하면 '동물을 좋아하니까', '귀여우니까'라는 의견 이외에 '함께 있으면 편해질 수 있으니까' 라는 의견이 가장 많이 나왔습니다.

애완동물에 관한 무엇에 대한 조사입니까?
1 기르는 이유
2 기르지 않는 이유

3 인기 있는 동물
4 경제적 부담

어휘 結果(けっか) 결과 | 飼(か)う 기르다 | 増(ふ)える 늘다 | 多様化(たようか) 다양화 | あれこれ 이래저래 | 意見(いけん) 의견 | リラックス 릴렉스, 긴장을 풂 | 経済的(けいざいてき) 경제적 | 負担(ふたん) 부담

문제분석과 완벽대비법

개요이해 문제는 총 5문항이 출제됩니다. 이 문제의 어려운 점은 상황설명문은 미리 제시되지만 질문과 선택지가 본문을 다 들은 후에 음성으로 나온다는 점입니다. 그렇기 때문에 앞의 '과제이해', '포인트이해' 문제와는 달리 예상하면서 듣기가 힘듭니다. 따라서 만약에 본문 내용에서 발화자가 어떤 주제에 대해서 의견을 말하고 있다면, 먼저 그 대상에 대해서 긍정적인 의견을 가지고 있는지, 부정적인 의견을 가지고 있는지에 주의해서 듣도록 합시다.

이때 문장의 흐름을 구성하는 키워드를 정확하게 파악하는 것이 중요한 포인트가 됩니다. '~하는 의견도 있지만', '그건 알겠지만' 등의 말 앞에 나오는 부분은 일반적인 의견이거나 특정한 사람의 의견이지, 화자의 의견은 아닙니다. '何より(무엇보다)', '最も(가장)', 'それよりも(그것보다도)'라는 말 뒤에 화자가 가장 주장하고 싶은 내용이 나오는 경우가 많습니다. 섣불리 판단하지 말고 화제의 전환이나, 구체적인 예, 찬성, 반대 의견이 나오는 부분을 정확히 파악해서 이야기의 주제를 이해할 수 있도록 합니다.

개요이해 문제는 시험지에는 아무것도 인쇄되어 있지 않습니다. 오직 듣기만으로 문제를 풀어야 하므로 고도의 집중력이 필요한데, 메모를 병행한다면 많은 도움이 될 것입니다. 시험지에 메모할 공간이 충분하므로 본문과 선택지를 들리는 대로 차근차근 자신이 알아볼 수 있는 형식으로 메모를 하도록 합니다. 왜냐하면 음성으로 들리는 선택지가 본문 내용을 요약하거나 혹은 다른 비슷한 표현으로 나왔을 경우에도 메모와 비교해보면 쉽게 풀 수 있기 때문입니다.

기출문제 분석

2010년 개정 이후의 〈개요이해〉 기출문제를 살펴보면, 이야기의 테마가 무엇인지, 무엇에 관해 이야기하고 있는지, ~에 대해 어떻게 생각하고 있는지(반대인지, 찬성인지)를 묻는 문제가 많이 출제되고 있습니다.

기출 문제 보기

상황 제시문	질문
□□ 大学の先生が授業で話しています。 대학교 선생님이 수업에서 이야기하고 있습니다.	講演のテーマは何ですか。 강연 주제는 무엇입니까?
□□ 留守番電話のメッセージを聞いています。 부재중 전화 메시지를 듣고 있습니다.	何についてのメッセージですか。 무엇에 관한 메시지입니까?
□□ テレビでアナウンサーが話しています。 TV에서 아나운서가 이야기하고 있습니다.	この番組のテーマは何ですか。 이 프로의 주제는 무엇입니까?
□□ 大学のサークルのリーダーが話しています。 대학 서클 주장이 이야기하고 있습니다.	リーダーの話の主な内容は何ですか。 서클 주장이 말한 주요 내용은 무엇입니까?
□□ 男の人と女の人が話しています。 남자와 여자가 이야기하고 있습니다.	女の人は新しい仕事についてどう思っていますか。 여자는 새 일에 대해서 어떻게 생각하고 있습니까?
□□ 俳優がインタビューに答えています。 배우가 인터뷰에서 답하고 있습니다.	俳優は何について話していますか。 배우는 무엇에 관해 이야기하고 있습니까?
□□ テレビで女の人が話しています。 TV에서 여자가 이야기하고 있습니다.	女の人は何について話していますか。 여자는 무엇에 관해 이야기하고 있습니까?
□□ アナウンサーが男の人に子供が読む本についてインタビューしています。 아나운서가 남자에게 어린이가 읽는 책에 대해서 인터뷰하고 있습니다.	男の人は大人が本を選ぶことについて、どのように考えていますか。 남자는 어른이 책을 고르는 것에 대해서 어떻게 생각하고 있습니까?
□□ 大学の先生が講義で話しています。 대학 선생님이 강의에서 이야기하고 있습니다.	今日の講義のテーマは何ですか。 오늘의 강의 주제는 무엇입니까?
□□ テレビでアナウンサーが調査の結果について話しています。 TV에서 아나운서가 조사 결과에 대해서 이야기하고 있습니다.	調査の結果、どのようなことがわかりますか。 조사 결과, 어떤 것을 알게 되었습니까?
□□ 男の人と女の人が玄関で話しています。 남자와 여자가 현관에서 이야기하고 있습니다.	男の人は何をしに来ましたか。 남자는 무엇을 하러 왔습니까?

□□ テレビで医者がインタビューに答えています。 TV에서 의사가 인터뷰에 답하고 있습니다.	医者は何の話をしていますか。 의사는 무슨 이야기를 하고 있습니까?
□□ レポートが女の人に野菜について聞いています。 리포터가 여자에게 야채에 대해서 묻고 있습니다.	女の人は野菜について、どう思っていますか。 여자는 야채에 대해서 어떻게 생각하고 있습니까?
□□ テレビでサッカー選手が今シーズンを振り返って話しています。 TV에서 축구 선수가 이번 시즌을 되돌아보며 이야기하고 있습니다.	この選手は今シーズンはどうだったと言っていますか。 이 선수는 이번 시즌이 어떠했다고 합니까?
□□ 会社で男の人と女の人が話しています。 회사에서 남자와 여자가 이야기하고 있습니다.	女の人は転勤についてどう思っていますか。 여자는 전근에 대해서 어떻게 생각하고 있습니까?
□□ ラジオで女の人が話しています。 라디오에서 여자가 이야기하고 있습니다.	何についてのお知らせですか。 무엇에 대한 소식입니까?
□□ 電話で男の学生と女の学生が話しています。 전화로 남학생과 여학생이 이야기하고 있습니다	男の学生は何のために電話しましたか。 남학생은 무엇 때문에 전화했습니까?
□□ 授業で先生が話しています。 수업에서 선생님이 이야기하고 있습니다.	この授業で取り上げる内容はどのようなことですか。 이 수업에서 다루는 내용은 어떤 것입니까?
□□ パン屋で男の店員が女の店員に注意しています。 빵집에서 남자점원이 여자점원에게 주의를 주고 있습니다.	男の店員は何について注意していますか。 남자 점원은 무엇에 대해 주의하고 있습니까?
□□ ツアーガイドが城の前で話しています。 여행안내원이 성 앞에서 이야기하고 있습니다.	ツアーガイドは主に何について話していますか。 여행안내원은 주로 무엇에 대해 이야기하고 있습니까?

04 | 問題4 즉시응답 문제

문제 소개

청해의 問題4 문제는 질문 등의 짧은 발화를 듣고, 적절한 응답을 선택할 수 있는지를 묻는 〈즉시응답〉 문제로, 12문항이 출제됩니다.

문제 미리 풀어보기 및 풀이

問題 4 예제-04.mp3

この問題では、問題用紙に何も印刷されていません。まず文を聞いてください。それから、その返事を聞いて、1から3の中から、最もよいものを一つ選んでください。

ーメモー

스크립트

来週のパーティに出席していただけないでしょうか。

1 はい、是非うかがいます。

2 いや、そういうわけには。

3 では、お待ちしています。

정답 1

해석 다음 주 파티에 참석해주실 수 없으신가요?

1 예, 꼭 찾아 뵙겠습니다.

2 아니, 그럴 수는.

3 그럼, 기다리고 있겠습니다.

해설 '～ていただけないでしょうか(~해주실 수 없으신가요?)'를 잘 알아들었는지를 묻는 문제이다. 상대방에게 부탁을 하거나 건의를 할 때 쓰는 표현인 '～てくれませんか, ～もらえませんか (~해 주지 않겠습니까?)', '～てくださいませんか, ～ていただけませんか, ～ていただけませんでしょうか(~해 주시지 않겠습니까?)' 등의 발화에 대한 응답으로는 '그렇게 하겠다' 혹은 '죄송하지만 ~하기는 어렵겠다' 등이 적합하다. 2번은 거절하기에 앞서 죄송하다는 말을 꼭 써야 하고, 3번은 출석해달라고 하는데, 기다리겠다는 것은 오답이며, 정답은 1번으로 꼭 찾아 뵙겠다고 한 것이다. 여기서 내가 상대를 찾아 뵐 때는 行く를 쓰지 않고 うかがう를 쓴다는 것도 기억해야 한다.

즉시응답 문제는 총 12문항이 출제됩니다. 개정 후 도입된 새로운 형식의 문제로, 짧은 발화문을 듣고 곧바로 누가, 어디서, 왜, 무엇에 대해서 이야기하고 있는지를 이해해야 하고, 이어서 음성으로 들려오는 선택지 3개 중에서 1개의 정답을 선택해야 하는 것이 이 문제의 어려운 점입니다. 발화문이 너무 짧고 정보가 별로 없기 때문에 무슨 내용인지 이해하기도 전에 순식간에 음성과 선택지가 나오고, 또 다음 문제가 나올 수도 있습니다. 하지만 어느 문제든지 반드시 출제 의도가 있기 때문에, 무엇을 묻고자 하는지 재빨리 포인트를 찾아서 그에 알맞은 정답을 찾도록 합니다.

나올 수 있는 문제로는 ①인사말, 관용표현, ②수동표현, 존경표현, ③의태어, 의성어, 부사, ④시제, ⑤문말(文末)표현 등을 들 수 있습니다. 기본적으로 선택지에 틀린 문장이 나오지는 않으며, 질문에 대한 응답으로 적합한지 아닌지만 따지면 됩니다. ①인사말, 관용표현은 가게, 전화, 비즈니스 용어로 자주 사용하는 말, 권하는 말, 거절하는 말, 부탁하는 말 등을 가능한 많이 외워두도록 합니다. ②수동표현, 존경표현에서는 주체가 누구인지, 누구에게 존경표현을 하고 있는지, 자신의 행동에 대해서는 겸양표현을 써야 한다는 것 등을 외워두고 기본적인 존경어, 겸양어는 꼭 외워두도록 합니다. ③의태어, 의성어, 부사에서는 비슷한 모양의 헷갈리는 단어는 꼭 정확한 뜻을 알아두도록 합니다. 예를 들면 たまたま＝偶然(우연히), たまに＝ときどき(가끔), わざわざ(어려운데도 일부러)/わざと(고의로), たしか(아마)/たしかに(확실히), つい(문득, 그만)/ついに(결국) 등.

이 문제유형에 익숙해지기 위해서는 평소에 듣기 연습을 할 때, 그저 듣기만 하지 말고 소리를 내어 따라 읽기를 반복하면, 듣기 공부뿐만 아니라 말하기 연습도 되면서 즉시응답 문제 풀기에도 많은 도움이 되리라 생각합니다. 즉 실제 상황에서 질문에서 나온 말을 들었을 때, 나 자신이 어떤 말로 응답을 하면 될까, 실제로 답변하는 사람이 되어 문제를 푼다고 생각하면 됩니다.

기출문제 분석

2010년 개정 이후의 즉시응답 기출문제를 살펴보면, 주고 받는 인사말, 응답으로서 가장 자연스러운 말, 문법적으로 올바른 문장 찾기(주로 단어, 시제, 수수표현, 경어표현) 문제가 주로 출제되고 있습니다.

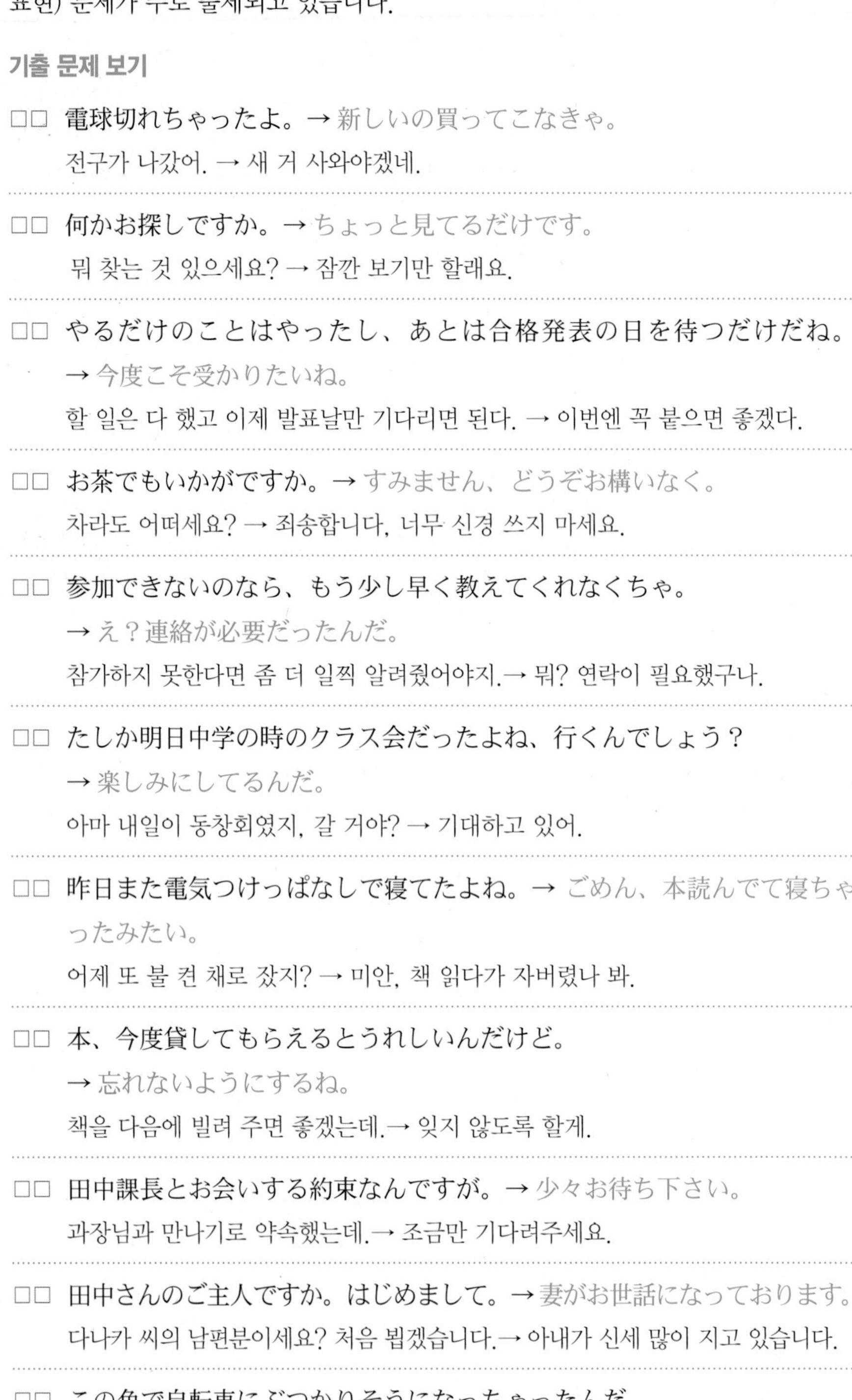

기출 문제 보기

□□ 電球切れちゃったよ。→ 新しいの買ってこなきゃ。
전구가 나갔어. → 새 거 사와야겠네.

□□ 何かお探しですか。→ ちょっと見てるだけです。
뭐 찾는 것 있으세요? → 잠깐 보기만 할래요.

□□ やるだけのことはやったし、あとは合格発表の日を待つだけだね。
→ 今度こそ受かりたいね。
할 일은 다 했고 이제 발표날만 기다리면 된다. → 이번엔 꼭 붙으면 좋겠다.

□□ お茶でもいかがですか。→ すみません、どうぞお構いなく。
차라도 어떠세요? → 죄송합니다, 너무 신경 쓰지 마세요.

□□ 参加できないのなら、もう少し早く教えてくれなくちゃ。
→ え？連絡が必要だったんだ。
참가하지 못한다면 좀 더 일찍 알려줬어야지.→ 뭐? 연락이 필요했구나.

□□ たしか明日中学の時のクラス会だったよね、行くんでしょう？
→ 楽しみにしてるんだ。
아마 내일이 동창회였지, 갈 거야? → 기대하고 있어.

□□ 昨日また電気つけっぱなしで寝てたよね。→ ごめん、本読んでて寝ちゃったみたい。
어제 또 불 켠 채로 잤지? → 미안, 책 읽다가 자버렸나 봐.

□□ 本、今度貸してもらえるとうれしいんだけど。
→ 忘れないようにするね。
책을 다음에 빌려 주면 좋겠는데.→ 잊지 않도록 할게.

□□ 田中課長とお会いする約束なんですが。→ 少々お待ち下さい。
과장님과 만나기로 약속했는데.→ 조금만 기다려주세요.

□□ 田中さんのご主人ですか。はじめまして。→ 妻がお世話になっております。
다나카 씨의 남편분이세요? 처음 뵙겠습니다.→ 아내가 신세 많이 지고 있습니다.

□□ この角で自転車にぶつかりそうになっちゃったんだ。
→ 危ないんだよね、ここ。
이 모퉁이에서 자전거에 부딪힐 뻔 했어.→ 위험하지, 여기.

□□ 君、なんてことをしてくれたんだ。→ 申し訳ございません。

자네, 어떻게 이런 일을 저지를 수가 있어! → 죄송합니다.

□□ どっかで時間つぶさない？ → じゃ、コーヒーでも飲みに行こうか。

어디 가서 시간 좀 때울까? → 그럼 커피라도 마시러 갈까?

□□ ハイキング、来ればよかったのに→ 次の機会にはぜひ。

하이킹에 왔으면 좋았을 텐데. → 다음 기회에 꼭.

□□ いま、お時間よろしいでしょうか。→ 十分ぐらいなら。

지금 시간 괜찮으세요? → 10분 정도라면.

□□ きのう、たまたま高校の時の先生に会ったんだ。→ 偶然だね。

어제 우연히 고교시절 선생님을 뵈었어. → 우연이네.

□□ またやっちゃったよ。うっかりしてたな。→ ええー、何したの?

또 저질러 버렸어, 깜박하고서. → 응? 뭘 한 거야?

□□ そんな高いパソコン、無理して買うことないんじゃない。

→ いや、どうしても必要なんだ。

그런 비싼 PC를 무리해서 살 필요 없잖아. → 아니 꼭 필요해.

□□ ここは私にご馳走させていただけませんか。

→ いや、そういうわけには…。

여기는 제가 낼게요.→ 아니 그럴 수는…….

□□ 山田君のプレゼンテーション、なかなかだったよね。

→ 相当準備したようですよ。

야마다 군의 프레젠테이션 꽤 좋았어. → 꽤 준비한 것 같아요.

□□ 何落ち込んでるの? やれるだけのことはやったんでしょう?

→ 頑張ったんだけどね。

왜 풀이 죽었어? 할 만큼은 했잖아. → 열심히 하기는 했지만.

□□ 遅れてすみません。こちらの場所は覚えていたつもりだったんですが。

→ ここ、分かりにくいんですよね。

늦어서 죄송합니다. 이쪽은 잘 알고 있는 줄 알았는데. → 여기 찾기 힘들어요.

□□ あした、田中先生がいらっしゃるかどうか分かりますか。

→ お休みだと伺ってます。

내일 다나카 선생님이 오시는지 알 수 있나요? → 쉬시는 걸로 알고 있습니다.

□□ 佐藤さん、明日の会議、佐藤さんも出ることになってた？

→ そのはずだったんですが、急に出張が入って。

사토 씨, 내일 회의에 사토 씨도 참석하기로 되어 있었어?

→ 그럴 예정이었는데 갑자기 출장이 들어와서.

□□ 今回のミス、部長に報告した？先に延ばしたっていいことないよ。

→ すぐにいたします。申し訳ありません。

이번 실수, 부장님께 보고했어? 뒤로 미룬다고 해서 좋은 일은 없어.

→ 곧바로 하겠습니다. 죄송합니다.

□□ 新しく入ってきた鈴木君、若いわりにはしっかりしてるね。

→ いろいろ経験してきたそうですよ。

새로 들어온 스즈키 군, 젊은이치고는 듬직하네.

→ 여러 경험을 많이 했었다고 합니다.

□□ 山田様、こちらの新しい資料ですが、ご覧になっていただけないでしょうか。

→ はい、拝見します。

야마다 씨, 이 새 자료요, 봐주실 수 없으신가요? → 네, 보겠습니다.

□□ どうしたの？ニヤニヤしちゃって。→ ちょっといいことがあってね。

왜 그래? 히죽거리고 있어? → 좀 좋은 일이 있어서.

□□ 昨日、倉庫の鍵、出しっ放しで帰ったでしょう。

→ ああ、うっかりしていました。

어제 창고열쇠를 내놓은 채로 귀가했지? → 아 참, 깜빡했어요.

□□ 先月買っといたコピー用紙ってもう使いきったんだっけ？

→ まだあったと思うけど。

지난달에 사둔 복사용지 벌써 다 썼나? → 아직 있을 건데.

□□ あ、12時回ってるよ。今日は朝からばたばたしてたよね。

→ え？もうそんな時間なんだ。

아, 12시 지났어. 오늘은 아침부터 정신없었지?

→ 뭐? 벌써 시간이 이렇게 되었구나.

□□ ねえ、小川さんって今日なんかいつもの小川さんらしくないよね。

→ 何かあったのかな。

있잖아, 오가와 씨가 오늘 왠지 평소의 오가와 씨답지 않지? → 무슨 일이 있었나?

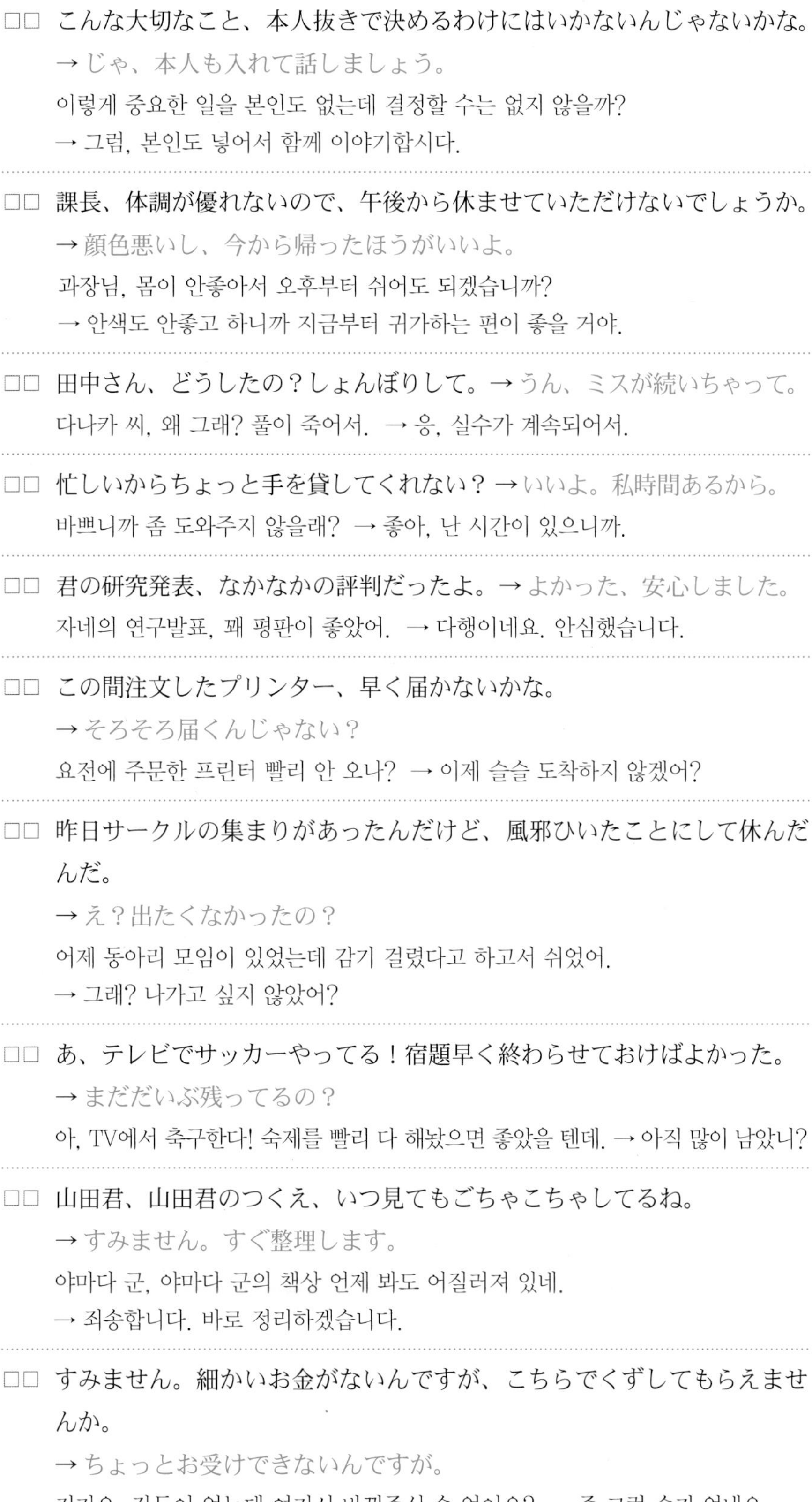

□□ こんな大切なこと、本人抜きで決めるわけにはいかないんじゃないかな。
→ じゃ、本人も入れて話しましょう。
이렇게 중요한 일을 본인도 없는데 결정할 수는 없지 않을까?
→ 그럼, 본인도 넣어서 함께 이야기합시다.

□□ 課長、体調が優れないので、午後から休ませていただけないでしょうか。
→ 顔色悪いし、今から帰ったほうがいいよ。
과장님, 몸이 안좋아서 오후부터 쉬어도 되겠습니까?
→ 안색도 안좋고 하니까 지금부터 귀가하는 편이 좋을 거야.

□□ 田中さん、どうしたの？しょんぼりして。→ うん、ミスが続いちゃって。
다나카 씨, 왜 그래? 풀이 죽어서. → 응, 실수가 계속되어서.

□□ 忙しいからちょっと手を貸してくれない？ → いいよ。私時間あるから。
바쁘니까 좀 도와주지 않을래? → 좋아, 난 시간이 있으니까.

□□ 君の研究発表、なかなかの評判だったよ。→ よかった、安心しました。
자네의 연구발표, 꽤 평판이 좋았어. → 다행이네요. 안심했습니다.

□□ この間注文したプリンター、早く届かないかな。
→ そろそろ届くんじゃない？
요전에 주문한 프린터 빨리 안 오나? → 이제 슬슬 도착하지 않겠어?

□□ 昨日サークルの集まりがあったんだけど、風邪ひいたことにして休んだんだ。
→ え？出たくなかったの？
어제 동아리 모임이 있었는데 감기 걸렸다고 하고서 쉬었어.
→ 그래? 나가고 싶지 않았어?

□□ あ、テレビでサッカーやってる！宿題早く終わらせておけばよかった。
→ まだだいぶ残ってるの？
아, TV에서 축구한다! 숙제를 빨리 다 해놨으면 좋았을 텐데. → 아직 많이 남았니?

□□ 山田君、山田君のつくえ、いつ見てもごちゃごちゃしてるね。
→ すみません。すぐ整理します。
야마다 군, 야마다 군의 책상 언제 봐도 어질러져 있네.
→ 죄송합니다. 바로 정리하겠습니다.

□□ すみません。細かいお金がないんですが、こちらでくずしてもらえませんか。
→ ちょっとお受けできないんですが。
저기요. 잔돈이 없는데 여기서 바꿔주실 수 없어요? → 좀 그럴 수가 없네요.

□□ 今日は担当の者がおりませんので、明日お越しいただけませんでしょうか。

→ あいにく明日は予定がありまして。

오늘은 담당자가 없기 때문에 내일 오실 수는 없으신지요?

→ 하필이면 내일은 예정이 있어서.

□□ 課長、今日の新製品の説明会、思ってた以上に人が集まりましたね。

→ 案外来たね。

과장님, 오늘 신제품 설명회, 생각한 것 이상으로 사람이 많이 모였죠?

→ 의외로 많이 왔네.

□□ 佐藤君、今日は一日販売のイベントであちこち飛び廻らせちゃったね。

→ 無事にすんでほっとしました。

사토 군, 오늘 하루 판매이벤트 때문에 여기저기 뛰어다니게 했네.

→ 무사히 마쳐서 안심했습니다.

05 | 問題5 통합이해 문제

문제 소개

청해의 問題5 문제는 긴 본문을 듣고 복수의 정보를 비교, 통합하면서 내용을 이해할 수 있는지를 묻는 〈통합 이해〉 문제로, 2가지 유형의 문제를 통해 총 4문항이 출제됩니다.

유형 1

問題 5 예제-05(1).mp3

この問題では、長めの話を聞きます。この問題では練習はありません。メモをとってもかまいません。

問題用紙に何も印刷されていません。まず話を聞いてください。それから、質問とせんたくしを聞いて、1から4の中から、最もよいものを一つ選んでください。

ー メモ ー

스크립트

親子三人が、ミュージカルに行く計画を立てています。

母：今日、ピーターパンのミュージカルチケットをもらったのよ。
父：おお、さゆりが前から見たいって言ってたやつだね。で、いつのものなの？
母：8月中ならいつでもってことになっているんだけど、実は2枚しかないのよ。
子：え～、家族みんなで行きたいよ。
父：じゃあ、あと一枚は当日券を買ったらどうだろう。
母：うーん、でも当日券、休日には取り扱ってないみたい。さゆりは、もう夏休みだから問題ないとして、お父さん、平日に一日休みとることできる?
父：うーん、今ちょっと忙しいから難しそうだな。
子：えー、３人一緒じゃなきゃヤダ。それに、平日の方が人が少なくて、いい席で見られるって友達が言ってたよ。
父：じゃあ、とりあえず、ミュージカルはお母さんとさゆりで見て、それが終わってから、三人一緒においしいものを食べに行くというのはどう?ちょっと早目に会社を出るくらいならできるだろうから。
母：あ、それいいアイディアね。さゆりもそれならいいでしょ？
子：うん。

ミュージカルにはいつ、何人で行きますか。

1 平日に２人で

2 平日に３人で

3 休日に２人で

4 休日に３人で

정답 1

해석 가족 셋이서 뮤지컬에 갈 계획을 세우고 있습니다.

모 : 오늘 피터팬 뮤지컬 티켓을 받았어요.

부 : 오~, 사유리가 전부터 보고 싶다고 했던 거로군. 그래서 언제 거야?

모 : 8월 중이라면 언제라도 볼 수 있는 것인데, 실은 2장밖에 없어요.

자 : 뭐에요~, 가족 다 같이 가고 싶어요.

부 : 그럼 나머지 1장은 당일권으로 사면 어떨까?

모 : 글쎄, 하지만 당일권은 휴일에는 취급하지 않는 것 같아요. 사유리는 이제 여름방학이니까 문제가 없지만 당신은 평일에 하루 쉴 수 있어요?

부 : 으음, 지금 좀 바빠서 힘들 것 같은데.

자 : 아잉, 3명 함께 안 가면 싫어. 게다가 평일 쪽이 사람이 적어서 좋은 자리에서 볼 수 있다고 친구가 말했어요.

부 : 그럼, 우선 뮤지컬은 엄마와 사유리랑 보고, 그게 끝난 후에 셋이서 함께 맛있는 것을 먹으러 가는 건 어때? 좀 일찍 회사를 나오는 정도라면 가능할 테니까.

모 : 아, 그것 좋은 아이디어네요. 사유리도 그럼 괜찮지?

자 : 네.

뮤지컬은 언제 몇 명이 갑니까?

1 평일에 2명

2 평일에 3명

3 휴일에 2명

4 휴일에 3명

어휘 当日券(とうじつけん) 당일권 | 休日(きゅうじつ) 휴일 | 取(と)り扱(あつか)う 취급하다 | 平日(へいじつ) 휴일 | とりあえず 우선 | 早目(はやめ)に 일찍

해설 상황설명문에서 가족 셋이서 뮤지컬에 갈 계획을 세우고 있다고 했는데, 본문 대화문을 들어보니 정작 표는 2장밖에 없다고 한다. 딸은 다 같이 가고 싶어 하지만, 휴일에는 당일권이 없어서 셋이서 가기는 힘들다. 평일은 방학을 맞은 딸은 괜찮지만, 요즘 업무가 바쁜 아버지는 힘들다고 한다. 결국 뮤지컬은 엄마와 딸 둘이서 보고, 다 보고 난 후에 셋이서 음식을 같이 먹기로 결정했으므로, 정답은 평일에 2명이라는 1번이다.

유형 2

問題 5

예제-05(2).mp3

まず話を聞いてください。それから、二つの質問を聞いて、それぞれ問題用紙の1から4の中から、最もよいものを一つ選んでください。

質問 1

1 足マッサージ
2 肩マッサージ
3 顔スペシャルケア
4 アロマリラックス

質問 2

1 足マッサージ
2 肩マッサージ
3 顔スペシャルケア
4 アロマリラックス

스크립트

マッサージの店でコースの説明を聞いています。

当店では、まず基本の60分間全身マッサージのあと、特別コースとして4つの中からお好きなものを一つずつ選んでいただきます。まず、一番目は足マッサージコースで、普段立ってお仕事されている方はもちろん、腰の痛みや足先の冷えにお悩みの方に最適です。次に、肩マッサージコース。肩の凝りのひどい方、また目の疲れを癒す効果もありますので、普段デスクワークでの疲れがたまっている方はこちらをどうぞ。それから、三番目はお顔のスペシャルケア。特殊な機械を使って、目に見えない汚れまでをしっかり落とし、すっきりすべすべのお肌に仕上げます。そして、最後、四番目はアロマオイルを使ったリラックスマッサージ。アロマの香りで疲れた心をリラックスさせたいという方にお勧めです。

女：選ぶの迷っちゃうね。あなたはやっぱり肩マッサージ? パソコンで目が疲れてるって言ってたし。
男：うん、そのつもりだったんだけど、顔のケアを受けたことってないから、今回やってみようかな。
女：へえ、意外。でも、一度受けてみるのもいいかもね。
男：君も顔のケアにするだろ？

女：うーん、私はそれより最近忙しくてストレスたまってるから、リラックスできるものにするわ。足のマッサージも捨てがたいけど、まずは心のケアから。

男：そっか。

質問 1 女の人はどのコースにするといっていますか。

1 足マッサージ
2 肩マッサージ
3 顔スペシャルケア
4 アロマリラックス

質問 2 男の人はどのコースにするといっていますか。

1 足マッサージ
2 肩マッサージ
3 顔スペシャルケア
4 アロマリラックス

정답 질문 1 4 질문 2 3

해석 마사지 가게에서 코스 설명을 듣고 있습니다.

저희 가게에서는 우선 기본 60분 동안 전신마사지를 한 후에, 특별코스로 4가지 중에서 마음에 드는 것을 하나씩 골라 주시면 됩니다. 우선 1번째는 발마사지 코스로, 평소에 서서 일을 하시는 분은 물론 허리통증이나 발끝이 차가워서 고민이신 분에게 가장 적합합니다. 다음으로 어깨 마사지 코스. 어깨가 심하게 결리시는 분, 또는 눈의 피로를 풀어주는 효과도 있기 때문에 평소에 책상에서 일하시느라 피곤이 쌓인 분은 이쪽을 권합니다. 그리고 3번째는 얼굴 스페셜 케어. 특수 기계를 사용하여 눈에 보이지 않는 때까지 말끔히 씻어주고 상쾌하고 반들반들한 피부로 만들어줍니다. 그리고 마지막으로 4번째는 아로마 오일을 사용한 릴렉스 마사지. 아로마향으로 피곤한 마음을 편안하게 만들어주고 싶은 분에게 권합니다.

여 : 뭘 선택해야 할지 망설여지네. 당신은 역시 어깨 마사지? 컴퓨터 때문에 눈이 피곤하다고 했잖아.
남 : 응, 그럴 생각이었는데, 얼굴 케어를 받은 적이 없으니까 이번에 해볼까?
여 : 음? 의외네. 하지만 한번 받아보는 것도 좋을지 몰라.
남 : 당신도 얼굴 케어로 할 거지?
여 : 글쎄…, 난 그것보다 최근에 바쁘고 스트레스도 쌓여서 편안하게 쉴 수 있는 걸로 할래. 발 마사지도 포기하기 힘들지만, 우선은 마음의 케어부터.
남 : 그렇군.

질문 1 여자는 어느 코스로 한다고 합니까?

1 발 마사지
2 어깨 마사지
3 얼굴 스페셜 케어
4 아로마 릴렉스

질문 2 남자는 어느 코스로 한다고 합니까?

1 발 마사지
2 어깨 마사지

3 얼굴 스페셜 케어
4 아로마 릴렉스

어휘 マッサージ 마사지 | 説明(せつめい) 설명 | 当店(とうてん) 우리 가게 | 基本(きほん) 기본 | 全身(ぜんしん) 전신 | 普段(ふだん) 평소 | 足先(あしさき) 발끝 | 冷(ひ)え 차가움 | 最適(さいてき) 최적 | 肩(かた)の凝(こ)り 어깨 결림 | 癒(いや)す 치유하다 | 効果(こうか) 효과 | デスクワーク 책상 일 | 特殊(とくしゅ) 특수 | 汚(よご)れ 때 | 落(お)とす 지우다 | すっきり 상쾌하다 | すべすべ 반들반들 | 肌(はだ) 피부 | 仕上(しあ)げる 완성하다 | アロマオイル 아로마 오일 | 香(かお)り 향 | お勧(すす)め 추천 | 迷(まよ)う 망설이다, 고민이 되다 | 意外(いがい) 의외 | たまる 쌓이다 | 捨(す)てる 버리다, 포기하다 | ケア 케어

해설 마사지 가게에서 코스 설명을 듣고 나서 남자와 여자가 나누는 대화를 듣고 물음에 답하는 문제이다. 4가지 코스 중에서 남자는 어깨 마사지를 할 것이라는 여자의 예상과는 달리 얼굴 케어를 받고 싶다고 하고, 여자는 얼굴 케어를 할 것이라는 남자의 예상과는 달리 마음을 편안히 할 수 있는 아로마 릴렉스로 결정한다. 정답은 남자는 4번 아로마 릴렉스, 여자는 3번 얼굴 스페셜 케어이다.

문제분석과 완벽대비법

통합이해 문제는 총 4문항이 출제됩니다. 통합이해에서는 2가지 유형의 문제가 있는데, 공통적으로 긴 문장을 듣고, 음성으로 나오는 질문에 대한 답을 선택하게 됩니다.

유형 1문제 – 질문이 1개 있으며, 선택지가 인쇄되어 있지 않은 유형

이러한 유형의 문제는 질문과 선택지가 모두 음성으로 나오므로 집중해서 잘 들어야 합니다. 그리고 내용은 2명이나 3명의 등장 인물이 각자의 입장에서 의견을 이야기하다가 최종적으로 하나의 결론을 이끌어냅니다. 여러 의견이 나오지만 결국에 둘 또는 셋이서 어떤 결론을 내놓는지에 대해 주목해서 듣도록 합시다.

유형 2문제 - 질문이 2개 있으며 선택지가 인쇄되어 있는 유형

그에 비해 유형 2문제는 질문은 음성이지만 선택지가 인쇄되어 있으므로 선택지 내용을 재빨리 훑어보면 어떤 점에 포인트를 두고 들어야 하는지 파악할 수 있을 것입니다. 여러 종류의 코스, 메뉴 등에 대한 설명을 듣고 그에 대해 남자와 여자가 각각 무엇을 선택하는지를 묻는 문제가 나올 가능성이 많습니다. 남녀가 각각 무엇을 선택했는지를 중심으로 들으면 되겠지요.

다른 유형의 문제에서도 상황설명문을 잘 듣는 것이 중요하지만, 특별히 통합이해 문제에서는 상황설명문이 매우 중요합니다. 왜냐하면 통합이해는 여러 의견을 종합해서 이를 토대로 질문에 답해야 하기 때문에, 어떤 식으로 화제가 흘러갈지 상황설명문을 통해서 어느 정도 짐작하면서 대화문을 들으면 포인트를 잘 잡을 수 있기 때문입니다. 본문의 흐름은 어떤 화제에 대한 각각의 반응(찬성, 반대)이나 새로운 의견 제시, 그리고 그에 대한 의견 등으로 이루어져 있다고 볼 수 있습니다.

기출문제 분석 2010년 개정 이후의 통합이해 기출문제를 살펴보면, 가족 행사 의논, 가족 간의 대화를 비롯하여, 고객과 점원의 대화, 남녀의 취미, 여행, 학습 등의 코스 선택 등의 문제가 출제되고 있습니다.

기출 문제 보기

상황 설명문	질문
□□ 図書館で女の人が係員と貸し出し用ＣＤについて話しています。 도서관에서 여자가 담당직원과 대출용 ＣＤ에 대해서 이야기하고 있습니다.	女の人は今日どのＣＤを借りますか。 여자는 오늘 어떤 CD를 빌립니까?
□□ 男の人と女の人が明日の旅行コースの説明を聞いています。 남자와 여자가 내일 여행 코스에 대해서 설명을 듣고 있습니다.	① 男の人はどのこコースを選びましたか。 ② 女の人はどのこコースを選びましたか。 ① 남자는 어느 코스를 선택했습니까? ② 여자는 어느 코스를 선택했습니까?
□□ 電子辞書売り場で留学生と販売員が話しています。 전자사전 매장에서 유학생과 판매원이 이야기하고 있습니다.	留学生はどの電子辞書を買うことにしましたか。 유학생은 어느 전자사전을 사기로 했습니까?
□□ 親子三人がペットについて話しています。 가족 셋이 애완동물에 대해서 이야기하고 있습니다.	両親はどうすることに決めましたか。 부모님은 어떻게 하기로 결정했습니까?
□□ ラジオでプレゼントするCDの紹介をしています。 라디오에서 선물할 CD 소개를 하고 있습니다.	① 女の人はどのCDに応募したいといっていますか。 ② 男の人はどのCDに応募したいといっていますか。 ① 여자는 어느 CD로 응모하고 싶다고 합니까? ② 남자는 어느 CD로 응모하고 싶다고 합니까?
□□ 会社で男の人と女の人が話しています。 회사에서 남자와 여자가 이야기하고 있습니다.	男の人はどの歯医者へ行きますか。 남자는 어느 치과로 갑니까?
□□ 学生二人が調査の方法について、先生に相談しています。 학생 두명이 조사방법에 대해 선생님과 의논하고 있습니다.	学生二人はどのように小学生から話を聞きますか。 학생 두 명은 어떤 식으로 초등학생으로부터 이야기를 듣습니까?

□□ テレビを見ながら女の人と男の人が話しています。

TV를 보면서 여자와 남자가 이야기하고 있습니다.

① 女の人が一番見たい映画はどれですか。
② 二人は明日どの映画を見ますか。

① 여자가 가장 보고 싶은 영화는 어느 것입니까?
② 두 사람은 내일 어느 영화를 봅니까?

□□ 大学で女の学生と男の学生が話しています。

대학에서 여학생과 남학생이 이야기하고 있습니다.

女の学生は最初にどこで本を探しますか。

여학생은 처음에 어디에서 책을 찾습니까?

□□ 海外でホームステイをする予定の息子が両親とお土産について話しています。

해외에서 홈스테이를 할 예정인 아들이 부모님과 선물에 대해서 이야기하고 있습니다.

息子はどんなお土産を探すことにしましたか。

아들은 어떤 선물을 찾기로 했습니까?

□□ 夫婦がラジオの天気予報を聞いて話しています。

부부가 라디오 일기예보를 듣고 이야기하고 있습니다.

① 二人は金曜日に何をすることにしましたか。
② 二人は土曜日に何をすることにしましたか。

① 두 사람은 금요일에 무엇을 하기로 했습니까?
② 두 사람은 토요일에 무엇을 하기로 했습니까?

□□ 大学で男の学生と女の学生が授業案内を見ながら授業について話しています。

대학에서 남학생과 여학생이 수업안내를 보면서 수업에 대해서 이야기하고 있습니다.

女の学生はどの授業を受けることにしましたか。

여학생은 어느 수업을 듣기로 했습니까?

□□ パン屋で店長と店員二人が駐車場について話しています。

빵집에서 점장과 점원 2명이 주차장에 대해서 이야기하고 있습니다.

問題を解決するためにどうすることにしましたか。

문제를 해결하기 위하여 어떻게 하기로 했습니까?

□□ イベント会場のアナウンスを聞いて夫婦が話しています。

이벤트행사장의 안내방송을 듣고 부부가 이야기하고 있습니다.

① 男の人と女の人は最初どの会場に行きますか。
② もし時間があれば、男の人は一人でどの会場に行きますか。

① 남자와 여자는 처음에 어느 행사장으로 갑니까?
② 만약에 시간이 있다면 남자는 혼자서 어느 행사장으로 갑니까?

청해 기초지식

01 | 억양

① 보통 문장에서 억양을 올리면 의문문, 내리면 평서문이 됩니다.

ご飯食べた ↗(의문) 밥 먹었어?
うん、食べた ↘(긍정) 응, 먹었어

② 억양에 따라 여러 가지 뜻이 있는 경우도 있습니다.

じゃなかった

ご飯食べたんじゃなかった ↗(의문) 밥 먹었던 것 아니었어?

ご飯食べたんじゃなかった ↘(부정) 밥 안 먹었어

じゃない

キャンピングカーだと安く旅行できていいじゃない ↗(주장)
캠핑카라면 싸게 여행할 수 있어서 괜찮지 않아?

ほら、あそこにあるじゃない ↗(주의환기)
봐봐, 저기 있잖아!

もう1時だしお客さんたち、もうそろそろ来る頃じゃない ↗(추측)
벌써 1시니까 손님들 이제 슬슬 올 시간 아냐?

これ、あなたが作ったの？よくできてるじゃない ⤴(감탄)
이것 네가 만든 거야? 아주 잘 만들었네!

夏だし、山より海の方がいいんじゃない ⤴(제안)
여름이니까 산보다 바다 쪽이 좋지 않을까?

これ、この前テレビで紹介してたとこじゃない ⤴(의문)
이것 요전에 TV에서 소개했던 곳 아냐?

女の人って甘いものに目がないじゃない ⤵(확인)
여자들은 단것을 너무 좋아하잖아.

だから言ったじゃない↘(질책)
그러니까 내가 말했잖아

僕が欲しいのはこれじゃない↘(부정)
내가 갖고 싶은 것은 이게 아냐

でしょう

ご飯食べたでしょう↗(확인) 밥 먹었지?

ご飯食べたでしょう↘(추측) 밥 먹었겠지

そうですか

あっ、そうですか→(맞장구) 예, 그래요?

ああ～、そうですか↘(납득) 아, 그렇군요.

え～↗そうですかぁ↗(의심) 네? 그래요?

02 | 회화체의 특징

축약형

① ～ていにおいて い가 없어지는 경우

～ている	→	～てる
ちゃんと、わかっている	→	ちゃんと、わかってる 제대로 알고 있어
ちょっと待っていて	→	ちょっと待ってて 잠깐 기다리고 있어
ずっと待っていたよ	→	ずっと待ってたよ 계속 기다리고 있었어

～ていく	→	～てく
明日私もついていくね	→	明日私もついてくね 내일 나도 따라갈게
体重が増えていくばかり	→	体重が増えてくばかり 체중이 늘어만 간다
私も連れていってください	→	私も連れてってください 나도 데리고 가주세요
連れていこうか	→	連れてこうか 데리고 갈까?

② 모음과 앞에 있는 자음이 합쳐지는 경우

～ておく	→	～とく
ここに置いておくよ	→	ここに置いとくよ 여기에 놔둘게
言う通りにしておけば	→	言う通りにしとけば 말하는 대로 해두면
そうしておいて	→	そうしといて 그렇게 해둬
書いておこうかな	→	書いとこうかな 써둘까?

～てあげる	→	～たげる
私が手伝ってあげる	→	私が手伝ったげる 내가 도와줄게
一緒に行ってあげるね	→	一緒に行ったげるね 같이 가줄게

③ 기타

～ては	→	～ちゃ
決めなくてはいけない	→	決めなくちゃいけない 결정해야 한다
予約しておかなくてはいけない	→	予約しておかなくちゃいけない 예약해 둬야 한다
そうこなくては！	→	そうこなくちゃ！ 그렇게 해야지!
早く行かなくては！	→	早く行かなくちゃ！ 빨리 가야지!

～では	→	～じゃ
ここで遊んではいけない	→	ここで遊んじゃいけない 여기서 놀면 안 된다
理論的なことばかりではなくて	→	理論的なことばかりじゃなくて 이론적인 것뿐만 아니라
それほど大変ではない	→	それほど大変じゃない 그다지 힘들지 않다
練習の方法ではないでしょうか	→	練習の方法じゃないでしょうか 연습 방법이 아닐까요?

～てしまう	→	～ちゃう
使いすぎてしまう	→	使いすぎちゃう 너무 많이 사용해버리다
味が変ってしまうのよ	→	味が変っちゃうのよ 맛이 변해버려
スクーターとぶつかってしまった	→	スクーターとぶつかっちゃった 스쿠터와 부딪혀버렸다
食中毒になってしまった	→	食中毒になっちゃった 식중독이 되어버렸다

～でしまう	→	～じゃう	
最後まで読んでしまう	→	最後まで読んじゃう	마지막까지 읽어버리다
おもいきり楽しんでしまおう～！	→	おもいきり楽しんじゃおう～！	마음껏 즐기자!
眠り込んでしまった	→	眠り込んじゃった	잠들어버렸다
また、飲んでしまった	→	また、飲んじゃった	또 마셔버렸다

～なければ	→	～なきゃ	
傘持っていかなければ	→	傘持っていかなきゃ	우산 가지고 가야지
もう帰らなければいけません	→	もう帰らなきゃいけません	이제 돌아가지 않으면 안 됩니다
たまった家事もしなければいけない	→	たまった家事もしなきゃいけない	밀린 가사일도 해야 한다
取りに行かなければいけないでしょ？	→	取りに行かなきゃいけないでしょ？	가지러 가야 되지?

첨가

あまり → あんまり	あんまり口出しするな	너무 참견하지마
とても → とっても	とってもおいしかったんだ	아주 맛있었어
ばかり → ばっかり(=ばっか)	仕事ばっかりしてる人	일만 하는 사람
やはり → やっぱり(=やっぱ)	やっぱりそうだったの	역시 그랬구나
よほど → よっぽど	よっぽど好きなのね	정말로 좋아하는구나
～くて → ～くって	私も作ってみたくって	나도 만들어보고 싶어서
	こっちまだ終んなくってもう大変	이쪽은 아직 안 끝나서 큰일이야
	ギターが欲しくって	기타를 갖고 싶어서
	咳が止まらなくって	기침이 멈추지 않아서

생략

① と/という/というのは/は/そうだ（伝聞）→ ～って

と

難しいと聞いて心配してるんです → 難しいって聞いて心配してるんです
어렵다는 말을 들어서 걱정하고 있습니다

という

お開きになったというわけ → お開きになったってわけ 끝나게 되었다는 거야

地球温暖化という言葉 → 地球温暖化って言葉 지구온난화라는 말

というのは

長い髪の手入れというのは結構大変だった → 長い髪の手入れって結構大変だった 긴 머리 손질이란 꽤 힘들었어

栄養というのは偏りがちになっちゃうからね → 栄養って偏りがちになっちゃうからね 영향이라는 것은 한쪽으로 치우쳐버리기 쉬우니까

は

いいことはありますか → いいことってありますか 좋은 일 있습니까?

北村君は → 北村君って 기타무라 군은

そうだ(伝聞)

心配だから病院にいってみるそうだ → 心配だから病院にいってみるって 걱정이 되니까 병원에 가본대.

延期になったそうです → 延期になったんですって 연기되었대.

② ますか/ですか（+確認）→っけ

佐藤さんって今日お休みですか → 佐藤さんって今日お休みだっけ？ 사토 씨 오늘 쉬는 날이었나?

土曜日はバイトがあるんですか？ → 土曜日はバイトがあるんだっけ？ 토요일에 아르바이트가 있나?

今日はレポートの締め切りじゃなかったですか？ → 今日はレポートの締め切りじゃなかったっけ？ 오늘은 리포트 제출일 아니었어?

③ 기타

〜かもしれない → 〜かも　なんかいいかもね 왠지 괜찮을지도 몰라.

ところ → とこ　友達のとこ 친구네

ここんとこ 요즘

けれども → けど　　僕はいいけど 난 괜찮지만

いやだ → やだ　　やだよ、そんなの 싫어. 그런 것.

それで、ところで → で　　で、持って行く資料のほうは？
그래서, 가지고 갈 자료는?

발음의 변화

① 발음화 (ん으로 바뀌는 것)

な행의 「に」「の」→ん

いちにち → いちんち 하루

かいもの → かいもん 장보기

きらいなので → きらいなんで 싫어서

どうしたのですか → どうしたんですか 왜 그래요?

笑っているんだもの → 笑ってるんだもん 웃고 있으니까

ら행의 「ら」「り」「る」「れ」→ん

わからない → わかんない 몰라

しらない → しんない 몰라

まだ終わらなくて → まだ終わんなくて 아직 안 끝나서

ない→ん

わからない → わからん 몰라

② 촉음화

こちら → こっち　　台風がこっちに向かっているらしい
태풍이 이쪽으로 향하고 있대

そちら → そっち　　今からそっちに向かうね 지금부터 그쪽으로 갈게

あちら → あっち　　あっちの方がよさそうだね 저쪽이 좋을 것 같아

どこか → どっか　　どっか遠くに行きたいな 어디 멀리 가고 싶다

いいか → いっか　　ま、いっか 그러지 뭐

そうか → そっか	そっか。そうしよう 그렇구나, 그렇게 하자
しようと → しよっと	大きいのにしよっと 큰 걸로 해야지
	私もそれにしよっと 나도 그걸로 해야지

③ 기타 축약형, 강조 등

やはり，　やっぱり，　やっぱ 역시

ばかり，　ばっかり，　ばっか ~만

あまり，　あんまり，　あんま 너무, 별로

すごい，　すっごい，　すんごい 굉장하다

おなじ，　おんなじ 같다

03 | 의태어

먹다 (食べる)	ぱくぱく 잘 먹는 모양, 덥석덥석 がつがつ 게걸스럽게, 걸근걸근 もぐもぐ 우물우물
마시다 (飲む)	ごくごく 벌컥벌컥 がぶがぶ 벌컥벌컥 ちびちび 홀짝홀짝
보다 (見る)	ざっと 대충 じっくり 차분히 ちらっと 힐끗 じろじろ 뚫어지게 きょろきょろ 두리번두리번
자다 (寝る/眠る)	ぐうぐう 쿨쿨 すやすや 새근새근 ぐっすり 푹 うとうと 꾸벅꾸벅

말하다 (話す/言う)	すらすら 술술 ぺらぺら 술술, 줄줄, 나불나불 ぺちゃくちゃ 재잘재잘 ぶつぶつ 투덜투덜
걷다 (歩く)	よちよち 아장아장 のろのろ 느릿느릿 とぼとぼ 터벅터벅
웃다 (笑う)	にこにこ 생글생글 くすくす 킥킥 にやにや 히죽히죽 げらげら 깔깔
울다 (泣く)	しくしく 훌쩍훌쩍 (모습) わんわん 엉엉
화내다 (怒る)	かんかん 불같이 かっと 발끈 むっと 불끈
아프다 (痛む)	ずきずき 욱신욱신 がんがん 지끈지끈 ひりひり 얼얼하다
피곤하다 (疲れる)	くたくた 녹초가 되다, 기진맥진 ぐったり 축 늘어지다 へとへと 기진맥진
행동 (行動)	ぼんやり 멍하니 ぼーっと 멍하니 そーっと(そっと) 살짝 こっそり 몰래 いきいき 활기찬 わいわい(騒ぐ) 왁자지껄 (떠들다) しぶしぶ 마지못해 ごろごろ 데굴데굴 ぶらぶら 어슬렁어슬렁, 빈둥빈둥 ふらふら 휘청휘청, 비틀비틀

ぞくぞく (한기가 들어) 오싹오싹
こつこつ 야무지고 착실한 모양
てきぱき 척척
ばりばり(働く) 열심히 (일하다)
しっかり 확실히
ちゃんと 제대로
きちんと 깔끔하게
きっちり 꼭, 딱 (들어맞음)
のんびり 느긋하게
ぎりぎり 아슬아슬
そろそろ 슬슬
すっかり(忘れる) 완전히 (잊다)
うっかり(忘れる) 깜빡 (잊다)
ばったり(出会う) 딱 (만나다)

감정(感情)

うきうき 들뜬 모양 (기쁜 일)
わくわく 두근두근 (즐거운 일)
どきどき 두근두근 (흥분)
いらいら 안절부절
がっかり 실망하다
しょんぼり 풀이 죽다
ほっと 안심하다

감각(感覚)

すっきり 개운하다
すべすべ 매끈매끈
ぴったり 딱, 꼭 (사이즈가 딱 맞음)
ゆったり 넉넉하다
ぶかぶか 헐렁헐렁
ぴちぴち 딱 맞음

04 | 경어

경어 특정어 일람표

	존경어	겸양어 I	겸양어 II
行きます	いらっしゃいます		参ります
来ます	いらっしゃいます		参ります
います	いらっしゃいます		おります
食べます	召し上がります		いただきます
飲みます	召し上がります		いただきます
します	なさいます		いたします
言います	おっしゃいます	申し上げます	申します
見ます	ご覧になります	拝見します	
寝ます	お休みになります		
会います		お目にかかります	
見せます		お目にかけます	
知っています	ご存知です	存じあげています	存じております
聞きます		伺います	
訪問します		伺います	
あげます		さしあげます	
もらいます		いただきます	
くれます	くださいます		
～です	～でいらっしゃいます		～でございます
あります			ございます
～てください	お + ます형 + ください		

(문화청 홈페이지 : http://www.bunka.go.jp 경어의 지침 참고)

듣기 시험에서에서 주의해야 할 경어표현!

존경어를 사용할 장면인지, 겸양어를 사용할 장면인지 구분한다

경어에서 가장 많이 틀리는 부분이 존경어를 써야 할 곳에 겸양어를 쓰거나, 아니면 그 반대로 겸양어를 써야 하는데 존경어를 잘못 쓰는 경우입니다. 이는 상대방에게 굉장히 실례가 되는 일입니다. 이렇게 틀리는 일이 없도록 하려면, 우선 존경어 표현과 겸양어 표현을 확실하게 구별해서 익혀야 한다는 것입니다. 그리고 누가 누구를 향해 이야기하고 있는지에 주의해야 합니다. 주어가 선생님이나 손님 등 존경어를 써야 할 대상이라면 존경어를 쓰고, 주어가 나를 비롯한 우리 쪽(우리 가족, 우리 회사 사람 등)일 경우에는 겸양어를 사용합니다.

겸양어 I 과 II를 구별하는 것보다, 존경어와 겸양어의 구별을 제대로 할 수 있도록 공부합시다.

예 **社長、お食事いただいてください。**(×) (いただく는 겸양어 → 召し上がってください를 써야 합니다.)
社長、食事召し上がってください。(○) 사장님, 식사하세요.

그리고 우리말의 경우에는 절대경어를 쓰기 때문에 웃어른이나 회사의 사장님에 대해서는 항상 경어를 사용하지만, 일본어의 경우에는 다른 회사 사람에게 우리 사장님에 대해서 이야기할 경우에는 겸양어를 사용해야 합니다.

예 (거래처와 전화할 때)

社長は今、会社にいらっしゃいません。(×) (いらっしゃいません은 존경어 → おりません 또는 席をはずしております를 써야 합니다.)

社長は今、会社におりません。(○) 사장님은 지금 안 계십니다.

05 | 인사말

はじめまして。お目(め)にかかれて光栄(こうえい)です 처음 뵙겠습니다. 만나 뵈어 영광입니다
→ こちらこそ 저야말로

お元気(げんき)ですか 건강하세요?
→ おかげさまで 덕분에요

お変(か)わりありませんか 별고 없으세요?
→ おかげさまで 덕분에요

ご無沙汰(ぶさた)してます / お久(ひさ)しぶりです 오래간만입니다

ご心配(しんぱい)をおかけして申(もう)し訳(わけ)ございません 걱정을 끼쳐드려서 죄송합니다

迷惑(めいわく)をおかけして申(もう)し訳(わけ)ございません 폐를 끼쳐드려서 죄송합니다

いつもお世話(せわ)になっております 항상 신세 많이 졌습니다

いろいろお世話(せわ)になりました 여러 가지로 신세 많이 졌습니다

ありがとうございます。助(たす)かりました 감사합니다. 많은 도움이 되었습니다
→ お役(やく)に立(た)ててよかったです 도움이 되어서 다행입니다

ご家族(かぞく)の皆様(みなさま)によろしくお伝(つた)えください
가족 분들께 안부 전해주십시오

방문할 때 쓰는 인사말

ごめんください 실례합니다(누구 안 계세요?) (가정집)

どうぞおあがりください 어서 올라오세요
→ おじゃまします 실례합니다 (가정집)

どうぞお入(はい)りください 어서 들어오세요
→ 失礼(しつれい)します 실례합니다(손님) (사무실)

何(なに)もございませんが、どうぞ 아무것도 없지만 드세요
→ では、お言葉(ことば)に甘(あま)えて 그럼, 그렇게 말씀해주시니까

どうぞ、ご遠慮(えんりょ)なく 꺼리지 마시고 드세요
→ 恐(おそ)れ入(い)ります 황송합니다
→ お構(かま)いなく 신경 쓰지 마세요

お口(くち)に合(あ)うかどうかわかりませんが 입맛에 맞을지 어떨지 모르겠습니다만
→ いただきます 잘 먹겠습니다

これ、つまらないものですが、どうぞ 이것, 보잘 것 없는 것이지만, 받아주세요
→ わざわざどうもありがとうございます 일부러 고맙습니다

いいえ、ほんの気持(きも)ちですから 아니오 그냥 마음만 조금 담았습니다

ゆっくりしていってくださいね/ごゆっくりどうぞ 천천히 놀다 가세요

どうぞ、楽(らく)にしてください 부디 편하게 생각하세요

そろそろ失礼(しつれい)します 이제 슬슬 실례하겠습니다
→ まだ、いいじゃありませんか。아직 괜찮잖아요!

時間(じかん)になりましたから、今日(きょう)はこの辺(へん)で 시간도 되고 했으니까, 오늘은 이 정도로

おじゃましました 실례했습니다

せっかくいらしたのに、何(なん)のお構(かま)いもできませんで 모처럼 오셨는데 제대로 대접도 못해드리고

長居(ながい)をいたしました 너무 오래 있었네요
→ また、どうぞ(いらしてください) 또 오세요

06 | 의뢰, 허가 표현

청해문제에서는 뭔가를 해달라고 의뢰하거나, 하게 해달라고 허가를 구하는 표현이 많이 출제되기 때문에 잘 학습해 두도록 합니다.

의뢰

가장 기본적인 표현은 '～てください'이지만, 그 외에도 'くれる' 'もらう'를 사용한 아래와 같은 표현들이 있습니다. 아래로 내려갈수록 정중한 표현이 됩니다.

～てくれる？ ~해 줄래? ～てくれない？ ~해 주지 않을래?	～てもらえる？ ~해 줄 수 있어? ～てもらえない？ ~해 줄 수 없어?
～てくれますか ~해 주실래요? ～てくれませんか ~해주지 않을래요?	～てもらえますか ~해 줄 수 있어요? ～てもらえませんか ~해 줄 수 없어요?
～てくださいますか ~해 주시겠습니까? ～てくださいませんか ~해 주시지 않겠습니까?	～ていただけますか ~해 주실 수 있습니까? ～ていただけませんか ~해 주실 수 없습니까?

기타 의뢰 표현

- ～してね ~해 줘
- お願いね 부탁해
- 頼むよ 부탁해
- 頼んだよ 부탁했다!
- 任せたよ 맡길게
- よろしくね 부탁해

예 **じゃあ、明日連絡してね。** 그럼 내일 연락해 줘.
会議までに資料のコピーよろしくね。 회의때까지 자료 복사 부탁해.

허가

위의 의뢰표현 앞에 사역형이 오면 허가를 구하는 표현이 된다.

- これコピーしてもらえる？(依頼) → 相手にコピーをしてほしい。
  이것 복사해줄 수 있어?(의뢰) → 상대가 복사해줬으면 한다.

- これコピーさせてもらえる？(許可) → 自分がコピーをしたい。
  이것 복사해도 돼?(허가) → 자기가 복사하고 싶다.

예 パソコン使わせてもらえる? 컴퓨터 써도 돼?
お話聞かせてもらえませんか。 이야기를 들을 수 없을까요?
(들을 수 있도록 허락해 줬으면 한다 → 상대가 이야기해줬으면 한다)

기타 허가를 구하는 표현(아래로 내려갈수록 정중함)

- ～てもいい? ~해도 돼?
- ～てもいいですか。 ~해도 되나요?
- ～てもかまいませんか。 ~해도 상관없나요?
- ～てもいいでしょうか。 ~해도 될까요?
- ～てもよろしいでしょうか。 ~해도 괜찮을까요?
- ～させていただいてもよろしいでしょうか。 ~해도 괜찮을까요?

예 ちょっとこれ、借りてもいい? 잠깐 이거 빌려도 돼?
明日またお電話させていただいてもよろしいでしょうか。 내일 또 전화해도 괜찮을까요?

問題 1 この問題では、まず質問を聞いてください。それから話を聞いて、問題用紙の1から4の中から、最もよいものを一つ選んでください。

01

1 資料をコピーする
2 先生方に日程を知らせる
3 先生方に論文を送る
4 発表の準備をする

1-01.mp3

02

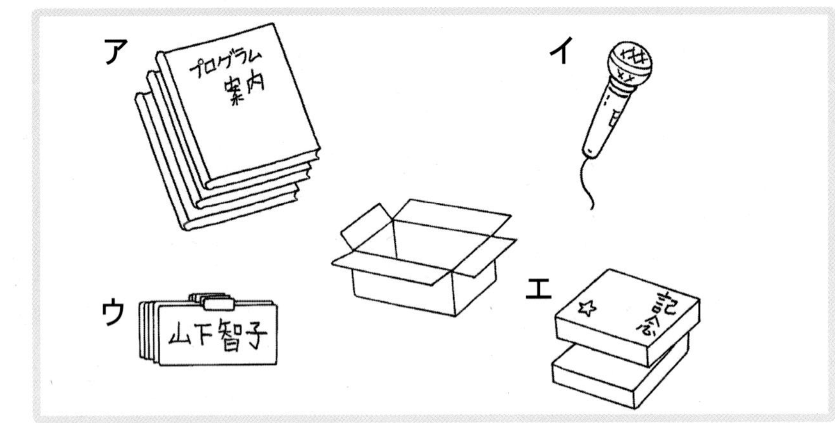

1-02.mp3

1 ウ　エ
2 イ　エ
3 アイウ
4 イウエ

03
1 パンフレットに目を通す
2 志望動機を考えておく
3 面接対策の本を買って読む
4 面接で着る服を買いにいく

1-03.mp3

04
1 会食の日程を変更する
2 みんなに会食の延期を知らせる
3 プレゼンの資料作りを完成させる
4 店に連絡して予約時間を遅らせる

1-04.mp3

05
1 2→3
2 3→2
3 1→2
4 2→1

1-05.mp3

問題 2 この問題では、まず質問を聞いてください。そのあと、問題用紙を見てください。読む時間があります。それから話を聞いて、問題用紙の1から4の中から、最もよいものを一つ選んでください。

01 2-01.mp3

1 食料品の買い物をしたから
2 入場券を買うために長時間待ったから
3 昨日の夜遅くまで走っていたから
4 病気の人に薬を買ってあげたから

02 2-02.mp3

1 温泉でのんびりしたいから
2 沖縄の方が暖かいから
3 予算が合わなかったから
4 飛行機の席がとれなかったから

03 2-03.mp3

1 シャワー室が広いから
2 運動器具が多いから
3 窓からのながめが素敵だから
4 好きな番組を見ながら運動できるから

04
1 頭が痛い
2 吐き気がする
3 咳が出る
4 熱が高い

2-04.mp3

05
1 おいしい食事がでるから
2 仕事中に勉強もできるから
3 仕事する時間が短いから
4 給料がかなりいいから

2-05.mp3

06
1 明日の朝早く起きなければいけないから
2 今日の仕事が忙しくて疲れているから
3 おじさんが家に来ることになっているから
4 子どもや家族と過ごす時間を持ちたいから

2-06.mp3

問題 3 この問題では、問題用紙に何も印刷されていません。この問題は全体としてどんな内容かを聞く問題です。話の前に質問はありません。まず話を聞いてください。それから質問とせんたくしを聞いて、問題用紙の1から4の中から、最もよいものを一つ選んでください。

ー メモ ー

01 3-01.mp3

02 3-02.mp3

03 3-03.mp3

04 3-04.mp3

05 3-05.mp3

問題 4 この問題では、問題用紙に何も印刷されていません。まず文を聞いてください。それから、その返事を聞いて、1から3の中から、最もよいものを一つ選んでください。

ー メモ ー

01 4-01.mp3

02 4-02.mp3

03 4-03.mp3

04 4-04.mp3

05 4-05.mp3

06 4-06.mp3

07 4-07.mp3

08 4-08.mp3

09 4-09.mp3

10 4-10.mp3

11 4-11.mp3

12 4-12.mp3

問題 4 長めの話を聞きます。この問題では練習はありません。メモをとってもかまいません。

問題用紙に何も印刷されていません。まず話を聞いてください。それから、質問とせんたくしを聞いて、1から4の中から、最もよいものを一つ選んでください。

01 5-01.mp3

02 5-02.mp3

まず話を聞いてください。それから、二つの質問を聞いて、それぞれ問題用紙の1から４の中から、最もよいものを一つ選んでください。

03 5-03.mp3

質問 1

1 レストラン
2 喫茶店
3 コンビニ
4 塾の講師

質問 2

1 レストラン
2 喫茶店
3 コンビニ
4 塾の講師

시나공
JLPT
일본어능력시험
N2

청해 문제 전체 듣기

실전 모의고사 1회

問題1 ＿＿＿の言葉の読み方として最もよいものを、1・2・3・4から一つ選びなさい。

1 大学時代の友達と町の喫茶店でひさしぶりに会って話した。

1 きっちゃてん　2 きっさみせ　3 きっさてん　4 きっちゃみせ

2 「行ってきます」と家を出たきり行方が分からなくなった。

1 ゆくえ　2 ゆくがた　3 いきがた　4 いきほう

3 私は電子機器を操るのが苦手だ。

1 くる　2 あやつる　3 あやまる　4 きる

4 今日の会議では主に来月のイベントについて話し合う予定です。

1 しゅに　2 あらたに　3 おもに　4 すでに

5 話し合うこともせず、腕力に訴えるのはよくない。

1 わんりょく　2 わんりき　3 あんりょく　4 あんりき

問題2　＿＿＿＿の言葉を漢字で書くとき最もよいものを、1・2・3・4から 一つ選びなさい。

6　同時に複数の外国語を勉強すると頭がこんらんしてしまう。

1 困難　2 混難　3 混乱　4 困乱

7　激しい運動をする前には準備たいそうをしなければならない。

1 体操　2 体燥　3 体掃　4 体躁

8　就職のために、たくさんのしかくを取っておきたい。

1 四角　2 比較　3 視覚　4 資格

9　流れにさからって進むのはとても大変なことだ。

1 坂らって　2 阪らって　3 遅らって　4 逆らって

10　学芸会の演劇で主役をつとめることになった。

1 勤める　2 努める　3 務める　4 演める

問題3　次の文の（　　）に入れるのに最もよいものを、1・2・3・4から一つ選びなさい。

11　今の仕事は楽しいが、収入は（　　）安定だ。

1 不　　2 未　　3 非　　4 欠

12　我が校の生徒たちで結成されたチームが全国大会で（　　）成績を収めた。

1 秀　　2 優　　3 良　　4 好

13　彼は幅広い事業を行う実業（　　）として活躍している。

1 家　　2 者　　3 手　　4 師

14　最近は多様な働きをする人間（　　）ロボットが開発されているようだ。

1 的　　2 型　　3 式　　4 風

15　大好きなテレビドラマの最終回を見（　　）しまった。

1 送って　　2 損って　　3 出して　　4 逃して

問題4　次の文の（　　）に入れるのに最もよいものを、1・2・3・4から一つ選びなさい。

16　夏を迎えて各ビール会社が様々な（　　）を行っている。

1 トレーニング　2 キャンペーン　3 シーズン　4 パターン

17　レモンにはビタミンCが（　　）含まれている。

1 ほぼ　2 たっぷり　3 たいして　4 やや

18　ガソリンスタンドやサラリーマンといった（　　）和製英語は英語圏の人には通じない。

1 どの　2 とある　3 いわゆる　4 あらゆる

19　読書量の減少など、若者の活字（　　）が進んでいるという。

1 好き　2 通り　3 読み　4 離れ

20　日本料理とは日本の国土、風土の中で独自に（　　）した料理のことを言う。

1 発達　2 到達　3 配達　4 通達

21　この道具はアイデア（　　）でいろいろな使い方ができる。

1 企画　2 満足　3 放題　4 次第

22　昔の友達と駅前で（　　）会った。

1 しっとり　2 ばったり　3 べったり　4 ぐったり

問題5 ＿＿＿＿ の 言葉に意味が最も近いものを、1・2・3・4から一つ選びなさい。

23 あなたの正直な気持ちを聞かせてください。

1 もともとの　2 本当の　3 かくした　4 つらい

24 明日の会議の時間を忘れないように念を押した。

1 指示した　2 気をつけた　3 知らせた　4 確かめた

25 彼はおそらく成功するだろう。

1 絶対に　2 結局　3 いつか　4 たぶん

26 この問題は答えを見てもさっぱり分からない。

1 よく　2 少ししか　3 全く　4 何だか

27 これからもいろいろなチャレンジをしたい。

1 挑戦　2 冒険　3 応援　4 経験

問題6　次の言葉の使い方として最もよいものを、1・2・3・4から一つ選びなさい。

28　印象

1 感謝の印象を込めてプレゼントを贈った。

2 この音楽は印象的で一度聞いたら忘れない。

3 悲劇的な結末に印象を隠せなかった。

4 誤解を呼ぶような印象は避けた方がいい。

29　過程

1 何事もほどほどに過程を守るのが大切だ。

2 検査の過程が分かり次第、ご連絡いたします。

3 来年からサービスの過程が変更になる。

4 結果が全てではなく過程も重要だ。

30　恵まれる

1 この国は豊かな自然に恵まれている。

2 新しいマンションが入居者に恵まれている。

3 この品物はデパートを通して恵まれる。

4 彼女は新入生のくせに恵まれた口をきく。

31　原料

1 優秀な人材を原料するのは大変だ。

2 健康的な原料を使用して料理をつくる。

3 この石けんはオリーブ油を原料としている。

4 新技術の開発には貴重な原料が必要だ。

32 口実

1 忙しいのを口実に長い間連絡しなかった。

2 国民の期待にこたえる口実がほしい。

3 旅行中、思いがけない口実が起こった。

4 社長からの口実だったが断ることにした。

問題7　次の文の（　　）に入れるのに最もよいものを、1・2・3・4から 一つ選びなさい。

33　不正が発覚して以来、あの政治家の支持率は落ちる（　　）。

1 きりだ　2 どころではない　3 一方だ　4 つつある

34　車の運転に（　　）、家に帰って狭い駐車場に入れるのがたいへんだった。

1 慣れる最中は　2 慣れないまでは　3 慣れるかぎりは　4 慣れないうちは

35　やっと風邪が治った（　　）、今度は足の骨を折ってしまった。

1 のに加えて　2 かと思ったら　3 のに反して　4 のみならず

36　彼女は幼い頃から合唱団にいた（　　）、歌がうまくない。

1 わりには　2 ものだから　3 からこそ　4 ばかりか

37　42.195キロのマラソンコースを最後まで走り（　　）。

1 あげた　2 かけた　3 ぬいた　4 すぎた

38　かさがなくて困っていた（　　）、運よく弟が通りかかり、雨にぬれずに帰宅できた。

1 あげくに　2 ために　3 とたんに　4 ところに

39　初デートでの緊張感（　　）、相手の顔もまともに見られないくらいだった。

1 といったら　2 といっても　3 ということは　4 としたら

40　この度はお忙しいところ（　　）ありがとうございます。

1 お越しねがいまして　2 お越しなさって

3 お越しくださり　4 お越しまして

41 （自転車利用の皆さんへ）

公園通路（　　）、スピードの出し過ぎに注意しましょう。

1 に際して　　2 につき　　3 の上に　　4 のもと

42 よほどのことが（　　）予選は通るだろうと思っています。

1 ないかぎり　　2 あるかもしれないが

3 ない一方で　　4 あるどころか

43 A「昨日はどうして学校を休んだんですか。」

B「やけどして病院に行っていた（　　）ですから。」

1 もの　　2 こと　　3 ところ　　4 ばかり

44 A「わあ、かわいい赤ちゃんですね～。赤ちゃんの写真を一枚（　　）。」

B「ええ、いいですよ。どうぞ。」

1 とっていただけますか　　2 とらせてもらえませんか

3 とってくださいませんか　　4 おとりください

問題8　次の文の＿★＿に入る最もよいものを、1·2·3·4から一つ選びなさい。

45　自分が人から＿＿＿ ＿＿＿ ＿★＿ ＿＿＿はいけない。

1 嫌なことは　2 して　3 されて　4 人にも

46　人生における成功とは、＿＿＿ ＿＿＿ ＿★＿ ＿＿＿。

1 ある　2 富の獲得に　3 ものではない　4 かならずしも

47　＿★＿ ＿＿＿ ＿＿＿ ＿＿＿美術館をご紹介いたします。

1 に存在する　2 日本全国　3 世界各国　4 のみならず

48　1年も前から＿＿＿ ＿＿＿ ＿★＿ ＿＿＿残念でたまらない。

1 キャンセルに　2 なって　3 楽しみに　4 していただけに

49　何度も修理したのにまたこわれてしまった。もう＿＿＿ ＿★＿ ＿＿＿ ＿＿＿。

1 買うものか　2 製品　3 この会社の　4 なんか

問題9　次の文章を読んで、文章全体の内容を考えて、50 から 54 の中に入る最もよいものを、1·2·3·4から一つ選びなさい。

社会見学と言うと、小学生や中学生が社会科の授業の一環として、いろいろな施設や工場を見学するなど、教室では学べないことを実際に見たり体験したりしながら学習することを指します。 50 、最近では学生だけではなく「大人の社会見学」が流行しているようです。

見学する主な施設は、国会議事堂、最高裁判所、防衛省などの国の機関や、大企業の工場などですが、その中でも、食品や飲料の製造現場は、出来上がりまでの工程が分かりやすい上、見学後の 51 もでき、さらにはお土産までもらえるという理由で最も人気があるといいます。

これらの見学は、個人が各企業のホームページや電話 52 申し込むこともできますし、旅行会社からだと個人では見学できないところ、あるいは見学できてもその手続きが面倒な施設の見学も可能なツアーもあります。この場合、見学だけではなく豪華な昼食も付いて1万円以下という値段も人気の理由の一つ。

参加した人たちは「普通の観光とは違って、個人の見聞を広げて知識向上が図れる」とか、「普段接する身のまわりの物や食品などがどのように作られているのかわかる」、「多くの人が一生懸命に情熱をかけて作り上げている様子を見て感動できる」などと大変満足している様子。 53 、企業の側としては製品をアピールし、企業のイメージアップできる絶好の 54 となっています。

	1	2	3	4
50	1 それにしても	2 ところが	3 ところで	4 しかも
51	1 販売活動	2 品質検査	3 間接体験	4 試食・試飲
52	1 に関して	2 を問わず	3 に応じて	4 を通して
53	1 一方	2 または	3 以上	4 しかし
54	1 基準	2 方法	3 機会	4 資料

問題10 次の文章を読んで、後の問いに対する答えとして、最もよいものを1·2·3·4から一つ選びなさい。

最近では情報が無くて困ることよりも、膨大な情報を前にして途方にくれる(注1)ことの方が多いという人もいるだろう。これら多くの情報にまどわされないために重要なことは、目的意識を持つことである。つまり、「何のために勉強するのか」「何のために本を読むのか」こうした「何のために」という課題を、いつも考えなければならない。その目的があって、次に目標が決まり、自分が行うべき行動がわかるのである。この目的意識がなければ、自分にとって必要な情報なのかどうかを判断できずに、ただ情報に流されてしまうことになる。

(注1) 途方にくれる：どうしてよいかわからなくなる

55 情報と目的意識の関係について、この文章からわかることは何か。

1 目的意識を持っているかどうかが、情報の処理能力につながる。
2 目的意識を持っていないと、ただ情報に流されることがなくなる。
3 目的意識を持たないことは、情報にまどわされないために重要なことである。
4 目的意識を持たないことで、自分に必要な情報を選択することができる。

この度は、国際文化学会からご招待をいただきまして、久しぶりの海外講演を楽しみにしておりましたところ、突然の伝染病騒動(注1)が起こりました。こちらでは、出国禁止という措置がとられており、貴学会への参加は不可能となってしまい、まことに申し訳なく思っております。

そこで、せめてインターネットを通してスクリーンから発表をさせていただき、先生方との質疑応答も可能にできるよう、準備を進めております。なにとぞそれで、お許しをいただきますよう、心よりお願い申し上げます。

(注1) 騒動：おおさわぎ

56 上記の文書によると、学会での発表はどうなると思われるのか。

1 バーチャルの参加で、質疑応答のみできるようにする。

2 出国禁止という措置が出ているので、学会への発表はしない。

3 インターネットを使った映像技術を通して参加する。

4 学会の先生方の前で講演し、直接対面して質疑応答に答える。

試験が近づいてくると、不安でとにかく机の前から離れられない気持ちになります。とはいえ、人間の集中力とはそう長く続くものではありません。つい、他のことに気をとられたりして結局無駄な時間を過ごし、疲れてしまうだけのこともあります。最高のコンディションで試験に臨み、実力を発揮させるためには、ただひたすら勉強を続けることよりも、休むことの方がずっと大事なことでもあるのです。

57 筆者は試験で実力を出すために何が大事だと述べているか。

1 とにかく勉強すること

2 必要であれば休むこと

3 無駄な時間を過ごすこと

4 勉強せずに休むこと

ご案内

本日はイデア家具展示販売会にご来場くださり、まことにありがとうございます。

商品購入の際は、受付でお渡ししたご来場者カードに商品番号とお届け先をご記入くださり、販売スタッフにお渡しください。スタッフがお届け希望日を伺い、その後、お会計となります。その際に、お車でお越しの方には、無料駐車券を差し上げますのでお申し付けください。何かご不明な点がございましたら、お気軽にスタッフにお声をおかけください。

58 商品を買いたい場合はどうすればいいか。

1 商品番号と住所を書いた来場者カードを販売スタッフに渡して配達日などを確認した後、代金を支払う。

2 来場者カードに商品番号と住所および希望日を記入して販売スタッフに渡した後、代金を支払う。

3 来場者カードに商品番号と配達希望日を記入して販売スタッフに渡し、商品が届いた時に代金を支払う。

4 商品番号と希望日などを書いた来場者カードを販売スタッフに渡し、商品を届けてもらった後で代金を支払う。

競争により、人は刺激を受け、より努力をし、能力を最大限に発揮できると私は考える。ところが教育界においては、「競争」の弊害が叫ばれ、「ゆとり」を取り入れようという動きが盛んである。中には、競争心に目覚め、目標に向かって励んでいる子どももいるはずである。そこへ無理に「休んだ方がいい」などといって水を差す(注1)と、かえって不満を生むことになりかねない。他人への思いやりや協調性が育たないのではないかという心配もあるだろうが、そういったものは長い学校の集団生活を通して学べるものである。

(注1) 水を差す：うまくいっている事をじゃまする

59 筆者は「競争」についてどのように考えているか。

1 「競争」こそが子どもの教育にとって最も必要なものである。

2 「競争」することによって、思いやりや協調性が育てられる。

3 「競争」によって、より子どもの能力を引き出すことができる。

4 「競争」よりも、ゆとりを持つことを教えるべきである。

問題11 次の文章を読んで、後の問いに対する答えとして、最もよいものを1･2･3･4から 一つ選びなさい。

「教える」という行為は、何も学校だけではなく、普段私たちの日常生活においても頻繁に行われ、コミュニケーションの一部となっています。家庭の中では、毎日のように親が子どもを教えていますし、時には、子どもが親に教えることだってあります。

職場では、上司や先輩の立場にある人が、部下や後輩に仕事のやり方などを指導します。また、自社の商品の特徴をお客さんに説明するのも「教える」ことと言えるでしょう。友達同士や身近な人との会話もよく考えてみると①ほとんどがそうです。おいしいケーキ屋の場所、おもしろかった映画やドラマについてなどなど、関心のある情報を伝え合うといった情報交換は立派な「教える」行為です。

このように、日々のコミュニケーションを注意深く観察してみると、私たちの会話のほとんどの部分はお互い教え合うことによって成り立っているのです。②だからこそ、教えることが上手だと、日常の生活においても、仕事においても大変得をします。さまざまな組織において、「リーダー」と呼ばれ、尊敬されている人は、例外なく人を教えることが上手です。すなわち、社会生活をしていく上で必要な技術だと言えるのです。

60 筆者は「教える」と言う行為についてどう考えているか。

1 相手のいいところを引き出すためのもの

2 普段の生活において常に行われているもの

3 尊敬されたいと思う人が意識して行うもの

4 上の立場の人が下の立場の人のためにするもの

61 ①ほとんどそうですとは、何のことを言っているのか。

1 教える立場の人が目上の人となる。

2 関心のある情報を必要としている。

3 情報を伝え合うことで成り立っている。

4 対話を持つことで関係を維持している。

62 ②だからこそとは、どういう意味か。

1 人は常に会話をすることで意思表示をする。

2 自分の考えを表現できる能力が必要である。

3 生活の場面どこにあっても必要な技術である。

4 注意深い観察がコミュニケーションに役立つ。

姿勢によって人に与える印象はずいぶん変わる。「姿勢ぐらい…」と思う人もいるかもしれないが、姿勢が悪いとどことなく暗く、やる気のない人間に見えてしまうのである。自信を持ち、胸を張れば自然に背筋は伸びるし、反対に、気力が無く、肩を落とすと背中が曲がる。気持ちの持ち方が姿勢にあらわれるのである。

普通、①写真を撮る際は、にっこりと笑って姿勢も正すから、そうひどいポーズの写真はあまりない。そのため、ほとんどの人は自分の姿勢の深刻さに気づいていない。ところがたまに、意識して写されたものでなく、偶然写ってしまった自分の姿を見ることがある。それは、身構えなしの、②実にリアルなわが姿を見せつけてくれる。私の知人にも、そんな写真に、背中の曲がった年寄りくさい自分が写っていたとショックを受け、それ以後、姿勢を気にし、今ではいつ見ても、シャキッと背筋が伸びた素晴らしい姿勢を身につけた男がいる。彼はごく普通の会社員だったが、最近では自分の会社を持ち経営もかなりうまくいっているようである。姿勢がよくなって自信がついたのか、自信がついたから姿勢がよくなったのか。どちらが先かは分からないが、③この二つ、全く無関係ではなさそうだ。

63 ①写真を撮る際は、にっこりと笑って姿勢も正すのは、どうしてか。

1 写真写りをよくしたいから

2 無気力な自分を隠したいから

3 自分の写真にショックを受けたから

4 自信のあることをアピールしたいから

64 ②実にリアルなわが姿とは、どういうことか。

1 自分で気づいていなかった普段の姿

2 忘れかけていた年寄りくさい自分自身

3 わざわざ見ないようにしていた深刻な姿勢

4 にっこりしても心から笑えない本当の気持ち

65 ③この二つ、全く無関係ではなさそうだとは、どういうことか。

1 背筋を伸ばすと、仕事もうまくいくということ

2 気の持ち方が、姿勢にも反映されるということ

3 姿勢がいいと、自分の年を忘れられるということ

4 自信があれば、無意識に姿勢も悪くなるということ

思春期の子どもがいる家庭では何かとトラブルが多いものである。中でも母親と娘の場合、始まりは些細な(注1)ことでも最終的にはお互いの心に深い傷を与えたりする。

最近、ある調査で興味深い結果が出た。母親と娘にそれぞれ、自分たちの言い争いについてどう思っているのかインタビューをしてみたところ、両者の①回答に大きな差が出たのである。母親の場合、46％が言い争いは娘との関係においてマイナスであると答えた。それは、子どもの口答えは、親を尊敬していないことの表れであり、親子関係を悪化させるだけだと考えるためで、親子げんかの回数が増えるほど、また激しくなるほど、有害なものだと思っているようである。

一方、娘側の否定的な回答はたったの２３％に過ぎなかった。多くの娘たちは②これを通して母親との強いきずなを確認できると信じているのである。彼女たちは言い争いのおかげで、母親の意見が聞け、親のことをまた違った角度で見られるだけでなく、自分の考えを正直に話せる絶好(注2)の機会だと肯定的にとらえている。この結果をみると、母親は子どもの心の声を親に対する反抗ととらず、きちんと聞いてあげた上で対話する姿勢をもたなければいけないのではないだろうか。

(注1) 些細：あまり重要ではないさま
(注2) 絶好：物事をするのに、きわめてよいこと

66 ①回答に大きな差が出たというのは、具体的にどんなことか。

1 娘より母親の方が口論を楽しんでいる。

2 娘より母親の方が口論をプラスに考えている。

3 母親より娘の方が口論を肯定的に考えている。

4 母親より娘の方が口論でストレスを受けている。

67 ②これとは何を指しているのか。

1 母親との口げんか

2 母親への悩み相談

3 家族以外の人間関係

4 家族間で対話をすること

68 この文章で筆者が言いたいことは何か。

1 母親と娘は想像以上に強いきずなで結ばれているものだ。

2 母親は子どもの成長を通して、本人も成長してゆくものだ。

3 子どもを一方的にしかるより、話をよく聞いてあげるべきだ。

4 親子同士の口げんかはストレスの解消になるのでするべきだ。

問題12 次の文章は「旅行」に関する記事の一部です。二つの文章を読んで、後の問いに対する答えとして、最もよいものを1·2·3·4から一つ選びなさい。

A

ヨーロッパへの1ヶ月ほどの旅行を計画し、準備していた頃のことです。ある友達に「どうしてわざわざ遠いところに、多くの費用をかけていくのか理解できない。」と言われました。彼の意見には、はっとさせられるものがありました。確かに、 大金を費やすからには、相応の何かを得てこなければ意味がないという気がして、重圧を感じ、出発の日を楽しみに待つ余裕すら消えてしまいました。

ところが、いざ旅が始まると、目的意識などどうでもよくなり、美しい景色や初めての体験、旅先で触れるもの全てに心を揺さぶられ、感動の連続でした。

費用や時間をかけなくても、離れた土地の雰囲気を味わう方法はいくらでもあるでしょう。しかし、その感動は、現地で感じるものとは比べものになりません。旅の意味は、自分の全身でその地を体感すること、本物に触れることにあると今では思います。

B

近年、国内旅行ばかりでなく、海外旅行に出かける人も増えています。みなさんは何のために、旅行に行きますか。観光、ショッピング、おいしいものを食べる、それとも現地の人々とのふれあいを求めてでしょうか。私は悩みごとがあるとき、旅に出ます。誰かに相談するのもいいですが、私は知らないところへ一人で行って、のんびり歩いたり、ぼんやり風景を眺めたりするんです。そうしていると自然といい考えが浮かんでくるんです。このように、特別なイベントや目的がなくても、日常から離れた場所に行ってみることで気持ちの整理ができ、旅行に出て来てよかったなという気がします。

69 AとBに共通して述べられていることは何か。

1 旅行は費用がかかるということ

2 旅行には目的が必要だということ

3 どうして旅に出るのかという理由

4 費用に見合った旅をするための方法

70 AとBの内容について、正しいのはどれか。

1 Aでは旅行自体には意味がないと述べ、Bでは旅行すること自体に意味があると述べている。

2 Aではその地を体験することに価値があると述べ、Bでは日常から離れてみることに意味があると述べている。

3 Aでは旅に出るには準備が必要だと述べ、Bでは普段の生活から離れて一人になりたい時に旅に出ると述べている。

4 Aでは旅には目的意識を持つことが必要で、Bでは現地の人々との触れ合うことに旅の価値があると述べている。

問題13 次の文章を読んで、後の問いに対する答えとして、最もよいものを1・2・3・4から 一つ選びなさい。

1974年に日本で生まれたハローキティは、発表当初は女子児童向けキャラクターであったが、現在では老若男女を問わず、世界中で支持されている。グッズは世界約70カ国で展開。販売品目は5万種類を超え、文房具を中心に食品、パソコンから軽自動車まで、日常生活のほぼ全領域に渡っている。浮き沈みの激しいキャラクタービジネスで、不況にも負けないブランド価値を維持し続ける成功の秘訣[注1]は何だろうか。

その一つは、徹底したイメージ管理にある。通称は「キティちゃん」だが、本名は「キティ・ホワイト」という。最初はなかったラストネームが後から付けられた。このことからも分かるように、ハローキティのキャラクター設定は最初から全てが定まっていたわけではなく、徐々に整えられていった。それは、流行や人々の意見に振り回されることなく、じっくりと時間をかけて丁寧に作り込まれていったものである。結果的にキティの性格がだんだんとはっきりし、独特の世界観が完成した。ちなみに、血液型はA型で、得意なことはクッキー作り、ボーイフレンドもいる。他にも、家族構成や得意なこと、好きな言葉なども設定され、これらが親近感を生むのに一役買った。

こうしたイメージ管理は何もキャラクターだけのことではない。ハローキティを製作しているサンリオ社では徹底した社員教育を行っている。もしものことがあった場合、①キャラクターのイメージに迷惑をかけることになるからである。

さらにハローキティは、本来のイメージを大切にしながらも、多様なチャレンジを続けている。口がないことや、鼻と目の位置を固定したことなど、一定のルールを設けながらも、プロではない一般人のデザインを認め、新しいキティを引き出そうと試みたのである。こういった取り組みにより、キティはただ単に「かわいい」だけでなく、変化し成長していくキャラクターとなった。このようなキャラクターの奥行き[注2]が広がる進化を通じて、ファンはおもちゃや人形としてではなく、キティを「②命のある友だち」のように感じることができるのである。

(注1) 秘訣：人には知られていない最も効果的な方法
(注2) 奥行き：深み

71　①キャラクターのイメージに迷惑をかけることになるとは、どんなことか。

1 社員の行動によって、キャラクターのイメージまで傷つけてしまう。

2 会社の戦略の失敗により、キャラクタービジネスに失敗してしまう。

3 社員の新しい試みが、キャラクター本来のイメージをこわしてしまう。

4 社員にも独特のイメージがないと、キャラクターのイメージもなくなる。

72　②「命のある友だち」のように感じるのは、どうしてか。

1 家族関係や得意なことなどの細かい設定に親近感を感じるから

2 部分的な変化により、共に成長しているような感じがするから

3 変わらないイメージが、友だちの様な安心感を与えてくれるから

4 プロではない一般人の手にかかっていることに、同情を感じるから

73　筆者はハローキティの人気の秘訣についてどのように述べているか。

1 最初から全てを設定せずに、時間をかけて少しずつ流行を取り入れた点にある。

2 人々から飽きられないように、どんどんと多様な変化を遂げていった点にある。

3 キャラクターのイメージを守りつつ、絶えず新しい試みを行っている点にある。

4 流行に流されず、キャラクターイメージをしっかり守り続けようとする点にある。

問題14 右のページは「みなと市体育センターの利用案内」文である。後の問いに対する答えとして、最もよいものを1·2·3·4から一つ選びなさい。

74 ナオミさんの仕事は８時から５時までで、休みは毎週日曜日です。空いている時間にできる限りたくさんの運動をしたければ、どのプランが一番いいですか。

1 ヨガ③＋水泳の大人①＋自由プール

2 ヨガ①＋水泳の大人②＋スポーツジム

3 ヨガ②＋水泳の大人②＋自由プール

4 ヨガ②＋水泳のシニア＋スポーツジム

75 タカオさんは平日のスポーツジムと週末の自由プールに、奥さんはヨガ①と週末の自由プールに、小学生の息子さんは週２回の水泳クラスに登録しようと思っています。一ヶ月だとみんな合わせていくら払えばいいですか。

1 9,500円

2 14,000円

3 16,000円

4 19,000円

みなと市体育センターの利用案内

みなと市体育センターでは、ジムやプール施設及びヨガクラスを運営しています。優しく丁寧な指導で、初心者の方でも安心して学ぶことが出来ます。

利用期間：１ヶ月(毎月登録が必要)
申し込み方法：毎月20日から月末まで、市民センターにて直接申し込む

●プログラム
ご希望のレッスンをタイムテーブルで確認のうえご参加ください。ヨガクラスはどなたでも利用可能
※安全のため途中入場はお控えください

＜ヨガクラス＞

	曜日	時間	値段
ヨガ①	月・木	午前 11:00～12:00	3,000円
ヨガ②	月・木	午後 19:00～20:00	3,000円
ヨガ③	土	午後 13:00～14:00	1,500円

＜水泳クラス＞

	曜日	時間	値段
大人①	月・木	午前 9:00～10:00	3,000円
大人②	火・金	午後 19:00～20:00	3,000円
シニア	月・木	午前 10:00～11:00	2,000円
子ども①	月・木	午後 15:00～16:00	2,500円
子ども②	火・金	午後 15:00～16:00	2,500円

＜スポーツジム＞
月曜日～金曜日(毎日利用可能)：午前6時～午後10時　4,500円
土曜日・日曜日(週末利用可能)：午前6時～午後5時　2,000円

＜自由プール＞
月曜日～金曜日(毎日利用可能)：午前6時～午後8時　4,500円
土曜日・日曜日(週末利用可能)：午前6時～午後3時　2,000円

● さらにお得
年間会員になられますと、5万円でヨガクラス1講座(何でも可能)とスポーツジム、自由プールのいずれも営業時間内いつでもご利用いただけます。

●注意
スポーツジム、スタジオ内ではトレーニングしやすい服装と、室内用シューズでご利用ください。
マシンの使い方などご不明な点は、お気軽にインストラクターにお申し出ください。

問題1

この問題では、まず質問を聞いてください。それから話を聞いて、問題用紙の1から4の中から、最もよいものを一つ選んでください。

1番

1 データ資料を新しいものにする

2 グラフの日付を書き直す

3 報告書をもう一度チェックする

4 最初に全体の要約をつける

2番

1 友達に連絡し、レポートを書く

2 先生に連絡し、発表をする

3 本人が連絡し、レポートを書く

4 友達に連絡と発表を頼んでおく

3番

1 書くときの姿勢に気をつける

2 鉛筆の持ち方に気をつける

3 縦の線をまっすぐ書くようにする

4 横の線を右上がりに書くようにする

4番

1 ボランティア手帳をもらう

2 リーダーのお見舞いに行く

3 病院に治療を受けに行く

4 友だちをさそってみる

5番

1 6,500円

2 8,500円

3 8,000円

4 10,000円

問題2

この問題では、まず質問を聞いてください。そのあと、問題用紙のせんたくしを読んでください。読む時間があります。それから話を聞いて、問題用紙の1から4の中から最もよいものを一つ選んでください。

1番

1 アルバイトに行くから

2 家の引越しをするから

3 先輩の手伝いをするから

4 テスト勉強をするから

2番

1 テストの点数が悪かったから

2 授業中、先生の前で居眠りしたから

3 寝坊して授業に遅れたから

4 先生の質問に答えられなかったから

3番

1 いつも忙しそうなところ

2 考え方が違うところ

3 話し合いをしないところ

4 自分の意見しか言わないところ

4番

1 いろんなサイズのケーキがあること

2 よく目につく１階にあること

3 好みのケーキを作ることができること

4 バースデーケーキの注文ができること

5番

1 学校から近いのでゆっくりできる

2 家賃は安いが狭すぎて不便だ

3 広くて快適なので気に入っている

4 家賃が高すぎるので困っている

6番

1 10月の初めごろ

2 8月の初めごろ

3 9月の初めごろ

4 1月の初めごろ

問題3

この問題では、問題用紙に何も印刷されていません。この問題は全体としてどんな内容かを聞く問題です。話の前に質問はありません。まず話を聞いてください。それから質問とせんたくしを聞いて、問題用紙の1から4の中から、最もよいものを一つ選んでください。

ー メモ ー

問題4

この問題では、問題用紙に何も印刷されていません。まず文を聞いてください。それから、その返事を聞いて、1から3の中から、最もよいものを一つ選んでください。

ー メモ ー

問題5

この問題では、長めの話を聞きます。この問題では練習はありません。メモをとってもかまいません。

問題用紙に何も印刷されていません。まず話を聞いてください。それから、質問とせんたくしを聞いて、1から４の中から、最もよいものを一つ選んでください。

1番

2番

まず話を聞いてください。それから、二つの質問を聞いて、それぞれ問題用紙の1から4の中から、最もよいものを一つ選んでください。

3番

質問 1

1 1番の映画

2 2番の映画

3 3番の映画

4 4番の映画

質問 2

1 1番の映画

2 2番の映画

3 3番の映画

4 4番の映画

시나공
JLPT
일본어능력시험
N2

청해 문제 전체 듣기

실전 모의고사 2회

問題1 ＿＿＿＿の言葉の読み方として最もよいものを、1・2・3・4から一つ選びなさい。

1 留守の間に郵便が届いたようだ。

1 るす　2 りゅうしゅ　3 るしゅ　4 りゅす

2 窓から怪しい人影が見えた。

1 けわしい　2 まぶしい　3 あやしい　4 くやしい

3 ちょっと部屋の様子を見てきてください。

1 ようし　2 さまし　3 ようす　4 さます

4 彼のいい加減な態度が最悪の結果を招いた。

1 まねいた　2 うなずいた　3 みがいた　4 もちいた

5 物価の上昇で毎日の買い物が大変です。

1 じょうちょう　2 じょうしょう　3 じょしょ　4 じょちょ

問題2 ＿＿＿ の言葉を漢字で書くとき最もよいものを、1・2・3・4から一つ選びなさい。

6 彼は成績ゆうしゅうでいつも学年トップだ。

1 優勝　2 憂愁　3 優秀　4 有終

7 上司の結婚を会社のみんなでいわった。

1 呪った　2 祝った　3 折った　4 祈った

8 急用ができたので、会議の日程をへんこうしてもらうことにした。

1 変換　2 変交　3 変考　4 変更

9 この会社では電気製品をせいぞうしている。

1 正造　2 製造　3 制作　4 生成

10 文化祭でお茶会をもよおした。

1 催した　2 行した　3 開した　4 収した

問題3　次の（　　）に入れるのに最もよいものを、1・2・3・4から一つ選びなさい。

11　今月の電気（　　）は例年に比べて倍以上だ。

1 費　　2 料　　3 賃　　4 代

12　この発明はすばらしいが、実用（　　）するまでにはまだまだ研究が必要だ。

1 式　　2 化　　3 用　　4 的

13　彼の（　　）演技にその映画を見た誰もが感動した。

1 良　　2 高　　3 名　　4 上

14　今回の試験は一夜（　　）でなんとか乗りきった。

1 付け　　2 突き　　3 打ち　　4 漬け

15　（　　）使用のものはこちらに置いてください。

1 未　　2 非　　3 不　　4 否

問題4 (　　)に入れるのに最もよいものを、1・2・3・4から一つ選びなさい。

16 パソコンの共有（　　）に保存してあります。

1 プラン　　2 フォルダー　　3 センター　　4 セット

17 雨のため試合は（　　）になった。

1 解消　　2 取消　　3 延長　　4 延期

18 この山は（　　）だから、登るのがそれほど大変ではなかった。

1 かろやか　　2 なだらか　　3 おだやか　　4 ゆるやか

19 心配したが（　　）簡単な問題ばかりで安心した。

1 わりと　　2 せいぜい　　3 それほど　　4 たとえ

20 カメラを壊してしまったが、幸い（　　）期間だったので無料で修理してもらった。

1 保障　　2 保証　　3 補償　　4 報償

21 昨日は早めに寝たので、（　　）目が覚めた。

1 すっきり　　2 さっぱり　　3 きっぱり　　4 ぐったり

22 子どもが遊んだあとは、おもちゃが（　　）いる。

1 荒れて　　2 飛んで　　3 散らかって　　4 乱れて

問題5 ＿＿＿の言葉に意味が最も近いものを、1・2・3・4から一つ選びなさい。

23 日中はアルバイトに行っています。

1 休日　2 平日　3 夜間　4 昼間

24 彼の返事は曖昧なものだった。

1 わかりやすい　2 はっきりしない　3 すばらしい　4 あきらかな

25 あらゆる方法の中からこれが一番いいと判断した。

1 すべての　2 さまざまな　3 おもいうかぶ　4 たくさんの

26 要らないものはさっさと捨てましょう。

1 そろそろ　2 そっと　3 ざあっと　4 早く

27 あ、もうこんな時間ですね。ここらへんで一息つきましょうか。

1 終わりにしましょうか　2 休みましょうか

3 やめましょうか　4 帰りましょうか

問題6　次の言葉の使い方として最もよいものを、1･2･3･4から一つ選びなさい。

28　つねに

1 季節のつねには風邪を引きやすい。

2 今は急いでいるので、つねにゆっくり訪れようと思う。

3 彼はつねに礼儀正しい態度で皆に接している。

4 外に出るつねにコンビニに寄って牛乳買ってきて。

29　恵まれる

1 チャンスに恵まれて、ここまで出世することができた。

2 彼の話はいつも恵まれていて信じられない。

3 友達とおしゃべりしているときにいいアイディアに恵まれた。

4 このお金は何かあったときに恵んで残しておこう。

30　邪魔

1 仕事の邪魔にならないように、静かにしていよう。

2 彼は大変な努力をして、社長にまで邪魔した。

3 うちの子は好き嫌いの邪魔が激しくて悩んでいます。

4 また改めて邪魔しにうかがいます。

31　とぼしい

1 この商品にはとぼしい需要しかない。

2 音量がとぼしくて聞こえにくい。

3 この国は天然資源にとぼしい。

4 このスープは塩味がとぼしい。

32 合同

1 寮ではみんなが合同でシャワールームを使っている。

2 三つの市の合同で、県で一番大きな市が誕生した。

3 みんなの合同で、イベントの準備は着々と進んでいる。

4 複数の大学が合同でスポーツ大会を行った。

問題7　次の文の（　　）に入れるのに最もよいものを、1・2・3・4から一つ選びなさい。

33　つい先日も発表（　　）なのに、また今週も発表しなければならない。

1 させられたばかり　　2 されてばかり

3 させられたはず　　4 させたはず

34　A:「毎日練習しているのになかなか上達しなくて嫌になっちゃう。」

B:「毎日やってれば、（　　）上手になるよ。がんばって。」

1 おかげで　　2 できれば　　3 そのうち　　4 まもなく

35　この本は現代社会（　　）問題を扱ったものである。

1 に先立つ　　2 を通じて　　3 にわたる　　4 における

36　昨日はあまりに疲れていたので、顔も（　　）寝てしまった。

1 洗ってから　　2 洗わなくて　　3 洗うまま　　4 洗わず

37　A:「田中さん、ゴルフ（　　）？」

B:「うん、会社の上司に勧められてね。」

1 始めかねない　　2 始めたんだって　　3 始めよっか　　4 始めなきゃ

38　作品はシンプル（　　）曲線の美しさがとてもよく表現されている。

1 に比べて　　2 につき　　3 ながら　　4 すぎて

39　うちの犬は、私が（　　）、寂しそうな目で私を見る。

1 出かけるところに　　2 出かけようとしたまま

3 出かけるところみたいで　　4 出かけようとするたびに

40 砂糖、塩、酢、しょうゆ、みそ、これらは日本食を作る（　　）調味料です。

1 のを欠かせない　　2 ことは欠かさない

3 のに欠かせない　　4 ことも欠かせない

41 (花屋のホームページで)

ご予算に合わせて、花束をお作りします。送料無料で日にち指定の全国発送も（　　）。

1 うけたまわります　　2 差し上げます

3 いただきます　　4 申し上げます

42 だれだって、失敗もあるし、（　　）やれないときもある。

1 やるなと言われたことが　　2 やるなと言われたのは

3 やらなくてはいけないことが　　4 やらなくてはならないのは

43 うちのアパートでは禁止されているので、ペットを（　　）。

1 飼ってもおかしくない　　2 飼うわけにはいかない

3 飼わずにはいられない　　4 飼うにほかならない

44 A:「この映画、面白いよ。」

B:「どんな話？」

A:「主人公と恋人が、親に無理やり（　　）話なんだけど、すごくどきどきするんだ。」

1 別れそうになる　　2 別れられそうになる

3 別れさせそうになる　　4 別れさせられそうになる

問題8　次の文の＿★＿に入る最もよいものを、1・2・3・4から一つ選びなさい。

45　このレストランは、＿＿＿　＿★＿　＿＿＿　＿＿＿コースを用意してくれる。

1 いくつかの　　2 好みに　　3 応じて　　4 客の

46　＿★＿　＿＿＿　＿＿＿　＿＿＿取り組むべきだ。

1 たとえ　　2 諦めずに　　3 大変でも　　4 どれほど

47　ちょっと＿＿＿　＿＿＿　＿＿＿　＿★＿落ち込まなくてもいいじゃない。

1 そんなに　　2 失敗した　　3 くらいで　　4 なにも

48　私たちの学校には指導熱心な先生方が多いが、中でも、経験豊富な＿＿＿　＿＿＿　＿★＿　＿＿＿信頼も厚い。

1 生徒は　　2 田中先生は　　3 もとより　　4 保護者からの

49　A:「あ、今から行く博物館、一週間前に予約してないと入れないってガイドブックに書いてあるよ。」

B:「え、そうなの？困ったなあ。」

A:「行く＿＿＿　＿＿＿　＿★＿　＿＿＿みようか。」

1 行って　　2 だけ

3 交渉して　　4 入れてもらえないか

실전 모의고사 2회　언어지식(문자・어휘 / 문법)・독해

問題9 次の文章を読んで、文章全体の内容を考えて、50 から 54 の中に入る最もよいものを、1・2・3・4から一つ選びなさい。

「常識的に考えて」とか「常識ある行動をしなければならない」などと普段私たちはよく言います。では、常識とは一体何でしょうか。辞書では「一般の人々が当然のこととして共通に認めている意見や判断のこと」とあります。日々生きていく中で自然と形成された常識が私たちの頭の中にはたくさんあります。そのような常識のおかげで、円滑な社会生活を送ることができる面もありますので、他人の迷惑になるような非常識な言動は 50 。

51 、常識にしばられすぎることの弊害(注1)もあります。「あたり前のことだから」「親や先生からそう教えられたから」「みんながそうしているから」このように常識を疑うことなくそのまま受け入れ続けることは、自分自身の本当の気持ちを見失ってしまうことにも 52 。

「常識とは18歳までに身につけた偏見のコレクションをいう。」 53 天才物理学者のアルベルト・アインシュタインの言葉です。常識にとらわれず、数多くの理論を確立した彼らしい言葉です。常識とは、 54 考え方やものの見方、行動を狭めることにもなります。 本当にやりたいことよりは、常識を基準に周りから期待されること、または現実的な可能性であなたの本当の気持ちを押し殺したり、夢を諦めたりしていないでしょうか。時には常識という枠を取り払い、思い切り自由な発想でものごとを考えてみてはどうでしょうか。

(注1) 弊害：害となる悪いこと。悪影響。

50 1 するべきです 2 させるべきです
3 さけたほうがいいでしょう 4 したほうがいいでしょう

51 1 しかし 2 そして 3 しかも 4 やはり

52 1 なりません 2 なりかねません
3 なりかねます 4 なりそうです

53 1 同様に 2 以上のように 3 これは 4 それは

54 1 場所によっては 2 時期によっては
3 場合によっては 4 人によっては

問題10 次の文章を読んで、後の問いに対する答えとして最もよいものを、1・2・3・4から一つ選びなさい。

ミニマリストという言葉を最近よく聞くようになった。最低限必要なものしか持たない人のことである。戦後の貧しい時代には本当にただものがなく、多少古くなっても工夫しながら長く使い続けたものである。しかし、ものがあふれる現代社会においては、何を持ち、それをどのように使うかは人それぞれである。所有するものは少なくても、心から気に入ったものだけを購入し、大切に使うことは、大量生産された安価な使い捨て商品に囲まれるよりもずっと豊かな生活といえるのかもしれない。

55 筆者が考える豊かな生活とはどのようなものか。

1 何を持ち、どのように使うかを自由に選べる生活

2 使い捨てでも常に新しいものを購入できる生活

3 少ないものを工夫しながら長く使い続ける生活

4 気に入ったものに囲まれ、それを大切に使う生活

川西市民バザー開催のお知らせとお願い

今年も川西市民ボランティアグループでは 地域の方との交流を深めることを目的に、以下のようにバザーを予定しています。

日時：10月10日(土)　[午前の部　10：00～12：00] [午後の部　13：00～15：00]

場所：川西市民会館　201号室

つきましては、バザー開催にあたり品物のご提供(注1)をお願いいたします。下記を参考に、1家庭につき1品以上準備してください。日用雑貨・衣類・食器・かばんなどを受け付けておりますが、いずれも使用していないものに限らせていただきます。また、勝手ながら食料品・電気製品は受け付けておりませんので、ご注意ください。また、バザーの売り上げは川西市民会館へ寄付されます。ご協力お願いいたします。

(注1) 提供する：自分の持っているものを他の人のために出す

56 バザーに出せるのはどれか。

1 箱に入ったままの電気ポットと説明書

2 プレゼントでもらった高級和菓子セット

3 一度しか使っていない新品同様のコーヒーカップ

4 バーゲンセールで買った一度も着ていないコート

野菜は健康にいい。誰もがそう信じて疑わない。

しかし、スーパーやデパートの地下できれいに形がそろったたくさんの野菜や果物が季節に関係なく売られているのをみると、果たしてそうだろうかと疑問に思う。これらの野菜はどこから来て、どのように作られたのだろうか。人間が食べやすいようにと遺伝子の組み換えが行われたり、たくさんの化学物質を使用し作られた野菜。それでも健康にいいと言えるだろうか。野菜さえ食べていれば健康によいという安易な考えを捨て、食と健康について考えてみようではないか。

57 「安易な考え」とはどのようなものか。

1 野菜をたくさん食べると健康になると考えること

2 野菜はむしろ健康を害するものであると考えること

3 食と健康についてもっと真剣に考えること

4 野菜が作られる過程について考えること

騒音と人の声を識別して、望む音だけを聞こえなくする耳せん(注1)が開発されたそうだ。これを使用すると、工事現場の近くにいる場合、騒音だけを消し、人の話し声は聞こえるように設定することが可能だという。

今までも、さまざまな耳せんが作られてきたが、消す音の種類を選べるというのは世界で初めてだそうだ。また、音量の強弱を調節できるほか、前方180度の音だけを聞こえるようにするなど多様な機能があるというから驚きだ。

(注1) 耳せん：耳をふせいで、外部の音を聞こえなくする道具

58 この耳せんが今までのものと違うのはどんな点か。

1 音の大きさをを望むとおりに調節できること

2 聞こえる音の範囲を調節できること

3 消す音の種類を選択できること

4 騒音の激しい場所でも使用できること

幸せになりたいと願うならば、今すぐ無理な我慢ややりたくないことをやめて、好きなことをするのがいい。好きなものを食べ、好きな人と話し、そうすることを心から思い切り楽しむ。それこそが幸せではないだろうか。

私たちは幸せはいつかやってくるものだと勘違いして、そのために今というかけがえのない時間を犠牲にする。将来のためにと、つらい仕事や勉強に励む。そして、一つ達成してはまた次の目標のためにがんばり続ける。そんなことの繰り返しで幸せはいつまでたっても訪れることなく、疲れ果ててしまうだけである。

59 筆者は幸せになるためにどのようなことが大切だといっていますか。

1 努力などせずに楽なことに時間を使う。

2 常に目標を持って必死に努力する。

3 今、自分が望むことを満喫する。

4 つらいことも我慢して将来に備える。

問題11 次の文章を読んで、後の問いに対する答えとして最もよいものを、1・2・3・4から一つ選びなさい。

ピグマリオン効果とは、人間は誰かから期待された通りの成果を出す傾向があることをいう。これはアメリカの教育心理学者の実験により明らかにされた。その実験というのは 無作為に選ばれた児童の名前を成績向上の可能性があると学級担任に伝えたところ、その児童の成績が本当に向上したというものである。学級担任がその子ども達に対して、期待を込めて接したこと、それに加え、子ども達も期待されていることを感じ、意識することによって成績が向上していったと主張されている。

そして、なんとこのピグマリオン効果が現れるのは人間だけではないという。ネズミを使った実験においても①同様の結果が見られたのである。とある大学でのネズミを使った迷路実験で、教授はネズミを学生に渡す際、「これはよく訓練されたネズミ」そして、「これはそうでないネズミである」と区別して渡したところ、その二つのグループの間で実験結果に違いが見られた。これは前者のネズミを渡された学生たちは、ネズミを丁寧に扱い、後者のネズミを渡された学生たちはぞんざいに扱ったため、両者のネズミへの期待度の違いが実験結果に反映されたものと考られた。

しかし、 近年の研究では、ピグマリオン効果と心理の因果関係はないとされている。とはいえ、頭の中で認識された相手への評価が無意識の行動に現れ、それに対する反応に見合った結果がでるというのは十分にあり得る話ではないだろうか。

60 筆者はピグマリオン効果をどのように説明しているか。

1 うまくできるだろうと期待された子どもは、その通りにいい結果を出すということ

2 成績向上を期待された子どもは、それを重荷に感じて失敗しやすいということ

3 いい成績を出した子どもは、その後からも期待されるようになるということ

4 大人からほめられ続けた子どもは、自信が持てるように育つということ

61 ①同様の結果とはどのようなものか。

1 よく訓練されたため、よい結果として現れた。

2 ぞんざいにあつかわれた場合、予想外の結果になった。

3 ていねいにあつかったにもかかわらず、期待がはずれた。

4 期待した分、それに見合った結果になった。

62 筆者はピグマリオン効果についてどのように考えているか。

1 無意識での行動でも、それに対する反応は起こり得る。

2 科学的に証明できないものであり、真実ではない。

3 頭の中での出来事が現実に影響を与えるはずはない。

4 心理的な問題であるため、その効果がいつもあるわけではない。

血液型による性格診断は日本人が好きな話題のひとつといえます。おおまかには、A型は真面目、B型は気分屋、O型は大らか、AB型はマイペースだと言われることが多いようです。

一方、「血液型による性格診断は科学的根拠がなく迷信だ」という血液型診断に対する否定的な意見も以前からずっと言われてきたことです。たしかに、血液型だけで性格が決められ、しかもたった４つのタイプしかないというのはおかしなもので、反対意見には十分な説得力があります。それなのになぜ、これほど血液型と性格に関することが長年話題になるのでしょうか。①それが気になり、調査した結果、ある医学関係者から血液型と性格は医学的な関係がはっきりとあるという②新たな意見を聞くことができました。

その理由は次の二つです。まず一つ目は血液ごとにかかりやすい病気とかかりにくい病気があること。そして、もう一つはその結果、仕事の役割や生活スタイルがつくられていき、それが性格に影響をあたえるということです。例えば、A型は病気にかかりやすいタイプであるため、多方面で注意深くなり、逆に、最も強い性質を持つO型は小さいことにこだわらないようになっていくというものです。

性格というものは家族や友人との関係、それに健康状態など様々な要因により形成されるため、単純に分類できるものではありませんが、血液型が多少なりとも影響している可能性は否定できないのかもしれません。

63 ①それとは何をさしているか。

1 なぜ人の性格が４つのタイプに分けることができるのか。

2 なぜ各血液型ごとに決まった性格が形成されていくのか。

3 なぜ血液型と性格との関係が長年話題になるのか。

4 なぜ科学的根拠のないことを信じることができのか。

64 ②新たな意見とはどういうものか。

1 血液型による体質の違いが性格に影響をあたえるということ

2 血液型による性格の違いが体質に影響をあたえるということ

3 病気になることで生活スタイルに変化があるということ

4 病気の経験と性格には深い関係があるということ

65 筆者が考える「血液型と性格との関係」はどのようなものか。

1 医学的な根拠があり、信じられるものであると考えている。

2 その他の要因も認めつつ、ある程度は関係があると考えている。

3 人の性格が単純に４つに分けられるはずがないと考えている。

4 科学的な根拠がなく迷信でしかないと考えている。

近年では、独自に新しい社内制度を設ける会社が増えてきています。中には大変ユニークな制度もあり、話題を集めています。

例えば、ある会社では社員が会社に社内環境をよりよくするための改善案を提出すると1件につき100円、それが会社にとって利益につながるようなアイデアだと判断された場合は、なんと5万円が支給される①「会社改善プロジェクト」という制度があるそうです。社員にとっては月給以外にもボーナスをもらえるいい機会になります。また、会社にとっても社員のやる気を引き出し、さらに多様な意見を取り入れることでよりよい会社へと発展していけることになります。

別の会社には誕生日の人に社員から花をプレゼントすることが決められている会社もあります。準備するのは1人につき1輪ずつですが、全社員からもらうと、とても大きな花束になります。その花を集めて花びんに飾るのは上司の役目です。

②このような制度にはただ楽しくおもしろいというだけでなく、社員同士、そして、社員と会社のきずなを深めることで社内の雰囲気がよくなり、会社へ積極的に貢献したいと考える社員が増えるなどの効果があります。また、ユニークな制度が話題になり、世間の注目を集めることで、会社自体の宣伝効果につながることもあるそうです。

66 ①「会社改善プロジェクト」ではどうするとボーナスがもらえるか。

1 社内環境をよくして会社に有益な働きをする

2 よりよい会社に発展していける機会を作り出す

3 会社の改善につながる有益な意見を出す

4 他の社員のやる気を引き出す働きをする

67 ②このような制度とはどのようなものか

1 社内で独自に新しく作られた制度

2 上司が部下のために働く制度

3 社員全員で誕生日を祝う制度

4 ボーナスを支給する機会を増やす制度

68 このようなユニークな社内制度の効果はどのようなものか。

1 おもしろい社員が増えることになり、会社の雰囲気がよくなる。

2 より積極的な態度で仕事に取り組む社員が多くなる。

3 世間に話題を提供することで、社会貢献につながる。

4 社員同士の関係がよくなることで、会社に不満がなくなる。

問題12 次の文章は、「フレックスタイム制」に関する記事の一部です。三つの文章を読んで、後の問いに対する答えとして、最もよいものを1・2・3・4から一つ選びなさい。

A

自分ではどうしようもないことが起こったときにも、なかなか周りに助けを求め、頼ることができない人がいる。「自分のことは自分で」と教えられてきたため、苦しい状況の中でも一人でがんばり続けている人がいる。

そういう人たちは「自立」「自力」という考え以外に、人に「頼る」という選択肢を持っておくことも大切だと思う。自分一人の力ではどうしようもない状況では、誰かに頼ればいい。

一人では何もできず、いつも人に依存してしまってはどうにもならないけれど、いざというときには誰かに頼ってもいいのだと知っておくことだけでも力になるはずである。

B

最近では「頼ることも時には必要」という考え方も否定されなくなってきた。

一方、自立しなければならないという考えが強いあまり「頼ることは人に迷惑をかけることだ」「頼ることは恥ずかしいことだ」という意見も根強く残っている。

「頼ってはいけない」と思う人はよく考えてほしい。「頼る」ことが本当に相手に迷惑をかける行為なのかと。自分が苦手とすることを得意とする人もいる。また、誰かを助け、役に立つことはうれしいことでもあるのだ。人は一人で生きているわけではない。自分ができないからこそ、できる人に頼ることで、頼られた人はその自分の力を発揮できる。そのような助け合える社会こそ望ましいあり方と言えるのではないだろうか。

69 AとBの文章で共通して述べられていることは何か。

1 頼るということは必ずしも悪いことではない。

2 頼るという選択をすればみんなが楽に生きられる。

3 どんな仕事でも頼らずに一人でやることは無理である。

4 つらいと思ったら迷わず人に頼ってもかまわない。

70 頼るということについて、AとBはどのように述べているか。

1 Aは頼る決断を急がないほうがよいと述べ、Bは頼ることは迷惑をかけることにもなると述べている。

2 Aは頼りたいという気持ちを持ってもよいと述べ、Bは頼られることで喜ぶ人もいると述べている。

3 Aはつらいときなどには頼ってもよいと述べ、Bは頼ることは社会で生きている以上仕方がないと述べている。

4 Aはいつでも頼るという選択をしたほうがよいと述べ、Bは頼ることこそ人の役に立てると述べている。

問題13 次の文章を読んで、後の問いに対する答えとして最もよいものを、1・2・3・4から一つ選びなさい。

最新の犬型ペットロボットというものを見た。

体はもちろん、まぶたや目を動かすことができ、表情がゆたかで、しぐさがとても愛らしい。触るとやわらかい毛がふさふさしていて、なでてあげるととても気持ちがよくなってくる。このようなロボットが家にいてくれたら、仕事でどんなに疲れていても、帰ってきて癒される(注1)だろうと欲しくなった。ところが、値段を尋ねてみて驚いた。ペットショップに並ぶ本物のペットよりもずっと高額なのである。

しかし、よくよく聞いてみると①その理由がわかった。この犬型ロボットは人工知能を持っていて、飼い主とのやり取りを記憶し、飼い主の行動パターンに合わせて性格が変化するような仕組みになっている。つまり、ただの人形やぬいぐるみとは違い、人との相互作用によって人に楽しみや安らぎなど精神的な働きかけができるのだ。さらに、人の言葉を理解し、呼びかけると生きているかのような愛らしいしぐさで反応する。このようなロボットは人々の心を癒すために研究・開発されたもので、その効果は科学的にも証明されているらしい。

さらに、生きているペットと違い毛が抜けないし、トイレに行くこともないので掃除が楽な上、散歩を初めとした世話の手間もない。一人暮らしで家を空ける時間が長い私にはこの点は非常にありがたい。しかも、えさ代や病院代も必要ないことから、長期的に見れば決して高い買い物とは言えない。それにいずれは実用化の過程で値段はどんどん安くなり、手に入れやすくなるかもしれない。

近年、急速に進化する人工知能とロボット。今後、人々の暮らしにも密着した幅広い分野での活用が期待される一方、人間が行う仕事の大半が機械に奪われるという内容の発表が話題を集めたりもした。この犬型ペットロボットを見てみると、将来的な人工知能の役割は人の作業を補助したり、人ができないことをするといった仕事の面だけでなく、人を癒したり慰めたりするという心の領域にまで及んでいくかもしれない。相互作用を通してコミュニケーションができるロボットは人のパートナーとなり得るのか。人工知能の行く末が楽しみなようでもあり、恐いようでもある。

(注1) 癒(いや)す：傷や病気などを直すこと。苦しみや悲しみなどを和らげること。

71 ①その理由がわかったとあるが、それは何か。

1 本物のペットとそっくりだから。

2 実用化の段階にきているから。

3 病院にかかる費用も含まれているから。

4 高度な機能が備わっているから。

72 筆者がロボットを欲しがっている理由は何か。

1 疲れた心が癒されそうだから

2 時間に余裕が欲しいから

3 以前より価格が下がったから

4 最新技術を取り入れた生活をしたいから

73 筆者は、ロボットの今後の可能性についてどのように考えているか。

1 普及していくことで利用の仕方も変化すると考える。

2 技術が向上し個人で所有することになると考えている。

3 精神面でも人と交流が図れるようになると考えている。

4 実用化され気軽に利用できるようになると考えている。

問題14 右のページは、ある科学漫画シリーズに関する案内である。下の問いに対する答えとして最もよいものを、1・2・3・4から一つ選びなさい。

74 白田さんはこのシリーズをなるべく安く手に入れたい。予約方法と代金の支払いはどうすればよいか。

1 6月15日までにホームページで予約し、同時にクレジットカードで全額を支払う。

2 6月10日までにホームページで予約し、6月15日までに振込みを済ませる。

3 6月10日までに書店で予約し、6月15日までに全額を振り込む。

4 6月10日までに書店で予約し、6月21日に書店に全額支払う。

75 このシリーズを予約販売で購入した場合、安さ以外の利点はどれか。

1 外国にも配達してもらえる。

2 振込み手数料が無料になる。

3 発売日より前に、受け取ることができる。

4 分割払いの支払い回数を自由に決めることができる。

＜漫画で学ぶ科学シリーズ 5巻セット＞

6月10日まで、特別価格で予約受付中！

子どもたちに科学をもっと楽しんで学んでほしいという願いを込めて＜漫画で学ぶ科学シリーズ 全5巻＞が科学教育社から発行されます。個性豊かな登場人物たちの、楽しいストーリーを読み進めるうちに、科学の知識が身につきます。全ページカラー印刷、写真や図表も多く掲載しています。

この機会に是非ご購入くださいますよう、ご案内申し上げます。

書名　漫画で学ぶ科学シリーズ 全５巻

編者著名：日本科学研究会

ページ数：各巻300ページ(予定)

定価：15000円(全巻セット価格・税込)

発行元：科学教育社

発行日：６月21日

＜予約特別価格＞

予約受付：６月10日まで

お届け：発売日１週間前にご希望の送付先(国内のみ)へお届けします。※送料無料

お申し込み：科学教育社ホームページで承ります。
(書店での申し込みは受け付けられませんのでご注意ください。)

一括払い価格：12000円(全巻セット価格・税込)
お申し込み時にクレジットカードでお支払いいただくか、
６月15日までに指定口座にお振込みください。

分割払い価格：13500円(全巻セット価格・税込)
お支払いは指定口座へのお振込みのみになります。

支払い回数：３回(月々4500円)
初回は６月15日までにお振込みください。

※お振込みの場合、手数料はお客様負担でお願いいたします。詳細については、科学教育社ホームページをご覧ください。

予約終了後は、全国書店でも購入のお申し込みを受け付けます。

科学教育社　http://www.mkagaku.com

問題1

この問題では、まず質問を聞いてください。それから話を聞いて、問題用紙の1から4の中から、最もよいものを一つ選んでください。

1番

1 企画書だけ

2 企画書とサンプル

3 企画書と見積書

4 サンプルと見積書

2番

1 駅で女の人を待つ

2 会場の前で並ぶ

3 席に座って待つ

4 チケットを買う

3番

1 出勤カードを作る

2 健康診断の登録をする

3 社員カードを受け取る

4 買い物をする

4番

1 申込書と写真

2 パスポートと入会金

3 写真と入会金

4 身分証明書と写真

5番

1 世界各国のデーターを加える

2 タイトルを替える

3 世界各国と比較する内容にする

4 政治とマスメディアの関係を再調査する

問題2

この問題では、まず質問を聞いてください。そのあと、問題用紙のせんたくしを読んでください。読む時間があります。それから話を聞いて、問題用紙の1から4の中から最もよいものを一つ選んでください。

1番

1 夫の看病をするので
2 子どもを迎えに行くので
3 他の打ち合わせがあるので
4 夫を病院に連れていくので

2番

1 自己PRをわかりやすく書くといい
2 自分の性格を丁寧に分析するといい
3 入社後のことを具体的に書くといい
4 志望動機を抽象的な表現でまとめるといい

3番

1 手ごろな値段になったこと
2 レンズの色を変えて変化を試みたこと
3 フレームのデザインがよくなったこと
4 刺激的なライトから目を守ってくれること

4番

1 役のイメージに合っていて、演技も上手だ

2 役のイメージも合っているが、演技が下手だ

3 役のイメージに合っていないが、演技が上手だ

4 役のイメージに合っていなくて、演技も下手だ

5番

1 親が選んだ本を親が説明して一緒に読む

2 親が選んだ本を子どもに一人で読ませる

3 子どもが選んだ本を親が説明して一緒に読む

4 子どもが選んだ本を子どもに一人で読ませる

6番

1 技術的に優れた選手が多かったから

2 選手の集中力が上回っていたから

3 コーチの判断が適切だったから

4 選手がコーチのサインをよく見たから

問題3

この問題では、問題用紙に何も印刷されていません。この問題は全体としてどんな内容かを聞く問題です。話の前に質問はありません。まず話を聞いてください。それから質問とせんたくしを聞いて、問題用紙の1から4の中から、最もよいものを一つ選んでください。

ー メモ ー

問題4

この問題では、問題用紙に何も印刷されていません。まず文を聞いてください。それから、その返事を聞いて、1から3の中から、最もよいものを一つ選んでください。

ー メモ ー

問題5

この問題では、長めの話を聞きます。この問題では練習はありません。メモをとってもかまいません。

問題用紙に何も印刷されていません。まず話を聞いてください。それから、質問と選択肢を聞いて、1から４の中から、最もよいものを一つ選んでください。

1番

2番

まず話を聞いてください。それから、二つの質問を聞いて、それぞれ問題用紙の１から４の中から、最もよいものを一つ選んでください。

3番

質問 1

1 ネイルアート

2 ベイビーマッサージ

3 手話

4 せっけん作り

質問 2

1 ネイルアート

2 ベイビーマッサージ

3 手話

4 せっけん作り

독자의 1초를 아껴주는 정성!

세상이 아무리 바쁘게 돌아가더라도
책까지 아무렇게나 빨리 만들 수는 없습니다.
인스턴트 식품 같은 책보다는
오래 익힌 술이나 장맛이 밴 책을 만들고 싶습니다.

길벗이지톡은 독자 여러분이
우리를 믿는다고 할 때 가장 행복합니다.
나를 아껴주는 어학도서,
길벗이지톡의 책을 만나보십시오.

독자의 1초를 아껴주는
정성을 만나보십시오.

미리 책을 읽고 따라해본 2만 베타테스터 여러분과
무따기 체험단, 길벗스쿨 엄마 2% 기획단,
시나공 평가단, 토익 배틀, 대학생 기자단까지!
믿을 수 있는 책을 함께 만들어주신 독자 여러분께 감사드립니다.

(주)도서출판 길벗 www.gilbut.co.kr
길벗이지톡 www.gilbut.co.kr
길벗스쿨 www.gilbutschool.co.kr

mp3 파일 구성과 활용법

음성강의

저자 직강의 맛보기 해설 강의입니다. 〈시나공법〉 내용을 문제 유형별로 나눠 설명했습니다. (본 책에 수록된 QR코드로도 간편하게 들으실 수 있습니다.)

청해 문제 mp3

1. [시나공법 문제분석 예제] 폴더

▶ 실전용 : 시나공법 예제 문제를 묶어 한 파일로 제공됩니다.
(본 책에 수록된 QR코드로도 간편하게 들으실 수 있습니다.)

▶ 복습용 : 학습하기 편하도록 예제 문제별로 mp3 파일을 분리했습니다.

2. [완벽대비 문제] 폴더

▶ 실전용 : 문제 유형당 한 파일로 제공됩니다. 실전과 똑같이 멈추지 말고 문제를 풀어보세요.
(본 책에 수록된 QR코드로도 간편하게 들으실 수 있습니다.)

▶ 복습용 : 학습하기 편하도록 문제별로 mp3 파일을 분리했습니다.

3. [실전 모의고사] 폴더

▶ 실전용 : 1회분씩 한 파일로 제공됩니다. 실전과 똑같이 멈추지 말고 문제를 풀어보세요.
(본 책에 수록된 QR코드로도 간편하게 들으실 수 있습니다.)

▶ 복습용 : 학습하기 편하도록 문제별로 mp3 파일을 분리했습니다.

mp3 파일 무료 다운로드

길벗 홈페이지(www.gilbut.co.kr)로 오시면 mp3 파일 및 관련 자료를 다양하게 이용할 수 있습니다.

1단계	도서명 ▼ [　　　] 검색 에 찾고자 하는 책 이름을 입력하세요.
2단계	검색한 도서로 이동하여 〈자료실〉 탭을 클릭하세요.
3단계	mp3 파일 및 다양한 자료를 받으세요.

저자직강
음성강의
다운로드

시험에 꼭 나오는
언어지식 총정리!

기본에서 실전까지
한 권으로 끝낸다!

시험에 나오는 것만 공부한다!

시나공

일본어능력시험

JLPT

정답
&
해설

특별부록

- 실전 모의고사 2회분
- 핵심 문법 PDF 제공
- 저자 직강 음성 강의
- mp3 파일 무료 다운

이신혜, 스미유리카 지음

길벗 이지:톡

시험에 나오는 것만 공부한다!

시나공

일본어능력시험

JLPT

정답&해설

이신혜 · 스미유리카 지음

시나공
JLPT
일본어능력시험
N2

정답과 해설

첫째마당 | 문자편

한자읽기 완벽대비 문제 ❶ 회

문제 1 ______단어의 읽는 방법으로 가장 좋은 것을 1·2·3·4 가운데 하나 고르세요.

01 **정답 1**

어휘 ～難(がた)い ～하기 힘들다

해석 이 요리는 아주 맛있다고는 말할 수 없다.

해설 難은 음독은 なん, 훈독은 むずかしい, がたい인데, '～하기 힘들다'는 뜻일 때는 동사의 ます형에 붙어서 がたい로 읽는다.

02 **정답 1**

어휘 要素(ようそ) 요소 | 複雑(ふくざつ) 복잡 | 絡(から)み合(あ)う 서로 얽히다

해석 이 문제는 여러 가지 요소가 복잡하게 얽혀 있다.

해설 絡은 음독은 らく, 훈독은 からむ이다.

03 **정답 2**

어휘 両親(りょうしん) 부모님 | 営(いとな)む 경영하다 | 評判(ひょうばん) 평판

해석 우리 부모님께서 경영하시는 레스토랑은 작지만 맛이 좋다고 평판이 나 있다.

해설 営은 음독은 えい, 훈독은 いとなむ이다.

04 **정답 2**

어휘 争(あらそ)いごと 싸움 | 絶(た)える 끊이다

해석 이 세상의 싸움은 끊임이 없다.

해설 争은 음독은 そう, 훈독은 あらそう이다.

05 **정답 4**

어휘 春物(はるもの) 봄철 옷 | ワンピース 원피스 | 入荷(にゅうか) 입하

해석 봄 원피스를 입하했습니다.

해설 入은 음독은 にゅう, 훈독은 はいる, いれる이며, 荷는 음독이 か, 훈독이 に이다.

06 **정답 2**

어휘 損得(そんとく) 득실

해석 그는 자신의 득실을 그다지 고려하지 않고 항상 남을 위해 일하고 있다.

해설 損은 음독은 そん, 훈독은 そこなう이며, 得은 음독이 とく, 훈독이 える이다.

07 **정답 3**

어휘 凍(こお)る 얼다

해석 오늘은 강물이 모두 얼어버릴 정도로 춥다.

해설 凍은 음독은 とう, 훈독은 こおる, こごえる이다.

08 **정답 1**

어휘 欧州(おうしゅう) 구주, 유럽 | 諸国(しょこく) 제국

해석 유럽 제국을 여행해 보고 싶다.

해설 欧는 음독 おう, 州도 음독 しゅう로 읽는다.

09 **정답 4**

어휘 仏壇(ぶつだん) 불단 | 供(そな)える 바치다 | お餅(もち) 떡 | 注文(ちゅうもん) 주문

해석 불단에 바칠 떡을 주문했다.

해설 供은 음독은 きょう, く, 훈독은 そなえる, とも이다.

10 **정답 1**

어휘 将来(しょうらい) 장래 | 尊(とうと)い 소중하다 | 救(すく)う 구하다 | 仕事(しごと)に就(つ)く 일자리를 갖다

해석 장래에는 소중한 목숨을 구할 수 있는 직업을 갖고 싶다.

해설 尊은 음독은 そん, 훈독은 とうとい이다.

한자읽기 완벽대비 문제 ❷ 회

문제 1 ______단어의 읽는 방법으로 가장 좋은 것을 1·2·3·4 가운데 하나 고르세요.

01 **정답 2**

어휘 部長(ぶちょう) 부장 | どうも 아무래도 | 機嫌(きげん)が悪(わる)い 기분이 안 좋다

해석 오늘 부장님은 아무래도 기분이 안 좋은 것 같다.

해설 機는 음독은 き, 훈독은 はた이며, 嫌은 음독은 けん, げん, 훈독은 きらう, いや인데, 機嫌은 きげん으로 읽는다.

02 **정답 3**

어휘 世紀(せいき) 세기 | 産業(さんぎょう) 산업 | 革命(かくめい) 혁명

해석 18세기 영국에서 산업혁명이 일어났다.

해설 革은 음독은 かく, 훈독은 かわ이며, 命은 음독이 めい, 훈독은 いのち이다.

03 **정답 2**

어휘 成人式(せいじんしき) 성인식 | 参加(さんか) 참가

해석 20살이 되어 성인식에 참가했다.

해설 二十歳은 음독, 훈독에 상관없이 특수하게 はたち로 읽는다.

04 **정답 4**

어휘 我(わ)が家(や) 우리 집 | 食後(しょくご) 식후 | 季節(きせつ) 계절 | 果物(くだもの) 과일

해석 우리 집에서는 식후에 제철 과일을 먹는다.

해설 果物은 음독, 훈독에 상관없이 특수하게 くだもの로 읽는다.

05 **정답 3**

어휘 仮病(けびょう) 꾀병

해석 꾀병을 부려서 학교를 쉬었다.

해설 仮는 음독은 か, け, 훈독은 かり이며, 病은 음독은 びょう, 훈독은 やまい인데, 仮病은 けびょう로 읽는다.

06 **정답 2**

어휘 失敗(しっぱい) 실패 | 二度(にど)と 두 번 다시 | 犯(おか)す 범하다

해석 같은 실패는 두 번 다시 범하지 않도록 해야 한다.

해설 犯은 음독은 はん, 훈독은 おかす이다.

07 **정답 3**

어휘 為替(かわせ) 환율 | 変動(へんどう) 변동 | 予想(よそう) 예상

해석 환율 변동을 예상하는 것은 상당히 어렵다.

해설 為替는 음독, 훈독에 상관없이 특수하게 かわせ로 읽는다.

08 **정답 1**

어휘 年末(ねんまつ) 연말 | そろって 다 같이

해석 연말에 가족 모두 집안 대청소를 했다.

해설 掃는 음독은 そう, 훈독은 はく이며, 除는 음독이 じょ, じ, 훈독이 のぞく인데, 掃除는 そうじ로 읽는다.

09 **정답 2**

어휘 人口(じんこう) 인구 | 減少(げんしょう) 감소 | ~つつある ~하는 중이다

해석 이 마을의 인구는 감소하고 있다.

해설 減은 음독은 げん, 훈독은 へる이며, 少는 음독은 しょう, 훈독은 すくない, すこし이다.

10 **정답 4**

어휘 システム 시스템 | 導入(どうにゅう) 도입 | 著(いちじる)しい 현저하다 | 変化(へんか) 변화

해석 새로운 시스템을 도입했더니 현저한 변화를 볼 수 있었다.

해설 著는 음독은 ちょ, 훈독은 あらわす, いちじるしい이다.

한자읽기 완벽대비 문제 3 회

문제 1 ______단어의 읽는 방법으로 가장 좋은 것을 1·2·3·4 가운데 하나 고르세요.

01 **정답 1**

어휘 眼鏡(めがね) 안경

해석 안경을 어디에 놓아두었는지 모르겠다.

해설 眼鏡은 음독, 훈독에 상관없이 특수하게 めがね로 읽는다.

02 **정답 1**

어휘 シルク 실크 | 身(み)につける 몸에 장식하다 | さらっとする 매끈하다 | 感触(かんしょく) 감촉 | 魅力(みりょく) 매력

해석 실크는 몸에 장식했을 때 매끈한 감촉이 매력이다.

해설 感은 음독 かん, 触은 음독이 しょく, 훈독은 ふれる, さわる이다.

03 **정답 4**

어휘 学者(がくしゃ) 학자 | 業績(ぎょうせき) 업적 | 認(みと)める 인정하다 | 賞(しょう) 상 | 授(さず)ける 주다

해석 저 학자는 지금까지의 업적을 인정받아 상을 받았다.

해설 授는 음독은 じゅ, 훈독은 さずける, さずかる이다.

04 **정답 1**

어휘 台風(たいふう) 태풍 | 看板(かんばん) 간판 | 飛(と)ばされる 날리다

해석 태풍으로 간판이 날려갈 것 같았다.

해설 看은 음독은 かん, 훈독은 みる이며, 板은 음독이 はん, ばん, 훈독이 いた이다.

05 **정답 3**

어휘 苦(くる)しい 괴롭다 | 希望(きぼう) 희망

해석 아무리 힘들 때라도 희망을 가져야 한다.

해설 希는 음독은 き, 望은 ぼう, もう이며, 훈독은 のぞむ이다.

06 **정답 4**

어휘 頑張(がんば)る 힘내다 | ~きる 다 ~하다 | 成功(せいこう) 성공 | 失敗(しっぱい) 실패 | 境目(さかいめ) 갈림길

해석 마지막까지 열심히 할 수 있을지 어떨지가 성공과 실패의 갈림길이다.

해설 境은 음독은 きょう, 훈독은 さかい이며, 目은 음독이 もく, 훈독이 め이다.

07 **정답 3**

어휘 講義室(こうぎしつ) 강의실 | レンタル 렌털, 임대 | 許可(きょか) 허가 | 必要(ひつよう) 필요

해석 강의실을 빌리려면 사무소의 허가가 필요하다.

해설 許는 음독은 きょ, 훈독은 ゆるす이며, 可는 음독이 か이다.

08 **정답 4**

어휘 空港(くうこう) 공항 | リムジンバス 리무진버스 | 利用(りよう) 이용

해석 공항에 갈 때는 항상 리무진버스를 이용하고 있다.

해설 空은 음독은 くう, 훈독은 そら, あく, から이며, 港은 음독이 こう, 훈독이 みなと이다.

09 **정답 1**

어휘 湿(しめ)る 습하다 | 流(なが)れ込(こ)む 흘러 들어오다

해석 남쪽에서 따뜻하고 습한 공기가 흘러 들어왔다.

해설 湿은 음독은 しつ, 훈독은 しめる이다.

10 **정답 3**

어휘 一人前(いちにんまえ) 어엿한 프로

해석 업무 면에서 어엿한 프로가 되기까지 앞으로 얼마나 시간이 걸릴지 모른다.

해설 程은 음독은 てい, 훈독은 ほど이다.

한자읽기 완벽대비 문제 ④ 회

문제 1 ＿＿＿＿단어의 읽는 방법으로 가장 좋은 것을 1·2·3·4 가운데 하나 고르세요.

01 **정답 4**

어휘 ルール 규칙 | 守(まも)る 지키다 | 厳重(げんじゅう) 엄중 | 注意(ちゅうい) 주의 | 与(あた)える 주다

해석 규칙을 지키지 않는 사람에게는 엄중한 주의를 줘야 한다.

해설 厳은 음독은 げん, 훈독은 きびしい이며, 重은 음독은 じゅう, ちょう, 훈독은 おもい, かさねる인데, 厳重은 げんじゅう로 읽는다.

02 **정답 3**

어휘 限(かぎ)る 한정되다 | 効率的(こうりつてき) 효율적 | 進(すす)める 진행시키다

해석 한정된 시간 안에 효율적으로 일을 진행시킨다.

해설 効는 음독은 こう, 훈독은 きく이며, 率은 りつ, そつ, 훈독은 ひきいる인데, 効率은 こうりつ로 읽는다.

03 **정답 4**

어휘 快(こころよ)い 기분 좋다 | 引(ひ)き受(う)ける 맡다

해석 그는 나의 부탁을 흔쾌히 받아줬다.

해설 快는 음독은 かい, 훈독은 こころよい이다.

04 **정답 2**

어휘 強盗(ごうとう) 강도 | 事件(じけん) 사건 | 減少(げんしょう) 감소 | 傾向(けいこう) 경향

해석 강도 사건은 최근 몇 년간 감소하는 경향이 있다.

해설 強은 음독은 きょう, ごう, 훈독은 つよい이며, 盗는 음독은 とう, 훈독은 ぬすむ인데, 強盗는 ごうとう로 읽는다.

05 **정답 4**

어휘 田舎(いなか) 시골

해석 시골 부모님께 일주일에 한 번은 전화를 드리도록 하고 있다.

해설 田舎는 음독, 훈독에 상관없이 특수하게 いなか로 읽는다.

06 **정답 1**

어휘 種類(しゅるい) 종류 | 薬品(やくひん) 약품 | 混合(こんごう) 혼합 | 総合(そうごう) 종합 | 風邪薬(かぜぐすり) 감기약

해석 몇 가지 종류의 약품을 혼합하여 만들어진 종합감기약.

해설 混은 음독은 こん, 훈독은 まぜる, こむ이며, 合은 음독이 ごう, がっ, 훈독이 あう이다.

07 **정답 4**

어휘 杯(さかずき)を交(か)わす 술잔을 주고받다 | 語(かた)り合(あ)う 서로 이야기하다

해석 친한 사람들과 술잔을 주고 받으며 이야기를 나누는 것은 즐겁다.

해설 杯는 음독은 はい, 훈독은 さかずき이다.

08 **정답 1**

어휘 雑草(ざっそう) 잡초

해석 잡초라고 불리는 것 중에서도 예쁜 꽃을 피우는 것이 있다.

해설 雑은 음독 ざつ, ぞう이며, 草는 음독은 そう, 훈독은 くさ이다.

09 **정답 3**

어휘 芝生(しばふ) 잔디 | 維持(いじ) 유지 | 手入(ていれ) 손질

해석 잔디를 예쁘게 유지하기 위해서는 제대로 손질을 해야 한다.

해설 芝生은 음독, 훈독에 상관없이 특수하게 しばふ로 읽는다.

10 **정답 3**

어휘 アンケート 앙케트 | 調査(ちょうさ) 조사 | 基(もと)に 기

초로 | 資料(しりょう) 자료 | 作成(さくせい) 작성

해석 앙케트 조사를 기초로 하여 자료를 작성했다.

해설 基는 음독은 き, 훈독은 もと이다.

한자읽기 완벽대비 문제 ❺ 회

문제 1 ______단어의 읽는 방법으로 가장 좋은 것을 1·2·3·4 가운데 하나 고르세요.

01 정답 1

어휘 磁石(じしゃく) 자석 | 電気(でんき) 전기 | 製品(せいひん) 제품

해석 자석은 많은 전기제품에 이용되고 있다.

해설 磁는 음독 じ, 石은 음독은 せき, しゃく, 훈독은 いし인데 磁石은 じしゃく로 읽는다.

02 정답 4

어휘 欲張(よくば)り 욕심쟁이 | 嫌(きら)う 싫어하다

해석 욕심 많은 그를 모두 싫어한다.

해설 欲은 음독은 よく, 훈독은 ほしい이며, 張은 음독이 ちょう, 훈독이 はる인데, 欲張り는 よくばり로 읽는다.

03 정답 1

어휘 ならでは ~에만 있는 | 特産品(とくさんひん) 특산품 | 海外(かいがい) 해외 | 輸出 (ゆしゅつ) 수출

해석 우리나라 고유의 특산품을 해외로 수출하고 있다.

해설 輸는 음독 ゆ이며, 出은 음독은 しゅつ, 훈독은 でる, だす이다.

04 정답 2

어휘 親戚(しんせき) 친척 | 手伝(てつだ)う 돕다

해석 아르바이트로 친척의 회사를 돕게 되었다.

해설 手伝う는 음독, 훈독에 상관없이 특수하게 てつだう로 읽는다.

05 정답 4

어휘 調子(ちょうし)が悪(わる)い 상태가 나쁘다 | 修理(しゅうり) 수리

해석 자동차의 상태가 좋지 않아서 수리를 맡겼다.

해설 修는 음독은 しゅう, 훈독은 おさめる이며, 理는 음독이 り이다.

06 정답 3

어휘 笑顔(えがお) 웃는 얼굴 | 周(まわ)り 주변

해석 웃는 얼굴은 주변 사람들의 마음까지 밝게 만든다.

해설 笑는 음독은 しょう, 훈독은 わらう, えむ이다. 顔은 음독이 がん, 훈독이 かお인데, 笑顔은 특수하게 えがお로 읽는다.

07 정답 3

어휘 状況(じょうきょう) 상황 | 満足(まんぞく) 만족 | 過(す)ごす 지내다

해석 날마다 지금 상황에 만족하면서 지내고 있다.

해설 状은 음독 じょう, 況은 음독 きょう이다.

08 정답 2

어휘 白髪(しらが) 흰머리 | 目立(めだ)つ 눈에 띄다

해석 40살이 넘은 후부터 흰머리가 눈에 띄게 되었다.

해설 白髪은 음독, 훈독에 상관없이 특수하게 しらが로 읽는다.

09 정답 1

어휘 森(もり) 숲 | 珍(めずら)しい 희귀하다

해석 이 숲에는 희귀한 종류의 꽃이 피어 있다.

해설 珍은 음독은 ちん, 훈독은 めずらしい이다.

10 정답 4

어휘 全国(ぜんこく) 전국 | 城(しろ) 성 | 訪(たず)ねる 방문하다 | 旅(たび) 여행

해석 전국의 성을 찾아가는 여행을 하고 있다.

해설 城은 음독은 じょう, 훈독은 しろ이다.

한자읽기 완벽대비 문제 ❻ 회

문제 1 ______단어의 읽는 방법으로 가장 좋은 것을 1·2·3·4 가운데 하나 고르세요.

01 정답 1

어휘 操縦(そうじゅう) 조종 | 眺(なが)める 바라보다

해석 비행기를 조종하여 하늘에서 동네를 내려다보고 싶다.

해설 操는 음독은 そう, 훈독은 あやつる이며, 縦은 음독이 じゅう, 훈독이 たて이다.

02 정답 3

어휘 空気(くうき) 공기 | 乾燥(かんそう) 건조 | 火災(かさい) 화재

해석 겨울에는 공기가 건조하여 화재가 자주 일어난다.

해설 乾은 음독은 かん, 훈독은 かわく이며, 燥는 음독이 そう이다.

03 정답 2

어휘 マラソン 마라톤 | 選手(せんしゅ) 선수 | 新記録(しんき

ろく) 신기록 | 更新(こうしん) 경신

해석 저 마라톤 선수는 이번 시합에서 또 세계 신기록을 경신했다.

해설 更은 음독은 こう, 훈독은 さら, ふける이며, 新는 음독이 しん, 훈독은 あたらしい이다.

04 **정답 3**

어휘 素人(しろうと) 아마추어

해석 이 정도로 멋진 것을 아마추어가 만들 리 없다.

해설 素人은 음독, 훈독에 상관없이 특수하게 しろうと로 읽는다.

05 **정답 4**

어휘 差(さ)し支(つか)えない 지장이 없다 | 自宅(じたく) 자택 | 記入(きにゅう) 기입

해석 별 지장이 없으시다면 여기에 자택 전화번호를 기입해 주십시오.

해설 差し支える는 음독, 훈독에 상관없이 특수하게 さしつかえる로 읽는다.

06 **정답 3**

어휘 多忙(たぼう) 다망 | 余裕(よゆう) 여유

해석 너무 바쁜 나날을 보내다 보면 마음의 여유도 없어져 버린다.

해설 多는 음독은 た, 훈독은 おおい이며, 忙은 음독이 ぼう, 훈독이 いそがしい이다.

07 **정답 2**

어휘 担任(たんにん) 담임 | 連絡(れんらく) 연락

해석 초등학교 담임 선생님과는 지금도 연락을 하고 있다.

해설 担任은 음독은 たん, 훈독은 かつぐ, になう이며, 任은 음독이 にん, 훈독이 まかせる이다.

08 **정답 4**

어휘 秒針(びょうしん) 초침 | 気(き)になる 신경 쓰이다 | 眠(ねむ)る 자다

해석 시계 초침 소리가 신경 쓰여서 잠을 잘 수 없다.

해설 秒는 음독 びょう, 針은 음독은 しん, 훈독은 はり이다.

09 **정답 3**

어휘 迷(まよ)う 헤매다 | お巡(まわ)りさん 순경 | 尋(たず)ねる 묻다

해석 길을 잃어버려서 순경 아저씨에게 길을 물었다.

해설 巡은 음독은 じゅん, 훈독은 めぐる인데, お巡りさん은 특수하게 おまわりさん으로 읽는다.

10 **정답 1**

어휘 各界(かっかい) 각계 | 著名人(ちょめいじん) 저명인

해석 오늘 파티에는 각계의 저명인사가 모인다고 한다.

해설 著는 음독은 ちょ, 훈독은 あらわす, いちじるしい이며, 名은 음독이 めい, みょう, 훈독이 な이다.

한자읽기 완벽대비 문제 7 회

문제 1 ＿＿＿＿단어의 읽는 방법으로 가장 좋은 것을 1·2·3·4 가운데 하나 고르세요.

01 **정답 1**

어휘 天然(てんねん) 천연 | 素材(そざい) 소재 | 化粧品(けしょうひん) 화장품

해석 천연소재로 만들어진 화장품만 사용하려고 하고 있다.

해설 天은 음독은 てん, 훈독은 あま, あめ이며, 然은 음독 ぜん, ねん인데, 天然은 てんねん으로 읽는다.

02 **정답 3**

어휘 泥(どろ) 진흙 | ～だらけ ~투성이

해석 내가 어릴 적에는 자주 진흙투성이가 되어 놀곤 했다.

해설 泥는 음독은 でい, 훈독은 どろ이다.

03 **정답 2**

어휘 大半(たいはん) 대부분 | 占(し)める 차지하다

해석 이 가게는 여성손님이 대부분을 차지한다.

해설 占은 음독은 せん, 훈독은 しめる, うらなう이다.

04 **정답 4**

어휘 塔(とう) 탑 | シンボル 심볼 | 親(した)しむ 친근하다

해석 이 탑은 마을의 심볼로서 친근하다.

해설 塔은 음독으로 とう이다.

05 **정답 3**

어휘 人工(じんこう) 인공 | 頭脳(ずのう) 두뇌 | ロボット 로봇 | 誕生(たんじょう) 탄생

해석 언젠가는 인공두뇌를 가진 로봇이 탄생할지도 모른다.

해설 頭는 음독은 とう, ず, 훈독은 あたま, かしら이며, 脳는 음독이 のう, 훈독이 なやむ이다.

06 **정답 2**

어휘 努力(どりょく) 노력 | 目(め)に見(み)えて 눈에 띄게

해석 노력하면 할수록 눈에 띄게 성적이 올라갔다.

해설 努는 음독은 ど, 훈독은 つとめる이며, 力은 음독이 りょく, りき, 훈독이 ちから이다.

07 **정답 3**

어휘 意見(いけん) 의견 | 述(の)べる 말하다

해석 자신의 의견을 확실히 말하는 것은 중요하다.

해설 述은 음독은 じゅつ, 훈독은 のべる이다.

08 **정답 3**

어휘 サービス業(ぎょう) 서비스업 | 柔軟(じゅうなん) 유연 | 対応(たいおう) 대응

해석 서비스업에서는 손님에 대해 유연하게 대응해야 한다.

해설 柔는 음독은 じゅう, にゅう, 훈독은 やわらかい이며, 軟은 음독이 なん, 훈독이 やわらかい이다.

09 **정답 3**

어휘 人類(じんるい) 인류 | 祖先(そせん) 선조 | アフリカ 아프리카 | 大陸(たいりく) 대륙

해석 인류의 선조는 아프리카대륙에서 태어났다고 한다.

해설 人은 음독은 じん, にん, 훈독은 ひと이며, 類는 음독이 るい, 훈독이 たぐい이다.

10 **정답 4**

어휘 山道(やまみち) 산길 | 凸凹(でこぼこ) 울퉁불퉁

해석 산길은 울퉁불퉁해서 걷기 힘들다.

해설 凸凹은 음독, 훈독에 상관없이 특수하게 でこぼこ로 읽는다.

한자읽기 완벽대비 문제 8 회

문제 1 ______단어의 읽는 방법으로 가장 좋은 것을 1·2·3·4 가운데 하나 고르세요.

01 **정답 2**

어휘 梅雨(つゆ) 장마 | 乗(の)り切(き)る 이겨내다 | 傘(かさ) 우산

해석 장마철을 즐겁게 이겨내기 위하여 예쁜 색의 우산을 샀다.

해설 梅雨는 음독, 훈독에 상관없이 특수하게 つゆ로 읽는다.

02 **정답 2**

어휘 博士号(はかせごう) 박사학위 | 道(みち)のり 거리

해석 박사학위를 따기까지 오랜 시간이 걸렸다.

해설 博士는 음독, 훈독에 상관없이 특수하게 はかせ로 읽는다.

03 **정답 4**

어휘 拡張(かくちょう) 확장 | 工事(こうじ) 공사

해석 여기저기서 빌딩 확장공사를 하고 있다.

해설 拡은 음독 かく, 張은 음독이 ちょう, 훈독은 はる이다.

04 **정답 3**

어휘 勢(いきお)い 기세 | とどまる 멈추다

해석 저 회사의 기세는 멈출 줄 모른다.

해설 勢는 음독은 せい, 훈독은 いきおい이다.

05 **정답 2**

어휘 文化財(ぶんかざい) 문화재 | 発掘(はっくつ) 발굴 | 昼夜(ちゅうや) 주야

해석 문화재 발굴작업이 주야로 진행되고 있다.

해설 発은 음독 はつ, ほつ이며, 掘은 음독은 くつ, 훈독은 ほる인데, 発掘은 はっくつ이다.

06 **정답 1**

어휘 ガラス 유리 | 破片(はへん) 파편 | 飛(と)び散(ち)る 흩날리다

해석 유리 파편이 흩날렸다.

해설 破는 음독은 は, 훈독은 やぶれる이며, 片은 음독이 へん, 훈독이 かた이다.

07 **정답 3**

어휘 比較的(ひかくてき) 비교적 | 短時間(たんじかん) 단시간 | 済(す)ませる 마치다

해석 비교적 단시간에 일을 끝낼 수 있었다.

해설 比는 음독은 ひ, 훈독은 くらべる이며, 較는 음독 かく이다.

08 **정답 1**

어휘 適切(てきせつ) 적절 | プロジェクト 프로젝트 | 導(みちび)く 이끌다

해석 선생님의 적절한 조언이 이 프로젝트를 성공으로 이끌어 주었습니다.

해설 導는 음독은 どう, 훈독은 みちびく이다.

09 **정답 1**

어휘 戦争(せんそう) 전쟁 | 悲劇的(ひげきてき) 비극적 | 結末(けつまつ) 결말

해석 전쟁은 비극적인 결말이 된다.

해설 悲는 음독은 ひ, 훈독은 かなしい이며, 劇은 음독 げき이다.

10 **정답 4**

어휘 香水(こうすい) 향수 | 甘(あま)い 달다 | 香(かお)り 향기

해석 그녀에게서는 항상 달콤한 향수 냄새가 난다.

해설 香은 음독은 こう, か, 훈독은 かおり이며, 水는 음독이 すい, 훈독이 みず인데, 香水는 こうすい로 읽는다.

한자읽기 완벽대비 문제 ⑨ 회

문제 1 ＿＿＿＿단어의 읽는 방법으로 가장 좋은 것을 1・2・3・4 가운데 하나 고르세요.

01 정답 2

어휘 布製(ぬのせい) 천 제품 | 購入(こうにゅう) 구입

해석 천 가방을 구입했다.

해설 布는 음독은 ふ, 훈독은 ぬの이며, 製는 음독이 せい인데, 布製는 ぬのせい라고 읽는다.

02 정답 4

어휘 舞台(ぶたい) 무대 | 華(はな)やかだ 화려하다 | 広(ひろ)がる 펼쳐지다

해석 무대 위에는 화려한 세계가 펼쳐져 있었다.

해설 舞는 음독은 ぶ, 훈독은 まう이며, 台는 훈독 だい, たい인데, 舞台는 ぶたい로 읽는다.

03 정답 1

어휘 双子(ふたご) 쌍둥이 | 育児(いくじ) 육아 | 追(お)われる 쫓기다

해석 매일 쌍둥이의 육아에 쫓기고 있습니다.

해설 双子는 음독, 훈독에 상관없이 특수하게 ふたご로 읽는다.

04 정답 1

어휘 染(そ)まる 물들다 | 紅葉(もみじ) 단풍

해석 벚꽃도 아름답지만 둘 중에서는 나는 빨갛게 물든 단풍 쪽이 좋다.

해설 紅葉은 음독, 훈독에 상관없이 특수하게 もみじ로 읽는다.

05 정답 3

어휘 豆腐(とうふ) 두부 | たんぱく質(しつ) 단백질 | 豊富(ほうふ) 풍부 | 含(ふく)まれる 포함되다

해석 두부는 단백질이 풍부하게 들어 있다.

해설 豊은 음독은 ほう, 훈독은 ゆたか이며, 富는 음독이 ふ, 훈독이 とむ이다.

06 정답 4

어휘 知(し)らせ 소식 | ショック 쇼크 | 真(ま)っ青(さお)だ 새파랗다

해석 소식을 들은 그는 충격으로 새파랗게 질렸다.

해설 真っ青은 まっあお로 읽지 않고 특수하게 まっさお로 읽는다.

07 정답 3

어휘 人手(ひとで) 일손 | 足(た)りる 족하다 | 雇(やと)う 고용하다

해석 일손이 부족하기 때문에 아르바이트를 고용할 필요가 있다.

해설 雇는 음독은 こ, 훈독은 やとう이다.

08 정답 3

어휘 通路側(つうろがわ) 통로 측 | 窓際(まどぎわ) 창 측

해석 통로 측보다 창 측을 좋아한다.

해설 窓은 음독은 そう, 훈독은 まど이며, 際는 음독이 さい, 훈독이 きわ인데, 窓際는 まどぎわ로 읽는다.

09 정답 2

어휘 枝(えだ) 나뭇가지 | 実(み) 열매 | 成(な)る 열리다

해석 나뭇가지에 맛있어 보이는 열매가 많이 열렸다.

해설 枝는 음독은 し, 훈독은 えだ이다.

10 정답 4

어휘 八百屋(やおや) 채소가게 | 店先(みせさき) 가게 앞 | 旬(しゅん) 제철 | 所狭(ところせま)し 빽빽이 | 並(なら)ぶ 진열되다

해석 채소가게 앞에는 제철 야채가 빽빽이 진열되어 있다.

해설 八百屋은 음독, 훈독에 상관없이 특수하게 やおや로 읽는다.

한자읽기 완벽대비 문제 ⑩ 회

문제 1 ＿＿＿＿단어의 읽는 방법으로 가장 좋은 것을 1・2・3・4 가운데 하나 고르세요.

01 정답 4

어휘 学内(がくない) 학내 | 留学生(りゅうがくせい) 유학생 | 相談(そうだん) 상담 | 窓口(まどぐち) 창구 | 設(もう)ける 설치하다

해석 학내에 유학생을 위한 상담창구를 설치했다.

해설 設은 음독은 せつ, 훈독은 もうける이다.

02 정답 2

어휘 貿易(ぼうえき) 무역

해석 일본은 많은 나라들과 무역을 하고 있다.

해설 貿는 음독 ぼう이며, 易은 음독은 えき, い, 훈독은 やさしい이다.

03 정답 4

어휘 武力(ぶりょく) 무력 | 用(もち)いる 사용하다 | 解決(かいけつ) 해결

해석 가능한 한 무력을 사용하지 않고 문제를 해결하고 싶다.

해설 武는 음독 ぶ, む이며, 力은 음독이 りょく, りき, 훈독은 ちから인데 武力은 ぶりょく이다.

04 정답 2

어휘 迷子(まいご) 미아

해석 어릴 적에 백화점에서 미아가 되어버린 적이 있다.

해설 迷子는 めいご가 아니라 특수하게 まいご로 읽는다.

05 정답 2

어휘 良好(りょうこう) 양호 | 保(たも)つ 유지하다 | 簡単(かんたん) 간단

해석 양호한 인간관계를 유지하는 것은 쉽지 않다.

해설 保는 음독은 ほ, 훈독은 たもつ이다.

06 정답 1

어휘 不足(ふそく) 부족 | ～がち ～한 경향이 있다 | 補(おぎな)う 보충하다 | 野菜(やさい) 야채

해석 부족하기 쉬운 비타민을 보충하기 위하여 매일 아침 야채 주스를 마시고 있다.

해설 補는 음독은 ほ, 훈독은 おぎなう이다.

07 정답 2

어휘 夜更(よふ)かし 밤샘

해석 최근에 매일과 같이 밤을 새우고 있다.

해설 夜는 음독은 や, 훈독은 よ, よる이며, 更은 음독이 こう, 훈독이 さら, ふける, ふかす인데, 夜更かし는 よふかし로 읽는다.

08 정답 2

어휘 浴衣(ゆかた) 유카타 | 神社(じんじゃ) 신사 | 祭(まつ)り 축제

해석 유카타를 입고 신사 축제에 갔다.

해설 浴衣는 음독, 훈독에 상관없이 특수하게 ゆかた로 읽는다.

09 정답 4

어휘 各国(かっこく) 각국 | 切手(きって) 우표 | 収集(しゅうしゅう)する | 趣味(しゅみ) 취미

해석 세계각국의 우표를 수집하는 것이 나의 취미다.

해설 収는 음독은 しゅう, 훈독은 おさめる이며, 集는 음독이 しゅう, 훈독이 あつめる이다.

10 정답 1

어휘 今後(こんご) 앞으로 | さらに 더욱더 | 研究(けんきゅう) 연구 | 領域(りょういき) 영역 | 広(ひろ)げる 넓히다

해석 앞으로 더욱더 연구 영역을 넓혀가고 싶다고 생각한다.

해설 領은 음독 りょう이며, 域은 음독 いき이다.

한자쓰기 완벽대비 문제 ❶ 회

문제2 ________의 단어를 한자로 쓸 때 가장 좋은 것을 1·2·3·4 가운데 하나 고르세요.

01 정답 2

어휘 遺産(いさん) 유산 | 相続(そうぞく) 상속 | 親族(しんぞく) 친족 | 争(あらそ)い 싸움

해석 유산상속을 둘러싸고 친족 간에 싸움이 일어났다.

해설 戦(たたか)い, 洗(あら)い, 荒(あら)い, あらそい는 争い.

02 정답 3

어휘 偉大(いだい) 위대 | 発明家(はつめいか) 발명가

해석 에디슨은 위대한 발명가다.

해설 모두 음독으로 い지만, 위대하다는 偉大이다.

03 정답 3

어휘 宇宙(うちゅう) 우주

해석 내가 살아있는 동안에 우주여행을 할 수 있게 될까?

해설 모두 비슷하게 생겼지만, 우주의 주는 宙이다.

04 정답 1

어휘 注目(ちゅうもく) 주목 | 試合(しあい) 시합 | 延長戦(えんちょうせん) 연장전 | 引(ひ)き分(わ)け 무승부

해석 주목을 받은 시합은 연장전 끝에 무승부로 끝났다.

해설 길게 늘이는 연장은 延長이다.

05 정답 4

어휘 ビジネス 비즈니스 | 応対(おうたい) 응대

해석 비즈니스를 하는데 있어서, 전화 응대를 제대로 할 수 있어야 한다.

해설 모두 おう와 たい이지만, 접대, 응대의 뜻으로는 応対로 쓴다.

06 정답 2

어휘 気(き)まぐれ 변덕스럽다 | 行動(こうどう) 행동 | 理解(りかい) 이해

해석 변덕스러운 그녀의 행동은 굉장히 이해하기 힘들다.

해설 固い, 硬い는 단단하다는 뜻이며, 동사의 ます형에 붙어서 ～하기 힘들다는 뜻으로 쓰이는 것은 難い이다.

07 **정답 4**

어휘 可能(かのう) 가능 | ~限(かぎ)り ~한

해석 가능한 한 가족과 지내는 시간을 만들려고 한다.

해설 가능하다는 可能이다.

08 **정답 1**

어휘 壁(かべ) 벽 | 落書(らくが)き 낙서 | ~だらけ ~투성이

해석 학교 벽에는 누가 썼는지 낙서 투성이다.

해설 塀(へい)는 담, 癖(くせ)는 버릇, 垣(かき)는 울타리이며, 벽은 壁이다.

09 **정답 2**

어휘 構(かま)わない 상관없다

해석 그녀는 시간에 상관없이 전화를 걸기 때문에 곤란하다.

해설 모두 비슷하게 생겼지만, かまう는 構う이다.

10 **정답 3**

어휘 髪(かみ) 머리 | 美容院(びよういん) 미용실

해석 머리를 자르기 위해 미용실에 갔다.

해설 모두 かみ인데, 紙는 종이, 上은 위, 神는 신이며, 머리로 쓰이는 한자는 髪이다.

한자쓰기 완벽대비 문제 ❷ 회

문제2 ________의 단어를 한자로 쓸 때 가장 좋은 것을 1·2·3·4 가운데 하나 고르세요.

01 **정답 4**

어휘 枯(か)れる 마르다

해석 소중히 여겼던 꽃이 말라버렸다.

해설 메마르다는 枯(か)れる이다.

02 **정답 3**

어휘 怪我人(けがにん) 다친 사람 | 看護(かんご) 간호

해석 다친 사람을 간병하게 되다.

해설 漢語(かんご)는 한문이며, 간호하다는 看護이다.

03 **정답 3**

어휘 団体(だんたい) 단체 | 機関紙(きかんし) 기관지 | 刊行(かんこう) 간행

해석 이 단체의 기관지는 연 2회 간행된다.

해설 모두 かんこう인데, 観光는 관광, 慣行는 관행, 完工는 완공이며, 책자를 간행하다는 刊行이다.

04 **정답 1**

어휘 築(きず)く 꾸리다, 쌓다, 구축하다

해석 밝고 즐거운 가정을 꾸리는 것이 나의 꿈이다.

해설 気付(きづ)く는 알아차리다, 突(つ)く는 찌르다, 磨(みが)く는 닦다이며, 꾸리다는 築く이다.

05 **정답 4**

어휘 既成(きせい) 기성 | 概念(がいねん) 개념, 관념 | 発想(はっそう) 발상 | 企画(きかく) 기획

해석 기성관념에 얽매이지 않고 자유로운 발상으로 새로운 기획을 세운다.

해설 規制(きせい)는 규제이며, 이미 이루어진 기성은 既成이다.

06 **정답 2**

어휘 道端(みちばた) 길 | 偶然(ぐうぜん) 우연

해석 길에서 우연히 선생님을 만났다.

해설 모두 비슷비슷한데 突然(とつぜん)은 돌연이며, 우연은 偶然이다.

07 **정답 3**

어휘 経済(けいざい) 경제 | 流(なが)れ 흐름 | つかむ 잡다

해석 경제의 흐름을 파악하기 위하여 매일 신문을 읽기로 하고 있다.

해설 경제는 다스릴 経, 성할 済를 써서 経済이다.

08 **정답 1**

어휘 売(う)り上(あ)げ 매상 | 報告(ほうこく) 보고 | 表情(ひょうじょう) 표정 | 険(けわ)しい 험악하다

해석 이번 달 매상 보고를 듣고 사장님의 표정이 험악해졌다.

해설 모두 けん으로 읽는 비슷비슷한 한자인데, 험악하다는 険しい이다.

09 **정답 1**

어휘 選択(せんたく) 선택 | 自由(じゆう) 자유 | 決定(けってい) 결정 | 権利(けんり) 권리

해석 어린이에게도 선택의 자유와 그것을 결정할 권리는 있다.

해설 권리는 権利이다.

10 **정답 2**

어휘 濃(こ)い 진하다

해석 나는 진한 커피를 좋아한다.

해설 渋(しぶ)い는 떫다, 苦(にが)い는 쓰다, 薄(うす)い는 얇다이며, 진하다는 濃い이다.

한자쓰기 완벽대비 문제 ③ 회

문제2 ________의 단어를 한자로 쓸 때 가장 좋은 것을 1·2·3·4 가운데 하나 고르세요.

01 정답 3

어휘 クリーム 크림 | ~だけあって ~인만큼 | 美白(びはく) 미백 | 効果(こうか) 효과

해석 이 크림은 비싼 만큼 미백효과가 있다.

해설 高価는 고가, 降下는 강하이며, 효과는 効果이다.

02 정답 2

어휘 電池(でんち) 전지 | 交換(こうかん) 교환

해석 시계가 멈춰 있었기 때문에 새 전지와 바꿨다.

해설 交代(こうたい)는 교대, 交感(こうかん)은 교감, 変換(へんかん)은 변환이며, 교환은 交換이다.

03 정답 1

어휘 航空券(こうくうけん) 항공권 | 予約(よやく) 예약

해석 여름에 가는 해외여행 항공권을 예약했다.

해설 高空은 고공이며, 항공은 航空이다.

04 정답 3

어휘 ホームページ 홈페이지 | 更新(こうしん) 갱신

해석 이 홈페이지는 1년 이상이나 갱신이 되지 않았다.

해설 모두 こうしん으로 읽을 수 있는데, 行進은 행진, 交信은 교신, 孝心은 효심이며, 갱신은 更新이다.

05 정답 2

어휘 合同(ごうどう) 합동 | セミナー 세미나 | 開催(かいさい) 개최

해석 1학년과 2학년이 합동으로 세미나를 개최했다.

해설 行動(こうどう)는 행동, 講堂(こうどう)는 강당이며, 합동은 合同이다.

06 정답 4

어휘 気温(きおん) 기온 | 超(こ)える 넘다

해석 올 여름은 기온이 40도가 넘는 더운 날이 작년보다 많았다.

해설 肥(こ)える는 살찌다이며, 넘다는 超える이다.

07 정답 1

어휘 パソコン 컴퓨터 | 故障(こしょう) 고장 | 修理(しゅうり) 수리

해석 컴퓨터가 고장 나서 수리를 맡겼다.

해설 고장은 故障이다.

08 정답 3

어휘 誘(さそ)う 권하다 | 断(ことわ)る 거절하다

해석 영화 보러 가자고 권해 봤는데 거절당했다.

해설 困(こま)る는 곤란하다이며, 거절하다는 断る이다.

09 정답 2

어휘 死後(しご) 사후 | 財産(ざいさん) 재산 | 全額(ぜんがく) 전액 | 寄付(きふ) 기부

해석 그는 사후에 재산을 전액 기부했다고 한다.

해설 재산은 財産이다.

10 정답 4

어휘 妻子(さいし) 처자식 | 励(はげ)む 열심히 하다

해석 처자식을 부양하기 위하여 매일 일에 열심히 임하고 있다.

해설 再試는 재시험이며, 처자식은 妻子이다.

한자쓰기 완벽대비 문제 ④ 회

문제2 ________의 단어를 한자로 쓸 때 가장 좋은 것을 1·2·3·4 가운데 하나 고르세요.

01 정답 2

어휘 飼(か)い犬(いぬ) 기르는 개 | 町中(まちじゅう) 온 동네 | 捜(さが)しまわる 찾아 다니다

해석 기르는 개가 없어져서 온 동네를 찾아 다녔다.

해설 渡(わた)す는 건네다이며, 찾다는 捜す이다.

02 정답 4

어휘 開(あ)けっ放(ぱな)し 열어둔 채로 있다 | 箇所(かしょ) 군데 | 蚊(か) 모기 | 刺(さ)される 물리다

해석 창문을 열어둔 채로 있었더니 3군데나 모기에게 물렸다.

해설 指(さ)す는 가리키다, 差(さ)す는 비치다, 志(こころざ)す는 뜻을 두다이며, 물다, 찌르다는 刺す이다.

03 정답 2

어휘 お腹(なか) 배 | 授(さず)かる 가지게 되다

해석 뱃속에 새 생명을 가지게 되었다.

해설 (하늘에서) 내려주시다는 授かる이다.

04 정답 1

어휘 全面的(ぜんめんてき) 전면적 | 賛成(さんせい) 찬성

해석 그 의견에는 전면적으로 찬성이다.

해설 参政은 참정이며, 찬성은 賛成이다.

05 **정답 3**

어휘 地震(じしん) 지진 | 安全(あんぜん) 안전 | 確保(かくほ) 확보

해석 지진이 일어나면 우선 신변의 안전을 확보해야 한다.

해설 地神(じしん)은 땅의 신, 自身(じしん)은 자신, 指針(ししん)은 지침이며, 지진은 地震이다.

06 **정답 3**

어휘 幼(おさな)い 어리다 | 自宅(じたく) 자택

해석 어린 아이가 있기 때문에 집에서 할 수 있는 일을 찾고 있다.

해설 支度(したく)는 준비이며, 자택은 스스로 自, 집 宅을 써서 自宅이다.

07 **정답 2**

어휘 大手(おおて) 대형 | 近所(きんじょ) 근처 | 支店(してん) 지점 | 口座(こうざ) 계좌

해석 대형 은행 근처의 지점에서 새 계좌를 만들었다.

해설 본점에 대비되는 지점은 支店이다.

08 **정답 1**

어휘 反省(はんせい) 반성 | 態度(たいど) 태도 | 示(しめ)す 나타내다

해석 반성하고 있다면 말로만 하지 말고 태도로도 보여줬으면 한다.

해설 비슷비슷한 발음의 동사지만 모두 틀렸고, 나타내다는 示す이다.

09 **정답 4**

어휘 手術(しゅじゅつ) 수술 | 成功(せいこう) 성공

해석 어머니의 수술은 성공적으로 끝났다.

해설 수술은 손 手, 방법 術을 써서 手術이다.

10 **정답 2**

어휘 状況(じょうきょう) 상황 | 正確(せいかく) 정확 | 把握(はあく) 파악 | 今後(こんご) 앞으로

해석 지금 상황을 정확히 파악한 후에 앞으로의 계획을 세우는 편이 좋다.

해설 上京은 상경이며, 상황은 状況이다.

한자쓰기 완벽대비 문제 ⑤ 회

문제2 ________의 단어를 한자로 쓸 때 가장 좋은 것을 1·2·3·4 가운데 하나 고르세요.

01 **정답 4**

어휘 物価(ぶっか) 물가 | 上昇(じょうしょう) 상승 | 給料(きゅうりょう) 급료

해석 물가 상승과 더불어 급료도 올랐다.

해설 情状은 정상이며, 상승은 上昇이다.

02 **정답 1**

어휘 規則(きそく) 규칙 | 正(ただ)しい 바르다 | 心(こころ)がける 유의하다 | 健康(けんこう) 건강 | 状態(じょうたい) 상태 | 良好(りょうこう) 양호

해석 규칙적인 생활에 유의하고 있기 때문에 건강상태는 양호하다.

해설 招待(しょうたい)는 초대이며, 상태는 状態이다.

03 **정답 4**

어휘 怪我(けが) 다침, 부상 | 適切(てきせつ) 적절 | 処置(しょち) 처치 | 跡(あと) 상처

해석 다쳤을 때에는 적절한 처치를 하지 않으면 상처가 남는다.

해설 처치는 処置이다.

04 **정답 2**

어휘 心臓(しんぞう) 심장 | 止(と)まる 멈추다

해석 너무 놀라서 심장이 멈추는 줄 알았다.

해설 심장은 心臓이다.

05 **정답 3**

어휘 空気(くうき) 공기 | 吸(す)う 들이마시다 | 洗(あら)われる 씻기다

해석 산의 깨끗한 공기를 마시면 마음까지 씻기는 기분이 든다.

해설 들이마시다는 吸う이다.

06 **정답 2**

어휘 腕(うで) 팔, 실력 | 優(すぐ)れる 뛰어나다

해석 그녀의 피아노 실력은 다른 누구보다 뛰어나다.

해설 뛰어나다는 優れる이다.

07 **정답 1**

어휘 疲(つか)れ 피곤 | 頭痛(ずつう) 두통

해석 피곤한 탓인지 어제부터 두통이 있다.

해설 두통은 머리 頭, 아플 痛을 써서 頭痛이다.

08 **정답 4**

어휘 済(す)む 끝내다

해석 오늘은 일이 빨리 끝났기 때문에 집에서 푹 쉴 수 있을 것 같다.

해설 끝내다는 済む이다.

09 **정답 3**

어휘 精神(せいしん) 정신 | 集中(しゅうちゅう) 집중 | 臨(のぞ)む 임하다

해석 정신을 집중시켜서 오늘 시합에 임했다.

해설 정신은 精神이다.

10 **정답 4**

어휘 性別(せいべつ) 성별 | 年齢(ねんれい) 연령 | ~を問(と)わず ~을 불문하고

해석 이 일은 성별과 연령을 불문하고 누구나 할 수 있습니다.

해설 성별은 性別이다.

한자쓰기 완벽대비 문제 ⑥ 회

문제2 ________의 단어를 한자로 쓸 때 가장 좋은 것을 1·2·3·4 가운데 하나 고르세요.

01 **정답 2**

어휘 失敗(しっぱい) 실패 | 責任(せきにん) 책임 | 負(お)う 지다

해석 실패한 경우의 책임은 내가 진다.

해설 책임은 責任이다.

02 **정답 1**

어휘 想像(そうぞう) 상상 | ずっと 훨씬

해석 이 영화는 상상했던 것보다 훨씬 재미있었다.

해설 創造는 창조이며, 상상은 想像이다.

03 **정답 4**

어휘 信頼(しんらい) 신뢰 | 築(きず)く 쌓다 | 損(そこな)う 잃다 | あっという間(ま) 눈 깜짝할 사이, 순식간

해석 신뢰를 쌓는 것은 힘들어도 잃어버리는 것은 순식간이다.

해설 잃어버리다는 損なう이다.

04 **정답 2**

어휘 洗濯物(せんたくもの) 빨래 | 畳(たた)む 개다

해석 어머니가 돌아오시기 전에 빨래를 개어두었다.

해설 富(と)む는 부유해지다이며, 개다는 畳む이다.

05 **정답 4**

어휘 けんか 싸움 | 以来(いらい) 이래 | 絶(た)つ 끊다 | ~たまま ~인 채로

해석 그 싸움 이후로 그와는 연락을 끊은 채로 있다.

해설 모두 たつ인데, 立つ는 서다, 経つ는 시간이 경과하다, 発つ는 출발하다이며, 관계를 끊다는 絶つ이다.

06 **정답 1**

어휘 アマゾン 아마존 | 探険(たんけん) 탐험 | ドキュメンタリー 다큐멘터리 | 番組(ばんぐみ) 방송프로

해석 아마존을 탐험하는 다큐멘터리 프로를 봤다.

해설 短剣은 짧은 검이며, 탐험은 探険이다.

07 **정답 3**

어휘 知識(ちしき) 지식 | 経験(けいけん) 경험 | 豊富(ほうふ) 풍부

해석 그는 지식뿐만 아니라 경험도 풍부하다.

해설 組織(そしき)은 조직이며, 지식은 知識이다.

08 **정답 3**

어휘 不動産屋(ふどうさんや) 부동산 | 仲介(ちゅうかい) 중개 | マンション 맨션 | 購入(こうにゅう) 구입

해석 부동산 가게의 중개로 새 맨션을 구입했다.

해설 中華(ちゅうか)는 중화이며, 중개는 仲介이다.

09 **정답 2**

어휘 国勢(こくせい) 국세

해석 일본에서는 10년에 1번 국세조사가 실시된다.

해설 조사는 고를 調, 조사할 査를 써서 調査이다.

10 **정답 2**

어휘 噂(うわさ) 소문 | 直接(ちょくせつ) 직접 | 確(たし)かめる 확인하다

해석 소문이 진짜인지 어떤지 직접 본인에게 확인한 것은 아니다.

해설 직접은 直接이다.

한자쓰기 완벽대비 문제 ⑦ 회

문제2 ________의 단어를 한자로 쓸 때 가장 좋은 것을 1·2·3·4 가운데 하나 고르세요.

01 **정답 3**

어휘 著者(ちょしゃ) 저자

해석 이 책의 저자를 한 번만이라도 만나보고 싶다.

해설 調査(ちょうさ)는 조사이며, 저자는 著者이다.

02 정답 2

어휘 虫歯(むしば) 충치 | 治療(ちりょう) 치료

해석 충치가 생기면 가능한 한 빨리 치료받는 편이 좋다.

해설 치료는 治療이다.

03 정답 3

어휘 週末(しゅうまつ) 주말 | 机(つくえ) 책상 | 向(む)かう 향하다

해석 시험 전 주말에는 하루 종일 책상에 앉아 있어야 한다.

해설 柱(はしら)는 기둥, 柵(さく)는 울타리이며, 책상은 机이다.

04 정답 2

어휘 一人前(いちにんまえ) 어엿한 프로 | 積(つ)む 쌓다

해석 어엿한 프로가 되기 위해서는 경험을 더 쌓아야 한다.

해설 쌓다는 積む이다.

05 정답 1

어휘 ポイント 포인트 | 敵(てき) 적 | 倒(たお)す 쓰러뜨리다

해석 이것은 포인트를 모아서 적을 쓰러뜨리는 게임입니다.

해설 모두 てき로 읽을 수 있는데, 適은 적당, 滴은 물방울, 摘은 따다이며, 적은 敵이다.

06 정답 4

어휘 展開(てんかい) 전개 | 楽(たの)しみ 기대

해석 이 드라마의 앞으로의 전개가 기대된다.

해설 天界는 하늘세계이며, 전개는 展開이다.

07 정답 4

어휘 古文(こぶん) 고문 | 動詞(どうし) 동사 | 活用形(かつようけい) 활용형 | 習(なら)う 배우다

해석 고전문학 시간에 고어 동사 활용형을 배웠다.

해설 同時는 동시이며, 동사는 動詞이다.

08 정답 2

어휘 同窓生(どうそうせい) 동창생

해석 10년 만에 고교 동창생들과 모였다.

해설 동창은 同窓이다.

09 정답 3

어휘 飛行機(ひこうき) 비행기 | チケット 티켓 | 予約(よやく) 예약 | 泊(と)まる 묵다 | 手配(てはい) 준비, 수배

해석 비행기 티켓 예약은 했지만 묵을 장소 준비는 아직이다.

해설 止(と)まる는 멈추다, 停(と)まる는 머물다이며, 묵다는 泊まる이다

10 정답 1

어휘 カブトムシ 투구풍뎅이 | 捕(と)る 잡다

해석 투구풍뎅이를 잡기 위해서 아침 일찍 일어났다.

해설 동물, 곤충을 잡을 때는 捕る를 쓴다.

한자쓰기 완벽대비 문제 8 회

문제2 ________의 단어를 한자로 쓸 때 가장 좋은 것을 1·2·3·4 가운데 하나 고르세요.

01 정답 2

어휘 急(きゅう) 갑자기 | 泥(どろ) 진흙 | ~だらけ ~투성이

해석 갑작스러운 비 때문에 새 신발이 진흙투성이가 되어버렸다.

해설 沼(ぬま)는 늪, 尼(あま)는 비구니, 底(そこ)는 바닥이며, 진흙은 泥이다.

02 정답 1

어휘 地球(ちきゅう) 지구 | 未来(みらい) 미래 | 担(にな)う 맡다

해석 아이들은 지구의 미래를 책임지고 있다.

해설 伺(うかが)う는 묻다, 찾아뵙다, 候(そうろ)う는 계시다이며, 맡다는 担う이다.

03 정답 4

어휘 油断(ゆだん) 방심 | すき 틈 | 財布(さいふ) 지갑 | 盗(ぬす)む 훔치다

해석 잠깐 정신을 놓고 있는 사이에 지갑을 도난 당했다.

해설 塗(ぬ)る는 칠하다, 包(つつ)む는 싸다이며, 훔치다는 盗む이다.

04 정답 4

어휘 布(ぬの) 천 | 手触(てざわ)り 감촉

해석 이 천은 손에 닿는 감촉이 아주 좋다.

해설 천은 布이다.

05 정답 1

어휘 除(のぞ)く 제외하다

해석 주말을 제외하고 매일 운동을 하기로 하고 있다.

해설 覗(のぞ)く는 엿보다이며, 제외하다는 除く이다.

06 **정답 3**

어휘 留学(りゅうがく) 유학 | おかげ 덕분 | 実力(じつりょく) 실력 | 伸(の)びる 늘다

해석 유학을 간 덕분에 영어 실력이 꽤 늘었다.

해설 延(の)びる는 연장하다이며, 늘다는 伸びる이다.

07 **정답 2**

어휘 俳優(はいゆう) 배우 | 目指(めざ)す 목표로 하다 | 演技(えんぎ) 연기

해석 배우를 목표로 연기 공부를 하고 있다.

해설 배우는 俳優이다.

08 **정답 4**

어휘 身長(しんちょう) 신장 | 測(はか)る 재다

해석 신장을 쟀더니 작년보다 3센티나 자랐다.

해설 측정하다는 測る이다.

09 **정답 2**

어휘 昨晩(さくばん) 어젯밤 | 工場(こうじょう) 공장 | 爆発(ばくはつ) 폭발 | 事故(じこ) 사고

해석 어젯밤 저 공장에서 폭발사고가 일어났다고 한다.

해설 폭발은 폭발할 爆, 필 発을 써서 爆発이다.

10 **정답 3**

어휘 歯車(はぐるま) 톱니바퀴 | かみ合(あ)う 맞물리다 | 負(ま)ける 지다

해석 팀 워크가 좋지 않아 오늘 시합에 지고 말았다.

해설 톱니바퀴는 歯車이다.

한자쓰기 완벽대비 문제 ⑨ 회

문제2 ________의 단어를 한자로 쓸 때 가장 좋은 것을 1·2·3·4 가운데 하나 고르세요.

01 **정답 2**

어휘 指(ゆび) 손가락 | 挟(はさ)む 끼다

해석 엘리베이터 문에 손가락이 끼어버렸다.

해설 끼우다는 挟む이다.

02 **정답 2**

어휘 試食(ししょく) 시식 | 販売(はんばい) 판매

해석 백화점에서 시식 판매를 하고 있다.

해설 판매는 販売이다.

03 **정답 1**

어휘 台風(たいふう) 태풍 | 被害(ひがい) 피해 | 想像(そうぞう) 상상

해석 태풍 피해는 상상 이상으로 심했다.

해설 피해는 被害이다.

04 **정답 3**

어휘 ~匹(ひき) ~마리 | 子犬(こいぬ) 강아지새끼 | 産(う)む 낳다

해석 우리 집 개가 5마리나 되는 강아지새끼를 낳았다.

해설 동물의 수를 셀 때는 匹를 쓴다.

05 **정답 3**

어휘 法律(ほうりつ) 법률 | 身方(みかた) 편

해석 법률이 반드시 올바른 사람 편이 되어 준다고는 할 수 없다.

해설 비슷비슷한 글자라서 헷갈리겠지만 법률은 法律이다.

06 **정답 4**

어휘 募集(ぼしゅう) 모집

해석 아르바이트 모집을 보고 전화를 걸었다.

해설 모집은 모을 募, 모을 集을 써서 募集이다.

07 **정답 4**

어휘 転(ころ)ぶ 넘어지다 | 骨(ほね) 뼈 | 折(お)る 부러지다

해석 스키를 타고 있을 때, 넘어져서 뼈가 부러졌다.

해설 腰(こし)는 허리, 脚(あし)는 다리이며, 뼈는 骨(ほね)이다.

08 **정답 2**

어휘 貧(まず)しい 가난하다 | 幸(しあわ)せ 행복

해석 가난했지만 우리 가족은 항상 행복했다.

해설 乏(とぼ)しい는 부족하다, 虚(むな)しい는 헛되다, 恋(こい)しい는 그립다이며, 가난하다는 貧しい이다.

09 **정답 2**

어휘 ミルク 프림 | 砂糖(さとう) 설탕 | 混(ま)ぜる 섞다

해석 커피에는 항상 프림과 설탕을 섞어서 마신다.

해설 섞다는 混ぜる이다.

10 **정답 1**

어휘 引越(ひっこ)し 이사 | 新居(しんきょ) 새집 | 招(まね)く 초대하다

해석 이사한 친구의 집에 초대받았다.

해설 초대하다는 招く이다.

한자쓰기 완벽대비 문제 ⑩ 회

문제2 ________의 단어를 한자로 쓸 때 가장 좋은 것을 1·2·3·4 가운데 하나 고르세요.

01 **정답 3**

어휘 渡(わた)り鳥(どり) 철새 | 群(む)れ 무리 | 飛(と)ぶ 날다

해석 철새 무리가 남쪽으로 날아갔다.

해설 무리는 群れ이다.

02 **정답 2**

어휘 ～かける ～하려고 하다 | 気(き)づく 알아차리다 | 戻(もど)る 되돌아가다

해석 버스를 타려다가 지갑을 두고 나왔다는 것을 깨닫고 집으로 돌아갔다.

해설 돌아오다는 戻る이다.

03 **정답 4**

어휘 家賃(やちん) 집세 | 生活費(せいかつひ) 생활비 | 占(し)める 차지하다

해석 집세가 생활비의 3분의 1 이상을 차지하고 있다.

해설 집세는 家賃이다.

04 **정답 3**

어휘 ペットボトル 페트병 | 容器(ようき) 용기 | 持(も)ち歩(ある)く 들고 다니다

해석 페트병 용기에 녹차를 넣어서 들고 다닌다.

해설 陽気는 명랑함이며, 그릇 용기는 容器이다.

05 **정답 1**

어휘 さっき 조금 전 | 怒(おこ)る 화나다 | 冷静(れいせい) 냉정 | 何(なん)でもない 아무것도 아니다, 별일 아니다

해석 조금 전에는 화가 났지만, 냉정하게 생각해보면 별 일이 아니다.

해설 냉정은 冷静이다.

06 **정답 4**

어휘 多(おお)め 많이 | 炊(た)く 짓다 | 冷凍(れいとう) 냉동

해석 밥은 약간 많이 해서 냉동해 두면 편리하다.

해설 냉동은 冷凍이다.

07 **정답 2**

어휘 結果(けっか) 결과 | ～次第(しだい) ～하는 대로 | 連絡(れんらく) 연락

해석 결과를 알게 되는 대로 바로 연락 드리겠습니다.

해설 모두 비슷비슷해 보이지만, 연락은 連絡이다.

08 **정답 3**

어휘 なべ 냄비 | お湯(ゆ) 뜨거운 물 | 沸(わ)かす 끓이다

해석 라면을 만들기 위해 냄비에 물을 끓였다.

해설 물을 끓이다는 沸かす이다.

09 **정답 1**

어휘 雲(くも) 구름 | ふわふわ 푹신푹신 | まるで 마치 | 綿(わた)あめ 솜사탕

해석 저 구름은 푹신푹신해서 마치 솜사탕 같다.

해설 絹(きぬ)는 비단, 布(ぬの)는 천, 皮(かわ)는 껍질이며, 솜은 綿이다.

10 **정답 2**

어휘 渡(わた)る 건너다

해석 도서관은 저 다리를 건넌 곳에 있습니다.

해설 건너다는 渡る이다.

둘째마당 | 어휘편

단어형성 완벽대비 문제 ❶ 회

문제 3 (　　　)에 들어갈 가장 알맞은 말을 1·2·3·4 가운데 하나 고르세요.

01 **정답 2**

어휘 小言(こごと) 잔소리 | むしろ 오히려

해석 아이에게 잔소리만 하는 것은 오히려 (역)효과다.

해설 역효과는 逆効果(ぎゃくこうか)이다.

02 **정답 1**

어휘 全国(ぜんこく) 전국 | 誕生(たんじょう)する 탄생하다

해석 전국 (최)연소 시장이 탄생했다.

해설 최연소는 最年少(さいねんしょう)이다.

03 **정답 4**

어휘 今回(こんかい) 이번 | 作戦(さくせん) 작전

해석 이번 이 작전은 (대)성공이었다.

해설 대성공은 大成功(だいせいこう)이다. 첫 성공 初成功(はつせいこう)이라는 말도 있지만, 여기서는 앞 구절과 대구를 이루므로 대성공이 알맞다.

04 정답 3

어휘 強力(きょうりょく) 강력 | 利(き)く 효력이 있다 | 起(お)こる 일어나다 | おそれがある 우려가 있다

해석 이 약은 강력하고 잘 듣지만 (부)작용이 일어날 우려도 있다.

해설 부작용은 副作用(ふくさよう)이다.

05 정답 1

어휘 富士山(ふじさん) 후지산

해석 후지산은 일본 (제일)의 높은 산이다.

해설 일본 제일은 日本一(にほんいち)이다. 세계 제일은 世界一(せかいいち)이다.

06 정답 3

어휘 何事(なにごと) 어떤 일 | 道(みち) 분야 | 言(い)う通(とお)り 말하는 대로 | うまくいく 잘 된다

해석 어떤 일이든지 그 분야의 전문(가)가 말하는 대로 하면 잘 된다.

해설 전문가는 専門家(せんもんか)이다.

07 정답 2

어휘 質(しつ) 질

해석 질이 나쁘면 아무리 싸더라도 소용이 없다.

해설 문제 삼을 가치가 없다, 소용이 없다는 問題外(もんだいがい)이다

08 정답 3

어휘 原稿(げんこう) 원고 | 手直(てなお)し 수정 | 打(う)ち直(なお)す 다시 입력하다

해석 (초고)로 썼던 원고를 수정해서 컴퓨터에 다시 입력했다.

해설 처음 쓴 글(초고)을 下書(したが)き라고 한다.

09 정답 3

어휘 拾(ひろ)う 줍다 | 警察(けいさつ) 경찰 | 届(とど)ける 신고하다

해석 전철 안에서 주운 (분실)물을 경찰에 신고했다.

해설 분실물은 落(おと)し物(もの)이다.

10 정답 2

어휘 成績(せいせき) 성적 | 日(ひ)ごろ 평소

해석 성적을 올리기 위해서는 평소에 쌓아(올리는 것)이 중요하다.

해설 점점 쌓아서 늘려가는 것은 積(つ)み重(かさ)ね이다.

단어형성 완벽대비 문제 ❷ 회

문제 3 (　　　)에 들어갈 가장 알맞은 말을 1・2・3・4 가운데 하나 고르세요.

01 정답 4

어휘 空気(くうき) 공기

해석 공기란 인간에게 있어서 (불)가결한 것이다.

해설 불가결은 不可欠(ふかけつ)이다.

02 정답 1

어휘 環境(かんきょう) 환경 | 深刻(しんこく) 심각

해석 환경 문제의 심각성을 (재)인식했다.

해설 재인식은 再認識(さいにんしき)이다.

03 정답 2

어휘 けが 부상

해석 부상 때문에 (이번) 시즌은 시합에 나갈 수 없을 것 같다.

해설 이번 시즌은 今(こん)シーズン이다.

04 정답 3

어휘 四国(しこく) 시코쿠(가가와(香川), 徳島(도쿠시마), 愛媛(에히메), 高知(고치) 등 4개 현이 있는 섬) | うどん 우동

해석 시코쿠라고 하면 우동의 (명)산지이다.

해설 산지로 유명한 곳을 名産地(めいさんち)라고 한다.

05 정답 2

어휘 性格(せいかく) 성격 | 疑(うたが)わしい 의심스럽다

해석 정말로 혈액(형)으로 사람의 성격을 알 수 있는지 어떤지 의심스럽다.

해설 혈액형은 血液型(けつえきがた)이다.

06 정답 4

어휘 他人(たにん) 타인 | 口出(くちだ)し 참견

해석 부부(간)의 문제는 타인이 참견하는 것이 아니다.

해설 부부간은 夫婦間(ふうかん)이다.

07 정답 3

어휘 関心(かんしん) 관심 | 将来(しょうらい) 장래

해석 물건을 만드는 일에 관심이 있기 때문에 장래에는 제조(업)에 종사하고 싶다.

해설 就(つ)く(종사하다) 앞에는 업종이 와야 하므로 製造業(せいぞうぎょう)이 정답이다.

08 정답 1

어휘 食品(しょくひん) 식품 | 上回(うわまわ)る 웃돌다 | 発(はつ)がん性(せい) 발암성 | 物質(ぶっしつ) 물질 | 検出(けんしゅつ)される 검출되다

해석 이 식품에서 기준(치)를 웃도는 발암성 물질이 검출되었다고 한다.

해설 기준치는 基準値(きじゅんち)이다.

09 정답 1

어휘 電球(でんきゅう) 전구 | 届(とど)く 닿다

해석 새 전구로 갈아 (끼우고) 싶지만 손이 닿지 않는다.

해설 갈아 끼우다는 取(と)り替(か)える이다.

10 정답 2

어휘 活動(かつどう) 활동 | 協力(きょうりょく) 협력

해석 이 활동은 많은 사람들의 협력에 의해 (성립)되고 있다.

해설 성립되다, 이루어지다는 成(な)り立(た)つ이다.

단어형성 완벽대비 문제 ③ 회

문제 3 (　　　)에 들어갈 가장 알맞은 말을 1·2·3·4 가운데 하나 고르세요.

01 정답 4

어휘 クラス 반 | 意見(いけん) 의견 | 賛成(さんせい)する 찬성하다

해석 반의 (과)반수가 이 의견에 찬성했다.

해설 과반수는 過半数(かはんすう)이다.

02 정답 3

어휘 製作(せいさく) 제작 | 関(かか)わる 관여하다

해석 (조)감독으로서 영화의 제작에 관여하고 있다.

해설 조감독은 助監督(じょかんとく)이다.

03 정답 4

어휘 タイム 시간 | 順位(じゅんい) 순위 | 競(きそ)う 겨루다

해석 마라톤이란 (장)거리를 달려서 시간이나 순위를 겨루는 스포츠이다.

해설 短距離(たんきょり) 단거리라는 말도 있지만, 마라톤이라고 했으므로 長距離(ちょうきょり) 장거리이다.

04 정답 1

어휘 意見(いけん) 의견 | 分(わ)かれる 나누어지다

해석 모두의 의견이 (양)극단으로 나누어져 버렸다.

해설 양극단은 両極端(りょうきょくたん)이다.

05 정답 2

해석 만 20세부터 선거(권)을 가질 수 있다.

해설 선거권은 選挙権(せんきょけん)이다.

06 정답 2

어휘 免許(めんきょ)を取(と)る 면허를 따다

해석 조리(사) 면허를 따기 위한 학교에 다니고 있다.

해설 조리사는 調理師(ちょうりし)라고 한다.

07 정답 4

어휘 商品(しょうひん) 상품 | 購入(こうにゅう) 구입 | 入会(にゅうかい)する 입회하다

해석 이 슈퍼는 회원(제)라서 상품을 구입하기 위해서는 입회하지 않으면 안 된다.

해설 회원제는 会員制(かいいんせい)이다.

08 정답 2

어휘 海外(かいがい) 해외 | 移住(いじゅう) 이주

해석 이 회사는 해외 이주를 생각하고 있는 사람에게 (도움)을 주고 있다.

해설 도움, 조력은 手助(てだす)け이다.

09 정답 3

어휘 たまる 쌓이다 | プリント 프린트 | 整理(せいり)する 정리하다 | かかる (시간, 거리가) 걸리다

해석 쌓인 프린트 류를 정리하는데 (꼬박) 하루가 걸렸다.

해설 丸(まる)는 전부, 완전이라는 뜻이라서 꼬박 하루는 丸一日(まるいちにち)이다. 참고로 달달 외우는 것은 丸暗記(まるあんき), 만 2년은 丸2年(まるにねん)이다.

10 정답 3

어휘 留学(りゅうがく) 유학 | 空港(くうこう) 공항

해석 유학 가는 친구를 공항까지 전송(했다).

해설 전송하다는 見送(みおく)る이다. 見慣(みな)れる는 자주 봐서 익숙해지다, 見張(みは)る는 망보다, 見守(みまも)る는 지켜보다.

단어형성 완벽대비 문제 ④ 회

문제 3 (　　　)에 들어갈 가장 알맞은 말을 1・2・3・4 가운데 하나 고르세요.

01 정답 1

어휘 身動(みうご)き 몸을 움직임 | 通勤(つうきん)する 통근하다

해석 몸을 움직일 수 없을 정도로 (초)만원인 전철을 타고 매일 통근하고 있다.

해설 초만원은 超満員(ちょうまんいん)이다.

02 정답 3

어휘 中東(ちゅうとう) 중동 | 地域(ちいき) 지역 | デモ 데모, 시위 | 拡(ひろ)がる 퍼지다

해석 중동지역에 (반)정부 시위의 움직임이 확산되고 있다고 한다.

해설 반정부는 反政府(はんせいふ)이다.

03 정답 2

어휘 任(まか)す 맡기다

해석 맡겨진 일을 끝까지 하지 않다니 (무)책임하다.

해설 무책임은 無責任(むせきにん)이다.

04 정답 2

어휘 2種免許(にしゅめんきょ) 2종 면허

해석 택시 운전(수)가 되기 위해서는 2종 면허가 필요하다.

해설 운전수는 運転手(うんてんしゅ)이다.

05 정답 4

해석 자식이 5명이나 있어서 생활(비)가 꽤 든다.

해설 생활비는 生活費(せいかつひ)이다.

06 정답 2

어휘 リフォーム 리폼 | 何(なん)とか 이럭저럭 | 収(おさ)める 끝내다

해석 집 리폼은 이럭저럭 예산(안)에서 끝낼 수 있었다.

해설 예산안, 예산내는 予算内(よさんない)이다.

07 정답 1

어휘 院長(いんちょう) 원장 | 物静(ものしず)かだ 차분하다, 침착하다 | 方(かた) 분

해석 이 병원의 원장선생님은 학자(풍)의 차분한 분입니다.

해설 학자풍은 学者風(がくしゃふう)이다. ~風(ふう)는 '~풍의, ~느낌이 나는, ~느낌의'라는 뜻이다. 참고로 명사에 並(な)み를 붙이면 '~정도의 수준이 되는, ~레벨의'라는 뜻으로, '학자 수준의 차분한 분'이라는 말은 비문이다.

08 정답 2

어휘 開(ひら)く 열다

해석 (짐작)가는 곳이 없는 주소로부터 메일이 도착했을 경우에는 열어보지 않는 편이 낫다.

해설 짐작 가는 곳은 心当(こころあ)たり이다.

09 정답 2

해석 그의 소설에서는 자연을 사랑하는 마음이 느껴(진다).

해설 알아차리다, 감지하다는 感(かん)じ取(と)る인데, 느낄 수 있다는 가능형으로 感じ取れる를 쓴다.

10 정답 3

해석 지금은 즐겁게 일하고 있지만, 갓 입사했을 때는 좀처럼 (어울리지) 못했다.

해설 녹아들다, 동화하다, 잘 어울리다는 溶(と)け込(こ)む이다.

단어형성 완벽대비 문제 ⑤ 회

문제 3 (　　　)에 들어갈 가장 알맞은 말을 1・2・3・4 가운데 하나 고르세요.

01 정답 3

해석 결혼한다면 가치(관)이 맞는 사람이 좋다.

해설 가치관은 価値観(かちかん)이다.

02 정답 2

어휘 辞(や)める 그만두다

해석 (여러) 사정으로 인해 다음 달에 회사를 그만두지 않으면 안 되게 되었다.

해설 여러 가지 사정은 諸事情(しょじじょう)이다.

03 정답 3

어휘 心配(しんぱい)をかける 걱정을 끼치다 | 振舞(ふるま)う 행동하다

해석 회사에서 실패했지만 가족에게 걱정을 끼치지 않도록 (억지로) 괜찮은 척 행동했다.

해설 억지로 괜찮은 척 하는 것은 空元気(からげんき)이다.

04 정답 1

어휘 出来事(できごと) 일어난 일, 사건 | 記録(きろく)する 기록하다

해석 그 날 일어났던 일들을 매일 일기(장)에 기록하도록 하고 있다.

해설 일기장은 日記帳(にっきちょう)이다.

05 **정답 4**

어휘 急(きゅう)だ 급하다 | 来客(らいきゃく) 방문객 | 慌(あわ)てる 당황하다

해석 갑자기 손님이 오신다고 해서 황급히 청소(기)를 돌렸다.

해설 청소기는 掃除機(そうじき)이다.

06 **정답 2**

어휘 細(こま)かい 꼼꼼하다 | 作業(さぎょう) 작업 | プラモデル 조립모형

해석 꼼꼼한 작업을 잘 못하기 때문에 프라모델 완성(품)을 사왔다.

해설 완성품은 完成品(かんせいひん)이다.

07 **정답 2**

해석 오늘은 조금 걷고 싶은 기분이었기 때문에 멀리 (돌아서) 집으로 왔다.

해설 멀리 도는 것은 遠回(とおまわ)り이다. ⇔近道(ちかみち)

08 **정답 4**

어휘 言(い)い出(だ)す 말을 꺼내다

해석 좋아한다는 말을 꺼내지 못한 채로 벌써 3년 이상 짝(사랑)을 하고 있다.

해설 짝사랑은 片思(かたおも)い이다.

09 **정답 1**

어휘 ボランティア活動(かつどう) 봉사활동

해석 이미 (사용한) 우표를 모으는 봉사활동을 하고 있다.

해설 ~을 끝내는 것을 ~済(ず)み라고 하며, 이미 다 사용한 것은 使用済(しようず)み이다.

10 **정답 4**

어휘 発売(はつばい)する 발매하다

해석 이번 달에 발매된 실제품의 매(상)은 꽤 괜찮다.

해설 팔리는 상태, 매상은 売(う)れ行(ゆ)き이다. 売(う)り込(こ)み는 물건을 팖. 판로를 확장함, 売(う)り出(だ)し는 발매, 売(う)り切(き)れ는 품절이다.

문맥규정 완벽대비 문제 ❶ 회

문제 4 (　　　)에 들어갈 가장 알맞은 말을 1·2·3·4 가운데 하나 고르세요.

01 **정답 1**

어휘 学者(がくしゃ) 학자 | エジプト 이집트 | 古代文明(こだいぶんめい) 고대문명 | 知識(ちしき) 지식

해석 저 학자는 이집트 고대문명에 관해 상당히 (상세한) 지식을 가지고 있다.

해설 상세하다는 くわしい이다. 2번은 어렵다, 3번은 떠들썩하다, 4번은 심하다.

02 **정답 2**

어휘 いつか 언젠가 | 庭付(にわつ)き 정원이 딸림

해석 언젠가는 정원이 딸린 (단독) 주택에 살고 싶다고 생각한다.

해설 단독주택은 一戸建(いっこだ)て이다.

03 **정답 1**

어휘 気(き)をつける 신경 쓰다, 조심하다 | きつい 심하다

해석 조심하려고 생각해도 어머니에게는 (그만) 심한 말을 해 버린다.

해설 그만, 무심코는 つい이다. 2번은 그런데, 3번은 단, 4번은 또한.

04 **정답 3**

해석 그녀는 항상 밝고 뭐든지 (시원시원하게) 이야기하기 때문에 보고 있으면 기분이 좋다.

해설 시원시원하게는 はきはき이다. 1번은 들떠 있는 모양, 2번은 궁시렁궁시렁, 4번은 각자 기호에 따라.

05 **정답 1**

해석 그녀는 사실을 말할까 말까 (망설이고 있는) 것 같다.

해설 망설이다는 ためらう이다. 2번은 의심하다, 3번은 거스르다, 4번은 공경하다.

06 **정답 3**

어휘 成果(せいか) 성과

해석 시험에서는 지금까지 한 공부의 성과를 (발휘)하도록 힘내세요.

해설 발휘는 発揮(はっき)이다. 1번은 활발, 2번은 개발, 4번은 발표.

07 **정답 3**

어휘 ずいぶん 꽤 | 出発(しゅっぱつ)する 출발하다

해석 꽤 오래 전에 출발했다고 하니 (이제 곧) 오겠지.

해설 이제 곧은 もうすぐ이다. 1번은 아직까지, 2번은 아직도, 4번은 겨우.

08 **정답 1**

어휘 全然(ぜんぜん) 전혀

해석 프랑스 영화를 봤는데, 이야기 (줄거리)를 전혀 알 수 없었다.

해설 줄거리는 筋(すじ)이다. 2번은 제목, 3번은 마개, 꼭지, 4번은 마디.

09 **정답 3**

해석 우리집 고양이는 아주 (영리하다).

해설 영리하다는 賢(かしこ)い이다. 1번은 가난하다, 2번은 같다, 4번은 어울리다, 적합하다.

10 **정답 2**

해석 지금까지 없었던 새로운 것을 만들어내는 것을 (발명)이라고 합니다.

해설 발명은 発明(はつめい)이다. 1번은 발휘, 3번은 발견, 4번은 발굴.

문맥규정 완벽대비 문제 ❷ 회

문제 4 (　　　)에 들어갈 가장 알맞은 말을 1 · 2 · 3 · 4 가운데 하나 고르세요.

01 **정답 1**

어휘 見直(みなお)す 다시 보다, 재고하다

해석 계획을 재고하는 편이 낫다는 (목소리)가 높아지고 있다.

해설 목소리, 의견은 声(こえ)이다. 2번은 입, 3번은 손, 4번은 귀.

02 **정답 2**

어휘 待(ま)ちに待(ま)つ 기다리고 기다리다 | 本格的(ほんかくてき) 본격적

해석 (드디어) 기다리고 기다렸던 본격적인 여름이 다가왔습니다.

해설 드디어는 いよいよ이다. 1번은 잇달아, 3번은 각각, 4번은 아직까지.

03 **정답 2**

어휘 解(と)く 풀다 | 正確(せいかく) 정확 | 把握(はあく)する 파악하다 | 必要(ひつよう)だ 필요하다

해석 문제를 풀기 위해서는 (키워드)의 뜻을 정확히 파악하는 것이 필요하다.

해설 키워드, 핵심은 キーワード이다. 1번은 유머, 3번은 패턴, 4번은 패스워드.

04 **정답 1**

해석 대학 4학년이 되고 나서 취업(활동)을 시작하는 것은 너무 늦다.

해설 활동은 活動(かつどう)이다. 2번은 활력, 3번은 활발, 4번은 활약.

05 **정답 3**

어휘 習慣(しゅうかん) 습관

해석 매일 30분하는 운동을 습관화하려고 생각하지만 (좀처럼) 잘 되지 않는다.

해설 좀처럼은 なかなか이다. 1번은 아주, 2번은 꽤(긍정문), 4번은 그다지.

06 **정답 1**

어휘 失敗(しっぱい)する 실패하다 | 最後(さいご) 마지막 | あきらめる 포기하다

해석 (비록) 몇 번 실패하더라도 마지막까지 포기하지 않을 작정이다.

해설 비록은 たとえ이다. 2번은 단, 3번은 오히려, 4번은 굳이.

07 **정답 3**

어휘 場面(ばめん) 장면 | 残(のこ)る 남다

해석 저 영화의 마지막 장면이 (인상)에 남아서 잊을 수 없다.

해설 인상은 印象(いんしょう)이다. 1번은 추억, 2번은 상상, 4번은 기록.

08 **정답 2**

해석 자신의 자식의 자식을 (손자)라고 합니다.

해설 손자는 孫(まご)이다. 1번은 도깨비, 3번은 신부, 며느리, 4번은 딸.

09 **정답 2**

해석 공사는 (순조롭게) 진행되고 있어서 예정대로 끝날 것 같습니다.

해설 순조롭게는 順調(じゅんちょう)に이다. 1번은 충분히, 3번은 신중히, 4번은 솜씨 좋게.

10 **정답 2**

해석 태풍 때문에 배가 항구로 (되돌아갔다).

해설 되돌아가다는 引(ひ)き返(かえ)す이다. 1번은 말리다, 3번은 꺼내다, 4번은 책임지고 떠맡다.

문맥규정 완벽대비 문제 ❸ 회

문제 4 (　　　)에 들어갈 가장 알맞은 말을 1 · 2 · 3 · 4 가운데 하나 고르세요.

01 **정답 4**

어휘 予約(よやく) 예약 | 済(す)ませる 끝내다 | かえる 바꾸다 | 無理(むり)だ 무리다.

해석 이미 예약을 다 했는데 (이제 와서) 호텔을 바꾸라고 하는 것은 무리다.

해설 이제 와서는 いまさら이다. 1번은 미리, 2번은 훨씬 전에, 3번은 이미.

02 **정답 3**

어휘 選手(せんしゅ) 선수 | 今後(こんご) 앞으로 | 期待(きた

い)する 기대하다

해석 이 젊은 선수는 앞으로의 (활약)이 기대된다.

해설 활약은 活躍(かつやく)이다. 1번은 체력, 2번은 능력, 4번은 생활.

03 **정답 1**

어휘 分(ぶん) 몫

해석 "커피를 사러 간다면 (가는 김에) 내 것도 사 와줘."

해설 가는 김에는 ついでに이다. 2번은 직접, 3번은 같이, 4번은 점차.

04 **정답 4**

어휘 電子(でんし) 전자 | 支払(しはら)う 지불하다 | 増(ふ)える 늘다

해석 최근에는 전자(머니)로 지불할 수 있는 곳이 늘고 있다.

해설 머니는 マネー이다. 1번은 북, 2번은 콜, 3번은 메일.

05 **정답 2**

어휘 新記録(しんきろく) 신기록 | 更新(こうしん) 경신 | 世界中(せかいじゅう) 전세계 | 注目(ちゅうもく) 주목

해석 이번 대회에서 그는 세계신기록을 경신하여 전세계의 주목을 (받았다).

해설 浴(あ)びる는 シャワーを浴びる 샤워하다, 朝日を浴びる 아침 햇살을 쬐다, 注目を浴びる 주목을 받다 등으로 쓰인다.

06 **정답 4**

어휘 展覧会(てんらんかい) 전람회 | 特色(とくしょく) 특색 | 楽(たの)しむ 즐기다

해석 이번 전람회는 작품별로 특색이 있어서 보면서 상당히 즐길 수 있었다.

해설 ~별로는 ごとに이다. 1번은 ~뿐, 2번은 ~투성이, 3번은 더욱이.

07 **정답 3**

어휘 濡(ぬ)れる 젖다 | 破(やぶ)れる 찢어지다 | 加工(かこう) 가공

해석 이 종이는 물에 젖어도 찢어지지 않도록 (특수) 가공이 되어 있다.

해설 특수는 特殊(とくしゅ)이다. 1번 독특한, 2번 특색 있는.

08 **정답 1**

해석 저 사람은 (덜렁대는) 사람으로 휴대 전화를 잘 잃어버린다고 한다.

해설 덜렁대다는 そそっかしい이다. 2번은 시끄럽다, 3번은 뻔뻔하다, 4번은 창피하다.

09 **정답 2**

해석 아무리 튼튼해도 이렇게 마구 일을 시킨다면 (태연하게) 있을 수 없다.

해설 아무렇지도 않게, 태연하게는 平気(へいき)이다. 1번은 성미가 급함 3번은 용기, 4번은 경기

10 **정답 2**

해석 야마다 씨의 집은 우리 집 (맞은편) 에 있다.

해설 맞은편은 向(む)かい이다. 1번은 거꾸로, 3번은 하행, 4번은 상행.

문맥규정 완벽대비 문제 ④ 회

문제 4 (　　　)에 들어갈 가장 알맞은 말을 1·2·3·4 가운데 하나 고르세요.

01 **정답 3**

어휘 貯蓄(ちょちく) 저축

해석 결혼을 (계기)로 저축을 시작했다.

해설 계기는 機(き)이다.

02 **정답 2**

어휘 口(くち)を出(だ)す 참견하다

해석 이제 성인인데도 어머니는 내가 하는 일에 (일일이) 참견을 한다.

해설 일일이는 いちいち이다. 1번은 더욱더, 3번은 잇달아, 4번은 각각.

03 **정답 3**

어휘 お子様(こさま)ランチ 어린이 세트 | 野菜(やさい) 야채

해석 어린이 세트는 어린이에게 야채를 먹게 하기 위한 다양한 (고안)을 하고 있다.

해설 고안, 궁리는 工夫(くふう)이다. 1번은 방식, 2번은 도전, 4번은 구조.

04 **정답 2**

어휘 遊園地(ゆうえんち) 유원지, 놀이동산 | 味(あじ)わう 맛보다

해석 유원지는 (마치) 꿈나라에 온 듯한 기분을 맛볼 수 있다.

해설 마치 ~와 같은은 まるで~かのような이다. 1번은 비록, 3번은 약, 4번은 즉.

05 **정답 1**

어휘 コンタクトレンズ 콘텍트렌즈 | タイプ 타입

해석 편리하기 때문에 콘텍트렌즈는 (일회용) 타입의 것을 사용하고 있습니다.

해설 일회용은 使(つか)い捨(す)て이다.

06 **정답 4**

어휘 読書(どくしょ)の会(かい) 독서회 | 開(ひら)く 열다

해석 젊은 여성들 사이에서 독서회를 여는 것이 (붐)을 일으키고 있는 것 같다.

해설 유행하다, 붐을 일으키다는 ブームになる이다. 1번은 패턴, 2번은 테마, 3번은 모던.

07 **정답 4**

어휘 留守番電話(るすばんでんわ) 자동응답전화 | 残(のこ)す 남기다

해석 스즈키 씨 집에 전화를 걸었지만 아무도 안받았기 때문에 자동응답전화에 (전할 말)을 남겼다.

해설 전할 말은 伝言(でんごん)이다. 1번은 전설, 2번은 전기, 3번은 전달.

08 **정답 4**

해석 요즘 조금 살이 찐 탓인지 바지가 (꽉 끼게) 되었다.

해설 꽉 끼다는 きつい이다. 1번은 느슨하게, 헐렁하게, 2번은 교활하게, 3번은 집요하게.

09 **정답 2**

해석 현장에서 도망 간 도둑의 (행방)은 아직 모른다.

해설 행방은 行方(ゆくえ)이다. 1번은 연극, 3번은 견해, 4번은 수배.

10 **정답 4**

해석 이 작품은 지금 시대를 (반영하고) 있다.

해설 반영은 反映(はんえい)이다. 1번은 반성, 2번은 반응, 3번은 반사.

문맥규정 완벽대비 문제 ⑤ 회

문제 4 (　　　)에 들어갈 가장 알맞은 말을 1·2·3·4 가운데 하나 고르세요.

01 **정답 4**

어휘 前(まえ)もって 미리 | 都合(つごう) 사정

해석 미리 선생님의 사정을 (여쭤)보는 편이 좋습니다.

해설 聞く(듣다, 묻다)의 겸양어는 うかがう(여쭈다)이다.

02 **정답 4**

어휘 生(い)き方(かた) 사는 법

해석 10명이 있으면 10(가지) 인생살이가 있다.

해설 ~가지는 ~通(とお)り이다.

03 **정답 1**

어휘 システム 시스템 | ここ 최근

해석 새로운 시스템이 최근 10년동안 꽤 (보급)되었다.

해설 보급은 普及(ふきゅう)이다. 2번은 보편, 3번은 보통, 4번은 평소.

04 **정답 2**

어휘 文楽(ぶんらく) 분라쿠, 일본의 인형극 | 代表(だいひょう)する 대표하다

해석 분라쿠란 일본을 대표하는 전통 (예능)의 하나이다.

해설 예능은 芸能(げいのう)이다. 1번은 가치, 3번은 현상, 4번은 연기.

05 **정답 1**

어휘 平日(へいじつ) 평일 | 週末(しゅうまつ) 주말

해석 평일에는 일 때문에 바쁘지만 주말에는 가족(서비스)를 하도록 하고 있다.

해설 서비스는 サービス이다. 2번은 스케줄, 3번은 플랜, 4번은 프로그램.

06 **정답 3**

해석 모처럼의 휴일이므로 아무것도 하지 않고 (느긋하게) 집에서 지내고 싶다.

해설 느긋하게는 のんびり이다. 1번은 듬뿍, 2번은 열정적으로, 3번은 새삼스럽게.

07 **정답 4**

어휘 続(つづ)く 계속되다 | 梅雨(つゆ) 장마 | やっと 겨우

해석 한 달 이상이나 계속된 장마가 겨우 (끝났다).

해설 장마가 끝나다는 明(あ)ける이다.

08 **정답 4**

해석 싸졌다고는 하지만 저에게 있어서 해외여행은 아직 (사치)입니다.

해설 사치는 ぜいたく이다. 1번은 품위 있는, 2번은 유쾌, 3번은 적당한.

09 **정답 2**

해석 이 표현은 (애매해서) 알기 어렵다.

해설 애매하다는 曖昧(あいまい)だ이다. 1번은 완만함, 평온함, 3번은 솔직함, 4번은 적당함.

10 **정답 3**

해석 수업 중에 (딸꾹질)이 나서 쉽게 멈추지 않았다.

해설 딸꾹질은 しゃっくり이다. 1번은 용돈, 2번은 흉내, 4번은 입안을 물로 가셔냄.

문맥규정 완벽대비 문제 ⑥ 회

문제 4 (　　　)에 들어갈 가장 알맞은 말을 1·2·3·4 가운데 하나 고르세요.

01 정답 1

해석 너무 피곤했기 때문에 아침까지 (푹) 잤다.

해설 푹은 ぐっすり이다. 2번은 한꺼번에 우르르, 3번은 훨씬 이전에, 4번은 살짝.

02 정답 3

어휘 自慢(じまん) 자랑

해석 나의 요리는 자랑할 만한 (수준)이 아닙니다.

해설 수준, 레벨은 レベル이다. 1번은 타입, 2번은 테마, 4번은 스타일.

03 정답 4

어휘 メール 메일 | 文章(ぶんしょう) 문장 | 伝(つた)える 전달하다

해석 메일로는 문장뿐만 아니라 (이모티콘)을 사용하여 기분을 전달할 수도 있다.

해설 이모티콘은 顔文字(かおもじ)이다.

04 정답 1

어휘 高級(こうきゅう) 고급 | 気軽(きがる)だ 편안하다 | 雰囲気(ふんいき) 분위기 | 人気(にんき)だ 인기가 많다

해석 저 레스토랑은 고급요리를 편안한 분위기에서 (맛볼 수 있는) 것으로 인기가 있다.

해설 맛보다는 味(あじ)わう이며, 맛볼 수 있다는 味(あじ)わえる이다. 2번은 느낄 수 있다, 3번은 조사할 수 있다, 3번은 간을 볼 수 있다.

05 정답 2

어휘 アイドル 아이돌 | コンサート 콘서트 | 飛(と)び上(あ)がる 뛰어오르다

해석 (동경하고 있는) 아이돌의 콘서트에 갈 수 있다니, 펄쩍 뛰어오를 정도로 기쁘다.

해설 동경은 あこがれ이다. 1번은 귀찮은, 3번은 불쌍한, 4번은 한창 때인.

06 정답 1

어휘 バイク 오토바이 | 際(さい) 때 | ヘルメット 헬멧 | 着用(ちゃくよう) 착용

해석 오토바이를 탈 때에는 헬멧 착용이 (의무화)되어 있다.

해설 의무화하다는 義務付(ぎむづ)ける이며, 의무화되다는 義務付けられる이다. 2번은 책무, 3번은 임무, 4번은 근무.

07 정답 2

어휘 資格(しかく) 자격 | 合格(ごうかく) 합격 | 励(はげ)む 힘쓰다

해석 자격 시험의 합격을 (목표로) 매일 공부에 힘쓰고 있다.

해설 목표로 하다는 目指(めざ)す이다. 1번은 조심하여, 3번은 신경 쓰여, 4번은 눈에 띄여.

08 정답 2

해석 그는 지금까지 경험한 (기묘한) 일을 토대로 소설을 썼다.

해설 기묘한은 奇妙(きみょう)な이다. 1번은 억지로 한, 3번은 변변치 못한, 4번은 수수한.

09 정답 3

어휘 近頃(ちかごろ) 최근

해석 최근에 일이나 인간관계가 힘들어서 (짜증나는) 일이 많다.

해설 짜증나다, 안절부절못하다는 いらいらする. 1번은 들뜬 모양, 2번은 절실히, 4번은 방긋방긋.

10 정답 4

어휘 流行(りゅうこう) 유행

해석 그녀는 항상 유행의 (첨단)을 가고 있다.

해설 첨단은 先端(せんたん)이다. 1번은 유학, 2번은 지름길, 3번은 거리.

문맥규정 완벽대비 문제 ⑦ 회

문제 4 (　　　)에 들어갈 가장 알맞은 말을 1·2·3·4 가운데 하나 고르세요.

01 정답 4

어휘 アニメ 애니메이션 | 小説化(しょうせつか) 소설화

해석 최근 인기 애니메이션을 소설화한 책이 재미있다고 (화제)가 되고 있다.

해설 화제는 話題(わだい)이다. 1번은 주제, 2번은 유명, 3번은 명물.

02 정답 1

어휘 男女(だんじょ) 남녀 | 意識(いしき) 의식 | 違(ちが)い 차이 | 結果(けっか) 결과 | 発表(はっぴょう) 발표

해석 남녀의 의식 차이에 대한 상당히 흥미(로운) 앙케트 결과가 발표되었다.

해설 흥미롭다는 興味深(きょうみぶか)い이다.

03 **정답 3**

어휘 お腹(なか)を壊(こわ)す 배탈이 나다 | 風邪(かぜ)を引(ひ)く 감기 걸리다 | 胃(い) 위

해석 배탈이 자주 나기 때문에 감기 걸렸을 때는 위에 (좋은) 약을 먹도록 하고 있다.

해설 ~에 부담이 없다, ~에 좋다는 ~にやさしい이다. 참고로 環境(かんきょう)にやさしい는 친환경적.

04 **정답 2**

해석 이 볼펜은 비싸다고 해도 (고작) 1000엔 정도하는 것이겠지.

해설 고작은 せいぜい이다. 1번은 꼭, 3번은 부지런히, 4번은 잔뜩, 굉장히.

05 **정답 2**

어휘 読(よ)み方(かた) 읽는 법

해석 읽는 법은 히라가나라 아닌 (로마)자로 써 주세요.

해설 로마자, 알파벳은 ローマ字(じ)이다. 1번은 컬러, 3번은 이미지, 4번은 유럽.

06 **정답 4**

어휘 泊(と)まる 묵다

해석 거기라면 가까우니까 묵지 않고 (당일치기)로도 갔다 올 수 있을 것 같구나.

해설 당일치기는 日帰(ひがえ)り이다. 1번은 해질 무렵, 2번은 별이 드는 것, 3번은 나날이.

07 **정답 1**

어휘 工事中(こうじちゅう) 공사중 | 水道(すいどう) 수도 | ひねる 비틀다

해석 공사 중인지 수도 (꼭지)를 틀어도 물이 나오지 않는다.

해설 수도 꼭지는 蛇口(じゃぐち)이다. 2번은 세면, 3번은 용기, 4번은 조정.

08 **정답 3**

해석 (다행하게도) 어머니 눈 수술은 잘 되었다.

해설 다행은 幸(さいわい)이다. 1번은 유쾌한, 2번은 비참한, 4번은 쓸데 없는.

09 **정답 1**

해석 이 약품을 사용할 때는 물로 (희석합니다).

해설 희석하다는 薄(うす)める이다. 2번은 옮기다, 3번은 잠수하다, 4번은 데치다.

10 **정답 2**

해석 집안은 (늘) 깨끗하게 해둡시다.

해설 항상은 常(つね)に이다. 1번은 결국, 3번은 금세, 4번은 훨씬 전에.

문맥규정 완벽대비 문제 ⑧ 회

문제 4 (   )에 들어갈 가장 알맞은 말을 1·2·3·4 가운데 하나 고르세요.

01 **정답 1**

어휘 ペット 애완동물 | 飼(か)う 기르다 | 個人(こじん) 개인 | 自由(じゆう) 자유 | 守(まも)る 지키다

해석 애완동물을 기르는 것은 개인의 자유지만 (매너)는 지켜줬으면 좋겠다.

해설 매너는 マナー이다. 2번은 멤버, 3번은 코스, 4번은 메뉴.

02 **정답 3**

어휘 汗(あせ)をかく 땀을 흘리다 | シャワーを浴(あ)びる 샤워하다

해석 땀을 많이 흘렸기 때문에 샤워를 해서 (상쾌해)졌다.

해설 상쾌한 것은 すっきり이다. 1번은 묵직하게, 2번은 제대로, 4번은 촉촉히.

03 **정답 4**

어휘 提出(ていしゅつ) 제출 | 来週(らいしゅう) 다음 주

해석 리포트 제출 (마감)은 다음 주다.

해설 마감은 しめきり이다. 1번은 마음껏, 3번은 철도 건널목.

04 **정답 3**

어휘 食事会(しょくじかい) 식사 모임

해석 오늘 식사 모임에 야마다씨 가 못 온다니 (아쉽다).

해설 아쉽다는 残念(ざんねん)だ이다. 1번은 유쾌하다, 2번은 훌륭하다, 4번은 소용없다.

05 **정답 2**

어휘 各(かく) 각 | グループ 그룹 | 代表(だいひょう) 대표 | 配(くば)る 나눠주다

해석 각 그룹 대표에게 1장(씩) 프린트를 나눠줬다.

해설 ~씩은 ~ずつ이다. 1번은 ~별, 3번은 또한, 4번은 ~때마다.

06 **정답 1**

어휘 担任(たんにん) 담임

해석 나는 초등학교 담임 선생님으로부터 영향을 (받았다).

해설 영향을 받다는 影響(えいきょう)を受(う)ける, 影響される 이다. 2번은 영향을 주다, 3번은 を가 필요 없으며, 4번은 영향을 끼치다.

07 **정답 3**

어휘 データ 데이터 | 一日中(いちにちじゅう) 하루 종일 | パソコン PC | 離(はな)れる 떠나다

해석 데이터를 (입력)하는 일을 하고 있기 때문에 하루 종일 PC 앞에서 떠날 수 없다.

해설 입력은 入力(にゅうりょく)이다. 1번은 도입, 2번은 입수, 4번은 기입.

08 **정답 2**

해석 살이 찌지 않도록 (칼로리) 가 낮은 음식을 먹도록 합시다.

해설 칼로리는 カロリー이다. 1번은 비타민, 3번은 밸런스, 4번은 에너지.

09 **정답 2**

해석 (대단한) 부상이 아니라서 다행입니다.

해설 대단한, 별 이렇다 할은 大(たい)した이다. 1번은 매우, 3번은 그다지, 4번은 우연히.

10 **정답 2**

해석 짐을 운반하기 위한 차를 (트럭)이라고 합니다.

해설 트럭은 トラック이다. 1번은 드라이브, 3번은 여행, 4번은 요트.

문맥규정 완벽대비 문제 ⑨ 회

문제 4 (　　　)에 들어갈 가장 알맞은 말을 1·2·3·4 가운데 하나 고르세요.

01 **정답 2**

어휘 兄弟(きょうだい)げんか 형제끼리 싸움

해석 어릴 적에 형제끼리 싸우면 어머니는 항상 여동생 (편)을 들었다.

해설 편을 들다는 味方(みかた)をする이다.

02 **정답 3**

어휘 スキー場(じょう) 스키장 | 通(かよ)う 다니다 | スノーボード 스노보드

해석 올해야말로 꼭 스키장에 다니면서 스노보드를 (마스터)하고 싶다.

해설 마스터하다는 マスターする이다. 1번은 코치, 2번은 스마트, 4번은 시즌.

03 **정답 4**

어휘 探(さが)す 찾다 | さっき 조금전 | あたり 주변 | 見回(みまわ)す 둘러보다

해석 그는 무엇을 찾고 있는지, 조금 전부터 주변을 (두리번두리번) 둘러보고 있다.

해설 두리번거리는 것은 きょろきょろ이다. 1번은 살짝, 2번은 꼼짝않고, 3번은 빙.

04 **정답 3**

어휘 地球(ちきゅう) 지구 | 防止(ぼうし) 방지

해석 지구 (온난화) 방지를 위해 매일 생활속에서 할 수 있는 일부터 시작해야 한다.

해설 온난화는 温暖化(おんだんか)이다. 1번은 열대화, 2번은 온대화, 4번은 온열화.

05 **정답 2**

해석 어릴 적에 백화점에서 어머니와 떨어져서 (미아)가 되어 버렸다.

해설 미아는 迷子(まいご)이다. 1번은 제자, 3번은 아마추어, 4번은 성인.

06 **정답 3**

어휘 退職(たいしょく) 퇴직 | 観葉植物(かんようしょくぶつ) 관엽식물 | 日課(にっか) 일과

해석 퇴직 후에 아버지는 관엽식물을 (손질)하는 것을 일과로 삼고 있다.

해설 손질은 手入(てい)れ이다. 1번은 모내기, 2번은 방법, 4번은 수속.

07 **정답 4**

어휘 結婚(けっこん) 결혼 | 悩(なや)む 고민하다

해석 친구의 결혼 (축하선물)로 무엇을 줄지 고민하고 있다.

해설 축하, 축하선물은 お祝(いわ)い이다. 1번은 축제, 2번은 병문안, 3번은 심부름.

08 **정답 2**

해석 출장에 데리고 갈 수 없어서 나는 친구에게 애완동물인 고양이를 (맡겼다).

해설 맡기다는 預(あず)ける이다. 1번은 호소하다, 고소하다, 3번은 쓰다듬다, 4번은 고용하다.

09 **정답 1**

해석 새 (무리) 가 북쪽 하늘로 날아갔다.

해설 무리는 群(む)れ이다. 2번은 편지, 3번은 행사, 4번은 기세.

10 **정답 1**

해석 저 가게는 서비스가 좋다고 (평판이 좋다).

해설 평판이 좋음은 評判(ひょうばん)だ이다. 2번은 순조로움, 3번은 밝음, 4번은 귀찮음.

문맥규정 완벽대비 문제 ⑩ 회

문제 4 (　　　)에 들어갈 가장 알맞은 말을 1·2·3·4 가운데 하나 고르세요.

01 정답 3

어휘 用事(ようじ) 일, 용무

해석 급한 일이 생겨서 오늘 예약을 (취소)했다.

해설 취소는 キャンセル이다. 1번은 스위치, 2번은 오버, 4번은 서비스.

02 정답 1

어휘 アイロンをかける 다림질하다

해석 그는 다림질을 하지 않기 때문에 항상 (구깃구깃)한 셔츠를 입고 있다.

해설 구깃구깃한 것은 よれよれ이다. 2번은 광택이 나는, 3번은 번쩍번쩍, 4번은 (머리카락이) 부스스한.

03 정답 3

어휘 微妙(びみょう)だ 미묘하다 | 差(さ) 차이 | 到着(とうちゃく)する 도착하다

해석 미묘한 차이기는 하지만 내가 그보다 (약간) 빨리 도착했다.

해설 약간은 やや이다. 1번은 정말로, 2번은 거의, 4번은 꽤.

04 정답 2

어휘 わかりにくい 알기 힘들다 | 看板(かんばん) 간판 | お越(こ)しください 오십시오

해석 이 가게는 알기 힘든 장소에 있습니다. 빨간 간판을 (표식)으로 삼아서 오십시오.

해설 표식, 목표로 삼아서는 目印(めじるし)に이다. 1번은 표식, 3번은 표시, 4번은 목표.

05 정답 4

어휘 思(おも)い出(で) 추억 | スピーチ 스피치 | コンテスト 콘테스트

해석 대학시절의 추억으로 영어 스피치 콘테스트에 (응모)했다.

해설 응모는 応募(おうぼ)이다. 1번은 응대, 2번은 응원, 3번은 응접.

06 정답 2

해석 모두가 무리라고 한다면 (어쩔 수 없으)니까 제가 하겠습니다.

해설 어쩔 수 없다는 しょうがない이다. 1번은 지장 없다, 3번은 당치도 않다, 4번은 하찮다.

07 정답 1

어휘 地球(きちゅう) 지구 | 以外(いがい) 이외 | 人類(じんるい) 인류 | 可能(かのう) 가능

해석 지구 이외의 장소에서 인류가 산다는 것은 (과연) 가능할까?

해설 과연은 はたして이다. 2번은 아무래도, 3번은 역시, 4번은 혹은.

08 정답 1

해석 상사의 명령에 (거역) 같은 건 나는 할 수 없다.

해설 거역하다는 さからう이다. 2번은 존경하다, 3번은 응석부리다, 4번은 속이다.

09 정답 3

해석 지금부터 가도 (어차피) 지각이니까 가지 않겠다.

해설 어차피는 どうせ이다. 1번은 좀처럼, 2번은 역시, 4번은 그야말로.

10 정답 2

해석 (꼭) 가고 싶으면 혼자서 가세요.

해설 아무래도, 꼭은 どうしても이다. 1번은 그 외, 3번은 즉, 4번은 이윽고.

유의표현 완벽대비 문제 ❶ 회

문제 5 ＿＿＿＿의 의미가 가장 가까운 말을 1·2·3·4 가운데 하나 고르세요.

01 정답 1

어휘 ぶつぶつ 투덜투덜

해석 그는 자주 일 때문에 투덜투덜거린다.

해설 2번 빈정거린다, 3번 같은 말을 한다, 4번 새로운 것을 말한다. 정답은 1번 불만(不満(ふまん))을 말하다.

02 정답 3

어휘 環境(かんきょう) 환경 | 徐々(じょじょ)に 서서히 | 慣(な)れる 익숙해지다

해석 새로운 환경에 서서히 익숙해졌다.

해설 1번 곧, 2번 아주 조금, 4번 더욱이. 정답은 3번 조금씩.

03 정답 2

어휘 案外(あんがい) 의외로 | 簡単(かんたん)に 쉽게

해석 의외로 쉽게 할 수 있었다.

해설 1번 생각했던대로, 3번 보기보다, 4번 들은 이야기와는 달리. 정답은 생각외로(思(おも)いのほか)이다.

01 **정답 1**

어휘 結果(けっか) 결과 | 失望(しつぼう)する 실망하다

해석 이번 시험 결과에 실망했다.

해설 2번 기뻐했다, 3번 괴로워했다, 4번 놀랐다. 정답은 1번 실망했다(がっかりした).

05 **정답 4**

어휘 ずうずうしい 뻔뻔하다

해석 저렇게 뻔뻔한 사람은 본 적이 없다.

해설 1번 멋진, 2번 시끄러운, 3번 꼴불견인. 정답은 4번 뻔뻔한(あつかましい).

06 **정답 1**

어휘 迷惑(めいわく)をかける 폐를 끼치다 | すまない 미안하다

해석 항상 폐만 끼치고 있어서 모두에게 정말로 미안하게 생각하고 있다.

해설 2번 부끄럽다, 3번 한심하다, 4번 고맙다. 정답은 1번 미안하다(もうしわけない).

07 **정답 2**

어휘 ひょっとして 혹시 | 覚(おぼ)える 기억하다

해석 혹시 그는 그날 일을 전혀 기억하지 못하는 게 아닌가?

해설 1번 지금은, 3번 역시, 4번 아무리 생각해도. 정답은 2번 혹시(もしかすると)

08 **정답 4**

어휘 ますます 더욱더

해석 바람이 더욱더 강해졌다.

해설 1번 아주 조금, 2번 또, 3번 약간. 정답은 4번 더욱더(さらに).

09 **정답 4**

어휘 新車(しんしゃ) 새 차 | スピード 스피드 | 日本一(にほんいち) 일본에서 제일

해석 이 새 차는 스피드에 있어서는 일본에서 제일입니다.

해설 1번 싼 것, 2번 크기, 3번 승차감. 정답은 4번 속도(速(はや)さ).

10 **정답 3**

어휘 チャンス 찬스, 기회 | めぐりあう 만나다 | 感謝(かんしゃ)する 감사하다

해석 좋은 찬스를 만난 것에 감사하고 있습니다.

해설 1번 상사, 2번 동료, 4번 계절. 정답은 3번 기회(機会(きかい)).

유의표현 완벽대비 문제 ❷ 회

문제 5 ______의 의미가 가장 가까운 말을 1·2·3·4 가운데 하나 고르세요.

01 **정답 4**

어휘 予約(よやく) 예약 | あるいは 혹은 | 電子(でんし)メール 전자메일 | 受(う)け付(つ)ける 접수하다

해석 예약은 전화 혹은 전자메일로 접수받고 있습니다.

해설 1번 ~가 아니라, 2번 그리고, 3번 ~뿐만 아니라. 정답은 또는(または).

02 **정답 4**

어휘 展示場(てんじじょう) 전시장 | 全作品(ぜんさくひん) 전 작품 | おのおの 각각 | 味(あじ) 맛

해석 이 전시장에 있는 모든 작품은 각각의 맛이 있다.

해설 1번 멋진, 2번 뭐라고 말할 수 없는, 3번 그 나름의. 정답은 각각의(それぞれの).

03 **정답 1**

어휘 会場(かいじょう) 회장 | ざっと 대략

해석 회장에는 대략 1만 명의 사람들이 모였다.

해설 2번 이미, 3번 총, 4번 놀랍게도. 정답은 1번 대략(およそ).

04 **정답 4**

어휘 突然(とつぜん) 갑자기 | 別(わか)れ 헤어지다 | 恋人(こいびと) 애인 | 連絡(れんらく) 연락

해석 갑자기 예전에 헤어진 애인으로부터 연락이 왔다.

해설 1번 오래간만에, 2번 새삼스럽게, 3번 가끔. 정답은 갑자기(いきなり).

05 **정답 2**

어휘 くどい 끈질기다 | 確認(かくにん)する 확인하다

해석 끈질긴 것 같지만, 다시 한번 확인할게요.

해설 1번 엄하다, 3번 자세하다, 4번 바쁘다. 정답은 2번 끈질기다(しつこい).

06 **정답 4**

어휘 気(き)に入(い)る 마음에 들다

해석 처음 만났을 때부터 그녀가 마음에 들었다.

해설 1번 싫었다, 2번 불쌍했다, 3번 믿음직스러웠다. 정답은 4번 좋았다(好きだった).

07 **정답 4**

어휘 サイズ 사이즈 | ぴったり 딱 맞다

해석 이 옷 사이즈는 내게 딱 맞다.

해설 1번 끼인다, 2번 작다, 3번 약간 크다. 정답은 딱 좋다(ちょうどよい).

08 **정답 1**

어휘 校長(こうちょう) 교장 | 退屈(たいくつ)だ 지루하다

해석 교장선생님의 이야기는 길고 지루했다.

해설 2번 즐거웠다, 3번 자세했다, 4번 예리했다. 정답은 1번 재미없었다(つまらなかった).

09 **정답 3**

어휘 ダイヤ 다이아, 시각표 | 確認(かくにん)する 확인하다

해석 여행 전에 시각표를 확인했다.

해설 1번 일정표, 2번 좌석표, 4번 예약표. 정답은 3번 시각표(時刻表(じこくひょう)).

10 **정답 4**

어휘 団体生活(だんたいせいかつ) 단체생활 | ルール 룰, 규칙 | 守(まも)る 지키다

해석 단체생활에서는 규칙을 지키는 것이 가장 중요하다.

해설 1번 순서, 2번 약속, 3번 시간. 정답은 4번 규칙(規則(きそく))

유의표현 완벽대비 문제 ❸ 회

문제 5 ＿＿＿＿의 의미가 가장 가까운 말을 1·2·3·4 가운데 하나 고르세요.

01 **정답 3**

어휘 一日中(いちにちじゅう) 온종일 | 立(た)ちっぱなし 계속 선 채로 있음 | くたくた 기진맥진함

해석 온종일 서 있어서 기진맥진하다.

해설 1번 다리가 아프다, 2번 앉고 싶다, 4번 졸리다. 정답은 피곤하다(疲(つか)れた).

02 **정답 4**

어휘 せいぜい 기껏해야

해석 오늘밤 회의에 출석할 수 있는 사람은 기껏해야 10명이겠지.

해설 1번 약, 2번 합해서, 3번 아마. 정답은 4번 많아도(多(おお)くても).

03 **정답 3**

어휘 ぼろぼろ 너덜너덜한, 낡은 | 帽子(ぼうし) 모자 | かぶる 쓰다

해석 그는 너덜너덜한 모자를 쓰고 있다.

해설 1번 부드러운, 2번 따뜻한, 4번 큰. 정답은 오래된(古(ふる)い).

04 **정답 1**

어휘 ゲーム 게임 | 間(あいだ) 사이 | もっとも 가장 | 人気(にんき) 인기

해석 이 게임은 초등학생들 사이에 가장 인기가 있다.

해설 2번 최근, 3번 아주, 4번 주욱. 정답은 1번 가장(一番(いちばん)).

05 **정답 4**

어휘 のろのろ 느릿느릿 | 進(すす)む 나아가다

해석 앞 차가 느릿느릿 나아갔다.

해설 1번 재빨리, 2번 가볍게, 3번 곧바로. 정답은 4번 천천히(ゆっくり).

06 **정답 3**

어휘 お隣(となり) 옆집 | ほがらか 밝음, 명랑함

해석 옆집 아주머니는 항상 밝습니다.

해설 1번 목소리가 크다, 2번 화를 잘 낸다, 4번 수다스럽다. 정답은 밝다(明(あか)るい).

07 **정답 4**

어휘 でたらめ 엉터리

해석 다카하시 씨가 한 말은 엉터리였다.

해설 1번 맞았다, 2번 믿을 수 없었다, 3번 무서웠다. 정답은 틀렸다(間違(まちが)っていた).

08 **정답 3**

어휘 徹夜(てつや) 철야

해석 어제는 오래간만에 철야를 했다.

해설 1번 무리했다, 2번 피곤했다, 4번 과음했다. 정답은 3번 자지 않았다(寝(ね)なかった).

09 **정답 1**

어휘 スピーチ 스피치 | ひきつける 끌어당기다

해석 저 사람의 스피치는 사람의 마음을 끌어당기는 것이 있다.

해설 2번 연주, 3번 연기, 4번 연출. 정답은 1번 연설(演説(えんぜつ)).

10 **정답 2**

어휘 マジック 매직, 마술 | 披露(ひろう)される 선보이다, 널리 알

려지다

해석 재미있는 매직이 선보였다.

해설 1번 춤, 3번 기술, 4번 작품. 정답은 2번 마술(手品(てじな)).

유의표현 완벽대비 문제 ❹ 회

문제 5 ________의 의미가 가장 가까운 말을 1·2·3·4 가운데 하나 고르세요.

01 정답 4

어휘 ～に目(め)がない ～을 너무 좋아하다, ～라면 사족을 못 쓴다

해석 나는 케이크를 너무 좋아한다.

해설 1번 싫어하다, 2번 잘 만들다, 3번 먹을 수 없다. 정답은 4번 아주 좋아하다(大好(だいす)きだ).

02 정답 1

어휘 表情(ひょうじょう) 표정 | どうやら 아무래도 | 腹(はら)を立(た)てる 화가 나다

해석 나카무라 군의 표정을 보면 아무래도 화가 난 것 같다.

해설 2번 기뻐하다, 3번 기분이 좋다, 4번 배가 고프다. 정답은 1번 화가 나다.

03 정답 3

어휘 あいまいだ 애매하다 | 返事(へんじ) 답변

해석 그런 애매한 답변은 안돼.

해설 1번 건방진, 2번 무책임한, 4번 질린. 정답은 확실하지 않은(はっきりしない).

04 정답 4

어휘 当然(とうぜん) 당연

해석 그것은 당연한 일이다.

해설 1번 있을 수 없는, 2번 명백한, 3번 애매한. 정답은 4번 당연한(あたりまえの).

05 정답 1

어휘 商品(しょうひん) 상품 | 手(て)ごろだ 싸다 | 価格(かかく) 가격 | 購入(こうにゅう)する 구입하다

해석 이 상품을 지금이라면 저렴한 가격으로 구입할 수 있습니다.

해설 2번 쉽게, 3번 무료로, 4번 반값으로. 정답은 싸게(安(やす)く).

06 정답 1

어휘 単(たん)なる 단순한 | うわさ 소문

해석 그것은 단순한 소문입니다.

해설 2번 있을 수 없는, 3번 이상한, 4번 재미있는. 정답은 단순한(ただの).

07 정답 2

어휘 手術(しゅじゅつ) 수술 | やむを得(え)ない 어쩔 수 없다

해석 이렇게 된 이상, 수술은 어쩔 수 없다.

해설 1번 할 수 없다, 3번 효과가 없다, 4번 용서할 수 없다. 정답은 피할 수 없다(さけられない).

08 정답 4

어휘 電子辞書(でんしじしょ) 전자사전 | 役(やく)に立(た)つ 도움이 되다 | おまけに 게다가

해석 이 전자사전은 도움이 되고 게다가 싸다.

해설 1번 상당히, 2번 꽤, 3번 무엇보다. 정답은 게다가(その上(うえ)).

09 정답 3

어휘 運転(うんてん) 운전 | カーブ 커브, 굽은 길 | 特(とく)に 특히 | 注意(ちゅうい) 주의

해석 운전할 때 커브에서는 특히 주의가 필요하다.

해설 1번 횡단보도, 2번 교차로, 4번 오르막길. 정답은 3번 굽은 길(曲(ま)がり道(みち)).

10 정답 4

어휘 ヨーロッパ 유럽 | ツアー 투어

해석 3주간의 유럽투어에 가기로 했다.

해설 1번 해외여행, 2번 자유여행, 3번 개인여행. 정답은 4번 단체여행(団体旅行(だんたいりょこう)).

유의표현 완벽대비 문제 ❺ 회

문제 5 ________의 의미가 가장 가까운 말을 1·2·3·4 가운데 하나 고르세요.

01 정답 2

어휘 オンライン 온라인 | 夢中(むちゅう)になる 푹 빠지다

해석 야마시타 군은 온라인게임에 푹 빠져있다.

해설 1번 관심이 있다, 3번 재능이 있다, 4번 질렸다. 정답은 푹 빠져있다(はまっている).

02 정답 4

어휘 あいにく 안타깝게도, 공교롭게도 | 留守(るす) 부재중

해석 기무라 씨를 찾아갔지만 안타깝게도 부재중이었다.

해설 1번 예상대로, 2번 마침, 3번 가끔씩. 정답은 안타깝게도(残念(ざんねん)ながら).

03 **정답 1**

어휘 教育費(きょういくひ) 교육비 | 目安(めやす) 기준

해석 교육비의 기준을 세우다.

해설 2번 계획, 3번 금액, 4번 예산. 정답은 기준(基準(きじゅん)).

04 **정답 4**

어휘 さっさと 빨리

해석 이 일을 빨리 끝내 주십시오.

해설 1번 주의 깊게, 2번 시간 내에, 3번 모두. 정답은 빨리(はやく).

05 **정답 2**

어휘 ふたたび 다시 | 訪(たず)ねる 방문하다

해석 내년 여름에 다시 방문하고 싶다.

해설 1번 반드시, 3번 둘이서, 4번 몰래. 정답은 2번 또(また).

06 **정답 3**

어휘 飲酒運転(いんしゅうんてん) 음주운전 | 危険(きけん)だ 위험하다

해석 음주운전은 위험하다.

해설 1번 당치도 않다, 2번 위법이다, 4번 무섭다. 정답은 3번 위험하다(あぶない).

07 **정답 1**

어휘 コンサート 콘서트 | チケット 티켓 | 残(のこ)り 나머지 | わずか 조금

해석 콘서트 티켓은 얼마 남지 않았다.

해설 2번 반, 3번 없음, 4번 너무 많이 남았다. 정답은 조금(少(すこ)し).

08 **정답 4**

어휘 幾分(いくぶん) 다소, 얼마간 | 傾向(けいこう) 경향

해석 다소 그런 경향이 있다.

해설 1번 항상, 2번 꽤, 3번 왠지. 정답은 약간(やや).

09 **정답 4**

어휘 同窓会(どうそうかい) 동창회 | 社員旅行(しゃいんりょこう) 사원여행 | ダブる 겹치다

해석 동창회와 사원여행이 겹쳐져 버렸다.

해설 1번 바뀌어, 2번 중지가 되어, 3번 변경이 되어. 정답은 겹쳐져서(重(かさ)なって).

10 **정답 2**

어휘 英会話(えいかいわ) 영어회화 | レベル 레벨, 수준

해석 영어회화 교실에서는 자신의 레벨에 맞는 수업을 받을 수 있다.

해설 1번 기호, 3번 학년, 4번 연령. 정답은 2번 수준(水準(すいじゅん)).

용법 완벽대비 문제 ❶ 회

문제 6 다음 단어의 사용법으로 가장 알맞은 말을 1·2·3·4 가운데 하나 고르세요.

01 **정답 3**

어휘 新人(しんじん) 신인 | 作家(さっか) 작가 | 表現力(ひょうげんりょく) 표현력

해석 저 신인 작가의 표현력에는 감탄했다.

해설 感心(かんしん)은 감탄. 1번은 관심 関心(かんしん), 2번은 환심 歓心(かんしん), 4번은 느꼈다 感(かん)じた로 바꾸면 된다.

02 **정답 1**

어휘 実力(じつりょく) 실력

해석 그 정도의 실력으로는 세계에서 통용되지 않는다.

해설 通用(つうよう)는 통용. 2번은 통하다 通(つう)じる, 3번은 사용 使用(しよう), 4번은 도전 挑戦(ちょうせん)으로 바꾸면 된다.

03 **정답 4**

해석 더우니까 부디 몸조심하십시오.

해설 くれぐれも는 부디. 1번은 이것저것 あれこれ, 2번은 빙글빙글 くるくる, 3번은 점점 だんだん으로 바꾸면 된다.

04 **정답 3**

어휘 飲(の)みすぎ 과음

해석 과음은 내일 업무에 지장을 준다.

해설 さしつかえ는 지장, 문제. 1번은 문제삼다 問題(もんだい)にする, 2번은 곤란하다 困(こま)る, 4번도 문제 問題로 바꾸면 된다.

05 **정답 1**

어휘 部下(ぶか) 부하

해석 저 과장은 부하에게 으스대기만 해서 모두들 싫어한다.

해설 いばる는 으스대다, 뽐내다. 2번은 묶다 しばる, 3번은 축하해 주지 않다 祝ってくれない, 4번은 소중히 돌보다 いたわる로 바꾸면 된다.

용법 완벽대비 문제 ❷ 회

문제 6 다음 단어의 사용법으로 가장 알맞은 말을 1·2·3·4 가운데 하나 고르세요.

01 정답 3

어휘 きちんと 정확한, 규칙에 맞는 | 礼儀作法(れいぎさほう) 예의범절 | 身(み)につける 몸에 익히다

해석 제대로 된 예의범절을 몸에 익히지 않으면 안 된다.

해설 作法(さほう)는 예절, 법식. 1번은 만드는 법 作(つく)り方(かた), 2번은 방법 方法(ほうほう), 4번도 방법 方法로 바꾸면 된다.

02 정답 2

어휘 育(そだ)てる 키우다 | 出荷(しゅっか)する 출하하다

해석 고생해서 키운 야채를 슈퍼에 출하했다.

해설 苦労(くろう)는 고생. 1번은 쓰다 苦(にが)い, 3번은 고민하다 悩(なや)む, 4번은 힘들다 苦(くる)しい로 바꾸면 된다.

03 정답 2

해석 서류에 불필요한 것은 쓰지 마세요.

해설 余計(よけい)는 불필요한, 쓸데 없음. 1번은 여유 余裕(よゆう), 3번은 여분 余分(よぶん), 4번은 더 もっと로 바꾸면 된다.

04 정답 4

어휘 心当(こころあ)たり 짐작 가는 데

해석 짐작 가는 데가 있으신 분은 급히 연락해 주십시오.

해설 至急(しきゅう)는 급히. 1번은 지급 支給(しきゅう), 2번은 일찍 早(はや)く, 3번은 바로 すぐ로 바꾸면 된다.

05 정답 1

어휘 仲(なか) 사이 | 自慢(じまん) 자랑거리

해석 남들이 부러워하는 그런 사이가 좋은 두 사람이었다.

해설 うらやむ는 부러워하다. 2번은 부럽다 うらやましい, 3번은 원망하다 恨(うら)む, 4번은 공경하다 敬(うやま)う로 바꾸면 된다.

용법 완벽대비 문제 ❸ 회

문제 6 다음 단어의 사용법으로 가장 알맞은 말을 1·2·3·4 가운데 하나 고르세요.

01 정답 2

어휘 進(すす)める 진행시키다

해석 내년에 유학 가기 위한 준비를 착착 해나가고 있다.

해설 着々(ちゃくちゃく)とは 착착, 척척 일이 잘 되어 가는 모양을 말한다. 1번은 점점 살이 찐다 だんだん太(ふと)っていく, 3번은 제대로 ちゃんと, 4번은 활기차게 いきいきと로 바꾸면 된다.

02 정답 2

어휘 新入社員(しんにゅうしゃいん) 신입사원 | 注意(ちゅうい)する 주의를 주다 | 全(まった)く 전혀

해석 신입사원에게 여러 번 주의를 줬지만 전혀 듣지 않는 모양이다.

해설 再三(さいさん)은 여러 번. 1번은 두 번 다시 二度(にど)と, 3번은 가장 一番(いちばん), 4번은 재회 再会(さいかい)로 바꾸면 된다.

03 정답 4

어휘 お弁当(べんとう) 도시락 | 手間(てま)がかかる 손이 많이 간다

해석 도시락 싸기는 꽤 손이 많이 간다.

해설 手間(てま)는 수고. 1번은 손 手(て), 2번은 수고했습니다 お疲(つか)れ様(さま)でした, 3번은 손질 手入(てい)れ로 바꾸면 된다.

04 정답 3

어휘 じゃがいも 감자 | ポテトサラダ 감자 샐러드

해석 감자를 으깨서 감자샐러드를 만듭니다.

해설 つぶす는 부수다, 으깨다. 1번은 時間(じかん)をむだにした 시간을 낭비했다, 2번은 私の心(こころ)は傷(きず)ついた 마음은 상처받았다, 4번은 깨뜨리다 こわす로 바꾸면 된다.

05 정답 4

어휘 探(さが)す 찾다

해석 여름방학 때만 임시로 하는 일을 찾고 있다.

해설 臨時(りんじ)는 임시. 1번은 성과 成果(せいか), 2번은 그 나름대로의 それなりの, 3번은 한 아이의 一児(いちじ)로 바꾸면 된다.

용법 완벽대비 문제 ❹ 회

문제 6 다음 단어의 사용법으로 가장 알맞은 말을 1·2·3·4 가운데 하나 고르세요.

01 정답 2

어휘 男女(だんじょ) 남녀 | 心境(しんきょう) 심경 | 変化(へんか) 변화 | 描(えが)く 그리다

해석 이 책은 남녀의 미묘한 심경 변화가 잘 그려져 있다.

해설 微妙(びみょう)는 미묘. 1번은 깊이 深(ふか)く, 3번은 제대로 まともに, 4번은 지진 발생시에는 地震発生時(じしんはっせいじ)は로 바꾸면 된다.

02 **정답 4**

어휘 太(ふと)る 살찌다

해석 살이 쪘는지 스커트가 꽉 끼여서 들어가지 않는다.

해설 きつい는 기질이 강하다, 심하다, 꽉 끼다. 1번은 天才와 きつい가 동급이 아니며, 2번은 친절한 親切(しんせつ)な, 3번은 좁다 狭(せま)い로 바꾸면 된다.

03 **정답 1**

어휘 きっかけ 계기 | 大(おお)げんか 큰 싸움

해석 그저 사소한 일이 계기가 되어 크게 싸웠다.

해설 ほんの는 그저, 고작. 2번은 매우 とても, 3번 웬만한 일 よほどのこと, 4번은 묘한 妙(みょう)な로 바꾸면 된다.

04 **정답 3**

해석 프랑스는 요리가 맛있다는 이미지가 있다.

해설 イメージ는 이미지. 1번은 아이디어 アイデア, 2번은 에너지 エネルギー, 4번은 이야기 話(はなし)로 바꾸면 된다.

05 **정답 2**

어휘 土(つち) 땅 | 知識(ちしき) 지식 | 増(ふ)やす 늘이다

해석 땅이 물을 흡수하듯이 지식을 늘여갔다.

해설 吸収(きゅうしゅう)는 흡수. 1번 그대로 믿는 것은 そのまま信(しん)じるのは, 3번은 모집 募集(ぼしゅう), 4번은 영향 影響(えいきょう)로 바꾸면 된다.

용법 완벽대비 문제 ⑤ 회

문제 6 다음 단어의 사용법으로 가장 알맞은 말을 1·2·3·4 가운데 하나 고르세요.

01 **정답 3**

어휘 日焼(ひや)け 햇볕에 탐 | 外出(がいしゅつ) 외출 | 帽子(ぼうし) 모자 | かぶる 쓰다

해석 햇볕에 타는 것을 막기 위하여 외출 할 때는 항상 모자를 쓴다.

해설 防(ふせ)ぐ는 막다, 방지하다. 1번은 기분이 우울하여 気分(きぶん)が塞(ふさ)いで, 2번은 끝나버렸다 終(お)わってしまった, 4번은 더러워지지 않도록 汚(よご)れないように로 바꾸면 된다.

02 **정답 4**

어휘 期待(きたい) 기대 | 異(こと)なる 다르다 | 結果(けっか) 결과

해석 기대와는 전혀 다른 아이러니한 결과가 되어 버렸다.

해설 皮肉(ひにく)는 비꼼, 짓궂음. 1번은 오락 娯楽(ごらく), 2번은 활약 活躍(かつやく), 3번은 서론 前置(まえお)き로 바꾸면 된다.

03 **정답 1**

어휘 結末(けつまつ) 결말 | 気(き)になる 궁금하다 | 読(よ)みきる 다 읽다

해석 결말이 궁금해서 단숨에 다 읽었다.

해설 一気(いっき)는 단번에, 단숨에. 2번은 반드시 きっと, 3번은 꼭 かならず, 4번은 자주 よく로 바꾸면 된다.

04 **정답 3**

어휘 旅行先(りょこうさき) 여행지 | 到着(とうちゃく)する 도착하다 | 心配(しんぱい) 걱정

해석 딸이 여행지에 무사히 도착했는지 걱정이다.

해설 無事(ぶじ)는 무사. 1번은 느긋한 おだやかな 또는 のんびりした, 2번은 소중하게 大事(だいじ)に 또는 大切(たいせつ)に, 4번은 특별한 特別(とくべつ)な으로 바꾸면 된다.

05 **정답 4**

어휘 休日(きゅうじつ) 휴일

해석 휴일인데 착각하고서 학교에 갔다.

해설 勘違(かんちが)い는 착각. 1번은 주의 注意(ちゅうい), 2번은 바뀌어서 変(か)わっていて, 3번은 불만 不満(ふまん)으로 바꾸면 된다.

쪽지시험 정답

P 119	01 ⓐ から	02 ⓐ かず	03 ⓑ 鍵
P 121	01 ⓑ すがた	02 ⓑ 波	03 ⓑ 種
P 123	01 ⓐ つぶ	02 ⓐ 穴	03 ⓐ 泥
P 124	01 ⓐ 輪	02 ⓑ 谷	
P 125	01 ⓐ 誤り	02 ⓐ あかり	03 ⓑ 踊り
P 127	01 ⓑ 足元	02 ⓐ 革靴	03 ⓑ 背中
P 128	01 ⓑ 割合	02 ⓐ 割引	03 ⓑ くちぐせ
P 129	01 ⓐ 指図	02 ⓐ 道順	03 ⓑ 献立
P 131	01 ⓑ おしゃべり	02 ⓑ うわさ	03 ⓐ きっかけ
P 133	01 ⓑ 差し支え	02 ⓑ 生け花	

P 135 01 ⓑ 締め切り 02 ⓑ 日の出 03 ⓐ 見出し
P 137 01 ⓐ 緯度 02 ⓐ 引退
P 139 01 ⓐ 育児 02 ⓑ 営業
P 141 01 ⓑ 改造 02 ⓑ 覚悟 03 ⓑ 感謝
P 143 01 ⓑ 外見 02 ⓑ 回復 03 ⓑ 飢饉
P 145 01 ⓑ 活気 02 ⓐ 感覚
P 147 01 ⓑ 気候 02 ⓐ 記入
P 149 01 ⓑ 共通 02 ⓑ 苦情 03 ⓐ 苦労
P 151 01 ⓐ 過剰 02 ⓑ 感想
03 ⓐ 貢献 04 ⓑ 克服
P 153 01 ⓑ 催促 02 ⓑ 雑談
P 155 01 ⓐ 作法 02 ⓐ 差別
P 157 01 ⓑ 至急 02 ⓑ 実施
P 159 01 ⓐ 取材 02 ⓐ 出世
P 161 01 ⓑ 寿命 02 ⓑ 正直
P 163 01 ⓐ 常識 02 ⓐ 相互
P 165 01 ⓐ 創作 02 ⓑ 続出
P 167 01 ⓐ 大体 02 ⓐ 代表
P 169 01 ⓑ 妥当 02 ⓑ 調節
P 171 01 ⓐ 通行 02 ⓐ 徹夜
P 173 01 ⓐ 伝統 02 ⓑ 動機 03 ⓑ 逃亡
P 175 01 ⓑ 納得 02 ⓑ 日中 03 ⓐ 年長
P 177 01 ⓐ 配達 02 ⓑ 拍手 03 ⓑ 発揮
P 179 01 ⓑ 評判 02 ⓑ 不安 03 ⓐ 比較
P 181 01 ⓐ 防災 02 ⓑ 方針
P 183 01 ⓑ 枚数 02 ⓐ 無断 03 ⓐ 面接
P 184 01 ⓐ 有効 02 ⓐ 要求 03 ⓑ 余計
P 185 01 ⓑ 利益 02 ⓐ 流行 03 ⓑ 礼儀
P 187 01 ⓐ 喫茶店 02 ⓑ 報告書
P 189 01 ⓐ 横断歩道 02 ⓑ 四捨五入
P 191 01 ⓐ くわしく 02 ⓐ しつこい 03 ⓑ みっともない
P 192 01 ⓑ 深刻な 02 ⓐ しんちょう 03 ⓐ 微妙
P 193 01 ⓐ 夢中 02 ⓑ 冷静な 03 ⓐ わがままな
P 195 01 ⓐ あきる 02 ⓑ あこがれる 03 ⓑ あふれ
P 197 01 ⓑ かたむく 02 ⓑ かなった 03 ⓑ いだいて
P 199 01 ⓑ さめた 02 ⓑ そなえて 03 ⓐ おさめる
P 201 01 ⓐ 尽きない 02 ⓑ ためす
P 203 01 ⓐ きいて 02 ⓑ あじわう
P 205 01 ⓑ たいた 02 ⓑ ゆずって
P 207 01 ⓐ 飛び回って 02 ⓑ ふりむく 03 ⓑ 取り組んで
P 209 01 ⓐ 案外 02 ⓐ いきなり 03 ⓑ がっかり
P 211 01 ⓐ すべて 02 ⓑ とっくに 03 ⓑ たまたま
P 213 01 ⓐ あるいは 02 ⓐ ただし 03 ⓑ さて
P 215 01 ⓑ 総 02 ⓐ しかたがない
P 217 01 ⓐ 副 02 ⓑ 名 03 ⓐ 化
P 219 01 ⓐ 比較的 02 ⓑ 力 03 ⓑ 街
P 220 01 ⓐ 気味 02 ⓑ だらけ
P 221 01 ⓑ アイデア 02 ⓑ エネルギー 03 ⓑ スケジュール
P 223 01 ⓑ トレーニング 02 ⓑ バケツ
03 ⓐ レジャー
P 225 01 ⓑ レベル 02 ⓑ お構いなく 03 ⓐ お気の毒に

쪽지시험 총정리 정답

P227

01 ⓑ 疲れ 02 ⓑ 強み 03 ⓐ 手間
04 ⓐ 味方 05 ⓑ ふもと 06 ⓑ まね
07 ⓐ すき 08 ⓐ 感心 09 ⓐ 秘密
10 ⓐ 範囲 11 ⓑ 平和 12 ⓐ 消防署
13 ⓑ あつかましい 14 ⓐ くどい 15 ⓑ 話しかけて
16 ⓐ 大げさ 17 ⓑ 真剣に 18 ⓑ そっくり
19 ⓐ 率直に 20 ⓑ 退屈な 21 ⓑ ほがらか
22 ⓐ うたがっている 23 ⓐ 謙遜する
24 ⓐ 支配している 25 ⓐ 打ち消した 26 ⓐ 思いつく
27 ⓐ さかのぼる

P228

01 ⓑ いわば 02 ⓐ 再三 03 ⓑ 実は
04 ⓐ せめて 05 ⓐ たびたび 06 ⓐ まあまあ
07 ⓑ わずか 08 ⓐ そういえば 09 ⓐ 現
10 ⓑ 高 11 ⓑ 再利用 12 ⓐ 準
13 ⓑ 諸 14 ⓑ 不 15 ⓑ 界
16 ⓐ 消極的 17 ⓐ 進学率 18 ⓐ 個人的
19 ⓑ エンジン 20 ⓑ コミュニケーション
21 ⓐ スタート 22 ⓐ スピード 23 ⓑ チーム
24 ⓐ チャンス 25 ⓐ テンポ 26 ⓑ カバーする
27 ⓑ ノック 28 ⓑ ベテラン

셋째마당 | 문법편

문법형식 판단 완벽대비 문제 ❶ 회

문제 7 다음 문장의 (　　)에 들어갈 가장 알맞은 말을 1·2·3·4 가운데 하나 고르세요.

01 **정답 4**

어휘 環境(かんきょう) 환경 | 地球(ちきゅう) 지구 | レベル 레벨, 차원

해석 환경문제에 대해서 좀 더 지구 차원에서 생각해 나가지 않으면 안 된다.

해설 ~에 대해서는 ~について.

02 **정답 4**

어휘 たばこ 담배 | 健康(けんこう) 건강

해석 담배는 건강에 나쁘다고 알면서도 좀처럼 끊을 수 없다.

해설 ~하면서는 ~つつも.

03 **정답 2**

어휘 連絡(れんらく) 연락

해석 그녀는 작년에 유학으로 미국에 간 채로 아무런 연락도 없다.

해설 ~한 채로는 ~きり.

04 **정답 1**

어휘 いくつ 몇 살 | チャレンジ 챌린지, 도전 | 精神(せいしん) 정신 | うしなう 잃다

해석 몇 살이 되더라도 도전정신을 잃어버리는 일 없이 계속 지녔으면 한다.

해설 ~하는 일 없이는 ~ことなく

05 **정답 3**

어휘 クーラー 에어컨 | きく 잘 작동되다 | ずっと 줄곧

해석 덥다고 해서 에어컨이 켜진 방에 계속 있는 것은 좋지 않다.

해설 ~라고 해서는 ~からといって.

06 **정답 2**

어휘 一生懸命(いっしょうけんめい) 열심히 | 練習(れんしゅう)する 연습하다 | 失敗(しっぱい)する 실패하다

해석 지금까지 열심히 연습해 왔으므로 실패할 리가 없다.

해설 ~할 리가 없다는 ~はずがない

07 **정답 1**

어휘 やっと 드디어,겨우 | 締(し)め切(き)り 마감 | しばらく 한동안

해석 드디어 시험이 끝났다고 생각했는데, 이번에는 리포트 마감이다.

해설 ~했더니, ~했는데는 ~たら.

08 **정답 4**

어휘 たまご 달걀 | 工夫(くふう) 고안, 아이디어

해석 달걀은 아이디어에 따라 여러가지 방법으로 먹을 수가 있습니다.

해설 ~에 따라는 ~次第(しだい)で.

09 **정답 1**

어휘 いくら 아무리 | 両立(りょうりつ) 양립 | つらい 힘들다 | 弱音(よわね)を吐(は)く 나약한 소리를 하다

해석 아무리 공부와 일의 양립이 힘들더라도 여기서 나약한 소리를 할 수는 없다.

해설 ~할 수는 없다는 ~わけにはいかない.

10 **정답 3**

어휘 発表(はっぴょう) 발표 | 緊張(きんちょう)する 긴장하다 | 機会(きかい) 기회 | 気(き)にする 신경쓰다

해석 A : 또 오늘 발표를 긴장해서 잘 못했어.
B : 기회는 또 있으니까 그렇게 신경쓸 것 없어.

해설 ~할 것은 없다는 ~ことない.

문법형식 판단 완벽대비 문제 ❷ 회

문제 7 다음 문장의 (　　)에 들어갈 가장 알맞은 말을 1·2·3·4 가운데 하나 고르세요.

01 **정답 4**

어휘 あきらめる 포기하다

해석 여러 모로 생각한 끝에 그와의 결혼은 포기하기로 했다.

해설 ~한 끝에는 ~たあげく.

02 **정답 3**

어휘 出張(しゅっちょう) 출장

해석 출장으로 도쿄까지 간 김에 도쿄에 사는 친구를 만나고 왔다.

해설 ~한 김에는 ~たついでに.

03 **정답 1**

어휘 給料(きゅうりょう) 급료, 월급 | 物価(ぶっか) 물가

해석 월급은 그대로인데 물가는 오르기만 한다.

해설 ~하기만 한다, ~할 뿐이다는 ~一方(いっぽう)だ.

04 정답 4

어휘 海外(かいがい) 해외 | 連絡(れんらく)を取(と)り合(あ)う 연락을 주고 받다

해석 인터넷을 통해 해외 친구와 연락을 주고 받고 있다.

해설 ~을 통해서는 ~を通(とお)して.

05 정답 2

어휘 親身(しんみ)になって 육친같이 친절하게 | 相談(そうだん)に乗(の)る 상담을 하다 | 受験(じゅけん) 수험

해석 선생님이 아주 친절하게 상담해 주신 덕분에 수험할 대학을 결정할 수 있었습니다.

해설 ~덕분에는 ~おかげで.

06 정답 1

어휘 びしょびしょになる 흠뻑 젖다 | 川遊(かわあそ)び 강물놀이 | 夢中(むちゅう)だ 푹 빠져 있다, 정신없다

해석 아이들은 옷이 흠뻑 젖는 것도 아랑곳하지 않고 강물놀이에 정신이 없다.

해설 ~하는 것도 아랑곳하지 않고는 ~のもかまわず.

07 정답 4

어휘 登山(とざん) 등산 | 早(はや)め 약간 일찍

해석 다음 주 등산에 가든 안가든 간에 연락은 미리 해 주세요.

해설 ~하든 안하든 간에는 ~にしろ~ないにしろ.

08 정답 3

어휘 家賃(やちん) 집세 | 日当(ひあ)たりがいい 햇볕이 잘 든다 | 気(き)に入(い)る 마음에 들다

해석 지금 살고 있는 집은 집세는 제쳐두고, 깨끗하고 햇볕이 잘 들어서 마음에 든다.

해설 ~은 제쳐두고는 ~はともかく.

09 정답 1

어휘 半年(はんねん) 반년 | 経(た)つ 지나다 | 漢字(かんじ) 한자

해석 그녀는 일본에 온 지 벌써 반 년 이상 지났는데 한자는커녕 히라가나도 아직 못 읽는다.

해설 ~은커녕은 ~どころか.

10 정답 1

해석 A : 피아노를 배우기 시작한 지 아직 반 년밖에 지나지 않아서…….
B : 그래? 그런 것 치고는 잘 친다.

해설 ~치고는은 ~わりには.

문법형식 판단 완벽대비 문제 ❸ 회

문제 7 다음 문장의 (　　)에 들어갈 가장 알맞은 말을 1·2·3·4 가운데 하나 고르세요.

01 정답 3

어휘 梅雨(つゆ) 장마 | 外出(がいしゅつ)する 외출하다 | こもる 틀어박히다

해석 비가 계속 오는 장마철에는 외출하지 않고 집에만 틀어박혀 있게 된다.

해설 ~하는 경향이 있다는 ~がちだ.

02 정답 4

해석 다나카 씨라면, 요전 파티에서 만난 다나카 씨 말입니까?

해설 ~라고 하면, ~라면은 ~というと.

03 정답 1

어휘 映画祭(えいがさい) 영화제 | ジャンル 장르 | 上映(じょうえい) 상영 | 予定(よてい) 예정

해석 이 영화제에서는 장르를 불문하고 다양한 영화가 상영될 예정입니다.

해설 ~을 불문하고는 ~を問(と)わず.

04 정답 2

어휘 筆記(ひっき) 필기 | 合格(ごうかく)する 합격하다 | 面接(めんせつ) 면접 | 残(のこ)る 남다

해석 필기시험에 합격했다고는 해도 아직 면접시험이 남아 있습니다.

해설 ~라고 해도는 ~といっても.

05 정답 3

어휘 気(き)がする 기분이 든다

해석 오늘은 날씨가 안 좋은 탓인지 평소보다 사람이 적은 기분이 든다.

해설 ~탓인지는 ~せいか.

06 정답 3

어휘 ドラマ 드라마 | 最終回(さいしゅうかい) 마지막회 | 感動的(かんどうてき) 감동적 | 涙無(なみだな)しで 눈물 없이

해석 이 드라마 마지막회가 너무나 감동적이어서 눈물 없이는 볼 수 없었다.

해설 너무나는 あまりにも.

07 정답 1

어휘 産(う)む 낳다 | ありがたさ 고마움 | 実感(じっかん)する 실감하다

해석 내가 자식을 낳고나서 비로소 부모님의 고마움을 실감했다.

해설 ~하고 나서 비로소는 ~てはじめて.

08 **정답 4**

어휘 新入社員(しんにゅうしゃいん) 신입사원

해석 그녀는 신입사원 치고는 일을 잘한다.

해설 ~치고는은 ~にしては.

09 **정답 4**

어휘 さすが 역시 | 一流(いちりゅう) 일류 | 施設(しせつ) 시설 | サービス 서비스

해석 역시 일류 호텔인만큼 시설도 서비스도 훌륭하다.

해설 ~인 만큼은 ~だけあって.

10 **정답 3**

어휘 どうせ 보나마나, 어차피

해석 A : 형이 늦네. 어디 갔을까?
B : 보나마나 또 게임센터나 어딘가가 틀림없어.

해설 ~가 틀림없다, 틀림없이 ~이다는 ~に決(き)まっている.

문법형식 판단 완벽대비 문제 ④ 회

문제 7 다음 문장의 ( )에 들어갈 가장 알맞은 말을 1·2·3·4 가운데 하나 고르세요.

01 **정답 3**

어휘 バケツ 양동이 | ひっくり返(かえ)す 뒤엎다 | 大雨(おおあめ) 큰 비

해석 오늘은 양동이를 뒤엎은 것 같은 큰 비가 내렸다.

해설 ~인 것 같은은 ~かのような.

02 **정답 3**

어휘 驚(おどろ)く 놀라다 | 犯人(はんにん) 범인 | 判明(はんめい)する 판명나다

해석 놀랍게도 범인은 반에서 가장 성실한 다나카 군이었다는 것이 판명났다.

해설 ~하게도는 ~たことに.

03 **정답 3**

어휘 風邪(かぜ)をひく 감기 걸리다 | 直(なお)る 낫다 | 思(おも)い込(こ)む 생각 하다

해석 그녀는 감기에 걸려도 약을 마시기만 하면 곧바로 나을 것으로 생각하고 있다.

해설 ~하기만 하면은 ~さえすれば.

04 **정답 1**

어휘 契約(けいやく) 계약

해석 아르바이트는 지금 하는 일의 계약상 할 수 없게 되어 있다.

해설 ~상은 ~上(じょう).

05 **정답 2**

어휘 ベル 벨 | 鳴(な)る 울리다

해석 집을 나오려고 하는 순간에 전화벨이 울렸다.

해설 ~하는 순간에, ~하자마자는 ~とたん.

06 **정답 1**

어휘 全体(ぜんたい) 전체 | 会議(かいぎ) 회의

해석 이번 전체 회의는 언제였지?

해설 ~였던가?, ~였지?는 ~だっけ.

07 **정답 4**

어휘 実物(じつぶつ) 실물 | 判断(はんだん)する 판단하다 | ~かねる ~하기 어렵다

해석 실물을 보지 않고서는 그의 이야기가 진짜인지 어떤지 판단하기 어렵다.

해설 ~하지 않고서는은 ~てみないことには.

08 **정답 3**

어휘 ゴルフ 골프 | 勝(か)つ 이기다

해석 골프에 있어서는 그를 이길 사람이 아무도 없다.

해설 ~에 있어서는은 ~にかけては.

09 **정답 4**

어휘 新入生(しんにゅうせい) 신입생 | ~のくせに ~인 주제에 | 態度(たいど) 태도

해석 그는 신입생인 주제에 선배에 대한 태도가 나쁘다.

해설 ~에 대한은 ~に対(たい)する.

10 **정답 2**

어휘 当(あ)たり前(まえ) 당연 | ~ほど ~만큼

해석 A : 저 가수 좋아?
B : 당연하지. 저 가수만큼 노래를 잘하는 사람 같은 것은 없어.

해설 ~따위, ~같은 것은 ~なんて.

문법형식 판단 완벽대비 문제 ⑤ 회

문제 7 다음 문장의 (　　)에 들어갈 가장 알맞은 말을 1·2·3·4 가운데 하나 고르세요.

01 정답 3

어휘 覚(おぼ)える 익히다, 외우다

해석 미국에서 생활한다면 영어를 익히지 않을 수 없다.

해설 ~하지 않을 수 없다는 ~ざるをえない.

02 정답 2

어휘 大(おお)けが 크게 다침 | 手術(しゅじゅつ)する 수술하다 | 心配(しんぱい)する 걱정하다

해석 아이가 크게 다쳐서 수술을 했을 때 얼마나 걱정했던가!

해설 ~였던가!는 ~たことか.

03 정답 4

어휘 ヨーロッパ帰(がえ)り 유럽에서 돌아옴 | おみやげ 선물

해석 유럽에서 돌아오신 선생님으로부터 선물을 받았다.

해설 윗사람에게 받다는 ちょうだいする.

04 정답 2

어휘 なんだか 왠지 | 食欲(しょくよく) 식욕

해석 더운 날이 이어지는 탓인지 최근 왠지 식욕이 없다.

해설 ~탓인지는 ~せいか.

05 정답 2

어휘 調査(ちょうさ) 조사 | 開発(かいはつ) 개발

해석 앙케트 조사를 토대로 신상품 개발을 시작했다.

해설 ~를 토대로는 ~をもとに.

06 정답 1

어휘 国内(こくない) 국내 | 年末(ねんまつ) 연말 | 年始(ねんし) 연시 | 行事(ぎょうじ) 행사 | 行(おこな)う 행하다

해석 일본 국내에서는 연말에서 연초에 걸쳐서 여러 가지 행사가 열린다.

해설 ~부터 ~에 걸쳐서는 ~から~にかけて.

07 정답 3

어휘 ゴルフ場(じょう) 골프장 | 建設(けんせつ) 건설 | 住民(じゅうみん) 주민 | 業者(ぎょうしゃ) 업자 | 間(かん) 사이 | 争(あらそ)い 싸움 | 続(つづ)く 계속되다

해석 골프장 건설을 둘러싸고 주민과 업자 간의 싸움이 계속되고 있다.

해설 ~을 둘러싸고는 ~をめぐって.

08 정답 1

어휘 課長(かちょう) 과장 | どうも 아무래도 | 体調(たいちょう)がよい 몸상태가 좋다 | 早退(そうたい) 조퇴

해석 과장님, 아무래도 몸이 안좋은데, 오늘은 조퇴하면 안 되겠습니까?

해설 ~させていただく는 (상대방의 허락 하에) 내가 ~을 하다. ~させていただけないでしょうか는 ~하게 해주시지 않으시겠습니까?, ~하면 안 되겠습니까?이므로 결국 '내가 ~을 하게 해 달라'고 부탁할 때 쓴다.

09 정답 2

어휘 デパート 백화점 | 急(きゅう)に 갑자기 | 揺(ゆ)れだす 흔들리기 시작하다

해석 백화점이 갑자기 흔들리기 시작해서 쇼핑하고 있을 상황이 아니었다.

해설 ~할 상황이 아니다는 ~どころではない.

10 정답 2

어휘 怒(おこ)りっぽい 화를 잘 냄 | お天気(てんき)や 변덕쟁이 | 機嫌(きげん)がいい 기분이 좋다

해석 A : 선배 ! 나카무라 씨는 굉장히 화를 잘 내는군요.
B : 그래, 하지만 그는 변덕쟁이이니까 10분쯤 지나면 기분이 좋아질 거야.

해설 ~이니까는 ~ことだから.

문법형식 판단 완벽대비 문제 ⑥회

문제 7 다음 문장의 (　　)에 들어갈 가장 알맞은 말을 1·2·3·4 가운데 하나 고르세요.

01 정답 1

어휘 ヨガ 요가 | 講座(こうざ) 강좌 | 開(ひら)く 개설하다

해석 이 스포츠센터에서는 요가를 비롯하여 여러 가지 강좌가 개설되어 있습니다.

해설 ~을 비롯하여는 ~をはじめ.

02 정답 4

어휘 高級(こうきゅう) 고급 | 果物(くだもの) 과일

해석 내가 어렸을 적에 바나나라고 하면 고급스러운 과일이었다.

해설 (예를 들면서) ~라고 하면은 ~というと.

03 정답 2

어휘 吠(ほ)える 짖다 | うるさい 시끄럽다

해석 옆집 개가 아침부터 줄곧 짖고 있다. 정말로 시끄러워서 어찌 할 바를 모르겠다.

해설 ~해서 어쩔 도리가 없다. 너무 ~하다는 ~てしょうがない.

04 **정답 3**

어휘 注意事項(ちゅういじこう) 주의사항 | 使用(しよう)する 사용하다

해석 이쪽 주의사항을 잘 읽은 후에 사용하십시오.

해설 ~한 후에, ~하고 나서는 ~た上(うえ)で.

05 **정답 2**

어휘 病気(びょうき) 병 | ありがたい 고맙다

해석 병이 났을 때 어머니가 만들어 주시는 요리만큼 고마운 것은 없다.

해설 ~만큼은 ~ほど.

06 **정답 4**

어휘 様子(ようす) 상태, 모습 | 船(ふね) 배 | 渡(わた)る 건너다 | 無理(むり)だ 무리다

해석 지금의 강 상태에서 보자면 배로 건너는 것은 무리일 것이다.

해설 ~에서 본다면, ~로 보자면은 ~からすると.

07 **정답 3**

어휘 書類(しょるい) 서류 | 忘(わす)れる 잊다 | 気(き)づく 알아차리다

해석 회사에 가는 도중에 집에 중요한 서류를 잊고 나온 것을 알아차렸다.

해설 ~도중에는 ~とちゅうで.

08 **정답 1**

어휘 赤(あか)ちゃん 아기

해석 아기가 눈을 뜨기 전에 방 청소를 해 둬야지.

해설 ~하기 전에는 ~ないうちに. 目(め)を覚(さ)ます는 눈을 뜨다, 目が覚める는 눈이 떠지다, 잠이 깨다.

09 **정답 3**

어휘 気持(きも)ち 기분 | あきらめる 포기하다

해석 당신의 기분을 모르는 것은 아니지만 이제 포기하는 편이 낫다.

해설 ~한 것은 아니지만은 ~わけでもない.

10 **정답 2**

어휘 運動会(うんどうかい) 운동회 | 給食(きゅうしょく) 급식 | 各自(かくじ) 각자 | 用意(ようい)する 준비하다

해석 (학교에서)
A : 내일은 운동회라서 학교 급식은 없습니다.
B : 그럼 점심은 각자 준비해 온다는 것이군요.

해설 ~라는 것이다는 ~ということだ.

문법형식 판단 완벽대비 문제 ⑦ 회

문제 7 다음 문장의 (　　)에 들어갈 가장 알맞은 말을 1·2·3·4 가운데 하나 고르세요.

01 **정답 1**

어휘 どうせ 어차피 | 無(な)くす 잃어버리다

해석 우산 따위 어차피 잘 잃어버리는 것이니까 싼 것을 사면 된다.

해설 ~따위, ~같은 것은 ~なんて.

02 **정답 2**

어휘 胃(い) 위 | 検査(けんさ) 검사 | バリウム 바륨

해석 위 검사 때는 처음에 바륨이라는 약을 많이 먹게 된다.

해설 (남이 시켜서 어쩔 수 없이) ~하게 되다는 사역수동형으로 ~される.

03 **정답 4**

어휘 スピーチ 스피치 | 原稿(げんこう) 원고

해석 선생님께서 나의 스피치 원고를 봐 주셨다.

해설 윗사람인 ~께서 ~해 주시다는 ~に~ていただいく.

04 **정답 2**

해석 요전에는 일이 힘들다는 둥 말하더니, 최근에는 어때?

해설 ~라든가, ~둥은 ~とか.

05 **정답 2**

어휘 手軽(てがる)だ 간편하다 | 持(も)ち歩(ある)く 들고 다니다 | コンパクト 소형

해석 너무 크지 않고 간편하게 들고 다닐 수 있는 소형 노트북을 갖고 싶다.

해설 너무 ~하지 않다는 ~すぎない.

06 **정답 3**

해석 내가 어떤 마음인지 당신은 알 리가 없어요.

해설 ~할 리가 없다는 ~っこない.

07 **정답 2**

어휘 都会(とかい) 도회지 | 交通(こうつう) 교통 | 往来(おうらい) 왕래 | はげしい 심하다 | 渋滞(じゅうたい) 정체

해석 도회지는 교통이 편리해서 살기 편한 반면에 자동차의 왕래가 많아 정체도 있다.

해설 ~인 반면은 ~反面(はんめん).

08 정답 4

어휘 両親(りょうしん) 부모님 | 相談(そうだん) 상담, 의논 | 決(き)める 결정하다

해석 유학 갈지 어떨지는 부모님께 의논하고 나서가 아니면 결정할 수 없습니다.

해설 ~하고 나서가 아니면은 ~してからでないと.

09 정답 4

어휘 予習(よしゅう) 예습 | 復習(ふくしゅう) 복습

해석 매일 예습과 복습을 하고 있다면 시험에서 나쁜 점수를 받는 일은 없다.

해설 ~하는 일은 없다는 ~ことはない.

10 정답 2

어휘 傷(きず)つく 상처 받다 | 平気(へいき)で 아무렇지도 않게 | ただの 그저, 단지 | 冗談(じょうだん) 농담

해석 A : 시라이 씨는 제가 상처 받는 말을 아무렇지도 않게 말해요.
B : 시라이 씨에게 있어서는 그저 농담이었을 거라 생각해요.

해설 ~에게 있어서는 ~にしてみれば.

문법형식 판단 완벽대비 문제 ⑧ 회

문제 7 다음 문장의 (　　)에 들어갈 가장 알맞은 말을 1·2·3·4 가운데 하나 고르세요.

01 정답 2

어휘 手伝(てつだ)う 돕다 | 引越(ひっこ)し 이사 | 無事(ぶじ)に 무사히

해석 그가 도와준 덕분에 이사는 무사히 끝났다.

해설 ~덕분에는 ~おかげで.

02 정답 1

어휘 さすが 역시 | 評判(ひょうばん) 평판 | 従業員(じゅうぎょういん) 종업원 | 対応(たいのう) 대응

해석 역시 평판이 난 가게답게 종업원의 대응이 좋았다.

해설 ~인 만큼, ~답게는 ~だけあって, だけに.

03 정답 3

어휘 動物園(どうぶつえん) 동물원 | でかける 외출하다 | あいにく 공교롭게도 | 定休日(ていきゅうび) 정기휴일

해석 동물원에 가기는 했지만 공교롭게도 정기휴일이었다.

해설 ~하기는 했지만은 ~ものの.

04 정답 3

어휘 食後(しょくご) 식후

해석 식후 디저트는 맛있어 보이는 게 많이 있어서 좀처럼 하나로 결정하기 힘들다.

해설 ~하기 힘들다는 ~がたい.

05 정답 1

어휘 出版(しゅっぱん) 출판 | 記念会(きねんかい) 기념회 | 招(まね)く 초대하다

해석 출판기념회에 어느 분을 초대하실 생각이십니까?

해설 ~하시다는 ~なさる이며, お招きする에 존경의 뜻을 더하게 되면 お招きなさる가 된다.

06 정답 4

어휘 赤道(せきどう) 적도 | 近(ちか)づく 가까워지다 | 気温(きおん) 기온

해석 적도에 가까워질수록 기온은 높아진다.

해설 ~할수록은 ~につれて.

07 정답 4

어휘 風邪(かぜ) 감기 | 早(はや)め 약간 일찍

해석 오늘은 감기 기운이 있어서 일찍 잤다.

해설 약간 ~한 느낌이 있는 것은 ~ぎみ.

08 정답 3

어휘 予想(よそう) 예상 | 相手(あいて)チーム 상대팀 | 勝利(しょうり) 승리

해석 예상에 반해 시합은 상대팀의 승리로 끝났다.

해설 ~에 반해서는 ~に反(はん)して.

09 정답 3

어휘 事故(じこ)にあう 사고를 당하다 | 運転(うんてん) 운전 | 決心(けっしん)する 결심하다

해석 자동차 사고를 당하고 나서는 이제 더 이상 운전은 하지 않겠노라 결심했다.

해설 ~하지 않겠다는 결심을 나타낼 때는 ~まい.

10 정답 2

어휘 部長(ぶちょう) 부장 | 新製品(しんせいひん) 신제품 | キャンペーン 캠페인

해석 (회사에서)
A : 부장님, 신제품 캠페인 건은 무리를 한다면 못할 것은 없습니다만….
B : 그래요? 그럼 부탁할게요.

해설 ~하지 않는 것은 아니다, 못할 것은 없다는 ~ないこともない.

문법형식 판단 완벽대비 문제 ⑨ 회

문제7 다음 문장의 (　　)에 들어갈 가장 알맞은 말을 1·2·3·4 가운데 하나 고르세요.

01 정답 1

해석 오늘은 시험도 있고 발표도 있어서 바쁜 하루가 될 것 같다.

해설 ~도 ~하고, ~도는 ~も ~ば、~も

02 정답 2

어휘 ピンク色(いろ) 핑크색 | 似合(にあ)う 어울리다

해석 어머니는 나에게 핑크색 귀여운 옷을 입히고 싶어하지만 나에게는 어울리지 않는다고 생각한다.

해설 ~시키고 싶어하다는 ~(さ)せたがる.

03 정답 4

해석 출판에 앞서 기념 파티가 열렸다.

해설 ~에 앞서는 ~に先立(さきだ)って.

04 정답 2

어휘 問(と)い合(あ)わせる 문의하다 | 来週(らいしゅう) 다음 주 | 会員(かいいん) 회원 | 募集(ぼしゅう)する 모집하다

해석 영어회화 교실에 문의해 봤더니 다음 주부터 회원을 모집한다고 한다.

해설 ~했더니, ~한 결과는 ~たところ.

05 정답 2

어휘 合唱(がっしょう) 합창 | 感動(かんどう) 감동 | 与(あた)える 주다

해석 합창에는 노래를 부르는 사람에게도 듣는 사람에게도 감동을 주는 것이 있다.

해설 ~하는 것이 있다는 ~ものがある.

06 정답 1

어휘 さっき 조금 전 | おやつ 간식 | 待(ま)ち遠(どお)しい 기다려진다

해석 조금 전에 점심을 먹은 지 얼마 안되는데도 벌써 간식 시간이 기다려진다.

해설 ~한 지 얼마 안되다는 ~たばかり.

07 정답 4

어휘 最後(さいご) 마지막 | あきらめる 포기하다 | 堂々(どうどう)と 당당히 | 優勝(ゆうしょう)する 우승하다

해석 그는 마지막까지 포기하지 않았기 때문에 당당하게 우승할 수 있었겠지요.

해설 (그야말로) ~이기 때문에는 ~からこそ.

08 정답 2

어휘 教師(きょうし) 교사 | 人前(ひとまえ) 사람들 앞 | 恥(は)ずかしい 부끄럽다

해석 그녀는 교사이면서도 사람들 앞에 서는 것이 부끄럽다고 한다.

해설 ~이면서도는 ~ながら.

09 정답 3

어휘 心臓(しんぞう) 심장

해석 (병원에서)
A : 저, 저에게 심장병이 있다는 것을 어머니께 말하지 말아 주시겠습니까?
B : 네…, 알겠습니다.

해설 ~하지 말아 주시겠습니까는 ~ないでいただけませんか.

10 정답 2

어휘 この辺(へん) 이 근처 | 人影(ひとかげ) 사람의 모습, 인적 | こわい 무섭다

해석 이 근처는 조용하다기 보다는 인적도 없고 바깥에 나가는 게 무서울 정도입니다.

해설 ~라기 보다는은 ~というより.

문법형식 판단 완벽대비 문제 ⑩ 회

문제7 다음 문장의 (　　)에 들어갈 가장 알맞은 말을 1·2·3·4 가운데 하나 고르세요.

01 정답 4

어휘 その他(た) 기타 | 詳(くわ)しい 자세하다 | 当社(とうしゃ) 당사

해석 기타 자세한 사항은 당사 홈페이지를 보십시오.

해설 보십시오의 정중한 표현은 ご覧(らん)ください.

02 정답 1

어휘 雨天(うてん) 우천 | 延期(えんき)する 연기하다

해석 시합은 비 때문에 연기합니다.

해설 ~때문에는 ~につき.

03 **정답 2**

어휘 言語(げんご) 언어 | 放送(ほうそう) する 방송하다 | 海外(かいがい) 해외 | ラジオ番組(ばんぐみ) 라디오 프로

해석 18개 언어로 방송하고 있는 해외용 라디오 프로도 있다고 합니다.

해설 ~용은 ~向(む)け.

04 **정답 1**

어휘 しかる 꾸짖다 | 愛情(あいじょう) 애정

해석 부모가 아이를 꾸짖는 것은 애정이 있기 때문임에 틀림없다.

해설 바로 ~이다, ~임에 틀림없다는 ~にほかならない.

05 **정답 4**

어휘 生徒会長(せいとかいちょう) 학생회장 | 引(ひ)き受(う)ける 맡다 | がんばる 열심히 하다

해석 학생회장을 맡은 이상, 열심히 하고 싶다고 생각합니다.

해설 ~한 이상은 ~からには.

06 **정답 2**

어휘 全科目(ぜんかもく) 전과목 | 優秀(ゆうしゅう) 우수 | 成績(せいせき) 성적 | おさめる 거두다

해석 그는 고교 3년 간 전과목에 걸쳐서 우수한 성적을 거뒀다.

해설 ~에 걸쳐서는 ~にわたって.

07 **정답 3**

어휘 ヘレン・ケラー 헬렌 켈러 | 聞(き)こえる 들리다

해석 헬렌 켈러는 귀가 들리지 않는데다가 눈도 보이지 않았다.

해설 ~인데다가는 ~上(うえ)に.

08 **정답 1**

어휘 絶滅(ぜつめつ) 멸종, 절멸 | 生(い)き物(もの) 생물 | 保護(ほご)する 보호하다

해석 멸종할 우려가 있는 생물을 보호해 나가지 않으면 안 됩니다.

해설 ~할 우려가 있는은 ~おそれがある.

09 **정답 4**

어휘 得意(とくい)だ 잘하다 | 海外出張(かいがいしゅっちょう) 해외출장 | 中東(ちゅうとう) 중동 | ついでに ~한 김에 | アフリカ 아프리카

해석 A : 어, 또에요? 해외출장이 많은 회사군요.
B : 네, 지난주에는 중동에 간 김에 아프리카까지 갔다왔습니다.

해설 가라고 시켜서 어쩔 수 없이 가다는 사역수동형 行(い)かされる.

10 **정답 3**

어휘 プロ 프로 | 演奏(えんそう) 연주 | ひどい 형편없다

해석 A : 어제 산 CD 어땠어?
B : 그게 도저히 프로의 연주라고는 생각할 수 없을 만큼 형편없는 것이었어.

해설 도저히는 とても.

문장만들기 완벽대비 문제 ① 회

문제 8 다음 문장의 ★ 에 들어갈 가장 알맞은 말을 1·2·3·4 가운데 하나 고르세요.

01 **정답 3**

어휘 お祝(いわ)い 축하 | 飾(かざ)る 장식하다 | 開店(かいてん)する 개점하다

완성문 お祝いの花が飾ってあるところを見ると、どうやら開店して間もないようだ。

해석 축하꽃이 장식되어 있는 것을 보면 아무래도 개점한 지 얼마 안 된 것 같다.

해설 飾って에는 ある가 이어지며, ~て間もない는 ~한 지 얼마 안되다. 순서는 4-1-3-2.

02 **정답 4**

어휘 被害(ひがい)を受(う)ける 피해를 입다

완성문 被害を受けた人の悲しみも知らないくせに、わかったふりをしないでほしい。

해석 피해를 입은 사람의 슬픔도 모르는 주제에 아는 체 하지 말았으면 좋겠다.

해설 ~ないくせに는 ~하지 않은 주제에, わかったふりをする는 아는 체 하다. 순서는 2-4-1-3.

03 **정답 3**

어휘 頂上(ちょうじょう) 정상 | 日(ひ)の出(で) 일출 | 言(い)い尽(つ)くす 다 이야기하다

완성문 去年、富士山の頂上で見た日の出はどれほど美しかったことか。言葉では言い尽くせない。

해석 작년에 후지산 정상에서 본 일출은 얼마나 아름다웠던가! 말로는 다 표현할 수 없다.

해설 頂上で 다음에는 見た가 이어지며, 감탄문은 どれほど~たことか(얼마나 ~했던가)를 쓴다. 2-4-3-1

04 **정답 4**

어휘 シートベルト 시트벨트, 안전띠 | 着用(ちゃくよう)する 착용하다

완성문 運転する際は、必ずシートベルトを着用しなければならない。

해석 운전할 때에는 반드시 안전띠를 착용하지 않으면 안 된다.

해설 ～際は는 ～할 때, ～しなければならない는 ～하지 않으면 안 된다. 순서는 2-4-3-1.

05 정답 3

어휘 祭(まつ)り 축제 | 連(つ)れてくる 데리고 오다

완성문 このにぎやかで楽しい祭りを見てもらいたいからこそ、あなたをここに連れてきたのです。

해석 이 신나고 즐거운 축제를 봐줬으면 했기 때문에 당신을 이곳에 데리고 온 것입니다.

해설 楽しい에는 祭り가 이어지고, ～てもらいたい는 상대방이 ～해줬으면 한다, ～からこそ는 ～이기 때문에. 순서는 4-1-3-2

06 정답 3

완성문 店に入ってすぐ、メニューを見ることなくビールを注文した。

해석 가게에 들어와서 바로 메뉴를 보지도 않고 맥주를 주문했다.

해설 店に에는 入る가 이어지고, ～てすぐ는 ～하고 바로, ～ことなく는 ～하는 일 없이, ～하지 않고이다. 순서는 3-4-1-2.

07 정답 4

어휘 製品(せいひん) 제품 | 発売(はつばい)する 발매하다

완성문 私の知っている限りでは、この製品は日本ではまだ発売されていない。

해석 내가 알고 있는 한, 이 제품은 일본에서 아직 발매되지 않았다.

해설 私の에는 知っている가 이어지며, ～限りでは는 ～한에서는. 순서는 2-4-3-1.

08 정답 4

어휘 喫煙者(きつえんしゃ) 흡연자 | 年々(ねんねん) 해마다 | 減少(げんしょう)する 감소하다

완성문 最近のある調査によると、喫煙者の数は年々減少しつつある。

해석 최근의 어떤 조사에 의하면 흡연자의 수는 해마다 감소하고 있다.

해설 ～しつつある는 ～하는 중이다. 순서는 2-4-3-1.

09 정답 3

어휘 暇(ひま) 틈 | 成績(せいせき) 성적 | 伸(の)びる 오르다, 늘다

완성문 弟は暇さえあれば、ゲームばかりしているので成績が伸びない。

해석 남동생은 틈만 있으면 게임만 하기 때문에 성적이 오르지 않는다.

해설 ～さえあれば는 ～만 있으면, ～ばかりしている는 ～만 한다. 순서는 1-3-4-2.

10 정답 2

완성문 できるだけのことはやった。今はただ結果を待つよりほかしかたない。

해석 할 만큼은 했다. 지금은 그저 결과를 기다리는 일 밖에 방도가 없다.

해설 ～よりほか는 ～밖에, しかたない는 방도가 없다. 순서는 2-4-1-3.

문장만들기 완벽대비 문제 ❷ 회

문제 8 다음 문장의 ＿★＿에 들어갈 가장 알맞은 말을 1·2·3·4 가운데 하나 고르세요.

01 정답 4

어휘 高価(こうか) 고가 | 運動靴(うんどうぐつ) 운동화 | 言(い)い出(だ)す 말을 꺼내다

완성문 子どもが高価な運動靴がほしいと言い出した。少しぐらい高くても、私は子どもが買いたいと思うものは買ってやりたいと思っている。

해석 아이가 고가의 운동화를 갖고 싶다고 한다. 조금쯤 비싸더라도 나는 아이가 사고 싶어하는 것을 사 주고 싶다고 생각한다.

해설 아이가 사고 싶어하는 것은 子どもが買いたいと思うもの이며, 부모인 내가 그것을 사주고 싶다는 것은 買ってやりたいと思う이다. 순서는 3-2-4-1.

02 정답 1

어휘 モデル 모델 | 出身(しゅっしん) 출신 | 姿勢(しせい) 자세

완성문 彼女はモデル出身だけあって、歩くときの姿勢がとてもいい。

해석 그녀는 모델출신답게 걸을 때 자세가 아주 좋다.

해설 ～だけあって는 ～인만큼, 歩くときの가 姿勢 앞에 온다. 순서는 3-4-2-1.

03 정답 4

어휘 外出中(がいしゅつちゅう) 외출 중

완성문 家族がみんな外出中のせいか、いつもより家が広く感じる。

해석 가족이 모두 외출 중인 탓인지 평소보다 집이 넓게 느껴진다.

해설 ～のせいか(～탓인지) 앞에는 外出中가 오고, 広く感じる 앞에는 家が가 온다. 순서는 3-4-2-1.

04 **정답 3**

어휘 タイ 태국 | 本場(ほんば) 본고장

완성문 タイで本場のタイ料理を食べて以来、あの味が忘れられない。

해석 태국에서 본고장의 태국요리를 먹은 이후로 그 맛을 잊을 수가 없다.

해설 本場のタイ料理는 본고장 태국요리, ～て以来는 ～한 이래. 순서는 4-2-3-1.

05 **정답 1**

어휘 数学(すうがく) 수학 | 得意(とくい) 잘하다 | 体育(たいいく) 체육 | 生徒(せいと) 학생 | 能力(のうりょく) 능력 | 適性(てきせい) 적성 | 応(おう)じる 맞다 | 教育(きょういく) 교육

완성문 数学が得意な子がいれば、体育が得意な子もいるから、生徒一人一人の能力や適性に応じた教育をしていかなければならないと思う。

해석 수학을 잘 하는 아이가 있는가 하면, 체육을 잘 하는 아이도 있으므로 학생 한명한명의 능력이나 적성에 맞는 교육을 해나가지 않으면 안 된다고 생각한다.

해설 生徒一人一人 다음에는 能力이 이어지며, ～に応じた(～에 맞는)는 教育 앞에 온다. 순서는 4-1-3-2.

06 **정답 1**

어휘 事故(じこ) 사고 | 詳(くわ)しい 자세하다 | 説明(せつめい)する 설명하다

완성문 昨日の事故について、もっと詳しく説明してください。

해석 어제 사고에 대하여 좀 더 자세히 설명해 주십시오.

해설 昨日の事故에는 ～についてが 오고, 이어서 詳しく説明してくださいが 이어진다. 순서는 3-1-2-4.

07 **정답 3**

어휘 地球温暖化(ちきゅうおんだんか) 지구온난화 | 活動(かつどう) 활동 | 発生(はっせい)する 발생하다 | 温室効果(おんしつこうか)ガス 온실효과 가스 | 温度(おんど) 온도 | 上昇(じょうしょう)する 상승하다 | 現象(げんしょう) 현상

완성문 地球温暖化とは、人の活動に伴って発生する温室効果ガスにより、地球全体の温度が上昇する現象をいう。

해석 지구온난화란 인간의 활동에 따라 발생하는 온실효과 가스에 의해 지구 전체의 온도가 상승하는 현상을 말한다.

해설 ～に伴って(～에 따라서)発生するが 温室効果ガスを 수식하며, 上昇する 앞에는 温度がが 온다. 순서는 4-2-1-3.

08 **정답 1**

어휘 優秀(ゆうしゅう) 우수 | 就職(しゅうしょく) 취직

완성문 優秀な成績で大学を卒業したものの、なかなか就職ができません。

해석 우수한 성적으로 대학을 졸업하기는 했지만 좀처럼 취직이 안됩니다.

해설 大学をに는 卒業したが 이어지며, ～たものの는 ～이기는 했지만, なかなか 다음에는 부정형 できませんが 이어진다. 순서는 2-1-3-4.

09 **정답 4**

어휘 人付(ひとづ)き合(あ)い 사람들과의 교제 | 慣(な)れる 익숙해지다

완성문 人付き合いの上手な彼女のことだから、新しい会社でもすぐに慣れるだろう。

해석 사람들과 잘 사귀는 그녀이니까 새 회사에서도 금방 익숙해지겠지.

해설 人付き合いの上手なが 彼女를 수식하며, 彼女の 다음에 ことだから(～이니까)가 온다. 순서는 4-2-3-1.

10 **정답 4**

어휘 飲(の)み会(かい) 술모임 | 雰囲気(ふんいき) 분위기

완성문 私は飲み会の雰囲気が嫌いなだけであって、お酒が飲めないわけではない。

해석 나는 술모임 분위기를 싫어할 뿐이며, 술을 못 마시는 것은 아니다.

해설 飲み会の 다음에는 명사 雰囲気가 오며 이어서 嫌いが 온다. ～だけであって는 ～뿐이며이다. 순서는 1-3-4-2.

문장만들기 완벽대비 문제 ❸ 회

문제 8 다음 문장의 ＿★＿ 에 들어갈 가장 알맞은 말을 1·2·3·4 가운데 하나 고르세요.

01 **정답 3**

어휘 夫婦(ふうふ) 부부 | 増(ふ)える 늘다

완성문 子どもたちがみんな結婚したのをきっかけに、夫婦で旅行に行くことが増えた。

해석 자식들이 모두 결혼한 것을 계기로 부부가 여행 가는 일이 늘어났다.

해설 ～のをきっかけに(～하는 것을 계기로) 앞에는 동사 結婚したが 적당하며, こと 앞에는 旅行に行くが 온다. 순서는 2-4-3-1.

02 **정답 2**

어휘 自然(しぜん) 자연 | 愛情(あいじょう) 애정 | 環境保護

(かんきょうほご) 환경보호 | 関心(かんしん) 관심 | 高(たか)まる 높아진다

완성문 人間の自然に対する愛情があってはじめて環境保護への関心も高まる。

해석 인간의 자연에 대한 애정이 있어야만 비로소 환경보호에 대한 관심도 높아진다.

해설 ～に対するは ～에 대한, ～があってはじめては ～가 있어야만 비로소. 순서는 2-3-4-1.

03 **정답 2**

어휘 笑顔(えがお) 웃는 얼굴, 미소 | 素敵(すてき) 멋지다 | 夢中(むちゅう) 푹 빠지다

완성문 明るく笑顔の素敵な彼女には誰でも夢中にならずにいられません。

해석 밝고 미소가 멋진 그녀에게는 누구나 푹 빠져들지 않을 수 없습니다.

해설 明るく에 이어서 笑顔の素敵な彼女가 오며, ～ずにいられない는 ～하지 않을 수 없다. 순서는 4-2-1-3.

04 **정답 1**

어휘 残業(ざんぎょう) 잔업, 야근

완성문 できれば残業なんかしたくありませんが、仕事ですからせざるをえません。

해석 가능하다면 잔업 따위 하고 싶지 않지만, 일이니까 하지 않을 수 없습니다.

해설 ～なんかしたくない는 ～따위 하고 싶지 않다, せざるをえない는 하지 않을 수 없다. 순서는 2-3-1-4.

05 **정답 2**

어휘 デザイン 디자인

완성문 このかばんはデザインがいいのはもちろん、持ちやすくてとても便利だ。

해석 이 가방은 디자인이 좋은 것은 물론, 들기 쉬워서 매우 편리하다.

해설 ～はもちろん는 ～은 물론이고, ～て便利だ는 ～해서 편리하다. 순서는 2-3-1-4.

06 **정답 4**

어휘 しかる 혼내다

완성문 毎日しかられてばかりでは、仕事が楽しいわけがありません。

해석 매일 혼나기만 한다면 일이 즐거울 리가 없습니다.

해설 ～てばかり는 ～하기만 한다, ～わけがない는 ～일 리가 없다. 순서는 3-4-1-2.

07 **정답 1**

어휘 締(し)め切(き)り 마감 | うっかり 그만 | 書類(しょるい) 서류 | 申(もう)し込(こ)み 신청

완성문 今日が締め切りだったが、うっかり書類を家においてきてしまったせいで、申し込みできなかった。

해석 오늘이 마감날이었는데, 그만 서류를 집에 두고 오는 바람에 신청을 못했다.

해설 ～てしまったせいで는 ～해버린 탓에. 순서는 2-4-1-3.

08 **정답 1**

어휘 勤務(きんむ) 근무 | 態度(たいど) 태도 | 勤勉(きんべん) 근면

완성문 彼の勤務態度を見ると学生時代に勤勉な学生だったに違いない。

해석 그의 근무태도를 보면 학창시절에 근면한 학생이었음에 틀림없다.

해설 勤勉な는 学生 앞에 오고, ～に違いない(～임에 틀림없다) 앞에는 学生だった가 온다. 순서는 3-4-2-1.

09 **정답 1**

어휘 原子力発電所(げんしりょくはつでんしょ) 원자력 발전소 | 事故(じこ) 사고 | 十分(じゅうぶん) 충분히 | 予測(よそく)する 예측하다

완성문 原子力発電所でそのような事故が起こるだろうということは、十分予測しえたはずだ。

해석 원자력 발전소에서 그러한 사고가 일어날 것이라는 것은 충분히 예측할 수 있었을 것이다.

해설 事故が起こる는 사고가 나다, ～ということは는 ～라고 하는 것은, ～しえたはず는 ～할 수 있었을 것이라는 확신을 나타낸다. 순서는 4-3-1-2.

10 **정답 4**

어휘 感動(かんどう) 감동 | 涙(なみだ) 눈물 | 流(なが)す 흘리다

완성문 その映画を見たら感動のあまり涙を流さずにはいられないでしょう。

해석 그 영화를 보면 감동한 나머지 눈물을 흘리지 않을 수 없을 것입니다.

해설 ～のあまり는 너무 ～한 나머지, ～ずにはいられない는 ～하지 않을 수 없다. 순서는 4-2-3-1.

문장만들기 완벽대비 문제 ④ 회

문제 8 다음 문장의 ＿★＿ 에 들어갈 가장 알맞은 말을 1・2・3・4 가운데 하나 고르세요.

01 정답 3

어휘 学問(がくもん) 학문 | 人生(じんせい) 인생 | うかがう 듣다, 여쭈다

완성문 久しぶりに桜井先生にお目にかかって、学問や人生、そして仕事のこととかいろいろな話をうかがいました。

해석 오래간만에 사쿠라이 선생님을 뵙고 학문과 인생, 그리고 일 등 여러가지 이야기를 들었습니다.

해설 ～にお目にかかる는 ~를 만나 뵙다. 열거할 때는 ～や～, そして(~와 ~, 그리고)를 쓴다. 순서는 2-4-1-3.

02 정답 2

완성문 たとえお金がなくても、家族みんな力を合わせれば幸せな生活が送れるはずだ。

해석 비록 돈이 없더라도 가족 모두가 힘을 합한다면 행복한 생활을 보낼 수 있을 것이다.

해설 たとえ～ても는 비록 ~하더라도, ～すれば～はずだ는 ~한다면 ~일 것이다. 순서는 1-4-2-3.

03 정답 3

어휘 契約(けいやく) 계약 | 必要書類(ひつようしょるい) 필요서류 | 準備(じゅんび) 준비

완성문 契約に際して、必要書類をご準備ください。

해석 계약할 때 필요서류를 준비해 주십시오.

해설 ～に際して는 ~할 때, ご～ください는 ~해 주십시오. 순서는 2-3-1-4

04 정답 1

어휘 置(お)く 두다

완성문 携帯電話をに置いたまま出て行った彼に、連絡のとりようがない。

해석 휴대 전화를 둔 채로 나간 그에게 연락을 취할 방도가 없다.

해설 連絡をとる는 연락을 취하다, ～ようがない는 ~할 방도가 없다. 순서는 4-1-3-2.

05 정답 4

어휘 旅(たび) 여행 | 楽(たの)しみ 즐거움 | 語(かた)る 말하다

완성문 旅の楽しみは、おいしい料理を抜きにしては語れない。

해석 여행의 즐거움은 맛있는 요리를 빼놓고서는 말할 수 없다.

해설 旅の楽しみ는 여행의 즐거움, ～を抜きにしては는 ~을 빼놓고서는. 순서는 3-2-4-1.

06 정답 1

어휘 お菓子(かし) 과자 | カットする 커트하다, 자르다 | 野菜(やさい) 야채 | 新鮮(しんせん) 신선 | 保存(ほぞん)する 보존하다

완성문 食べかけのお菓子も、カットした野菜も新鮮に保存する方法があるらしい。

해석 먹던 과자도 자른 야채도 신선하게 보존하는 방법이 있다고 한다.

해설 ～かけ는 ~하다 만, ～も～も를 써서 과자도, 야채도. 순서는 4-1-3-2.

07 정답 3

어휘 直接(ちょくせつ) 직접 | 肌(はだ) 피부 | ぬる 바르다 | 成分(せいぶん) 성분 | 確認(かくにん)する 확인하다 | 購入(こうにゅう)する 구입하다

완성문 直接肌にぬるものだから、成分を確認したうえで購入した方がいい。

해석 직접 피부에 바르는 것이므로 성분을 확인한 후에 구입하는 편이 낫다.

해설 ～ものだから는 ~하는 것이므로, ～たうえで는 ~한 후에, ～た方がいい는 ~하는 편이 낫다. 순서는 1-4-3-2.

08 정답 2

어휘 若者(わかもの) 젊은이 | 場所(ばしょ) 장소

완성문 ここはきれいな夜景が見られることから、若者のデートの場所として知られている。

해석 이곳은 아름다운 야경을 볼 수 있기 때문에 젊은이의 데이트 장소로서 알려져 있다.

해설 ～が見られる는 ~를 볼 수 있다, ～ことから는 ~이기 때문에. 순서는 3-1-4-2.

09 정답 1

어휘 修理(しゅうり)に出(だ)す 수리 맡기다

완성문 車を修理に出しているので、今日は電車で出かけるよりほかない。

해석 차를 수리 맡겼기 때문에 오늘은 전철로 외출하는 수밖에 없다.

해설 ～で出かける는 ~로 외출하다, ～よりほかない는 ~할 수밖에 없다. 순서는 4-1-3-2.

10 정답 2

어휘 真面目(まじめ) 성실 | 連絡(れんらく) 연락

완성문 あの真面目な彼が、連絡もなく会社に出てこないなんてありえないことだ。

해석 그 성실한 그가 연락도 없이 회사에 나오지 않다니 있을 수 없는 일이다.

해설 ～なんてありえない는 ～라니 있을 수 없다. 순서는 4-3-2-1.

문장만들기 완벽대비 문제 ⑤ 회

문제 8 다음 문장의 ＿★＿ 에 들어갈 가장 알맞은 말을 1 · 2 · 3 · 4 가운데 하나 고르세요.

01 정답 3

어휘 新曲(しんきょく) 신곡 | 引退(いんたい) 은퇴 | びっくりする 깜짝 놀라다

완성문 あの歌手の新曲を楽しみにしていただけに、引退のニュースを聞いてびっくりした。

해석 저 가수의 신곡을 기대하고 있었던 만큼, 은퇴 뉴스를 듣고 깜짝 놀랐다.

해설 ～を楽しみにする ～을 기대하다, ～ただけには ～한 만큼, 순서는 2-4-1-3.

02 정답 4

어휘 引越(ひっこ)しする 이사하다 | 荷物(にもつ) 짐 | 整理(せいり) 정리

완성문 まだ引越ししたばかりで、荷物の整理ができていません。

해석 아직 이사한 지 얼마 안 되어서 짐 정리가 덜 되었습니다.

해설 まだ～たばかりは 아직 ～한 지 얼마 안 되다. 순서는 3-1-4-2.

03 정답 4

어휘 味(あじ) 맛 | 材料(ざいりょう) 재료 | 新鮮(しんせん)さ 신선함

완성문 料理の味の80%は、材料の新鮮さにあるといってもいいくらいだ。

해석 요리 맛의 80%는 재료의 신선함에 있다고 해도 과언이 아니다.

해설 ～といってもいいくらいだ는 ～라고 해도 과언이 아니다. 순서는 2-4-1-3.

04 정답 4

완성문 東京へ行くたびに、あまりの人の多さにびっくりする。

해석 도쿄에 갈 때마다 너무나 사람이 많다는 사실에 깜짝 놀란다.

해설 ～たびに는 ～할 때 마다, あまりの～にびっくりする는 너무나 ～해서 깜짝 놀라다. 순서는 3-4-2-1.

05 정답 1

어휘 緊張(きんちょう)する 긴장하다 | 失敗(しっぱい)する 실패하다

완성문 一ヶ月も前から発表の準備をしたにもかかわらず、緊張しすぎて失敗してしまった。

해석 한 달이나 전부터 발표 준비를 했는데도 불구하고 너무나 긴장한 나머지 실패해 버렸다.

해설 ～も前から는 ～나 전부터, ～にもかかわらず는 ～에도 불구하고, ～すぎる는 지나치게 ～하다. 순서는 4-2-1-3.

06 정답 2

완성문 休みは週に１回どころか月に１回取れればいいくらいです。

해석 휴가는 1주일에 한 번은 커녕 1달에 한 번 받으면 좋을 정도입니다.

해설 ～どころか는 ～은 커녕, 休みを取る는 휴가를 받다. 순서는 2-1-4-3.

07 정답 3

어휘 お隣(となり)さん 옆집

완성문 お隣さんから食べきれないほどたくさんのみかんをいただいた。

해석 옆집으로부터 다 먹을 수 없을 만큼 많은 귤을 받았다.

해설 ～きれないほど는 다～하지 못할 정도로, ～をいただく는 ～을 받다. 순서는 2-3-1-4.

08 정답 3

어휘 タワー 타워 | シンボル 심볼, 상징 | 親(した)しむ 친하다

완성문 このタワーは50年間にわたり町のシンボルとして人々に親しまれてきた。

해석 이 타워는 50년 간에 걸쳐서 마을의 상징으로서 사람들에게 사랑받아 왔다.

해설 ～にわたり는 ～에 걸쳐서, ～としては ～로서, ～に親しまれる는 ～에게 사랑을 받다. 순서는 1-2-3-4.

09 정답 4

어휘 風鈴(ふうりん) 풍경 | 揺(ゆ)れる 흔들리다 | 涼(すず)しげ 시원한 | 響(ひび)かせる 울리게 하다

완성문 風鈴が風に揺れて涼しげな音を響かせた。

해석 풍경이 바람에 흔들려서 시원한 소리를 냈다.

해설 涼しげな音는 시원한 소리, 音を響かせる는 소리를 울리게 하다, 소리를 내다. 순서는 1-2-4-3.

10 정답 3

어휘 未来(みらい) 미래

완성문 よりよい地球の未来のために、何もしないわけにはいかない。

해석 보다 좋은 지구의 미래를 위해서 아무것도 하지 않을 수는 없다.

해설 よりよい～のためには 보다 좋은 ～을 위해서, ～しないわけにはいかない는 ～하지 않을 수는 없다. 순서는 2-1-3-4.

글의 문법 완벽대비 문제 ❶ 회

문제 9 다음 문장을 읽고 문장 전체의 내용을 생각하여 [01] 부터 [05] 안에 들어갈 가장 알맞은 말을 1 · 2 · 3 · 4 가운데 하나 고르세요.

01 정답 1 **02 정답 3** **03 정답 2** **04 정답 4**
05 정답 1

해석

최근에는 어른뿐만 아니라 어린이 생활도 올빼미형이 되는 경향이 있습니다. 학원에서 돌아오는 시간이 늦거나 아버지의 귀가를 기다리는 등으로 저녁 식사가 늦어지면 취침시간도 자연히 늦어집니다. [이런 점 때문에], 기상시간이 늦어지거나 아침밥을 먹지 못하는 등과 같은 악순환이 되풀이되는 것입니다.

'[취침시간]'에 관한 어떤 조사에 의하면, 유아는 22시 이후에 자는 비율이 30%정도였는데 비해, 중학생의 약 50%와 고등학생 약 80%가 24시 이후에 자는 등, 청소년의 생활이 상당히 올빼미형으로 되었습니다. 밤늦게까지 공부하고 있는 학생도 많겠지만, 그저 잠을 못 이루고 멍하게 있는 아이도 있는 것 같습니다.

이러한 경향은 특히 여름방학이나 겨울방학이 되면 [더욱 더 심각해집니다]. 다음날 아침에 등교하지 않아도 되기 때문에 일찍 자려고도 하지 않고, 24시가 지나도 게임을 하거나 인터넷을 하거나 공부를 하는 것입니다. 그렇게 되면 기상이나 수면리듬이 깨져 버립니다.

충분한 수면이나 식사, 규칙적인 생활리듬과 같은 기본적인 생활습관이 깨져 버리면 몸이 나른해지고 집중력이 저하되는 경향이 있기 때문에 방학 중[이라도] 일찍 자고 일찍 일어나도록 유의할 필요가 있습니다.

규칙적인 생활습관은 자연스럽게 몸에 배는[것이 아닙니다]. 규칙적인 기상 · 수면 리듬이나 올바른 식습관의 중요성을 이해함으로써 비로소 몸에 배는 것입니다. 아이들 스스로의 의지력으로 올바른 생활습관을 유지할 수 있도록 노력해나 가는 일이 중요합니다.

어휘

夜型(よるがた) 올빼미형 | 傾向(けいこう) 경향 | 塾(じゅく) 학원 | 帰(かえ)り 귀가 | 起床(きしょう) 기상 | 悪循環(あくじゅんかん) 악순환 | 繰(く)り返(かえ)す 되풀이하다 | 幼児(ようじ) 유아 | 以降(いこう) 이후 | 割合(わりあい) 비율 | 青少年(せいしょうねん) 청소년 | 何(なん)となく 왠지 | ぼーっと 멍하니 | 深刻(しんこく) 심각 | 登校(とうこう) 등교 | 睡眠(すいみん) 수면 | リズム 리듬 | こわれる 깨지다 | 規則(きそく) 규칙 | 正(ただ)しい 바르다 | 基本的(きほんてき) 기본적 | 習慣(しゅうかん) 습관 | くずれる 무너지다 | だるい 나른하다 | 集中力(しゅうちゅうりょく) 집중력 | 低下(ていか)する 저하하다 | 早寝早起(はやねはやお)き 일찍 자고 일찍 일어나기 | 心(こころ)がける 유의하다, 명심하다 | 身(み)につく 몸에 배다 | 自(みずか)ら 스스로 | 意志力(いしりょく) 의지력 | 維持(いじ) 유지

글의 문법 완벽대비 문제 ❷ 회

문제 9 다음 문장을 읽고 문장 전체의 내용을 생각하여 [01] 부터 [05] 안에 들어갈 가장 알맞은 말을 1 · 2 · 3 · 4 가운데 하나 고르세요.

01 정답 2 **02 정답 4** **03 정답 3** **04 정답 1**
05 정답 2

해석

고령자 인구의 증가[와 더불어] 의료 · 복지업계의 반응은 신속하며, 제공되는 서비스도 다종다양하고 그 내용도 알차지만, 그에 비해 슈퍼 등 판매점의 대응은 뒤쳐져 있었습니다. 그러한 가운데 고령자에 대한 배려를 요구하는 목소리가 점점 높아져서 슈퍼마켓에서도 고령자를 위한 서비스 개선에 힘쓰기 시작했습니다.

구체적인 사례로는 우선 고령자 전용 계산대를 마련한 것입니다. 낮 시간에는 일부 계산대를 실버 전용으로 하여 천천히 [계산을 할 수] 있도록 했습니다. 이에 따라 "지불하는데 시간이 걸려서 다른 손님에게 폐를 끼치는 것 같아서 항상 불안했다"고 하는 노인도 어려움 없이 슈퍼에서 계산을 끝낼 수가 있습니다.

그리고 쇼핑용 카트도 [경량화]했습니다. 기존의 무게 약 9 킬로의 철제 카트를 약 5.5킬로의 알루미늄제로 바꾼 것입니다. 3.5킬로나 가벼워지면 손발이 약해진 노인들도 편하게 쇼핑을 할 수 있겠지요.

[이 밖에], 'Delica'를 '반찬', 'Fish'를 '생선' 등으로 안내판을 일본어로 바꾸고 글씨를 크게 하고, 저속 에스컬레이터를 도입하고, 낮은 진열대를 설치하고, 계단 높이의 차이를 구별하기 쉽도록 계단 색깔을 구별하는 등의 고안도 했습니다. 점원이 상품을 쇼핑봉지에 싸서, 주차장이나 근처 택시승강장까지 들어주면서 도와주기도 합니다. 이러한 고령자를 배려한 서비스는 아마 매상으로 이어지면서 앞으로 점점 [확산]되겠지요.

어휘

高齢者(こうれいしゃ) 고령자 | 人口(じんこう) 인구 | 増加(ぞうか) 증가 | 医療(いりょう) 의료 | 福祉(ふくし) 복지 | 業界(ぎょうかい) 업계 | 反応(はんのう) 반응 | 提供(ていきょう) 제공 | 多種多様(たしゅたよう) 다종다양 | 充実(じゅうじつ) 충실 | 販売店(はんばいてん) 판매점 | 対応(たいおう) 대응 | 配慮(はいりょ) 배려 | 改善(かいぜん) 개선 | 乗(の)り出(だ)す 나서다 | 具体的(ぐたいてき) 구체적 | 事例(じれい) 사례 | 専用(せんよう) 전용 | レジ 계산대 | 設(もう)ける 설치하다 | 昼間(ひるま) 낮 | 一部(いちぶ) 일부 | シルバー 실버 | 会計(かいけい) 회계 | 支払(しはら)い 지불 | もたつく 시간이 걸리다 | 迷惑(めいわく) 폐 | お年寄(としよ)り 노인 | 気兼(きが)ねなく 스스럼없이 | 済(す)ます 마치다 | 軽量化(けいりょうか) 경량화 | 従来(じゅうらい) 기존, 종래 | 重(おも)さ 무게 | 鉄製(てつせい) 철제 | カート 카트 | アルミニウム 알루미늄 | 入(い)れ替(か)える 교체하다 | 手足(てあし) 손발 | 惣菜(そうざい) 반찬 | 鮮魚(せんぎょ) 생선 | 案内板(あんないばん) 안내판 | 改(あらた)める 고치다 | 文字(もじ) 문자 | 低速(ていそく) 저속 | 導入(どうにゅう) 도입 | 陳列棚(ちんれつだな) 진열대 | 設置(せっち) 설치 | 段差(だんさ) 높이 | 区別(くべつ) 구별 | 色分(いろわ)け 색깔 구별 | 工夫

(くふう) 고안 | 袋詰(ふくろづ)めする 봉지에 싸다 | 乗(の)り場(ば) 승강장 | 運(はこ)ぶ 나르다 | 手伝(てつだ)う 돕다 | 売(う)り上(あ)げ 매상 | つながる 이어지다 | 今後(こんご) 앞으로

글의 문법 완벽대비 문제 ③ 회

문제 9 다음 문장을 읽고 문장 전체의 내용을 생각하여 01 부터 05 안에 들어갈 가장 알맞은 말을 1 · 2 · 3 · 4 가운데 하나 고르세요.

01 정답 2　02 정답 4　03 정답 1　04 정답 3
05 정답 1

해석

방이 어질러져 있으면 "이제 슬슬 치워야지"라든가 "청소할까"라고 하는데, '치우기'와 '청소'는 뜻이 다르다. 쓸거나 닦거나 해서 쓰레기나 먼지, 때 등을 제거하는 것이 '청소'이고, 어질러져 있는 것을 원래 상태로 되돌려 놓는 것이 '치우기'이다. 그러므로, 생활하다 보면 아무래도 쓰레기나 먼지가 쌓이기 때문에 '청소'는 시간을 들여서 하는 것이지만, '치우기'는 다 사용한 것을 원래 위치에 돌려놓을 뿐이라서 특별히 시간을 들이지 않아도 될 것 같이 생각한다.

그러나 깔끔한 성격인 사람이라면 모르겠지만, 방이 어질러진 것을 그다지 신경 쓰지 않는 사람이나 치우는 습관이 몸에 배어 있지 않은 사람에게 있어서 '치우기'는 그렇게 쉽게 할 수 있는 일이 아니다. 치워야지 생각하면서도 좀처럼 치울 의욕이 안 나거나, 치우고 싶어도 어디서부터 손을 대야 할지 모르거나 하기 때문이다.

전문가에 의하면, '치우기'에 익숙해지기 위해서 몇 가지 요령이 있다고 한다. 그것은 10분만 움직여 보자고 생각하는 것, 그리고 수납장소를 확보해 두는 것이다. 의욕이 없더라도 '우선 10분만'이라고 생각하면 의외로 무거운 엉덩이를 자리에서 떼게 되며, 물건을 넣을 장소를 미리 정해 두면 망설임 없이 곧바로 수납할 수 있기 때문이다.

어휘

普段(ふだん) 평소 | 散(ち)らかる 어질다 | 片付(かたづ)ける 치우다 | 言(い)い分(わ)ける 구별하다 | はく 쓸다 | ふく 닦다 | ごみ 쓰레기 | ほこり 먼지 | 汚(よご)れ 때 | 取(と)り去(さ)る 제거하다 | 散(ち)らばる 어질러지다 | 状態(じょうたい) 상태 | チリ 쓰레기 | 溜(た)まる 쌓이다 | 元(もと)の位置(いち) 원위치 | やる気(き) 의욕 | 手(て)を付(つ)ける 손을 쓰다 | コツ 요령 | 収納(しゅうのう) 수납 | キープする 확보하다 | 意外(いがい)と 의외로 | 腰(こし) 허리 | しまう 치우다 | 前(まえ)もって 미리 | 迷(まよ)う 망설이다 | 収(おさ)める 수납하다

글의 문법 완벽대비 문제 ④ 회

문제 9 다음 문장을 읽고 문장 전체의 내용을 생각하여 01 부터 05 안에 들어갈 가장 알맞은 말을 1 · 2 · 3 · 4 가운데 하나 고르세요.

01 정답 1　02 정답 3　03 정답 2　04 정답 4
05 정답 1

해석

자동차 사회라고 불리는 오늘날, 우리의 일상생활 속에서 자동차 없는 생활은 생각할 수 없습니다. 그만큼 자동차를 운전하는 한 사람 한 사람은 안전운전을 명심해야 합니다. 물론 모든 사람이 안전에 조심하면서 날마다 핸들을 잡고 있을 것입니다. 하지만 안타깝게도 교통사고는 현재 일어나고 있으며, 매년 수많은 귀중한 목숨을 잃거나, 다치거나 합니다.

만약에 우리 가정이, 그리고 우리 자신이 교통사고를 당했다고 생각해 보십시오. 그러면 보다 안전운전을 명심해야지 하는 생각이 들 것입니다. 도로를 통행하는 누군가에 대해서도 우리 가족과 같다는 따뜻한 마음을 가지고 운전한다면 더욱더 교통사고를 줄일 수 있음에 틀림없습니다.

교통사고는 사고를 당한 피해자뿐만 아니라 그 가족조차 불행하게 만드는 것입니다. 또한 가해자나 그 가족도 무거운 짐을 지게 됩니다. 항상 인간 생명의 소중함을 염두에 두는 안전운전을 합시다.

교통질서는 모든 사람이 도로를 안전하게, 그리고 원활하게 이용하기 위한 최소한도의 규정을 정한 것입니다. 하지만 실제로 핸들을 잡으면 그것만으로는 해결할 수 없는 경우가 많이 생깁니다. 이를 원활하게 해결하는 것이 '배려'와 '양보'하는 마음입니다. 타인을 배려하는 운전으로 보다 쾌적한 자동차 사회가 되도록 다같이 협력해 갑시다.

어휘

日常生活(にちじょうせいかつ) 일상생활 | 無(な)し 없음 | 心(こころ)がける 명심하다 | 求(もと)める 요구하다 | 気(き)をつける 조심하다 | 日々(ひび) 날마다 | 握(にぎ)る 쥐다 | 現実(げんじつ) 현실 | 尊(とうと)い 존엄하다 | 失(うしな)う 잃다 | 怪我(けが) 다침, 부상 | 通行(つうこう)する 통행하다 | 減(へ)らす 줄이다 | 被害者(ひがいしゃ) 피해자 | 不幸(ふこう) 불행 | 加害者(かがいしゃ) 가해자 | 荷(に)を背負(せお)う 짐을 지다 | 念頭(ねんとう)に置(お)く 염두에 두다 | 円滑(えんかつ) 원활 | 最小限度(さいしょうげんど) 최소한도 | 決(き)まり 규정 | 解決(かいけつ) 해결 | 円満(えんまん) 원만 | 思(おも)いやり 배려 | ゆずりあい 양보 | 快適(かいてき) 쾌적 | 協力(きょうりょく)する 협력하다

글의 문법 완벽대비 문제 ⑤ 회

문제 9 다음 문장을 읽고 문장 전체의 내용을 생각하여 [01] 부터 [05] 안에 들어갈 가장 알맞은 말을 1·2·3·4 가운데 하나 고르세요.

01 **정답 3**　02 **정답 3**　03 **정답 2**　04 **정답 3**
05 **정답 4**

해석

어느 나라에나 날씨에 관한 전설이 있기 마련이다. 일본도 예외는 아니다. 농경사회에서는 날씨는 수확에 상당히 중요하다. 지금과 같은 일기예보 시스템도 TV도 없는 시절의 사람들은 여러 가지 [자연현상]으로부터 내일의 날씨를 점쳤다. [특히] 비는 작물의 순조로운 생육에 없어서는 안 되는 것이라서 비의 예조에 민감했을 것이라는 것은 비에 관한 전설이 많은 점에서도 엿볼 수 있다.

그 중에서도 '고양이가 얼굴을 씻으면 비가 온다'는 것은 유명하다. 고양이는 자주 앞발을 핥고 그것으로 얼굴을 비비는 동작을 반복한다. 이를 가리켜 '고양이가 얼굴을 씻는다'고 한다. 실은 이것은 입 주변이나 수염에 붙은 먹이의 냄새를 지우는 것이 목적인데, 얼굴보다는 수염을 깨끗하게 정돈하기 위한 것 같다. 고양이에게 있어서 수염은 레이저나 안테나 역할을 하는 중요한 기관이다. 비가 올 때쯤 습기가 많으면 소중한 수염이 밑으로 쳐지기 때문에 꼿꼿하게 유지하기 위해서 정돈하는 것 같다. 그래서 '고양이가 얼굴을 씻는다'고 하는 것은 '습기가 많다'는 것과 연결되며, 이는 [머지 않아] '비가 온다'는 전설이 되었을 것이다. [단], 고양이가 얼굴을 씻으면 반드시 비가 오느냐 하면, 꼭 그렇지도 않은 것 같다. 왜냐하면 고양이는 먹이만 있으면 얼굴을 씻는데, 그 때마다 비가 온다면 매일 [비가 오게 되어 버린다].

어휘

天気(てんき) 날씨 | 言(い)い伝(つた)え 전설 | 例外(れいがい) 예외 | 農耕社会(のうこうしゃかい) 농경사회 | 収穫(しゅうかく) 수확 | 予報(よほう) 예보 | 自然現象(しぜんげんしょう) 자연현상 | 占(うらな)う 점치다 | 作物(さくもつ) 작물 | 順調(じゅんちょう) 순조롭다 | 生育(せいいく) 생육 | 欠(か)かせない 빠뜨릴 수 없다 | 予兆(よちょう) 예조 | 敏感(びんかん)だ 민감하다 | うかがう 엿보다 | なめる 핥다 | こする 비비다 | 動作(どうさ) 동작 | 繰(く)り返(かえ)す 반복하다 | 指(さ)す 가리키다 | ヒゲ 수염 | えさ 먹이 | 匂(にお)い 냄새 | 整(ととの)える 정돈하다 | レーダー 레이저 | 役割(やくわり)を果(は)たす 역할을 다하다 | 器官(きかん) 기관 | 湿気(しっけ) 습기 | 垂(た)れる 처지다 | ピンと 꼿꼿하게 | 張(は)る 뻗다 | 暇(ひま) 틈

넷째마당 | 독해편

단문이해 완벽대비 문제 ① 회

문제 10 다음 문장을 읽고 다음 질문의 답으로 가장 알맞은 것을 1·2·3·4 중에서 하나 고르세요.

01 **정답 3**

해석

'성공하는 사람'과 '성공하지 않는 사람'의 가장 큰 차이는 무엇일까? 내가 지금까지 봐온 '성공하는 사람'에 공통된 특징은 '찾아온 찬스를 놓치지 않고 잡는다'는 것이다. 갑자기 찬스가 찾아왔을 때, 어쨌든 과감하게 해보는 것이다. 실패를 두려워하여 주저하거나, 막연(주1)하게 언제가는 되겠지 생각만 하면서 좀처럼 시작하지 않고 있으면 언제까지나 상황이 달라지지 않는다. 기회가 찾아왔을 때 실패에 대한 두려움이나 자신의 결점으로부터 달아나지 않는 사람이 '성공'을 손에 쥘 수 있는 사람이 되는 것이다.

(주1) 막연 : 어렴풋하여 확실하지 않은 모양

문제 필자가 본 '성공하는 사람'의 특징은 어떤 것인가?
1 언젠가 성공하리라는 의식을 계속 지니고 있다.
2 실패를 피하고, 확실하게 붙잡을 수 있는 성공의 기회를 기다릴 수 있다.
3 좋은 기회가 있으면 그것을 놓치지 않고 적극적으로 행동한다.
4 좋은 스타트를 끊기 위한 방법을 생각해 낼 수 있다.

어휘

成功(せいこう) 성공 | 違(ちが)い 차이 | 共通(きょうつう)する 공통되다 | 特徴(とくちょう) 특징 | 訪(おとず)れる 찾아오다 | チャンス 찬스 | 逃(のが)す 놓치다 | つかむ 잡다 | 突然(とつぜん) 갑자기 | 思(おも)い切(き)って 과감히 | 恐(おそ)れる 두려워하다 | ためらう 주저하다 | 漠然(ばくぜん)と 막연하게 | 経(た)つ 경과하다 | 状況(じょうきょう) 상황 | 機会(きかい) 기회 | 欠点(けってん) 결점 | 避(さ)ける 피하다 | 見逃(みのが)す 놓치다 | 積極的(せっきょくてき) 적극적

해설

일반적인 이야기가 아닌, 필자가 생각하는 '성공하는 사람'의 특징을 고르는 문제이다. 서두에서 '찾아온 찬스를 놓치지 않고 잡는 것'이라고 하면서 실패를 두려워하지 않고 과감하게 도전해 보는 것을 권하고 있다. 기회가 찾아왔을 때 실패에 대한 두려움이나 자신의 부족한 부분 때문에 포기해 버리거나 하지 않는 사람이 바로 성공할 수 있는 사람이라고 한다. 본문에서는 チャンス라고 했으나, 선택지에서는 機会로 대체했다. 정답은 좋은 기회가 있으면 놓치지 않고 적극적으로 행동한다고 한 3번이다.

02 **정답 4**

해석

거짓말을 하는 것은 나쁜 일이다. 우리는 어릴 적부터 그렇게 배워 왔고 그것이 당연하다고 생각해 왔다. 하지만 모든 거짓말이 나쁜 것은 아니라는 것도 우리는 경험상 알고 있다. 어느 정도의 거짓말은 원활(주1)한

커뮤니케이션에는 필요하며, 반대로 사람들에게 진심밖에 이야기하지 않는다면 여기저기에서 싸움만 일어나고 말 것이다.

또한 어느 조사에 의하면 사람은 호의를 가진 이성 앞에서 가장 많은 거짓말을 한다고 한다. 이는 상대방을 속인다기 보다는 그저 자기자신을 잘 보이게 하기 위한 것이거나, 상대방의 기분을 해치지 않도록 신경을 쓴 나머지 생기게 되는 결과라고 할 수 있다. 이와 같이 거짓말이라고 해도 여러 가지가 있는 것 같다.

(주1) 원활 : 일이 잘 풀리는 것

문제 필자는 거짓말은 어떤 것이라고 말하고 있는가?

1 좋은 인간관계를 쌓기 위하여 반드시 필요한 것이다.
2 거짓말을 하는 것은 인간으로서 좋지 않은 일이다.
3 거짓말을 해도 결국 들켜 버리며, 그것이 싸움의 원인이 된다.
4 배려하는 마음에서 나온 것 등, 용서가 되는 범위의 것도 있다.

어휘

嘘(うそ)をつく 거짓말하다 | 幼(おさな)い 어리다 | 経験上(けいけんじょう) 경험상 | 円滑(えんかつ) 원활 | 本心(ほんしん) 본심 | けんか 싸움 | 好意(こうい) 호의 | 異性(いせい) 이성 | だます 속이다 | 害(がい)す 해치다 | 気遣(きづか)う 신경 쓰다 | 築(きず)く 쌓다 | ばれる 들키다 | 原因(げんいん) 원인 | 配慮(はいりょ) 배려 | 許(ゆる)す 용서하다 | 範囲(はんい) 범위

해설

일반적으로 거짓말은 나쁜 것이지만, 필자가 생각하는 거짓말이 어떤 것인지를 묻는 문제이다. 어느 정도의 거짓말은 원활한 커뮤니케이션을 위해서 필요하며, 상대방의 기분을 해치지 않게 하기 위해서도 종종 쓰이는 것이라고 한다. 정답은 상대방을 배려하는 마음에서 나온 것 등 충분히 용서할 수 있는 범위의 것들도 있다고 한 4번이다.

03 정답 2

해석

캠페인 소식

이전부터 저희 호텔에서는 숙박하신 손님께 포인트 카드를 무료로 발행해 왔습니다. 이 카드는 1박하실 때마다 1포인트를 드리며, 10포인트가 모이면 1장당 1박에 해당하는 숙박요금을 서비스하는 것입니다. 그런데 이번에 더욱더 이득이 되는 캠페인으로서 6월부터 9월 사이에 친구 1분을 소개해 주시면, 친구분은 물론 회원님께도 1포인트를 드립니다. 이 기회에 많은 친구를 소개해 주시기 부탁 드립니다.

문제 캠페인이란 어떤 내용인가?

1 친구를 소개하면 본인이 1박 무료로 호텔에 숙박할 수 있다.
2 친구를 소개하면 본인도 친구도 1포인트를 모을 수 있다.
3 6월부터 9월까지라면 포인트 카드를 무료로 발행할 수 있다.
4 10포인트를 모으면 본인도 친구도 1박 호텔에 무료로 숙박할 수 있다.

어휘

キャンペーン 캠페인 | お知(し)らせ 소식 | 宿泊(しゅくはく) 숙박 | ポイントカード 포인트 카드 | 無料(むりょう) 무료 | 発行(はっこう)する 발행하다 | 毎(ごと) ~마다 | 差(さ)し上(あ)げる 드리다 | たまる 모이다 | お得(とく) 득이 되는 | 会員(かいいん) 회원

해설

이번에 하게 되는 캠페인이 어떤 내용인지를 묻는 문제이다. 포인트 카드는 예전부터 발급해 왔고, 1박할 때마다 포인트가 추가되고, 그 포인트가 쌓이면 숙박 서비스가 주어지기도 한다. 그런데 이번 6월~9월까지 손님을 소개할 때마다 본인과 친구에게 포인트가 주어지는 캠페인을 벌인다고 하는 내용이다. 정답은 친구를 소개하면 본인과 친구가 각각 1포인트씩 모을 수 있다고 한 2번이다.

04 정답 4

해석

대학입시에서는 매년 많은 우수한 수험생들이 의학부를 지원합니다. 이는 의사라는 직업이 안정되고 높은 수입을 얻을 수 있다는 이유뿐만 아니라, 인간의 목숨을 구하는 존엄한 일이며, 사회적으로도 필요하고 보람을 느낄 수가 있기 때문이기도 할 것입니다.

그들에게는 졸업 후에, 의사가 되고자 한 처음 생각을 잃지 않고, 개인적인 성공이나 명예뿐만 아니라 의료기술이나 의료계 전반을 발전시키고자 하는 사명감을 가진 인물로 성장해 줬으면 하고 생각합니다.

문제 필자는 의사에 대해서 어떤 것을 바라고 있는가?

1 의학부를 졸업하는 그날까지 우수한 성적을 유지해 줬으면 한다.
2 개인의 생활보다는 의학계의 발전을 위해서 일해 줬으면 한다.
3 수입에 얽매이지 않고 보람 있는 일을 계속 해 줬으면 한다.
4 초심을 잃지 않고 의료에 공헌할 수 있는 인재로 성장하기 바란다.

어휘

入試(にゅうし) 입시 | 受験生(じゅけんせい) 수험생 | 志願(しがん) 지원 | 医者(いしゃ) 의사 | 職業(しょくぎょう) 직업 | 安定(あんてい) 안정 | 高収入(こうしゅうにゅう) 고수입 | 命(いのち) 목숨 | 助(たす)ける 구하다 | 尊(とうと)い 존엄하다 | やりがい 보람 | 名誉(めいよ) 명예 | 医療技術(いりょうぎじゅつ) 의료기술 | 全般(ぜんぱん) 전반 | 発展(はってん) 발전 | 使命感(しめいかん) 사명감 | 人物(じんぶつ) 인물 | 望(のぞ)む 바라다 | 保(たも)つ 유지하다 | こだわる 집착하다 | 初心(しょしん) 초심 | 貢献(こうけん) 공헌 | 人材(じんざい) 인재

해설

필자가 의사에게 바라는 점이 무엇인지 묻는 문제이다. 의사가 인기가 많은 이유에 대해서 서두에서 언급한 후에 후반부에서는 필자의 바람을 이야기하고 있다. 즉 우수한 성적을 거두어 의학부에 입학한 사람들이 졸업 후에 그들의 개인적인 성공이나 명예뿐만 아니라, 의료기술이나 의료계 전반의 발전에 기여하는 인물이 되었으면 한다는 내용의 글이다. 2번은 개인의 '생활보다'가 아니라 '생활뿐만 아니라'라고 했다면 정답일 수 있다. 정답은 초심을 잃지 않고 의료계에 공헌할 수 있는 인재가 되었으면 한다는 4번이다.

05 정답 3

해석

발리섬의 장례식은 슬픔과는 동떨어져 있고 마치 축제와 같은 분위기가 있으며, 이 의식을 보러 가는 관광투어까지 있다. 이곳 주민에게 있어서 죽음은 괴로움으로 가득 찬 몸과 마음을 편안하게 해 주는 것이다. 그리고 화장(주1)이라는 연소(주2) 행위를 통해서 비로소, 영혼(주3)은 육체로부터 해방된다고 믿고 있기 때문에, 장례식에 참가한 사람들의 얼굴에는 기쁨과 미소로 가득 차 있다. 검은 상복을 입고 슬픔에 잠겨 있는 우리들의 장례식과는 전혀 대조적이다.

(주1) 화장 : 시체를 불로 태우는 장례법
(주2) 연소 : 타는 것
(주3) 영혼 : 마음. 정신

문제 발리섬의 장례식은 어떻다고 하는가?

1 검은 의상을 입고 죽은 사람을 그리워하면서 조용한 분위기에서 의식을 치른다.
2 죽음은 괴로움의 시작이기 때문에 죽은 사람을 생각하며 슬픔을 온몸으로 표현한다.
3 죽음으로써 괴로움으로부터 해방된다고 믿으며, 죽은 사람을 위해 기쁨을 표현한다.
4 죽은 사람으로 인해 더 이상 고통을 받지 않아도 된다고 생각하기 때문에 미소로 가득 차 있다.

어휘

バリ島(とう) 발리섬 | お葬式(そうしき) 장례식 | かけ離(はな)れる 동떨어지다 | 祭(まつ)り 축제 | 雰囲気(ふんいき) 분위기 | 儀式(ぎしき) 의식 | 観光(かんこう)ツアー 관광투어 | 住民(じゅうみん) 주민 | 満(み)ちる 가득 차다 | 安(やす)らか 편안하다 | 火葬(かそう) 화장 | 燃焼(ねんしょう) 연소 | 行為(こうい) 행위 | 魂(たましい) 혼 | 肉体(にくたい) 육체 | 解放(かいほう) 해방 | 信(しん)じる 믿다 | 参加(さんか) 참가 | 喜(よろこ)び 기쁨 | 微笑(ほほえ)み 미소 | 喪服(もふく) 상복 | 沈(しず)む 잠기다 | 対照的(たいしょうてき) 대조적 | 衣装(いしょう) 의상 | 亡(な)くなる 죽다 | 懐(なつか)しむ 그리워하다 | 全身(ぜんしん) 온몸 | 表現(ひょうげん)する 표현하다 | 苦(くる)しめる 괴롭히다

해설

발리섬의 장례식이 어떤지를 묻는 문제이다. 발리섬의 장례식은 여느 나라의 슬픔에 잠긴 장례식과는 달리, 죽음을 통해 이 세상에서 겪었던 괴로움이 모두 사라지고 몸과 마음이 편해지는 것을 다같이 기뻐하는 의식이라고 생각한다. 1번은 우리가 흔히 보는 장례식이며, 2번 죽음은 괴로움에서 벗어나는 일이라고 했고, 4번 죽은 사람 때문에 받는 고통에 대한 언급은 없었다. 정답은 죽음을 통해 괴로움으로부터 해방된다고 믿고 죽은 사람을 위해 기쁨을 표현한다고 한 3번이다.

중문이해 완벽대비 문제

문제 11 다음 문장을 읽고 다음 질문의 답으로 가장 알맞은 것을 1 · 2 · 3 · 4 중에서 하나 고르세요.

01 **문제 1 정답 4** **문제 2 정답 2** **문제 3 정답 2**

해석

여름을 타는 것을 방지하는 음식이라 하면, 누구나 장어를 떠올릴 것이다. 기력이 딸릴 때 장어를 먹는 습관은 일본에서는 아주 오래되어서 나라시대(주 1)까지 거슬러 올라간다. 이 시대에 만들어진 시집 "만요슈"(주 2)에 당시 사람들이 영양을 보충하기 위하여 장어를 먹었다는 것을 알 수 있는 노래가 있는 것이다. 이와 같이 장어는 예부터 ①일본의 음식문화와 깊은 관련이 있는 생선인 것이다.

에도시대(주3)에는 여름 '복날'(주4)에 장어를 먹는 습관이 시작되어 현재까지 이어지고 있다. 이 날은 현재 달력으로 말하자면 7월 하순에 해당한다. 더위가 심해져서 더위를 먹게 되는 사람이 나오기 시작하는 이 즈음에 각종 비타민을 비롯하여 지방도 단백질도 풍부하게 포함되어 있는 장어를 먹는 습관이 만들어진 것은 ②멋진 선조들의 지혜라고 할 수 있다.

그런데 이 장어 조리법은 간토 지방과 간사이 지방에서 꽤 차이가 난다. 가장 큰 차이는 가르는 방법인데, 간토에서는 등을 가르는데 비해, 간사이에서는 배를 가른다. 이는 무사사회인 에도는 '배를 자르다'고 하면 '할복'을 연상하기 때문에 재수가 없다(주5)고 생각했고, 상인 도시였던 오사카에서는 '속마음을 드러내 놓고(주6) 정직하게 이야기하면서 장사를 하는 것이 좋다'고 생각했기 때문이라고 한다. 이와 같은 이야기가 전해지는 것도 장어가 오랜 기간 사람들에게 친숙했던 증거일 것이다.

(주 1) 나라시대 : 일본의 710년부터 794년까지의 시대
(주 2) 만요슈 : 나라시대에 만들어진 일본에서 가장 오래된 노래집
(주 3) 에도시대 : 일본의 1603년부터 1867년까지의 시대
(주 4) 도요의 소의 날 : 도요(입추 전 18일 간)중에서 12간지가 소인 날
(주 5) 달력
(주 6) 재수가 없다 : 좋지 않은 일이 일어날 것 같음
(주 7) 본심을 드러내 놓다

문제 1 ①일본의 음식문화와 깊은 관련이 있는 생선이란 어떤 것인가?

1 장어는 예부터 일본에 많이 생식했었다.
2 장어는 일본 옛날 이야기에도 등장하며 친숙했다.
3 장어 조리법은 예부터 일본 전국에서 연구되어 왔다.
4 장어의 영양가는 이전부터 알려졌으며 먹어 왔다.

문제 2 ②멋진 선조의 지혜란 어떤 것인가?

1 장어를 맛있게 먹는 법을 알고 있었다.
2 장어를 효과적으로 먹는 법을 알고 있었다.
3 장어로 인한 질병 치료법을 알고 있었다.
4 장어를 식용 이외에도 많이 활용해 왔다.

문제 3 장어 조리법이 간토와 간사이에서 어떻게 다른가?

1 간토에서는 장어가 재수 없는 것이라 여겨졌다.
2 간토에서는 장어라 할지라도 배를 자르는 것 자체를 싫어했다.
3 간사이에서는 장어 배를 가르는 편이 맛있다고 여겨졌다.

4 간사이에서는 장어의 등을 가르면 장사를 실패한다고 생각했었다.

어휘

夏(なつ)バテ 더위 먹기 | 防止(ぼうし) 방지 | ウナギ 장어 | 思(おも)い浮(う)かべる 떠올리다 | 奈良時代(ならじだい) 나라시대 | さかのぼる 거슬러 올라가다 | 詩集(ししゅう) 시집 | 万葉集(まんようしゅう) 만요슈 | 栄養(えいよう) 영양 | 関(かか)わり 연관 | 江戸時代(えどじだい) 에도시대 | 暦(こよみ) 달력 | 下旬(げじゅん) 하순 | 各種(かくしゅ) 각종 | 脂肪(しぼう) 지방 | たんぱく質(しつ) 단백질 | 豊富(ほうふ) 풍부 | 先祖(せんぞ) 선조 | 知恵(ちえ) 지혜 | 関東(かんとう) 간토, 에도(지금의 도쿄)를 중심으로 한 동부권 | 地方(ちほう) 지방 | 関西(かんさい) 간사이, 오사카를 중심으로 한 서부권 | 裂(さ)く 자르다 | 背中(せなか) 등 | 腹(はら) 배 | 武家(ぶけ) 무가, 무사 | 切腹(せっぷく) 할복 | 連想(れんそう)する 연상하다 | 縁起(えんぎ)が悪(わる)い 재수가 없다 | 商人(しょうにん) 상인 | 大阪(おおさか) 오사카 | 割(わ)る 자르다 | 商売(しょうばい) 장사 | 証拠(しょうこ) 증거 | 生息(せいそく) 생식 | 昔話(むかしばなし) 옛날 이야기 | 登場(とうじょう) 등장 | 効果的(こうかてき) 효과적 | 食用(しょくよう) 식용 | 活用(かつよう) 활용 | 自体(じたい) 자체

해설

문제 1 장어가 일본 음식문화와 깊은 관련이 있다는 것이 무슨 뜻인지 묻는 문제이다. 앞 문장에서 허약해졌을 때 영양 보충을 위해 장어를 먹었다는 기록이 나라시대의 시집에도 남아 있다고 했으므로, 오래 전부터 장어에 영양가가 있다는 것이 알려져서 먹어 왔다고 한 4번이 정답이다.

문제 2 멋진 선조의 지혜가 무엇인지 묻는 문제이다. 앞 문장에서 무더운 여름에 더위를 먹지 않도록 하기 위해서 이 즈음에 각종 비타민과, 지방, 단백질이 풍부한 장어를 먹는 습관이 만들어 졌다고 했으므로, 장어를 효과적으로 먹는 방법을 알고 여름 더위를 이겨냈으므로 정답은 2번이다.

문제 3 간토 지방과 간사이 지방의 장어 조리법의 차이점을 묻는 문제이다. 마지막 단락을 보면, 간토에서는 등을 가르고, 간사이에서는 배를 가르는데, 그 이유로는 무사사회인 간토에서 배를 가르면 '할복'을 의미하므로 금기시하여 등을 갈랐고, 상인사회인 간사이에서는 '배를 가르다'가 '허심탄회하게 말하다'는 뜻이므로 좋은 의미로 해석되어 배를 갈랐다고 한다. 정답은 간토에서는 인간이 아닌 장어라 할지라도 배를 자르는 것을 싫어했다고 한 2번이다.

02 **문제 1** **정답 3** **문제 2** **정답 4** **문제 3** **정답 1**

해석

역사상 최강의 군대는 뭐니뭐니 해도 몽골군이라고 할 수 있을 것이다. 전투력은 물론 객관적인 수치인 정복지의 넓이도 따라올 자가 없으며, 정복하기까지 걸린 기간도 꽤 짧다.

그런데 그런 몽골군의 수는 불과 10만 명 남짓. 정말로 적은 수로 ①<u>아시아와 유럽을 뒤흔들어 놓았다</u>. 어찌하여 몽골군은 이렇게 강했던 것일까?

그 이유로 들 수 있는 것은 우선 몽골군은 죽음을 두려워하지 않는다는 것이다. 전사한 자는 영웅이 되는 것으로 여겨지며, 싸움 중에 죽는 일을 영광으로 생각한 것이다. 또한 그들은 싸움터에 가족과 함께 향했다. 바로 뒤에 사랑하는 가족이 있었기 때문에 죽을 힘을 다해서 싸울 수밖에 없었다.

그리고 마지막으로 잊어서는 안될 것이 말이다. 병사에게는 1인당 10마리나 되는 말이 주어졌기 때문에 모두 합하여 100만 대군이 된다. 이로써 적은 병사 수를 극복했다. 또한 타고 있던 말이 지치면 잇달아 다른 힘이 넘치는 말로 갈아탔고, 계속 돌진함으로써 적의 허를 찌르는 속도로 전장에 도착하여 공격할 수가 있었다. 이와 같이 하여 그들은 경이적인 파괴력과 기동성을 발휘하여 적은 인원수임에도 불구하고 역사의 무대 위로 등장했던 것이다.

문제 1 ①<u>아시아와 유럽을 뒤흔들어 놓았다</u>는 것은 어떤 의미인가?
1 대군의 이동으로 대지가 흔들릴 정도였다.
2 동경하는 몽골군의 등장으로 인해 마음이 흔들렸다.
3 세상에 놀라움과 두려움을 불러일으켰다.
4 말을 타고 달리다 보면 몸이 흔들려 버린다.

문제 2 몽골군이 최강의 군대가 될 수 있었던 이유로서 알맞은 것은 어느 것인가?
1 가족과 함께 죽는 일을 두려워하지 않았기 때문에
2 여행지에서 죽는 것은 영광이었기 때문에
3 약해져 버린 말을 식량으로 삼았기 때문에
4 말을 사용함으로써 약점을 극복할 수 있었기 때문에

문제 3 몽골군에게 있어서 말은 어떤 존재였었나?
1 군의 전력을 배가시켜 주는 든든한 존재
2 얼마든지 대용품이 있는 쓰다가 버릴 수 있는 존재
3 싸움터에서 자기 대신에 싸워 주는 존재
4 가족처럼 소중히 여기고 지켜야 하는 존재

어휘

最強(さいきょう) 최강 | 軍隊(ぐんたい) 군대 | モンゴル軍(ぐん) 몽골군 | 戦闘力(せんとうりょく) 전투력 | 客観的(きゃっかんてき) 객관적 | 数値(すうち) 수치 | 征服地(せいふくち) 정복지 | 群(ぐん)を抜(ぬ)く 뛰어나다 | 揺(ゆ)るがす 뒤흔들다 | 恐(おそ)れる 두려워하다 | 戦死(せんし) 전사 | 英雄(えいゆう) 영웅 | 光栄(こうえい) 영광 | 戦場(せんじょう) 싸움터 | 死(し)に物狂(ものぐる)い 죽을 힘을 다해 | 兵士(へいし) 병사 | 総数(そうすう) 모두 합한 숫자 | 克服(こくふく) 극복 | 突進(とっしん) 돌진 | 敵(てき) 적 | 不意(ふい)をつく 허를 찌르다 | 攻撃(こうげき) 공격 | 驚異的(きょういてき) 경이적 | 破壊力(はかいりょく) 파괴력 | 機動性(きどうせい) 기동성 | 発揮(はっき)する 발휘하다 | 舞台(ぶたい) 무대 | 躍(おど)り出(で)る 등장하다 | 震(ふる)える 흔들리다 | 憧(あこが)れ 동경 | 呼(よ)び起(お)こす 불러일으키다 | 食糧(しょくりょう) 식량 | 弱点(じゃくてん) 약점 | 倍増(ばいぞう) 배가 | 存在(そんざい) 존재 | 代用品(だいようひん) 대용품 | 使(つか)い捨(す)て 쓰고 버리는

해설

문제 1 몽골군이 적은 숫자로 아시아와 유럽을 뒤흔들어 놓았다는 것이 어떤 의미인지 묻는 문제이다. 앞 단락에서 몽골군은 최강의 전투력으로 세계 곳곳을 정복하였다고 했는데, 여기서 세상을 뒤흔들어 놓았다는 것은 바로 세상에 놀라움과 두려움을 불러일으켰다는 의미이다. 따라서 정답은 3번이다.

문제 2 몽골군이 최강의 군대가 될 수 있었던 이유를 묻고 있는데, 본문을 보면 3가지를 들고 있다. 죽음을 두려워하지 않았고, 가족과 함께 싸움터로 향했고, 1인당 10마리나 주어진 말의 기동성을 들 수 있다. 1번 가족과 함께 죽는 것을 두려워하지 않은 것은 아니며, 2번 여행지도 적합하지 않고, 3번 말을 식량으로 삼았다는 이야기는 없었다. 정답은 말을 사용함으로써 군사가 소수라는 약점을 극복할 수 있었기 때문이라고 한 4번이다.

문제 3 몽골군에게 있어서 말이 어떤 존재였는지 묻는 문제이다. 말은 적은 병사 수를 커버해 주는 역할을 했으며, 적진으로 쳐들어갈 때 대기중인 힘찬 말로 잇따라 갈아타면서 경이적인 파괴력과 기동성을 발휘했다고 하였다. 2번 말이 피곤해지면 다른 말로 갈아타기는 했지만 말을 사용하다가 버려 버린 것은 아니며, 3번 싸움터에서는 말과 병사도 함께 싸웠지 병사대신에 말이 싸운 것은 아니고, 4번 병사가 가족처럼 말을 꼭 지켜줘야 한다는 이야기는 없었다. 본문에서는 병사가 적은 군의 전력을 배가시켜주는 강한 아군으로서의 역할을 강조했으므로 정답은 1번이다.

03 **문제 1 정답 3** **문제 2 정답 1** **문제 3 정답 1**

해석

심리학은 마음의 다양한 역할을 연구하는 학문이며, 사람의 행동을 과학적으로 탐구하는 것입니다. 그 중에서 색채심리학은 색깔을 통해 과학적으로 마음의 움직임을 알고, 여러 가지 마음의 문제를 해결하는 일에 도움이 되고 있습니다. 색깔에 의해 사람이 어떤 영향을 받는지를 안다면 색깔로 휘둘리는 일도 적어지고, 스스로도 더 효과적으로 색깔을 활용할 수가 있습니다.

또한 사람이 어떤 색깔을 좋아하고, 어떤 색깔을 싫어하는지로 마음의 기본적인 성격도 알게 됩니다. 사람과 색깔의 관계를 잘 알게 되면, 사람 그 자체의 행동이나 성질이 눈에 보이게 됩니다. 더욱이 ①색깔을 사용하여 누군가 다른 사람의 마음을 움직이게 할 수도 있는 것입니다.

최근에 이 색채심리가 많은 분야에서 활용되고 있습니다. 예를 들면 점포가 효율적으로 사람들을 모으고, 판매를 촉진시키고 회전율을 올리는 일 등에 활용되고 있습니다. 또한 상품 포장 색깔은 상품의 이미지 향상이나 구매 동기 유발도 되어, 간판이나 전단지 세계에도 침투하고 있습니다. 이와 같이 가까운 주변에서 널리 활용되고 있기 때문에 여러분도 모르는 사이에 이것들에 의해 마음이 움직이고 있었는지도 모릅니다. 이와 같은 색깔에 의한 마음의 움직임을 안다면 ②지금까지 보이지 않았던 것이 보이게 됩니다.

문제 1 색채심리학이란 어떤 것인가?
1 사람의 마음의 다양한 역할을 연구하는 학문
2 사람의 취향과 성격을 색깔로 표현하는 학문
3 색깔과 인간의 마음의 관계성을 연구하는 학문
4 색깔로 과학분야의 문제를 해결하는 학문

문제 2 ①색깔을 사용하여 누군가 다른 사람의 마음을 움직이게 할 수도 있는 것의 예로서 알맞은 것은 어느 것인가?
1 몸을 날씬하게 보이게 하기 위해서 어두운 색상 옷을 입는다.
2 좋아하는 인테리어 컬러로서 갈색 계통을 드는 사람이 많다.
3 결혼식에서 신부는 흰 웨딩드레스를 입는다.
4 색연필은 보통 12색 세트로 팔리고 있다.

문제 3 ②지금까지 보이지 않았던 것이란 어떤 것인가?
1 색깔이 사람에게 미치는 영향
2 색깔과 과학적인 문제의 관계
3 아름다운 색깔과 그렇지 않은 색깔
4 인간의 복잡한 심리 상황

어휘

心理学(しんりがく) 심리학 | 働(はたら)き 역할 | 学問(がくもん) 학문 | 探求(たんきゅう)する 탐구하다 | 色彩(しきさい) 색채 | 役立(やくだ)つ 도움이 되다 | 振(ふ)り回(まわ)す 휘두르다 | 効果的(こうかてき) 효과적 | 活用(かつよう)する 활용하다 | 好(この)む 좋아하다 | 店舗(てんぽ) 점포 | 効率(こうりつ)よく 효율적으로 | 集客(しゅうきゃく)する 손님을 끌다 | 販売(はんばい) 판매 | 促進(そくしん) 촉진 | 回転率(かいてんりつ) 회전율 | 商品(しょうひん) 상품 | パッケージ 포장 | 向上(こうじょう) 향상 | 購入(こうにゅう) 구입 | 動機(どうき)づけ 동기 유발 | 看板(かんばん) 간판 | チラシ 전단지 | 浸透(しんとう)する 침투하다 | 身近(みぢか) 주변 | 表現(ひょうげん)する 표현하다 | 茶色系(ちゃいろけい) 갈색계통 | 新婦(しんぷ) 신부 | 色鉛筆(いろえんぴつ) 색연필 | 複雑(ふくざつ) 복잡 | 状況(じょうきょう) 상황

해설

문제 1 색채심리학이란 무엇인지를 묻는 문제이다. 둘째 줄에서 '색깔을 통해 과학적으로 마음의 움직임을 알고, 여러 가지 마음의 문제를 해결하는 일에 도움이 되는 것'이라고 했기 때문에, 색깔과 사람의 마음의 관계를 연구하는 학문이라는 것을 알 수 있다. 정답은 3번이다.

문제 2 색깔을 사용하여 사람의 마음을 움직일 수 있는 예로서 적합한 것을 고르는 문제이다. 2번 좋아하는 인테리어 컬러가 갈색 계통이라는 것은 통계에 지나지 않고, 3번 결혼식에서 신부가 순결을 의미하는 흰색 드레스를 입는 것은 지금은 습관적인 일이며 이로 인해 마음이 동요를 일으키거나 하지는 않으며, 4번 색연필을 12가지 색깔로 파는 것은 편의적인 일이다. 정답은 어두운 색깔을 통해서 날씬하게 보이도록 연출하는 1번이다.

문제 3 지금까지 보이지 않았던 것 즉 몰랐던 것이 무엇인지를 묻는 문제이다. 바로 앞 부분에서 색깔에 의한 마음의 움직임이라고 했으므로, 여기서도 역시 색깔과 인간의 마음이라는 것이 답이라고 할 수 있다. 4번 단순한 심리 상황만으로는 정답이 될 수 없고, 복잡하다는 것도 본문에서 언급되지 않았다. 정답은 색깔이 사람에게 미치는 영향이라고 한 1번이다.

통합이해 완벽대비 문제

문제 12 다음 문장은 상담자로부터의 상담과 그에 대한 A와 B의 대답입니다. 3개의 문장을 읽고 다음 질문의 답으로 가장 알맞은 것을 1·2·3·4 중에서 하나 고르세요.

01 **문제 1** 정답 3 **문제 2** 정답 3

해석

상담자

성인식 후리소데(주 1)와 참석 건으로 고민하고 있습니다. 근처 포목점(주 2)에 가서 대여하는 후리소데를 보고 마음에 든 것이 약 20만 엔. 너무 비싸서 인터넷에서 렌탈을 찾아 봤더니 5만 엔 정도의 것도 있었습니다.

성인식에 드는 비용은 부모님께서 지불해 주시지 않기 때문에 모두 제가 아르바이트를 해서 모은 돈입니다. 고작 하루를 위해서 큰 돈이 날아가 버리는 것은 아깝다는 생각이 듭니다. 하지만 "인터넷에서 렌탈하는 싼 것은 어떨지?"하고 여러 가지 생각하다 보니 성인식에 참석하는 것이 점점 귀찮아졌습니다. 성인식에 참가하지 않으면 언젠가 후회하게 될까요?

(주 1)후리소데 : 긴 소매가 달린 미혼 여성의 예복용 기모노

(주 2)포목점 : 기모노 등을 취급하는 가게

답변자 A

저도 처음에는 성인식에 가지 않겠다고 결심했었습니다. 사람도 많고 학창시절에 좋은 추억도 없었기 때문에 친구들과 만나고 싶지도 않았고…. 하지만 결국 단골 미용실에서 후리소데를 입고 머리손질도 해서 갔습니다. 그날 사진도 찍었습니다. 성인식에 가지 않고 사진도 안 찍으면 나중에 후회하는 사람이 많은 것 같습니다. 가능한 한 가는 편이 좋다고 생각합니다.

답변자 B

인터넷 렌탈도 괜찮다고 생각합니다. 후리소데는 정말로 기모노를 좋아하는 사람이 아니면 별로 입을 기회가 없습니다. 저는 대학에서 중요한 시험 전날이 성인식이었어서 어쩔 수 없이 참석하지 못 했습니다. 그것에 대해서는 특별히 아무렇지도 않습니다. 하지만 사진은 꼭 찍어 두세요. 저는 사진조차 찍지 않아서 20대의 후리소데 입은 모습을 남기지 못 했던 점을 이제 와서 굉장히 아쉽게 생각하고 있습니다.

문제 1 상담자는 어떤 일로 고민하고 있는가?

1 성인식에 어울리는 후리소데는 어떤 것인가?
2 후리소데의 렌탈을 인터넷으로 해도 되겠는가?
3 성인식에 비싼 비용을 들여서까지 참석해야 하는지 어떤지?
4 성인식에 참석할 수 없을 경우에는 어떻게 해야 하는가?

문제 2 상담자의 상담에 대한 답변 A와 B에 대해서 올바른 것은 어느 것인가?

1 A는 성인식에는 가지 않더라도 사진은 찍는 편이 낫다고 한다.
2 B는 성인식에 아무 것도 하지 않더라도 특별히 후회하는 일은 없다고 한다.
3 A도 B도 후리소데를 입고 사진을 찍어 두는 편이 낫다고 한다.
4 A도 B도 후리소데는 입지 않더라도 사진은 찍어 두는 편이 낫다고 한다.

어휘

相談者(そうだんしゃ) 상담자 | 成人式(せいじんしき) 성인식 | 振袖(ふりそで) 후리소데 | 呉服屋(ごふくや) 포목점 | レンタル 렌탈 | もったいない 아깝다 | ネットレンタル 인터넷 렌탈 | 面倒(めんどう) 귀찮다 | 後悔(こうかい)する 후회하다 | 行(い)きつけ 단골 | 美容院(びよういん) 미용실 | 着付(きつ)け 옷 입는 것 | ヘアメイク 머리손질

해설

문제 1 상담자의 고민이 무엇인지 묻는 문제이다. 첫 문장에서도 말하고 있듯이, 상담자는 성인식에 입고 갈 후리소데 렌탈 가격이 너무 비싸서 참석이 주저된다는 고민을 하고 있다. 그러므로 정답은 3번이다.

문제 2 A는 본인도 안 가려고 했다가 결국 간 것처럼 가능한 한 가도록 하고, 사진은 꼭 찍도록 권하고 있으며, B는 참석하지 않더라도 별 지장은 없지만 사진만은 찍어 두라고 한다. 1번 성인식에도 가능하면 참석하길 권했고, 2번 성인식에서 사진은 찍으라고 했고, 4번 후리소데를 입고 사진을 찍기를 권하고 있다. 정답은 A와 B 모두 후리소데를 입고 사진 찍기를 권했다고 한 3번이다.

02 **문제 1** 정답 3 **문제 2** 정답 4

해석

상담자

저는 지금 대학 3학년이며 최근에 취직에 대해서 진지하게 생각하게 되었습니다. 그래서 좋아하는 일을 나의 직업으로 삼아도 되는지 고민하고 있습니다. 예를 들면 TV를 좋아한다고 해서 방송국을 취직할 곳으로 선택해도 되는 것일까요? 취미는 취미로 놔 둬야 할 것 같은 생각도 들고, 좋아하지 않는 일을 계속하는 것은 무리일 것 같은 생각도 듭니다.

답변자 A

저는 취미와 관련된 일을 찾는 데 찬성입니다. 일하는 기간이나 시간은 아주 길기 때문에 조금이라도 좋아하는 일을 선택하는 편이 즐겁게 일할 수 있고, 흥미를 가지고 자신에게 맞다고 생각하는 일이라면 일의 성과도 오를 것입니다. 게다가 어떤 일이라도 힘든 점은 있습니다. 그래도 좋아하는 마음이 있다면 싫은 일도 극복할 수 있고 해낼 수 있을 것으로 생각됩니다.

답변자 B

자신이 정말로 좋아하는 일을 직업으로 삼을 수 있는 사람은 행복할 것입니다. 세상에는 좋아하지도 않는 일을 어쩔 수 없이 하고 있는 사람도 많이 있을 것입니다. 단, 아무리 좋아하는 일이라도 직업으로 삼는 동안 힘든 일이나 싫은 일이 반드시 있습니다. 그래도 계속하겠다는 '각오'가 없다면 해서는 안 됩니다. 게다가 직업으로 삼지 않았다면 몰라도 되는 그 세계에 관한 안 좋은 면을 알게 되는 경우도 있습니다. 그 때문에 원래 취미를 즐기는 마음이나 열정이 식어 버리는 경우도 생각할 수 있습니다. 그 직장에 대해서 좀더 잘 조사해 보고 자신이 할 수 있을지를 잘 생각하면서 직업을 선택해 보는 것이 어떨까요?

문제 1 A는 왜 취미를 직업으로 삼는 것을 권하고 있는가?

1 한번밖에 없는 인생을 즐기지 않으면 안 되기 때문에
2 좋아하는 직업을 가지는 것은 굉장히 행복한 일이기 때문에

3 오래 계속하기 위해서는 좋아하는 일인 편이 낫기 때문에
4 그 세계의 현실을 아는 것은 취미생활에 필요하기 때문에

문제 2 A와 B의 의견에 대해서 올바른 것은 어느 것인가?
1 A는 열정이 식어 버리는 일이 있더라도 도전해 봐야 한다고 이야기하고 있다.
2 B는 좋아하는 일이라면 직업의 힘든 부분도 극복할 수 있다고 이야기하고 있다.
3 A는 취미를 직업으로 삼는 것은 찬성이라고 하고, B는 모처럼의 취미가 싫어질 가능성이 있기 때문에 반대라고 이야기하고 있다.
4 A는 힘든 일이라도 좋아한다면 극복할 수 있다고 하고, B는 좋아하는 일이라도 싫은 면도 있기 때문에 각오가 필요하다고 이야기하고 있다.

어휘
就職(しゅうしょく) 취직 | 真剣(しんけん) 진지 | 放送局(ほうそうきょく) 방송국 | 賛成(さんせい) 찬성 | 成果(せいか) 성과 | 乗(の)り越(こ)える 극복하다 | やり遂(と)げる 해내다 | 覚悟(かくご) 각오 | 情熱(じょうねつ) 열정 | 薄(うす)れる 엷어지다, 희박해지다 | 冷(さ)める 식다 | 挑戦(ちょうせん) 도전 | 克服(こくふく) 극복

해설
문제 1 답변자 A가 취미를 직업으로 삼기를 권하는 이유를 묻는 문제이다. 답변자는 직업으로 삼으면 오랫동안 일해야 하는데 조금이라도 좋아하는 일을 선택하는 편이 즐겁게 일할 수 있고 일의 성과도 올라갈 것이라고 했다. 정답은 오래 계속하기 위해서는 좋아하는 일인 편이 낫기 때문이라고 한 3번이다.

문제 2 A와 B의 의견을 올바로 설명한 것을 고르는 문제이다. A는 직업으로 오랫동안 일을 하려면 이왕이면 좋아하는 일을 선택하는 편이 낫다고 하고, B는 좋아하는 일을 직업으로 삼음으로 인해 그 분야의 안 좋은 면도 알게 되어 열정이 식어 버릴 수도 있으므로 신중하게 선택해야 한다고 한다. 1번 A에서 열정에 관한 언급은 없었으며, 2번은 A에서 언급된 이야기이며, 3번 A가 찬성이라는 것은 맞지만 B는 힘들 수도 있으니까 각오를 단단히 하라고 했지 반대한다고는 하지 않았다. 정답은 4번이다.

03 **문제 1 정답 1** **문제 2 정답 3**

해석
A
운동해서 근육을 사용하면 쌓였던 스트레스는 발산할 수 있습니다. 노래방에 가서 자신의 감정과 비슷한 곡을 골라서 노래하면 감정은 진정됩니다. 분노의 마음을 분출하고 싶을 때는 소리지르면 되고, 슬플 때 슬픈 영화를 보고 눈물을 흘리면 기분이 치유됩니다.
아무튼 중요한 것은 감정을 자기자신 속에 쌓아두지 말고 바깥으로 내놓는 일입니다. 그렇게 하면 당신의 기분이 풀림과 동시에 주변 사람들에게 자신의 감정을 전할 수가 있습니다. 어쩌면 그것을 보고 있는 누군가가 구해줄지도 모릅니다.

B
현대사회에서 전혀 스트레스를 느끼지 않고 있는 것은 불가능에 가깝겠지요. 그렇기는 하지만 쌓인 스트레스를 잘 발산 · 해소할 수가 있다면 다소의 스트레스가 있더라도 문제는 없습니다. 단, 스트레스에 약한 사람이란 스트레스를 잘 발산하지 못하는 경우가 많은 것입니다. 스트레스 발산이라고 하면, 우선은 수다 떨기, 노래하기, 몸을 움직이는 것과 같이 바깥으로 발산하는 일이 떠오릅니다. 또한 그 외에 편안하게 쉬거나 근육의 결림을 풀거나(주1) 하는 방법을 생각할 수 있습니다. 마음의 스트레스 해소를 위해서는 즐거운 일이나 열중할 수 있는 일, 마음 편하게 쉴 수 있는 시간 등이 중요해집니다. 방법은 여러 가지 있지만, 자신에게 맞고 효과가 있는 스트레스 발산법을 몇 가지 익혀둘 수 있다면 스트레스에 강해져서 상당히 편해집니다.

(주1)근육 결림을 풀다 : 근육이 굳어서 무겁게 느껴지는 부분을 부드럽게 하는 일

문제 1 A와 B에서 공통적으로 말하고 있는 것은 무엇인가?
1 스트레스 발산의 필요성
2 스트레스가 심신에 미치는 영향
3 스트레스의 원인을 배제하는 방법
4 스트레스의 원인을 이해할 필요성

문제 1 A와 B에서는 스트레스가 쌓인 사람에게 어떻게 조언하고 있는가?
1 A에서는 효과적인 스트레스 발산법을 익히는 것이 중요하다고 이야기하고 있다.
2 B에서는 스트레스의 원인을 배제하는 것이 중요하다고 이야기하고 있다.
3 A도 B도 스트레스를 쌓아두지 않는 것이 무엇보다 중요하다고 이야기하고 있다.
4 A도 B도 스트레스를 바깥으로 발산함으로써 주변 누군가가 도와줄 것이라고 이야기하고 있다.

어휘
筋肉(きんにく) 근육 | たまる 쌓이다 | 発散(はっさん) 발산 | 静(しず)まる 진정되다 | 吐(は)き出(だ)す 분출하다 | 叫(さけ)ぶ 소리지르다 | 癒(いや)される 치유되다 | 収(おさ)まる 풀리다, 수습되다, 해결되다 | 周囲(しゅうい) 주위 | 一切(いっさい) 일절 | しゃべる 수다떨다, 재잘거리다 | 身体(しんたい) 신체 | コリをほぐす 근육 결림을 풀다 | 夢中(むちゅう)になる 열중하다 | 安(やす)らぐ 평온해지다 | 身(み)につける 몸으로 익히다 | 排除(はいじょ)する 배제하다

해설
문제 1 A와 B에서 공통적으로 언급하는 내용을 찾는 문제이다. 본문에는 스트레스가 심신에 미치는 영향이나 스트레스의 원인에 관한 언급은 없으며, 스트레스 발산의 필요성에 대해서 A와 B에서 공통적으로 다루고 있으므로 정답은 1번이다.

문제 2 A와 B의 내용을 올바로 이해했는지 묻는 문제이다. 1번 스트레스 발산법을 익히는 이야기는 B에 나오고, 2번 스트레스의 원인에 관한

언급은 A와 B 둘 다 없으며, 4번 스트레스를 발산하면 누군가가 도와줄 것이라고 한 것은 A이다. A는 스트레스를 바깥으로 발산하면 좋다고 했고, B는 자신에게 맞는 스트레스 발산법을 몇 가지를 익혀두면 좋다고 했으므로 정답은 3번이다.

주장이해 완벽대비 문제

문제 13 다음 문장을 읽고 다음 질문의 답으로 가장 알맞은 것을 1 · 2 · 3 · 4 중에서 하나 고르세요.

01 **문제 1** **정답 2** **문제 2** **정답 3** **문제 3** **정답 4**

해석

저는 오랫동안 수학교사를 하고 있습니다. 얼마 전까지만 해도 제 수업을 듣는 학생은 항상 지루한 듯 했고, 때로는 당당하게 자 버리는 학생도 있었습니다. 처음에는 '수학'이란 흥미가 없는 사람에게는 재미없는 것이니까…하고 포기했었습니다. 하지만 실제로는 학생의 마음을 사로잡으면서 알기 쉽게 수업을 하는 교사도 있습니다. 그래서 ①어떻게 좀 안될까?하고 여러 가지 노력을 하고 시행착오를 되풀이해나가는 중에 어떤 사실을 깨달았습니다.

그것은 '이야기 하는 법'에 따라 재미있게도 지루하게도 된다는 것입니다. 아무리 가르치고 있는 내용이 훌륭하더라도 같은 표정, 같은 톤으로 계속 이야기를 하면 듣고 있는 쪽은 졸립니다. 듣는 사람은 이야기의 내용보다도 이야기하는 사람의 목소리, 이야기하는 법, 표정에 큰 영향을 받는다고 합니다. 그렇게 되면 수업에서도 가르치는 쪽의 '이야기 하는 법'에 대한 연구가 아주 중요해집니다.

그럼 목소리를 높여서 끊임없이 재미있는 이야기를 하면 되느냐, 하면 그렇지도 않습니다. 힘차게 시작하면 처음에는 임펙트가 있을지도 모르지만 그것도 처음 5분뿐입니다. 거꾸로 점점 빠른 속도에 피로를 느껴서 결국에는 졸립게 되고 마는 것입니다. 이쪽에서는 목이 쉬도록 열심히 이야기하고 있는데 학생은 자 버린다……. ②이것이 현실이었습니다.

그 과정에서 알게 된 것은 인간의 집중력은 기껏해야 20분 정도라는 것입니다. 그러므로 장시간 같은 것을 계속 한다면 질리는 것은 당연합니다. 그래서 이 리듬에 맞춰서 목소리를 높이거나 낮추거나 하면서 완급을 조절함(주1)으로써 장시간 듣는 사람의 마음을 사로잡을 수 있다는 것을 알게 된 것입니다.

또한 그 때 중요한 것이 이야기할 때의 간격과 억양입니다. 카리스마 정치가나 개그맨 등 이야기의 달인이라고 불리는 사람들은 이 간격과 억양이 절묘합니다. 예를 들면 처음에 확하고 짧은 임펙트가 강한 문구를 청중에게 들려주면서 듣는 사람들의 주의를 끌고 그 후에는 천천히 '간격'을 유지하면서 상대방의 마음속에 들어가는 방법입니다.

아무튼 어떤 일에든지 균형이 중요합니다만, 이것은 화술에도 해당됩니다. 이야기 하는 법을 연구하게 된 후부터 수업을 듣는 학생들의 눈빛이 바뀌기 시작하여 지금은 조는 학생은 없어졌습니다.

(주1) 완급을 조절하다 : 늦고 빠름을 조절하는 것

문제 1 ①어떻게 좀 안될까?라는 것은 어떤 것을 가리키는가?
1 개그맨과 같은 화술을 몸에 익힌다.
2 학생이 흥미를 가질 수 있을 법한 수업을 한다.
3 수학에 흥미가 있는 학생만을 대상으로 수업을 한다.
4 학생 마음을 사로잡을 수 있는 교사에게 수업을 대신 해달라고 한다.

문제 2 ②이것이 현실이었습니다라는 것은 어떤 것인가?
1 목소리를 높여도 수업 중에 졸리게 된다.
2 이야기하는 법을 연구하고 재미있는 이야기를 해도 웃어주지 않는다.
3 아무리 재미있는 이야기를 해도 그것이 계속되면 질려 한다.
4 아무리 내용이 훌륭해도 듣고 있는 사람에게는 이해할 수 없다.

문제 3 필자가 생각하는 '이야기를 잘 하는 법'이란 어떤 것인가?
1 임펙트 있게 사람의 마음을 끌어당기면서 이야기하는 법
2 천천히 상대방의 마음에 들어갈 수 있도록 이야기하는 법
3 같은 톤을 유지하면서 상대방을 피곤하지 않게 이야기하는 법
4 이야기하는 리듬과 간격의 균형을 잘 맞춰서 이야기하는 법

어휘

長年(ながねん) 오랫동안 | 堂々(どうどう)と 당당하게 | 諦(あきら)め 포기 | 心(こころ)をつかむ 마음을 사로잡다 | 試行錯誤(しこうさくご) 시행 착오 | 繰(く)り返(かえ)す 반복하다 | 気(き)づく 깨닫다 | 次第(しだい) ~에 따라 | 聞(き)き手(て) 듣는 사람 | 表情(ひょうじょう) 표정 | 絶(た)え間(ま)なく 끊임없이 | 集中力(しゅうちゅうりょく) 집중력 | せいぜい 기껏해야 | テンションをあげる 목소리를 올리다, 힘을 내다 | 緩急(かんきゅう)をつける 완급을 조절하다 | 間(ま) 간격 | 抑揚(よくよう) 억양 | お笑(わら)いタレント 개그맨 | 達人(たつじん) 달인 | 絶妙(ぜつみょう) 절묘 | フレーズ 문구 | 聴衆(ちょうしゅう) 청중 | 浴(あ)びせる 끼얹다 | 話術(わじゅつ) 화술 | 当(あ)てはまる 해당되다 | 眼差(まなざ)し 눈빛 | 居眠(いねむ)りする 졸다 | テンポ 속도나 리듬

해설

문제 1 밑줄 친 부분이 무엇을 가리키는지 묻는 문제이다. 앞부분을 보니, 다른 선생님들 중에는 학생들의 마음을 사로잡으면서 수업을 하는 사람도 있는데, 필자의 수업을 듣는 학생들은 항상 지루한 듯 했고, 당당하게 자 버리는 학생까지 있다는 게 고민이었다고 한다. 여기서 '어떻게 좀 안될까?'는 필자의 수업을 듣는 학생들이 수업에 흥미를 가지고 집중할 수 있도록 해주고 싶다는 뜻이므로 정답은 2번이다.

문제 2 밑줄 친 부분이 어떤 것인지 묻는 문제이다. 바로 앞 문장에서 교사 나름대로 열심히 목이 쉬도록 수업을 해도 결국 학생들은 졸게 된다고 했다. 1번 학생들이 잔다고 했지 선생님인 자신이 졸린다는 것은 아니고, 2번 연구라기 보다는 그저 같은 화법일 뿐이며, 웃기는 것이 목적이 아니며, 4번 이해를 못하는 것이 아니라 내용이 훌륭해도 이야기하는 법에 따라 지루하게 느낀다고 했다. 정답은 아무리 재미있는 이야기라도 그것이 계속 이어지면 질려버린다는 3번이다.

문제 3 필자가 생각하는 '이야기를 잘 하는 법'이 어떤 것인지 묻는 문제이다. 후반부에서, 이야기할 때 중요한 것은 간격과 억양이며, 이 두 가지가 균형을 잘 이루어야 한다고 했다. 일반적으로 이야기를 잘 하는 법은 다양하게 정의할 수 있지만, 필자는 생각하는 것은 4번 이야기하는

리듬과 간격의 균형을 잘 맞춰서 이야기하는 법이다.

02 문제 1 **정답 2** 문제 2 **정답 3** 문제 3 **정답 1**

해석

우리는 지금까지 읽은 책에 대해서 얼마만큼 기억하고 있을까? 예를 들면 읽은 책에 관한 다음과 같은 질문에 대답할 수 있을까? ' 그 책에는 어떤 내용이 쓰여 있는가?' '어떤 영향을 받았는가?' '어떤 점이 좋았는가?'…새삼 생각해 보면 꽤 어려운 일이다.

사람이란 잊기 쉬운 동물이다. 실제로 몸으로 체험한 일이라면 나름대로 기억하고 있지만 이름이나 전화번호를 비롯하여 남에게 들은 이야기, 읽은 문장 등은 며칠 후에는 깨끗이 잊어버리게 된다.

모처럼 고생해서 책을 읽어도 결과적으로 내용을 기억하지 못하면 의미가 없다. 그렇게 되면 안 읽은 것과 마찬가지이다. 그것에 대해서 전부 잊어버린 것이 아니라 전체 중에서 어느 정도는 머리에 남아 있고, 확실한 내용은 기억하지 못 하더라도 아마 어떠한 형태로든 자신에게 영향을 끼쳤을 것이라고 반론하는 사람이 있을지도 모르겠다. 하지만 그것은 아무리 생각해도 무리다. 전체 중에서 불과 일부를 기억할 뿐이라는 것은 너무 효율성이 떨어진다. 게다가 어떤 영향이라는 것도 너무나 애매하다.

그럼 어떻게 하면 그저 읽는 것에 그치지 않고 책에서 얻은 지식을 생활이나 인생에 살릴 수가 있을까? 그것은 우선 읽을 책을 제대로 선택하는 일부터 시작된다. 지금까지 화제가 되고 있으니까 라는 이유만으로 그저 책을 선택하지는 않았는가? 평소부터 책과 관련된 정보를 찾아 두고 자신에게 정말로 필요한 '꼭 읽어야 할 책', '읽고 싶은 책'을 신중하게 선택하도록 하는 일이 중요하다.

그리고 그렇게 선택한 책으로부터 나름대로 뭔가를 배우고자 하는 목적의식을 가지고 배운 점은 확실하게 노트에 필기해 놓아야 한다. 몇 권 읽느냐 하는 다독이나, 한 권을 어느 정도의 속도로 읽느냐 하는 속독은 ①이 관점에서 말하자면 아무래도 상관없는 일이다. 시간이 걸리더라도 메모에 남겨두고 나중에 참조할 수 있도록 해두는 것이 아주 중요하다. 그렇게 하면 읽은 후에도 내용을 잊어버리는 일 없이 자신의 것으로 만들 수 있고, 몇 번이라도 감동이 되살아난다. ②한 권의 책과 농밀한 관계를 쌓을 수가 있는 것이다.

문제 1 필자가 이 문장에서 가장 이야기하고 싶은 것은 어떤 것인가?
1 책은 읽으면 읽을수록 자신의 인생을 풍족하게 해주는 것이다.
2 책은 그저 읽으면 되는 것이 아니라 선택법과 읽는 법이 중요하다.
3 독서는 어떠한 형태로 자신의 인생에 좋은 영향을 준다.
4 사람은 뭐든지 잊어버리기 때문에 잊지 않도록 노력하는 것이 중요하다.

문제 2 ①이 관점이라는 것은 어떤 의미인가?
1 얼마나 효율적으로 책을 읽을 수 있는지 어떤지
2 얼마나 많은 책을 단기간에 읽을 수 있는지 어떤지
3 얼마나 책 내용을 인생에 살릴 수 있는지 어떤지
4 얼마나 책 내용을 정확하게 기억할 수 있는지 어떤지

문제 3 ②한 권의 책과 농밀한 관계라는 것은 어떤 것인가?
1 책 내용과 감동이 항상 남고 자신의 인생에 제대로 적용할 수 있는 것
2 곰곰이 선택한 마음에 드는 책을 몇 번이나 반복해서 계속 읽는 것
3 읽은 내용이 어느 정도 머리에 남고 인생에 어느 정도 영향을 주는 것
4 보다 빨리 효율적으로 읽어나감으로써 가능한 한 많은 책과 관계를 가지는 것

어휘

影響(えいきょう) 영향 | 改(あらた)めて 새삼 | きれいさっぱり 깨끗이 | 苦労(くろう) 고생 | 反論(はんろん)する 반론하다 | 効率(こうりつ) 효율 | 曖昧(あいまい) 애매 | 知識(ちしき) 지식 | 生(い)かす 살리다 | 話題(わだい) 화제 | 日頃(ひごろ) 평소 | 情報(じょうほう) 정보 | 慎重(しんちょう)に 신중하게 | 書(か)き付(つ)ける 필기하다 | 多読(たどく) 다독 | 速読(そくどく) 속독 | 観点(かんてん) 관점 | 参照(さんしょう) 참조 | 濃密(のうみつ) 농밀 | 築(きず)く 쌓다 | 適用(てきよう) 적용 | お気(き)に入(い)り 마음에 드는 | 繰(く)り返(かえ)す 반복하다

해설

문제 1 필자가 가장 이야기하고 싶은 내용이 무엇인지 묻는 문제이다. 필자는 책 내용을 다 잊어버리면 안 읽는 것과 다름없다고 하면서 읽은 내용을 잘 기억하고 자신의 생활에 적용할 수 있도록 읽어야 하는데, 그를 위해서는 책을 선택하는 법과 책을 읽고 메모하는 법 등이 중요하다고 했다. 그러므로 정답은 2번이다.

문제 2 이 관점이 어떤 관점인지를 묻는 문제이다. 앞 단락에서부터 독서를 인생에 적용하기 위해서는 목적의식을 가지고 확실하게 읽고, 그것을 노트에 잘 필기해야 하는 것이 중요한데, 이런 관점에서는 책을 한꺼번에 여러 권 읽거나 한 권을 얼마나 빨리 읽는지는 별로 의미가 없는 일이라고 한다. 그러므로 얼마나 책 내용을 인생에 살릴 수 있는지 어떤지 라고 한 3번이 정답이다.

문제 3 한 권의 책과 농밀한 관계를 갖게 된다는 것의 뜻을 묻는 문제이다. 책을 읽었는데도 내용을 잊어버리는 게 아니라 항상 기억하면서 실생활에서 적용할 수 있다면 책과 깊은 관계를 가질 수 있다고 하는 문장이다. 즉 읽은 후에 감동이 남고 인생에 제대로 적용할 수 있는 것이라고 한 1번이 정답이다. 3번은 인생에 어느 정도 영향을 주는 것은 너무 애매한 표현이며, 확실하게 영향을 끼쳐야 한다고 했다.

03 문제 1 **정답 1** 문제 2 **정답 3** 문제 3 **정답 2**

해석

뇌는 깨어 있는데도 몸은 자고 있는 상태를 램 수면이라고 하며, 꿈을 꾸는 것은 이 램 수면 때라고 합니다. 수면 중에 이 램 수면은 주기적으로 몇 번인가에 걸쳐 발생하며 모두 합하면 하룻밤에 2시간 정도가 됩니다. 즉 기억하고 있는지 없는지는 별도로 하고 인간은 자고 있는 사이에 영화 한편 정도의 꿈을 꾸고 있는 것입니다.

도대체 인간은 왜 꿈을 꾸는 것일까요? 꿈은 무의식 중에 쌓인 ①'욕구불만의 표시'라고 말하는 사람도 있습니다. 다이어트 중에 맛있는 케이크를 배불리 먹고 행복에 젖는 꿈을 꾸거나 몇 년이나 애인이 없는 사람이 이상적인 상대와 즐겁게 데이트하는 꿈을 꾸기도 합니다. 이러한 꿈은 그 사람의 욕구불만이 바탕이 되어 꿈에 나타난 것이라고 여겨집니다.

인간의 마음은 '현재의식'이라는 스스로 의식할 수 있는 부분과, 스스로 전혀 의식하지 않는 '잠재의식'이라는 두 가지 부분으로 나눌 수 있습

니다. 현재의식에서는 뇌가 금지하고 있었던 행동을 잠재의식 속에서 마음껏 실행해버린 것이 케이크 꿈의 예입니다. 또한 데이트 꿈의 예는 자존심의 세기나 일상생활의 분주함 등으로 정면으로 제대로 대하지 않았던, 자기자신의 솔직한 마음을 꿈이라는 형태로 잠재의식이 가르쳐준 것입니다. 평소에는 의식적으로 생각하지 않는 것 같더라도 마음속 깊은 곳에서는 역시 외롭다고 느끼고 있는 것입니다.

하지만 ②모든 꿈이 이러한 욕구불만의 표출인 것은 아닙니다. 인간은 일상생활을 지내는 동안에 많은 사람과 말을 주고받거나 신문, TV, 잡지 등으로부터 방대한 정보를 나날이 흡수하고 있습니다. 잠재의식 속에 있는 방대한 정보 중의 일부가 어떤 계기로 꿈에 등장하고 있다고 여겨지고 있습니다.

램 수면 때에 꿈을 꿈으로써 인간은 하루에 수집한 방대한 정보를 정리하여, 기억으로 보존할 필요가 있는 것과 없는 것으로 분류하고 있다고 합니다. 수면시간이 길어지면 당연히 램 수면도 길어지고, 정보 정리에 사용되는 시간이 길어집니다. 스트레스의 원인이 되는 싫은 사건도 하룻밤 자고 나면 말끔히 사라지는 것도 램 수면 동안에 그러한 불유쾌한 정보는 자신이 즐겁게 살아가기 위해서는 필요 없다고 뇌가 판단하여 정착시키지 않도록 하고 있기 때문이라고 여겨지고 있습니다.

문제 1 필자가 이야기하고 있는 꿈에 대해서 올바른 것은 어느 것인가?
1 기억하지 않고 있더라도 수면 중에 누구나 몇 번인가 꾸는 것
2 하룻밤에 한번 보는 영화와 같은 스토리를 가진 것
3 욕구불만이 있는 경우에 하룻밤에 몇 번이나 의식에 나타나는 것
4 뇌는 쉬고 있는데 몸이 깨어있는 상태에서 보는 것

문제 2 꿈은 ①'욕구불만의 표시'라고 말하는 사람이 있는 것은 왜인가?
1 꿈이란 현재의식에서 나오는 것과 잠재의식에서 나오는 것의 두 부분으로 분류되기 때문에
2 꿈 속에서는 잠재의식 중에 방해를 했었던 이성이나 자존심으로부터 해방되기 때문에
3 꿈이란 현재의식에서 금지되었던 욕구가 잠재의식 속에서 표출되는 것이기 때문에
4 평소에 의식적으로 생각하려고 했던 문제가 꿈속에서 이어져서 나타나는 것이기 때문에

문제 3 ②모든 꿈이 이러한 욕구불만의 표출인 것은 아닙니다라고 하는데, 필자는 그 외에 꿈에는 어떤 역할이 있다고 이야기하고 있는가?
1 일상생활에서 느끼는 스트레스의 원인을 제거하고 해결해주는 역할이 있다.
2 생활 속에서 접한 다량의 정보로부터 필요한 것을 취사선택하는 역할이 있다.
3 매일의 생활을 보다 즐겁게 변화시켜 나가기 위한 방법을 가르쳐주는 역할이 있다.
4 생활에 필요한 방대한 정보를 수집하여 기억으로서 뇌로 정착시키는 역할이 있다.

어휘

脳(のう) 뇌 | 状態(じょうたい) 상태 | レム睡眠(すいみん) 램 수면 | 周期的(しゅうきてき) 주기적 | 合計(ごうけい)する 합하다 | 一晩(ひとばん) 하룻밤 | そもそも 원래 | 無意識(むいしき) 무의식 | 欲求(よっきゅう) 욕구 | 不満(ふまん) 불만 | 表(あらわ)れる 나타나다 | 理想的(りそうてき) 이상적 | 顕在意識(けんざいいしき) 현재의식 | 潜在意識(せんざいいしき) 잠재의식 | 行動(こうどう) 행동 | 思(おも)い切(き)って 마음껏 | 実行(じっこう) 실행 | 奥底(おくそこ) 깊은 곳 | 表出(ひょうしゅつ) 표출 | かわす 주고받다 | 膨大(ぼうだい) 방대 | 吸収(きゅうしゅう) 흡수 | 収集(しゅうしゅう)する 수집하다 | 記憶(きおく) 기억 | 分類(ぶんるい)する 분류하다 | 整理(せいり) 정리 | 原因(げんいん) 원인 | スッキリする 말끔해지다 | 不愉快(ふゆかい) 불유쾌 | 不要(ふよう) 불필요 | 判断(はんだん) 판단 | 定着(ていちゃく) 정착 | 目覚(めざ)める 눈뜨다 | 邪魔(じゃま) 방해 | 解放(かいほう) 해방 | 除去(じょきょ) 제거 | 働(はたら)き 역할 | 多量(たりょう) 다량 | 取捨選択(しゅしゃせんたく) 취사선택

해설

문제 1 필자가 이야기하고 있는 꿈에 대한 설명으로 올바른 것을 고르는 문제이다. 2번 하룻밤에 몇 번이나 보는 것이라고 했고, 3번 꿈은 의식에 나타나는 것이 아니라 무의식 중에 나타나는 것이며, 4번 몸은 쉬고 있는데 뇌는 깨어있는 것이라고 했다. 정답은 기억하지 않고 있더라도 수면 중에 누구나 몇 번인가 꾸는 것이라고 한 1번이다.

문제 2 꿈을 욕구불만의 표시라고 말하는 이유를 묻는 문제이다. 1번은 꿈의 분류가 아니라 인간의 마음의 분류이며, 2번 잠재의식이 아닌 현재의식에서 방해했던 것이며, 4번 평소에 의식하지 않았던 것이 꿈에 나온다고 했다. 정답은 꿈이란 현재의식에서 금지되었던 욕구가 잠재의식 속에서 표출된 것이기 때문이라고 한 3번이다.

문제 3 욕구불만의 표출 이외의 꿈의 역할에 대해서 묻는 문제이다. 뒤쪽 단락을 보면 방대한 정보를 정리하여 자신에게 필요한 것인지 불필요한 것인지를 분류한다고 했다. 1번 스트레스의 원인이 되는 사건을 기억 속에서 지워준다고 했지 해결해 준다고는 하지 않았고, 3번 즐거운 생활을 위해 기억할 만한 것을 정착시켜 준다고 했으며, 4번 수집한 것을 모두 기억시키는 것은 아니고, 선별해서 정착시킨다고 했다. 정답은 다량의 정보로부터 필요한 것을 취사선택하는 역할을 한다고 한 2번이다.

정보검색 완벽대비 문제

문제 14 오른쪽 페이지는 '아오이시 춘계 미술 대회' 안내문이다. 다음 질문의 답으로 가장 알맞은 것을 1 · 2 · 3 · 4 중에서 하나 고르세요.

01 문제 1 정답 4 문제 2 정답 1

해석

문제 1 미술 대회의 설명으로서 올바른 것은 어느 것인가?
1 예선과 본선의 주제는 양쪽 모두 자유이다.
2 본선 참가자는 예선 통과자와 그 가족 500명이다.
3 수상작은 모든 작품이 시청 갤러리에 전시된다.
4 수상식에는 입선 수상자는 참가하지 않아도 된다.

문제 2 본선 당일에 주의할 사항으로 알맞은 것은?
1 본선에서는 포스터나 데생을 그려서는 안 된다.
2 당일 그린 작품이라면 몇 작품이라도 출품할 수 있다.
3 가족은 동반할 수 없기 때문에 끝날 때까지 밖에서 기다려야 한다.
4 참가자의 준비물은 점심, 물감, 도화지 등이다.

아오이시 춘계 미술 대회

❖ 공통 사항
참가 대상 : 유치원생(만 5세)~고등학생
작품 종류 : 제한 없음(단, 포스터와 데생은 불가)

❖ 예선 작품 공모
응모 기간 : 3월 1일~4월 1일
참가 방법 : 직접 방문, 혹은 우편
예선 발표 : 4월15일 아오이시 홈페이지에서(500명)
작품 주제 : 자유

❖ 본선 대회
일시 : 4월 25일 10 : 30~15 : 00
장소 : 아오이시 중앙공원 내
참가자 : 예선을 통과한 500명과 그 가족
참가비 : 무료
작품 주제 : 당일 발표
준비물 : 점심, 그릴 재료(크레용 · 파스텔 · 수채물감 · 연필 등)
(＊도화지는 공원에서 나눠드립니다)

❖ 수상 및 수상식
수상 발표 : 5월 3일 아오이시 홈페이지 및 개별 통지
수상식 : 5월 13일 14 : 00
장소 : 시청 5층 강당
참석 대상 : 동상 이상 수상자 50명과 그 가족

❖ 수상 내용

구분	유치원 부문	초등학생 부문	중학생 부문	고등학생 부문
대상	1명	1명	1명	1명
금상	1명	1명	1명	1명
은상	3명	3명	3명	3명
동상	10명	10명	5명	5명
입선	50명	50명	20명	20명

❖수상 작품 전시회
기간 : 5월 13일~7월 15일
장소 : 시청 1층 갤러리
전시작품 : 동상 이상 수상작 50점

❖기타
문의 및 우편 신청은 시청 '아오이시 춘계 미술대회' 앞으로.
예선 작품과 본선 작품은 1인당 1작품만 출품할 수 있습니다.
대회 당일은 중앙공원 주변 도로의 혼잡으로 인한 정체가 예상되므로 가능한 한 전철이나 버스를 이용해주시기 바랍니다.

어휘

絵画(かいが) 회화, 그림 | 予選(よせん) 예선 | 本選(ほんせん) 본선 | 主題(しゅだい) 주제 | 両方(りょうほう) 양쪽 | 通過者(つうかしゃ) 통과자 | 受賞作(じゅしょうさく) 수상작 | ギャラリー 갤러리 | 展示(てんじ) 전시 | 授賞式(じゅしょうしき) 수상식 | 入選(にゅうせん) 입선 | デッサン 데생 | 描(か)く 그리다 | 出品(しゅっぴん)する 출품하다 | 同伴(どうはん) 동반 | 持(も)ち物(もの) 준비물 | 絵(え)の具(ぐ) 물감 | 画用紙(がようし) 도화지 | 共通(きょうつう) 공통 | 事項(じこう) 사항 | 制限(せいげん) 제한 | 不可(ふか) 불가 | 公募(こうぼ) 공모 | 応募(おうぼ) 응모 | 水彩(すいさい) 수채 | 配(くば)る 배포하다 | 個別(こべつ) 개별 | 通知(つうち) 통지 | 講堂(こうどう) 강당 | 銅賞(どうしょう) 동상 | 大賞(たいしょう) 대상 | 金賞(きんしょう) 금상 | 混雑(こんざつ) 혼잡 | 渋滞(じゅうたい) 정체 | 予想(よそう) 예상

해설

문제 1 미술대회의 설명으로 알맞은 것을 고르는 문제이다. 모든 내용을 골고루 처음부터 읽어도 되지만 시간 절약을 위해서는 선택지 내용을 중심으로 찾아봐도 된다. 1번 예선은 자유 주제지만, 본선은 당일에 주제가 주어지고, 2번 본선 참가자는 가족까지 합해서 500명이 아니라 예선 통과자 500명과 그 가족이며, 3번 수상작 중에서 동상까지만 갤러리에 전시된다. 정답은 수상식에 입선 수상자는 참석하지 않아도 된다고 한 4번이다.

문제 2 본선 당일에 주의할 점으로 알맞은 것을 고르는 문제이다. 2번 당일 그린 1작품만 출품할 수 있으며, 3번 가족도 공원 내에 같이 입장할 수 있고, 4번 도화지는 공원에서 준다고 했다. 정답은 포스터나 데생은 그려서는 안 된다고 한 1번이다.

02 **문제 1 정답 1** **문제 2 정답 3**

해석

문제 1 기숙사비 설명으로서 올바른 것은?
1 기숙사비에 전기요금과 수도요금은 포함되어 있지 않다.
2 기숙사비는 매달 45,000엔을 매달 월말에 지불한다.
3 1일 식재료비는 1일 2식이면 480엔 x 2 =960엔이 된다.
4 기숙사 입사비 · 기숙사비 · 식비는 일괄 지불하지 않으면 안 된다.

문제 2 학생 기숙사 생활에서 올바른 것은?
1 귀성 · 외박했을 경우에는 나중에 신고서를 내면 된다.
2 아침식사는 1교시가 시작되는 9시 전까지라면 언제라도 이용할 수 있다.
3 기숙사에는 밤 11시까지 귀가하지 않으면 안 된다.
4 욕실은 혼자서 사용할 수 있지만 세탁기나 냉장고는 공동으로 사용한다.

미래대학 학생 기숙사

미래대학 학생 기숙사는 대학생활의 편의를 도모하고 공동생활 속에서 배려와 협조성을 키우는 것을 목적으로 하고 있습니다. 이곳에서의 만남이 당신의 새로운 생활을 알차게 해줄 것입니다.

★기숙사 설비
철근 콘크리트 구조 11층 건물

총 180실(원룸 타입)
방 약 25㎡

<각 방내 비품>
조명기구 · 책상 · 의자 · 에어컨 · 침대 · 미니 키친 · 냉장고 · 전자 오븐레인지 · 세면기, 욕조, 변기 · 옷장 · 신발장 · TV단자 · 인터넷 가능

<공유 비품>
세탁기 · 다리미 · 청소기

★기숙사비

<기숙사 입실비> 100,000엔(입실시에만)

<기숙사비>(월액) 45,000엔
* 납입은 연액으로 해서 연 2회 지불(전기 4월 말일 · 후기 9월 말일까지)
* 전기요금 · 가스요금 · 수도요금은 각자 부담
* 기타 : (연액) 2,000엔(각종 사고 보험)

<식비>
식재료비 : 1일 2식(아침 · 저녁) 480엔(*월초에 당월 분을 징수)
식당 운영비 :(연액) 120,000엔
(*연 2회 지불 / 전기 4월 말일 · 후기 9월 말일에 대학생활협동조합으로 납부)

★하루 스케줄
아침 식사 : 07:00~08:30(평일)
08:00~09:00(토, 일, 공휴일)
저녁 식사 : 18:00~21:00
통금 시간 : 23:00

★기타
방학 중 및 특별행사에 관한 일과는 별도로 정합니다.
귀성 · 외박을 할 경우에는 사전에 신고가 필요합니다.
기숙사 입실 기간은 기본적으로 2년입니다. 추가모집은 빈 방이 있을 때만 합니다. 희망자가 많을 경우에는 입사할 학생을 선발하기 때문에 전원 입실을 약속할 수 있는 것은 아닙니다.
상세한 내용은 학생생활과로 문의 바랍니다.

어휘
寮費(りょうひ) 기숙사비 | 含(ふく)む 포함하다 | 食材費(しょくざいひ) 식재료비 | 一括(いっかつ) 일괄 | 帰省(きせい) 귀성 | 外泊(がいはく) 외박 | 届出(とどけで) 신고 | 浴室(よくしつ) 욕실 | 便宜(べんぎ) 편의 | 図(はか)る 도모하다 | 思(おも)いやり 배려 | 協調性(きょうちょうせい) 협조성 | 養(やしな)う 기르다 | 鉄筋(てっきん) 철근 | 洋室(ようしつ) 양실, 다다미방이 아닌 서양식 방 | 平方(へいほう)メートル 제곱 미터 | 備品(びひん) 비품 | 照明器具(しょうめいきぐ) 조명기구 | 3点(さんてん)ユニットバス 세면기, 욕조, 변기 세트 | クローゼット 옷장 | 端子(たんし) 단자 | 共有(きょうゆう) 공유 | 納入(のうにゅう) 납입 | 年額(ねんがく) 연액 | 自己負担(じこふたん) 각자부담 | 保険(ほけん) 보험 | 徴収(ちょうしゅう) 징수 | 運営(うんえい) 운영 | 納付(のうふ) 납부 | 門限(もんげん) 통금시간 | 日課(にっか) 일과 | 事前(じぜん) 사전 | 追加(ついか) 추가 | 空室(くうしつ) 빈방 | 選考(せんこう) 선발 | 詳細(しょうさい) 상세

해설
문제 1 기숙사비에 관하여 올바르게 설명한 것을 고르는 문제이다. 2번 기숙사비는 월 45,000엔으로 계산해서 1년에 2번 내고, 3번 1일 식재료비는 1일 2식에 480엔이며, 4번 기숙사비는 연 2회, 식비 중에서 식당운영비는 연 2회지만 식재료비는 매달 징수한다. 정답은 전기요금과 수도요금은 각자 부담이므로 기숙사비에 포함되지 않는다고 한 1번이다.

문제 2 기숙사 생활에 대해 올바르게 설명한 것을 고르는 문제이다. 1번 귀성 · 외박을 할 경우에는 사전에 신고서를 내야 하며, 2번 아침식사는 8시30분까지 해야 하고, 4번 세탁기는 공용이지만 냉장고는 개별적으로 사용 가능하다. 정답은 기숙사 통금시간이 11시까지라고 한 3번이다.

03 **문제 1 정답 2** **문제 2 정답 3**

해석
문제 1 야마다 씨는 미국 유학을 생각하고 있다. 이 세미나에서는 유학 비용에 관한 상담을 하고 싶어 한다. 야마다씨는 어떻게 하면 되는가?
1 개별 상담을 신청한 후에 13시에 2층 201호실에 간다.
2 개별 상담을 신청한 후에 13시에 3층 301호실에 간다.
3 장학금 신청을 한 후에 13시에 2층 201호실에 간다.
4 개별 상담을 신청하지 않고 13시에 3층 301호실에 간다.

문제 2 이 유학박람회 참가자는 당일에 어떻게 해야 하는가?
1 모든 프로그램에 반드시 참가하지 않으면 안 된다.
2 전원이 사전에 예약을 해두지 않으면 안 된다.
3 필기도구는 자기가 준비하지 않으면 안 된다.
4 구체적인 유학계획을 세워두지 않으면 안 된다.

ABC 해외유학 박람회

이번에 ABC기구에서는 해외유학을 희망하는 분들을 위한 이벤트로서 '해외유학 박람회'(입장 무료)를 개최합니다. 유학에 흥미나 관심이 있으신 분, 유학 체험담을 듣고 싶으신 분, 가족 · 학생 등을 위해 이야기를 들어두고 싶으신 분 등 적극적으로 참가해주시기 바랍니다.

〈일시〉
10월 30일(토) 오전 10시~오후 5시

〈참가 대상〉
유학에 흥미나 관심이 있으신 분은 누구나

〈프로그램〉
제1부 유학 준비 진행에 대해서(강사 : ABC기구 유학 담당자)
유학의 의의, 유학 전에 해 둘 일, 유학 선택에서 출발까지.
제2부 유학 경험자의 메시지
제3부 개별 상담
① 국가별 설명
각국 대사관 · 교육관계기관 등의 담당자가 개별 유학상담에 응하여 비자 수속, 유학 제도 · 수속 등에 대해서 설명 드

립니다.

② 유학 비용 상담

· 해외유학에 드는 비용
· 장학금 정보 수집 방법
· 학생지원기구의 장학금 제도
· 유학 대출금 종류
· 유학 체험담 · 질의응답

을 설명 드리고 개별적으로 상담, 질문에 답해 드립니다.

※ 장학금 등 유학자금 신청은 저희 설명회에서는 접수하지 않습니다.

〈시간과 장소〉

	시간	장소		
제1부	10:00~10:50	1층 대회의실		
제2부	11:00~11:50	1층 대회의실		
휴식	12:00~13:00			
제3부	13:00~17:00	①	영어권	2층 201호실
			아시아권	2층 202호실
			기타 지역	2층 203호실
		②	유학비용 상담	3층 301호실

〈주의사항〉

제1부, 2부만 참가하시는 분은 신청서가 필요 없지만, 제3부의 개별 상담을 희망하시는 분은 장소 · 배부자료 준비를 위해 사전 예약을 부탁 드립니다.

또한 당일은 필기도구와 메모할 수 있는 것을 가지고 오십시오.

예약 · 문의처 : 유학생 사업부 (01-234-5678)

어휘

個別(こべつ) 개별 | 奨学金(しょうがくきん) 장학금 | 筆記用具(ひっきようぐ) 필기 도구 | 機構(きこう) 기구 | 開催(かいさい) 개최 | 体験談(たいけんだん) 체험담 | 機関(きかん) 기관 | 意義(いぎ) 의의 | 大使館(たいしかん) 대사관 | 応(おう)じる 응하다 | 費用(ひよう) 비용 | 収集(しゅうしゅう) 수집 | 支援(しえん) 지원 | 質疑応答(しつぎおうとう) 질의응답 | 資金(しきん) 자금 | 休憩(きゅうけい) 휴식 | 注意事項(ちゅういじこう) 주의사항 | 不要(ふよう) 불필요 | 配布(はいふ) 배부 | 事業部(じぎょうぶ) 사업부

해설

문제 1 유학비용을 상담하고 싶을 때 어떻게 하면 되는지 묻는 문제이다. 주의사항에 보면 1부, 2부 참가자는 신청서가 필요없지만, 개별 상담은 사전예약이 필요하다고 했으므로 개별 상담을 신청한 후에 13시에 301호실로 찾아간다고 한 2번이 정답이다.

문제 2 당일의 주의사항으로 알맞은 것을 고르는 문제이다. 1번 본인이 참가하고 싶은 프로그램에만 참가하면 되고, 2번 사전예약이 필요한 것은 개별 상담뿐이며, 4번 구체적인 유학 계획이 없더라도 참가는 가능하다. 정답은 필기도구는 각자 준비해야 한다고 한 3번이다.

다섯째마당 | 청해편

과제이해 완벽대비 문제

문제 1 이 문제에서는 먼저 질문을 들으세요. 그러고 나서 이야기를 듣고, 문제용지의 1~4 중에서 가장 알맞은 답을 하나 고르세요.

01 정답 3 1-01.mp3

男の先生と女の学生が話しています。学生はこの後、まず何をしなければなりませんか。

男：君の卒業論文の審査のことなんだけどね。
女：あっ、はい。日程は決まりましたか。
男：うん、他の審査員の先生方と相談して、再来週の金曜日ってことにしたんだけど、いいかな？
女：はい、大丈夫です。それじゃ、私は審査に向けてどんなことを準備すればいいんでしょうか。
男：そうだね、当日発表できるように論文内容をまとめた資料を作ってくることだね。最初に君が10分ぐらい発表した後、先生方が質問することになっているから。
女：そうですか。
男：あ、そうだ。その前に、君の論文を先生方に読んでいただくためには、今週中に論文を先生方に送っておかないとね。
女：はい、わかりました。なるべく早く送っておきます。それと、当日は人数分の資料をコピーしてくればいいんですね。
男：そうだよ。がんばってね。

学生はこの後、まず何をしなければなりませんか。

1 資料をコピーする
2 先生方に日程を知らせる
3 先生方に論文を送る
4 発表の準備をする

해석

남자 선생님과 여학생이 이야기하고 있습니다. 학생은 앞으로 우선 무엇을 해야 합니까?

남: 자네의 졸업논문 심사 말인데.
여: 아, 예. 일정이 정해졌습니까?
남: 그래, 다른 심사원 선생님들과 상의해서 다다음주 금요일로 정했는데, 괜찮아?
여: 예. 괜찮습니다. 그럼, 저는 심사를 위해 어떤 것을 준비하면 되나요?
남: 글쎄. 당일에 발표할 수 있도록 논문 내용을 정리한 자료를 만들어 와야 해. 먼저 자네가 10분 정도 발표한 후에 선생님들이 질문하기로 되어 있어.
여: 그렇군요.
남: 아, 참. 그 전에 자네 논문을 선생님들께서 읽으셔야 하니까 이번 주 중에 논문을 선생님들께 보내 놓아야지.
여: 예. 알겠습니다. 되도록이면 빨리 보내겠습니다. 그리고 당일에 인원수에 맞게 자료를 복사해 오면 되지요?
남: 그래. 열심히 해.

학생은 앞으로 우선 무엇을 해야 합니까?

1 자료를 복사한다
2 선생님들께 일정을 알린다
3 선생님들께 논문을 보낸다
4 발표 준비를 한다

어휘

卒業論文(そつぎょうろんぶん) 졸업논문 | 審査(しんさ) 심사 | 日程(にってい) 일정 | 決(き)まる 결정되다 | 審査員(しんさいん) 심사원 | 相談(そうだん) 상담, 의논 | 当日(とうじつ) 당일 | 質問(しつもん)する 질문하다

해설

선생님의 말씀을 듣고 학생이 무엇을 하면 되는지를 묻는 문제도 자주 출제되고 있다. 여기서는 우선(まず)을 유의하도록 한다. 왜냐하면 여러 가지 할 일들이 있겠지만, 그 중에서도 가장 먼저 해야 하는 일을 골라야 하기 때문이다. 다다음주로 예정된 논문심사를 위해 학생은 심사 당일에 발표할 내용을 정리한 자료도 만들어야 하지만, 그보다 앞서 논문을 선생님들께 미리 보내야 한다고 했으므로, 지금 우선적으로 할 일은 선생님들께 논문을 보내는 일이다.

02 정답 4 1-02.mp3

大学で女の人がイベントの準備を手伝っています。女の人は箱に何を入れますか。

女：イベントの準備、手伝いに来たけど、何したらいいかな。
男：お、来てくれてありがとう。助かるよ。それ、そこの箱に入れといてくんない？後でまとめて体育館に持っていくから。
女：え、どれ？このプログラム案内のこと？
男：ううん、それは後から修正部分がないかもう一度確認したいから、別にしといて。で、その横にネームプレートあるじゃない？それと、そこにあるマイクもお願い。
女：はーい。
男：あ、それから、そうそう。ゲームに勝った人に渡す記念品も。そこにあるの全部ね。
女：こんなに入れて大丈夫?重すぎて一人じゃ運べないんじゃない？

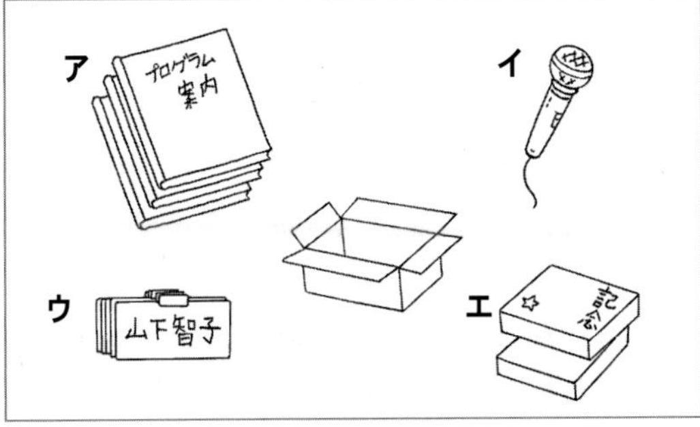

女の人は箱に何を入れますか。

1 ウエ
2 イエ
3 アイウ
4 イウエ

해석

대학에서 여자가 이벤트 준비를 도와주고 있습니다. 여자는 상자에 무엇을 넣습니까?

여: 이벤트 준비를 도우러 왔는데 무엇을 하면 될까?
남: 아, 와 줘서 고마워. 도움이 많이 돼. 그것 그 상자에 넣어 줄래? 나중에 한데 모아서 체육관에 가지고 갈 거니까.
여: 응, 어느 것? 이 프로그램 안내 말이야?
남: 아니, 그건 나중에 수정할 부분이 없는지 다시 한번 확인하고 싶으니까 따로 놔 둬. 그리고 그 옆에 이름표 있지? 그것과 거기에 있는 마이크도 부탁해.
여: 알았어.
남: 아, 그리고 맞아 맞아. 게임에 이긴 사람에게 줄 기념품도. 거기에 있는 것 모두 다.
여: 이렇게 넣어도 괜찮아? 너무 무거워서 혼자서는 옮길 수 없지 않아?

여자는 상자에 무엇을 넣습니까?

1 ウエ　　2 イエ
3 アイウ　　4 イウエ

어휘

手伝(てつだ)う 돕다 | 助(たす)かる 도움이 되다 | まとめる 한데 모으다 | 修正(しゅうせい) 수정 | 別(べつ) 따로 | ネームプレート 이름표 | 勝(か)つ 이기다 | 渡(わた)す 건네다 | 記念品(きねんひん) 기념품 | 運(はこ)ぶ 나르다

해설

개정된 이후의 시험 즉 1회~3회에서는 그림 문제가 출제되지 않았지만, 일본어능력시험 측에서 발표한 문제 예문에서는 그림 문제가 있었고, 또한 앞으로 그림 문제가 출제될 가능성도 있기 때문에 그림 문제도 알아두면 좋을 것이다.
이 문제는 이벤트 준비를 도우러 온 여자가 상자에 넣어야 할 것을 고르는 문제인데, 프로그램 안내지는 수정할 부분이 있으므로 넣지 말고, 나머지 이름표, 마이크, 기념품을 넣어달라고 했으므로 정답은 4번이다.

03 정답 3 1-03.mp3

女の人と男の人が話しています。男の人はこれから何をしますか。

女：大山君、何見てるの?
男：あ、先輩、今度面接を受ける会社のパンフレットです。来週が面接なんですが、今からしておいた方がいいことってありますか。
女：うーん、まずはやっぱり志望動機とか基本的な質問の答えを準備しておくことね。
男：あ、それは一応考えてあります。
女：そうなんだ。じゃあ、あと面接対策の本とかに目を通しておくのもいいと思うわ。服装のこととか、あいさつの仕方なんかが詳しく書かれていていろいろ参考になるから。

男：あ、やっぱり一冊くらいは買っておいた方がいいですね。

男の人はこれから何をしますか。

1 パンフレットに目を通す
2 志望動機を考えておく
3 面接対策の本を買って読む
4 面接で着る服を買いにいく

해석

여자와 남자가 이야기하고 있습니다. 남자는 이제부터 무엇을 합니까?

여: 오야마 군, 뭐 보고 있어?

남: 아, 선배님, 이번에 면접을 볼 회사의 팸플릿이에요. 다음 주가 면접인데 지금부터 해 두면 좋은 게 있나요?

여: 음, 우선은 역시 지망 동기나 기본적인 질문의 답을 준비해 두는 것이지.

남: 아, 그건 일단 생각해 뒀어요.

여: 그렇구나. 그럼, 그 다음에 면접대비 서적 등을 훑어보는 것도 좋을 거라 생각해. 복장이나 인사법 같은 것이 자세히 적혀 있어서 여러 가지로 참고가 되니까.

남: 아, 역시 한 권 정도는 사 두는 편이 좋겠죠.

남자는 이제부터 무엇을 합니까?

1 팸플릿을 훑어본다
2 지망 동기를 생각해 둔다
3 면접대비 책을 사서 읽는다
4 면접에서 입을 옷을 사러 간다

어휘

面接(めんせつ) 면접 | 志望(しぼう) 지망 | 動機(どうき) 동기 | 一応(いちおう) 일단 | 対策(たいさく) 대책 | 目(め)を通(とお)す 훑어보다 | 服装(ふくそう) 복장 | 参考(さんこう) 참고

해설

여지선배가 남자후배에게 회사 면접에 대비해서 준비해 둬야 할 것에 대해 조언을 하고 있다. 일단 지망 동기나 기본적인 사항들에 대한 질문의 답변을 준비해 둬야 한다고 하니까 그것은 이미 해 놨다고 했고, 면접대비 서적을 권하자 1권 정도 사 두면 좋을 것이라고 했다.

04 정답 4 1-04.mp3

会社で男の人と女の人が話しています。女の人はこの後、まず何をしなければなりませんか。

男：今晩の会食のことなんだけど、僕は午後、取引先から帰るのが遅れるかもしれないんだ。もし、そうなったら、悪いけど、先に始めといてくれないかな。

女：はい、それでもかまいませんけど、あの…、課長、実は明日のプレゼンの資料作りの方も会食の時間までに仕上げるのはちょっと難しそうでして･･･。

男：そうかぁ。それじゃ、予約時間を変更しなきゃいけないかな。それとも、会食をまた次にする？

女：次回にするよりは、多少遅くなっても今日の方がいいと思います。日程をまた合わせるのも大変ですし。

男：わかった。じゃ、君がお店の方へ連絡して予約の時間を変更しておいてくれないか。

女：はい、わかりました。

男：私はなるべく早く戻るようにするから、君たちも早く仕上げるようにね。

女：はい、がんばります。

女の人はこの後、まず何をしなければなりませんか。

1 会食の日程を変更する
2 みんなに会食の延期を知らせる
3 プレゼンの資料作りを完成させる
4 店に連絡して予約時間を遅らせる

해석

회사에서 남자와 여자가 이야기하고 있습니다. 여자는 이제부터 우선 무엇을 해야 합니까?

남: 오늘밤 회식 말인데, 나는 오후에 거래처에서 돌아오는 것이 늦어질지도 몰라. 만약에 그렇게 된다면 미안하지만 먼저 시작해 줘.

여: 예, 그래도 상관은 없지만, 저…, 과장님, 실은 내일 프레젠테이션 자료 만드는 쪽도 회식 시간까지 완성하기가 좀 어려울 것 같은데요…….

남: 그렇군. 그럼, 예약 시간을 변경해야 하나? 아니면 회식을 다음으로 할까?

여: 다음 번으로 하는 것보다는 조금 늦어지더라도 오늘 하는 쪽이 좋을 것 같아요. 일정을 또 맞추는 것도 힘들고요.

남: 알았어. 그럼 자네가 가게에 연락해서 예약시간을 변경해 주지 않겠나?

여: 예, 알겠습니다.

남: 나는 가능한 한 빨리 돌아오도록 할 테니까 자네들도 빨리 끝내도록 해.

여: 예, 열심히 하겠습니다.

여자는 이제부터 우선 무엇을 해야 합니까?

1 회식 일정을 변경한다
2 모두에게 회식 연기를 알린다
3 프레젠테이션 자료 만들기를 완성시킨다
4 가게에 연락해서 예약시간을 늦춘다

어휘

会食(かいしょく) 회식 | 取引先(とりひきさき) 거래처 | プレゼン 프레젠테이션(プレゼンテーション의 약자) | 仕上(しあ)げる 완성하다 | 変更(へんこう) 변경 | 次回(じかい) 다음 번 | 延期(えんき) 연기 | 知(し)らせる 알리다 | 完成(かんせい)させる 완성시키다 | 遅(おく)らせる 늦추다

해설

여기서는 우선(まず)에 유의하도록 한다. 왜냐하면 3번의 프레젠테이션 자료 만들기를 완성시키는 것도 앞으로 할 일이기는 하지만, 최우선적으로 해야 할 일은 가게에 연락해서 예약시간을 늦추는 일이다. 그리고 대화문에서 '자료를 완성시키다'를 仕上げる라고 표현했는데 선택지에서는 完成させる라고 하고, 예약시간을 변경하는(変更する) 것을 선택지에서는 늦추다(遅らせる)로 바꾸어 표현하고 있는 점에도 주의하도록 한다. 이와 같이 본문 표현이 선택지에 그대로 나오지 않고 유사표현으로 바뀌는 경우를 많이 볼 수 있다.

05 **정답 1** 1-05.mp3

男の人は携帯電話を失くしてしまい、通信会社に問い合わせ、電話を止めてもらおうと思っています。男の人はどの順序でどの番号を押せばいいですか。

お電話ありがとうございます。こちらはＡＢＣテレコムです。通話料金に関するお問い合わせは1番、電話機の紛失・故障などのお問い合わせは2番、それ以外の方は3番をお押しください。(ピー)次に、電話機の操作方法に関しては1番を、修理のご依頼は2番を、一時中断、解除については3番をお押しください。(ピー)では、おつなぎいたします。このままでお待ちください。

男の人はどの順序でどの番号を押せばいいですか。

1 2→3
2 3→2
3 1→2
4 2→1

해석

남자는 휴대 전화를 잃어버려서 통신회사에 문의하여 전화를 정지시키려고 합니다. 남자는 어떤 순서로 어느 번호를 누르면 됩니까?

전화 주셔서 감사드립니다. 저희는 ＡＢＣ텔레콤입니다. 통신요금에 관한 문의는 1번, 전화기 분실, 고장 등의 문의는 2번, 그 외에는 3번을 눌러 주십시오. (삐)다음으로 전화기 조작 방법에 관해서는 1번을, 수리 의뢰는 2번을, 일시 정지, 해지는 3번을 눌러 주십시오. (삐)그럼, 연결해 드리겠습니다. 이대로 기다려 주십시오.

남자는 어떤 순서로 어느 번호를 누르면 됩니까?

1 2→3
2 3→2
3 1→2
4 2→1

어휘

失(な)くす 잃다 | 通信(つうしん) 통신 | 問(と)い合(あ)わせる 문의하다 | 順序(じゅんじょ) 순서 | 紛失(ふんしつ) 분실 | 故障(こしょう) 고장 | 操作(そうさ) 조작 | 依頼(いらい) 의뢰 | 一時(いちじ) 일시 | 中断(ちゅうだん) 중단 | 解除(かいじょ) 해제 | つなぐ 연결하다

해설

거의 대부분이 대화형 문제이지만, 자동응답전화기에 녹음된 내용을 묻거나, 회사의 자동응답서비스의 지시내용을 따라 하는 문제도 출제되고 있다. 상호작용이 있는 대화문이 아니라 일방적인 안내방송이므로 집중해서 듣도록 한다. 이 문제에서는 우선 전화기 분실이나 고장은 2번이라고 했고, 이어서 일시 정지, 해지는 3번이라고 했으므로 2→3이 정답이다.

포인트이해 완벽대비 문제

문제 2 이 문제에서는 먼저 질문을 들으세요. 그리고 나서 문제용지의 선택지를 읽어주세요. 그리고 문제용지를 보세요. 읽는 시간이 있습니다. 그리고 나서 이야기를 듣고, 문제용지의 1~4 중에서 가장 알맞은 답을 하나 고르세요.

01 **정답 3** 2-01.mp3

女の人と男の人が話しています。 男の人はどうして今、疲れていると言っていますか。

女：どうしたの？疲れた顔して。
男：わかる？実はね、先週から新しいバイトを始めたんだけど、それが「おつかい」をするバイトでさ、昨日は野球場の前に何時間も並んで、入場券を買うおつかいだったんだ。
女：へえ、そんなことを頼む人もいるんだね。
男：そこまではよかったんだけど、夜遅い時間に一人でジョギングするのがこわいから、一緒に走ってくれっていう注文があってね、一緒に走らされたのがきつくて、それで。
女：えっ～？大変だね～。でも、誰かの役に立つお仕事なんだね。
男：そう、病気の人に薬を買ってあげたり、お年寄りの買い物の手伝いとか、あと洗濯物を干してあげたりもしたよ。中でも食料品の買い物のおつかいが一番大変だったな。

男の人はどうして今、疲れていると言っていますか。

1 食料品の買い物をしたから
2 入場券を買うために長時間待ったから
3 昨日の夜遅くまで走っていたから
4 病気の人に薬を買ってあげたから

해석

여자와 남자가 이야기하고 있습니다. 남자는 왜 지금 피곤하다고 말하고 있습니까?

여: 왜 그래? 피곤한 얼굴을 하고서.
남: 티가 나? 실은 지난주부터 새 아르바이트를 시작했는데, 그게 '심부름' 하는 아르바이트여서 어제는 야구장 앞에서 몇 시간이나 줄을 서서 입장권을 사는 심부름이었어.
여: 음~ 그런 것을 부탁하는 사람도 있구나.
남: 거기까지는 괜찮았는데, 밤 늦은 시간에 혼자서 조깅하는 게 무서우니까 함께 달려 달라고 하는 주문이 있었어. 같이 뛴 게 힘들어서, 그

래서.

여: 뭐~? 힘들겠다! 하지만 누군가에게 도움을 주는 일이구나.

남: 그래 아픈 사람에게 약을 사주거나, 나이 드신 분이 장보는 것을 도와 드리기도 하고, 그리고 빨래를 널어 주기도 했어. 그 중에서도 식료품 장보기 심부름이 가장 힘들었어.

남자는 왜 지금 피곤하다고 말하고 있습니까?

1 식료품 장보기를 했기 때문에

2 입장권을 사기 위해서 장시간 기다렸기 때문에

3 어젯 밤 늦게까지 달렸기 때문에

4 아픈 사람에게 약을 사줬기 때문에

어휘

疲(つか)れる 피곤하다 | 先週(せんしゅう) 지난주 | おつかい 심부름 | 野球場(やきゅうじょう) 야구장 | 入場券(にゅうじょうけん) 입장권 | 頼(たの)む 부탁하다 | ジョギングする 조깅하다 | こわい 무섭다 | 注文(ちゅうもん) 주문 | きつい 힘들다 | 役(やく)に立(た)つ 도움이 되다 | お年寄(としよ)り 노인 | 洗濯物(せんたくもの) 빨래 | 干(ほ)す 널다 | 食料品(しょくりょうひん) 식료품 | 長時間(ちょうじかん) 장시간 | 走(はし)る 달리다

해설

남자가 왜 지금 피곤하다고 하는지 그 이유를 찾는 문제이다. 남자는 어제 야구장 앞에서 몇 시간이나 줄을 서서 기다렸다고 했지만, 거기까지는 괜찮았는데(そこまではよかったんだけど) 그 후에 밤늦게 같이 조깅한 것이 힘들어서(一緒に走らされたのがきつくて), 그래서(それで) 피곤하다고 한다. 후반부에 나오는 심부름 이야기는 단순한 예에 지나지 않으며, 지금의 피곤과는 아무런 상관이 없다.

02 정답 4 2-02.mp3

会社で女の人と男の人が話しています。社員旅行の旅行先が変更になった理由は何ですか。

女：秋の社員旅行、沖縄はやめて、近場の温泉街に変更になったんだって。

男：そうなんだ。みんな沖縄に行きたいんじゃなかったの？

女：うん、暖かいし、食べ物もおいしいし、できれば沖縄にしたかったんだけど…。

男：どうして？予算が合わなかったの？

女：いや、取引先の旅行社さんが、何とか予算内でいけるプランを組んでくれたんだ。でも、営業部の人達も急に加わることになったんだけど、全員の飛行機の席がとれなくて…。それで、団体バスを借り切っていける所になったってわけね。

男：それじゃ、しかたないね。

女：まあ、せっかくだから、みんなで行ったほうがいいし、温泉でゆっくりっていうのもいいよね。

社員旅行の旅行先が変更になった理由は何ですか。

1 温泉でのんびりしたいから

2 沖縄の方が暖かいから

3 予算が合わなかったから

4 飛行機の席がとれなかったから

해석

회사에서 여자와 남자가 이야기하고 있습니다. 사원여행의 여행지가 변경된 이유는 무엇입니까?

여: 가을 사원여행, 오키나와는 취소되고 근처에 있는 온천가로 변경되었대.

남: 그렇구나. 모두 오키나와에 가고 싶었던 것 아니야?

여: 응, 따뜻하고 음식도 맛있고 해서 가능하면 오키나와로 가고 싶었는데…….

남: 왜? 예산이 안 맞았어?

여: 아니, 거래처 여행사에서 어떻게든 예산 내에서 갈 수 있는 플랜을 짜줬어. 그런데 영업부 사람들도 갑자기 함께 가게 되었는데 전원이 탈 수 있는 비행기 자리가 없어서……. 그래서 단체버스를 빌려서 갈 수 있는 곳으로 바뀐 거야.

남: 그럼, 어쩔 수 없지.

여: 뭐, 모처럼 가는 거니까 다 같이 가는 편이 좋고, 온천에서 푹 쉬는 것도 좋지.

사원여행의 여행지가 변경된 이유는 무엇입니까?

1 온천에서 느긋하게 지내고 싶어서

2 오키나와 쪽이 따뜻해서

3 예산이 맞지 않아서

4 비행기 자리를 못 잡아서

어휘

社員旅行(しゃいんりょこう) 사원여행 | 旅行先(りょこうさき) 여행지 | 変更(へんこう) 변경 | 沖縄(おきなわ) 오키나와, 규슈 아래 남쪽 섬 | 近場(ちかば) 근처 | 温泉街(おんせんがい) 온천가 | 予算(よさん)が合(あ)う 예산이 맞다 | 取引先(とりひきさき) 거래처 | プランを組(く)む 플랜을 짜다 | 営業部(えいぎょうぶ) 영업부 | 急(きゅう)に 갑자기 | 加(くわ)わる 추가되다 | 全員(ぜんいん) 전원 | 団体(だんたい)バス 단체버스 | 借(か)り切(き)る 전세 내다 | のんびりする 느긋하게 지내다

해설

오키나와에서 근처 온천가로 여행지가 변경된 이유를 묻는 문제이다. 예산에 맞게 플랜을 짰었지만, 갑자기 영업부 직원들이 같이 가게 되어, 전원이 탈 수 있는 비행기 자리가 없어서…(全員の飛行機の席がとれなくて) 그래서 단체버스를 전세로 빌려서 갈 수 있는 곳으로 가게 되었다(それで、団体バスを借り切っていける所になったってわけ)고 한다.

03 정답 4 2-03.mp3

女の人と男の人がスポーツセンターについて話しています。男の人はどうしてこのスポーツセンターが気に入っていますか。

女：川田君、隣のビルのスポーツセンターに行ってるって言ってたよね。

男：うん。
女：私も行ってみようかなって思ってるんだけど、どう？
男：僕は気に入ってるよ。でも、もう少し運動器具があったらいいんだけどな。あ、あと、シャワー室が狭くて嫌だっていう人もいるみたいだね。
女：そうなんだ。じゃ、川田君はどうしてそのスポーツセンターに通ってるの？
男：う〜ん、ランニングマシーンで走ってる時ってつまんないだろう？あそこは、最新の機械だから、テレビの放送はもちろん、映画や海外のドラマまでなんでも好きなものを見ながら運動できるんだ。
女：ふう〜ん、私は窓の外にひろがる景色を眺めて走るのが好きだな。
男：そっか。じゃ、他を探してみた方がいいかもしれないよ。あそこの眺めは、いいとは言えないから。

男の人はどうしてこのスポーツセンターが気に入っていますか。

1 シャワー室が広いから
2 運動器具が多いから
3 窓からのながめが素敵だから
4 好きな番組を見ながら運動できるから

해석

여자와 남자가 스포츠센터에 관하여 이야기하고 있습니다. 남자는 왜 이 스포츠센터가 마음에 들었습니까?

여: 가와다 군, 옆 빌딩 스포츠센터에 다닌다고 했지?
남: 응.
여: 나도 가 볼까 하고 생각하는데, 어때?
남: 나는 마음에 들어. 하지만 좀 더 운동기구가 있으면 좋은데……. 그리고 샤워실이 좁아서 싫다는 사람도 있는 것 같아.
여: 그렇구나. 그럼, 가와다 군은 왜 그 스포츠센터에 다니는 거야?
남: 음, 런닝머신에서 달릴 때 심심하잖아? 거기는 최신 기계라서 TV방송은 물론 영화나 해외드라마까지 뭐든지 좋아하는 것을 보면서 운동할 수가 있어.
여: 으음~ 나는 창밖에 펼쳐지는 경치를 보면서 달리는 게 좋은데.
남: 그래? 그럼, 다른 곳을 찾아보는 편이 나을지도 몰라. 거기 전망은 좋다고 할 수 없으니까.

남자는 왜 이 스포츠센터가 마음에 들었습니까?

1 샤워실이 넓으니까
2 운동기구가 많으니까
3 창 밖의 전망이 멋지니까
4 좋아하는 프로를 보면서 운동할 수 있으니까

어휘

気(き)に入(い)る 마음에 들다 | 運動器具(うんどうきぐ) 운동기구 | 通(かよ)う 다니다 | ランニングマシーン 런닝머신 | つまんない 심심하다 | 最新(さいしん) 최신 | 機械(きかい) 기계 | ひろがる 펼쳐지다 | 景色(けしき) 경치 | 眺(なが)める 바라보다 | 眺(なが)め 전망 | 素敵(すてきだ) 멋지다 | 番組(ばんぐみ) 프로

해설

남자가 이 스포츠센터를 마음에 들어 하는 이유가 무엇인지를 묻는 문제이다. 런닝머신에서 달릴 때 특별히 거기서는, 자신이 보고 싶은 영화나 해외드라마를 뭐든지 보면서 운동할 수 있어서(映画や海外のドラマまでなんでも好きなものを見ながら運動できる) 마음에 든다고 하므로 정답은 4번이다.

04 정답 1 2-04.mp3

母と娘が話しています。娘の今日の体調はどうですか。

母：おはよう。具合はどう？少しはまし？
娘：う…ん、まだちょっと頭痛はするけど、だいぶよくなったみたい。
母：そう、よかった。ちょっと見てみるね、うーん、熱は、ずいぶん下がったみたいね。
娘：うん、吐き気もおさまったし。
母：昨日まですごくつらそうで、お母さん、ずいぶん心配したわ。高熱は出るし、咳やくしゃみもひどいしで、見てるこっちがつらいくらい。
娘：うん、でももう大丈夫みたい。
母：とにかく、今日までは学校休んで完全に治してから学校に行ったほうがいいわね。
娘：うん、そうする。

娘の今日の体調はどうですか。

1 頭が痛い
2 吐き気がする
3 咳が出る
4 熱が高い

해석

어머니와 딸이 이야기하고 있습니다. 딸의 오늘 몸 상태는 어떻습니까?

모: 잘 잤어? 몸은 어때? 좀 나아졌어?
딸: 으…음, 아직 좀 두통이 있지만 꽤 좋아진 것 같아요.
모: 그래? 다행이다. 잠깐 보자. 음, 열은 많이 내린 것 같구나.
딸: 응, 구토가 나려고 했던 것도 가라앉았고.
모: 어제까지 너무 힘들어 보여서 엄마가 굉장히 걱정했어. 고열이 나고, 기침에, 재채기도 심해서 보고 있는 내가 힘이 들 정도였어.
딸: 응, 하지만 이제 괜찮은 것 같아요.
모: 어쨌든 오늘까지는 학교를 쉬고 완전히 다 나으면 학교에 가는 편이 좋을 거야.
딸: 네, 그렇게 할게요.

딸의 오늘 몸 상태는 어떻습니까?

1 머리가 아프다
2 구토기가 있다
3 기침이 나온다
4 열이 많이 난다

어휘

体調(たいちょう) 몸 상태 | 具合(ぐあい) 상태 | まし 더 낫다 | 頭痛(ずつう) 두통 | だいぶ 꽤 | 熱(ねつ) 열 | 下(さ)がる 내리다 | 吐(は)き気(け) 구토기 | おさまる 가라앉다 | 心配(しんぱい)する 걱정하다 | 高熱(こうねつ)が出(で)る 고열이 나다 | 咳(せき) 기침 | くしゃみ 재채기 | 治(なお)す 낫게 하다

해설

아픈 증상이 여러 가지로 나오는 가운데, 지금 현재 딸의 상태가 어떤지를 묻는 문제이다. 어제까지 고열에다 구토기가 있었고, 기침, 재채기 등을 심하게 했는데, 오늘 아침에는 아직까지 두통은 조금 있지만(まだちょっと頭痛はするけど), 꽤 좋아졌다고 하므로, 오늘의 몸 상태는 머리가 아프다고 하는 1번이 정답이다.

05 정답 2 2-05.mp3

大学で男の人と女の人が話しています。男の人が今のアルバイトを選んだ理由は何ですか。

女：アルバイト始めたんだって？この前言ってたあのとんかつ屋さん?

男：う～ん、あそこは食事つきでかなり魅力的だと思ったんだけど、決めたのは知り合いの会社の事務所。そこだと、学校の勉強と両立できそうなんだ。

女：へえ、どんなことするの。

男：電話がかかってきたら、受け取ってマニュアルに沿って案内したり、他の社員につないだり…要するに電話番。

女：そうなんだ、そこは勤務時間が短いの?

男：いや、結構長いんだけど、電話がない間は本を読んだり勉強をしてもいいって言うんだ。

女：それはいいわね。で、時給の方は?

男：悪くはないけど…まあまあってとこかな。

男の人が今のアルバイトを選んだ理由は何ですか。

1 おいしい食事がでるから
2 仕事中に勉強もできるから
3 仕事する時間が短いから
4 給料がかなりいいから

해석

대학에서 남자와 여자가 이야기하고 있습니다. 남자가 지금의 아르바이트를 선택한 이유는 무엇입니까?

여: 아르바이트를 시작했다면서? 요전에 말했던 그 돈까스 가게?

남: 음, 거기는 식사도 주고 해서 매력적이라고 생각했지만, 결정한 곳은 아는 사람의 회사 사무소야. 거기라면 학교와 공부를 병행할 수 있을 것 같아.

여: 그래? 어떤 일을 하는 거야?

남: 전화가 걸려오면 받아서 매뉴얼에 따라서 안내하거나 다른 사원에게 바꿔 주거나……, 요컨대 전화담당이야.

여: 그렇구나. 거기는 근무시간이 짧아?

남: 아니 꽤 길지만 전화가 안 올 때는 책을 읽거나 공부를 해도 된대.

여: 그것 좋겠다. 그래서 시급 쪽은?

남: 나쁘지는 않지만…그저 그런 수준이야.

남자가 지금의 아르바이트를 선택한 이유는 무엇입니까?

1 맛있는 식사가 나오기 때문에
2 일하는 중에 공부도 할 수 있기 때문에
3 일하는 시간이 짧기 때문에
4 급료가 꽤 좋기 때문에

어휘

選(えら)ぶ 선택하다 | とんかつ屋(や) 돈까스 가게 | 食事(しょくじ)つき 식사가 딸림 | 魅力的(みりょくてき) 매력적 | 知(し)り合(あ)い 서로 아는 사이 | 両立(りょうりつ) 양립 | 受(う)け取(と)る 받다 | 沿(そ)う 따르다 | つなぐ 연결하다 | 要(よう)するに 요컨대 | 電話番(でんわばん) 전화담당 | 時給(じきゅう) 시급 | まあまあだ 그저 그렇다

해설

지금의 아르바이트를 선택한 이유를 묻는 문제이다. 거기라면 학교 공부와 병행할 수 있을 것 같다(そこだと、学校の勉強と両立できそうなんだ)고 하면서, 구체적으로 근무시간은 길지만 전화가 안 올 때는 책을 읽거나 공부를 해도 된다(電話がない間は本を読んだり勉強をしてもいい)고 하므로, 일하는 중에 공부도 할 수 있기 때문이라고 한 2번이 정답이다.

06 정답 4 2-06.mp3

会社で男の人と女の人が話しています。男の人はどうして今日の飲み会に参加できないと言っていますか。

女：これからみんなで一杯しようと思ってるんだけど、木下君もどう？

男：いやー、今日はやめとくよ。

女：え、明日の準備、まだ終わってないの?

男：そうじゃないんだけど、早く帰ろうと思って。

女：そう、確かに今日も忙しかったもんね。家で休んで疲れを取ったほうがいいかも。

男：それもそうなんだけど、最近、うちの子が僕のこと「おじさん」って言うんだ。

女：まあ。

男：家にほとんどいないからそうなっちゃったんだと思うけど、それが悲しくてね。

女：そっか。これからできる限り早く家に帰るようにしたほうがいいわね。

男の人はどうして今日の飲み会に参加できないと言っていますか。

1 明日の朝早く起きなければいけないから
2 今日の仕事が忙しくて疲れているから
3 おじさんが家に来ることになっているから
4 子どもや家族と過ごす時間を持ちたいから

해석

회사에서 남자와 여자가 이야기하고 있습니다. 남자는 왜 오늘 술 모임에 참가하지 못한다고 합니까?

여: 지금부터 다 같이 함께 한 잔 하려고 생각하는데, 기노시타 군도 어때?
남: 아니, 오늘은 안 갈래.
여: 왜, 내일 준비가 아직 안 끝났어?
남: 그건 아닌데, 일찍 집에 가려고.
여: 그래, 진짜로 오늘도 바빴지. 집에서 쉬면서 피로를 푸는 편이 나을지도 몰라.
남: 그것도 그렇지만, 최근에 우리 애가 나를 '아저씨'라고 해…….
여: 어머나.
남: 집에 거의 없어서 그렇게 되어 버린 것 같은데, 그게 슬퍼서 말이야.
여: 그렇구나. 지금부터 가능한 한 일찍 집에 들어가는 편이 좋겠구나.

남자는 왜 오늘 술 모임에 참가하지 못한다고 합니까?

1 내일 아침 일찍 일어나야 하기 때문에
2 오늘 일이 바빠서 피곤하기 때문에
3 아저씨가 집에 오기로 되어 있기 때문에
4 아이와 가족과 지내는 시간을 갖고 싶기 때문에

해설

남자가 오늘 술 모임에 참가하지 못하는 이유를 찾는 문제이다. 내일 준비 때문이거나, 오늘 업무가 바빴기 때문에 쉬기 위해서 일찍 집에 들어가는 게 아니라, 남자의 애가 아빠에게 '아저씨'라고 하기 때문에 가족서비스를 위해 집에 일찍 들어가기로 했다는 4번이 정답이다.

어휘

飲(の)み会(かい) 술 모임 | 参加(さんか) 참가 | 一杯(いっぱい)する 한잔 하다 | 確(たし)かに 확실히 | 疲(つか)れを取(と)る 피곤을 풀다 | 悲(かな)しい 슬프다 | 過(す)ごす 지내다

개요이해 완벽대비 문제

문제 3 이 문제에서는 문제용지에 아무것도 인쇄되어 있지 않습니다. 이 문제는 전체적으로 어떤 내용인지를 듣는 문제입니다. 이야기 전에 질문은 없습니다. 먼저 이야기를 들으세요. 그리고 나서 질문과 선택지를 듣고, 1~4 중에서 가장 알맞은 답을 하나 고르세요.

01 정답 1 3-01.mp3

テレビでインテリアの専門家が鏡について話しています。

レストランや喫茶店など、壁に大きな鏡を取り付けたお店をよく見かけます。さほど広くないスペースでも、鏡に景色が映り、目の錯覚で実際以上に奥行きや広さを感じます。みなさんのお宅でも、こんな鏡のマジックを活用してみてはいかがでしょうか。ただ、設置する場所は、なるべく美しい場所が映る位置にしましょう。整理されていないごちゃごちゃとした場所が映ると、かえって散らかっている印象を倍増させてしまいますので注意が必要です。

鏡の何について話していますか。

1 部屋を広く見せる効果
2 取り扱い時の注意点
3 よいものを選ぶ方法
4 安全に設置する方法

해석

ＴＶ에서 인테리어 전문가가 거울에 대해서 이야기하고 있습니다.

레스토랑이나 찻집 등 벽에 큰 거울을 붙인 가게를 자주 보게 됩니다. 그다지 넓지 않은 공간이라도 거울에 경치가 비치고 눈의 착각으로 실제이상으로 안쪽 길이나 넓이를 느낄 수 있습니다. 여러분의 댁에서도 이런 거울 매직을 활용해 보시면 어떨까요? 단, 설치하는 장소는 되도록이면 아름다운 장소가 비치는 위치로 정합시다. 정리되어 있지 않아 어수선한 장소가 비치면 오히려 어질러져 있는 인상을 배가시켜 버리기 때문에 주의가 필요합니다.

거울의 무엇에 대해 이야기하고 있습니까?

1 방을 넓어 보이게 하는 효과
2 취급시의 주의점
3 좋은 것을 고르는 방법
4 안전하게 설치하는 방법

어휘

インテリアデザイナー 인테리어 디자이너 | 鏡(かがみ) 거울 | 喫茶店(きっさてん) 찻집 | 壁(かべ) 벽 | 取(と)り付(つ)ける 붙이다 | 見(み)かける 보게 되다 | さほど 그다지 | 映(うつ)る 비치다 | 錯覚(さっかく) 착각 | 実際(じっさい) 실제 | 奥行(おくゆ)き 안쪽 길이 | マジック 매직 | 活用(かつよう)する 활용하다 | 設置(せっち)する 설치하다 | 位置(いち) 위치 | 整理(せいり) 정리 | ごちゃごちゃ 이것저것 어수선한 | かえって 오히려 | 散(ち)らかる 어질러지다 | 倍増(ばいぞう) 배증, 배가 | 効果(こうか) 효과 | 取(と)り扱(あつか)い 취급

해설

상황 설명문에서 인테리어 전문가가 거울에 대해서 이야기하고 있다고 했다. 전문가는 요즘 큰 거울을 붙여서 공간을 넓게 보이게 하는 가게들이 많다고 하면서, 시청자들의 집에서도 활용해 보기를 권하고 있다. 또한 설치 시에는 어수선한 곳이 아닌 아름다운 곳이 비치는 곳으로 정하면 좋다고도 했다. 질문문에서 거울의 어떤 점에 대해 이야기하고 있느냐고 물었는데, 방을 넓어 보이게 하는 거울의 효과라고 한 1번이 정답이다.

02 정답 4 3-02.mp3

めがね屋の店長が話しています。

目が悪いため、仕方なくめがねをかける人もいますが、最近はおしゃれの道具としてめがねをかける人が多くなってきました。医療技術が進んでいる現代では、目が悪い人は、コンタクトレンズをつけたり、目がよくなる手術をすれば済むからです。そういうわけで、うちの店は目が悪い人のためのお店というよりは、ファッションアクセサリーとしての売り場にしたいと思っています。

店長は何の話をしていますか。

1 めがねの正しい管理法
2 視力をよくする方法
3 コンタクトレンズの必要性
4 店で扱うめがねの種類

해석

안경점 점장이 이야기하고 있습니다.

눈이 나빠서 어쩔 수 없이 안경을 쓰는 사람도 있지만, 최근에는 멋을 내는 도구로서 안경을 쓰는 사람이 많아졌습니다. 의료기술이 발달된 현대에는 눈이 나쁜 사람은 콘텍트렌즈를 끼거나 눈이 좋아지는 수술을 하면 되기 때문입니다. 그래서 우리 가게는 눈이 나쁜 사람을 위한 가게라기보다는 패션 액세서리로서의 매장으로 만들고 싶습니다.

점장은 무슨 이야기를 하고 있습니까?

1 안경의 올바른 관리법
2 시력을 좋게 하는 방법
3 콘텍트렌즈의 필요성
4 가게에서 취급하는 안경의 종류

어휘

店長(てんちょう) 점장 | 仕方(しかた)ない 어쩔 수 없다 | おしゃれ 치장, 멋 | 道具(どうぐ) 도구 | 医療(いりょう) 의료 | 技術(ぎじゅつ) 기술 | 手術(しゅじゅつ) 수술 | 済(す)む 되다 | ファッション 패션 | アクセサリー 액세서리 | 売(う)り場(ば) 매장 | 管理法(かんりほう) 관리법 | 視力(しりょく) 시력 | 扱(あつか)う 취급하다 | 種類(しゅるい) 종류

해설

도입부에서 '～もいますが(～도 있지만)', '～が多くなってきました(～가 많아졌습니다)'라고 화제를 제시하고 있다. 즉 뒷부분에 나오는 내용(おしゃれの道具としてめがね)에 치중한 이야기라고 할 수 있다. 그리고 마지막에서도 '～というよりは(～라기 보다는)', '～にしたい(～로 하고 싶다)'고 하면서 뒷부분(ファッションアクセサリーとしての売り場)을 강조하고 있다. 즉 이 안경점에서 취급하는 안경에 대해서 이야기하고 있다고 할 수 있다.

03 **정답 1** 3-03.mp3

テレビでアナウンサーが話しています。

今日は金田武雄さんをゲストにお迎えしました。金田さんはスリムで中性的な雰囲気の若手アイドルが人気を集める最近の芸能界にあって、骨太で男性的な魅力で注目を集めています。185センチという長身を生かし、大学生まではバスケット選手として活躍しましたが、その抜群のルックスが広告代理店の目に留まり、CMモデルとしての活動を開始、その後、俳優デビューとなったドラマ「初恋」で一躍人気者になりました。今日は話題の新作映画のお話等も一緒にお伺いしたいと思います。

このゲストの今の職業は何ですか。

1 俳優
2 映画評論家
3 アイドル歌手
4 スポーツ選手

해석

TV에서 아나운서가 이야기하고 있습니다.

오늘은 가네다 다케오 씨를 게스트로 맞이했습니다. 가네다 씨는 날씬하고 중성적인 분위기의 젊은 아이돌이 인기를 모으고 있는 최근 연예계에서, 튼튼한 골격의 남성적인 매력으로 주목을 받고 있습니다. 185센티나 되는 신장을 살려서 대학생 때까지는 농구선수로서 활약하고 있었습니다만, 그 뛰어난 외모가 광고대리점 눈에 띄어 CF모델 활동을 시작하였고 그 후에 배우로 데뷔하게 된 드라마 '첫사랑'에서 일약 인기스타가 되었습니다. 오늘은 화제의 신작 영화 이야기 등을 함께 들어보기로 하겠습니다.

이 게스트의 지금의 직업은 무엇입니까?

1 배우
2 영화평론가
3 아이돌 가수
4 운동선수

어휘

ゲスト 게스트 | 迎(むか)える 맞이하다 | スリムだ 날씬하다 | 中性的(ちゅうせいてき) 중성적 | 雰囲気(ふんいき) 분위기 | 若手(わかて) 젊은 사람 | アイドル 아이돌 | 人気(にんき) 인기 | 集(あつ)める 모으다 | 芸能界(げいのうかい) 예능계, 연예계 | 骨太(ほねぶと) 골격이 튼튼함 | 魅力(みりょく) 매력 | 注目(ちゅうもく) 주목 | 長身(ちょうしん) 장신 | 生(い)かす 살리다 | バスケット 농구 | 活躍(かつやく)する 활약하다 | 抜群(ばつぐん) 발군, 뛰어남 | ルックス 외모 | 広告代理店(こうこくだいりてん) 광고대리점 | 目(め)に留(と)まる 눈에 들다 | 開始(かいし) 개시 | 俳優(はいゆう) 배우 | デビュー 데뷔 | 初恋(はつこい) 첫사랑 | 一躍(いちやく) 일약 | 人気者(にんきもの) 인기인 | 話題(わだい) 화제 | 新作(しんさく) 신작 | 伺(うかが)う 여쭈다, 듣다 | 職業(しょくぎょう) 직업 | 評論家(ひょうろんか) 평론가

해설

아나운서가 게스트를 소개하고 있다. 앞부분에서 게스트를 'スリムで中性的な雰囲気の若手アイドル(날씬하고 중성적인 분위기의 젊은 아이돌)'라고 하는 것이 아니므로 헷갈리지 않도록 잘 들어야 한다. 대학시절 バスケット選手(농구선수) → 광고대리점에 발탁되어 CMモデル(CF모델) → 俳優(배우)의 길을 걸었다고 하므로, 지금의 직업은 배우이다.

04 **정답 3** 3-04.mp3

テレビでアナウンサーがあるアンケートの結果について話しています。

社会人を対象に、「就職前に、就職後のどんな生活にあこがれていましたか」という質問をしたところ、最も多かった回答は、「おしゃれなマンションでの一人暮らし」。そして、「車に乗って音楽を聴きながら通勤する」のが第2位でした。しかし、このような余裕ある生活は、実現の難しい幻想だったことが明らかになりました。それは、実際の生活に対する調査では、「家賃節約のため実家で暮らしている」とか、「満員電車にゆられ通勤している」などという答えが大多数を占めたからです。

アンケートに答えた人たちは、就職したらどうなると思っていましたか。

1 幻想的な家に住める
2 実家から会社に通う
3 余裕のある生活が送れる
4 渋滞を避けて電車で通勤する

해석

ＴＶ에서 아나운서가 어떤 앙케트 결과에 대해서 이야기하고 있습니다.

사회인을 대상으로 '취직하기 전에, 취직 후의 어떤 생활을 동경했습니까'라는 질문을 했더니, 가장 많았던 응답은 '독립해서 멋진 맨션에서 사는 것'. 그리고 '자동차를 타고 음악을 들으면서 출근한다'가 2위였습니다. 하지만 이러한 여유 있는 생활은 실현하기 힘든 환상이었음이 밝혀졌습니다. 그것은 실제 생활에 대한 조사에서는 '집세 절약을 위해 부모님과 지내고 있다'라든가 '만원전철을 타며 출근하고 있다'는 등의 답이 대다수를 차지하고 있었기 때문입니다.

앙케트에 답한 사람들은 취직하면 어떻게 된다고 생각하고 있었습니까?

1 환상적인 집에 살 수 있다
2 부모님 집에서 회사를 다닌다
3 여유 있는 생활을 보낼 수 있다
4 교통체증을 피해 전철로 출근한다

어휘

結果(けっか) 결과 | 対象(たいしょう) 대상 | 就職(しゅうしょく) 취직 | あこがれる 동경하다 | 質問(しつもん) 질문 | 回答(かいとう) 회답 | 一人暮(ひとりぐ)らし 혼자 지냄 | 通勤(つうきん) 통근, 출근 | 余裕(よゆう) 여유 | 実現(じつげん) 실현 | 幻想(げんそう) 환상 | 明(あき)らかになる 밝혀지다 | 家賃(やちん) 집세 | 節約(せつやく) 절약 | 実家(じっか) 친정, 부모님 집 | 満員(まんいん) 만원 | ゆられる 흔들리다 | 大多数(だいたすう) 대다수 | 占(し)める 차지하다 | 渋滞(じゅうたい) 교통체증 | 避(さ)ける 피하다

해설

상황 설명문에서 앙케트 결과라고 했으므로, 설문 내용, 결과, 순위, 수치 등을 잘 메모하도록 한다. '취직하기 전에 취직 후의 어떤 생활을 동경했나?'고 하는 설문에 대해, '독립해서 혼자 사는 것', '자동차로 출근' 을 꼽았지만, 실제 생활에서는 이런 여유로운 생활은 환상에 지나지 않았다고 한다. 왜냐하면 취직 후에 '부모님과 함께 살고', '지하철로 출근'하고 있기 때문이다. 질문문에서 '앙케트에 답한 사람들은 취직하면 어떻게 된다고 생각했었나?'고 물었기 때문에, 취직 전의 생각을 고르면 된다. 즉 여유 있는 생활을 보낼 수 있을 것이라고 한 3번이 정답이다.

05 **정답 3** 3-05.mp3

会社で男の人と女の人が話しています。

男：田中さん、ちょっといいですか。
女：はい、課長。
男：この前話した社内の功労賞、実はうちのチームが受賞することになったんだ。それで、君にチームを代表して授賞式で一言あいさつしてほしいんだが。
女：えっ？
男：この3ヶ月間で評価の高かったチームの責任者に与えられる賞だからね。
女：ありがとうございます。
男：じゃ、そういうことで。明後日だから、忘れないようにね。
女：あ、あのう、チームを代表して受賞だなんて光栄ですが、ただ、明後日だと…。
男：何かあるの？
女：あのう、実は何ヶ月も前から予約しておいた病院の健康診断がありまして…。
男：ああ、そう？でもせっかくの機会なのに…。
女：はい、評価していただいたことは大変うれしいですが、私じゃなくても一緒にがんばってくれた赤川さんがしてはどうかと思いますが。私は、また次回受賞できるように頑張ります。
男：そうか、わかった。

女の人は社内の授賞式のあいさつについてどう思っていますか。

1 次回の責任者の赤川さんにしてほしい
2 せっかくの受賞なので、喜んでしたい
3 したいが、健康診断があるので、今回は断りたい
4 3ヶ月前にしたので、今回は赤川さんにゆずりたい

해석

회사에서 남자와 여자가 이야기하고 있습니다.

남: 다나카 씨, 잠깐 괜찮나요?
여: 예, 과장님.
남: 요전에 이야기한 사내 공로상, 실은 우리 팀이 수상하게 되었어. 그래서 자네가 팀을 대표해서 수상식에서 인사를 한마디 해줬으면 하는데.
여: 예?
남: 지난 3개월간 높은 평가를 받은 팀의 책임자에게 주어지는 상이니까.
여: 고맙습니다.
남: 그럼, 그렇게 하기로 하지. 내일모레니까 잊지 않도록 해.
여: 저, 저기, 팀을 대표해서 수상을 하는 것은 영광이지만, 단, 내일모레

라면…….
남: 무슨 일 있어?
여: 저기, 실은 몇 개월 전부터 예약해 놓은 병원 건강검진이 있어서…….
남: 아, 그래? 하지만 모처럼의 기회인데…….
여: 예, 평가해 주신 점은 아주 기쁩니다만, 제가 아니라도 함께 열심히 해준 아카가와 씨가 하면 어떨까 합니다만. 저는 또 다음 번에 수상할 수 있도록 열심히 하겠습니다.
남: 그래, 알겠어.

여자는 사내 수상식 인사에 대해서 어떻게 생각하고 있습니까?

1 다음 번 책임자인 아카가와 씨가 했으면 한다
2 모처럼의 수상이므로 기꺼이 하고 싶다
3 하고 싶지만, 건강검진이 있기 때문에 이번에는 거절하고 싶다
4 3개월 전에 했기 때문에 이번에는 아카가와 씨에게 양보하고 싶다

어휘

社内(しゃない) 사내 | 功労賞(こうろうしょう) 공로상 | 受賞(じゅしょう)する 수상하다 | 授賞式(じゅしょうしき) 수상식 | 一言(ひとこと) 한마디 | 評価(ひょうか) 평가 | 責任者(せきにんしゃ) 책임자 | 与(あた)える 주다 | 光栄(こうえい) 영광 | 健康診断(けんこうしんだん) 건강검진 | せっかく 모처럼 | 機会(きかい) 기회 | 次回(じかい) 다음 번 | 断(ことわ)る 거절하다 | ゆずる 양보하다

해설

과장님은 사내에서 공로상을 타게 된 팀의 책임자인 다나카 씨에게 상을 받고, 감사의 인사를 하라고 지시를 했다. 하지만 수상식 날짜가 마침 다나카 씨의 병원 건강검진일이어서 이번에 열심히 힘을 써준 동료 아카가와 씨에게 수상과 인사를 부탁하기로 했다. 1번 다음 책임자 이야기는 안 나오며, 2번 건강검진 때문에 할 수 없다고 했고, 4번 3개월 전에 했다는 이야기도 나오지 않는다. 정답은 수상하고 인사를 하고는 싶지만 건강검진으로 이번에는 거절하고 싶다고 한 3번이다.

즉시응답 완벽대비 문제

문제 4 이 문제에서는 문제용지에 아무것도 인쇄되어 있지 않습니다. 먼저 문장을 들으세요. 그리고 나서 그 답을 듣고, 1~3 중에서 가장 알맞은 답을 하나 고르세요.

01 정답 1 4-01.mp3

あのう、ちょっとご相談したいことがあるんですが。
1 ええ、どうしたんですか。
2 はい、させてください。
3 じゃあ、お言葉に甘えて。

해석

저기, 잠깐 상담하고 싶은 일이 있습니다만.
1 예, 어떤 일이세요?
2 예, 시켜주십시오.
3 그럼, 사양하지 않고.

어휘

相談(そうだん) 상담 | 甘(あま)える (호의, 친절을) 사양하지 않고 이용하다

해설

잠깐 상담하고 싶다는 말에 대한 응답으로 적당한 것을 고르는 문제이다. 2번 'させてください'는 시켜달라고 할 때, 3번 'お言葉に甘えて'는 상대방의 호의에 사양하지 않고 그 말대로 따르겠다고 할 때 사용한다. 정답은 왜 그러냐고 물을 때 사용하는 1번 'どうしたんですか'이다.

02 정답 1 4-02.mp3

駅前のスーパー、まだ開いてるかな？
1 うん、あそこは24時間営業だから。
2 まだ、余裕があるはずだよ。
3 もう満室だと思うけど。

해석

역 앞 슈퍼 아직 하고 있을까?
1 응, 거기는 24시간 영업이니까.
2 아직 여유가 있을 거야.
3 이미 다 찼을 거라 생각해.

어휘

営業(えいぎょう) 영업 | 余裕(よゆう) 여유 | 満室(まんしつ) 만실, 방이 꽉 참

해설

슈퍼가 '아직 열렸을까?', '하고 있을까?' 라는 말에 대한 응답을 고르는 문제이다. 'あく'는 '開く'(열다)와 '空く'(비다)가 있는데, 어느 쪽인지 잘 구별해서 듣도록 한다. 여기서는 '열다' 쪽이므로 '24시간 영업이니까 열려있다'고 한 1번이 정답이다.

03 정답 2 4-03.mp3

ちょっと、スープの味をみてくれない？
1 あっちの方にあると思うけど。
2 うーん、もう少し塩を入れたら？
3 パンも欲しいんだけど。

해석

있잖아, 수프 맛 좀 봐주지 않을래?
1 저쪽 편에 있을 것 같은데.
2 으음~ 조금 더 소금을 넣지?
3 빵도 먹고 싶은데.

어휘

味(あじ) 맛 | 塩(しお) 소금

해설

어떤 일을 부탁할 때는 '~てくれない?(~해 주지 않을래?)'를 쓰는데, 여기서는 味をみる와 연결되어서 '맛을 봐 달라'는 의미로 쓰였다. 1번은 단순히 みる로 알아듣고 답한 경우이며, 3번은 수프와 연관되는 빵을 떠올린 것이다. 정답은 간을 보면서 소금을 더 넣으라고 조언한 2번이다.

04 정답 3 4-04.mp3

今、ピザとろうと思うんだけど、一緒にどう?

1 そうだね、30分ぐらいかかるね。

2 それじゃ、一緒に行こうか?

3 あっ、私はもう夕飯すませたから。

해석

지금 피자 시키려고 하는데, 같이 어때?

1 글쎄, 30분 정도 걸려.

2 그럼, 함께 갈까?

3 앗, 난 이미 저녁밥 먹었어.

어휘

とる 시키다, 주문하다 | 夕飯(ゆうはん)をすませる 저녁식사를 끝내다

해설

とる도 '잡다, 따다, 취하다' 등 여러 가지 뜻이 있지만, 여기서는 '주문하다'는 뜻으로 쓰여서, '피자를 같이 먹는 게 어떠냐?'고 의향을 물었다. 이에 대해 1번 '몇 분이 걸린다'라든가 2번 '같이 가자'고 하는 것은 어색하며, 정답은 '난 이미 저녁밥을 먹었으니까(안 먹겠다)'라고 한 3번이다.

05 정답 2 4-05.mp3

今日は僕がおごりますよ。

1 そんなにおこらないでください。

2 いえいえ、今日は私が…。

3 わあ、すごいごちそうですね。

해석

오늘은 제가 한턱낼게요.

1 그렇게 화내지 마세요.

2 아니 아니, 오늘은 제가…….

3 와 굉장한 진수성찬이네요.

어휘

おごる 한턱내다 | おこる 화내다 | ごちそう 진수성찬

해설

식사를 한턱내겠다고 하는 말에 대한 응답으로 적당한 것을 고르는 문제이다. 2번은 おごる와 おこる를 잘못 들은 경우이며, 3번은 おごる에서 음식을 연상하여 고른 답이다. 정답은 한턱낸다고 하는 사람에게 'いえいえ、今日は私が…(아니, 오늘은 제가~)'라고 한 2번이다.

06 정답 3 4-06.mp3

近くまで来たなら、家に寄ってくれたらよかったのに。

1 すごくきれいなお家でしたね。

2 また行くつもりですから。

3 では、次の機会には是非。

해석

근처까지 왔었다면 집에 들렀으면 좋았을 텐데.

1 굉장히 깨끗한 집이더군요.

2 또 갈 생각이니까.

3 그럼, 다음 기회에는 꼭.

어휘

寄(よ)る 들르다 | 機会(きかい) 기회 | 是非(ぜひ) 꼭

해설

'~했으면 좋았을 텐데'라면서 과거의 일을 후회, 안타까워할 때는 '~たらよかったのに'를 쓴다. 집에 들르지도 않았는데, 1번에서는 집이 깨끗했다, 2번은 또 갈 생각이라고 하는 것은 말이 맞지 않는다. 정답은 "次の機会には是非(다음 기회에는 꼭)"이라고 대답한 3번이다.

07 정답 1 4-07.mp3

さっき、石山君がとぼとぼ歩いていたけど、何かあったの?

1 また、卒業試験に落ちたんだ。

2 すっごくいいことあったみたい。

3 うん、ダイエットしてるんだって。

해석

조금 전에 이시야마 군이 터벅터벅 걷고 있던데, 무슨 일이 있었어?

1 또 졸업시험에 떨어졌어.

2 굉장히 좋은 일이 있었나 봐.

3 응, 다이어트 하고 있대.

어휘

さっき 조금 전 | とぼとぼ 터벅터벅

해설

とぼとぼ는 터벅터벅 피곤한 듯이 힘없이 걷는 모양을 말한다. 2번처럼 굉장히 좋은 일이라면 터벅터벅 걷지 않았을 테고, 3번 다이어트와도 별로 상관이 없다. 정답은 졸업시험에 떨어졌다고 하는 1번이다.

08 정답 3 4-08.mp3

また、テレビつけっぱなしで出かけたでしょ。

1 だって、静かなのが好きだから。

2 この番組すごく面白いよね。

3 ごめん、急いでたからうっかりしてた。

해석

또 TV를 켠 채로 외출했지?

1 왜냐하면 조용한 게 좋아서.
2 이 프로 굉장히 재미있지?
3 미안, 서두르다가 깜박했어.

어휘
～っぱなし ～한 채로 | 番組(ばんぐみ) (TV, 라디오 등의) 프로 | 急(いそ)ぐ 서두르다 | うっかりする 깜박하다

해설
また～でしょ는 '또 ~했지?'라는 뜻으로 잘못을 추궁할 때 자주 쓰이는 표현이다. 여기서도 ～っぱなし(~한 채로)와 함께 쓰여서 '또 TV를 켠 채로 외출했지?'라며 추궁을 하는데, 1번 '조용해서'라는 것은 이와 상반되는 내용이며, 2번은 TV와 프로그램을 단순히 끼어 맞춘 것 같다. 정답은 깜박했다고 용서를 구하는 3번이다.

09 정답 2 4-09.mp3

手伝ってくれて、助かったよ。
1 はい、おかげさまで。
2 お役に立ててよかったです。
3 本当に申し訳ありません。

해석
도와줘서 많은 도움이 되었어.
1 예, 덕분에.
2 도움이 되어서 다행입니다.
3 정말로 죄송합니다.

어휘
手伝(てつだ)う 돕다 | 助(たす)かる 도움이 되다 | 役(やく)に立(た)つ 도움이 되다

해설
도와준 것에 대해 감사의 말을 전했을 때, 이에 대한 적당한 답변을 묻는 문제이다. ～てくれて、助かった(~해줘서 도움이 되었다)는 감사의 인사를 들었을 때는, 도움이 되어서 다행이라고 하는 お役に立ててよかったです를 쓰면 된다.

10 정답 1 4-10.mp3

沖縄には、いらっしゃったことがありますか。
1 いえ、残念ながら…。
2 はい、いらっしゃいます。
3 あ、ご存知でしたか。

해석
오키나와에는 가신 적이 있습니까?
1 아니오, 안타깝게도…….
2 예, 가십니다.
3 아, 알고 계셨습니까?

어휘
沖縄(おきなわ) 오키나와, 규슈 아래에 있는 섬 | 残念(ざんねん)だ 안타깝다 | ご存知(ぞんじ)だ 아시다

해설
いらっしゃる는 '가시다, 오시다, 계시다'라는 3가지 뜻이 있다. 여기서는 '가신 적이 있나'고 묻고 있는데, 2번 간 적이 있으면 いらっしゃいます가 아닌 あります를 써야 한다. 정답은 아직까지 못 가봤다고 하는 いえ、残念ながら…(아니오, 안타깝게도)이다.

11 정답 3 4-11.mp3

この前、富士山に登った時の写真ができたよ。
1 1年前からできるようになったんだ。
2 写真ね、私はうまく撮れないよ。
3 わぁ、きれいに撮れてるね。

해석
요전에 후지산에 올라갔을 때 찍은 사진이 나왔어.
1 1년 전부터 할 수 있게 되었어.
2 사진말이지, 난 잘 못 찍어.
3 와~ 잘 나왔네.

어휘
富士山(ふじさん) 후지산 | 登(のぼ)る 오르다 | 撮(と)る 찍다

해설
できる는 '할 수 있다, 생기다' 등의 뜻이 있지만, '완성되다, 나오다'라는 뜻도 있는데, 여기서는 写真ができた(사진이 나오다)로 쓰였다. 1번은 '할 수 있다'는 뜻으로 사용되었고, 2번은 写真をとる(사진을 찍다)를 연상한 것이다. 정답은 '잘 찍혔다, 잘 나왔다(きれいに撮れている)'고 하는 3번이다.

12 정답 1 4-12.mp3

どうぞ、お口に合うかどうか分かりませんが。
1 どれどれ、お、なかなかいけるね。
2 いえいえ、ついでですから。
3 うーん、それはどうかな。

해석
드세요. 입맛에 맞을지 어떨지 모르겠습니다만.
1 어디 보자, 어! 꽤 먹을 만 하네.
2 아니 아니, 하는 김이니까요.
3 음? 그건 어떨까?

어휘
口(くち)に合(あ)う 입맛에 맞다 | いける 괜찮다 | ついで ~하는 김에

해설
식사를 권할 때 쓰는 인사말에 대한 응답을 고르는 문제이다. いける는 '살리다, 잘 나가다, 잘 되다, 갈 수 있다' 등 여러 의미로 사용될 수 있는데, 여기서는 '먹을 만 하다'는 뜻이다. 음식 맛이 괜찮을 때는 なかなかいける라고 쓸 수 있다.

통합이해 완벽대비 문제

문제 5 이 문제에서는 긴 이야기를 듣습니다. 이 문제에는 연습이 없습니다. 메모를 해도 상관없습니다.

문제용지에 아무것도 인쇄되어 있지 않습니다. 우선 이야기를 잘 들으세요. 그러고 나서 질문과 선택지를 듣고, 1~4 중에서 가장 알맞은 답을 하나 고르세요.

01 정답 2 5-01.mp3

本屋で女の人が店員と絵本について話しています。

女：すみません。子どもが好きそうな絵本を探しているんですけど。今度の春から幼稚園に入る子どもなんですが。
男：ええと、こちらが子ども向けの絵本コーナーです。この「働く車」っていうのが、男の子には一番人気があるんですが。
女：あ、うちは娘なんです。
男：そうですか。でしたら、この「一緒に歌おう」という絵本は日本の童謡を集めたものでして、こうしてボタンを押すとメロディと歌が流れてくるようになっているんです。
女：あ、これいいですね。これにしようかしら。
男：このような音の出るタイプのものですと、「みんなの動物園」というのもあります。これはそれぞれの動物の鳴き声が聞けるようになってます。ああ、あと、「楽しくABC」という子供用の英語の絵本も人気がありますね。
女：幼稚園なのに、もう英語のお勉強?
男：ええ、勉強といいましても、アルファベットを覚える程度のものですから。
女：へえ、そうなんですか。でも、やっぱりさっきのにします。

女の人は今日どの絵本を買いますか。
1 「働く車」
2 「一緒に歌おう」
3 「みんなの動物園」
4 「楽しくABC」

해석
책방에서 여자가 점원과 그림책에 대해서 이야기하고 있습니다.

여: 실례합니다. 아이가 좋아할 만한 그림책을 찾고 있는데요. 이번 봄부터 유치원에 들어가는 아이인데요.
남: 네, 이쪽이 어린이용 그림책 코너입니다. 이 '일하는 자동차'라는 것이 남자아이에게 가장 인기가 있습니다만.
여: 아, 우리는 딸이에요.
남: 그래요? 그렇다면 이 '함께 노래 부르자'라는 그림책은 일본 동요를 모은 것으로서, 이렇게 버튼을 누르면 멜로디와 노래가 흘러나오게 되어 있어요.
여: 아, 이것 좋군요. 이걸로 할까?
남: 이런 소리가 나오는 타입의 것으로는 '모두의 동물원'이라는 것도 있습니다. 이것은 각각의 동물의 울음소리를 들을 수 있게 되어 있습니다. 아, 그리고 '즐겁게 ABC'라는 어린이용 영어 그림책도 인기가 있어요.
여: 유치원인데 벌써 영어 공부를?
남: 네, 공부라고는 해도 알파벳을 익힐 정도의 것이라서.
여: 네~? 그래요? 하지만 역시 조금 전의 것으로 할게요.

여자는 오늘 어느 그림책을 삽니까?
1 '일하는 자동차'
2 '함께 노래 부르자'
3 '모두의 동물원'
4 '즐겁게 ABC'

어휘
絵本(えほん) 그림책 | 向(む)け ~용 | 童謡(どうよう) 동요 | 押(お)す 누르다 | メロディ 멜로디 | 流(なが)れる 흐르다 | 鳴(な)き声(ごえ) 울음소리 | 覚(おぼ)える 익히다 | 程度(ていど) 정도

해설
여자가 아이를 위해 어떤 책을 사기로 했는지를 묻는 문제이다. 점원이 남자아이에게 가장 인기 있는 책을 골라주자, 자신의 아이는 딸이라고 한다. 이어서 버튼을 누르면 일본동요가 나오는 '함께 노래 부르자'을 골라주자 여자는 '이게 좋네요. 이걸로 할까?(これいいですね。これにしようかしら)'라고 한다. 점원은 이어서 다른 책을 골라주지만, 여자는 '역시 조금 전의 것으로 할게요(やっぱりさっきのにします)'라고 했으므로 정답은 2번 '함께 노래 부르자'이다.

02 정답 4 5-02.mp3

家族３人がバイオリンについて話しています。

母：お父さん、昨日からかずきがバイオリン買って欲しいって聞かないんですけど。
父：えっ、バイオリン？急にどうしたんだい？
子：田中君が習ってるんだけど、すごくかっこいいんだ。バイオリンの音色もきれいだし。
母：でも、前やりたいやりたいって言って始めたギターだって、すぐにやめちゃったじゃない。 ギターも買ってあげたのに、全然練習しなかったでしょ。
子：だってギターは、僕の指が短すぎて難しかったんだ。今度こそ途中でやめたりしないから。お願い。
父：うん、まあ、お父さんはバイオリンを習うことには賛成だよ。いろんなことに挑戦することはいいことだと思うし。
子：本当？
父：でも、ギターの時みたいに、簡単にやめてしまうのはよくないな。

子：うん…
父：どうしても、買って欲しいなら、まずは音楽教室にあるバイオリンで習うこと。１ヶ月ぐらい習ってみて、本当に続けられそうなら、その時に買ってあげるよ。
子：わかった。僕、頑張って習うよ。それなら、お母さんもいいでしょう？
母：そうね。しかたないわね。

両親はバイオリンをどうすることに決めましたか。

1 途中でやめるから、買わない
2 ギターがあるから、買わない
3 挑戦することはいいと思うから、すぐに買う
4 習ってみて、本当にやる気があったら、買う

해석

가족 셋이서 바이올린에 대해서 이야기하고 있습니다.

모 : 여보, 어제부터 가즈키가 바이올린을 사달라고 하면서 말을 듣지 않아요.
부 : 뭐, 바이올린? 갑자기 왜 그래?
자 : 다나카 군이 배우고 있는데 굉장히 멋있어요. 바이올린 음색도 아름답고.
모 : 하지만 전에 하고 싶다고 하고 싶다고 해서 시작한 기타도 금방 그만둬버렸잖아. 기타도 사줬는데 전혀 연습하지 않았잖아.
자 : 왜냐하면 기타는 내 손가락이 너무 짧아서 어려웠어요. 이번에야말로 도중에 그만두거나 하지 않을게요. 부탁이에요.
부 : 음, 뭐, 아빠는 바이올린 배우는 것에는 찬성이야. 여러 가지 일에 도전하는 것은 좋다고 생각하고.
자 : 정말?
부 : 하지만 기타 때처럼 쉽게 그만두는 것은 좋지 않아.
자 : 음…….
부 : 꼭 사줬으면 한다면 우선은 음악교실에 있는 바이올린으로 배우도록 해. 1개월 정도 배워보고 나서 정말로 계속할 수 있을 것 같으면 그 때 사줄게.
자 : 알겠어요. 저 열심히 배울게요. 그러면 엄마도 괜찮죠?
모 : 글쎄, 어쩔 수 없지 뭐.

부모님은 바이올린을 어떻게 하기로 결정했습니까?

1 도중에 그만두기 때문에 사지 않는다
2 기타가 있으니까 사지 않는다
3 도전하는 것은 좋다고 생각하기 때문에 당장 산다
4 배워보고 정말로 할 마음이 있으면 산다

어휘

急(きゅう)に 갑자기 | かっこいい 멋지다 | 音色(ねいろ) 음색 | だって 왜냐하면 | 指(ゆび) 손가락 | 途中(とちゅう) 도중 | 賛成(さんせい) 찬성 | 挑戦(ちょうせん)する 도전하다 | 簡単(かんたん)に 간단하게, 쉽게 | やる気(き) 할 마음

해설

아들이 사달라고 하는 바이올린을 어떻게 하기로 했는지 묻는 문제이다. 아들이 바이올린을 사달라고 하는데, 어머니는 지난번 기타 때처럼 사놓고 그만둬버릴지도 모르니까 안 된다고 한다. 아빠는 새로운 것을 배우는 것은 찬성이라고 하면서, 바이올린을 사려면 '우선은 음악교실에 있는 바이올린으로 배우기로(まずは音楽教室にあるバイオリンで習うこと)'하고, 정말로 계속 할 수 있을 것 같으면 그때 가서 사주겠다고 했다. 그러므로 정답은 배워보고 정말로 할 마음이 있으면 사기로 한 4번이다.

우선 이야기를 잘 들으세요. 그러고 나서 2개의 질문을 듣고 각각 문제 용지의 1~4 중에서 가장 알맞은 답을 하나 고르세요.

03 질문 1 **정답 3** 질문 2 **정답 4** 5-03.mp3

大学生二人が、アルバイトの紹介所で話を聞いています。

現在、募集の来ているバイトは四つありまして、えー、まず飲食店関係ではファミリーレストランと喫茶店ですね。レストランの方は主に平日の午後の時間帯に働ける方、そして、喫茶店ですと週末に集中的に働ける方を募集しています。それから、コンビニのアルバイトもありまして、こちらですと早朝の時間帯に働ける方を探しています。最後は塾の講師のアルバイト。高校の英語を担当できる方で、授業は週３回、夜の時間帯でして、こちらの時給が一番いいですね。

男：時給が高いのは塾の先生かあ。でも、僕には無理だな。
女：私、やってみようかな。
男：あー、専攻が英文学だからできそうだよね。
女：うん、で、前田君は？喫茶店だと、週末だけでいいみたいだし、ちょうどいいんじゃない？
男：うーん、でも週末は自由に動けるようにしておきたいから、コンビニにしようかな？
女：え？早朝だよ。朝は苦手だって言ってなかったっけ？
男：うーん、でも、レストランだと授業と重なっちゃう日もあるから、授業とバイトを両立させるには朝の時間が一番いいんだ。これを機会に早起きを頑張ってみるよ。

質問1 **男の人はどのアルバイトに応募したいといっていますか。**

1 レストラン
2 喫茶店
3 コンビニ
4 塾の講師

質問2 **女の人はどのアルバイトに応募したいといっていますか。**

1 レストラン
2 喫茶店
3 コンビニ
4 塾の講師

해석

대학생 2명이 아르바이트 소개소에서 이야기를 듣고 있습니다.

현재 모집 중인 아르바이트는 4개가 있는데, 음, 우선 음식점과 관련해서는 패밀리 레스토랑과 카페가 있습니다. 레스토랑 쪽은 주로 평일 오후 시간대에 일할 수 있는 분, 그리고 카페라면 주말에 집중적으로 일할 수 있는 분을 모집하고 있습니다. 그리고 편의점 아르바이트도 있는데, 이쪽이라면 이른 새벽 시간대에 일할 수 있는 분을 찾고 있습니다. 마지막으로는 학원강사 아르바이트. 고등학교 영어를 담당할 수 있는 분으로 수업은 주 3회, 저녁 시간대이며 이것이 시급이 가장 좋습니다.

남: 시급이 비싼 것은 학원 선생님이구나. 하지만 난 무리야.

여: 나 해볼까?

남: 아, 전공이 영문학이니까 할 수 있을 것 같아.

여: 응, 그럼 마에다 군은? 카페는 주말만 하면 되는 것 같고, 마침 잘 됐지 않아?

남: 으음, 하지만 주말은 자유롭게 움직일 수 있도록 해 놓고 싶으니까, 편의점으로 할까?

여: 뭐? 새벽이야. 아침은 약하다고 하지 않았어?

남: 음, 하지만 레스토랑이라면 수업과 겹쳐버리는 날도 있으니까 수업과 아르바이트를 양립하기에는 아침 시간이 가장 좋아. 이것을 기회로 아침 일찍 일어나기에 힘써 볼 거야.

질문 1 남자는 어느 아르바이트에 응모하고 싶다고 합니까?

1 레스토랑
2 카페
3 편의점
4 학원강사

질문 2 여자는 어느 아르바이트에 응모하고 싶다고 합니까?

1 레스토랑
2 카페
3 편의점
4 학원강사

어휘

紹介所(しょうかいじょ) 소개소 | 募集(ぼしゅう) 모집 | 飲食店(いんしょくてん) 음식점 | 主(おも)に 주로 | 平日(へいじつ) 평일 | 時間帯(じかんたい) 시간대 | 集中的(しゅうちゅうてき) 집중적 | 探(さが)す 찾다 | 塾(じゅく) 학원 | 講師(こうし) 강사 | 担当(たんとう) 담당 | 時給(じきゅう) 시급 | 専攻(せんこう) 전공 | 英文学(えいぶんがく) 영문학 | 動(うご)く 움직이다 | 早朝(そうちょう) 새벽 | 重(かさ)なる 겹치다 | 両立(りょうりつ)させる 양립시키다 | 機会(きかい) 기회 | 早起(はやお)き 일찍 일어남

해설

4가지 아르바이트 중에서 남녀가 각자 무엇을 하기로 했는지 고르는 문제이다. 남자는 주말에는 자유롭게 쓸 수 있도록 비워 놓고 싶고, 평일은 수업과 겹쳐서 안 된다고 하면서, 새벽 편의점 아르바이트를 하겠다고 한다. 원래 아침은 약하지만, 이번 기회에 습관을 바꿔 보겠다는 결심을 했으므로 정답은 3번 편의점이다. 여자는 영문학 전공이므로 고등학교 영어 담당 학원강사를 할 수 있겠다고 했으므로 정답은 4번 학원강사이다.

시나공 JLPT 일본어능력시험 N2

언어지식(문자 · 어휘)									
문제 1	1 (3)	2 (1)	3 (2)	4 (3)	5 (1)				
문제 2	6 (3)	7 (1)	8 (4)	9 (4)	10 (3)				
문제 3	11 (1)	12 (4)	13 (1)	14 (2)	15 (4)				
문제 4	16 (2)	17 (2)	18 (3)	19 (4)	20 (1)	21 (4)	22 (2)		
문제 5	23 (2)	24 (4)	25 (4)	26 (3)	27 (1)				
문제 6	28 (2)	29 (4)	30 (1)	31 (3)	32 (1)				
언어지식(문법) · 독해									
문제 7	33 (3)	34 (4)	35 (2)	36 (1)	37 (3)	38 (4)	39 (1)	40 (3)	41 (2)
	42 (1)	43 (1)	44 (2)						
문제 8	45 (4)	46 (1)	47 (2)	48 (1)	49 (2)				
문제 9	50 (2)	51 (4)	52 (4)	53 (1)	54 (3)				
문제 10	55 (1)	56 (3)	57 (2)	58 (1)	59 (3)				
문제 11	60 (2)	61 (3)	62 (3)	63 (1)	64 (1)	65 (2)	66 (3)	67 (1)	68 (3)
문제 12	69 (3)	70 (2)							
문제 13	71 (1)	72 (2)	73 (3)						
문제 14	74 (3)	75 (2)							

실전 모의고사 1회

정답과 해설

청해									
문제 1	1 (1)	2 (3)	3 (4)	4 (4)	5 (3)				
문제 2	1 (3)	2 (2)	3 (3)	4 (3)	5 (3)	6 (3)			
문제 3	1 (2)	2 (4)	3 (3)	4 (1)	5 (1)				
문제 4	1 (1)	2 (2)	3 (2)	4 (1)	5 (3)	6 (3)	7 (1)	8 (2)	9 (3)
	10 (2)	11 (1)	12 (1)						
문제 5	1 (3)	2 (3)	3 질문 1 (3)	질문 2 (2)					

언어지식 – 문자 · 어휘

문제 1 ＿＿＿단어의 읽는 방법으로 가장 좋은 것을 1·2·3·4 가운데 하나 고르세요.

01 정답 3

어휘 喫茶店(きっさてん) 찻집

해석 대학시절의 친구와 동네 찻집에서 오래간만에 만나서 이야기했다.

해설 喫은 음독 きつ, 茶는 음독 ちゃ, さ인데, 喫茶는 きっさ로 읽으며, 店은 음독은 てん, 훈독은 みせ이다.

02 정답 1

어휘 行方(ゆくえ) 행방

해석 "다녀오겠습니다"라며 집을 나간 채로 행방불명이 되었다.

해설 行方은 음독, 훈독에 상관없이 특수하게 ゆくえ로 읽는다.

03 정답 2

어휘 電子機器(でんしきき) 전자기기 | 操(あやつ)る 다루다 | 苦手(にがて) 잘 못함

해석 나는 전자기기를 잘 다루지 못한다.

해설 操는 음독은 そう, 훈독은 あやつる이다.

04 정답 3

어휘 主(おも)に 주로 | 来月(らいげつ) 다음달

해석 오늘 회의에서는 주로 다음달 이벤트에 대해 의논할 예정입니다.

해설 主는 음독은 しゅ, 훈독은 ぬし, おも이다.

05 정답 1

어휘 腕力(わんりょく) 완력 | 訴(うった)える 호소하다

해석 대화도 하지 않고 완력에 호소하는 것은 좋지 않다.

해설 腕은 음독은 わん, 훈독은 うで이며, 力은 음독이 りょく, りき, 훈독은 ちから인데 腕力은 わんりょく이다.

문제 2 ＿＿＿＿의 단어를 한자로 쓸 때 가장 좋은 것을 1·2·3·4 가운데 하나 고르세요.

06 정답 3

어휘 同時(どうじ) 동시 | 複数(ふくすう) 복수 | 混乱(こんらん) 혼란

해석 동시에 복수의 외국어를 공부하면 머리가 혼란스럽다.

해설 困難(こんなん)은 곤란이며, 혼란은 混乱이다.

07 정답 1

어휘 激(はげ)しい 격하다 | 準備(じゅんび) 준비 | 体操(たいそう) 체조

해석 격한 운동을 하기 전에는 준비체조를 해야 한다.

해설 체조는 体操이다.

08 정답 4

어휘 就職(しゅうしょく) 취직 | 資格(しかく) 자격

해석 취직을 위해 많은 자격을 따 두고 싶다.

해설 四角(しかく)은 사각, 比較(ひかく)는 비교, 視覚(しかく)은 시각이며, 자격은 資格이다.

09 정답 4

어휘 逆(さか)らう 역행하다

해석 흐름에 역행하면서 나아가는 것은 굉장히 힘든 일이다.

해설 역행하다는 逆らう이다.

10 정답 3

어휘 学芸会(がくげいかい) 학예회 | 演劇(えんげき) 연극 | 主役(しゅやく) 주인공 | 務(つと)める 맡다

해석 학예회 연극에서 주인공을 맡게 되었다.

해설 勤(つと)める는 근무하다, 努(つと)める는 노력하다, 務(つと)める는 맡다이다.

문제 3 (　　)에 들어갈 가장 알맞은 말을 1·2·3·4 가운데 하나 고르세요.

11 정답 1

어휘 収入(しゅうにゅう) 수입

해석 이번 일은 재미있지만 수입은 (불)안정하다.

해설 불안정은 不安定(ふあんてい)이다.

12 정답 4

어휘 結成(けっせい)する 결성하다 | 全国大会(ぜんこくたいかい) 전국대회 | 収(おさ)める 거두다

해석 우리 학교 학생들로 결성된 팀이 전국대회에서 (좋은)성적을 거뒀다.

해설 좋은 성적은 好成績(こうせいせき)이다.

13 정답 1

어휘 幅広(はばひろ)い 폭넓다 | 事業(じぎょう) 사업 | 活躍(かつやく)する 활약하다

해석 그는 폭넓은 사업을 하는 실업(가)로 활약하고 있다.

해설 실업가는 実業家(じつぎょうか)이다.

14 정답 2

어휘 多様(たよう) 다양 | 働(はたら)き 역할 | 開発(かいはつ)する 개발하다

해석 최근에는 다양한 역할을 하는 인간(형)로봇이 개발되고 있는 것 같다.

해설 인간형은 人間型(にんげんがた)이다.

15 정답 4

어휘 最終回(さいしゅうかい) 마지막회

해석 아주 좋아하는 TV드라마의 마지막회를 놓쳐(버리고) 말았다.

해설 놓치다는 見逃(みのが)す이다. 見送(みおく)る는 전송하다, 見損(みそこな)う는 잘못 보다, 見出(みだ)す는 보기 시작하다.

문제 4 (　　)에 들어갈 가장 알맞은 말을 1·2·3·4 가운데 하나 고르세요.

16 정답 2

어휘 迎(むか)える 맞이하다 | 様々(さまざま)な 갖가지

해석 여름을 맞이하여 각 맥주회사가 갖가지 (캠페인)을 열고 있다.

해설 캠페인은 キャンペーン이다. 1번은 트레이닝, 3번은 시즌, 4번은 패턴.

17 정답 2

어휘 レモン 레몬 | ビタミンC 비타민C | 含(ふく)まれる 들어 있다, 포함되다

해석 레몬에는 비타민C가 (듬뿍) 들어 있다.

해설 듬뿍, 많이는 たっぷり이다. 1번은 거의, 3번은 그다지, 4번은 약간.

18 정답 3

어휘 ガソリンスタンド 주유소 | サラリーマン 월급쟁이 | 和製英語(わせいえいご) 일본에서 만든 영어 | 英語圏(えいごけん) 영어권 | 通(つう)じる 통하다

해석 가솔린 스텐드나 샐러리맨과 같은 (이른바) 일본에서 만든 영어는 영어권 사람들에게는 통하지 않는다.

해설 소위, 이른바는 いわゆる이다. 1번은 어느, 2번은 어떤, 4번은 모든.

19 정답 4

어휘 読書量(どくしょりょう) 독서량 | 減少(げんしょう) 감소 | 進(すす)む 진행되다

해석 독서량의 감소 등 젊은이가 활자를 (멀리하는 현상)이 진행되고 있다고 한다.

해설 ～離(ばな)れ는 ~를 멀리하거나, ~에서 동떨어지는 것을 나타낸다. 활자를 멀리하는 것은 活字離(かつじばな)れ이다. 참고로 親離(おやばな)れ는 부모로부터 독립하는 것, 日本人離(にほんじんばな)れ는 일본인답지 않은 것.

20 정답 1

어휘 国土(こくど) 국토 | 風土(ふうど) 풍토 | 独自(どくじ)に 독자적으로

해석 일본요리란 일본의 국토, 풍토 속에서 독자적으로 (발달)한 요리를 말한다.

해설 발달은 発達(はったつ)이다. 2번은 도달, 3번은 배달, 4번은 통달.

21 정답 4

어휘 道具(どうぐ) 도구 | アイデア 아이디어

해석 이 도구는 아이디어(에 따라) 여러가지 사용법이 가능하다.

해설 ~에 따라는 ～次第(しだい)이다. 1번은 기획, 2번은 만족, 3번은 하고 싶은 대로 함.

22 정답 2

해석 옛친구와 역 앞에서 (딱) 마주쳤다.

해설 우연히 딱 마주치다는 ばったり会(あ)う이다. 1번은 흥건히, 3번은 찰싹, 4번은 축.

문제 5 ________의 단어와 의미가 가장 가까운 말을 1·2·3·4 가운데 하나 고르세요.

23 정답 2

어휘 正直(しょうじき) 정직, 솔직 | 聞(き)かせる 들려주다

해석 당신의 솔직한 기분을 들려주세요.

해설 1번 원래, 3번 숨긴, 4번 힘든. 정답은 진짜(本当(ほんとう)の).

24 정답 4

어휘 念(ねん)を押(お)す 확인하다, 강조하다

해석 내일 회의 시간을 잊지 않도록 확인했다.

해설 1번 지시했다, 2번 조심했다, 3번 알렸다. 정답은 4번 확인했다(確(たし)かめた).

25 정답 4

어휘 おそらく 아마 | 成功(せいこう)する 성공하다

해석 그는 아마 성공할 것이다.

해설 1번 꼭, 2번 결국, 3번 언젠가. 정답은 4번 아마(たぶん).

26 정답 3

어휘 さっぱり 전혀

해석 이 문제는 답을 봐도 전혀 모르겠다.

해설 1번 잘, 2번 조금밖에, 4번 왠지. 정답은 3번 전혀(全(まった)く).

27 정답 1

어휘 チャレンジ 챌린지, 도전

해석 앞으로도 여러 가지 도전을 하고 싶다.

해설 2번 모험, 3번 응원, 4번 경험. 정답은 1번 도전(挑戦(ちょうせん)).

문제 6 다음 단어의 사용법으로 가장 알맞은 말을 1·2·3·4 가운데 하나 고르세요.

28 정답 2

어휘 音楽(おんがく) 음악 | 忘(わす)れる 잊다

해석 이 음악은 인상적이라서 한 번 들으면 잊을 수 없다.

해설 印象(いんしょう)는 인상. 1번은 마음 心(こころ), 3번은 놀라움 驚(おどろ)き, 4번은 표정 表情(ひょうじょう)로 바꾸면 된다.

29 정답 4

해석 결과가 다가 아니라 과정도 중요하다.

해설 過程(かてい)는 (일이 되어 가는) 과정. 1번은 가정 家庭(かてい), 2번은 결과 結果(けっか), 3번은 내용 内容(ないよう)로 바꾸면 된다.

30 정답 1

어휘 豊(ゆた)か 풍부 | 自然(しぜん) 자연

해석 이 나라는 풍부한 자연의 혜택을 입고 있다.

해설 恵(めぐ)まれる는 풍족하다, 복받다, 혜택을 입다. 2번은 입주자를 모집하고 있다 入居者(にゅうきょしゃ)を募集(ぼしゅう)している, 3번은 판매되다 販売(はんばい)される, 4번은 건방진 生意気(なまいき)な로 바꾸면 된다.

31 정답 3

어휘 石(せっ)けん 비누 | オリーブ油(ゆ) 올리브유

해석 이 비누는 올리브유를 원료로 하고 있다.

해설 原料(げんりょう)는 원료. 1번은 채용 採用(さいよう), 2번은 재료 材料(ざいりょう), 4번은 資料(しりょう)로 바꾸면 된다.

32 정답 1

해석 바쁘다는 것을 핑계 삼아 오랫동안 연락하지 않았다.

해설 口実(こうじつ)는 핑계. 2번은 태도를 보여줬으면 좋겠다 態度(たいど)を見(み)せて欲(ほ)しい, 3번은 사고 事故(じこ), 4번은 제안 提案(ていあん)으로 바꾸면 된다.

언어지식—문법 · 독해

문제 7 다음 문장의 (　　　)에 들어갈 가장 알맞은 말을 1·2·3·4 가운데 하나 고르세요.

33 정답 3

어휘 不正(ふせい) 부정 | 発覚(はっかく)する 발각되다 | ～て以来(いらい) ~한 이래 | 政治家(せいじか) 정치가 | 支持率(しじりつ) 지지율

해석 부정이 발각된 이래, 저 정치가의 지지율은 떨어지기만 한다.

해설 ~하기만 한다, 오로지 ~할 뿐이다는 ～一方(いっぽう)だ.

34 정답 4

어휘 慣(な)れる 익숙해지다 | 狭(せま)い 좁다 | 駐車場(ちゅうしゃじょう) 주차장

해석 자동차 운전에 익숙해지기 전에는 집에 돌아가서 좁은 주차장에 넣는 것이 힘들었다.

해설 ~하기 전에는 ～ないうちは.

35 정답 2

어휘 治(なお)る 낫다 | 骨(ほね) 뼈 | 折(お)る 부러뜨리다

해석 겨우 감기가 나았다 싶었는데 이번에는 다리 뼈를 부러뜨렸다.

해설 ~했다 싶었는데는 ～かと思(おも)ったら.

36 정답 1

어휘 幼(おさな)い 어리다 | 合唱団(がっしょうだん) 합창단

해석 그녀는 어릴 적부터 합창단에 있었던 것 치고는 노래를 잘 못 부른다.

해설 ~치고는은 ～わりには.

37 정답 3

어휘 キロ 킬로 | マラソン 마라톤 | コース 코스 | 最後(さいご) 마지막 | 走(はし)る 달리다

해석 42.195킬로의 마라톤 코스를 마지막까지 다 달렸다.

해설　끝까지 다 ~하다는 ~ぬく.

38 **정답 4**

어휘　困(こま)る 곤란하다 | 運(うん)よく 운좋게 | 通(とお)りかかる 지나가다 | ぬれる 젖다 | 帰宅(きたく) 귀가

해석　우산이 없어서 곤란하던 차에 운좋게 남동생이 지나가서 비를 맞지 않고 귀가할 수 있었다.

해설　~하던 차에는 ~たところに.

39 **정답 1**

어휘　初(はつ)デート 첫데이트 | 緊張感(きんちょうかん) 긴장감 | まともに 제대로

해석　첫데이트의 긴장감으로 말하자면 상대방의 얼굴도 제대로 볼 수 없을 정도였다.

해설　~로 말하자면은 ~といったら.

40 **정답 3**

어휘　この度(たび) 이번

해석　이번에는 바쁘신 가운데 와 주셔서 감사드립니다.

해설　와 주시다는 お越(こ)しくださる.

41 **정답 2**

어휘　利用(りよう) 이용 | 公園(こうえん) 공원 | 通路(つうろ) 통로 | スピード 스피드 | 出(だ)し過(す)ぎ 너무 많이 내는 것 | 注意(ちゅうい)する 주의하다

해석　공원 통로이므로 과속에 주의합시다.

해설　~이기 때문에, ~이므로는 ~につき.

42 **정답 1**

어휘　よほど 어지간한 | 予選(よせん) 예선 | 通(とお)る 통과하다

해석　어지간한 일이 없는 한 예선은 통과할 것이라 생각합니다.

해설　~가 없는 한은 ~ないかぎり.

43 **정답 1**

어휘　やけどする 화상을 입다

해석　A : 어제는 왜 학교를 쉬었나요?
B : 화상을 입어서 병원에 갔었기 때문에.

해설　~이기 때문에, ~이므로는 ~ものだから, ~ものですから.

44 **정답 2**

어휘　写真(しゃしん)をとる 사진을 찍다 | 一枚(いちまい) 한 장

해석　A : 와, 귀여운 아기군요. 아기 사진을 한 장 찍어도 될까요?
B : 네, 괜찮아요. 찍으세요.

해설　~해도 될까요?는 ~(さ)せてもらえませんか.

문제 8 다음 문장의 ＿★＿ 에 들어갈 가장 알맞은 말을 1·2·3·4 가운데 하나 고르세요.

45 **정답 4**

완성문 自分が人からされて嫌なことは、人にもしてはいけない。

해석　자신이 남으로부터 당하기 싫은 일은, 남에게도 해서는 안 된다.

해설　人からされる는 남에게 당하다, ~てはいけない는 ~해서는 안 된다. 순서는 3-1-4-2.

46 **정답 1**

어휘　成功(せいこう) 성공 | 富(ふ) 부 | 獲得(かくとく) 획득

완성문 人生における成功とは、かならずしも富の獲得にあるものではない。

해석　인생에 있어서의 성공이란 반드시 부의 획득에 있는 것은 아니다.

해설　かならずしも~ではない는 반드시 ~인 것은 아니다. 순서는 4-2-1-3.

47 **정답 2**

어휘　全国(ぜんこく) 전국 | 各国(かっこく) 각국 | 存在(そんざい)する 존재하다 | 美術館(びじゅつかん) 미술관 | 紹介(しょうかい) 소개하다

완성문 日本全国のみならず世界各国に存在する美術館をご紹介いたします。

해석　일본전국뿐만 아니라 세계 각국에 존재하는 미술관을 소개해 드리겠습니다.

해설　AのみならずB는 A뿐만 아니라 B인데, A가 좁은 범위, B는 넓은 범위의 것이므로 여기서 A는 일본전국이다. 美術館 앞에는 存在する가 온다. 순서는 2-4-3-1.

48 **정답 1**

어휘　キャンセル 캔슬, 취소 | 残念(ざんねん) 아쉽다

완성문 1年も前から楽しみにしていただけに、キャンセルになって残念でたまらない。

해석　1년 전부터 기대하고 있었던 만큼, 취소되어서 아쉬워서 견딜 수가 없다.

해설　楽しみにする는 기대하다, ~ただけに는 ~인 만큼, ~でたまらない는 ~해서 견딜 수가 없다. 순서는 3-4-1-2.

49 **정답 2**

어휘　こわれる 고장나다 | 製品(せいひん) 제품

완성문 何度も修理したのにまたこわれてしまった。もうこの会社の製品なんか買うものか。

해석　몇 번이나 수리했는데도 또 고장났다. 이제 이 회사 제품 따위 사나 봐라.

해설 もう～なんか～ものかは 이제 ~따위 ~하나봐라. 순서는 3-2-4-1.

문제 9 다음 문장을 읽고 50 부터 54 안에 들어갈 가장 알맞은 말을 1·2·3·4 가운데 하나 고르세요.

50 정답 2 51 정답 4 52 정답 4 53 정답 1
54 정답 3

해석

사회견학이라고 하면 초등학생이나 중학생이 사회과 수업의 일환으로 여러 시설이나 공장을 견학하는 등, 교실에서는 배울 수 없는 것을 실제로 보거나 체험하면서 학습하는 것을 가리킵니다. 그런데, 최근에는 학생뿐만 아니라 '성인 사회견학'이 유행하는 것 같습니다.

주로 견학하는 시설은 국회의사당, 최고재판소, 방위성 등의 국가기관이나, 대기업의 공장 등인데, 그 중에서도 식품이나 음료 제조 현장은 완성되기까지의 공정이 알기 쉬운데다가 견학 후에 시식, 시음도 할 수 있고, 또한 선물까지 받을 수 있다는 이유로 가장 인기가 있다고 합니다.

이들 견학은 개인이 각 기업의 홈페이지나 전화를 통해서 신청할 수도 있고, 여행회사에서 하게 되면 개인으로서는 견학할 수 없는 곳 혹은 견학할 수 있어도 그 수속이 까다로운 시설의 견학도 가능한 투어도 있습니다. 이 경우에 견학뿐만 아니라 호화로운 점심도 딸려서 1만 엔 이하라는 가격도 인기가 있는 이유 중의 하나입니다.

참가한 사람들은 "보통 관광과는 달리 개인의 견문을 넓힐 수 있고 지식 향상을 도모할 수 있다"라든가, "평소에 접하는 주변 물건이나 식품이 어떻게 만들어지는지 알 수 있다", "많은 사람이 열심히 열정적으로 만들어 내는 모습을 보고 감동받을 수 있다" 등 매우 만족하고 있는 모습입니다. 한편, 기업 측으로서는 제품을 어필하고 기업의 이미지도 올릴 수 있는 절호의 기회가 되고 있습니다.

50 1 그건 그렇고 2 그런데
3 그런데(화제전환) 4 게다가

51 1 판매활동 2 품질검사 3 간접체험 4 시식 · 시음

52 1 에 관해서 2 를 불문하고 3 에 따라 4 를 통해서

53 1 한편 2 또는 3 이상 4 그러나

54 1 기준 2 방법 3 기회 4 자료

어휘

見学(けんがく) 견학 | 一環(いっかん) 일환 | 施設(しせつ) 시설 | 工場(こうじょう) 공장 | 学(まな)ぶ 배우다 | 体験(たいけん) 체험 | 学習(がくしゅう) 학습 | 流行(りゅうこう) 유행 | 国会議事堂(こっかいぎじどう) 국회의사당 | 最高裁判所(さいこうさいばんしょ) 최고재판소 | 防衛省(ぼうえいしょう) 방위성 | 国(くに)の機関(きかん) 국가기관 | 食品(しょくひん) 식품 | 飲料(いんりょう) 음료 | 製造(せいぞう) 제조 | 現場(げんば) 현장 | 出来上(できあ)がり 완성 | 工程(こうてい) 공정 | 試食(ししょく) 시식 | 試飲(しいん) 시음 | お土産(みやげ) 선물 | 手続(てつづ)き 수속 | 面倒(めんどう) 까다롭다 | 可能(かのう) 가능 | ツアー 투어 | 豪華(ごうか) 호화 | 昼食(ちゅうしょく) 중식 | 観光(かんこう) 관광 | 見聞(けんぶん)を広(ひろ)げる 견문을 넓히다 | 知識(ちしき) 지식 | 向上(こうじょう) 향상 | 図(はか)る 도모하다 | 接(せっ)する 접하다 | 身(み)のまわり 신변 | 情熱(じょうねつ) 열정 | 感動(かんどう) 감동 | 満足(まんぞく) 만족 | アピールする 어필하다 | イメージアップ 이미지 업 | 絶好(ぜっこう) 절호 | 機会(きかい) 기회

문제 10 다음 문장을 읽고 질문에 대한 답으로 가장 알맞은 것을 1·2·3·4 가운데 하나 고르세요.

55 정답 1

해석

최근에는 정보가 없어서 곤란하기 보다는 방대한 정보 앞에서 어찌 할 바 모르는(주1) 쪽이 더 많은 사람도 있을 것이다. 이 많은 정보에 휘둘리지 않기 위해서 중요한 것은 목적의식을 가지는 것이다. 즉 '무엇을 위해 공부하는가?', '무엇을 위해 책을 읽는가?', 이러한 '무엇을 위해'라는 과제를 항상 생각하지 않으면 안 된다. 그런 목적이 있어야지만 다음 목표가 결정되고 자신이 해야 할 행동을 알게 되는 것이다. 이 목적의식이 없으면 자신에게 있어서 필요한 정보인지 어떤지를 판단하지 못하고 그저 정보에 휩쓸리게 된다.

(주1) 어찌할 바 모르다 : 어떻게 하면 될 지 모르게 되다

정보와 목적의식의 관계에 대해서 이 문장에서 알 수 있는 것은 무엇인가?

1 목적의식을 가지고 있는지 어떤지가 정보 처리 능력으로 이어진다.
2 목적의식을 가지고 있지 않으면 그저 정보에 휩쓸리게 되는 일이 없어진다.
3 목적의식을 가지지 않는 것은 정보에 휘둘리지 않기 위하여 중요한 일이다.
4 목적의식을 가지지 않음으로써 자신에게 필요한 정보를 선택할 수 있다.

어휘

情報(じょうほう) 정보 | 膨大(ぼうだい) 방대 | 途方(とほう)にくれる 어찌 할 바 모르다 | まどわす 정신을 혼란시키다 | 目的意識(もくてきいしき) 목적의식 | 課題(かだい) 과제 | 目標(もくひょう) 목표 | 行動(こうどう) 행동 | 判断(はんだん) 판단 | 流(なが)される 휩쓸리다 | 処理(しょり) 처리 | 能力(のうりょく) 능력 | つながる 관련되다 | 選択(せんたく)する 선택하다

해설

필자가 정보와 목적의식의 관계를 어떻게 설명하고 있는지 묻는 문제이

다. 뚜렷한 목적의식이 없으면 최근의 방대한 정보의 홍수에 휩쓸리게 되고, 무엇이 자신에게 꼭 필요한 정보인지를 판단하지 못하게 된다고 했다. 정답은 목적의식을 가지고 있는지 어떤지에 따라 그것이 필요한 정보인지 아닌지를 판단하고 처리할 수 있게 된다는 1번이다.

56 정답 3

해석

이번에는 국제문화학회로부터 초대를 받아서 오래간만에 해외 강연을 기대하고 있었던 차에 갑자기 전염병 소동(주1)이 일어났습니다. 이곳에서는 출국금지라는 조치가 취해져 있어서, 귀 학회 참가는 불가능하게 되어 정말로 죄송하게 생각하고 있습니다.

그래서 그나마 인터넷을 통하여 스크린으로 발표를 하고, 선생님들의 질의응답도 가능하도록 준비를 진행하고 있습니다. 부디 그렇게 허락해 주시기를 진심으로 부탁 드립니다.

(주1) 소동 : 소란

위의 문서에 의하면 학회에서의 발표는 어떻게 될 것으로 여겨지는가?
1 버츄얼 참가로 질의응답만 할 수 있도록 한다.
2 출국금지라는 조치가 취해졌기 때문에 학회 발표는 하지 않는다.
3 인터넷을 사용한 영상기술을 통하여 참가한다.
4 학회 선생님들 앞에서 강연하고 직접 대면하여 질의응답에 답한다.

어휘

この度(たび) 이번 | 国際(こくさい) 국제 | 文化(ぶんか) 문화 | 学会(がっかい) 학회 | 招待(しょうたい) 초대 | 講演(こうえん) 강연 | 楽(たの)しみにする 기대하다 | 突然(とつぜん) 갑자기 | 伝染病(でんせんびょう) 전염병 | 騒動(そうどう) 소동 | 出国禁止(しゅっこくきんし) 출국금지 | 措置(そち) 조치 | 質疑応答(しつぎおうとう) 질의응답 | なにとぞ 부디 | お許(ゆる)し 허락 | 心(こころ)より 진심으로 | 上記(じょうき) 상기 | バーチャル 버츄얼, 가상의 | 映像(えいぞう) 영상 | 技術(ぎじゅつ) 기술 | 直接(ちょくせつ) 직접 | 対面(たいめん)する 대면하다

해설

학회 발표를 어떻게 할 것인지를 묻는 문제이다. 우선 서두에서 필자는 해외강연을 기대하고 있었는데, 최근의 전염병 소동으로 출국이 금지되었기 때문에 참석이 불가능하다고 사죄를 했다. 그런데 이어서 인터넷 스크린을 통해서 발표를 하고 질문을 받고 토의를 할 수 있도록 준비를 하고 있다고 한다. 정답은 인터넷을 사용한 영상기술을 통하여 참가하겠다고 한 3번이다.

57 정답 2

해석

시험이 다가오면 불안해서 어쨌든 책상 앞에서 떠날 수 없는 기분이 듭니다. 그렇기는 하지만 인간의 집중력은 그리 오래 계속되는 것이 아닙니다. 그만 다른 일에 정신을 빼앗기거나 해서 결국 헛된 시간을 보내며 지쳐버리는 일도 있습니다. 최고의 컨디션으로 시험에 임하여 실력을 발휘하기 위해서는 그저 오로지 공부만 계속하기 보다는 쉬는 쪽이 훨씬 중요할 수도 있습니다.

필자는 시험에서 실력을 발휘하기 위해서 무엇이 중요하다고 말하고 있는가?
1 어쨌든 공부를 할 것
2 필요하다면 쉴 것
3 헛된 시간을 보낼 것
4 공부하지 않고 쉴 것

어휘

近(ちか)づく 다가오다 | 不安(ふあん) 불안 | とにかく 어쨌든 | 離(はな)れる 떠나다 | とはいえ 그렇기는 하지만 | 集中力(しゅうちゅうりょく) 집중력 | 気(き)をとられる 정신을 빼앗기다 | 無駄(むだ) 헛됨 | 最高(さいこう) 최고 | コンディション 컨디션 | 臨(のぞ)む 임하다 | 実力(じつりょく) 실력 | 発揮(はっき) 발휘 | ひたすら 오로지

해설

시험을 잘 치기 위해서 필자가 중요하다고 생각하는 것이 무엇인지 묻는 문제이다. 시험이 다가올수록 긴장이 되고 집중이 되지 않아 헛되이 시간을 보내게 되는 경우가 있는데, 마지막 문장에서 보면 오로지 공부만 계속하기 보다는 쉬는 쪽이 훨씬 중요할 수도 있다고 했으므로, 정답은 필요하다면 쉬어야 한다는 2번이다.

58 정답 1

해석

안내

오늘은 이디아 가구 전시판매회에 방문해 주셔서 진심으로 감사드립니다.

상품 구입 시에는 접수처에서 나눠드린 방문자 카드에 상품번호와 받으실 곳을 기입하셔서 판매 스텝에게 건네주십시오. 스텝이 받기 원하시는 날짜를 여쭤본 후에 계산을 하게 됩니다. 그 때 자동차로 오신 분은 무료 주차권을 드리므로 말씀해 주십시오. 잘 모르시는 점이 있으시면 편하게 스텝에게 문의해 주십시오.

상품을 사고 싶을 경우에 어떻게 하면 되는가?
1 상품번호와 주소를 쓴 방문자 카드를 판매 스텝에게 건네고 배달일 등을 확인한 후에 대금을 지불한다.
2 방문자 카드에 상품번호와 주소 및 희망일을 기입하여 판매 스텝에게 건넨 후에 대금을 지불한다.
3 방문자 카드에 상품번호와 배달 희망일을 기입하여 판매 스텝에게 건네고 상품이 도착했을 때 대금을 지불한다.
4 상품번호와 희망일 등을 쓴 방문자 카드를 판매스텝에게 건네고 상품 배달 후에 대금을 지불한다.

어휘

本日(ほんじつ) 오늘 | 家具(かぐ) 가구 | 展示(てんじ) 전시 | 販売会(はんばいかい) 판매회 | 来場(らいじょう) 내장, 방문 | 購入(こうにゅう) 구입 | 受付(うけつけ) 접수처 | 渡(わた)す 건네다 | お届(とど)け先(さき) 받으실 곳 | 記入(きにゅう) 기입 | スタッフ 스텝 | 希望(きぼう) 희망 | 伺(うかが)う 여쭈다 | 会計(かいけい) 회계 | お越(こ)し 왕림 | 差(さ)し上(あ)げる 드리다 | 申(も

う)し付(つ)ける 명령하다 | 不明(ふめい) 불명 | 気軽(きがる)に 편하게 | 声(こえ)をかける 말을 걸다 | 配達日(はいたつび) 배달일 | 代金(だいきん) 대금 | 支払(しはら)う 지불하다

해설

상품을 사고 싶을 때에 어떻게 하면 되는지 묻는 문제이다. 안내장을 보니, 방문자 카드에 상품번호와 받을 주소를 써서 스텝에게 주면 받을 날짜를 확인한 후에 계산을 하게 된다고 한다. 2번 희망일 기입은 스텝이 하는 일이며, 3번, 4번도 희망일 기입은 스텝의 일이고 대금 지불 후에 상품이 배달된다고 했다. 정답은 상품번호와 주소를 쓴 방문자 카드를 스텝에게 주고 배달일 확인 후에 대금을 지불한다고 한 1번이다.

59 정답 3

해석

경쟁에 의해 인간은 자극을 받고, 더 노력하여 능력을 최대한으로 발휘할 수 있다고 나는 생각한다. 그런데 교육계에서는 '경쟁'의 폐해에 대한 목소리가 높아져서 '여유'를 도입하자고 하는 움직임이 활발하다. 개중에는 경쟁심에 눈을 떠서 목표를 향하여 열심히 노력하고 있는 어린이도 있을 것이다. 거기에다가 무리하게 '쉬는 편이 낫다'고 하면서 찬물을 끼얹으면[주1] 오히려 불만을 가지게 될지도 모른다. 타인에 대한 배려나 협조성이 길러지지 않는 것이 아닌가 하는 걱정도 있겠지만, 그러한 것은 오랜 학교의 집단생활을 통해서 배울 수 있는 것이다.

(주1) 찬물을 끼얹다 : 잘 되어 가는 일을 방해하다

필자는 '경쟁'에 대해서 어떻게 생각하고 있는가?
1 '경쟁'이야말로 어린이 교육에 있어서 가장 중요한 것이다.
2 '경쟁'함으로써 배려나 협조성이 길러진다.
3 '경쟁'에 의해 더욱더 어린이의 능력을 이끌어낼 수 있다.
4 '경쟁'보다도 여유를 가지는 것을 가르쳐야 한다.

어휘

競争(きょうそう) 경쟁 | 刺激(しげき) 자극 | 最大限(さいだいげん) 최대한 | 弊害(へいがい) 폐해 | 叫(さけ)ぶ 소리치다 | ゆとり 여유 | 取(と)り入(い)れる 도입하다 | 目覚(めざ)める 눈뜨다 | 向(む)かう 향하다 | 励(はげ)む 힘쓰다 | 水(みず)を差(さ)す 찬물을 끼얹다 | かえって 오히려 | 不満(ふまん) 불만 | 思(おも)いやり 배려 | 協調性(きょうちょうせい) 협조성 | 心配(しんぱい) 걱정 | 集団(しゅうだん) 집단 | 学(まな)ぶ 배우다 | 引(ひ)き出(だ)す 이끌어내다

해설

필자가 '경쟁'을 어떻게 생각하고 있는지 묻는 문제이다. 첫 문장에서 인간은 경쟁을 통해 자극을 받고 더 노력해서 능력을 최대한으로 발휘할 수 있다고 생각한다고 했다. 교육계에서는 경쟁으로 인한 폐해나, 타인에 대한 배려나 협조성의 부족을 우려하는 목소리도 나오고 있지만, 그럼에도 불구하고 필자는 경쟁심에 눈을 떠서 열심히 노력하고 자신의 실력을 쌓아가는 어린이도 있을 것이라고 한다. 즉 경쟁을 통해 더욱더 어린이의 능력을 이끌어낼 수 있다고 한 3번이 정답이다.

문제 11 다음 문장을 읽고 질문에 대한 답으로 가장 알맞은 것을 1 · 2 · 3 · 4 가운데 하나 고르세요.

60 정답 2 61 정답 3 62 정답 3

해석

'가르친다'는 행위는 특별히 학교뿐만 아니라 보통 우리의 일상생활에서도 빈번하게 행해지며, 커뮤니케이션의 일부가 되었습니다. 가정 안에서는 매일처럼 부모가 자식을 가르치고 있으며 때로는 자식이 부모를 가르치는 일도 있습니다.

직장에서는 상사나 선배 입장에 있는 사람이 부하나 후배에게 일하는 법 등을 지도합니다. 또한 자사 상품의 특징을 손님에게 설명하는 것도 '가르치는' 일이라고 할 수 있겠지요. 친구 간이나 가까운 사람들과의 대화도 잘 생각해 보면 ①거의가 그렇습니다. 맛있는 케이크 가게 장소, 재미있었던 영화나 드라마에 대해서 등등, 관심이 있는 정보를 서로 전달하는 정보교환은 훌륭한 '가르치는' 행위입니다.

이와 같이 나날의 커뮤니케이션을 주의 깊게 관찰해 보면, 우리들의 대화의 거의 대부분은 서로 가르치는 일로 이루어져 있습니다. ②그렇기 때문에 가르치기를 잘하면 일상생활에서도 업무에서도 상당히 이득을 봅니다. 여러 조직에 있어서 '리더'라고 불리면서 존경 받는 사람은 예외 없이 사람에게 가르치는 일을 잘 합니다. 즉 사회생활을 해 나가는데 있어서 필요한 기술이라고 할 수 있는 것입니다.

60 필자는 '가르친다'는 행위에 대해서 어떻게 생각하고 있는가?
1 상대방의 좋은 점을 끌어내기 위한 것
2 평소 생활에 있어서 항상 행해지고 있는 것
3 존경 받고 싶다고 생각하는 사람이 의식해서 행하는 것
4 윗사람이 아랫사람을 위해서 하는 것

61 ①거의가 그렇습니다란 어떤 것을 말하는가?
1 가르치는 입장의 사람이 윗사람이 된다.
2 관심이 있는 정보를 필요로 하고 있다.
3 정보를 서로 전달함으로써 성립된다.
4 대화를 가짐으로써 관계를 유지해 간다.

62 ②그렇기 때문에란 어떤 의미인가?
1 사람은 항상 대화를 함으로써 의사표시를 한다.
2 자신의 생각을 표현할 수 있는 능력이 필요하다.
3 생활 장면 어디에서든지 필요한 기술이다.
4 주의 깊은 관찰이 커뮤니케이션에 도움이 된다.

어휘

行為(こうい) 행위 | 頻繁(ひんぱん)に 빈번하게 | 職場(しょくば) 직장 | 上司(じょうし) 상사 | 部下(ぶか) 부하 | 自社(じしゃ) 자사 | 特徴(とくちょう) 특징 | 同士(どうし) 끼리 | 情報(じょうほう) 정보 | 交換(こうかん) 교환 | 観察(かんさつ) 관찰 | 成(な)り立(た)つ 성립되다 | 得(とく)をする 이득을 보다 | 組織(そしき) 조직 | 尊敬(そんけい) 존경 | 例外(れいがい)なく 예외 없이 | 技術(ぎじゅつ) 기술 | 引(ひ)き出(だ)す 끌어내다 | 意識(いしき) 의식 | 目上(めうえ) 손위 | 維持(いじ) 유지 | 意思(いし) 의사 | 表示(ひょうじ) 표시 | 場面(ばめん) 장면

해설

60 필자는 '가르치는' 것을 무엇이라고 생각하는지 묻는 문제이다. 첫 번째 단락을 보면, 학교뿐만 아니라 가정에서도 흔히 우리가 행하고 있는 일상생활이라고 했으므로 정답은 2번이다.

61 거의가 그렇다고 하는 것의 의미를 묻는 문제이다. 앞 문장에서 상사나 선배가 부하나 후배를 지도하는 것, 자기 회사 상품을 손님에게 설명하는 것 등이 모두 정보를 가르쳐 주는 행위라고 할 수 있다고 했다. 정답은 친근한 사람과의 대화도 정보를 서로 전달함으로써 성립된다고 한 3번이다.

62 그렇기 때문에의 의미를 묻는 문제이다. 앞 문장에서 우리 일상생활의 대화가 대부분 서로 가르치는 일로 이루어져 있다고 했다.사람은 일상생활에서 항상 대화를 하기 때문에 언제 어디서든지 잘 가르칠 수 있는 기술이 있다면 상당히 득을 보게 된다는 것이므로 정답은 3번이다.

63 정답 1 **64 정답 1** **65 정답 2**

해석

자세에 따라 사람에게 주는 인상은 꽤 달라진다."자세쯤이야…"하고 생각하는 사람도 있을지 모르지만, 자세가 나쁘면 어딘가 모르게 어둡고, 의욕이 없는 사람으로 보여지고 만다. 자신감을 가지고 가슴을 펴면 자연스럽게 등이 펴지는데, 반대로 기력 없이 어깨를 늘어뜨리면 등이 굽는다. 마음가짐이 자세에 나타나는 것이다.

보통 ①사진을 찍을 때, 방긋 웃으면서 자세도 고치므로 그렇게 엉망인 포즈의 사진은 별로 없다. 그렇기 때문에 대부분의 사람들은 자기 자세의 심각성을 깨닫지 못한다. 그런데 간혹 의식하고 찍은 것이 아닌 우연히 찍혀버린 자신의 모습을 볼 때가 있다. 그것은 자세를 취하지 않은 ②정말이지 리얼한 자신의 모습을 보여 준다. 나의 지인 중에도 그런 사진에 등이 굽은 노인 같은 자신이 찍혀 있었다고 쇼크를 받아, 그 이후로 자세에 신경을 써서 지금은 언제 보더라도 긴장하여 등을 쫙 편 멋진 자세를 취하는 남자가 있다. 그는 지극히 평범한 회사원이었지만 최근에는 자기 회사를 가지고 경영도 꽤 잘 해 나가고 있는 것 같다. 자세가 좋아져서 자신감이 붙은 것인지, 자신감이 붙어서 자세가 좋아진 것인지. 어느 쪽이 먼저인지는 모르지만, ③이 두 가지는 전혀 무관한 것은 아닌 것 같다.

63 ①사진을 찍을 때, 방긋 웃으면서 자세도 고친다는 것은 왜 그런가?
1 사진을 잘 나오게 하고 싶어서
2 무기력한 자신을 감추고 싶어서
3 자기 사진에 쇼크를 받아서
4 자신이 있다는 것을 어필하고 싶어서

64 ②정말이지 리얼한 자신의 모습이란 어떤 것인가?
1 자기가 깨닫지 못했던 평소의 모습
2 잊어가고 있었던 노인 같은 자기자신
3 일부러 보지 않으려고 했었던 심각한 자세
4 방긋 웃으면서도 진심으로 웃지 못하는 본심

65 ③이 두 가지는 전혀 무관한 것은 아닌 것 같다란 어떤 것인가?
1 등을 펴면 일도 잘 된다는 것
2 마음 먹는 법이 자세에도 반영된다는 것
3 자세가 좋으면 자신의 나이도 잊어버린다는 것
4 자신이 있으면 무의식적으로 자세도 나빠진다는 것

어휘

姿勢(しせい) 자세 | 与(あた)える 주다 | 印象(いんしょう) 인상 | どことなく 어딘지 모르게 | やる気(き) 의욕 | 胸(むね)を張(は)る 가슴을 펴다 | 背筋(せすじ) 등골 | 伸(の)びる 펴지다 | 気力(きりょく) 기력 | 肩(かた)を落(お)とす 어깨를 늘어뜨리다 | 背中(せなか) 등 | 曲(ま)がる 굽다 | 正(ただ)す 고치다 | 深刻(しんこく)さ 심각성 | 気(き)づく 깨닫다 | 意識(いしき) 의식 | 偶然(ぐうぜん) 우연 | 身構(みがま)えなし 자세를 취하지 않음 | 見(み)せつける 일부러 보이다 | シャキッと 긴장한 모양 | ごく 지극히 | 経営(けいえい) 경영 | 無気力(むきりょく) 무기력 | 隠(かく)す 숨기다 | アピールする 어필하다 | 深刻(しんこく) 심각 | 反映(はんえい) 반영

해설

63 왜 사람들은 사진을 찍을 때 방긋 웃으면서 자세를 고치는지 그 이유를 묻는 문제이다. 뒤 문장에서 의식하지 않고 찍힌 자신의 모습은 아주 엉망이라는 이야기가 나오는데, 그 반대로 사진에 잘 나오려고 방긋 방긋 웃으면서 자세를 바로잡기 때문에 정답은 1번이다.

64 정말이지 리얼한 자신의 모습이 어떤 것인지 묻는 문제이다. 바로 앞에 카메라를 의식하지 못해서 자세를 취하지 않은 리얼한 모습이라고 했기 때문에, 자기가 깨닫지 못했던 평소의 모습이라고 한 1번이 정답이다.

65 두 가지가 전혀 무관한 게 아닌 것 같다는 것이 무엇인지를 묻는 문제이다. 마지막 부분에서 자세가 좋아져서 자신감이 붙은 것인지, 자신감이 붙어서 자세가 좋아진 것인지 모르겠다고 했는데, 여기서 두 가지가 무관하지 않다는 말은 자신감과 자세는 무관하지 않다는 것을 뜻한다. 즉 마음 먹는 법이 자세에도 반영되는 것이라고 한 2번이 정답이다.

66 정답 3 **67 정답 1** **68 정답 3**

해석

사춘기 아이가 있는 가정에서는 여러모로 트러블이 많이 생기기 마련이다. 그 중에서도 어머니와 딸의 경우, 시작은 사소한[주1] 일이라도 최종적으로는 서로의 마음에 깊은 상처를 주기도 한다.

최근에 어떤 조사에서 흥미로운 결과가 나왔다. 어머니와 딸에게 각각 자신들의 말다툼에 대해서 어떻게 생각하고 있는지를 인터뷰해 본 결과, 양쪽 ①답변에 큰 차이가 난 것이다. 어머니의 경우, 46%가 말다툼은 딸과의 관계에 있어서 마이너스라고 대답했다. 그것은 자식의 말대꾸는 부모를 존경하지 않는다는 것의 표출이며, 부모자식의 관계를 악화시킬 뿐이라고 생각하기 때문에, 부모자식 간의 싸움 횟수가 늘어나면 늘어날수록 또한 심해지면 심해질수록 유해한 것이라고 생각하고 있는 것 같다.

한편으로 딸 쪽의 부정적인 답변은 불과 23%에 지나지 않았다. 많은 딸들은 ②이것을 통하여 어머니와의 깊은 유대관계를 확신할 수 있다고 믿고 있는 것이다. 그녀들은 언쟁 덕분에 어머니의 의견을 들을 수 있고, 부모님에 대해서 또 다른 각도로 볼 수 있을 뿐만 아니라, 자신의 생각을 솔직하게 이야기할 수 있는 절호(주2)의 기회라고 긍정적으로 받아들이고 있다. 이 결과를 보면 어머니는 아이의 마음의 소리를 부모에 대한 반항으로 받아들이지 말고, 제대로 들어주고 난 후에 대화하는 자세를 가지지 않으면 안 되는 것이 아닐까?

(주 1) 사소 : 별로 중요하지 않은 것
(주 2) 절호 : 어떤 일을 하기에 아주 좋은 것

66 ①답변에 큰 차이가 난 것이다라는 것은 구체적으로 어떤 것인가?

1 딸보다 어머니 쪽이 말싸움을 즐기고 있다.
2 딸보다 어머니 쪽이 말싸움을 긍정적으로 생각하고 있다.
3 어머니보다 딸 쪽이 말싸움을 긍정적으로 생각하고 있다.
4 어머니보다 딸 쪽이 말싸움에서 스트레스를 받고 있다.

67 ②이것이란 무엇을 가리키는 것인가?

1 어머니와의 말싸움
2 어머니에게 고민 상담
3 가족 이외의 인간관계
4 가족 간에 대화를 하는 것

68 이 문장에서 필자가 말하고 싶은 것은 무엇인가?

1 어머니와 딸은 상상이상으로 강한 유대관계로 맺어져 있는 것이다.
2 어머니는 자식의 성장을 통하여 본인도 성장해 나가는 것이다.
3 자식을 일방적으로 꾸짖기보다는 이야기를 잘 들어줘야 한다.
4 부모자식 간의 말싸움은 스트레스 해소가 되기 때문에 해야 한다.

어휘

思春期(ししゅんき) 사춘기 | 些細(ささい) 사소 | 最終的(さいしゅうてき) 최종적 | 傷(きず) 상처 | 興味深(きょうみぶか)い 흥미롭다 | 結果(けっか) 결과 | 言(い)い争(あらそ)い 말다툼 | 回答(かいとう) 회답, 답변 | 口答(くちごた)え 말대꾸 | 悪化(あっか) 악화 | 回数(かいすう) 횟수 | 増(ふ)える 늘다 | 有害(ゆうがい) 유해 | 否定的(ひていてき) 부정적 | きずな 관계 | 角度(かくど) 각도 | 絶好(ぜっこう) 절호 | 機会(きかい) 기회 | 肯定的(こうていてき) 긍정적 | とらえる 받아들이다 | 具体的(ぐたいてき) 구체적 | 口論(こうろん) 말싸움 | 解消(かいしょう) 해소

해설

66 인터뷰 답변의 어떤 부분에서 큰 차이가 났는지 구체적인 내용을 묻는 문제이다. 본문에서 보면 어머니의 46%가 딸과의 말다툼을 부정적으로 생각하는데 비해, 딸의 23%만이 말다툼을 부정적으로 생각한다고 한다. 즉 어머니보다 딸 쪽이 말싸움을 긍정적으로 생각하고 있다고 한 3번이 정답이다.

67 이것이 가리키는 내용을 묻는 문제이다. 딸은 이것을 통하여 어머니와의 깊은 관계를 확신할 수 있다고 했는데, 이것이란 이 글의 키워드이기도 한 어머니와의 말싸움을 가리킨다. 그러므로 정답은 1번이다.

68 이 문장에서 필자가 말하고 싶은 것이 무엇인지 묻는 문제이다. 가장 마지막 부분을 보면, 딸은 엄마와의 말다툼을 긍정적으로 생각하는 경향이 있고 그를 통해 어머니와 의견을 교환하고 싶어하므로, 어머니는 자식을 일방적으로 꾸짖기 보다는 딸의 이야기를 잘 들어줄 마음의 자세를 가져야 한다고 한 3번이 정답이다.

문제 12 다음 문장은 '여행'에 관한 기사이다. 2개의 문장을 읽고 질문에 대한 답으로 가장 알맞은 것을 1 · 2 · 3 · 4 가운데 하나 고르세요.

69 **정답 3** 70 **정답 2**

해석

A

유럽으로 1개월 정도의 여행을 계획하여 준비하고 있을 때의 일입니다. 어떤 친구로부터 "왜 일부러 먼 곳으로 많은 비용을 들여서 가는지 이해할 수 없다"는 말을 들었습니다. 그의 의견에는 깜짝 놀라게 하는 것이 있었습니다. 과연 큰 돈을 들여서 가는 이상, 그에 상응하는 무언가를 얻어 오지 않으면 안 되겠다는 생각이 들어 중압감을 느껴서 출발일을 즐겁게 기다리는 여유조차 사라져 버렸습니다.

그런데 막상 여행이 시작되자 목적의식은 어떻게 되든 상관없어지고, 아름다운 경치나 처음 겪는 체험, 여행지에서 접하는 모든 것에 마음이 뒤흔들려서 감동의 연속이었습니다.

비용과 시간을 들이지 않더라도 멀리 떨어진 땅의 분위기를 맛보는 방법은 얼마든지 있을 것입니다. 하지만 그 감동은 현지에서 느끼는 것과는 비교가 되지 않습니다. 여행의 의미는 자신의 온몸으로 그 땅을 체감하는 것, 진짜 것에 접하는 일에 있다고 지금에 와서 생각합니다.

B

최근에 국내여행뿐만 아니라 해외여행을 떠나는 사람도 증가하고 있습니다. 여러분은 무엇을 위하여 여행을 갑니까? 관광, 쇼핑, 맛있는 것 먹기, 아니면 현지 사람들과의 교류를 원해서 인가요? 저는 고민거리가 있을 때 여행을 떠납니다. 누군가에게 의논하는 것도 좋지만, 저는 모르는 곳에 혼자 가서 느긋하게 걷거나 멍하게 풍경을 바라보거나 합니다. 그렇게 하면 자연스럽게 좋은 생각이 떠오릅니다. 이처럼 특별한 이벤트나 목적이 없더라도 일상에서 벗어난 장소에 가 봄으로써 마음의 정리를 할 수 있고, 여행 나오길 잘했다는 기분이 듭니다.

69 A와 B에서 공통적으로 말하고 있는 것은 무엇인가?

1 여행은 비용이 든다는 것
2 여행에는 목적이 필요하다는 것
3 왜 여행을 떠나게 되는지 그 이유
4 비용에 알맞은 여행을 하기 위한 방법

70 A와 B의 내용에 대해서 올바른 것은 어느 것인가?

1 A에서는 여행 자체에는 의미가 없다고 하고, B에서는 여행하는 것 자체에 의미가 있다고 한다.
2 A에서는 그 땅을 체험하는 것에 가치가 있다고 하고, B에서는 일상에서 벗어나보는 것에 의미가 있다고 한다.

3 A에서는 여행을 떠나기 위해서는 준비가 필요하다고 하고, B에서는 일상 생활에서 벗어나서 혼자가 되고 싶을 때 여행을 떠난다고 한다.
4 A에서는 여행에서 목적의식을 가질 필요가 있다고 하고, B에서는 현지 사람들과 만나는 일에 여행의 가치가 있다고 한다.

어휘

わざわざ 일부러 | 費用(ひよう)をかける 비용을 들이다 | はっとする 깜짝 놀라다 | 費(つい)やす 들이다 | 相応(そうおう) 상응 | 重圧(じゅうあつ) 중압 | 余裕(よゆう) 여유 | 揺(ゆ)さぶる 뒤흔들다 | 連続(れんぞく) 연속 | 離(はな)れる 떨어지다 | 雰囲気(ふんいき) 분위기 | 味(あじ)わう 맛보다 | 現地(げんち) 현지 | 比(くら)べもの 비교거리 | 体感(たいかん)する 체감하다 | ふれあい 교류 | ぼんやり 멍하게 | 風景(ふうけい) 풍경 | 眺(なが)める 바라보다 | 見合(みあ)う 알맞다 | 自体(じたい) 자체

해설

69 A와 B에서 공통적으로 언급하는 내용을 찾는 문제이다. 1번 비용이 든다는 것은 A에서, 2번 B에서는 여행에 목적이 필요 없다고 했고, 4번 비용에 알맞은 여행 방법에 대한 언급은A, B 모두 없다. 여행을 떠나게 되는 이유에 관해서 A에서는 현지를 체감하기 위해서, B에서는 마음의 정리를 하기 위해서라고 공통적으로 다루고 있으므로 정답은 3번이다.

70 A와 B의 내용을 올바로 이해했는지 묻는 문제이다. 1번 A에서도 여행 자체에 의미가 있다고 했고, 3번 A에서 여행을 떠나기 위해 준비가 필요하다는 것을 특별히 언급하지는 않았고, 4번 A는 목적의식이 없더라도 현지를 체험한다면 좋다고 했다. A는 비용과 시간이 들더라도 여행지를 체감하는 일이 여행의 의미라고 했고, B는 특별한 목적이 없더라도 일상에서 벗어난 곳으로 가서 마음을 정리하면 좋다고 했으므로 정답은 2번이다.

문제 13 다음 문장을 읽고 다음 질문의 답으로 가장 알맞은 것을 1·2·3·4 중에서 하나 고르세요.

71 정답 1　72 정답 2　73 정답 3

해석

1974년에 일본에서 태어난 헬로키티는 발표 당초에는 여자아동용 캐릭터였지만 현재는 남녀노소를 불문하고 전세계에서 지지를 받고 있다. 상품은 세계 약 70개국에서 팔리고 있다. 판매 품목은 5만 종류를 넘으며 문구를 중심으로 식품, 컴퓨터에서 경차까지 일상생활의 거의 전 영역에 이르고 있다. 기복이 심한 캐릭터 산업에서 불황에도 굴하지 않는 브랜드 가치를 계속 유지하고 있는 성공의 비결(주 1)은 무엇일까?

첫 번째는 철저한 이미지 관리에 있다. 통칭은 '키티짱'이지만 본명은 '키티 화이트'라고 한다. 처음에는 없었던 성이 나중에 붙여졌다. 여기서도 알 수 있듯이 헬로키티의 캐릭터 설정은 처음부터 모든 것이 정해져 있던 것이 아니라 서서히 갖춰지게 되었다. 그것은 유행이나 사람들의 의견에 휘둘리지 않고 곰곰이 시간을 들여서 공들여서 만들어진 것이다. 결과적으로 키티의 성격이 점점 확실해져서 독특한 세계관이 완성되었다. 참고로 혈액형은 A형이며, 특기는 케이크 만들기이고, 남자친구도 있다. 그 외에도 가족구성과 특기, 좋아하는 말 등도 설정되어 이들이 친근감을 갖게 하는데 한몫을 했다.

이러한 이미지 관리는 굳이 캐릭터에만 해당되는 것은 아니다. 헬로키티를 제작하고 있는 산리오사는 철저한 사원교육을 실시하고 있다. 혹시나 무슨 일이 생겼을 경우에 ①캐릭터의 이미지에 폐를 끼치게 되기 때문이다.

또한 헬로키티는 본래의 이미지를 소중히 여기면서도 다양한 도전을 계속하고 있다. 입이 없는 것, 코와 눈 위치를 고정시켜 버린 것 등 일정한 규칙을 만들면서도 프로가 아닌 일반인의 디자인을 인정하여 새로운 키티를 이끌어내려고 시도한 것이다. 이러한 작업으로 인해 키티는 그저 단순히 '귀여울' 뿐만 아니라 변화하고 성장해 나가는 캐릭터가 되었다. 이와 같은 캐릭터의 깊이(주 2)가 더해지는 진화를 통해 팬은 장난감이나 인형으로서가 아니라 키티를 '②생명이 있는 친구'처럼 느낄 수가 있는 것이다.

(주 1) 비결: 사람들에게 알려지지 않은 가장 효과적인 방법
(주 2) 깊이

71 ①캐릭터의 이미지에 폐를 끼치게 된다란 어떤 것인가?
1 사원의 행동에 의해 캐릭터의 이미지까지 흠집 내고 만다.
2 회사 전략의 실패에 따라 캐릭터 사업에 실패해 버린다.
3 사원의 새로운 시도가 캐릭터 본래의 이미지를 깨 버린다.
4 사원에게도 독특한 이미지가 없으면 캐릭터의 이미지도 없어진다.

72 ②'생명이 있는 친구'처럼 느낀다는 것은 왜인가?
1 가족관계나 특기 등 세세한 설정에 친근감을 가지기 때문에
2 부분적인 변화로 인해 같이 성장하고 있는 듯한 기분이 들기 때문에
3 변하지 않는 이미지가 친구와 같은 안심을 주기 때문에
4 프로가 아닌 일반인의 손으로 만들어진다는 점에 동정을 느끼기 때문에

73 필자는 헬로키티의 인기 비결에 대해서 어떻게 이야기하고 있는가?
1 처음부터 모든 것을 설정하지 않고 시간을 들여서 조금씩 유행을 도입한 점에 있다.
2 사람들이 지루해 하지 않도록 계속해서 변화를 이루어 온 점에 있다.
3 캐릭터의 이미지를 지키면서도 끊임없이 새로운 시도를 한 점에 있다.
4 유행에 휩쓸리지 않고 캐릭터 이미지를 확실히 지키고자 하는 점에 있다.

어휘

当初(とうしょ) 당초 | 児童(じどう) 아동 | 向(む)け ~용 | 老若男女(ろうにゃくなんにょ) 남녀노소 | 支持(しじ) 지지 | グッズ 상품 | 展開(てんかい) 전개 | 販売(はんばい) 판매 | 品目(ひんもく) 품목 | 文房具(ぶんぼうぐ) 문구 | 軽自動車(けいじどうしゃ) 경차 | 全領域(ぜんりょういき) 전 영역 | 浮(う)き沈(しず)み 기복, 오르내림 | 不況(ふきょう) 불황 | 維持(いじ) 유지 | 秘訣(ひけつ) 비결 | 通称(つうしょう) 통칭 | 本名(ほんみょう) 본명 | ラストネーム 성 | 設定(せってい) 설정 | 定(さだ)まる 정해지다 | 整(ととの)える 갖추다 | じっくりと 곰곰이 | 作(つく)り込(こ)む 만들다 | 構成(こうせい) 구성 | 親近感(しんきんかん) 친근감 | 一役買(ひとやくか)う 한몫 하다 | 製作(せいさく) 제작 | 迷惑(めい

わく)をかける 폐를 끼치다 | 本来(ほんらい) 본래 | 固定(こてい) 고정 | 引(ひ)き出(だ)す 이끌어내다 | 取(と)り組(く)み 작업 | 奥行(おくゆ)き 깊이 | 進化(しんか) 진화 | 傷(きず)つける 상처 내다 | 戦略(せんりゃく) 전략 | 同情(どうじょう) 동정 | 飽(あ)きる 질리다

해설

71 캐릭터의 이미지에 폐를 끼치게 된다는 것이 어떤 것인지 묻는 문제이다. 성공의 비결인 이미지 관리는 비단 캐릭터 자체에만 해당되는 것이 아니라 사원도 이미지 관리에 대한 교육을 받을 정도라고 했다. 여기서 캐릭터 이미지에 폐를 끼친다는 것은 사원의 적절치 못한 행동으로 인해 캐릭터의 이미지에 흠집을 내는 것이라고 한 1번이 정답이다.

72 캐릭터를 생명이 있는 친구처럼 느끼게 되는 이유에 대해서 묻는 문제이다. 앞부분에 언급이 되어 있듯이 본래의 이미지를 소중히 여기면서도 다양한 변화를 시도해 가면서 조금씩 변화하고 진화해 나가는 과정을 지켜보면서 팬들과 더불어 같이 성장하고 있는 느낌이 들기 때문에 생명이 있는 친구처럼 느껴지는 것이다. 정답은 2번이다.

73 필자가 생각하는 헬로키티의 인기의 비결이 무엇인지 묻는 문제이다. 본문에서 헬로키티의 지속적인 인기 비결은 첫째는 철저한 이미지 관리, 둘째는 본래의 이미지를 지키면서도 다양한 도전을 하고 있다는 점이라고 말했다. 모든 선택지가 본문 내용을 언급했지만, 가장 중요한 내용은 캐릭터의 이미지를 지키면서도 끊임없이 새로운 시도를 한 점이라고 한 3번이다.

문제 14 오른쪽 페이지는 '미나토 체육센터 이용안내'문이다. 질문에 대한 답으로 가장 알맞은 것을 1 · 2 · 3 · 4 가운데 하나 고르세요.

74 정답 3 **75 정답 2**

해석

74 나오미 씨의 업무 시간은 8시부터 5시까지이고 휴일은 매주 일요일입니다. 비는 시간에 가능한 한 많은 운동을 하고 싶다면 어느 플랜이 가장 좋습니까?

1 요가③+수영 성인①+자유수영
2 요가①+수영 성인②+스포츠 짐
3 요가②+수영 성인②+자유수영
4 요가②+수영 어르신+스포츠 짐

75 다카오 씨는 평일 스포츠 짐과 주말 자유수영에, 부인은 요가①과 주말 자유수영에, 초등학생인 아들은 주2회의 수영교실에 등록하려고 합니다. 1개월에 모두 합하여 얼마 지불하면 됩니까?

1 9,500엔
2 14,000엔
3 16,000엔
4 19,000엔

미나토시 체육센터 이용 안내

미나토시 체육센터에서는 스포츠 짐과 수영장 시설 및 요가 반을 운영하고 있습니다. 친절하고 세심한 지도로 처음 배우는 분들이라도 안심하고 배울 수 있습니다.

이용 기간 : 1개월(매월 등록 필요)
신청 방법 : 매월 20일부터 월말까지 시민센터에서 직접 신청

●프로그램

희망하는 레슨을 시간표에서 확인하신 후에 참가해 주시기 바랍니다.
요가반은 누구나 이용 가능
※안전을 위해 도중에 입장하는 것은 삼가해 주십시오

<요가반>

	요일	시간	가격
요가①	월 · 목	오전 11:00~12:00	3,000엔
요가②	월 · 목	오후 19:00~20:00	3,000엔
요가③	토	오후 13:00~14:00	1,500엔

<수영반>

	요일	시간	가격
성인①	월 · 목	오전 9:00~10:00	3,000엔
성인②	화 · 금	오후 19:00~20:00	3,000엔
어르신	월 · 목	오전 10:00~11:00	2,000엔
어린이①	월 · 목	오후 15:00~16:00	2,500엔
어린이②	화 · 금	오후 15:00~16:00	2,500엔

<스포츠 짐>

월요일~금요일(매일 이용 가능) : 오전 6시~오후 10시 4,500엔
토요일 · 일요일(주말 이용 가능) : 오전 6시~오후 5시 2,000엔

<자유수영>

월요일~금요일(매일 이용 가능) : 오전 6시~오후 8시 4,500엔
토요일 · 일요일(주말 이용 가능) : 오전 6시~오후 3시 2,000엔

●할인 코스

연간회원이 되시면 5만 엔으로 요가반 1강좌(무엇이든지 가능)와 스포츠 짐, 자유수영 어느 것이든지 영업 시간 내에 언제나 이용하실 수 있습니다

●주의

스포츠 짐, 스튜디오 내에서는 트레이닝 하기 쉬운 복장과 실내용 운동화를 이용해 주십시오.
운동기구 사용법 등 궁금한 점은 편하게 지도자에게 문의해 주시기 바랍니다

어휘

シニア 어르신 | 登録(とうろく) 등록 | 運営(うんえい) 운영 | 丁寧(ていねい) 세심함 | 初心者(しょしんしゃ) 초보자 | お子様(こさま) 자녀분 | タイムテーブル 시간표 | 控(ひか)える 삼가다 | いずれも 어느 것이나 다 | 営業(えいぎょう) 영업 | 服装(ふくそう) 복장 | 室内用(しつないよう) 실내용 | 不明(ふめい) 불명, 잘 모름 | インストラクター 지도자

해설

74 나오미 씨는 평일 오후 5시 이후와 일요일에 시간이 있다. 이 시간

을 이용해서 할 수 있는 운동 플랜을 짜 보려고 한다. 요가는 ②, 수영클래스는 성인②, 스포츠 짐과 자유수영은 매일 가능하다. 1번은 수영 성인①이 안 되며, 2번은 요가①이 안 되고, 4번은 수영 어르신이 안 된다. 가장 알맞게 짠 플랜은 요가②+수영 성인②+자유수영이라고 한 3번이다.

75 다카오 씨 가족의 1개월 등록비를 계산하는 문제이다. 다카오 씨는 평일 스포츠 짐(4,500엔)과 주말 자유수영(2,000엔), 부인은 요가①(3,000엔)과 주말 자유수영(2,000엔), 초등학생 아들은 주2회의 수영교실(2,500엔)에 등록하려고 하므로, 합계 14,000엔이다.

청해

문제 1 이 문제에서는 먼저 질문을 들으세요. 그러고 나서 이야기를 듣고, 문제용지의 1~4 중에서 가장 알맞은 답을 하나 고르세요.

01 정답 1

모의1-1-01.mp3

会社で女の人と男の人が話しています。女の人はこれから何をしますか。

女：部長、昨日お渡しした報告書の件なんですが、見ていただけましたでしょうか。

男：うん、形式はあれで大体いいと思うよ。最初に要約があって報告内容全体の把握もしやすかったし…。

女：あ、ありがとうございます。

男：でも、このグラフ資料の日付が去年になってるけど、もっと新しいものはないの?

女：あっ、そうだ！うっかりしてました。古いほうのデータのままでした。

男：大事なところだから必ず直しておいてね。

女：はい。わかりました。

男：提出は明日までだったよね。直したら、もう一度チェックするからもって来て。

女の人はこれから何をしますか。

1 データ資料を新しいものにする
2 グラフの日付を書き直す
3 報告書をもう一度チェックする
4 最初に全体の要約をつける

해석

회사에서 여자와 남자가 이야기하고 있습니다. 여자는 이제부터 무엇을 합니까?

여: 부장님, 어제 드린 보고서 건인데요, 봐 주셨나요?

남: 음, 형식은 그걸로 대체적으로 괜찮은 것 같아. 처음에 요약이 있어서 보고 내용 전체도 파악하기 쉬웠고…….

여: 아, 고맙습니다.

남: 하지만 이 그래프 자료의 날짜가 작년으로 되어 있는데, 더 최신 것은 없나?

여: 아, 참! 깜박했습니다. 오래된 데이터 그대로였어요.

남: 중요한 점이니까 반드시 고쳐놓도록 해.

여: 예, 알겠습니다.

남: 제출은 내일까지였지? 고치면 다시 한 번 체크할 테니까 가지고 와.

여자는 이제부터 무엇을 합니까?

1 데이터 자료를 최신 것으로 한다
2 그래프 날짜를 고친다
3 보고서를 다시 한 번 체크한다
4 처음에 전체 요약을 한다

어휘

渡(わた)す 건네다 | 報告書(ほうこくしょ) 보고서 | 形式(けいしき) 형식 | 大体(だいたい) 대체로 | 要約(ようやく) 요약 | 把握(はあく) 파악 | 日付(ひづけ) 날짜 | 直(なお)す 고치다 | 提出(ていしゅつ) 제출

해설

부장님이 보고서를 보고 나서 그래프 자료의 날짜가 작년 것이니까 좀더 최근 자료가 없냐고 하자, 여자는 깜박하고서 오래된 데이터를 그대로 썼다고 한다. 즉 데이터 자료가 예전 것이기 때문에 날짜도 오래된 것이었다. 여기서 바꿔야 하는 것은 2번처럼 그래프 날짜를 고치는 것이 아니라 데이터 자료 자체를 최신 것으로 고쳐야 하는 것이므로 정답은 1번이다.

02 정답 3

모의1-1-02.mp3

授業で、女の先生が話しています。学生は、授業を休んだ場合、どのようにしなければいけませんか。

女：このクラスでは、授業を休む時は、レポートを提出してもらうことにします。

男：どのようなレポートですか。

女：その日の授業の内容に関することを、ノートにまとめてもらいます。詳しい内容はその時にお伝えしますので、休む場合は前もって連絡するようにしてください。

男：連絡は必ず電話でしなければいけませんか。

女：いいえ、メールでも構いません。ただ、友達に頼んだりしないで、本人が直接連絡するようにしてくださいね。

男：はい。

女：それから、来週から順番に発表してもらいます。自分が発表する時に休む場合は、必ず別の人と代わってもらうようにしてください。

学生は、授業を休んだ場合、どのようにしなければいけませんか。

1 友達に連絡し、レポートを書く
2 先生に連絡し、発表をする
3 本人が連絡し、レポートを書く
4 友達に連絡と発表を頼んでおく

해석

수업에서 여자 선생님이 이야기하고 있습니다. 학생은 수업을 빠졌을 경

우에 어떻게 해야 합니까?

女: 이 반에서는 수업을 빠졌을 때 리포트를 제출하도록 하겠습니다.
男: 어떤 리포트인가요?
女: 그 날의 수업 내용에 관한 내용을 노트에 정리하도록 합니다. 자세한 내용은 그때 전달할 테니까 빠질 경우에는 미리 연락하도록 해 주세요.
男: 연락은 반드시 전화로 해야 하나요?
女: 아니오, 메일이라도 상관없습니다. 단 친구에게 부탁하거나 하지 말고 본인이 직접 연락하도록 해 주세요.
男: 예.
女: 그리고 다음 주부터 순서대로 발표를 해야 합니다. 자신이 발표할 때 빠질 경우에는 반드시 다른 사람과 바꾸도록 해 주세요.

학생은 수업을 빠졌을 경우에 어떻게 해야 합니까?

1 친구에게 연락하고 리포트를 쓴다
2 선생님께 연락하고 발표를 한다
3 본인이 연락하고 리포트를 쓴다
4 친구에게 연락과 발표를 부탁해 둔다

어휘

提出(ていしゅつ)する 제출하다 | 内容(ないよう) 내용 | まとめる 정리하다 | 伝(つた)える 전하다 | 前(まえ)もって 미리 | 連絡(れんらく)する 연락하다 | 構(かま)わない 상관없다 | 頼(たの)む 부탁하다 | 本人(ほんにん) 본인 | 順番(じゅんばん)に 순서대로 | 発表(はっぴょう)する 발표하다 | 別(べつ) 다른 | 代(か)わる 바꾸다

해설

학생이 수업을 빠지게 될 경우에는, 본인이 직접 메일이나 전화로 선생님께 연락을 해야 하고, 그 날의 수업 내용에 관한 리포트도 제출해야 한다고 한다. 선생님이 학생들에게 요구하는 사항을 提出してもらう, ノートにまとめてもらう, 発表してもらう와 같이 ~てもらう라고 한다는 것, 그리고 어떤 지시를 할 때 連絡するようにしてください, 必ず別の人と代わってもらうようにしてください와 같이 ~ようにしてください라고 한다는 것도 잘 알아두자.

03 **정답 4** 모의1-1-03.mp3

女の人が友達と話しています。女の人はこれから字を書く時どういうことに気をつければいいですか。

女:わあ、森田君ってきれいな字を書くのね。どうやったら、そんなにきれいに書けるの?
男:それほどでもないけど…。ちょっとしたことに気をつけるだけで結構きれいに書けるものだよ。
女:ちょっとしたことって?私、字を書くのが苦手で。
男:例えば、姿勢が悪いと字もきれいに書けないし、鉛筆の持ち方も大事だよ。
女:姿勢はいつも気をつけているし、鉛筆の持ち方も問題ないとは思うんだけど…。
男:じゃあ、縦の線を書く時はできる限りまっすぐに、そして横の線を書く時はちょっと右上がりに書くといいよ。
女:へえ、横を右上にって言うのは初めて聞いたわ。これから気をつけてみる。ありがとう。

女の人はこれから字を書く時どういうことに気をつければいいですか。

1 書くときの姿勢に気をつける
2 鉛筆の持ち方に気をつける
3 縦の線をまっすぐ書くようにする
4 横の線を右上がりに書くようにする

해석

여자가 친구와 이야기하고 있습니다. 여자는 앞으로 글씨를 쓸 때 어떤 점에 유의하면 됩니까?

여: 어머, 모리타 군은 글씨를 잘 쓰는구나! 어떻게 하면 그렇게 잘 쓸 수 있어?
남: 그 정도는 아닌데……. 조금만 신경 써도 꽤 잘 쓸 수 있어.
여: 조금만이라니? 난 글씨를 잘 못써.
남: 예를 들면 자세가 나쁘면 글씨도 잘 쓸 수 없고, 연필 잡는 법도 중요해.
여: 자세는 항상 유의하고 있고, 연필 잡는 법도 문제 없을 거라고 생각하는데…….
남: 그럼, 세로선을 쓸 때는 가능한 한 직선으로, 그리고 가로선을 쓸 때는 약간 오른쪽 위로 올라가도록 쓰면 좋아.
여: 음, 가로를 오른쪽 위로 라는 말은 처음 들어. 앞으로 신경 써 볼게. 고마워.

여자는 앞으로 글씨를 쓸 때 어떤 점에 유의하면 됩니까?

1 쓸 때의 자세에 유의한다
2 연필 잡는 법에 유의한다
3 세로 선을 똑바로 쓰도록 한다
4 가로 선을 오른쪽 위로 올려 쓰도록 한다

어휘

気(き)をつける 유의하다 | 結構(けっこう) 꽤 | 姿勢(しせい) 자세 | 縦(たて)の線(せん) 세로선 | まっすぐ 똑바로 | 横(よこ)の線(せん) 가로선 | 右上(みぎあ)がり 오른쪽 위로 올리기

해설

조언을 들은 후에 앞으로 어떻게 하면 좋은지를 묻는 문제이다. 남자가 글씨를 잘 쓰려면 자세가 좋아야 하고, 연필도 잘 잡아야 한다고 하자, 여자는 그런 것은 잘 하고 있다고 한다. 이어서 가로선을 쓸 때 약간 올려서 쓰면 좋다는 남자의 말을 듣고 나서, 여자는 앞으로 그 부분에 신경을 써 보겠다고 했으므로 정답은 4번이다.

04 **정답 4** 모의1-1-04.mp3

大学で先輩と後輩が話しています。男の人はこれから何をしなければなりませんか。

女:今度の週末、あいてる?
男:はい、特にこれといった用事はないですけど…、何か?

女：老人ホームにボランティアに行くことになっているんだけど、一緒に行かない？
男：はあ、そうなんですか。いいですよ。今週末はひまですから。
女：助かるわ、実はリーダーの木村君が足をけがしてしまってね、来週までは病院で治療を受けるんですって。
男：人数足りないのなら、山下君にも声をかけてみましょうか。
女：お願いするわ。もう一人いたらすごく助かる。週末はみんな先約があるみたいで、なかなか見つからなくてね。あっ、あと、あなたは初めてでしょう？ 初めての人は学生課に行ってボランティア手帳を作らなきゃならないのよ。
男：あ、僕、前にもしたことあるから、もう持ってますよ。
女：そう、よかった。ボランティア終わってから、リーダーのお見舞いにも行きましょうね。

男の人はこれから何をしなければなりませんか。

1 ボランティア手帳をもらう
2 リーダーのお見舞いに行く
3 病院に治療を受けに行く
4 友だちをさそってみる

해석
대학에서 선배와 후배가 이야기하고 있습니다. 남자는 이제부터 무엇을 해야 합니까?

여: 이번 주말에 시간 있어?
남: 예, 특별히 이렇다 할 만한 일은 없는데……, 왜요?
여: 양로원에 자원봉사 하러 가기로 되어 있는데, 같이 가지 않을래?
남: 예, 그래요? 좋아요. 이번 주말은 한가하니까.
여: 고마워. 실은 리더인 기무라 군이 다리를 다쳤어. 다음 주까지 병원에서 치료를 받는대.
남: 인원수가 부족하다면 야마시타 군에게도 얘기해 볼까요?
여: 부탁할게. 한 명 더 있으면 굉장히 좋지. 주말에는 모두 선약이 있는 것 같아서 좀처럼 찾기가 힘들어서 말이야. 아, 그리고 넌 처음이지? 처음인 사람은 학생과에 가서 자원봉사 수첩을 만들어야 해.
남: 아, 저는 전에도 한 적이 있어서 이미 가지고 있어요.
여: 그래, 다행이다. 자원봉사 끝나고 리더 병문안이라도 가자.

남자는 이제부터 무엇을 해야 합니까?

1 자원봉사 수첩을 받는다
2 리더 병문안을 간다
3 병원에 치료를 받으러 간다
4 친구에게 같이 가자고 말해 본다

어휘
あく 비다 | これといった 이렇다 할 만한 | 用事(ようじ) 용무, 일 | 老人(ろうじん)ホーム 양로원 | ボランティア 자원봉사 | 助(たす)かる 도움이 되다 | けがする 다치다 | 治療(ちりょう) 치료 | 人数(にんずう) 인원수 | 足(た)りない 부족하다 | 声(こえ)をかける 말을 걸다, 이야기하다 | 先約(せんやく) 선약 | 見(み)つかる 찾다 | 手帳(てちょう) 수첩 | お見舞(みま)い 병문안 | さそう 권하다

해설
선배로부터 이번 주말에 자원봉사를 같이 하자는 말을 들은 후배는 같이 가겠다고 했고, 리더의 부재로 인원수가 부족하다면 친구인 야마시타 군에게도 말해 보겠다고 했다. 자원봉사 활용에 필요한 수첩은 이미 가지고 있으므로 지금 만들지 않아도 되므로, 남자가 이제부터 할 일은 야마시타 군에게 같이 가자고 연락해 보는 일이다.

05 정답 3 모의1-1-05.mp3

遊園地の窓口で、男の人が料金について聞いています。男の人は全部でいくら払いますか。

男：すみません。大人２人と子ども２人なんですが、チケットは全部でいくらですか。
女：入場券だけですと、大人が1000円、子どもが500円ですが、乗り物に自由にお乗りになられるフリーパスでしたら、大人が3000円、子どもは2000円になります。
男：フリーパスね。僕は乗り物大好きだからいいけど、家内は苦手だからどうせ乗らないだろうな。
女：それでしたら、奥様はこちらで入場券だけお買いになって、乗り物にお乗りの際にその場できっぷをお買い求めになってはいかがでしょうか。１回乗るのに400円ですのであまりお乗りにならないのでしたらその方がお得ですよ。
男：そうですか。じゃ、そうしよう。そして、子どもたちと僕はフリーパスでお願いします。
女：はい、かしこまりました。では、入場券だけが１枚で、フリーパスが３枚ですね。
男：はい、それでお願いします。

男の人は全部でいくら払いますか。

1 6,500円
2 8,500円
3 8,000円
4 10,000円

해석
유원지 창구에서 남자가 요금에 대해 묻고 있습니다. 남자는 전부 얼마를 지불합니까?

남: 실례합니다. 어른 2명, 어린이 2명인데, 티켓은 전부 얼마입니까?
여: 입장권만 하신다면 어른이 1000엔, 어린이가 500엔이지만, 놀이기구를 자유롭게 타실 수 있는 자유이용권이라면 어른이 3000엔, 어린이는 2000엔이 되겠습니다.
남: 자유이용권이라, 나는 놀이기구를 아주 좋아하니까 괜찮지만, 아내는 싫어하니까 어차피 안 타겠지.
여: 그렇다면 사모님은 여기서 입장권만 사시고, 놀이기구를 탈 때마다 그 자리에서 표를 구입하시면 어떨까요? 1번 타는데 400엔이니까 별로 안 타신다면 그 쪽이 이득이에요.
남: 그래요? 그럼 그렇게 해야겠다. 그리고 아이들과 나는 자유이용권으로 부탁해요.
여: 예, 잘 알겠습니다. 그럼 입장권만 1장, 자유이용권은 3장이군요.
남: 예, 그렇게 부탁해요.

남자는 전부 얼마를 지불합니까?

1 6,500엔
2 8,500엔
3 8,000엔
4 10,000엔

어휘

遊園地(ゆうえんち) 유원지, 놀이동산 | 窓口(まどぐち) 창구 | 料金(りょうきん) 요금 | 払(はら)う 지불하다 | 入場券(にゅうじょうけん) 입장권 | 乗(の)り物(もの) 놀이기구 | フリーパス 자유이용권 | 家内(かない) 아내 | 苦手(にがて)だ 잘 못하다, 안 좋아하다 | 奥様(おくさま) 사모님 | 買(か)い求(もと)める 구매하다 | お得(とく) 이득 | かしこまりました 알겠습니다

해설

가격이나 인원수 등 숫자 계산 하는 문제도 자주 출제가 되는데, 자칫 숫자를 놓쳐버리면 문제를 풀 수 없게 되므로 메모하면서 듣는 습관을 갖도록 해야 한다. 이 문제에서는 성인이냐, 어린이냐, 입장권만 사느냐, 자유이용권을 사느냐에 따라 지불할 금액이 달라지는데, 부인은 놀이기구를 좋아하지 않으므로 입장권만 사므로 1000엔, 남자는 성인 자유이용권 3000엔, 아이들 둘은 어린이 자유이용권 2000엔×2명=4000엔으로 합계 8000엔을 내면 된다.

문제 2 이 문제에서는 우선 질문을 들으세요. 그리고 나서 선택용지의 선택지를 읽어주세요. 그리고 문제용지를 보세요. 읽는 시간이 있습니다. 그리고 나서 이야기를 듣고, 문제용지의 1~4 중에서 가장 알맞은 답을 하나 고르세요.

01 정답 3 모의1-2-01.mp3

大学で男の人と女の人が話しています。女の人はどうして、交流会に参加できないと言っていますか。

男:明日の交流会、もちろん参加するよね。
女:うん、そうしたかったんだけど、行けなくなっちゃったの。
男:え、どうしたの?バイト休めなかったの?
女:ずっと前から休ませて欲しいって頼んでたからそれは大丈夫だったんだけど。
男:じゃあ、家の用事かなにか?
女:実はその日、先輩に引越しを手伝ってほしいって頼まれちゃって。いつもテスト前とかにいろいろ助けてもらったりしてるから断りにくくて。
男:そっか、残念だな。疲れてなかったら遅れてでも来なよ。
女:うん、そうする。

女の人はどうして、交流会に参加できないと言っていますか。

1 アルバイトに行くから
2 家の引越しをするから
3 先輩の手伝いをするから
4 テスト勉強をするから

해석

대학에서 남자와 여자가 이야기하고 있습니다. 여자는 왜 교류회에 참가할 수 없다고 합니까?

남: 내일 교류회에 물론 참가하지?
여: 응, 그렇게 하고 싶었는데, 못 가게 되었어.
남: 엉? 왜? 아르바이트를 못 쉬게 되었어?
여: 오래 전부터 쉬게 해달라고 부탁했었기 때문에 그건 괜찮은데.
남: 그럼, 집안 일이나 뭐?
여: 실은 그날 선배에게 이사를 도와달라는 부탁을 받았어. 항상 시험 전에 여러모로 도움을 받거나 해서 거절하기 힘들어서.
남: 그렇구나. 아쉽네. 피곤하지 않으면 늦게라도 와.
여: 그래, 그럴게.

여자는 왜 교류회에 참가할 수 없다고 합니까?

1 아르바이트 하러 가야 하기 때문에
2 집에서 이사를 하기 때문에
3 선배를 도와줘야 하기 때문에
4 시험 공부를 하기 때문에

어휘

交流会(こうりゅうかい) 교류회 | 頼(たの)む 부탁하다 | 用事(ようじ) 용무, 일 | 引越(ひっこ)し 이사 | 手伝(てつだ)う 돕다 | 助(たす)ける 돕다 | 断(ことわ)りにくい 거절하기 힘들다 | 残念(ざんねん)だ 아쉽다

해설

여자가 교류회에 참가할 수 없는 이유를 고르는 문제이다. 아르바이트를 못 쉬게 되었거나 집안 일 때문에 참가하지 못하는 것이 아니라, 선배로부터 이사를 도와달라는 부탁을 받았기 때문에(先輩に引越しを手伝ってほしいって頼まれちゃって), 여러모로 빚진 것도 있고 해서 거절하지 못했다고 한다.

02 정답 2 모의1-2-02.mp3

男の学生と女の学生が話しています。男の学生はどうして今日先生に怒られたと言っていますか。

男:今日、また先生に怒られちゃったんだ。
女:えっ、どうして?テストの点数が悪かったの?
男:いや、居眠りしちゃったんだ。昨日、夜遅くまでレポート書いてたから、あまり寝てなくてね。授業中に寝たらいけないと思って、一番前の列に座ってたんだけど、いつの間にかうとうとしちゃったみたいなんだ。
女:目の前で寝られたら、そりゃ誰だって怒るわよ。
男:うん、あの先生の授業では注意してるつもりなんだけど、かえって目につくことばかりしてしまうんだ。この前は遅刻した上に、授業中にされた質問に全然答えられなかったこともあったし。
女:緊張しすぎて、いつも以上に失敗しちゃうってことあるよね。

男の学生はどうして今日先生に怒られたと言っていますか。

1 テストの点数が悪かったから
2 授業中、先生の前で居眠りしたから
3 寝坊して授業に遅れたから
4 先生の質問に答えられなかったから

해석

남학생과 여학생이 이야기하고 있습니다. 남학생은 왜 오늘 선생님께 혼났다고 합니까?

남: 오늘 또 선생님께 혼났어.
여: 뭐, 왜? 시험 점수가 나빴어?
남: 아니 졸았어. 어제 밤늦게까지 리포트를 쓰느라 별로 못 잤거든. 수업 중에 자면 안될 것 같아서 제일 앞 자리에 앉았는데, 어느새 꾸벅꾸벅 졸았나 봐.
여: 바로 눈 앞에서 잤다면, 그건 누구든지 화가 날 거야.
남: 응, 그 선생님 수업에서는 주의를 하고 있는데, 오히려 눈에 띄는 일만 저지르고 말아. 요전에는 지각을 한데다가 수업 중에 받은 질문에 전혀 대답을 못 한 적도 있었고.
여: 너무 긴장을 해서 평소 이상으로 실패하는 일이 있지.

남학생은 왜 오늘 선생님께 혼났다고 합니까?

1 시험 점수가 나빴기 때문에
2 수업 중에 선생님 앞에서 졸았기 때문에
3 늦잠을 자서 수업에 늦었기 때문에
4 선생님의 질문에 대답을 못했기 때문에

어휘

怒(おこ)られる 혼나다 | 点数(てんすう) 점수 | 居眠(いねむ)りする 졸다 | 前(まえ)の列(れつ) 앞줄 | いつの間(ま)にか 어느새 | うとうと 꾸벅꾸벅 | 目(め)につく 눈에 띄다 | 質問(しつもん) 질문 | 全然(ぜんぜん) 전혀 | 緊張(きんちょう)する 긴장하다 | 失敗(しっぱい)する 실패하다 | 寝坊(ねぼう)する 늦잠 자다

해설

남학생이 선생님께 혼난 이유를 찾는 문제이다. 시험 점수가 나빴던 것이 아니라, 수업 시간에 제일 앞줄에 앉아서 어느새 꾸벅꾸벅 졸았기(いつの間にかうとうとしちゃった) 때문이다. 최근에 이 선생님 수업에 지각도 하고 질문에도 답하지 못하는 등 선생님의 눈에 띄는 행동을 많이 하게 된 것을 후회하고 있다.

03 정답 3 모의1-2-03.mp3

友達同士が話しています。女の人は彼に対してどういう部分が不満だと言っていますか。

男：どうしたの？なんか機嫌悪そうだけど。
女：もう、彼ったらまた電話に出ないの。
男：忙しいんじゃない?
女：そうじゃなくて、朝けんかしたことまだ怒ってるのよ。
男：また？前もいろいろ考え方が合わなくてけんかしたって言ってなかった？
女：私は、100％同じ考え方の人なんていないから、意見が違ってもかまわないの。ただ、話し合いながらお互いにとって一番いい方法を探していきたいと思ってるのに、それができないから…。
男：そっか。彼にしてみたら口げんかを避けたいと思ってるのかもね。

女の人は彼に対してどういう部分が不満だと言っていますか。

1 いつも忙しそうなところ
2 考え方が違うところ
3 話し合いをしないところ
4 自分の意見しか言わないところ

해석

친구끼리 이야기하고 있습니다. 여자는 남자친구에 대해서 어떤 부분이 불만이라고 합니까?

남: 왜 그래? 뭔가 기분이 안 좋은 것 같은데.
여: 어휴, 남자친구가 또 전화를 안 받아.
남: 바쁜 것 아냐?
여: 그게 아니라 아침에 싸운 걸 아직까지 화내고 있는 거야.
남: 또? 전에도 여러 가지 생각이 안 맞아서 싸웠다고 하지 않았어?
여: 난 100% 사고방식이 같은 사람은 없으니까 의견이 달라도 상관없어. 단, 이야기하면서 서로에게 가장 좋은 방법을 찾아나가고 싶은데, 그게 안 되니까…….
남: 그렇구나. 남자친구 입장에서는 말싸움을 피하고 싶은 생각이 드는지도 모르지.

여자는 남자친구에 대해서 어떤 부분이 불만이라고 합니까?

1 항상 바쁜 것 같은 점
2 사고방식이 다른 점
3 서로 이야기를 하지 않는 점
4 자신의 의견밖에 말하지 않는 점

어휘

同士(どうし) 끼리 | 不満(ふまん) 불만 | 機嫌(きげん)が悪(わる)い 기분이 안 좋다 | 電話(でんわ)に出(で)る 전화를 받다 | けんかする 싸우다 | 考(かんが)え方(かた) 사고방식 | 意見(いけん) 의견 | かまわない 상관없다 | お互(たが)い 서로 | 口(くち)げんか 말싸움 | 避(さ)ける 피하다

해설

여자가 남자친구에게 갖고 있는 불만이 무엇인지 묻는 문제이다. 여자는 생각이 같을 수는 없으니까, 서로 이야기하면서 서로에게 있어서 가장 좋은 방법을 찾고 싶다(話し合いながらお互いにとって一番いい方法を探していきたい)고 생각하고 있는데, 그게 잘 안되어서(それができないから…) 고민이라고 하므로, 서로 이야기를 하지 않는 점이라고 하는 3번이 정답이다.

04 정답 3 모의1-2-04.mp3

女の人と男の人がある店について話しています。女の人はこの店の何がいいと言っていますか。

女：最近、面白い店見つけたんだ。駅前のビルにあるケーキ屋なんだけど。

男：どんな店？

女：ケーキ屋って、ふつう一階にあるじゃない？ここは2階にあるんだけど、すごく込んでるんだよね。

男：えっ？2階のケーキ屋？

女：うん、この店では自分たちで手作りのケーキが作れるの。自分の好きな形やサイズのパンを選んでから、生クリームかチョコレートをぬってね、それから果物とかいろんなものを飾って完成〜ってこと。家で作るには手間がかかるけど、こういうお店があるとすごく簡単に、しかも楽しく作れるのよ。

男：へえ？で、君は誰にケーキを作ってあげたの？彼氏？

女：いや、ママとか明子ちゃんのよ。

男：そう？僕の誕生日にもよろしくね。

女の人はこの店の何がいいと言っていますか。

1 いろんなサイズのケーキがあること
2 よく目につく1階にあること
3 好みのケーキを作ることができること
4 バースデーケーキの注文ができること

해석

여자와 남자가 어떤 가게에 대해서 이야기하고 있습니다. 여자는 이 가게의 무엇이 좋다고 합니까?

여: 최근에 재미있는 가게를 발견했어. 역 앞 빌딩에 있는 케이크 가게인데.

남: 어떤 가게야?

여: 케이크 가게는 보통 1층에 있잖아? 여기는 2층에 있는데 굉장히 붐벼.

남: 뭐? 2층에 있는 케이크 가게?

여: 응. 이 가게에서는 자기끼리 손수 케이크를 만들 수 있어. 자기가 좋아하는 모양이나 사이즈의 빵을 고른 후에 생크림이나 초콜릿을 발라. 그리고 나서 과일이나 여러 가지 토핑을 장식하면 완성인 거야. 집에서 만들면 번거로운데, 이런 가게가 있으면 굉장히 쉽게, 더군다나 즐겁게 만들 수가 있어.

남: 음? 그래서 넌 누구에게 케이크를 만들어 줬어? 남자친구?

여: 아니, 엄마랑 아키코 것.

남: 그래? 내 생일에도 잘 부탁해.

여자는 이 가게의 무엇이 좋다고 합니까?

1 여러 가지 사이즈의 케이크가 있다는 점
2 눈에 잘 띄는 1층에 있다는 점
3 좋아하는 취향의 케이크를 만들 수 있는 점
4 생일 케이크를 주문할 수 있는 점

어휘

手作(てづく)り 손수 만듦, 수제 | 形(かたち) 모양 | 生(なま)クリーム 생크림 | ぬる 바르다 | 果物(くだもの) 과일 | 飾(かざ)る 장식하다 | 手間(てま)がかかる 번거롭다 | しかも 더구나 | 目(め)につく 눈에 띄다 | 好(この)み 취향 | バースデーケーキ 생일케이크 | 注文(ちゅうもん) 주문

해설

여자가 이 가게의 어떤 부분을 좋아하는지를 묻는 문제이다. 이 케이크 가게가 2층인데도 불구하고 많은 사람들이 찾는 이유는 자신이 원하는 모양과 사이즈의 케이크를 자유롭게 만들 수 있다(自分たちで手作りのケーキが作れるの)는 점 때문이다. 1번 여러 가지 사이즈의 케이크가 있다기 보다는 만들 수 있다고 해야 하며, 4번 케이크를 주문하는 게 아니라 직접 만들 수 있다고 한다.

05 정답 3 모의1-2-05.mp3

大学で男の人と女の人が話しています。男の人は新しい家はどうだと言っていますか。

女：引越ししたんだって? 前は学校と駅から近くて便利だっていってたのに、どうして？

男：近すぎたというか…家にいてもなんだか、落ち着かなくて。それに、すっごく狭かったしね。

女：そう？でも、やっぱり学校から近い方が便利だと思うけど。

男：それで、油断しちゃって、遅刻も多かったんだ。

女：そっか。で、今の家はどうなの？

男：学校や駅からはちょっと離れた場所にあるんだけど、そのかわり家賃は安いよ。

女：へえ。

男：それに部屋も広いから、のんびりできてすごく快適。かえって、授業に遅刻することもなくなったしね。

女：本当に引越ししてよかったわね。

男の人は新しい家はどうだと言っていますか。

1 学校から近いのでゆっくりできる
2 家賃は安いが狭すぎて不便だ
3 広くて快適なので気に入っている
4 家賃が高すぎるので困っている

해석

대학에서 남자와 여자가 이야기하고 있습니다. 남자는 새 집이 어떻다고 합니까?

여: 이사했다면서? 전에는 학교와 역에서 가까워서 편리하다고 하더니, 왜?

남: 너무 가까웠다고나 할까……. 집에 있어도 왠지 불안하고, 게다가 굉장히 좁았고.

여: 그래? 하지만 역시 학교에서 가까운 편이 편리하다고 생각하는데.

남: 그래서 방심하고서는 지각도 많이 했어.

여: 그렇구나. 그래서 지금 집은 어때?

남: 학교나 역에서는 좀 떨어진 장소에 있지만 그 대신에 집세가 싸.

여: 으음.

남: 게다가 방도 넓고 여유롭게 쉴 수 있어서 아주 쾌적해. 오히려 수업에 지각하는 일도 없어지고.

여: 정말로 이사를 해서 잘됐구나.

남자는 새 집이 어떻다고 합니까?

1 학교에서 가까워서 느긋하게 지낼 수 있다

2 집세는 싸지만 좁아서 불편하다
3 넓고 쾌적해서 마음에 든다
4 집세가 너무 비싸서 곤란하다

어휘

落(お)ち着(つ)く 안정되다 | 油断(ゆだん)する 방심하다 | 離(はな)れる 떨어지다 | 家賃(やちん) 집세 | 快適(かいてき) 쾌적 | かえって 오히려 | ゆっくりする 느긋하게 지내다 | 近所(きじょ) 근처

해설

남자가 새로 이사한 집에 대해서 어떻게 생각하고 있는지 묻는 문제이다. 예전 집은 역과 학교에서 가까워서 편리하기는 했지만 너무 좁고, 가깝다고 방심한 탓에 지각도 자주 했다고 한다. 하지만 새 집으로 이사했더니 학교나 역에서는 멀지만 집값이 싸고, 방도 넓고 여유롭게 쉴 수 있어서 쾌적하고, 지각하는 일도 없어져서 만족하고 있다고 한다.

06 정답 3 모의1-2-06.mp3

会社で女の人と男の人が話しています。原稿の締め切りはいつまでですか。

女：山田君、１０月４日の創立記念プロジェクト、進んでる？
男：はい。がんばっています。
女：あのね、さっきの会議で、記念日にあわせて文集を出すことに決めたの。今担当しているプロジェクトといっしょに進めてもいいかな？
男：どんな文集ですか？
女：社員の中から30人ぐらいに、会社での出来事とか、今後のビジョンなんかを自由に書いてもらおうと思ってるんだけど。
男：それはいいですね。では、原稿の応募についての公示を出しておきます。
女：うん、お願い。それと、原稿の締め切りは2ヶ月前までにしましょうか？
男：あ、今からだと時間もあまり残ってないし、1ヶ月もあれば校正も十分だと思いますよ。
女：じゃ、それでお願いね。

原稿の締め切りはいつまでですか。

1 10月の初めごろ
2 8月の初めごろ
3 9月の初めごろ
4 1月の初めごろ

해석

회사에서 여자와 남자가 이야기하고 있습니다. 원고 마감은 언제까지입니까?

여: 야마다 군, 10월 4일 창립기념일 프로젝트 잘 되어 가나?
남: 예, 열심히 하고 있습니다.
여: 있잖아, 조금 전 회의에서 기념일에 맞춰서 문집을 내기로 결정을 했어. 지금 담당하고 있는 프로젝트와 같이 진행시켜도 될까?
남: 어떤 문집입니까?
여: 사원 중에서 30명 정도에게 회사에서 일어난 일이나 앞으로의 비전 같은 것을 자유롭게 써 달라고 하려고.
남: 그것 좋군요. 그럼 원고 응모에 대한 공지를 해 놓겠습니다.
여: 그래, 부탁해. 그리고 원고 마감은 2개월 전까지로 할까?
남: 아, 지금부터면 시간도 별로 안 남았고, 1개월만 있으면 교정도 충분하다고 생각합니다.
여: 그럼, 그렇게 부탁해.

원고 마감은 언제까지입니까?

1 10월 초쯤
2 8월 초쯤
3 9월 초쯤
4 1월 초쯤

어휘

原稿(げんこう) 원고 | 締(し)め切(き)り 마감 | 創立(そうりつ) 창립 | 記念(きねん) 기념 | プロジェクト 프로젝트 | 進(すす)む 진행되다 | 記念日(きねんび) 기념일 | あわせる 맞추다 | 文集(ぶんしゅう) 문집 | 決(き)める 결정하다 | 担当(たんとう)する 담당하다 | 進(すす)める 진행시키다 | 出来事(できごと) 일어난 일 | 今後(こんご) 앞으로 | ビジョン 비전 | 自由(じゆう)に 자유롭게 | 応募(おうぼ) 응모 | 公示(こうじ) 공시, 공지 | 校正(こうせい) 교정

해설

숫자와 관련된 문제는 본문에 나온 숫자가 바로 정답이 되기 보다는 그 앞뒤 문맥에 따라 더하거나 빼야 하기 때문에 주의해서 들어야 한다. 여기서는 원고마감이 언제까지인지를 묻는 문제이므로 날짜 부분을 잘 들어야 한다. 앞으로 창립기념일인 10월 4일이 얼마 남지 않았고, 1개월만 있으면 교정을 충분히 할 수 있다고 했으므로, 정답은 1개월 전인 9월초가 된다.

문제 3 이 문제에서는 문제용지에 아무것도 인쇄되어 있지 않습니다. 이 문제는 전체적으로 어떤 내용인지를 듣는 문제입니다. 이야기 전에 질문은 없습니다. 먼저 이야기를 들으세요. 그러고 나서 질문과 선택지를 듣고, 1~4 중에서 가장 알맞은 답을 하나 고르세요.

01 정답 2 모의1-3-01.mp3

女の人と男の人が玄関で話しています。

女：は～い。
男：こんにちは。
女：あ、どうもこんにちは。
男：あのう、ぶどう好きですか。実家から送られてきたので、よろしければ。
女：まあ、ぶどう。大好きだから、うれしいわ。最近、高いのよ。
男：よかった。ただ、ちょっとつぶれたのがあるかもしれないんで、もし食べにくかったらジュースかぶどう酒にしてもいいと思いますよ。
女：ジュースかぶどう酒？
男：ええ、一度煮てジュースにするか、砂糖に漬けてぶどう酒にするといいですよ。
女：へえ、おいしそう。お酒造ってみようかな。

男の人は何をしに来ましたか。
1 ぶどうを売るため
2 ぶどうをあげるため
3 ぶどう酒の造り方を教えるため
4 ぶどう酒を飲むため

해석
여자와 남자가 현관에서 이야기하고 있습니다.

여: 네~.
남: 안녕하세요.
여: 아, 안녕하세요.
남: 저, 포도 좋아하세요? 부모님이 보내주셨는데, 괜찮으시다면.
여: 어머, 포도. 아주 좋아하는데, 기뻐요. 최근에 많이 비싸요.
남: 다행이다. 그런데 약간 터진 것이 있을지 모르겠는데, 만약에 드시기 힘들면 주스나 포도주로 해도 좋을 것 같아요.
여: 주스나 포도주?
남: 예, 한번 끓여서 주스로 하시든지, 아니면 설탕에 절여서 포도주로 하면 좋아요.
여: 아, 맛있겠다. 술을 담아 볼까?

남자는 무엇을 하러 왔습니까?
1 포도를 팔기 위해
2 포도를 주기 위해
3 포도주 만드는 법을 가르쳐 주기 위해
4 포도주를 마시기 위해

어휘
玄関(げんかん) 현관 | ぶどう 포도 | つぶれる 찌그러지다, 터지다 | ぶどう酒(しゅ) 포도주 | 煮(に)る 끓이다 | 砂糖(さとう) 설탕 | 漬(つ)ける 절이다

해설
남자가 여자 집 현관에 와서, '実家から送られてきたので、よろしければ(부모님이 보내주셨는데, 괜찮으시다면 (드세요))'라며 포도를 줬다. 약간 터진 것이 있어서 먹기 힘들면 주스나 포도주를 담으면 좋다고 권했다. 포도를 주러 왔다가 만드는 법을 약간 이야기한 것뿐이라서 3번은 정답이 아니며, 포도를 주기 위해 왔다고 한 2번이 정답이다.

02 **정답 4** 모의1-3-02.mp3

テレビで医者がインタビューに答えています。

女：先生、朝型の人は仕事ができるといわれていますが本当でしょうか。
男：えー、人間は大きく朝型と夜型に分けられます。朝の早いうちから目を覚まし、昼前にはほとんどの仕事を片付けてしまう朝型に対し、午後になりようやく活動を活発化させ始める夜型。どちらも自分に合った時間帯を選んでいるだけで、本来両者に優劣はありません。ただし、なんとなく朝からしっかりと活動を始める朝型人間の方が仕事ができるという印象が一般的にはあるようですね。

医者は朝型の人についてどのように言っていますか。
1 夜型の人より活発である
2 夜型の人より仕事ができる
3 夜型の人より仕事ができない
4 夜型の人と仕事の出来に差はない

해석
TV에서 의사가 인터뷰에 대답하고 있습니다.

여: 선생님, 아침형 인간은 일을 잘한다고 하는데, 정말인가요?
남: 네, 인간은 크게 아침형과 저녁형으로 나눌 수 있습니다. 아침 일찍부터 깨어나서 점심 전까지 대부분의 일을 끝내 버리는 아침형에 비해, 오후가 되어 겨우 활발하게 활동을 시작하는 저녁형. 어느 쪽이든 자신에게 맞는 시간대를 선택했을 뿐, 원래 양자에 우열은 없습니다. 단, 왠지 아침부터 제대로 활동을 시작하는 아침형 인간 쪽이 일을 잘한다는 인상이 일반적으로 있는 것 같습니다.

의사는 아침형 인간에 대해 어떻게 말하고 있습니까?
1 저녁형 인간보다 활발하다
2 저녁형 인간보다 일을 더 잘한다
3 저녁형 인간보다 일을 못한다
4 저녁형 인간과 일의 성과에 있어서 차이는 없다

어휘
医者(いしゃ) 의사 | 朝型(あさがた) 아침형 | 夜型(よるがた) 저녁형 | 分(わ)ける 나누다 | 目(め)を覚(さ)ます 눈을 뜨다 | 片付(かたづ)ける 끝내다, 정리하다 | ようやく 겨우 | 活動(かつどう) 활동 | 活発化(かっぱつか) 활발화 | 時間帯(じかんたい) 시간대 | 本来(ほんらい) 본래 | 両者(りょうしゃ) 양자 | 優劣(ゆうれつ) 우열 | なんとなく 왠지 | 印象(いんしょう) 인상 | 差(さ) 차이

해설
의사는 인터뷰에서 아침형, 저녁형 인간을 구분하고 그 특징을 이야기한 후에, '本来両者に優劣はありません(원래 양자에 우열은 없다)'고 하면서, 단지 '朝型人間の方が仕事ができるという印象が一般的にはあるよう(아침형 인간 쪽이 일을 잘 한다는 인상이 일반적으로 있는 것 같다)고 했다. 즉 일반적인 인식으로는 아침형 인간이 일을 잘 하는 것 같지만, 실제로는 우열을 가릴 수 없다고 했으므로 정답은 4번이다.

03 **정답 3** 모의1-3-03.mp3

レポーターが女の人に和菓子について聞いています。

男：こんにちは。こちらの店でよく和菓子を買われるんですか。
女：ええ、このお店のお団子は食感もいいし、とても柔らかいんですよ。ほら、この一口サイズのものなんか子どもたちのおやつにぴったりなんです。

男：へえ、そうなんですか。

女：最近は、和菓子より、ケーキやパンの方が人気があるようですし、甘いので、ダイエットの敵だと思っている人もいるようですが、実はあまりカロリーは高くないんですよ。それに、このお店のお菓子は保存料や着色料も全く使われていないんです。

男：でも、値段はちょっと高めのようですね。

女：ええ、でも、おいしくて健康的なものを家族に食べさせたいと思って、つい来てしまうんです。

女の人はこの店の和菓子について、どう思っていますか。

1 値段が安いからつい買ってしまう
2 甘すぎてダイエットにはよくない
3 安くはないがおいしくて体にやさしい
4 最新の方法で作られていて健康的

해석

리포터가 여자에게 일본과자에 대해 묻고 있습니다.

남: 안녕하세요. 이 가게에서 자주 일본과자를 사십니까?

여: 예. 이 가게의 경단은 먹는 감촉도 좋고 아주 부드러워요. 여기 이 한 입 크기 같은 것은 아이들 간식에도 안성맞춤이에요.

남: 네, 그렇군요.

여: 최근에는 일본과자보다 케이크나 빵 쪽이 인기가 있는 것 같고, 달아서 다이어트의 적이라고 생각하는 사람도 있는 것 같은데, 실은 칼로리는 그다지 높지 않아요. 게다가 이 가게 과자는 보존료나 착색료도 전혀 사용하지 않아요.

남: 하지만, 가격은 좀 비싼 것 같군요.

여: 예, 하지만 맛있고 건강에 좋은 것을 가족들에게 먹게 하고 싶어서 자꾸 오게 되네요.

여자는 이 가게 일본과자에 대해서 어떻게 생각하고 있습니까?

1 가격이 싸서 그냥 사버린다
2 너무 달아서 다이어트에는 좋지 않다
3 싸지는 않지만 맛있고 몸에 좋다
4 최신 방법으로 만들어지고 건강에 좋다

어휘

和菓子(わがし) 일본과자 | 団子(だんご) 경단 | 食感(しょくかん) 식감, 먹는 감촉 | 柔(やわ)らかい 부드럽다 | ほら 여기(주의를 끌 때 쓰는 말) | 一口(ひとくち)サイズ 한입 크기 | おやつ 간식 | ぴったり 딱 맞다 | 甘(あま)い 달다 | 敵(てき) 적 | カロリー 칼로리 | 保存料(ほぞんりょう) 보존료 | 着色料(ちゃくしょくりょう) 착색료

해설

여자는 일본과자에 대해, '食感もいいし、とても柔らかい(먹는 촉감이 좋고 부드럽다)', 'あまりカロリーは高くない(별로 칼로리가 높지 않다)', '保存料や着色料も 全く使われていない(보존료, 착색료 사용하지 않는다)', '値段はちょっと高め(가격은 좀 비싸다)' 등으로 생각하고 있다. 1번, 2번은 본문 내용과 맞지 않으며, 4번 최신 방법으로 만들어진다는 언급도 없고, 정답은 3번이다.

04 정답 1 모의1-3-04.mp3

テレビでアナウンサーがあるアンケートの結果について話しています。

先日、大学生の生活に関する調査の結果を見ました。それによりますと、生活の中で一番大切だと考える時間は「何もせずにボーっとしている時」だということだそうです。私が見ていても、最近の学生は授業やバイト、部活や付き合いなどで、一人で過ごせる時間がほとんどない。しかも3年生から就職活動であちこち走りまわらなければいけない。このような生活を送っているのですから、先ほどのような答えが出ることが納得できます。

アナウンサーは最近の大学生はどうだと言っていますか。

1 いろいろなことに忙しすぎる
2 ボーっとしてあまり勉強しない
3 就職をすることしか考えていない
4 運動も勉強もせず無気力だ

해석

텔레비전에서 아나운서가 어떤 앙케트 조사에 대해 이야기하고 있습니다.

며칠 전에 대학생의 생활에 관한 조사 결과를 봤습니다. 그에 따르면 생활 속에서 가장 중요하다고 생각하는 시간은 '아무 일도 하지 않고 멍하니 있을 때'라고 합니다. 제가 봐도 요즘 학생들은 수업이나 아르바이트, 동아리 활동이나 교제 등으로 혼자서 지낼 수 있는 시간이 거의 없습니다. 더군다나 3학년부터 취직활동 때문에 여기저기 뛰어다니지 않으면 안 됩니다. 이러한 생활을 보내고 있기 때문에 앞서 말한 것과 같은 답이 나오는 것이 이해가 갑니다.

아나운서는 요즘 대학생은 어떻다고 말하고 있습니까?

1 여러 가지 일 때문에 너무 바쁘다
2 멍하게 있으면서 별로 공부를 하지 않다
3 취직하는 일밖에 생각하지 않는다
4 운동도 공부도 하지 않고 무기력하다

어휘

先日(せんじつ) 며칠 전 | ボーっとしている 멍하게 있다 | 部活(ぶかつ) 동아리 활동 | 付(つ)き合(あ)い 교제 | 過(す)ごす 지내다 | 走(はし)りまわる 뛰어다니다 | 先(さき)ほど 조금 전 | 納得(なっとく) 납득 | 無気力(むきりょく)だ 무기력하다

해설

'대학생의 생활에 관한 조사 결과'에 대해 선생님이 수업시간에 이야기하고 있다. 조사 내용에 대해 선생님이 어떻게 생각하고 있는지를 묻는 문제이다. 학생들은 생활 속에서 '멍하니 있는 시간'이 가장 중요한 시간이라고 대답했는데, 이에 대해 선생님은 '수업, 아르바이트, 동아리 활동, 교제, 취직활동' 등으로 혼자만의 시간을 가지기가 힘들기 때문에 이러한 결과가 나왔다고 분석하고 있다. 즉 대학생들은 이런저런 활동으로 너무나 바쁘게 지내고 있다고 한 1번이 정답이다.

05 **정답 1** 모의1-3-05.mp3

テレビで映画俳優が今年を振り返って話しています。

前回の映画の撮影中に大きな怪我をして手術を受けたので、今年はずっと何の活動もせず、休むことしか出来ませんでした。テレビなどで活躍している他の俳優たちの姿を見ると、焦りが出てもどかしい気持ちにもなりました。でも、専門的な演技の本を読んだり、これまで出演したドラマをもう一度じっくり見ながら自分の姿を客観的に見直すこともできて、それなりに充実していました。それに久しぶりに空気のいいところでのんびりとした時間を持つこともできました。

この俳優は今年、どうだったと言っていますか。
1 映画には出られなかったが、いいこともあった
2 映画に出て、充実した毎日だった
3 映画に出られず、いいことはなかった
4 映画に出たが、活躍できなかった

해석

ＴＶ에서 영화배우가 올해를 되돌아보면서 이야기하고 있습니다.

지난번 영화 촬영 중에 큰 부상을 당하여 수술을 받았기 때문에 올해는 아무 활동도 하지 않고 쉬는 일밖에 할 수 없었습니다. TV 등에서 활약하고 있는 다른 배우들의 모습을 보면, 초조해지고 답답해지기도 했습니다. 하지만 전문적인 연기 책을 읽거나, 지금까지 출연했던 드라마를 다시 한번 차근차근 보면서 자신의 모습을 객관적으로 다시 바라볼 수 있어서, 나름대로 충실하게 보냈습니다. 게다가 오래간만에 공기가 좋은 곳에서 느긋한 시간을 가질 수도 있었고요.

이 배우는 올해가 어땠다고 말하고 있습니까?
1 영화에는 나가지 못 했지만 좋은 일도 있었다
2 영화에 나가서 매일 충실하게 보냈다
3 영화에 나가지 못 하고 좋은 일은 없었다
4 영화에 나갔지만 활약을 못했다

어휘

俳優(はいゆう) 배우 | 振(ふ)り返(かえ)る 되돌아보다 | 前回(ぜんかい) 지난번 | 撮影中(さつえいちゅう) 촬영 중 | 怪我(けが)をする 다치다 | 手術(しゅじゅつ) 수술 | 活動(かつどう) 활동 | 活躍(かつやく) 활약 | 姿(すがた) 모습 | 焦(あせ)り 초조함 | もどかしい 답답하다 | 演技(えんぎ) 연기 | 出演(しゅつえん) 출연 | じっくり 차근차근 | 客観的(きゃっかんてき) 객관적 | 見直(みなお)す 다시 보다 | 充実(じゅうじつ) 충실 | 空気(くうき) 공기

해설

영화배우가 올해를 되돌아보면서 이야기하고 있는데, 영화 촬영 중의 부상 때문에 올 한 해는 활동을 못하고 동료 배우들을 보면서 초조해지기도 하고 답답해하기도 했지만, 그래도 연기 책도 보고 자신이 출연했던 드라마를 보면서 자신을 객관적으로 되돌아볼 수 있어서 'それなりに充実していました(나름대로 충실하게 보냈다)'고 했다. 올해는 영화 출연을 못 했기 때문에 2번, 4번은 틀렸고, 나름대로 좋은 일도 있었기 때문에 3번도 틀렸다. 정답은 영화 출연은 못 했지만 좋은 일도 있었다고 한 1번이다.

문제 4 이 문제에서는 문제용지에 아무것도 인쇄되어 있지 않습니다. 먼저 문장을 들으세요. 그러고 나서 그 답을 듣고, 1~3 중에서 가장 알맞은 답을 하나 고르세요.

01 **정답 1** 모의1-4-01.mp3

あ、もうこんな時間、急がなきゃ。
1 急いだって、もう間に合わないよ。
2 忙しくてもやった方がいいですよ。
3 いや、今日はこの辺で…。

해석

어, 벌써 이런 시간이네, 서둘러야지.
1 서둘러 봤자 이미 늦었어.
2 바빠도 하는 편이 낫습니다.
3 아니, 오늘은 이쯤에서…….

어휘

急(いそ)ぐ 서두르다 | 間(ま)に合(あ)う 시간에 맞춰서 가다 | この辺(へん) 이 정도

해설

～なきゃ는 '~해야 하는데, ~해야지'라고 의지나 다짐을 나타내는 표현이다. 여기서는 '시간이 다 되었으니까 서둘러야지'라는 뜻으로 쓰였다. 3번 いや、今日はこの辺で…는 이제 슬슬 헤어질 시간이 되었다고 말할 때 쓰는 표현이며, 정답은 '急いだって、もう間に合わないよ(서둘러봤자 이미 시간에 맞게 갈 수 없다)'고 한 1번이다.

02 **정답 2** 모의1-4-02.mp3

悪いけど、これ、会議室まで持ってってくれる?
1 また、そのうちにね。
2 うん、いいよ。運んどく。
3 重くても構わないかな。

해석

미안하지만 이것 회의실까지 가지고 가 줄래?
1 그럼, 다음에.
2 그래, 좋아. 갖다 놓을게.
3 무거워도 상관없어.

어휘

会議室(かいぎしつ) 회의실 | そのうち 언젠가 | 運(はこ)ぶ 나르다 | 構(かま)わない 상관없다

해설

여기서 悪い는 나쁘다가 아니라 미안하다는 뜻이다. 持って(い)ってく

れる?(가지고 가 줄래?)라고 물었으므로 '하겠다, 안 하겠다'라는 대답을 해야 한다. 1번 また、そのうちには 다음 번으로 미룰 때 쓰는 말이며, 정답은 하겠다고 대답한 2번 うん、いいよ。運んどく(=運んでおく)이다.

03 정답 2 모의1-4-03.mp3

どうぞ、ゆっくりしてってくださいね。
1 はい、伝えておきます。
2 どうも、お構いなく。
3 いろいろお世話になりました。

해석
부디 천천히 쉬시다가 가십시오.
1 예, 전해 두겠습니다.
2 부디 신경 쓰지 마세요.
3 여러 가지로 신세 많이 졌습니다.

어휘
伝(つた)える 전하다 | お世話(せわ)になる 신세 지다

해설
방문한 손님에게 건네는 인사는 どうぞ、ゆっくりして(い)ってくださいね이다. 이에 대한 대답으로는 '그렇게 신경 쓰지 마시라'고 하는 どうも、お構いなく이다. いろいろお世話になりました는 헤어질 때 신세를 진 사람에게 전하는 인사말이다.

04 정답 1 모의1-4-04.mp3

牛乳、冷蔵庫に入れとくわよ。
1 あ、まだおいといて。
2 今、入れたとこだよ。
3 いえ、冷えてませんでしたよ。

해석
우유, 냉장고에 넣어 둘게.
1 아, 아직 놔둬.
2 지금 막 넣었어.
3 아니 차갑지 않았어요.

어휘
牛乳(ぎゅうにゅう) 우유 | 冷蔵庫(れいぞうこ) 냉장고 | 冷(ひ)える 차가워지다

해설
入れとくわよ(=入れておくわよ)는'이제부터 넣어 둘게'라는 뜻이다. 2번 今、入れた とこ(ろ)だよ는'지금 막 넣었다'는 뜻이고, 3번은 冷えてませんでしたよ는 '차가워 지지 않았다'이다. 정답은 1번 아직 넣지 말고 놔두라고 한 まだおいといて (=まだおいておいて)이다.

05 정답 3 모의1-4-05.mp3

明後日、打ち合わせしようと思うんだけど、都合はどう?
1 そんな難しいことわからないよ。
2 なんとかなりそうで、ほっとしたよ。
3 その日は、金曜日だよね。いいよ。

해석
내일 모레 회의를 하려고 하는데 시간이 어때?
1 그렇게 어려운 일은 몰라.
2 어떻게든 될 것 같아서 안심했어.
3 그날은 금요일이지? 좋아.

어휘
明後日(あさって) 내일 모레 | 打(う)ち合(あ)わせ 회의 | 都合(つごう) 상황 | ほっとする 안심하다

해설
시간이나 스케줄, 사정이 어떤지를 물을 때 都合はどう?라고 한다. 이에 대해서는 시간이 되는지 안 되는지 혹은 어떤지 구체적인 대답이 필요하다. 정답은 '그날은 금요일이니까 좋다'라고 한 3번이다. ~だよね는 재확인할 때 쓴다.

06 정답 3 모의1-4-06.mp3

もしもし、東京商事の田中ですが、河合さんいらっしゃいますか。
1 申し訳ありませんが、いらっしゃいません。
2 あいにくですが、用事がありまして。
3 河合はただ今席をはずしておりますが。

해석
여보세요, 도쿄상사의 다나카입니다만, 가와이 씨 계십니까?
1 죄송하지만 안 계십니다.
2 마침 일이 있어서.
3 가와이는 지금 자리를 비우고 있습니다만.

어휘
商事(しょうじ) 상사 | いらっしゃる 계시다 | あいにく 마침 | 用事(ようじ) 용무 | ただ今(いま) 지금 | 席(せき)をはずす 자리를 비우다

해설
전화 비즈니스 용어에서 상대방을 찾을 때는 ~さんいらっしゃいますか라고 하는데, 응답을 하는 쪽에서 사람이 있으면 '少々お待ちください(잠시 기다려주십시오)'라고 하고, 없을 때는 'ただ今席をはずしておりますが(지금 자리에 안 계십니다만)'라고 하면 된다. 1번 같은 경우에 우리 쪽 직원이 없다고 할 때는 いらっしゃる가 아니라 おる를 써서 おりません이라고 한다.

07 정답 1 모의1-4-07.mp3

ちょっと、顔色が悪いようですが。
1 ええ、風邪気味でして。

2 機嫌があまりよくなくて。
3 無理ばかり言ってすみません。

해석
조금 안색이 안 좋은 것 같은데요.
1 예, 감기 기운이 있어서.
2 기분이 별로 좋지 않아서.
3 무리한 말만 해서 죄송합니다.

어휘
顔色(かおいろ) 안색 | ～気味(ぎみ) ～기운 | 機嫌(きげん)がいい 기분이 좋다 | 無理(むり) 무리

해설
顔色が悪いようう라는 말은 몸 상태가 안 좋아서 안색이 나쁠 때 쓰는 말이다. 2번처럼 기분이 나쁠 경우에는 쓰지 않는다. 정답은 감기 기운(風邪気味)이 있어서 그렇다고 한 1번이다.

08 정답 2 모의1-4-08.mp3

取引先との会議うまくいきましたか。
1 いえ、緊張しませんでした。
2 ええ、なんとか話がまとまりました。
3 明日から行くことになったんです。

해석
거래처와 회의를 잘했습니까?
1 아니오, 긴장하지 않았습니다.
2 예, 그럭저럭 이야기가 잘 정리되었습니다.
3 내일부터 가기로 되었습니다.

어휘
取引先(とりひきさき) 거래처 | うまくいく 잘 되다 | 緊張(きんちょう)する 긴장하다 | まとまる 정리되다

해설
어떤 일이 잘 진행되는 것을 うまくいく라고 한다. 이에 대한 응답으로서 1번 긴장한 이야기는 상관이 없고, 3번은 うまくいく의 いく를 단순히 行く로 들은 것 같다. 정답은 'なんとか話がまとまりました(그럭저럭 잘 정리가 되었다)'고 한 2번이다.

09 정답 3 모의1-4-09.mp3

社内ピクニックの企画担当者は決まったんですか。
1 山に行くことになったそうですよ。
2 社員全員が参加することになってます。
3 今年は佐藤さんがされるそうです。

해석
사내 피크닉 기획 담당자는 결정되었습니까?
1 산에 가기로 되었다고 합니다.
2 사원 전원이 참가하기로 되었습니다.
3 올해는 사토 씨가 하신다고 합니다.

어휘
社内(しゃない) 사내 | ピクニック 피크닉 | 企画(きかく) 기획 | 担当者(たんとうしゃ) 담당자

해설
決まる는 '～가 결정되다'이므로, 담당자가 결정되었냐고 묻는 물음에 알맞은 대답을 고르면 된다. 1번은 ピクニック와 山に行く를 단순하게 연결시킨 것 같고, 2번은 ことになってます는 이미 결정되어 있는 사항이다. 정답은 '佐藤さんがされるそう(사토 씨가 하시기로 했다)'고 한 3번이다. される는 する의 존경어 '하시다'이다.

10 정답 2 모의1-4-10.mp3

先輩、書類が送れないんですが、ちょっと見てもらえますか。
1 コピーは2部ずつ準備してくださいね。
2 どれどれ、あ、電源が入ってないじゃないか。
3 さっき、目を通しておいたけど問題なかったよ。

해석
선배님, 서류가 전송이 되지 않는데 잠깐 봐 주실 수 있습니까?
1 복사는 2부씩 준비해 주십시오.
2 어디 보자, 아, 전원이 빠져 있잖아.
3 조금 전에 훑어봤는데 문제없었어.

어휘
書類(しょるい) 서류 | 電源(でんげん) 전원 | 目(め)を通(とお)す 훑어보다

해설
～てもらえますか는 '～해 주실 수 있습니까?'하고 부탁할 때 사용하는 말이다. '書類が送れない'라고 했으므로, 서류를 보내는 팩스나 컴퓨터가 고장 났음을 추측할 수 있다. 3번은 단순히 눈으로 서류를 보는 일이며, 정답은 'どれどれ(어디보자)', '電源が入っていない(전원이 빠져있다)', '～じゃないか(～잖아)'를 연결한 2번이다.

11 정답 1 모의1-4-11.mp3

忙しかったにしても、せめて電話でもくれたらよかったのに。
1 電話どころか、携帯を手に取る時間もなかったんだ。
2 私としても、悔しい気持ちは同じです。
3 忙しくても頑張った甲斐があったね。

해석
바쁘더라도 하다못해 전화라도 걸어 줬으면 좋았을 텐데.
1 전화는커녕 휴대폰을 손에 쥘 시간도 없었어.
2 나로서도 분한 마음은 마찬가지입니다.
3 바빠도 열심히 한 보람이 있었네.

어휘
せめて 하다못해 | 手(て)に取(と)る 손에 쥐다 | 時間(じかん) 시

간 | 悔(くや)しい 분하다 | 甲斐(かい) 보람

해설

'~하더라도, ~했으면 좋았을 텐데'라면서 과거의 일을 후회, 안타까워 할 때는 ~にしても、~たらよかったのに를 쓴다. '바빠도 전화라도 걸어주지~'라는 푸념에 대한 대답으로 '~どころか、~も(~는커녕, ~조차)'를 써서 '電話どころか、携帯を手に取る時間もなかった(전화는커녕 휴대폰을 손에 쥘 시간도 없었다)'고 한 1번이 정답이다.

12 정답 1 모의1-4-12.mp3

斉藤さん、出張に行ったんじゃなかったの？

1 それが、来週になったんです。

2 いえ、そうじゃありませんでした。

3 明日でよかったら行って来ようか。

해석

사이토 씨, 출장 간 것 아니었어?

1 그게, 다음 주로 바뀌었습니다.

2 아니, 그렇지 않았습니다.

3 내일이라도 괜찮으면 갔다 올까?

해설

~じゃなかったの？는 '~아니었나?'라며 자신이 알고 있는 일, 기억에 대해 재확인을 할 때 사용한다. 사이토 씨가 출장간 것으로 알고 있었는데, 그게 아닌 것 같아서 '出張に行ったんじゃなかったの？(출장 간 것 아니었어?)'라고 묻고 있다. 이에 대한 응답으로 2번처럼 과거형은 쓰지 않으며, 정답은 '사실은 다음 주로 연기되었다'고 사정을 설명하는 1번이다.

문제 5 이 문제에서는 긴 이야기를 듣습니다. 이 문제에는 연습이 없습니다. 메모를 해도 상관없습니다.

문제용지에 아무것도 인쇄되어 있지 않습니다. 우선 이야기를 잘 들으세요. 그러고 나서 질문과 선택지를 듣고, 1~4 중에서 가장 알맞은 것을 하나 고르세요.

01 정답 3 모의1-5-01.mp3

カメラ屋で女の人と店員が話しています。

女：あのう、カメラを探しているんですけど。写真を習い始めたばかりなので、なるべく安いもので。

男：そうですか。えーと、それでは、こちらの１番のカメラがもっとも安い商品になっていますが、機能はあまりありません。こちらの２番は撮影した写真を補正することができるので、人気があります。

女：写真の補正？

男：はい、撮影した写真がきれいに写らなかった場合に、後から修正できる機能です。３番も同じ機能がついていて、あと、軽量でスリムになっているタイプですね。あとは…少し高くなりますけど、この４番は小型のプリンターがセットでついていて、簡単に写真をプリントアウトできるので人気がありますよ。

女：写真の補正機能があるのはよさそうですね。プリンターはなくてもいいんですけど、大きくて重いよりはスリムな方が便利ですね。じゃ、これにします。

女の人はどのカメラを買いますか。

1 １番のカメラ

2 ２番のカメラ

3 ３番のカメラ

4 ４番のカメラ

해석

카메라 가게에서 여자와 점원이 이야기하고 있습니다.

여: 저기, 카메라를 찾고 있는데요. 사진을 배우기 시작한지 얼마 안되어서, 가능한 한 싼 걸로.

남: 그렇습니까? 음, 그럼 이쪽 1번 카메라가 가장 싼 상품입니다만, 기능은 별로 없습니다. 이쪽 2번은 촬영한 사진을 보정할 수 있어서 인기가 있습니다.

여: 사진의 보정?

남: 예, 촬영한 사진이 잘 안 나왔을 경우에 나중에 수정할 수 있는 기능입니다. 3번도 같은 기능이 있고, 또 경량이고 슬림해진 타입입니다. 그리고, …조금 비싸지지만, 이 4번은 소형 프린터가 세트로 되어 있어서 쉽게 사진을 출력할 수 있어서 인기가 있습니다.

여: 사진의 보정기능이 있다는 것은 좋은 것 같군요. 프린터는 없어도 되지만, 크고 무거운 것보다는 슬림한 편이 편리하겠지요. 그럼, 이걸로 할게요.

여자는 어느 카메라를 삽니까?

1 1번 카메라

2 2번 카메라

3 3번 카메라

4 4번 카메라

어휘

なるべく 가능한 한 | 商品(しょうひん) 상품 | 機能(きのう) 기능 | 撮影(さつえい)する 촬영하다 | 補正(ほせい)する 보정하다 | 写(うつ)る 찍히다 | 修正(しゅうせい) 수정 | 軽量(けいりょう) 경량 | スリム 슬림 | 小型(こがた) 소형 | プリントアウト 출력

해설

여자가 4가지 카메라 중에서 어떤 것을 살지 묻는 문제이다. 마지막 부분에서 '사진 보정 기능이 있는 것은 좋은 것 같다(写真の補正機能があるのはよさそうですね)'고 했고, '크고 무거운 것보다는 슬림한 편이 편리하다(大きくて重いよりはスリムな 方が便利)'라고 하면서 결정을 했다. 이는 3번 카메라의 특징이므로 정답은 3번이다.

02 정답 3 모의1-5-02.mp3

家族3人が壁紙の色について話しています。

母: たかしも来月から小学校の高学年に上がるんだから、部屋の壁紙を変えたほうがいいんじゃないかしら。

父: 確かに。今のアニメキャラクターが描いてあるようなのはもう合わないね。それよりは、全体的に一つの色で落ち着いた感じの壁紙にしようか。

子: だったら、僕、青色がいい。

父: 青は気持ちを落ち着かせる効果があるって言うから、勉強に集中できていいね。

母: うーん、夏はいいけど、冬にはちょっと寒い感じがするんじゃないかしら。それより、会社なんかでも、白い壁より黄色やオレンジの壁の方が仕事の効率が上がるって言うじゃない。だから、黄色なんてどうかしら。

子: えー、なんか子どもっぽくて嫌だよ。だったら、緑は?

父: うん、青と黄色を交ぜた色で、両方のいいところを取り入れられそうだし、何よりたかしの気に入った色にするのが一番いいね。よしそれに決めよう。

壁紙の色は何色にすることにしましたか。

1 青色
2 白色
3 緑色
4 黄色

해석

가족 셋이서 벽지 색깔에 대해서 이야기하고 있습니다.

모: 다카시도 다음 달부터 초등학교 고학년으로 올라가니까 방 벽지 색깔을 바꾸는 게 좋지 않을까?

부: 정말. 지금의 애니메이션 캐릭터가 그려진 것 같은 것은 이제 어울리지 않아. 그것보다는 전체적으로 하나의 색으로 안정된 느낌의 벽지로 할까?

자: 그럼, 난 파란색이 좋아요.

부: 파란색은 마음을 차분하게 하는 효과가 있다고 하니까 공부에 집중할 수 있어서 좋겠네.

모: 음, 여름에는 좋지만 겨울에는 좀 추운 느낌이 들지 않을까요? 그것보다 회사 같은 데서도 흰 벽보다 노란색이나 오렌지색 벽 쪽이 업무의 효율이 올라간다고 하잖아요? 그러니까 노란색 같은 것은 어떨까요?

자: 엉~? 왠지 애 같아서 싫어요. 그럼, 녹색은?

부: 음, 파란색과 노란색을 섞은 색이라서 양쪽의 좋은 부분을 받아들일 수 있을 것 같고, 무엇보다 다카시 마음에 드는 색깔로 하는 게 가장 좋지. 그래, 그걸로 결정하자.

벽지 색깔은 무슨 색깔로 하기로 했습니까?

1 파란색
2 흰색
3 녹색
4 노란색

어휘

壁紙(かべがみ) 벽지 | 高学年(こうがくねん) 고학년 | 確(たし)かに 확실히, 정말로 | アニメ 애니메이션 | キャラクター 캐릭터 | 描(か)く 그리다 | 合(あ)う 어울리다 | 落(お)ち着(つ)く 안정되다 | 効果(こうか) 효과 | 集中(しゅうちゅう) 집중 | 黄色(きいろ) 노란색 | 効率(こうりつ) 효율 | 子(こ)どもっぽい 아이 같다 | 緑(みどり) 녹색 | 交(ま)ぜる 섞다 | 両方(りょうほう) 양쪽 | 取(と)り入(い)れる 받아들이다 | 気(き)に入(い)る 마음에 들다

해설

아들 방 벽지 색깔을 어떤 색으로 하기로 했는지 묻는 문제이다. 아버지와 아들이 파란색이 좋다고 하자, 어머니는 여름에는 좋지만 겨울에는 추운 느낌이 드니까, 노란색이나 오렌지색을 권한다. 그러자 아들은 '애 같아서 싫다(なんか子どもっぽくて嫌だよ)'고 하면서 '녹색이 어떠냐(だったら、緑は?)'고 한다. 아버지는 녹색은 파란색과 노란색이 섞여서 두 색의 장점을 살릴 수 있고, 또한 아들이 마음에 드는 색깔이니까 그렇게 하자고 했으므로 정답은 3번 녹색이다.

우선 이야기를 잘 들으세요. 그리고 나서 2개의 질문을 듣고 각각 문제 용지의 1~4 중에서 가장 알맞은 답을 하나 고르세요.

03 질문 1 **정답 3** 질문 2 **정답 2** 모의1-5-03.mp3

学校の先生がレポートについて話しています。

それでは、レポートの話に移りたいと思います。 期末試験前までに、今から紹介する４本の映画のうちの一つを見て、その感想文を書いて出してください。映画は図書館のメディア室で借りることができます。

まず、１番目は地球上のさまざまな動物たちのドキュメンタリーで、野生動物保護や環境問題、命の大切さといったメッセージが込められています。次に、２番目は、国境を越えた愛を描いたラブストーリーで、真の異文化の交流とはどういうことかについて考えさせられます。３番目はある地球人が体験する、宇宙規模のバトルを描いたアクション映画で、未知の世界へ飛び込む勇気やチャレンジ精神を養うことについて。そして、４番目は妖精を主人公とするアニメです。妖精が初めて見た都会や人間との共同生活で巻き起こす騒動を描いたアドベンチャー・コメディーで、この作品を通して現代の抱える社会問題について考える機会となることでしょう。

女: ねえ、どれにする?

男: 僕は大好きなアクション映画にしようかな。

女: でも、感想をレポートとして出すなら、異文化交流の話なんかがいいんじゃない?

男: そうかな。僕は、自分の好きなものを選んだ方がいいレポートが書けると思うけど。

女: そう?じゃ、私もアニメにしようかな。ああ、でもやっぱり異文化の方が気になるから、そっちにする。

男: そっか。君は動物ずきだから、野生動物のを選ぶと思ったけど。

質問 1 男の人はどの映画にすると言っていますか。

1 1番の映画
2 2番の映画
3 3番の映画
4 4番の映画

質問 2 女の人はどの映画にすると言っていますか。

1 1番の映画
2 2番の映画
3 3番の映画
4 4番の映画

해석

학교 선생님이 리포트에 관해서 이야기하고 있습니다.

그럼, 리포트 이야기로 넘어가겠습니다. 기말시험 전까지 지금부터 소개하는 4개의 영화 중에서 하나를 보고 그 감상문을 써서 내 주세요. 영화는 도서관 미디어실에서 빌릴 수가 있습니다.

우선 1번째는 지구상의 여러 동물들의 다큐멘터리로서, 야생동물보호와 환경문제, 생명의 소중함과 같은 메시지가 담겨 있습니다. 다음으로 2번째는 국경을 초월한 사랑을 그린 러브스토리로서 진정한 이문화 교류란 어떤 것인지에 대해 생각하게 만듭니다. 3번째는 어떤 지구인이 체험하는 우주 규모의 전쟁을 그린 액션영화로서 미지의 세계로 뛰어드는 용기와 도전정신을 기르는 것에 대해서. 그리고 4번째는 요정을 주인공으로 하는 애니메이션입니다. 요정이 처음 본 도시와 인간과의 공동생활에서 일으키는 소동을 그린 어드벤처 코미디로서 이 작품을 통하여 현대가 안고 있는 사회문제에 대해서 생각하는 기회가 될 것입니다.

여: 있잖아, 어느 것으로 할 거야?
남: 난 가장 좋아하는 액션영화로 할까?
여: 하지만 감상을 리포트로 낸다면 이문화 교류 이야기 같은 게 좋지 않아?
남: 그럴까? 난 자기가 좋아하는 것을 고르는 편이 좋은 리포트를 쓸 수 있으리라 생각하는데.
여: 그래? 그럼, 나도 애니메이션으로 할까? 아, 하지만 역시 이문화 쪽이 신경 쓰이니까 그쪽으로 할래.
남: 그렇구나. 넌 동물을 좋아해서 야생동물을 선택할 줄 알았어.

질문 1 남자는 어느 영화로 하겠다고 합니까?

1 1번 영화
2 2번 영화
3 3번 영화
4 4번 영화

질문 2 여자는 어느 영화로 하겠다고 합니까?

1 1번 영화
2 2번 영화
3 3번 영화
4 4번 영화

어휘

移(うつ)る 넘어가다, 옮기다 | 感想文(かんそうぶん) 감상문 | メディア室(しつ) 미디어실 | 地球上(ちきゅうじょう) 지구상 | ドキュメンタリー 다큐멘터리 | 野生動物(やせいどうぶつ) 야생동물 | 保護(ほご) 보호 | 環境(かんきょう) 환경 | 命(いのち) 생명 | 込(こ)める 담다 | 国境(こっきょう) 국경 | 越(こ)える 넘다 | 真(しん)の 진정한 | 異文化(いぶんか) 이문화 | 交流(こうりゅう) 교류 | 体験(たいけん)する 체험하다 | 宇宙(うちゅう) 우주 | 規模(きぼ) 규모 | バトル 배틀, 싸움 | アクション 액션 | 未知(みち) 미지 | 飛(と)び込(こ)む 뛰어들다 | 勇気(ゆうき) 용기 | チャレンジ 챌린지, 도전 | 精神(せいしん) 정신 | 養(やしな)う 키우다 | 妖精(ようせい) 요정 | 都会(とかい) 도회, 도시 | 共同(きょうどう) 공동 | 巻(ま)き起(お)こす 일으키다 | 騒動(そうどう) 소동 | アドベンチャー・コメディー 어드벤처 코미디 | 現代(げんだい) 현대 | 抱(かか)える 안다 | 気(き)になる 신경 쓰이다

해설

4가지 영화 중에서 남녀가 어떤 것을 보고 감상문을 쓸지 각각 고르는 문제이다. 남자는 '자기가 좋아하는 것을 고르는 편이 좋은 리포트를 쓸 수 있으리라 생각한다(自分の好きなものを選んだ方がいいレポートが書けると思う)'고 하면서 액션영화를 고르겠다고 했다. 여자는 리포트라면 아무래도 이문화 교류 같은 것이 좋을 것 같다는 생각인데, 남자가 자기가 좋아하는 것으로 하는 것이 가장 좋다고 하자 잠시 망설이기도 했지만, 결국은 '역시 이문화 교류 쪽이 신경이 쓰이니까(やっぱり異文化の方が気になるから)' 이쪽 영화를 선택하기로 한다. 정답은 남자는 3번 액션영화, 여자는 2번 이문화 교류 러브스토리이다.

시나공 JLPT 일본어능력시험 N2

언어지식(문자 · 어휘)									
문제 1	1 (1)	2 (3)	3 (3)	4 (1)	5 (2)				
문제 2	6 (3)	7 (2)	8 (4)	9 (2)	10 (1)				
문제 3	11 (4)	12 (2)	13 (3)	14 (4)	15 (1)				
문제 4	16 (2)	17 (4)	18 (2)	19 (1)	20 (2)	21 (1)	22 (3)		
문제 5	23 (4)	24 (2)	25 (1)	26 (4)	27 (2)				
문제 6	28 (3)	29 (1)	30 (1)	31 (3)	32 (4)				
언어지식(문법) · 독해									
문제 7	33 (1)	34 (3)	35 (4)	36 (4)	37 (2)	38 (3)	39 (4)	40 (3)	41 (1)
	42 (3)	43 (2)	44 (4)						
문제 8	45 (2)	46 (1)	47 (1)	48 (3)	49 (4)				
문제 9	50 (3)	51 (1)	52 (2)	53 (3)	54 (3)				
문제 10	55 (4)	56 (4)	57 (1)	58 (3)	59 (3)				
문제 11	60 (1)	61 (4)	62 (1)	63 (3)	64 (1)	65 (2)	66 (3)	67 (1)	68 (2)
문제 12	69 (1)	70 (2)							
문제 13	71 (4)	72 (1)	73 (3)						
문제 14	74 (2)	75 (3)							

실전 모의고사 2회 정답과 해설

청해									
문제 1	1 (2)	2 (2)	3 (3)	4 (4)	5 (2)				
문제 2	1 (2)	2 (3)	3 (4)	4 (3)	5 (1)	6 (2)			
문제 3	1 (4)	2 (3)	3 (3)	4 (2)	5 (4)				
문제 4	1 (3)	2 (2)	3 (2)	4 (2)	5 (3)	6 (1)	7 (2)	8 (3)	9 (2)
	10 (3)	11 (1)	12 (3)						
문제 5	1 (3)	2 (4)	3 질문 1 (4) 질문 2 (2)						

언어지식 – 문자 · 어휘

문제 1 ＿＿＿단어의 읽는 방법으로 가장 좋은 것을 1·2·3·4 가운데 하나 고르세요.

01 정답 1

어휘 留守(るす) 부재 중 | 郵便(ゆうびん) 우편, 우편물 | 届(とど)く 도착하다

해석 아무도 없는 사이에 우편물이 도착한 것 같다.

해설 留는 음독이 りゅう, る이고, 守는 음독이 しゅ, す이다.

02 정답 3

어휘 怪(あや)しい 수상하다 | 人影(ひとかげ) 그림자

해석 창문에서 수상한 그림자가 보였다.

해설 怪는 음독은 かい, 훈독은 あやしい이다.

03 정답 3

어휘 様子(ようす) 모습, 상태

해석 잠깐 방 상태를 보고 와 주세요.

해설 様는 음독은 よう, 훈독은 さま이며, 子는 음독이 し, す이고 훈독은 こ이다.

04 정답 1

어휘 いい加減(かげん)だ 무책임하다, 엉터리다 | 態度(たいど) 태도 | 最悪(さいあく) 최악 | 結果(けっか) 결과 | 招(まね)く 부르다, 초래하다

해석 그의 무책임한 태도가 최악의 결과를 초래했다.

해설 招는 음독은 しょう, 훈독은 まねく이다.

05 정답 2

어휘 物価(ぶっか) 물가 | 上昇(じょうしょう) 상승

해석 물가 상승으로 날마다 장보기가 힘듭니다.

해설 上은 음독은 じょう, 훈독은 うえ, かみ, のぼる이며, 昇은 음독은 しょう, 훈독은 のぼる이다.

문제 2 ＿＿＿의 단어를 한자로 쓸 때 가장 좋은 것을 1·2·3·4가운데 하나 고르세요.

06 정답 3

어휘 成績(せいせき) 성적 | 学年(がくねん) 학년 | トップ 탑

해석 그는 성적이 우수하여 항상 학년 탑이다.

해설 優秀(ゆうしゅう)는 우수이며, 優勝(ゆうしょう)는 우승, 憂愁(ゆうしゅう)는 우수, 근심이다.

07 정답 2

어휘 上司(じょうし) 상사

해석 상사의 결혼식을 회사 동료들과 다같이 축하했다.

해설 축하하다는 祝(いわ)う이며, 呪(のろ)う는 저주하다, 折(お)る는 접다, 祈(いの)る는 기도하다.

08 정답 4

어휘 急用(きゅうよう) 급한 일 | できる 생기다 | 日程(にってい) 일정

해석 급한 일이 생겼기 때문에 회의 일정을 변경하기로 했다.

해설 변경은 変更(へんこう), 変換(へんかん)은 변환이다.

09 정답 2

어휘 電気製品(でんきせいひん) 전기제품 | 製造(せいぞう) 제조

해석 이 회사에서는 전기제품을 제조하고 있다.

해설 制作(せいさく)는 제작, 生成(せいせい)는 생성이다.

10 정답 1

어휘 文化祭(ぶんかさい) 문화제, 축제 | お茶会(ちゃかい) 차 마시는 모임

해석 축제에서 차 마시는 모임을 열었다.

해설 개최하다, 열다는 催(もよお)す이다.

문제 3 다음 ( )에 들어갈 가장 알맞은 말을 1·2·3·4 가운데 하나 고르세요.

11 정답 4

어휘 例年(れいねん) 예년 | ～に比(くら)べて ～에 비해 | 倍(ばい) 배 | 以上(いじょう) 이상

해석 이번 달 전기료는 예년에 비해 배 이상이다.

해설 전기료는 電気代(でんきだい)이다.

12 정답 2

어휘 発明(はつめい) 발명

해석 이 발명은 훌륭하지만 실용화 하기까지는 아직도 연구가 필요하다.

해설 실용화는 実用化(じつようか)이다.

13 정답 3

어휘 感動(かんどう)する 감동하다

해석 그의 명연기에 그 영화를 본 모두가 감동했다.

해설 명연기는 名演技(めいえんぎ)이다.

14 **정답 4**

어휘 乗(の)りきる 넘어가다, 극복하다

해석 이번 시험은 벼락치기로 어떻게든 넘어갔다.

해설 ~漬(づ)けは 절이는 것인데, 一夜漬(いちやづ)けは 하룻밤에 하는 벼락치기를 말한다.

15 **정답 1**

해석 사용하지 않은 것은 이쪽에 놓아 주세요.

해설 미사용은 未使用(みしよう)이다.

문제 4 (　　)에 들어갈 가장 알맞은 말을 1·2·3·4 가운데 하나 고르세요.

16 **정답 2**

어휘 共有(きょうゆう) 공유 | 保存(ほぞん)する 보존하다, 저장하다

해석 컴퓨터 공유 폴더에 저장되어 있습니다.

해설 폴더는 フォルダー이다. 1번은 플랜, 3번은 센터, 4번은 세트.

17 **정답 4**

해석 비 때문에 시합은 연기되었다.

해설 연기는 延期(えんき)이다. 1번은 해소, 2번은 취소, 3번은 연장.

18 **정답 2**

어휘 登(のぼ)る 오르다

해석 이 산은 경사가 완만하여 오르는 것이 그다지 힘들지 않았다.

해설 완만하다는 なだらか이다. 1번은 가볍다, 3번은 온화하다, 4번은 느슨하다.

19 **정답 1**

어휘 心配(しんぱい)する 걱정하다 | 簡単(かんたん)だ 쉽다, 간단하다 | 問題(もんだい) 문제 | 安心(あんしん)する 안심하다

해석 걱정했지만 비교적 쉬운 문제만 있어서 안심했다.

해설 비교적은 わりと이다. 1번은 기껏해야, 3번은 그다지, 4번은 비록.

20 **정답 2**

어휘 壊(こわ)す 부수다, 고장 내다 | 幸(さいわ)い 다행히 | 期間(きかん) 기간 | 無料(むりょう) 무료 | 修理(しゅうり)する 수리하다

해석 카메라를 고장 냈는데 다행히 보증기간이었기 때문에 무료로 수리 받았다.

해설 보증은 保証(ほしょう)이다. 1번은 보장, 3번은 남에게 끼친 손해를 갚는 보상, 4번은 남에게 진 빚을 갚는 보상.

21 **정답 1**

어휘 早(はや)めに 일찍 | 目(め)が覚(さ)める 눈뜨다, 잠을 깨다

해석 어제는 일찍 잤기 때문에 상쾌하게 눈을 떴다.

해설 아침에 일어나서 기분이 상쾌할 때나 어떤 일이 깔끔하게 해결된 후의 상태를 나타낼 때는 すっきり를 쓴다. 2번 さっぱり는 머리를 자르거나 목욕 후, 청소 후의 상쾌함을 표현할 때 쓰고, 3번은 단호하게, 4번은 지쳐서 녹초가 된 모습을 나타낸다.

22 **정답 3**

어휘 おもちゃ 장난감

해석 아이가 놀고 난 후에는 장난감이 어질러져 있다.

해설 어지르다는 散(ち)らかる. 1번은 거칠어지다, 2번은 날다, 4번은 어지러워지다, 흐트러지다.

문제 5 ＿＿＿＿의 단어와 의미가 가장 가까운 말을 1·2·3·4 가운데 하나 고르세요.

23 **정답 4**

어휘 日中(にっちゅう) 낮

해석 낮에는 아르바이트하러 가 있습니다.

해설 1번은 휴일, 2번은 평일, 3번은 야간. 정답은 낮(昼間)이다.

24 **정답 2**

어휘 返事(へんじ) 대답, 답장 | 曖昧(あいまい)だ 애매하다

해석 그의 대답은 애매한 것이었다.

해설 1번은 알기 쉽다, 3번은 멋지다, 4번은 명백하다. 정답은 분명하지 않다(はっきりしない).

25 **정답 1**

어휘 あらゆる 모든 | 方法(ほうほう) 방법 | 一番(いちばん) 가장 | 判断(はんだん)する 판단하다

해석 모든 방법 중에서 이것이 가장 좋다고 판단했다.

해설 2번은 갖가지, 3번은 떠오르는 4번은 많은. 정답은 모든(すべての).

26 **정답 4**

어휘 要(い)る 필요하다 | さっさと 빨리 | 捨(す)てる 버리다

해석 필요 없는 것은 빨리 버립시다.

해설 1번은 슬슬, 2번은 살짝, 3번은 대충. 정답은 빨리(早く).

27 **정답 2**

어휘 ここらへん(=このへん) 이쯤 | 一息(ひといき)つく 한숨 돌리다, 쉬다

해석 아! 벌써 시간이 이렇게 되었네요. 이쯤에서 쉴까요?

해설 1번은 끝내다, 3번은 그만두다, 4번은 돌아가다. 정답은 쉬다(休む).

문제 6 다음 단어의 사용법으로 가장 알맞은 것을 1·2·3·4 가운데 하나 고르세요.

28 **정답 3**

어휘 礼儀正(れいぎただ)しい 예의 바르다 | 態度(たいど) 태도 | 接(せっ)する 대하다

해석 그는 항상 예의 바른 태도로 모두를 대하고 있다.

해설 つねには 항상. 1번은 바뀔 때 変(か)わり目(め), 2번은 나중에 後(あと)で, 4번은 ~하는 김에 ついでに로 바꾸면 된다.

29 **정답 1**

어휘 チャンス 찬스, 기회 | 出世(しゅっせ)する 출세하다

해석 기회를 잘 만나서 여기까지 출세할 수가 있었다.

해설 恵(めぐ)まれる는 혜택을 받다, 운 좋게 얻게 된다는 뜻이다. 2번은 달콤해서 うますぎて, 3번은 ~가 떠올랐다 ~が思(おも)いついた, 4번은 대비해서 備(そな)えて로 바꾸면 된다.

30 **정답 1**

해석 일에 방해가 되지 않도록 조용히 하고 있자.

해설 邪魔(じゃま)는 방해. 2번은 승진 昇進(しょうしん), 3번은 차이 差(さ), 4번은 감사인사 お礼(れい)로 바꾸면 된다.

31 **정답 3**

어휘 天然資源(てんねんしげん) 천연자원

해석 이 나라는 천연자원이 부족하다.

해설 とぼしい는 부족하다. 1번은 별로 수요가 없다 あまり需要(じゅよう)がない, 2번은 작아서 小(ちい)さくて, 4번은 (소금맛이) 덜 난다 薄(うす)い로 바꾸면 된다.

32 **정답 4**

어휘 複数(ふくすう) 복수 | 行(おこな)う 행하다, 열다

해석 복수의 대학이 합동으로 스포츠대회를 열었다.

해설 合同(ごうどう)는 합동. 1번은 공동 共同(きょうどう), 2번은 합병 合併(がっぺい), 3번은 협력 協力(きょうりょく)로 바꾸면 된다.

언어지식–문법 · 독해

문제 7 다음 문장의 (　　)에 들어갈 가장 알맞은 말을 1·2·3·4 가운데 하나 고르세요.

33 **정답 1**

어휘 つい 바로 | 先日(せんじつ) 며칠 전

해석 바로 며칠 전에 발표한지 얼마 안되었는데 또 이번주에도 발표해야 한다.

해설 시켜서 어쩔 수 없이 하는 사역 수동형은 ~させられる, ~한지 얼마 안되었다는 ~たばかり이고, 억지로 한지 얼마 안 되었다는 ~させられたばかり이다.

34 **정답 3**

어휘 上達(じょうたつ)する 향상되다

해석 A : "매일 연습하고 있는데도 좀처럼 향상되지를 않아서 짜증 나."
B : "매일 하다 보면 때가 되면 잘하게 될 거야. 힘내".

해설 때가 되면, 언젠가, 머지 않아는 そのうち.

35 **정답 4**

어휘 現代社会(げんだいしゃかい) 현대사회 | 扱(あつか)う 다루다, 취급하다

해석 이 책은 현대사회에 있어서의 문제를 다룬 것이다.

해설 ~에 있어서는 ~における.

36 **정답 4**

해석 어제는 너무나 피곤했기 때문에 얼굴도 씻지 않고 자 버렸다.

해설 ~하지 않고 (~하다)는 ~洗(あら)わないで, ~洗わずに.

37 **정답 2**

어휘 上司(じょうし) 상사 | 勧(すす)める 권하다

해석 A : "다나카 씨 골프 시작했다면서?"
B : "응, 회사 상사의 권유를 받아서".

해설 누군가에게 들은 사실을 확인하는 ~했다면서?는 ~たんだって?

38 **정답 3**

어휘 シンプルだ 심플하다 | 曲線(きょくせん) 곡선 | 美(うつく)しさ 아름다움 | 表現(ひょうげん)する 표현하다

해석 작품은 심플하면서도 곡선의 아름다움이 아주 잘 표현되어 있다.

해설 ~이면서도는 ~ながら이다.

39 **정답 4**

어휘 寂(さび)しい 외롭다

해석 우리 개는 내가 외출하려고 할 때마다 외로운 듯한 눈으로 나를 본다.

해설 ~하려고 하다는 ~ようとする, ~할 때마다는 ~たびに

40 정답 3

어휘 砂糖(さとう) 설탕 | 塩(しお) 소금 | 酢(す) 식초 | しょうゆ 간장 | みそ 된장 | 日本食(にほんしょく) 일본음식 | 調味料(ちょうみりょう) 조미료

해석 설탕, 소금, 식초, 간장, 된장 이것들은 일본 음식을 만드는 데 빠뜨릴 수 없는 조미료입니다.

해설 목적을 나타내는 ~하는 데에는 ~のに, 빠뜨릴 수 없다는 欠(か)かせない.

41 정답 1

어휘 予算(よさん) 예산 | 花束(はなたば) 꽃다발 | 送料無料(そうりょうむりょう) 배송료 무료 | 日(ひ)にち 날짜 | 指定(してい) 지정 | 全国発送(ぜんこくはっそう) 전국배송

해석 (꽃가게 홈페이지에서)
예산에 맞춰서 꽃다발을 만들어 드립니다. 배송료 무료로 날짜 지정해서 전국배송도 받습니다.

해설 주문이나 의견, 명령을 받다는 겸양어는 うけたまわる.

42 정답 3

어휘 失敗(しっぱい) 실패

해석 누구나 실패할 때도 있고 해야 할 일을 못할 때도 있다.

해설 하지 않으면 안되는 일은 やらなくてはいけないこと.

43 정답 2

어휘 禁止(きんし)する 금지하다 | ペット 펫

해석 우리 아파트에서는 금지되어 있기 때문에 펫을 기를 수는 없다.

해설 ~할 수는 없다는 ~わけにはいかない.

44 정답 4

어휘 主人公(しゅじんこう) 주인공 | 恋人(こいびと) 애인 | 無理(むり)やり 억지로 | 別(わか)れる 헤어지다 | どきどき 두근두근

해석 A : "이 영화 재미있어."
B : "어떤 얘기야?"
A : "주인공과 애인이 부모 때문에 억지로 헤어질 뻔 하게 되는 얘기인데 굉장히 두근두근해."

해설 시켜서 어쩔 수 없이 하는 사역 수동형은 ~させられる, ~하게 될 뻔하다는 ~そうになる이며, 억지로 하게 될 뻔하다는 ~させられそうになる이다.

문제 8 다음 문장의 ＿★＿에 들어갈 가장 알맞은 말을 1·2·3·4 가운데 하나 고르세요.

45 정답 2

어휘 好(この)み 기호 | 用意(ようい)する 준비하다

완성문 このレストランは、客の好みに応じていくつかのコースを用意してくれる。

해석 이 레스토랑은 손님의 기호에 따라 몇 가지 코스를 준비해 준다.

해설 ~に応(おう)じては ~에 따라서, ~에 맞춰서. 순서는 4-2-3-1.

46 정답 1

어휘 諦(あきら)める 포기하다 | 取(と)り組(く)む 몰두하다, 달려들다, 맞붙다

완성문 たとえどれほど大変でも諦めずに取り組むべきだ。

해석 비록 아무리 힘들더라도 포기하지 말고 몰두해야 할 것이다.

해설 たとえ~でもは 비록 ~하더라도. 순서는 1-4-3-2.

47 정답 1

어휘 落(お)ち込(こ)む 침울해지다

완성문 ちょっと失敗したくらいでなにもそんなに落ち込まなくてもいいじゃない。

해석 좀 실패한 정도로 뭐 그렇게 침울해 하지 않아도 되잖아.

해설 ~たくらいでは ~한 정도로. ~なくてもいいじゃないは ~하지 않아도 되잖아. 순서는 2-3-4-1.

48 정답 3

어휘 指導(しどう) 지도 | 熱心(ねっしん)だ 열심이다 | 経験(けいけん) 경험 | 豊富(ほうふ)だ 풍부하다 | 保護者(ほごしゃ) 보호자 | 信頼(しんらい) 신뢰 | 厚(あつ)い 두텁다

완성문 私たちの学校には指導熱心な先生方が多いが、中でも、経験豊富な田中先生は、学生はもとより保護者からの信頼も厚い。

해석 우리 학교에는 지도를 열심히 하시는 선생님들이 많지만, 그 중에서도 경험이 풍부한 다나카 선생님은 학생은 물론이거니와 보호자로부터도 신뢰가 두텁다.

해설 ~はもとよりは ~는 물론이거니와. 순서는 2-1-3-4.

49 정답 4

어휘 博物館(はくぶつかん) 박물관 | ガイドブック 가이드북 | 困(こま)る 곤란하다 | 交渉(こうしょう)する 교섭하다

완성문 行くだけ行って、入れてもらえないか交渉してみようか。

해석 A : "아, 지금부터 갈 박물관, 일주일 전에 예약하지 않으면 못 들어간다고 가이드북에 써 있어."

B : "어? 그래? 곤란한데."
A : "가기는 가서 입장시켜줄 수 없는지 교섭해 볼까?"

해설 ～だけは ~할 수 있는 한, ～てもらえないかは ~받을 수 없을지, ～みようかは ~해 볼까. 순서는 2-1-4-3.

문제 9 다음 문장을 읽고 50 부터 54 안에 들어갈 가장 알맞은 말을 1 · 2 · 3 · 4 가운데 하나 고르세요.

50 정답 3 51 정답 1 52 정답 2 53 정답 3 54 정답 3

해석

'상식적으로 생각해서'라든가 '상식이 있는 행동을 해야 한다' 등의 말을 평소에 우리는 자주 합니다. 그럼 상식이란 도대체 무엇일까요? 사전에서는 일반 사람들이 당연한 일로 공통적으로 인정하고 있는 의견이나 판단이라고 되어 있습니다. 날마다 살아가면서 자연스럽게 형성된 상식이 우리의 머리 속에는 많이 있습니다. 그러한 상식 덕분에 원활한 사회생활을 보낼 수 있는 면도 있으므로, 타인에게 폐가 될 것 같은 비상식적인 언동은 피하는 편이 좋겠지요.

그러나 상식에 너무 구애 받는 일의 폐해도 있습니다. '당연한 일이니까', '부모님이나 선생님께 그렇게 가르침을 받았으니까,' '모두 그렇게 하고 있으니까'이와 같이 상식을 의심 없이 그대로 계속 받아들이면 자기자신의 진짜 생각을 잃어버리게 될 수도 있습니다.

'상식이란 18세까지 몸에 익힌 편견의 컬렉션을 말한다.' 이것은 천재 물리학자 알버트 아인슈타인의 말입니다. 상식의 구애를 받지 않고 수많은 이론을 확립한 그다운 말입니다. 상식이란 경우에 따라서는 사고방식이나 사물을 보는 법, 행동을 좁히게 되기도 합니다. 정말로 하고 싶은 일보다는 상식을 기준으로 주변으로부터 기대 받는 일, 또는 현실적인 가능성으로 당신의 진짜 생각을 억누르거나 꿈을 포기하거나 하고 있지는 않나요? 때로는 상식이라는 틀을 걷어 내고 마음껏 자유로운 발상으로 사물을 생각해 보는 것은 어떨까요?

(주1) 폐해: 해가 되는 나쁜 일, 악영향

50 1 해야 합니다 2 시켜야 합니다
3 피하는 편이 좋겠지요 4 하는 편이 좋겠지요

51 1 그러나 2 그리고 3 더군다나 4 역시

52 1 되지 않습니다 2 될 수도 있습니다
3 될 수 없습니다 4 될 것 같습니다

53 1 마찬가지로 2 이상과 같이 3 이것은 4 그것은

54 1 장소에 따라서는 2 시기에 따라서는
3 경우에 따라서는 4 사람에 따라서는

어휘

常識的(じょうしきてき) 상식적 | 行動(こうどう) 행동 | 普段(ふだん) 평소 | 一体(いったい) 도대체 | 一般(いっぱん) 일반 | 人々(ひとびと) 사람들 | 当然(とうぜん) 당연 | 共通(きょうつう) 공통 | 認(みと)める 인정하다 | 意見(いけん) 의견 | 判断(はんだん) 판단 | 日々(ひび) 날마다 | 生(い)きる 살다 | 自然(しぜん)と 자연스럽게 | 形成(けいせい) 형성 | 円滑(えんかつ) 원활 | 面(めん) 면 | 他人(たにん) 타인 | 迷惑(めいわく) 민폐 | 非常識(ひじょうしき) 비상식 | 言動(げんどう) 언동 | 避(さ)ける 피하다 | しばる 묶다 | 弊害(へいがい) 폐해 | あたり前(まえ) 당연 | 疑(うたが)う 의심하다 | 受(う)け入(い)れる 받아들이다 | 見失(みうしな)う 잃어버리다 | 身(み)につける 몸에 익히다 | 偏見(へんけん) 편견 | コレクション 컬렉션 | 天才(てんさい) 천재 | 物理学者(ぶつりがくしゃ) 물리학자 | ～にとらわれず ~에 구애받지 않고 | 数多(かずおお)く 수많은 | 理論(りろん) 이론 | 確立(かくりつ)する 확립하다 | 狭(せば)める 좁히다 | 基準(きじゅん) 기준 | 周(まわ)り 주변 | 期待(きたい) 기대 | 現実的(げんじつてき) 현실적 | 可能性(かのうせい) 가능성 | 押(お)し殺(ころ)す 억누르다 | 諦(あきら)める 포기하다 | 時(とき)には 때로는 | 枠(わく) 틀 | 取(と)り払(はら)う 걷어내다 | 思(おも)い切(き)り 마음껏 | 自由(じゆう)な 자유로운 | 発想(はっそう) 발상 | 害(がい) 해 | 悪影響(あくえいきょう) 악영향 | さける 피하다 | 同様(どうよう)に 마찬가지로

문제 10 다음 문장을 읽고 다음 질문의 답으로 가장 알맞은 것을 1 · 2 · 3 · 4 중에서 하나 고르세요.

55 정답 4

해석

미니멀리스트라는 말을 최근에 자주 듣게 되었다. 최소한의 필요한 것밖에 가지지 않는 사람을 말한다. 전쟁 후의 가난한 시절에는 정말로 그저 물건이 없어서 약간 오래되었더라도 지혜를 짜서 오랫동안 계속 사용하곤 했다. 그러나 물건이 넘쳐나는 현대사회에 있어서는 무엇을 가지고 그것을 어떻게 사용할 지는 사람들마다 제 각각이다. 소유하는 것은 적더라도 진심으로 마음에 든 것만을 구입하여 소중히 사용하는 것은 대량 생산된 값싼 일회용 상품에 둘러싸여 있는 것보다 훨씬 풍족한 생활이라고 할 수 있을지도 모른다.

필자가 생각하는 풍족한 생활이란 어떤 것인가?

1 무엇을 가지고 어떻게 사용할지를 자유롭게 선택할 수 있는 생활
2 일회용이라도 항상 새로운 것을 구입할 수 있는 생활
3 적은 것을 지혜를 짜서 오랫동안 계속 사용하는 생활
4 마음에 든 것에 둘러싸여 그것을 소중히 사용하는 생활

어휘

ミニマリスト(minimalist) 미니멀리스트 | 最低限(さいていげん) 최소한 | 戦後(せんご) 전쟁 후 | 多少(たしょう) 다소, 약간 | 工夫(くふう)する 궁리하다, 지혜를 짜내다 | あふれる 넘치다 | 現代(げんだい) 현대 | 所有(しょゆう)する 소유하다 | 気(き)に入(い)る 마음에 들다 | 購入(こうにゅう)する 구입하다 | 大量(たいりょう) 대량 | 生産(せいさん)する 생산하다 | 安価(あんか) 싼값 | 使

(つか)い捨(す)て 1회용 | 囲(かこ)む 둘러싸다 | 豊(ゆた)かだ 풍족하다

해설

필자가 생각하는 풍족한 생활이 무엇인지 묻는 문제이다. 언뜻 생각하기에 풍족한 생활이라고 하면 모든 것들이 갖춰진 생활을 떠올릴지도 모르지만, 첫 문장에서 '미니멀리스트'를 언급한 것처럼 최소한의 것만 가지고 그것을 소중히 여기는 삶이 필자가 생각하는 풍족한 생활이다. 1번은 현대사회에서의 사람들의 생각이고, 2번 값싼 일회용품을 많이 쓰는 것보다 마음에 드는 것만 사는 편이 좋다고 했고, 3번은 전쟁 직후의 생활이다. 정답은 자기 마음에 든 것에 둘러싸여 그것을 소중히 사용하는 생활이라고 한 4번이다.

56 **정답 4**

해석

가와니시시 바자회 개최 알림과 부탁

올해도 가와니시 시민봉사그룹에서는 지역주민들과 깊은 교류를 목적으로 이하와 같이 바자회를 예정하고 있습니다.

일시: 10월 10일(토) [오전 10 : 00~12 : 00] [오후 13 : 00~15 : 00]

장소: 가와니시시 시민회관 201호실

이에 바자회 개최에 즈음하여 물품 제공을 부탁드립니다. 아래를 참고로 한 가정당 물건 1개 이상을 준비해주십시오. 일용잡화, 의류, 식기, 가방 등을 접수하고 있습니다만, 모두 사용하지 않은 것으로 한정하겠습니다. 또한 식료품, 전기제품은 접수하지 않으므로 주의해주십시오. 또한 바자회 매상은 가와니시 시민회관으로 기부됩니다. 협력을 부탁드리겠습니다.

(주1) 제공하다 : 자신이 가지고 있는 것을 남을 위해서 내다

바자회에 낼 수 있는 것은 어느 것인가?

1 상자에 든 채로 있는 전기포트와 설명서
2 선물로 받은 고급 일본과자세트
3 한 번밖에 사용하지 않은 새제품 같은 커피잔
4 바겐세일에서 산 한 번도 입지 않은 코트

어휘

バザー 바자회 | 開催(かいさい) 개최 | ボランティア 자원봉사 | 地域(ちいき) 지역 | 交流(こうりゅう) 교류 | 深(ふか)める 깊게 하다 | 目的(もくてき) 목적 | 以下(いか) 이하 | 日時(にちじ) 일시 | 場所(ばしょ) 장소 | 市民会館(しみんかいかん) 시민회관 | 号室(ごうしつ) 호실 | つきましては 이에 | ~にあたり ~에 즈음하여 | 品物(しなもの) 물품 | 提供(ていきょう) 제공 | 下記(かき) 하기, 아래에 쓴 것 | 参考(さんこう) 참고 | 家庭(かてい) 가정 | ~につき ~당 | 以上(いじょう) 이상 | 準備(じゅんび) 준비 | 日用雑貨(にちようざっか) 일용잡화 | 衣類(いるい) 의류 | 食器(しょっき) 식기 | 限(かぎ)る 한정하다 | 勝手(かって)ながら 제멋대로지만, 죄송하지만 | 食料品(しょくりょうひん) 식료품 | 電気製品(でんきせいひん) 전기제품 | 売(う)り上(あ)げ 매상 | 寄付(きふ) 기부 | 協力(きょうりょく) 협력

해설

바자회에 낼 수 있는 것을 고르는 문제이다. 안내문에서 사용하지 않은 일용잡화, 의류, 식기, 가방은 받지만 식료품이나 전기제품은 받지 않는다고 했다. 1번은 전기제품, 2번은 식료품, 3번은 사용한 적이 있는 물건이기 때문에 안 되며, 4번 한번도 입지 않은 코트만 낼 수 있다.

57 **정답 1**

해석

야채는 건강에 좋다. 누구나 그렇게 믿어 의심치 않는다. 그러나 슈퍼마켓이나 백화점 지하에 예쁘게 모양이 갖춰진 많은 야채와 과일이 계절에 관계없이 팔리고 있는 것을 보면 과연 그럴까? 하고 의문이 든다. 이들 야채는 어디에서 와서 어떻게 만들어진 것일까? 인간이 먹기 쉽도록 유전자 변형이 이루어지거나 많은 화학물질을 사용하여 만들어진 야채. 그래도 건강에 좋다고 할 수 있을까? 야채만 먹으면 된다고 하는 안이한 사고를 버리고 음식과 건강에 대해 생각해 보도록 하자!

'안이한 사고'란 어떤 것인가?

1 야채를 많이 먹으면 건강해진다고 생각하는 것
2 야채는 오히려 건강을 해치는 것이라고 생각하는 것
3 음식과 건강에 대해서 더 진지하게 생각하는 것
4 야채가 만들어지는 과정에 대해서 생각하는 것

어휘

野菜(やさい) 채소 | 健康(けんこう) 건강 | 信(しん)じる 믿다 | 疑(うたが)う 의심하다 | 形(かたち) 모양 | そろう 갖추어지다 | 季節(きせつ) 계절 | 関係(かんけい) 관계 | 果(は)たして 과연 | 疑問(ぎもん) 의문 | 人間(にんげん) 인간 | 遺伝子(いでんし) 유전자 | 組(く)み換(か)え 변형 | 化学物質(かがくぶっしつ) 화학물질 | 安易(あんい) 안이 | 捨(す)てる 버리다 | 食(しょく) 음식 | むしろ 오히려 | 害(がい)する 해치다 | 真剣(しんけん)に 진지하게 | 過程(かてい) 과정

해설

마지막 문장에 나온 '안이한 사고'가 무슨 뜻인지를 묻는 문제이다. 본문의 요지는 야채가 건강에 좋다는 것은 믿어 의심치 않지만, 예쁜 모양으로 계절에 관계없이 팔리고 있는 점을 본다면 인간의 편의에 맞춰서 유전자 변환이 이루어졌거나 화학물질을 사용했을지도 모르는 일이므로, '야채만 먹으면 건강해진다'는 안이한 생각을 해서는 안 된다는 것이다. 본문 문장 중에서 '야채만 먹으면 된다는'이 '안이한 사고'를 바로 수식하고 있는 점에서도 정답은 명확하다.

58 **정답 3**

해석

소음과 사람의 목소리를 식별하여 원하는 소리만 들리지 않게 하는 귀마개(주1)가 개발되었다고 한다. 이것을 사용하면 공사현장 근처에 있을 경우, 소음만 제거하고 사람들이 이야기하는 목소리는 들리도록 설정하는 것이 가능하다고 한다.

지금까지도 여러 가지 귀마개가 만들어져 왔지만 제거하는 소리의 종류를 고를 수 있는 것은 세계에서 처음이라고 한다. 또한 음량의 강약을 조절할 수 있는 것 이외에 전방 180도의 소리만을 들리도록 하는 등 다

양한 기능이 있다고 하니 놀랍다.
(주1) 귀마개: 귀를 막고 외부의 소리를 들리지 않게 하는 도구

이 귀마개가 지금까지의 것과 다른 것은 어떤 점인가?

1 소리의 크기를 원하는 대로 조절할 수 있는 것
2 들리는 소리의 범위를 조절할 수 있는 것
3 지우는 소리의 종류를 선택할 수 있는 것
4 소음이 심한 장소에서도 사용할 수 있는 것

어휘

騒音(そうおん) 소음 | 識別(しきべつ)する 식별하다 | 望(のぞ)む 바라다 | 耳(みみ)せん 귀마개 | 開発(かいはつ)する 개발하다 | 使用(しよう)する 사용하다 | 工事現場(こうじげんば) 공사현장 | 聞(き)こえる 들리다 | 設定(せってい)する 설정하다 | 可能(かのう) 가능 | 種類(しゅるい) 종류 | 選(えら)ぶ 고르다 | 音量(おんりょう) 음량 | 強弱(きょうじゃく) 강약 | 調節(ちょうせつ)する 조절하다 | 前方(ぜんぽう) 전방 | 多様(たよう) 다양 | 機能(きのう) 기능 | 驚(おどろ)き 놀라움 | ふせぐ 막다 | 外部(がいぶ) 외부 | 道具(どうぐ) 도구 | 範囲(はんい) 범위 | 選択(せんたく)する 선택하다 | 激(はげ)しい 심하다 | 場所(ばしょ) 장소

해설

새로 개발된 귀마개가 지금까지 나온 것과 다른 점을 무엇인지 묻는 문제이다. 첫 번째 문장에서 '원하는 소리만을 들리지 않게 하는 귀마개가 개발되었다'고 나와 있고, 셋째 줄에도 '지금까지 여러 귀마개가 만들어졌지만 지우는 소리의 종류를 고를 수 있는 것은 세계최초'라고 했으므로, 정답은 3번 지우는 소리의 종류를 선택할 수 있다는 것이다.

59 정답 3

해석

행복해지고 싶다고 바란다면 지금 곧바로 무리한 인내나 하고 싶지 않은 일을 그만두고 좋아하는 일을 하는 것이 좋다. 좋아하는 것을 먹고, 좋아하는 사람과 이야기하고, 그렇게 하는 것을 진정으로 마음껏 즐긴다. 그것이야말로 행복이 아닐까?

우리는 행복은 언젠가 올 것이라고 착각을 하고 그것 때문에 지금이라는 다시 없는 시간을 희생한다. 장래를 위해서라며 힘든 일이나 공부에 힘쓴다. 그리고 하나를 달성하면 또 다음 목표를 위해 계속 열심히 한다. 그런 일의 반복으로 행복은 아무리 시간이 흘러도 찾아오는 일 없이 몹시 지쳐버릴 뿐이다.

필자는 행복해지기 위해서 어떤 일이 중요하다고 말하는가?

1 노력 같은 것을 하지 않고 편하게 시간을 사용한다.
2 항상 목표를 가지고 필사적으로 노력한다.
3 지금 자신이 바라는 것을 만끽한다.
4 힘든 일도 참고 장래에 대비한다.

어휘

幸(しあわ)せ 행복 | 我慢(がまん) 참음, 인내 | 心(こころ)から 진심으로 | 思(おも)い切(き)り 마음껏 | 勘違(かんちが)い 착각 | かけがえのない 다시 없는, 아주 소중한 | 犠牲(ぎせい) 희생 | 将来(しょうらい) 장래 | 励(はげ)む 힘쓰다 | 達成(たっせい)する 달성하다 | 目標(もくひょう) 목표 | 繰(く)り返(かえ)し 반복 | 疲(つか)れ果(は)てる 몹시 지치다 | 努力(どりょく) 노력 | 楽(らく)だ 편하다 | 常(つね)に 항상 | 目標(もくひょう) 목표 | 必死(ひっし)に 필사적으로 | 満喫(まんきつ)する 만끽하다 | 備(そな)える 준비하다

해설

행복해지기 위해서 필자가 중요하다고 생각하는 점이 무엇인지를 묻는 문제이다. 첫 문장에서 행복해지고 싶으면 참고 있는 일이나 하기 싫은 일은 그만두고 자기가 하고 싶은 일을 하는 것이 좋다고 했다. 1번 노력을 하지 않고 편하게 지내는 게 아니라 좋아하는 것을 열심히 하는 것이고, 2번 항상 목표를 가지고 필사적으로 노력만 한다고 행복해지는 것은 아니고, 4번 힘든 일을 참기만 하면서 장래에 대비하는 것이 행복하다고는 할 수 없다고 했다. 일반적인 행복론이 아닌 필자의 생각을 묻는 문제이므로, 정답은 3번 지금 자신이 바라는 것을 만끽하는 것이다.

문제 11 다음 문장을 읽고 물음에 대한 답으로 가장 적당한 것을 1·2·3·4 중에서 하나 고르세요.

60 정답 1　61 정답 4　62 정답 1

피그말리온 효과란 인간이 누군가로부터 기대 받는 대로 성과를 내는 경향이 있다는 것을 말한다. 이는 미국의 심리학자의 실험에 의해 명백해졌다. 그 실험이라는 것은 무작위로 선택된 아동의 이름을 성적향상 가능성이 있다고 학급담임에게 전달했더니, 그 아동의 성적이 정말로 향상되었다는 것이다. 학급담임이 그 아이들에 대해서 기대를 걸고 접한 점, 게다가 아이들도 기대 받고 있다는 것을 느끼고 의식함으로써 성적이 향상되어 갔다고 주장되고 있다.

그리고 이 피그말리온 효과가 나타나는 것은 인간뿐 만이 아니라고 한다. 쥐를 사용한 실험에서도 ①마찬가지 결과를 볼 수 있었다고 한다. 어느 대학에서 쥐를 사용한 미로실험에서 교수는 쥐를 학생에게 건넬 때 '이것은 잘 훈련된 쥐' 그리고 '이것은 그렇지 않은 쥐'라고 구별해서 건넸더니 그 두 그룹 사이에 차이가 보였다. 이는 전자의 쥐를 건네 받은 학생들은 쥐를 신중히 다루고 후자의 쥐를 건네 받은 학생들은 소홀히 다뤘기 때문에 양쪽의 쥐에 대한 기대감의 차이가 실험결과에 반영된 것으로 여겨졌다.

그러나 최근 연구에서는 피그말리온 효과와 심리의 인과관계는 없는 것이라고 한다. 그렇기는 하지만 머리 속에 인식된 상대방에 대한 평가가 무의식적 행동으로 나타나 그에 대한 반응에 알맞은 결과가 나온다는 것은 충분히 있을 수 있는 이야기가 아닐까?

60 필자는 피그말리온 효과를 어떻게 설명하고 있는가?

1 잘 할 수 있을 것으로 기대 받는 어린이는 그대로 좋은 결과를 낸다는 것
2 성적향상을 기대 받는 어린이는 그것을 무거운 짐으로 느껴서 실패하기 쉽다는 것
3 좋은 성적을 낸 어린이는 그 후로도 기대 받게 된다는 것
4 어른으로부터 계속 칭찬받은 어린이는 자신감을 가질 수 있게 자란다는 것

60 ①마찬가지 결과란 어떤 것인가?
1 잘 훈련되었기 때문에 좋은 결과로서 나타났다.
2 소홀히 다루어졌을 경우, 예상 외의 결과가 되었다.
3 신중히 취급했는데도 불구하고 기대가 빗나갔다.
4 기대한 만큼 그에 알맞은 결과가 나왔다.

62 필자는 피그말리온 효과에 대해서 어떻게 생각하고 있는가?
1 무의식적 행동이더라도 그에 대한 반응은 일어날 수 있다.
2 과학적으로 증명할 수 없는 것도 있으며 진실이 아니다.
3 머리 속에서 일어난 일이 현실에 영향을 줄 리가 없다.
4 심리적인 문제이기 때문에 그 효과가 항상 있는 것은 아니다.

어휘

ピグマリオン 피그말리온 | 効果(こうか) 효과 | 期待(きたい)する 기대하다 | 成果(せいか) 성과 | 傾向(けいこう) 경향 | 教育心理学者(きょういくしんりがくしゃ) 교육심리학자 | 実験(じっけん) 실험 | 明(あき)らかだ 명백하다 | 無作為(むさくい) 무작위 | 児童(じどう) 아동 | 成績(せいせき) 성적 | 向上(こうじょう) 향상 | 可能性(かのうせい) 가능성 | 学級担任(がっきゅうたんにん) 학급담임 | 伝(つた)える 전하다 | 込(こ)める 담다 | 接(せっ)する 접하다 | 加(くわ)える 더하다 | 意識(いしき)する 의식하다 | 主張(しゅちょう)する 주장하다 | 現(あらわ)れる 나타나다 | 人間(にんげん) 인간 | ネズミ 쥐 | 同様(どうよう) 마찬가지 | とある 어떤 | 迷路(めいろ) 미로 | 教授(きょうじゅ) 교수 | 渡(わた)す 건네다 | 訓練(くんれん)する 훈련하다 | 区別(くべつ)する 구별하다 | 違(ちが)い 차이 | 前者(ぜんしゃ) 전자 | 丁寧(ていねい)に 신중히 | 扱(あつか)う 다루다 | 後者(こうしゃ) 후자 | ぞんざいに 소홀히 | 両者(りょうしゃ) 양자, 양쪽 | 期待度(きたいど) 기대도 | 反映(はんえい)する 반영하다 | 近年(きんねん) 최근 | 研究(けんきゅう) 연구 | 心理(しんり) 심리 | 因果関係(いんがかんけい) 인과관계 | 認識(にんしき)する 인식하다 | 評価(ひょうか) 평가 | 無意識(むいしき) 무의식 | 行動(こうどう) 행동 | 反応(はんのう) 반응 | 見合(みあ)う 알맞다 | 結果(けっか) 결과 | 十分(じゅうぶん)に 충분히 | 重荷(おもに) 무거운 짐, 부담 | 失敗(しっぱい)する 실패하다 | ほめる 칭찬하다 | 自信(じしん) 자신 | 育(そだ)つ 자라다 | 予想外(よそうがい) 예상외 | はずれる 빗나가다 | 科学的(かがくてき) 과학적 | 証明(しょうめい)する 증명하다 | 真実(しんじつ) 진실 | 出来事(できごと) 일어난 일 | 現実(げんじつ) 현실 | 影響(えいきょう) 영향 | 与(あた)える 주다

해설

60 필자가 피그말리온 효과를 어떻게 설명하고 있는지를 묻는 문제이다. 바로 첫째 줄에 피그말리온 효과란 '누군가로부터 기대 받는 대로 성과를 내는 경향이 있는 것'으로 설명하고 있으므로, 정답은 잘 할 수 있을 것으로 기대 받는 어린이가 그대로 좋은 결과를 내는 것이라고 한 1번이다.

61 밑줄 친 '마찬가지 결과'가 의미하는 바를 묻는 문제이다. 앞 문장에서 피그말리온 효과가 나타나는 것은 인간뿐 만이 아니라 쥐에서도 나타난다고 했으므로, 인간의 실험결과와 마찬가지 결과라는 것을 알 수 있다. 인간의 실험결과는 '성적 향상의 기대를 받은 어린이들은 그 기대에 부응하여 실제로 성적이 올랐다'는 것이므로, 기대한 만큼 그에 알맞은 결과가 나왔다고 한 4번이 정답이다.

62 피그말리온 효과에 대한 필자의 생각을 묻는 문제이다. 본문에서 피그말리온 효과에 대해 인간과 쥐의 실험결과를 예로 들면서 자세히 설명한 후에, 최근 연구 결과에서는 피그말리온 효과와 심리의 인과관계는 없는 것으로 여겨진다고 했다. 그러나 필자는 마지막 문장에서 머리 속에 인식된 상대방에 대한 평가가 무의식적 행동으로 나타나 그에 대한 반응에 알맞은 결과가 나온다는 것은 충분히 있을 수 있는 이야기일 것 같다며, 피그말리온 효과에 대해 동조하는 의견을 보였기 때문에 정답은 1번이다.

63 정답 3 **64** 정답 1 **65** 정답 2

해석

혈액형에 의한 성격 진단은 일본인이 좋아하는 화제의 하나라고 할 수 있습니다. A형은 성실하고, B형은 기분파, O형은 너그럽고, AB형은 마이페이스라고 하는 일이 많은 것 같습니다.

한편으로 '혈액형에 의한 성격 진단은 과학적 근거가 없고 미신이다'라는 혈액형 진단에 대한 부정적인 의견도 이전부터 계속 이야기되어 왔던 것입니다. 확실히 혈액형만으로 성격이 결정되고 게다가 고작 4개 타입 밖에 없다는 것은 이상한 일이라서, 반대 의견에는 충분한 설득력이 있습니다. 그런데도 어째서 이 정도로 혈액형과 성격에 관한 것이 오랫동안 화제가 되는 것일까요? ①그것이 마음에 걸려 조사한 결과 어느 의학 관계자로부터 혈액형과 성격은 의학적인 관계가 확실히 있다는 ②새로운 의견을 들을 수가 있었습니다.

그 이유는 다음 두 가지입니다. 우선 하나는 혈액 별로 걸리기 쉬운 병과 걸리기 힘든 병이 있다는 것. 그리고 또 하나는 그 결과 일의 역할이나 생활스타일이 만들어지며 그것이 성격에 영향을 끼친다는 것입니다. 예를 들면 A형은 병에 걸리기 쉬운 타입이기 때문에 다방면으로 주의 깊게 되고, 거꾸로 가장 강한 성질을 가진 O형은 작은 일에 얽매이지 않게 되어 간다는 것입니다.

성격이라는 것은 가족이나 친구와의 관계, 게다가 건강상태 등 여러가지 요인에 의해 형성되기 때문에 단순하게 분류할 수 있는 것은 아니지만, 혈액형이 조금이라도 영향을 끼쳤을 가능성은 부정할 수 없을지도 모릅니다.

63 ①그것이란, 무엇을 가리키고 있는가?
1 어째서 사람의 성격을 4가지 타입으로 나눌 수 있는가?
2 어째서 각 혈액형 별로 정해진 성격이 형성되어 가는가?
3 어째서 혈액형과 성격과의 관계가 오랫동안 화제가 되는가?
4 어째서 과학적 근거가 없는 것을 믿을 수가 있는가?

64 ②새로운 의견이란 어떤 것인가?
1 혈액형에 따른 체질의 차이가 성격에 영향을 끼친다고 하는 것
2 혈액에 의한 성격의 차이가 체질에 영향을 끼친다고 하는 것
3 병에 걸림으로써 생활스타일에 변화가 생긴다는 것
4 병의 경험과 성격에는 깊은 관계가 있다는 것

65 필자가 생각하는 '혈액형과 성격의 관계'는 어떤 것인가?

1 의학적인 근거가 있어서 믿을 수 있는 것이라고 생각한다.
2 기타 요인도 인정하면서 어느 정도는 관계가 있다고 생각하고 있다.
3 사람의 성격이 단순히 4개로 나뉠 수 있을 리가 없다고 생각하고 있다.
4 과학적인 근거가 없어 미신에 지나지 않는다고 생각하고 있다.

어휘

血液型(けつえきがた) 혈액형 | 性格診断(せいかくしんだん) 성격 진단 | 話題(わだい) 화제 | おおまか 대략 | 気分屋(きぶんや) 기분파 | 大(おお)らか 느긋하다 | マイペース 마이페이스 | 科学的(かがくてき) 과학적 | 根拠(こんきょ) 근거 | 迷信(めいしん) 미신 | 否定的(ひていてき) 부정적 | 意見(いけん) 의견 | 以前(いぜん) 이전 | たしかに 확실히 | しかも 더구나 | たった 고작 | おかしい 이상하다 | 反対(はんたい) 반대 | 説得力(せっとくりょく) 설득력 | 長年(ながねん) 오랫동안 | 調査(ちょうさ)する 조사하다 | 結果(けっか) 결과 | 医学関係者(いがくかんけいしゃ) 의학 관계자 | 新(あら)た 새롭다 | 理由(りゆう) 이유 | かかる 걸리다 | 病気(びょうき) 병 | 役割(やくわり) 역할 | 生活(せいかつ)スタイル 생활 스타일 | 影響(えいきょう) 영향 | あたえる 끼치다 | 例(たと)えば 예를 들면 | 多方面(たほうめん) 다방면 | 注意深(ちゅういぶか)い 주의 깊다 | 逆(ぎゃく)に 거꾸로 | 性質(せいしつ) 성질 | こだわる 구애받다 | 健康状態(けんこうじょうたい) 건강상태 | 様々(さまざま) 여러가지 | 要因(よういん) 요인 | 形成(けいせい)する 형성하다 | 単純(たんじゅん)に 단순히 | 分類(ぶんるい)する 분류하다 | 多少(たしょう)なりとも 조금이라도 | 可能性(かのうせい) 가능성 | 分(わ)ける 나누다 | 信(しん)じる 믿다 | 体質(たいしつ) 체질 | 変化(へんか) 변화 | 経験(けいけん) 경험 | 認(みと)める 인정하다 | ある程度(ていど) 어느 정도

해설

63 밑줄 친 그것이 가리키는 내용을 묻는 문제이다. 지시어는 흔히 바로 앞 문장에서 언급한 내용을 가리키는 경우가 많다. 여기서도 바로 앞에서 '어째서 이 정도로 혈액형과 성격에 관한 것이 오랫동안 화제가 되는 것일까'라고 한 부분을 가리키므로 정답은 3번이다.

64 밑줄 친 새로운 의견이 어떤 내용인지 묻는 문제이다. 바로 앞에서 '새로운 의견'을 수식하고 있는 내용이 '혈액형과 성격은 의학적인 관계가 확실히 있다'라는 것인데, 뒷문장에서 혈액형에 의한 체질의 차이에 따라 성격이 달라진다고 했기 때문에, 정답은 '혈액형에 따른 체질의 차이가 성격에 영향을 끼친다'고 한 1번이다.

65 혈액형과 성격의 관계에 대해서 필자가 어떻게 생각하고 있는지 묻는 문제이다. 제일 마지막 문장에서 '단순하게 분류할 수 있는 것은 아니지만, 성격에 혈액형이 조금이라도 영향을 끼쳤을 가능성은 부정할 수 없을지도 모른다'고 했기 때문에, '기타 요인도 인정하면서 어느 정도는 관계가 있다'고 본 2번이 정답이다.

66 정답 3 67 정답 1 68 정답 2

최근에는 독자적으로 새로운 사내 제도를 마련하는 회사가 늘어나고 있습니다. 개중에는 굉장히 독특한 제도도 있어서 화제를 모으고 있습니다.

예를 들면 어떤 회사에서는 사원이 회사에 사내 환경을 보다 좋게 하기 위한 개선안을 제출하면 1건당 100엔, 그것이 회사에게 있어서 이익으로 연결될 아이디어로 판단될 경우에는 놀랍게도 5만 엔이나 지급이 되는 ①'회사 개선 프로젝트'라는 제도가 있다고 합니다. 사원에게 있어서는 월급 이외에도 보너스를 받을 수 있는 좋은 기회가 됩니다. 또한 회사에게 있어서도 사원의 의욕을 불러일으키고, 더욱이 다양한 의견을 수렴함으로써 보다 좋은 회사로 발전해나갈 수 있게 됩니다.

또 다른 회사에는 생일인 사람에게 사원이 꽃을 선물하는 것이 정해진 회사도 있습니다. 준비하는 것은 1인 당 1송이지만 모든 사원으로부터 받으면 아주 큰 꽃다발이 됩니다. 그 꽃을 모아서 화병에 장식하는 것은 상사의 임무입니다.

②이러한 제도에는 그저 즐겁고 재미있다는 것 이외에 사원끼리 그리고 사원과 회사의 유대관계를 돈독히 함으로써 사내 분위기가 좋아지고, 회사에 적극적으로 공헌하고 싶다고 생각하는 사원이 느는 등의 효과가 있습니다. 또한 독특한 제도가 화제가 되어 세상의 주목을 받음으로써 회사 전체의 선전 효과로 이어지는 일도 있다고 합니다.

66 ①'회사 개선 프로젝트'에서는 어떻게 하면 보너스를 받을 수 있는가?

1 사내 환경을 좋게 하여 회사에 유익한 활동을 한다.
2 보다 좋은 회사로 발전해 나갈 수 있는 기회를 만들어 낸다.
3 회사의 개선으로 이어지는 유익한 의견을 낸다.
4 다른 사원의 의욕을 이끌어내는 활동을 한다.

67 ②이러한 제도란 어떤 것인가?

1 사내에서 독자적으로 새로 만들어진 제도
2 상사가 부하를 위해 일하는 제도
3 사원 전원이 생일을 축하하는 제도
4 보너스를 지급할 기회를 늘리는 제도

68 이러한 독특한 사내 제도의 효과는 어떤 것인가?

1 재미있는 사원이 늘어나게 되어 회사 분위기가 좋아진다.
2 보다 적극적인 태도로 일에 임하는 사원이 많아진다.
3 세상에 화제를 제공함으로써 사회공헌으로 이어진다.
4 사원끼리의 관계가 좋아짐으로써 회사에 불만이 없어진다.

어휘

近年(きんねん) 최근 | 独自(どくじ)に 독자적으로 | 社内制度(しゃないせいど) 사내 제도 | 設(もう)ける 마련하다 | 増(ふ)える 늘다 | ユニーク 유니크, 독특하다 | 環境(かんきょう) 환경 | 改善案(かいぜんあん) 개선안 | 提出(ていしゅつ)する 제출하다 | 利益(りえき) 이익 | つながる 이어지다 | 判断(はんだん)する 판단하다 | なんと 놀랍게도 | 支給(しきゅう)する 지급하다 | 月給(げっきゅう) 월급 | 以外(いがい) 이외 | ボーナス 보너스 | 機会(きかい) 기회 | やる気(き) 의욕 | 引(ひ)き出(だ)す 이끌어내다 | さらに 더욱이 | 多様(たよう) 다양 | 意見(いけん) 의견 | 取(と)り入(い)れ

る 받아들이다 | 発展(はってん)する 발전하다 | 別(べつ) 다른 | 準備(じゅんび)する 준비하다 | ~につき ~당 | 輪(わ) 송이 | 花束(はなたば) 꽃다발 | 花(か)びん 꽃병 | 飾(かざ)る 장식하다 | 上司(じょうし) 상사 | 役目(やくめ) 임무 | 同士(どうし) 끼리 | きずな 유대관계 | 深(ふか)める 깊게 하다 | 雰囲気(ふんいき) 분위기 | 積極的(せっきょくてき) 적극적 | 貢献(こうけん) 공헌 | 世間(せけん) 세상 | 注目(ちゅうもく) 주목 | 自体(じたい) 자체 | 宣伝(せんでん) 선전 | 有益(ゆうえき) 유익 | 働(はたら)き 활동 | 部下(ぶか) 부하 | 祝(いわ)う 축하하다 | 増(ふ)やす 늘리다 | 取(と)り組(く)む 임하다 | 提供(ていきょう)する 제공하다 | 不満(ふまん) 불만

해설

66 밑줄 친 '회사 개선 프로젝트'에서 어떻게 하면 보너스를 얻을 수 있는지 묻는 문제이다. 본문에서 '사내 환경을 보다 좋게 하기 위한 개선안을 제출하면 1건당 100엔, 그것이 회사에게 있어서 이익으로 연결될 아이디어로 판단될 경우에는 5만 엔'이라고 했기 때문에, 정답은 '회사의 개선으로 이어지는 유익한 의견을 낸다'고 한 3번이 정답이다.

67 밑줄 친 '이러한 제도'가 가리키는 내용이 무엇인지 묻는 문제이다. 본문에서는 우선 최근에는 독자적으로 새로운 사내 제도를 마련하는 회사가 늘고 있다는 화제를 제시한 후, 두 회사의 예를 들고나서, 마지막으로 이러한 제도로 인한 긍정적인 효과에 대해 이야기하고 있다. 그러므로 이 제도란 '사내에서 독자적으로 새로 만들어진 제도'라고 한 1번이 정답이다.

68 독특한 사내 제도의 효과가 무엇인지 묻는 문제이다. 독특한 사내 제도의 효과에 대해서는 마지막 두 문장에서 소개하고 있다. '사원끼리 혹은 사원과 회사의 유대관계를 돈독히 함으로써 사내 분위기가 좋아지고, 회사에 적극적으로 공헌하고 싶다고 생각하는 사원이 늘고, 이러한 제도가 화제가 되어 세상의 주목을 받음으로써 회사 전체의 선전 효과로 이어질 수 있다'는 것이다. 즉 '보다 적극적인 태도로 일에 임하는 사원이 많아진다'고 한 2번이 정답이다.

문제 12 다음 문장은 '의존'에 관한 기사의 일부입니다. 두 문장을 읽고 다음 물음에 대한 답으로 가장 적당한 것을 1・2・3・4 중에서 하나 고르세요.

69 정답 1 70 정답 2

해석

A

스스로 어떻게 할 수도 없는 일이 일어났을 때에도 좀처럼 주위에 도움을 청하여 기대려고 하지 않는 사람이 있다. '자기 일은 스스로'라고 배워왔기 때문에 힘든 상황 속에서도 혼자서 열심인 사람이 있다.
그런 사람들은 '자립', '자력'이라는 사고방식 이외에 남에게 '기댄다'는 선택지를 가지는 일이 중요하다고 생각한다. 스스로 혼자 힘으로는 어쩔 수 없는 상황에서는 누군가에게 기대면 된다.

혼자서 아무 것도 할 수 없고 항상 남에게 의존해 버리는 것은 어찌할 방도가 없지만, 만일의 경우에는 누군가에게 기대도 된다는 것을 알아두는 것만으로도 힘이 될 것이다.

B

최근에는 '기대는 것도 때로는 필요하다'는 사고방식도 부정하지 않게 되었다.

한편으로, 자립하지 않으면 안 된다는 사고방식이 너무 강한 나머지 '기대는 것은 남에게 폐를 끼치는 일이다', '기대는 것은 부끄러운 일이다'라는 의견도 뿌리깊게 남아 있다.

'기대면 안 된다'고 생각하는 사람은 잘 생각해 보기 바란다. '기대는' 일이 정말로 상대방에게 폐를 끼치는 행위인가? 하고. 자신이 못하는 일을 잘 하는 사람도 있다. 또 누군가를 돕고 도움이 되는 일은 기쁜 일이기도 한 것이다. 사람은 혼자서 살고 있는 것이 아니다. 자기가 못하니까 잘 할 수 있는 사람에게 기댐으로써 부탁 받은 사람은 자신의 힘을 발휘할 수 있다. 그렇게 서로 돕는 사회야말로 바람직한 모습이라고 말할 수 있지 않을까?

69 A와 B의 문장에서 공통적으로 말하고 있는 것은 무엇인가?

1 기댄다는 것은 반드시 나쁜 것은 아니다.
2 기댄다는 선택을 하면 모두가 편하게 살 수 있다.
3 어떤 일이라도 기대지 않고 혼자서 하는 것은 무리이다.
4 힘들다고 생각하면 주저하지 말고 남에게 기대도 상관없다.

70 기댄다는 것에 대해서 A와 B는 어떻게 말하고 있는가?

1 A는 기대는 결단을 서두르지 않는 편이 좋다고 말하고, B는 기대는 것은 폐를 끼치게 될 수도 있다고 말하고 있다.
2 A는 기대고 싶다는 기분을 가져도 된다고 말하고, B는 부탁을 받음으로써 기뻐하는 사람도 있다고 말하고 있다.
3 A는 힘들 때에는 기대도 된다고 말하고, B는 기대는 것은 사회에서 살고 있는 이상 어쩔 수 없다고 말하고 있다.
4 A는 언제라도 기대는 선택을 하는 편이 좋다고 말하고, B는 기대는 것이야말로 남에게 도움을 준다고 말하고 있다.

어휘

周(まわ)り 주위 | 助(たす)け 도움 | 求(もと)める 구하다 | 頼(たよ)る 기대다 | 状況(じょうきょう) 상황 | 自立(じりつ) 자립 | 自力(じりょく) 자력 | 選択肢(せんたくし) 선택지 | 依存(いぞん)する 의존하다 | いざというとき 만일의 경우 | 力(ちから)になる 힘이 되다 | 否定(ひてい)する 부정하다 | 迷惑(めいわく)をかける 폐를 끼치다 | 恥(は)ずかしい 부끄럽다 | 根強(ねづよ)く 뿌리깊게 | 行為(こうい) 행위 | 役(やく)に立(た)つ 도움이 되다 | 発揮(はっき) 발휘 | 望(のぞ)ましい 바람직하다 | あり方(かた) 모습 | 決断(けつだん) 결단 | 急(いそ)ぐ 서두르다 | 述(の)べる 말하다 | 仕方(しかた)がない 어쩔 수 없다

해설

69 두 글의 공통점을 찾는 문제이다. 두 글에서는 공통적으로 지금까지 우리는 남에게 기대지 말고 혼자서 모든 일을 해결해야 한다고 교육받았지만, 꼭 그렇지만은 않다고 말하고 있다. 2번 기댄다고 해서 모두 편하게 살 수 있다고는 하지 않았고, 3번 어떤 일을 혼자 하는 게 무리라

고도 하지 않았고, 4번 힘들다고 해서 아무 주저 없이 남에게 기대라고도 하지 않았다. 정답은 기대는 것이 반드시 나쁜 것은 아니라고 한 1번이다.

70 요점을 말하자면, A는 아주 힘든 상황에서는 기대도 된다는 생각이라도 가질 수 있으면 힘이 될 거라고 했고, B는 상대에게 기대는 일은 어쩌면 서로의 부족함을 채워주며 서로를 도울 수 있기 때문에 바람직한 일인지도 모른다고 했다. 1번 B는 기대는 일이 꼭 상대에게 폐를 끼치는 일은 아니라고 했고, 3번 B는 기대는 것이 어쩔 수 없다고 하지는 않았고, 4번 A는 언제든 선택하는 것이 좋다고는 하지 않았다. A는 기대고 싶다는 기분을 가져도 되고, B는 남에게 부탁을 받아 기뻐하는 사람도 있다고 한 2번이 정답이다.

문제 13 다음 문장을 읽고 물음에 대한 답으로 가장 적당한 것을 1 · 2 · 3 · 4 중에서 하나 고르세요.

71 정답 4 72 정답 1 73 정답 3

해석

최신형 강아지 로봇이라는 것을 봤다.

몸은 물론 눈꺼풀이나 눈을 움직일 수 있으며 표정이 풍부하고 몸짓이 아주 사랑스럽다. 만지면 부드러운 털이 복슬복슬하고 쓰다듬어주면 아주 기분이 좋아진다. 이런 로봇이 집에 있어 준다면 업무로 아무리 피곤하더라도 귀가하면 치유(주1)가 될 것 같아서 갖고 싶어졌다. 하지만 가격을 물어보고 깜짝 놀랐다. 애완동물 가게에 늘어선 진짜 애완동물보다도 훨씬 고액인 것이다.

그러나 잘 듣고 보니 ①그 이유를 알 수 있었다. 이 강아지 로봇은 인공지능을 가지고 있고 주인과의 일들을 기억하여 주인의 행동 패턴에 맞춰서 성격이 변화하는 구조로 되어 있다. 즉 보통의 인형이나 봉제인형과는 달리 사람과의 상호작용에 의해 사람에게 즐거움이나 편안함 등 정신적인 작용을 할 수 있는 것이다. 또한 사람의 말을 이해하고 부르면 살아있는 것처럼 사랑스러운 몸짓으로 반응한다. 이런 로봇은 사람들의 마음을 치유하기 위해 연구, 개발된 것으로서 그 효과는 과학적으로도 증명이 된 것 같다.

더욱이 살아있는 애완동물과 달리 털이 빠지지 않고 화장실에 갈 일도 없기 때문에 청소가 편한데다가 산책을 비롯하여 돌보는 수고스러움이 없다. 혼자 살면서 집을 비우는 시간이 긴 나에게는 이 점은 상당히 고맙다. 더군다나 사료값이나 병원비도 필요 없기 때문에 장기적으로 보면 결코 비싼 쇼핑이라고는 할 수 없다. 게다가 결국 실용화 과정에서 가격은 점점 싸져서 손에 넣기 쉬워질 지도 모른다.

최근에 급속히 진화하는 인공지능과 로봇. 앞으로 사람들의 생활에도 밀착된 폭넓은 분야에서의 활용이 기대되는 한편으로, 인간이 하는 일의 대부분을 기계에게 빼앗긴다는 내용의 발표가 화제를 모으기도 했다. 이 강아지 애완동물 로봇을 보면 장래적으로는 인공지능의 역할은 사람의 작업을 보조하거나 사람이 할 수 없는 일을 한다는 업무적인 면뿐만 아니라, 사람을 치유하거나 위로하거나 하는 심리적인 영역에까지 미칠지도 모른다. 상호작용을 통해 커뮤니케이션을 할 수 있는 로봇은 사람의 파트너가 될 수 있을까? 인공지능의 앞날이 기대되기도 하고 무서울 것 같기도 하다.

(주1) 치유하다 : 상처나 병을 고치는 일. 괴로움이나 슬픔 등을 풀어주는 일.

71 ①그 이유를 알 수 있었다고 되어 있는데, 그것은 무엇인가?

1 실물 애완동물과 똑같기 때문에
2 실용화 단계에 와 있기 때문에
3 병원에 드는 비용도 포함되어 있기 때문에
4 고도의 기능이 갖추어져 있기 때문에

72 필자가 로봇을 갖고 싶어하는 이유는 무엇인가?

1 피곤한 마음을 치유 받을 수 있을 것 같아서
2 시간에 여유가 필요해서
3 이전보다 가격이 내려서
4 최신기술을 도입한 생활을 하고 싶어서

73 필자는 로봇의 앞으로의 가능성에 대해서 어떻게 생각하고 있는가?

1 보급됨으로써 이용 방법도 변화할 것으로 생각한다.
2 기술이 향상되어 개인이 소유하게 되리라 생각한다.
3 정신면에서도 사람과의 교류를 도모할 수 있게 되리라 생각한다.
4 실용화되어 부담 없이 이용할 수 있게 되리라 생각한다.

어휘

犬型(いぬがた) 강아지형 | ペット 펫, 애완동물 | まぶた 눈꺼풀 | 動(うご)かす 움직이게 하다 | 表情(ひょうじょう) 표정 | しぐさ 몸짓 | 愛(あい)らしい 사랑스럽다 | 触(さわ)る 만지다 | ふさふさ 복슬복슬 | なでる 쓰다듬다 | 癒(いや)す 치유하다 | 尋(たず)ねる 묻다 | 驚(おどろ)く 놀라다 | 並(なら)ぶ 늘어서다 | 本物(ほんもの) 진짜 | 高額(こうがく) 고액 | 人工知能(じんこうちのう) 인공지능 | 飼(か)い主(ぬし) 주인 | やり取(と)り 주고받음 | 記憶(きおく)する 기억하다 | 行動(こうどう) 행동 | パターン 패턴 | 変化(へんか)する 변화하다 | 仕組(しく)み 구조 | 人形(にんぎょう) 인형 | ぬいぐるみ 봉제인형 | 相互作用(そうごさよう) 상호작용 | 安(やす)らぎ 편안함 | 精神的(せいしんてき) 정신적 | 働(はたら)きかけ 기능, 역할 | 理解(りかい)する 이해하다 | 反応(はんのう)する 반응하다 | 研究(けんきゅう) 연구 | 開発(かいはつ)する 개발하다 | 効果(こうか) 효과 | 科学的(かがくてき) 과학적 | 証明(しょうめい)する 증명하다 | 抜(ぬ)ける 빠지다 | 世話(せわ) 도움 | 手間(てま) 수고 | 空(あ)ける 비우다 | 長期的(ちょうきてき) 장기적 | 決(けっ)して 결코 | いずれ 결국, 어쨌든 | 実用化(じつようか) 실용화 | 過程(かてい) 과정 | 急速(きゅうそく)に 급속히 | 進化(しんか)する 진화하다 | 今後(こんご) 앞으로 | 密着(みっちゃく)する 밀착하다 | 幅広(はばひろ)い 폭넓다 | 分野(ぶんや) 분야 | 活用(かつよう) 활용 | 期待(きたい)する 기대하다 | 大半(たいはん) 대부분 | 機械(きかい) 기계 | 奪(うば)う 빼앗다 | 話題(わだい) 화제 | 役割(やくわり) 역할 | 作業(さぎょう) 작업 | 補助(ほじょ)する 보조하다 | 慰(なぐさ)める 위로하다 | 領域(りょういき) 영역 | 及(およ)ぶ 미치다 | 行(ゆ)く末(すえ) 앞날 | 恐(こわ)い 무섭다 | そっくりだ 닮다 | 段階(だんかい) 단계 | 費用(ひよう) 비용 | 高度(こうど) 고도 | 機能(きのう) 기능 | 備(そな)わる 갖춰지다 | 余裕(よゆう) 여유 | 普及(ふきゅう)する 보급

하다 | 技術(ぎじゅつ) 기술 | 向上(こうじょう)する 향상되다 | 個人(こじん) 개인 | 所有(しょゆう)する 소유하다 | 交流(こうりゅう) 교류 | 図(はか)る 도모하다, 꾀하다 | 気軽(きがる)に 부담 없이

해설

71 강아지 로봇이 진짜 애완동물보다 고액인 이유를 묻는 문제이다. 바로 이어지는 문장에서 '이 강아지 로봇은 인공지능을 가지고 있고 주인과의 일들을 기억하여 주인의 행동패턴에 맞춰서 성격이 변화하는 구조로 되어 있다'고 했으므로 고도의 기능이 갖추어져 있기 때문에 비싼 것이라고 한 4번이 정답이다.

72 필자가 로봇을 갖고 싶어하는 이유를 묻는 문제이다. 문장 앞부분에서 '이런 로봇이 집에 있어 준다면 업무로 아무리 피곤하더라도 귀가하면 치유가 될 것 같아서 갖고 싶어졌다'고 나와 있으므로, 피곤한 마음을 치유 받을 수 있을 것 같다고 한 1번이 정답이다.

73 앞으로의 로봇의 가능성에 대한 필자의 생각을 묻는 문제이다. 마지막 부분에서 필자는 '장래적으로는 인공지능의 역할은 사람의 작업을 보조하거나 사람이 할 수 없는 일을 하는 업무적인 면뿐만 아니라, 사람을 치유하거나 위로하거나 하는 심리적인 영역에까지 미칠 것'으로 예측하고 있으므로, 정신적인 면에서도 사람과의 교류를 도모할 수 있게 되리라고 한 3번이 정답이다.

문제 14 오른쪽 페이지는 어느 "과학만화시리즈"에 관한 안내문이다. 다음 물음에 대한 답으로 가장 적당한 것을 1·2·3·4 중에서 하나 고르세요.

74 **정답 2** 75 **정답 3**

해석

74 시로타 씨는 이 시리즈를 가능한 한 싸게 구입하고 싶다. 예약 방법과 대금 지불은 어떻게 하면 되는가?

1 6월 15일까지 홈페이지에서 예약하고 동시에 신용카드로 전액을 지불한다.
2 6월 10일까지 홈페이지에서 예약하고 6월 15일까지 이체를 마친다.
3 6월 15일까지 서점에서 예약하고 6월 15일까지 금액을 이체한다.
4 6월 15일까지 서점에서 예약하고 6월 21일까지 서점에 전액 지불한다.

75 이 시리즈를 예약판매로 구입할 경우, 싼 가격 이외의 이점은 어느 것인가?

1 외국에도 배달해 줄 수 있다.
2 이체 수수료가 무료가 된다.
3 발매일보다 전에 받을 수가 있다.
4 분할 납부 횟수를 자유롭게 정할 수 있다.

해석

〈만화로 배우는 과학 시리즈 5권 세트〉

6월 10일까지 특별가격으로 예약 접수 중!

어린이들이 과학을 더 즐겁게 배웠으면 하면 염원을 담아서 '만화로 배우는 과학 시리즈 전5권'이 과학교육사에서 발행됩니다. 개성이 넘치는 등장인물들의 즐거운 스토리를 읽어나가는 사이에 과학 지식을 익히게 됩니다. 전 페이지 컬러 인쇄, 사진과 도표도 많이 게재하고 있습니다.

이 기회에 꼭 구입해 주시도록 안내 드립니다.

서명: 만화로 배우는 과학 시리즈 전5권
편자명: 일본과학연구회
페이지수: 각 권 300페이지(예정)
정가: 15,000엔 (전 권 세트 가격, 세금포함)
발행처: 과학교육사
발행일: 6월 21일

〈예약 특별가격〉
예약 접수: 6월 10일까지
발송: 발매일 1주일 전에 희망하시는 도착지(국내만)로 보내드립니다.
※배송비 무료
신청: 과학교육사 홈페이지에서 받습니다.
(서점에서는 신청을 받지 않으므로 주의해 주세요.)

일시불 가격: 12000엔 (전 권 세트 가격, 세금포함)
신청 시에 신용카드로 지불하시거나 6월 15일까지 지정 계좌로 납입해 주십시오.

할부 가격: 13500엔 (전 권 세트 가격, 세금포함)
지불은 지정계좌로의 납입만 가능합니다.
지불 횟수: 3회 (매달 4500엔)
첫 회는 6월 15일까지 납입해 주십시오.

※납입하실 경우에 수수료는 손님 부담으로 부탁드립니다. 상세한 내용에 대해서는 과학교육사 홈페이지를 보시기 바랍니다.
예약 종료 후에는 전국서점에서도 구입 신청을 받습니다.
과학교육사 http://www.mkagaku.com

어휘

漫画(まんが) 만화 | 学(まな)ぶ 배우다 | 科学(かがく) 과학 | 特別価格(とくべつかかく) 특별가격 | 願(ねが)い 바람, 염원 | ～を込(こ)めて ～을 담아서 | 発行(はっこう)する 발행하다 | 個性(こせい) 개성 | 豊(ゆた)か 풍부하다 | 登場人物(とうじょうじんぶつ) 등장인물 | 読(よ)み進(すす)める 읽어나가다 | 知識(ちしき) 지식 | 身(み)につく 완전히 익히다 | 印刷(いんさつ) 인쇄 | 図表(ずひょう) 도표 | 掲載(けいさい)する 게재하다 | 機会(きかい) 기회 | 是非(ぜひ) 꼭 | 購入(こうにゅう) 구입 | 書名(しょめい) 서명 | 編者名(へんしゃめい) 편자명 | 研究会(けんきゅうかい) 연구회 | 各巻(かくかん) 각 권 | 定価(ていか) 정가 | 全巻(ぜんかん) 전 권 | 税込(ぜいこみ) 세금포함 | 発行元(はっこうもと) 발행처 | 発行日(はっこうび) 발행일 | お届(とど)け 배달 | 発売日(はつばいび) 발매일 | 送付先(そうふさき) 도착지 | 承(うけたまわ)る 받다 | 一括払(いっかつばら)い 일시불 | 支払(しはら)う 지불하다 | 指定口座(していこうざ) 지정계좌 | 振込(ふりこ)む 납입하다 | 分割払(ぶんかつばら)い 할부 | 回数(かいすう) 횟수 | 月々

(つきづき) 매달 | 初回(しょかい) 첫회 | 手数料(てすうりょう) 수수료 | 負担(ふたん) 부담 | 詳細(しょうさい) 상세 | ご覧(らん)ください 보십시오 | 終了(しゅうりょう) 수료 | 全額(ぜんがく) 전액 | 利点(りてん) 이점

해설

74 이 시리즈의 정가는 15000엔이지만 미리 예약을 할 경우에는 특별 가격으로 제공을 받을 수 있다. 할부인 경우에는 13500엔, 일시불인 경우는 12000엔으로 구입 가능하므로, 가장 싸게 구입할 수 있는 것은 예약특별가로 일시불로 구입하는 것이다. 그 경우에 6월 10일까지 과학교육사 홈페이지에서 예약하고 6월 15일까지 신용카드로 결제하거나 일시불로 납입하면 되므로 정답은 2번이다.

75 이 시리즈를 예약판매로 구입할 경우의 이점으로 적당한 것을 고르는 문제이다. 1번 국내만 된다고 했고, 2번 수수료는 손님 부담이고, 4번 할부는 3회로만 할 수 있다. 정답은 발매일 1주일 전에 미리 받을 수 있다고 한 3번이다.

청해

문제 1 이 문제에서는 먼저 질문을 들으세요. 그러고 나서 이야기를 듣고, 문제용지의 1~4 중에서 가장 알맞은 답을 하나 고르세요.

01 정답 2

모의2-1-01.mp3

会社で女の人と男の人が話しています。男の人は打ち合わせに何を持っていきますか。

女：午後の中村商事との打ち合わせ、もう準備できてる？
男：はい、企画書と見積書･･･他に準備した方がいいものって、ありますか。
女：えーと、企画書だけじゃなく、サンプルもあったほうがいいかな。それと、見積書なんだけど、もう少し話を詰めてから出した方がいいんじゃない？
男：でも、今の段階での数字を一応、出しておいた方がいいと思いまして。
女：うーん、お金が絡むことは慎重にしましょう。
男：はい、わかりました。

男の人は打ち合わせに何を持っていきますか。

1 企画書だけ
2 企画書とサンプル
3 企画書と見積書
4 サンプルと見積書

해석

회사에서 여자와 남자가 이야기하고 있습니다. 남자는 회의에 무엇을 가지고 갑니까?

여: 오후에 있을 나카무라 상사와의 회의, 준비는 다 되어 있어?
남: 예, 기획서와 견적서…그 외에 준비해 두는 편이 좋은 게 있나요?
여: 음, 기획서뿐만 아니라 샘플도 있는 게 좋을 거야. 그리고 견적서말인데, 조금 더 이야기를 구체적으로 한 후에 제시하는 게 좋지 않아?
남: 하지만 지금 단계에서 낼 수 있는 숫자를 일단 제시해 두는 것이 좋을 것 같아서요.
여: 음, 돈이 얽히는 문제는 신중하게 합시다.
남: 예, 알겠습니다.

남자는 회의에 무엇을 가지고 갑니까?

1 기획서만
2 기획서와 샘플
3 기획서와 견적서
4 샘플과 견적서

어휘

打(う)ち合(あ)わせ 사전 회의 | 商事(しょうじ) 상사 | 企画書(きかくしょ) 기획서 | 見積書(みつもりしょ) 견적서 | サンプル 샘플 | 話(はなし)を詰(つ)める 이야기를 구체화시키다 | 段階(だんかい)단계 | 数字(すうじ) 숫자 | 一応(いちおう) 일단 | 絡(から)む 얽히다 | 慎重(しんちょう)に 신중하게

해설

회의에 가지고 갈 준비물을 묻는 문제이다. 남자는 기획서와 견적서를 가지고 가려고 했으나, 여자는 견적서는 좀 더 구체적으로 정해지면 제시하자며 샘플을 준비하라고 했으므로, 정답은 2번 기획서와 샘플이다.

02 정답 2

모의2-1-02.mp3

携帯電話で女の人と男の人が話しています。男の人はこれからどうしますか。

女：もしもし。
男：もしもし、田中さん、今どこ？僕、もう劇場の前なんだけど。
女：ごめん、電車が遅れてて、今やっと駅に着いたところなの。あと10分ぐらいかかるかな。
男：わかった。チケット売り場の前あたりで待ってるよ。
女：悪いけど、先に列に並んでてくれる？今日の公演は自由席で、早く入らないと、いい席とれないから。
男：でも、僕はチケット持ってないから、入れないよ。二枚とも田中さんが持っているじゃない。
女：大丈夫、開場時間までには着けると思うから。
男：わかった。

男の人はこれからどうしますか。

1 駅で女の人を待つ
2 会場の前で並ぶ
3 席に座って待つ
4 チケットを買う

해석

휴대 전화로 여자와 남자가 이야기하고 있습니다. 남자는 이제부터 어떻게 합니까?

여: 여보세요.
남: 여보세요 다나카 씨. 지금 어디야? 나 이제 극장 앞인데.
여: 미안. 전철이 늦어져서 이제 겨우 역에 도착했어. 앞으로 10분 정도 걸릴 거야.
남: 알았어. 매표소 앞 부근에서 기다릴게.
여: 미안하지만, 먼저 줄을 서 줄래? 오늘 공연은 자유석이라서 빨리 들어가지 않으면 자리를 못 잡으니까.
남: 하지만 난 표를 안 가지고 있으니까 못 들어가. 2장 다 다나카 씨가 가지고 있잖아.
여: 괜찮아. 개장시간까지는 도착할 거니까.
남: 알았어.

남자는 이제부터 어떻게 합니까?
1 역에서 여자를 기다린다
2 공연장 앞에 줄을 선다
3 자리에 앉아서 기다린다
4 티켓을 산다

어휘
劇場(げきじょう) 극장 | チケット売(う)り場(ば) 매표소 | あたり 부근 | 列(れつ)に並(なら)ぶ 줄을 서다 | 公演(こうえん) 공연 | 自由席(じゆうせき) 자유석 | 開場時間(かいじょうじかん) 개장시간

해설
전철 때문에 공연장에 늦게 도착하게 된 여자가 남자에게 부탁을 하는 대화문이다. 오늘 공연은 자유석이기 때문에 되도록이면 빨리 들어가서 자리를 잡아야 하니까 먼저 도착한 남자에게 공연장 앞에 줄을 서 있으라고 한다. 그러자 남자는 표도 없는데 어떻게 서 있느냐고 하자 입장할 때쯤에는 여자도 도착할 거라고 한다. 그러므로 남자는 이제 2번 공연장 앞에서 줄을 서야 한다.

03 정답 3 모의2-1-03.mp3

会社で事務の人が説明しています。新入社員は今日、何をしなければなりませんか。

男：ええと、これから新入社員向けの説明会を実施します。まず、社員カードですが、これは本日、この説明会のあと、総務課でお渡しします。このカードは出勤確認に使うほか、資料室や倉庫を利用する時にも必要です。また、このカードがあれば、このビル内での買い物、飲食代全て社員割引が受けられます。社内生活の基本となるものですから、今日必ず受け取りに行ってください。それから、明日以降、健康診断の登録を受け付けます。登録にはこの健康診断シートを使います。それでは今から配ります。

新入社員は今日、何をしなければなりませんか。
1 出勤カードを作る
2 健康診断の登録をする
3 社員カードを受け取る
4 買い物をする

해석
회사에서 사무원이 설명하고 있습니다. 신입사원은 오늘 무엇을 하지 않으면 안됩니까?

남: 그럼, 지금부터 신입사원을 위한 설명회를 실시하겠습니다. 우선 사원카드인데요, 이것은 오늘 이 설명회 후에 총무과에서 드릴 것입니다. 이 카드는 출근 확인에 사용하는 것 이외에 자료실이나 창고를 이용할 때에도 필요합니다. 또한 이 카드가 있으면 이 빌딩 내에서 물건을 사거나 음식비를 모두 사원할인 받을 수 있습니다. 사내 생활의 기본이 되는 것이기 때문에 오늘 반드시 수령하러 가 주십시오. 그리고 내일 이후에 건강검진 등록을 접수합니다. 등록에는 이 건강검진 시트를 사용합니다. 그럼 지금부터 나누어 드리겠습니다.

신입사원은 오늘 무엇을 하지 않으면 안됩니까?
1 출근카드를 만든다
2 건강검진 등록을 한다
3 사원카드를 받는다
4 물건을 산다

어휘
事務(じむ) 사무 | 説明(せつめい)する 설명하다 | 新入社員(しんにゅうしゃいん) 신입사원 | 向(む)け ~를 위한, ~용 | 実施(じっし)する 실시하다 | 社員(しゃいん)カード 사원카드 | 本日(ほんじつ) 오늘 | 説明会(せつめいかい) 설명회 | 総務課(そうむか) 총무과 | 渡(わた)す 건네다 | 出勤(しゅっきん) 출근 | 確認(かくにん) 확인 | 資料室(しりょうしつ) 자료실 | 倉庫(そうこ) 창고 | 利用(りよう)する 이용하다 | 必要(ひつよう) 필요 | 飲食代(いんしょくだい) 음식비 | 全(すべ)て 모두 | 社員割引(しゃいんわりびき) 사원할인 | 受(う)ける 받다 | 社内生活(しゃないせいかつ) 사내 생활 | 基本(きほん) 기본 | 受(う)け取(と)る 수령하다 | 健康診断(けんこうしんだん) 건강검진 | 登録(とうろく) 등록 | シート 시트 | 配(くば)る 나눠주다

해설
오늘 신입사원이 할 일이 무엇인지 묻는 문제이다. 오늘 신입사원 설명회 후에 총무과에서 사원카드를 나눠주는데, 이 카드는 출근체크, 자료실이나 창고 이용, 빌딩 내에서 구매 시 할인 등 여러 기능이 있다고 한다. 그리고 건강검진 신청 시트는 지금 바로 배부하지만 등록은 내일부터라고 했으므로, 정답은 3번 사원카드를 받는 것이다.

04 정답 4 모의2-1-04.mp3

男の人がスイミングスクールに電話をしています。入会の申し込みの時、男の人は何を持っていかなければなりませんか。

男：すみません、そちらのスイミングスクールを一度、見学したいんですが。
女：ありがとうございます。営業時間内でしたらいつでもお好きな時間にお越しいただけます。
男：あ、そうですか。見学後、その場で入会もできますか。

女：はい。こちらで入会申込書をご記入くだされば、すぐにお手続きいたします。申込書には写真が必要ですので、一枚お持ちください。
男：はい。
女：それから、身分を証明できるものもお持ちいただけますか。
男：パスポートでいいですか。
女：はい、けっこうです。それから、申し込みの時には入会金2000円をいただくことになっております。
男：すみません、会員の紹介があれば、払わなくてもいいって聞いたんですけど。
女：失礼いたしました。その場合は申込書にその方のお名前を書いていただければけっこうです。
男：わかりました。ありがとうございます。

入会の申し込みの時、男の人は何を持っていかなければなりませんか。

1 申込書と写真
2 パスポートと入会金
3 写真と入会金
4 身分証明書と写真

해석

남자가 수영교실에 전화를 하고 있습니다. 입회 신청 시, 남자는 무엇을 가지고 가야 합니까?

남: 실례합니다. 그쪽 수영교실을 한번 견학하고 싶은데요.
여: 감사합니다. 영업시간 내라면 언제든지 괜찮은 시간에 오시면 됩니다.
남: 아, 그래요? 견학 후에 그 자리에서 입회할 수 있나요?
여: 예. 여기서 입회신청서를 기입해 주시면 바로 수속해 드리겠습니다. 신청서에는 사진이 필요하니까 1장 가지고 와 주세요.
남: 예.
여: 그리고 신분을 증명할 수 있는 것을 가지고 오실 수 있나요?
남: 여권이라도 괜찮나요?
여: 예, 괜찮습니다. 그리고 신청하실 때 입회금 2000엔을 받기로 되어 있습니다.
남: 죄송하지만 회원 소개가 있을 경우 지불하지 않아도 된다고 들었는데요.
여: 실례했습니다. 그 경우에는 신청서에 그 분의 성함을 써 주시면 됩니다.
남: 알겠습니다. 감사합니다.

입회 신청 시, 남자는 무엇을 가지고 가야 합니까?

1 신청서와 사진
2 여권과 입회금
3 사진과 입회금
4 신분증명서와 사진

어휘

スイミングスクール 수영교실 | 入会(にゅうかい) 입회 | 申(もう)し込(こ)み 신청 | 見学(けんがく)する 견학하다 | 営業時間内(えいぎょうじかんない) 영업시간 내 | お越(こ)しいただく 와 주시다 | 記入(きにゅう) 기입 | 手続(てつづ)き 수속 | 身分(みぶん) 신분 | 証明(しょうめい) 증명 | パスポート 패스포트, 여권 | 入会金(にゅうかいきん) 입회금 | 紹介(しょうかい) 소개 | 払(はら)う 지불하다 | 身分証明書(みぶんしょうめいしょ) 신분증명서, 신분증

해설

남자가 수영교실 입회 신청 시에 가지고 가야할 것이 무엇인지 묻는 문제이다. 입회하기 위해서는 사진이 붙여진 입회신청서, 신분을 증명할 수 있는 것, 입회금 등의 3가지가 필요한데, 지인의 소개로 입회를 할 경우에는 입회금을 내지 않아도 되기 때문에 정답은 4번 신분증명서와 사진이다.

05 정답 2 모의2-1-05.mp3

大学で女の学生と男の学生が話しています。女の学生はレポートをどのように直しますか。

女：先輩、このレポート、もうすぐ提出なんですけど、ちょっと見てくれませんか。
男：うん、いいよ。「政治とマスメディアの関係・日本と世界各国の比較」、へえ、面白そうなタイトルだね。グラフもあってわかりやすい。あれ、データー、2年前のだけど、いいの？
女：それが、去年は調査が行われなくて、これでも最新なんです。
男：ふうん、じゃ、仕方ないね。うーん、なんか日本と世界各国の比較っていうタイトルのわりには、比較してる国がアジア3ヵ国だけっていうのは少なくないかな。
女：ああ、確かにそうですね。でも、今からデーター加えるのはちょっと時間ないな。
男：だったら、世界各国じゃなくて、アジアの国との比較にすれば？
女：そうですね。そうします。
男：他はこのままでいいんじゃないかな。よくできてるよ。
女：そうですか。ありがとうございます。

女の学生はレポートをどのように直しますか。

1 世界各国のデーターを加える
2 タイトルを替える
3 世界各国と比較する内容にする
4 政治とマスメディアの関係を再調査する

해석

대학에서 여학생과 남학생이 이야기하고 있습니다. 여학생은 리포트를 어떻게 고칩니까?

여: 선배님, 이 리포트, 이제 곧 제출해야 하는데, 좀 봐주지 않으시겠어요?
남: 응, 좋아. '정치와 미디어의 관계. 일본과 세계각국의 비교'. 음, 재미있는 제목이구나. 그래프도 있어서 이해하기 쉽네. 어? 데이터가 2년 전 것인데 괜찮아?
여: 그게, 작년에는 조사를 안 해서 이래도 최신 거예요.
남: 그래? 그럼 어쩔 수 없네. 음, 뭔가 일본과 세계 각국의 비교라는 제

목치고는 비교하는 나라가 아시아 3개국이라는 건 적은 거 아냐?
여: 아, 확실히 그렇네요. 하지만 지금부터 데이터를 추가하는 건 시간이 좀 없는데요.
남: 그럼, 세계 각국이 아니라 아시아 나라와의 비교로 하면?
여: 그렇군요. 그렇게 할게요.
남: 다른 건 이대로 해도 되지 않을까? 잘 만들었어.
여: 그래요? 감사합니다.

여학생은 리포트를 어떻게 고칩니까?

1 세계 각국의 데이터를 추가한다.
2 제목을 바꾼다.
3 세계 각국과 비교하는 내용으로 한다.
4 정치와 매스미디어의 관계를 재조사한다.

어휘

直(なお)す 고치다 | 提出(ていしゅつ) 제출 | 政治(せいじ) 정치 | マスメディア 매스미디어 | 関係(かんけい) 관계 | 世界各国(せかいかっこく) 세계 각국 | 比較(ひかく) 비교 | タイトル 타이틀, 제목 | グラフ 그래프 | データー 데이터 | 調査(ちょうさ) 조사 | 最新(さいしん) 최신 | 仕方(しかた)ない 어쩔 수 없다 | 確(たし)かに 확실히 | 加(くわ)える 더하다 | アジア 아시아 | 再調査(さいちょうさ)する 재조사하다

해설

선배의 조언을 듣고 후배 여학생이 리포트를 어떻게 고칠지 묻는 문제이다. 우선 재미있는 제목에다 그래프도 있고 이해하기 쉽지만 데이터가 2년 전 것이라는 지적을 했는데, 그나마 그게 최신 것이라서 어쩔 수 없다고 했다. 그리고 리포트의 제목이 '일본과 세계 각국의 비교'인데 비교하는 나라가 아시아 3개국밖에 없다고 지적을 하자, 지금부터 데이터를 추가하기에는 너무 늦었으니, 제목을 '일본과 아시아의 비교'로 바꾸기로 했으므로 정답은 2번이다.

문제 2 이 문제에서는 우선 질문을 들으세요. 그러고 나서 선택용지의 선택지를 읽어주세요. 그리고 문제용지를 보세요. 읽는 시간이 있습니다. 그러고 나서 이야기를 듣고, 문제용지의 1~4 중에서 가장 알맞은 답을 하나 고르세요.

01 정답 2 모의2-2-01.mp3

会社で、男の人と女の人が話しています。女の人はどうして今日打ち合わせができないと言っていますか。

男：川田さん、悪いんだけど、今日、ちょっと残ってもらえる？来週のプレゼンのこと、ちょっと打ち合わせしておいた方がいいと思って。
女：すみません、課長。実は夫が車の事故にあったようでして。
男：えぇ！大丈夫？
女：あの、先ほど、けがの治療を済ませて帰ったようですが、当分の間、安静にしているようにって言われたそうです。
男：そう。
女：それで、今日は私が子どものお迎えに行かないといけなくなって。
男：そう。それは早く帰ってあげた方がいいね。
女：すみません。あの、明日の午前は他の打ち合わせが入っているんですが、午後でしたら大丈夫です。
男：じゃあ、明日の1時にしようか。それまでに、プレゼンで使う資料の準備、お願いね。

女の人はどうして今日打ち合わせができないと言っていますか。

1 夫の看病をするので
2 子どもを迎えに行くので
3 他の打ち合わせがあるので
4 夫を病院に連れていくので

해석

회사에서 남자와 여자가 이야기하고 있습니다. 여자는 왜 오늘 회의를 못 한다고 말하고 있습니까?

남: 가와다 씨, 미안하지만 오늘 좀 남아줄 수 있어? 다음 주 프레젠테이션 건으로 잠깐 회의를 해 두는 편이 좋을 것 같아서.
여: 죄송합니다. 과장님, 실은 남편이 자동차 사고를 당한 것 같아요.
남: 뭐라구? 괜찮아?
여: 저기, 조금 전에 부상 치료를 마치고 귀가를 한 것 같은데, 당분간은 안정을 취하라고 했대요.
남: 그래?
여: 그래서 오늘은 제가 아이를 데리러 가지 않으면 안 되어서…….
남: 그래. 그건 빨리 귀가하는 게 좋겠어.
여: 죄송합니다. 저기, 내일 오전에는 다른 회의가 있지만 오후라면 괜찮아요.
남: 그럼 내일 1시로 할까? 그때까지 프레젠테이션에서 사용할 자료를 부탁할게.

여자는 왜 오늘 회의를 못 한다고 말하고 있습니까?

1 남편 간병을 하기 때문에
2 아이를 데리러 가기 때문에
3 다른 회의가 있기 때문에
4 남편을 병원에 데리고 가기 때문에

어휘

プレゼン 프레젠테이션 | 夫(おっと) 남편 | 事故(じこ) 사고 | 先(さき)ほど 조금 전 | けが 부상, 상처 | 治療(ちりょう) 치료 | 済(す)ませる 마치다 | 当分(とうぶん)の間(あいだ) 당분간 | 安静(あんせい)にする 안정을 취하다 | お迎(むか)えに行(い)く 데리러 가다 | 看病(かんびょう) 간병 | 連(つ)れていく 데리고 가다

해설

여자가 오늘 남아서 회의를 할 수 없는 이유를 고르는 문제이다. 남편이 자동차 사고를 당해 병원 치료를 마치고 귀가했으나 당분간은 안정을 취해야 해서 오늘은 여자가 아이를 데리러 가야하기 때문에 남을 수 없다

고 했으므로 정답은 2번이다.

02 정답 3 모의2-2-02.mp3

大学で男の学生と先生が話しています。先生は履歴書の志望動機についてどのようなアドバイスをしましたか。

男：先生、就職活動用の履歴書を書いてみました。志望動機の欄をちょっと見ていただきたいんですが、今お時間ありますか。

女：ええ、いいですよ。ここですね。えー、自己PRが印象的に書かれていて、わかりやすいですね。

男：はい、自分について時間をかけて丁寧に分析し、何度も書き直してみました。

女：よく自己分析できていると思いますよ。でも後半、入社後にやりたいことをもう少し具体的に書かないと、なぜこの会社に入りたいのかがよくわかりませんね。

男：実はまだ会社のことについてあまり詳しく知らないので、抽象的なことしか書けなかったんです。

女：あら、会社のホームページをみたり、調査したりして、企業分析もしっかりしておかないと……。

男：はい、そうしてみます。ありがとうございました。

先生は履歴書の志望動機についてどのようなアドバイスをしましたか。

1 自己PRをわかりやすく書くといい
2 自分の性格を丁寧に分析するといい
3 入社後のことを具体的に書くといい
4 志望動機を抽象的な表現でまとめるといい

해석

대학에서 남학생과 선생님이 이야기하고 있습니다. 선생님은 이력서의 지망 동기에 대해서 어떤 조언을 했습니까?

남: 선생님, 취직활동용 이력서를 써 봤어요. 지망동기란을 좀 봐 주셨으면 하는데, 지금 시간 있으세요?

여: 예 좋아요. 여기군요. 음, 자기PR이 인상적으로 쓰여져 있어서 알기 쉽군요.

남: 예, 저에 대해서 시간을 들여서 차근차근 분석해서 몇 번이나 고쳐 봤습니다.

여: 자기분석이 잘 되어 있다고 생각해요. 하지만 후반부에 입사 후에 하고 싶은 것을 조금 더 구체적으로 쓰지 않으면 왜 이 회사에 들어가고 싶은지를 잘 알 수 없어요.

남: 실은 아직 회사에 대해서 별로 자세히 알지 못하기 때문에 추상적인 것밖에 못 썼어요.

여: 어머, 회사 홈페이지를 보거나 조사하거나 해서 기업분석도 잘 해 놓지 않으면…….

남: 예, 그렇게 해 볼게요. 감사합니다.

선생님은 이력서의 지망동기에 대해서 어떤 조언을 했습니까?

1 자기PR을 알기 쉽게 쓰면 좋다
2 자신의 성격을 차근차근 분석하면 좋다
3 입사 후의 일을 구체적으로 쓰면 좋다
4 지망동기를 추상적인 표현으로 정리하면 좋다

어휘

履歴書(りれきしょ) 이력서 | 志望動機(しぼうどうき) 지망동기 | アドバイス 어드바이스, 조언 | 就職活動用(しゅうしょくかつどうよう) 취직활동용 | 欄(らん) 란, 칸 | 自己(じこ)PR 자기PR | 印象的(いんしょうてき) 인상적 | 時間(じかん)をかける 시간을 들이다 | 丁寧(ていねい)に 차근차근 | 分析(ぶんせき)する 분석하다 | 書(か)き直(なお)す 다시 쓰다 | 後半(こうはん) 후반 | 入社(にゅうしゃ) 입사 | 具体的(ぐたいてき) 구체적 | 詳(くわ)しい 자세하다 | 抽象的(ちゅうしょうてき) 추상적 | 調査(ちょうさ)する 조사하다 | 企業分析(きぎょうぶんせき) 기업분석 | しっかりする 제대로 하다 | 表現(ひょうげん) 표현 | まとめる 정리하다

해설

선생님이 남학생에게 어떤 조언을 했는지를 묻는 문제이다. 선생님은 자기PR은 인상적으로 잘 썼지만, 후반부에서 입사한 후에 하고 싶은 일에 대해서 조금 더 구체적으로 쓰라고 했다. 1번 자기PR은 이미 알기 쉽게 잘 썼고, 2번 자신의 성격도 잘 분석했으며, 4번 지망동기는 추상적으로 쓰면 안 된다고 했다. 정답은 입사 후의 일을 구체적으로 쓰면 좋다고 한 3번이다.

03 정답 4 모의2-2-03.mp3

会社で女の人が商品について話しています。女の人は商品開発の一番のポイントは何だと言っていますか。

女：これまで、わが社の眼鏡はデザインがよくて、手ごろな値段だという理由から、高く評価されてきましたが、今回は若者をターゲットに、新しくこちらのブルーライトカット眼鏡を開発しました。この商品、パソコンやスマートフォンなどから出る刺激の強い光をカットすることで、しっかりと目を守ってくれます。もちろん、手ごろな値段ということに変わりはありません。また、フレームは今までのデザインをそのまま採用しましたが、レンズの色を変えて変化を持たせるようにしました。

女の人は商品開発の一番のポイントは何だと言っていますか。

1 手ごろな値段になったこと
2 レンズの形を変えて変化を試みたこと
3 フレームのデザインがよくなったこと
4 刺激的なライトから目を守ってくれること

해석

회사에서 여자가 상품에 대해서 이야기하고 있습니다. 여자는 상품개발의 제일의 포인트는 무엇이라고 말하고 있습니까?

여: 지금까지 저희 회사의 안경은 디자인이 좋고 적절한 가격이라는 이유 때문에 높은 평가를 받아 왔습니다만,이번에는 젊은이를 타깃으로 새롭게 이 블루라이트컷 안경을 개발했습니다. 이 상품은 컴퓨터나 스마트폰 등에서 나오는 자극이 강한 빛을 차단함으로써 눈을 확실히 지켜줍니다. 물론 적절한 가격이라는 점에서는 변함이 없습니

다. 또한 안경테는 지금까지의 디자인을 그대로 채용했습니다만, 렌즈의 색을 바꿔서 변화를 주도록 했습니다.

여자는 상품개발의 제일의 포인트는 무엇이라고 말하고 있습니까?

1 적절한 가격이 된 점
2 렌즈 모양을 바꿔서 변화를 시도한 점
3 안경테의 디자인이 좋아진 점
4 자극적인 빛으로부터 눈을 지켜주는 점

어휘

商品(しょうひん) 상품 | 開発(かいはつ) 개발 | ポイント 포인트 | 眼鏡(めがね) 안경 | デザイン 디자인 | 手(て)ごろ 적절한 | 評価(ひょうか)する 평가하다 | 今回(こんかい) 이번 | 若者(わかもの) 젊은이 | ターゲット 타깃 | ブルーライトカット 블루라이트컷 | 刺激(しげき) 자극 | 光(ひかり) 빛 | カットする 컷하다, 차단하다 | しっかりと 제대로, 확실히 | 守(まも)る 지키다 | 変(か)わり 변함 | フレーム 안경테 | 採用(さいよう)する 채용하다 | 形(かたち) 모양 | 変化(へんか) 변화 | ライト 라이트, 빛

해설

새로 개발한 안경의 제일의 포인트가 무엇인지 묻는 문제이다. 디자인이 좋고 가격이 적절하다는 것은 기존과 같으나, 새로 나온 블루라이트컷 안경은 자극이 강한 빛을 차단함으로써 눈을 확실히 지켜준다는 것을 강조하고 있다. 1번 적절한 가격과, 3번 디자인은 원래 좋았으며, 2번 렌즈 모양이 아니라 색깔을 바꿔서 변화를 주도록 했다고 했다. 정답은 자극적인 빛으로부터 눈을 지켜주는 점, 즉 4번이다.

04 정답 3 모의2-2-04.mp3

テレビドラマを見ながら、男の人と女の人が話しています。女の人は主人公を演じている俳優について、なんと言っていますか。

男：このドラマって何年か前に出版された小説が原作なんだってね。

女：うん。私、前に原作の小説読んだよ。主人公を演じてる俳優、雰囲気がこのドラマの役にあってるって評判だけど、私は原作の主人公とイメージを重ねて見ちゃうから、どうしても抵抗を感じるんだ。小説のほうは何っていうか、もっと明るい感じ。

男：僕は原作読んでないからか、この俳優、主人公にぴったりだなって思うよ。見てると、彼の演技にどんどん引き込まれてく。

女：私だって、演技力に関しては、文句なく認めるけど、でも、そうか、原作知らないと役のイメージに合ってるって思うんだね。まあ、いずれにしても、ドラマ自体はすごく面白いよね。

男：うん、もうすぐ最終回だなんて寂しいよ。

女の人は主人公を演じている俳優について、なんと言っていますか。

1 役のイメージに合っていて、演技も上手だ
2 役のイメージに合っているが、演技が下手だ
3 役のイメージに合っていないが、演技が上手だ
4 役のイメージに合っていなくて、演技も下手だ

해석

TV드라마를 보면서 남자와 여자가 이야기하고 있습니다. 여자는 주인공을 연기하는 배우에 대해서 뭐라고 말하고 있습니까?

남: 이 드라마는 몇 년인가 전에 출판된 소설이 원작이라면서?

여: 응, 난 전에 원작 소설을 읽었어. 주인공을 연기하는 배우, 분위기가 이 드라마에 어울린다고 평판이 좋지만, 난 원작의 주인공의 이미지와 겹쳐서 보게 되니까 어쩐지 저항감을 느껴. 소설 쪽이 뭐라고 할까 더 밝은 느낌이야.

남: 난 원작을 안 읽어서 그런지 이 배우가 주인공에 딱 맞는 것 같아. 보고 있으면 그의 연기에 점점 더 빠져들게 돼.

여: 나도 연기력에 관해서는 불평없이 인정하지만, 하지만, 그래, 원작을 모르면 배역 이미지와 맞다고 생각하겠지. 뭐 어쨌든 간에 드라마 자체는 굉장히 재미있지.

남: 응, 이제 곧 마지막회라니 허전해.

여자는 주인공을 연기하는 배우에 대해서 뭐라고 말하고 있습니까?

1 배역 이미지에 맞고 연기도 잘한다.
2 배역 이미지에 맞지만 연기를 못한다.
3 배역 이미지에 안 맞지만 연기를 잘한다.
4 배역 이미지에 안 맞고 연기도 못한다.

어휘

主人公(しゅじんこう) 주인공 | 演(えん)じる 연기하다 | 俳優(はいゆう) 배우 | 出版(しゅっぱん)する 출판하다 | 小説(しょうせつ) 소설 | 原作(げんさく) 원작 | 雰囲気(ふんいき) 분위기 | 役(やく) 배역 | 評判(ひょうばん)だ 평판이 좋다 | 抵抗(ていこう) 저항 | 演技(えんぎ) 연기 | どんどん 점점 | 引(ひ)き込(こ)まれる 빨려 들어가다 | 演技力(えんぎりょく) 연기력 | 文句(もんく)なく 불평없이 | 認(みと)める 인정하다 | 自体(じたい) 자체 | 最終回(さいしゅうかい) 마지막회 | 寂(さび)しい 쓸쓸하다, 허전하다

해설

여자가 주인공 배우에 대해서 어떻게 생각하는지를 묻는 문제이다. 남자는 배우가 주인공에 딱 맞는 것 같고 연기도 너무 잘해서 점점 빠져든다고 했지만, 여자는 예전에 원작소설을 읽었기 때문에 그 때의 주인공의 이미지와 달라서 저항감을 느낀다고 하면서도 연기는 잘한다고 했기 때문에 정답은 3번이다.

05 정답 1 모의2-2-05.mp3

家で母親と父親が話しています。二人はどうやって子どもに本を読ませることにしましたか。

女：ねえ、あきらももう小学生になるんだから、そろそろ一人で本を読む習慣を身につけさせたほうがいいんじゃない？

男：そういえば、あきらが一人で本読んでるとこ、見たことないなあ。本は寝る前に親が読んでくれるものって思っているようだからなあ。眠りにつくために読むって感じで。

女：たぶんね。でも、今は興味がなくても、小学生のうちからいろんな本に触れておくことが大切よ。分からない言葉なんかは、親が一緒に読みながら説明すれば分かるようになるだろうし。

男：え？もう一人で十分できるだろう。

女：でも、あきらに一人で読ませると、漫画や絵本ばかりに偏りそうだから、私たちがバランスよく本を選んで、一緒に読んであげたほうがいいんじゃない？

男：う〜ん、まあ、本は選ぶとしても、一人で読ませればいいんじゃないかな。

女：あの年齢だと、まだ説明しながら一緒に読んであげたほうが、いい気がするけど。そうすれば、今まで無関心だった漢字にも興味がわくようになって、そのうち、一人で読むようになると思うわ。それに親子のコミュニケーションにもなるし。

男：わかったよ。じゃあ、明日からやってみるか。

二人はどうやって子供に本を読ませることにしましたか。

1 親が選んだ本を親が説明して一緒に読む
2 親が選んだ本を子どもに一人で読ませる
3 子どもが選んだ本を親が説明して一緒に読む
4 子どもが選んだ本を子どもに一人で読ませる

해석

집에서 엄마와 아빠가 이야기하고 있습니다. 두 사람은 아이에게 어떤 식으로 책을 읽게 하기로 했습니까?

여: 있잖아, 아키라도 이제 초등학생이 되니까 이제 슬슬 혼자서 책을 읽는 습관을 들이게 하는 게 좋지 않아?

남: 그러고 보니 아키라가 혼자서 책 읽는 걸 본 적이 없어. 책은 자기 전에 부모가 읽어주는 거라고 생각하고 있는 것 같아서 말이야. 잠들기 위해 읽는다는 느낌으로.

여: 아마 그렇겠지. 하지만 지금은 흥미가 없더라도 초등학교 때부터 여러 책을 접해 두는 게 중요해. 모르는 단어 같은 것은 부모가 같이 읽으면서 설명하면 알게 될 것이고.

남: 뭐? 이제 혼자서 충분히 할 수 있겠지.

여: 하지만 아키라에게 혼자서 읽게 하면 만화나 그림책 쪽으로만 치우칠 것 같으니까 우리가 균형 있게 책을 골라서 같이 읽어주는 편이 좋지 않아?

남: 음~, 뭐 책은 고르더라도 혼자서 읽게 하는 게 좋지 않을까?

여: 그 나이 때는 아직 설명하면서 같이 읽어주는 편이 좋을 것 같은데. 그렇게 하면 지금까지 무관심했던 한자에도 흥미가 생겨나서 조만간 혼자서 읽게 되리라 생각해. 게다가 부모자식 간의 커뮤니케이션도 되고.

남: 알았어. 그럼 내일부터 해볼까?

두 사람은 아이에게 어떤 식으로 책을 읽게 하기로 했습니까?

1 부모가 고른 책을 부모가 설명하며 같이 읽는다
2 부모가 고른 책을 아이에게 혼자서 읽게 한다
3 아이가 고른 책을 부모가 설명하며 같이 읽는다
4 아이가 고른 책을 아이에게 혼자서 읽게 한다

어휘

母親(ははおや) 어머니 | 父親(ちちおや) 아버지 | 習慣(しゅうかん) 습관 | 身(み)につける 익히다, 갖추다 | 眠(ねむ)りにつく 잠들다 | 触(ふ)れる 접하다 | 絵本(えほん) 그림책 | 偏(かたよ)る 편중하다, 기울다 | 選(えら)ぶ 고르다 | 年齢(ねんれい) 연령, 나이 | 無関心(むかんしん) 무관심 | 興味(きょうみ)がわく 흥미가 생기다 | 親子(おやこ) 부모자식 | コミュニケーション 커뮤니케이션

해설

부모가 아이에게 어떤 식으로 책을 읽히기로 결정했는지 묻는 문제이다. 책을 아이가 고르게 되면 만화나 그림책만 보게 될 것 같다며 부모가 골라 주기로 했고, 아직 어리니까 부모가 설명을 하면서 같이 읽으면 지금까지 무관심했던 한자에 흥미도 생기고 부모자식 간의 커뮤니케이션도 가능하게 될 것이라고 했으므로 정답은 1번이다.

06 정답 2 모의2-2-06.mp3

テレビでアナウンサーと男の人が野球の試合について話しています。男の人は、オリオンチームが勝った理由は何だと言っていますか。

女：解説の鈴木さん、今日の試合、ご覧になって、どんな感想をお持ちですか。

男：そうですね。試合前はソレントチームに技術的に優れた選手が多くて、楽な試合だろうと思われてたのですが、意外でした。チームプレイにおいて差が出ましたね。

女：そうですか。オリオンチームは、コーチが盛んにベンチからサインを出してましたが、それについてはどう思われますか。

男：試合が始まったら、選手自身の判断が大事なんです。サインを参考にはしますけどね。

女：そうですか。

男：これはどのチームでも言えることです。チームが一体となって、ボールを追わなければなりません。ソレントチームは途中からミスが目立ちましたが、オリオンチームは最後まで集中力を失いませんでした。

女：なるほど、それが勝敗を分けたんですね。

男：ええ、そういうわけです。

男の人は、オリオンチームが勝った理由は何だと言っていますか。

1 技術的に優れた選手が多かったから
2 選手の集中力が上回っていたから
3 コーチの判断が適切だったから
4 選手がコーチのサインをよく見たから

해석

TV에서 아나운서와 남자가 야구 시합에 대해서 이야기하고 있습니다. 남자는 오리온팀이 이긴 이유가 무엇이라고 말하고 있습니까?

여: 해설해 주신 스즈키 씨, 오늘 시합을 보시고 어떤 감상을 가지고 계신지요?

남: 네, 시합 전에는 소렌토팀에 기술적으로 뛰어난 선수가 많아서 쉬운 시합이 되리라 생각했습니다만 의외였습니다. 팀플레이에 있어서 차

이가 났지요.
여: 그런가요? 오리온팀은 코치가 활발하게 벤치에서 사인을 냈었습니다만, 그것에 대해서는 어떻게 생각하십니까?
남: 시합이 시작되면 선수 자신의 판단이 중요합니다. 사인을 참고로 하기는 하지만요.
여: 그렇군요?
남: 이것은 어느 팀에 대해서나 말할 수 있는 것입니다. 팀이 일체가 되어 공을 쫓지 않으면 안 됩니다. 소렌토팀은 도중부터 실수가 눈에 띄었습니다만, 오리온팀은 마지막까지 집중력을 잃지 않았습니다.
여: 그렇군요. 그것이 승패를 갈랐군요.
남: 네, 그런 셈이죠.

남자는 오리온팀이 이긴 이유가 무엇이라고 말하고 있습니까?
1 기술적으로 뛰어난 선수가 많았기 때문에
2 선수의 집중력이 상회했기 때문에
3 코치의 판단이 적절했기 때문에
4 선수가 코치의 사인을 잘 봤기 때문에

어휘
野球(やきゅう) 야구 | 解説(かいせつ) 해설 | ご覧(らん)になる 보시다 | 感想(かんそう) 감상 | 技術的(ぎじゅつてき) 기술적 | 優(すぐ)れる 뛰어나다 | 意外(いがい) 의외 | チームプレイ 팀플레이 | 差(さ)が出(で)る 차이가 나다 | コーチ 코치 | 盛(さか)んに 활발하게 | ベンチ 벤치 | 判断(はんだん) 판단 | サイン 사인 | 参考(さんこう) 참고 | 一体(いったい) 일체 | 追(お)う 쫓다 | 途中(とちゅう) 도중 | ミス 실수 | 目立(めだ)つ 눈에 띄다 | 集中力(しゅうちゅうりょく) 집중력 | 失(うしな)う 잃다 | 勝敗(しょうはい)を分(わ)ける 승패를 가르다 | 上回(うわまわ)る 상회하다 | 適切(てきせつ)だ 적절하다

해설
해설자가 말한 오리온팀이 이긴 이유를 고르는 문제이다. 해설자는 시합 전에는 기술적으로 뛰어난 선수들이 많은 소렌토팀이 이길 것으로 예상했으나, 소렌토팀은 실수가 눈에 띈 반면에 오리온팀은 일체가 되어 공을 쫓아서 집중했다고 했다. 1번 기술적으로 뛰어난 선수들이 많았던 것은 소레토팀이라고 했으며, 3번, 4번 코치의 사인에 대해서 참고는 하지만 시합이 시작되면 선수 개인의 판단이 더 중요하다고 했다. 정답은 2번 선수의 집중력이 상회했다는 것이다.

문제 3 이 문제에서는 문제용지에 아무것도 인쇄되어 있지 않습니다. 이 문제는 전체적으로 어떤 내용인지를 묻는 문제입니다. 이야기 전에 질문은 없습니다. 먼저 이야기를 들으세요. 그러고 나서 질문과 선택지를 듣고, 1~4 중에서 가장 알맞은 답을 하나 고르세요.

01 정답 4 모의2-3-01.mp3

ラジオで女の人が話しています。
次は映画のお知らせです。先月公開された映画「永遠の約束」の観客数が1000万人を記録し、監督と主演俳優の感謝のメッセージを伝えるインタビューがありました。お二人には、先日、当番組にゲストとして来ていただきまして、映画で伝えたいメッセージや撮影現場のことなど、たっぷりお話してもらいました。今日はこの映画をよりたくさんの方々に鑑賞していただくために、映画のチケットを10名の方にプレゼントいたします。

何についてのお知らせですか。
1 映画鑑賞のしかた
2 ゲスト出演の予定
3 インタビューの内容
4 チケットのプレゼント

해석
라디오에서 여자가 이야기하고 있습니다.
다음은 영화 소식입니다. 지난달 공개된 영화 '영원한 약속'의 관객수가 1000만 명을 기록하여, 감독과 주연배우의 감사의 메시지를 전달하는 인터뷰가 있었습니다. 두 분은 며칠 전에 저희 프로에 게스트로 나오셔서 영화에서 전하고 싶은 메시지나 촬영 현장에서 있었던 일 등을 많이 이야기해 주셨습니다. 오늘은 이 영화를 보다 많은 분들이 감상해 주시기를 바라며 영화티켓을 10분께 선물하겠습니다.

무엇에 관한 소식입니까?
1 영화 감상하는 법
2 게스트 출연 예정
3 인터뷰 내용
4 티켓 선물

어휘
公開(こうかい) 공개 | 永遠(えいえん) 영원 | 観客数(かんきゃくすう) 관객수 | 記録(きろく)する 기록하다 | 監督(かんとく) 감독 | 主演俳優(しゅえんはいゆう) 주연배우 | 感謝(かんしゃ) 감사 | 伝(つた)える 전하다 | 先日(せんじつ) 며칠 전 | 当番組(とうばんぐみ) 우리 프로그램 | ゲスト 게스트 | 撮影現場(さつえいげんば) 촬영현장 | たっぷり 잔뜩 | 鑑賞(かんしょう)する 감상하다 | 出演(しゅつえん) 출연

해설
며칠 전에 지난달 개봉한 영화의 감독과 주연배우가 라디오 프로에 나와서 여러 이야기를 나누고 갔는데, 오늘은 영화 관객수 1000만 명을 기록하여 그 영화티켓을 선물하겠다는 소식이므로 정답은 4번 티켓 선물이다.

02 정답 3 모의2-3-02.mp3

男の人と女の人が冷蔵庫について話しています。
男:冷蔵庫、替えたの?
女:うん、そうなんだ。やっぱり冷蔵庫一つで何でもできるっていうほうが便利だなと思って。今までは冷蔵や冷凍機能だけでいいと思ってたんだけどね。これ、材料の管理ができたり、レシピが検索できたり、ほかにもいろいろなことができて便利よ。
男:え?でも、機能が多すぎて、逆に大変ってことはない?

女：うん、操作が複雑だと、結局限られた機能しか使わないものでしょう？でも、これは違うのよ。

女の人はこの冷蔵庫をどう思っていますか。

1 機能が少なく使いやすい
2 機能が少ないが、使いにくい
3 機能が多いが、使いやすい
4 機能が多く使いにくい

해석

남자와 여자가 냉장고에 대해서 이야기하고 있습니다.

남: 냉장고 바꿨어?

여: 응, 그래. 역시 냉장고 하나로 뭐든지 할 수 있는 쪽이 편리하다는 생각이 들어서. 지금까지는 냉장이나 냉동 기능만 있으면 된다고 생각했었는데 말이야. 이거 재료 관리를 할 수 있고, 레시피를 검색할 수도 있고, 그외에도 여러 가지 것들을 알 수 있어서 편리해.

남: 그래? 하지만 기능이 너무 많아서 반대로 어렵지는 않아?

여: 응, 조작이 복잡하면 결국은 한정된 기능밖에 안 쓰잖아? 하지만 이건 달라.

여자는 이 냉장고를 어떻게 생각하고 있습니까?

1 기능이 적고 사용하기 쉽다
2 기능이 적지만 사용하기 어렵다.
3 기능이 많지만 사용하기 쉽다.
4 기능이 많고 사용하기 어렵다.

어휘

冷蔵庫(れいぞうこ) 냉장고 | 替(か)える 바꾸다 | 冷凍(れいとう) 냉동 | 機能(きのう) 기능 | 材料(ざいりょう) 재료 | 管理(かんり) 관리 | レシピ 레시피 | 検索(けんさく) 검색 | 逆(ぎゃく)に 반대로 | 操作(そうさ) 조작 | 結局(けっきょく) 결국 | 限(かぎ)られる 한정되다

해설

여자는 지금까지 냉장, 냉동 기능만 있는 냉장고를 사용했는데, 새로 장만한 냉장고는 재료 관리나 레시피 검색 등 다양한 기능이 있는 것이라고 한다. 그러자 남자가 기능이 너무 많으면 사용하기 어렵지 않냐고 묻자, 여자는 보통은 기능이 복잡하면 한정된 기능밖에 사용하지 않지만, 이건 다르다고 했으므로, 즉 기능이 복잡하지만 여러모로 사용하기 쉽다는 3번이 정답이다.

03 정답 3 모의2-3-03.mp3

テレビで女の人が話しています。

急に甘いものが食べたいと思うこと、ありませんか。これは、体がチョコレートなどの甘いものを欲しがっているのではなく、甘い食べ物に含まれている栄養素を欲しがっているからです。甘いものを食べたくなるのは、マグネシウムが不足している可能性があります。マグネシウムは体内にある量自体が少ないため、不足しがちな栄養素でもあります。ですが、だからと言って、欲しいままに食べていたら肥満の原因につながってしまうので、注意が必要です。

女の人は何について話していますか。

1 甘いものの食べ方
2 マグネシウムの役割
3 甘いものが食べたくなる理由
4 マグネシウムが不足している理由

해석

TV에서 여자가 이야기하고 있습니다.

갑자기 단것이 먹고 싶다는 생각이 드는 일, 없나요? 이건 몸이 초콜릿 등의 단것을 원하는 것이 아니라 단것에 포함되어 있는 영양소를 원하기 때문입니다. 단것이 먹고 싶어지는 것은 마그네슘이 부족할 가능성이 있습니다. 마그네슘은 체내에 있는 양 자체가 적기 때문에 부족하기 쉬운 영양소이기도 합니다. 하지만 그렇다고 해서 원하는 만큼 다 먹다 보면 비만의 원인이 되어 버리기 때문에 주의가 필요합니다.

여자는 무엇에 대해서 이야기하고 있습니까?

1 단것 먹는 법
2 마그네슘의 역할
3 단것이 먹고 싶어지는 이유
4 마그네슘이 부족한 이유

어휘

急(きゅう)に 갑자기 | 甘(あま)い 달다 | 含(ふく)まれる 포함되다 | 栄養素(えいようそ) 영양소 | マグネシウム 마그네슘 | 不足(ふそく)する 부족하다 | 可能性(かのうせい) 가능성 | 体内(たいない) 체내 | 量(りょう) 양 | 自体(じたい) 자체 | 肥満(ひまん) 비만 | 原因(げんいん) 원인 | つながる 이어지다 | 注意(ちゅうい) 주의 | 役割(やくわり) 역할

해설

여자는 갑자기 단것이 먹고 싶어지는 이유는 단것에 포함된 마그네슘이 부족해서 그렇고, 체내에 있는 마그네슘의 양이 적기 때문에 부족해지기 쉽다고 한다. 1번 비만의 원인이 되므로 많이 먹지는 말라고는 했지만 단것 먹는 법에 대한 이야기는 아니고, 2번 마그네슘이 체내에서 어떤 역할을 하는지에 대한 언급은 없고, 4번 마그네슘은 체내에 있는 양 자체가 적다는 이야기는 했지만, 여자의 이야기의 핵심은 3번 단것이 먹고 싶어지는 이유이다.

04 정답 2 모의2-3-04.mp3

電気屋の店員が新しい洗濯機について説明しています。

えー、この洗濯機は音が小さく、夜中に使っても近所迷惑になりません。それに、大きめサイズで、布団なども安心して洗えます。さらに、この商品の一番素晴らしい点はですね、超高速乾燥機能がついていることです。雨が続いたり、洗濯物の多い場合などは、素早く乾燥させたいですよね。今までのものより値段は少し高めですが、特に運動をやっているお子さんのいるご家庭にはぜひおすすめしたい商品です。

電気屋の店員は主に何について話していましたか。

1 洗濯機の価格
2 洗濯機の性能
3 洗濯機の使い方
4 洗濯機を買う人

해석

가전제품 매장 점원이 세탁기에 대해서 설명하고 있습니다.
음, 이 세탁기는 소음이 적어서 밤에 사용해도 이웃집에 폐를 끼치지 않습니다. 게다가 사이즈가 큰 편이라서 이불 등도 안심하고 빨 수 있습니다. 또한 이 상품의 가장 훌륭한 점은 말이죠, 초고속 건조 기능이 달려 있다는 것입니다. 비가 계속 오거나 빨래가 많을 경우에는 재빨리 건조시키고 싶죠? 지금까지 나온 것보다 가격은 조금 비싸지만 특히 운동을 하고 있는 아이가 있는 가정에 꼭 추천하고 싶은 상품입니다.

가전제품 매장 점원은 주로 무엇에 대해서 이야기하고 있습니까?

1 세탁기의 가격
2 세탁기의 성능
3 세탁기의 사용법
4 세탁기를 사는 사람

어휘

電気屋(でんきや) 가전제품 매장 | 店員(てんいん) 점원 | 洗濯機(せんたくき) 세탁기 | 説明(せつめい)する 설명하다 | 音(おと) 소리 | 夜中(よなか) 한밤중 | 近所(きんじょ) 이웃집, 주변 | 迷惑(めいわく)になる 폐를 끼치다 | 布団(ふとん) 이불 | 安心(あんしん)する 안심하다 | 超高速(ちょうこうそく) 초고속 | 乾燥(かんそう) 건조 | 洗濯物(せんたくもの) 세탁물, 빨래 | 素早(すばや)く 재빨리 | すすめる 추천하다

해설

가전제품 매장 점원이 세탁기에 대해서 이야기하고 있다. 1번 가격이 조금 비싸다, 3번 소음이 적어서 밤에도 사용할 수 있고, 4번 운동하는 아이가 있어서 빨래감이 많은 가정에서 사용하면 좋다는 이야기도 했지만, 가장 강조하는 내용은 바로 소음이 적고 사이즈가 클 뿐만 아니라 초고속 건조 기능이 있다는 세탁기의 성능에 관한 이야기이므로 정답은 2번이다.

05 정답 4 　모의2-3-05.mp3

レポーターが女の人にホテルについて聞いています。

男：こんにちは。こちらのホテルはどうですか。
女：はい、このホテルは犬や猫と一緒に泊まれるんですよ。とてもきれいだし、ペットの大きさに関係なく泊まれるのもいいんです。
男：へえ、このようなホテルはよくご利用されますか。
女：ええ、ペットホテルに預けて、狭いケージに閉じ込めるのはかわいそうですからね。それで、家族旅行の時はいつも一緒に連れて来るんです。前に利用した所は、お風呂はよかったんだけど、ちょっと部屋が汚かったんです。でも、ここはきれいで、それにペットと一緒にバーベキューもできるし、専用のプールもあるし、大満足です。
男：でも、値段はやや高めのようですね。
女：ええ、でも、ペットをひとりぼっちにさせることなく、一緒に旅行できるんですもの、それはかまいません。

女の人はこのホテルについて、どう思っていますか。

1 専用プールもあるのに安いので満足している
2 お風呂がよいので、少々部屋が汚いのは我慢できる
3 小さいペットしか泊まれないのは残念だ
4 きれいだし、みんなでバーベキューもできていい

해석

리포터가 여자에게 호텔에 대해서 묻고 있습니다.

남 : 안녕하세요. 이 호텔은 어때요?
여 : 네, 이 호텔은 개나 고양이와 함께 묵을 수 있어요. 아주 깨끗하고 펫 크기에 상관없이 묵을 수 있는 것도 좋아요.
남 : 네, 이런 호텔을 자주 이용하시나요?
여 : 네, 펫을 호텔에 맡겨서 좁은 우리에 가둬 놓는 건 불쌍하니까요. 그래서 가족여행 때는 항상 같이 데리고 와요. 전에 이용한 곳은 목욕탕은 좋았지만 방이 좀 더러웠어요. 하지만 여기는 깨끗하고 게다가 펫과 함께 바비큐도 할 수 있고, 전용 풀장도 있어서 대만족입니다.
남 : 하지만 가격은 약간 비싼 것 같군요.
여 : 네, 하지만 펫 혼자 두고 오는 일 없이 함께 여행할 수 있으니까 그건 상관없어요.

여자는 이 호텔에 대해서 어떻게 생각하고 있습니까?

1 전용 풀장이 있는데도 싸서 만족한다
2 목욕탕이 좋아서 방이 좀 더러운 것은 참을 수 있다
3 작은 펫밖에 묵을 수가 없어서 아쉽다
4 깨끗하고 다같이 바비큐도 할 수 있어서 좋다

어휘

泊(と)まる 묵다 | ペットホテル 펫호텔 | 預(あず)ける 맡기다 | ケージ 케이지, 우리 | 閉(と)じ込(こ)める 가두다 | バーベキュー 바비큐 | 専用(せんよう) 전용 | プール 풀장, 수영장 | 大満足(だいまんぞく) 대만족 | やや 약간 | ひとりぼっち 외톨이 | 我慢(がまん)する 참다

해설

여자는 이 호텔에 대해서 펫의 크기에 상관없이 같이 묵을 수 있고, 깨끗하고 바비큐도 함께 할 수 있고 전용 풀장도 있어서 만족스럽다고 했고, 가격이 약간 비싸지만 상관없다고 했다. 1번 싸다고는 생각하지 않고, 2번 방이 더러운 것은 지난 번에 묵은 호텔이고, 3번 펫의 크기에 상관없이 묵을 수 있다고 했다. 정답은 깨끗하고 다같이 바비큐도 할 수 있어서 좋다고 한 4번이다.

문제 4 이 문제에서는 문제용지에 아무것도 인쇄되어 있지 않습니다. 먼저 문장을 들으세요. 그러고 나서 답을 듣고, 1~3 중에서 가장 알맞은 답을 하나 고르세요.

01 정답 3 모의2-4-01.mp3

あのう、こちらでの写真撮影はご遠慮いただけますか。
1 それじゃ、ご案内いたします。
2 いいえ、けっこうです。
3 そうですか。すみません。

해석
저기, 여기서 사진촬영은 삼가해 주시겠습니까?
1 그럼 안내해 드리겠습니다.
2 아니오. 괜찮습니다.
3 그렇습니까? 죄송합니다.

어휘
写真撮影(しゃしんさつえい) 사진촬영 | 遠慮(えんりょ)する 삼가다

해설
ご+명사+いただけますか는 ~해 달라는 의뢰 표현이다. 이에 대한 대답으로는 수긍을 하든지 아니면 수긍하지 못할 때에는 그에 대한 이유를 말하면 된다. 사진 촬영을 삼가해 달라는 의뢰에 대해 죄송하다고 사과한 3번이 정답이다.

02 정답 2 모의2-4-02.mp3

社長のスピーチ、何の話だか、さっぱりだったよ。
1 どう？これでスッキリした？
2 私もまったくついていけなかった。
3 ほんとうに感動したわ。

해석
사장님의 스피치, 무슨 이야기인지 전혀 모르겠어.
1 어때? 이제 상쾌해졌어?
2 나도 (무슨 말인지) 전혀 따라가질 못 했어.
3 정말로 감동했어.

어휘
スピーチ 스피치 | さっぱり 전혀 모르겠다 | スッキリ 상쾌하다 | まったく (부정형과 함께) 전혀 | ついていく 따라가다 | 感動(かんどう)する 감동하다

해설
さっぱり에는 후련하다, 산뜻하다, 깨끗이, 전혀, 조금도 등의 뜻 이외에 '전혀 안된다, 형편없다'라는 뜻도 있다. 여기서는 사장님의 이야기의 뜻을 전혀 모르겠다는 의미로 쓰였다. 1번 말쑥하다, 상쾌하다는 뜻의 スッキリ는 그저 비슷한 뜻으로 연상되는 단어일 뿐이고, 3번은 무슨 얘기인지 모른다고 하는데 감동했다는 답변은 어색하다. 2번의 ついていく는 실제로 따라가는 동작을 나타내기도 하고, 수업이나 진도를 따라간다는 뜻도 있으므로 '나도 사장님이 무슨 말을 하시는지 전혀 따라가지 못했다'고 한 것이 정답이다.

03 정답 2 모의2-4-03.mp3

昨日の新入生歓迎会、僕も参加すればよかったな。
1 うん、私も参加したい。
2 あまり楽しくなかったよ。
3 一緒に行けてよかったね。

해석
어제 신입생 환영회에 나도 참석했으면 좋았을 걸.
1 응, 나도 참가하고 싶다.
2 별로 즐겁지 않았어.
3 같이 갈 수 있어서 다행이다.

어휘
新入生(しんにゅうせい) 신입생 | 歓迎会(かんげいかい) 환영회 | 参加(さんか)する 참가하다

해설
~ばよかった는 '~면 좋았을 텐데'라는 후회를 나타내는 표현이다. 어제 환영회에 참석하지 못해 후회하고 있으므로 1번 미래형, 3번 갈 수 있어서 다행이다는 답이 될 수 없고, 갔지만 별로 즐겁지 않았다고 한 2번이 정답이다. ~てよかった는 ~해서 다행이다, ~해서 좋았다.

04 정답 2 모의2-4-04.mp3

あっ、また電気つけっぱなし。
1 ええ、つけましょう。
2 あっ、うっかりしてた。
3 はい、消してあります。

해석
앗, 또 불을 계속 켜 둔 채로 있네?
1 네, 켭시다.
2 앗, 깜빡했어.
3 예, 꺼 두었습니다.

어휘
電気(でんき)をつける 전기를 켜다, 불을 켜다 | うっかりする 깜빡하다 | 消(け)す 끄다

해설
~っぱなし는 그 상태가 계속 된다는 뜻이다. 電気をつけっぱなし는 전기를 계속 켜둔 채로 있다는 뜻이므로 1번 불을 켜자, 3번 꺼 두었다(消してある)는 맞지 않다. 정답은 깜빡하고 또 켜 놓았다고 하는 2번이다.

05 **정답 3** 모의2-4-05.mp3

何うろうろしてるの？
1 涙が止まらなくて。
2 はい、急いでやります。
3 ちょっと道に迷っちゃって。

해석
뭘 그리 갈팡질팡하고 있어?
1 눈물이 멈추지 않아서
2 예, 서둘러 하겠습니다.
3 잠깐 길을 헤매서.

어휘
うろうろする 갈팡질팡하다 | 涙(なみだ)が止(と)まらない 눈물이 멈추지 않다 | 急(いそ)いで 서둘러 | 道(みち)に迷(まよ)う 길을 잃다, 헤매다

해설
うろうろする는 갈팡질팡, 두리번거리는 것이다. 1번 눈물이 글썽글썽하는 것은 うるうる라고 하며, 2번 동작이 굼뜬 것은 のろのろ이다. 왜 갈팡질팡하고 있냐고 묻는 사람에게 3번 '잠깐 길을 헤매서'라는 답변이 가장 적합하다.

06 **정답 1** 모의2-4-06.mp3

お疲れ様。やっぱり体育大会の司会は君に限るよ。
1 そう言っていただけて、うれしいです。
2 こんな時に限って、何か起こるんですよね。
3 申し訳ございません。今後はがんばります。

해석
수고했어. 역시 체육대회 사회는 자네 밖에 없어.
1 그렇게 말씀해 주셔서 기뻐요.
2 이럴 때 꼭 무슨 일이 일어나죠.
3 죄송합니다. 앞으로 열심히 하겠습니다.

어휘
体育大会(たいいくたいかい) 체육대회 | 司会(しかい) 사회 | ～に限(かぎ)る ~밖에 없다 | 今後(こんご) 앞으로

해설
～に限る는 ~가 제일이다, ~밖에 없다는 뜻으로 칭찬하는 말이다. 2번 ～に限っては ~만은, 에 한해서라는 뜻인데, 단순히 限る와 같은 말이 쓰였을 뿐이고, 3번은 ～に限る가 칭찬이 아닌 질책의 뜻으로 잘못 알아듣고 대답한 것이다. 정답은 칭찬해 주심을 감사하는 1번이다.

07 **정답 2** 모의2-4-07.mp3

あっ、テレビでサッカーやってるんじゃなかったの？
1 そうだね、やってみようか。
2 もうすぐ始まるよ。
3 じゃ、一緒にゆっくり見られるね。

해석
앗, TV에서 축구 하는 거 아니었어?
1 그래, 해 볼까?
2 이제 곧 시작해.
3 그럼 같이 천천히 볼 수 있네.

해설
～じゃなかったの?는 ~인 것 아니었냐고 자신이 알고 있는 어떤 사실을 확인할 때 쓰는 표현이다. TV에서 축구 하는 거 아니었냐고 확인하는 물음에 1번 ~해 볼까? 3번 천천히 볼 수 있겠네 등은 맞지 않으며 정답은 이제 곧 시작한다는 2번이다.

08 **정답 3** 모의2-4-08.mp3

今回の仕事は君にずいぶん助けられたよ。
1 また手伝っていただけますか。
2 申し訳ありませんでした。
3 お役に立てて何よりです。

해석
이번 일은 자네에게 상당히 도움을 많이 받았어.
1 또 도와 주실 수 있으십니까?
2 죄송했습니다.
3 도움이 되어 다행입니다.

어휘
役(やく)に立(た)つ 도움이 되다 | 何(なに)よりだ 다행이다

해설
～に～助けられた는 수동형으로 ~에게 도움을 받았다는 뜻이다. 도움을 받은 사람에게 고마움을 표하는 말에 대한 답으로 적당한 것을 고르는 문제이다. 1번 또 도와 달라, 2번 죄송했다는 말은 답변으로 맞지 않으며, 정답은 도움이 되어 다행이라고 한 3번이다.

09 **정답 2** 모의2-4-09.mp3

すみません。この本、カード払いにしてもらえますか。
1 あの、現金はお受けできないんですが。
2 はい、かしこまりました。
3 はい、カードで支払いました。

해석
죄송하지만, 이 책 카드로 결제해 주실 수 있나요?
1 저기, 현금은 받을 수 없습니다만.
2 예, 알겠습니다.
3 예, 카드로 지불했습니다.

어휘
カード払(ばら)いにする 카드로 지불하다, 결제하다 | 現金(げんきん) 현금 | かしこまる 알다

해설

～てもらえますか는 ～해 줄 수 있냐고 묻는 의뢰 표현이다. 1번 카드는 받을 수 없다고 답하는 것은 말이 되지만, 현금은 받을 수 없다는 것은 말이 안 되고, 3번 카드로 지불했다는 과거형도 어색하다. 정답은 의뢰에 대해서 알겠다고 승낙을 한 2번이다.

10 정답 3 모의2-4-10.mp3

佐藤さんがあんなにサッカーが上手だったとはね。

1 そう？上手だったと思うけど。

2 あんなに練習してたのにね。

3 本当、意外だったよね。

해석

사토 씨가 그렇게 축구를 잘하다니 말이야.

1 그래? 잘했다고 생각하는데?

2 그렇게 연습했었는데…….

3 정말, 의외였지?

어휘

意外(いがい) 의외

해설

'～だったとは'는 '～였다니'라는 뜻으로 전혀 예상하지 못했던 일을 겪었을 때 쓰는 표현이다. 사토 씨가 그렇게 축구를 잘할 줄 모르고 있었는데 새삼 알게 되었다는 말에 대한 대답으로 적당한 것을 고르는 문제이다. 1번 '어? 나는 잘했다고 생각하는데?'라는 말은 축구를 못한다고 한 말에 대한 반대 의견이므로 적당하지 않고, 2번 그렇게 연습을 했는데도 못했다는 것도 말이 안된다. 정답은 생각지도 못했는데 정말로 의외라고 한 3번이다.

11 정답 1 모의2-4-11.mp3

これだけ作っておけば、材料がなくなること、まずないな。

1 ええ、十分だろうと思います。

2 もっと用意しておくべきでした。

3 あとで作るしかないですね。

해석

이 만큼 만들어 두면 재료가 없어지는 일은 아마 없을 거야.

1 예, 충분하리라 생각합니다.

2 더 준비해 두었어야 했습니다.

3 나중에 만들 수밖에 없겠군요

해설

'～해 두면 ～할 일은 아마 없을 것'이라며 지금의 상태에 만족해 하는 문장에 대한 답변을 고르는 문제이다. 2번 만족하고 있는 상황에서 더 준비를 해야 한다거나, 3번 나중에 더 만들 수밖에 없다고 하는 것은 어색하다. 정답은 충분하다고 맞장구를 친 1번이다.

12 정답 3 모의2-4-12.mp3

先生があんなに怒るなんて、よっぽどの理由があるに違いないね。

1 そうそう、先生、怒りっぽいからね。

2 なるほど、そういう理由だったのか。

3 うん、今までになかったことだしね。

해석

선생님이 그렇게 화를 내시다니, 어지간한 이유가 있는 게 틀림없어.

1 그래 그래, 선생님은 화를 잘 내시니까.

2 과연 그런 이유였구나.

3 응, 지금까지 없었던 일이지.

어휘

怒(おこ)る 화나다 | よっぽど(=よほど) 어지간한 | 怒(おこ)りっぽい 화를 잘 내다 | なるほど 과연

해설

'～なんて, ～に違いない'는 '～라니, ～임에 틀림없어'라는 뜻으로, 확실한 추측을 할 때 쓰는 표현이다. 선생님이 그렇게 화를 내신 건 어지간한 이유가 있어서 그렇다는 말에 대한 답변으로 1번 선생님이 화를 잘 내시는 분이라는 것은 맞지 않고, 2번 이유가 밝혀진 게 아니다. 정답은 그 추측에 수긍을 하면서 지금까지 이런 일은 없었다고 한 3번이다.

문제 5 이 문제에서는 긴 이야기를 듣습니다. 이 문제에는 연습이 없습니다. 메모를 해도 상관없습니다.

문제용지에 아무것도 인쇄되어 있지 않습니다. 우선 이야기를 잘 들으세요. 그러고 나서 질문과 선택지를 듣고, 1~4 중에서 가장 알맞은 답을 하나 고르세요.

01 정답 3 모의2-5-01.mp3

観光案内所で、地図を見ながら、男の人と係りの人が話しています。

男：近くを散歩したいんですが、いいコースを教えていただけませんか。緑があって町からそんなに遠くないコースがいいんです。あと、おいしいものが食べれる所がいいな。

女：はい、それではご案内いたします。このあたりの散歩コースとしては、四つございます。まず、Aコースですが、こちらは山道を行くと途中に花の公園があって、季節の花を楽しむことができる人気のコースです。ただ、町からはけっこう離れてしまいますね。

男：ああ、そうですか。

女：次に、湖が見渡せるBコース。こちらは眺めもとてもいいですし、町からも近い方です。ただ、食べるようなところはありませんね。

男：そっかー。散歩だけっていうのはちょっとね。

女：では、このCコースはいかがですか。並木道が続いて、町からも近く、ところどころに素敵な喫茶店やレストランがあります。そして、最後に……。
男：はい。
女：Dコース。こちらは、緑は見えませんが、こちら出身の画家の記念美術館を見て歩くコースです。今日は平日ですので、混雑もなくゆっくりと見て回れると思います。館内にこの地域を代表するとても有名なレストランもありますよ。
男：そうですか。やっぱり遠いのは嫌だし、緑も捨てがたいな。おいしい物も食べたいし。じゃ、このコースにします。

男の人はどのコースにしますか。

1 Aコース
2 Bコース
3 Cコース
4 Dコース

해석

관광안내소에서 지도를 보면서 남자와 담당자가 이야기하고 있습니다.
남: 근처를 산책하고 싶은데, 좋은 코스를 가르쳐 주실 수 없나요? 자연이 있고 동네에서 그리 멀지 않은 코스가 좋아요. 그리고 맛있는 걸 먹을 수 있는 곳이 좋아요.
여: 예, 그럼 안내해 드릴게요. 이 근처의 산책코스는 4개 있습니다. 우선 A코스입니다만, 이쪽은 산길을 가면 도중에 꽃공원이 있어서 계절의 꽃을 즐길 수가 있는 인기 코스입니다. 단, 동네에서는 좀 멀어지게 됩니다.
남: 아, 그래요?
여: 다음으로 호수를 바라볼 수 있는 B코스. 이쪽은 전망도 아주 좋고, 동네에서도 가까운 편입니다. 단 먹을 만한 곳은 없습니다.
남: 그렇구나. 산책만 하는 건 좀…….
여: 그럼, 이 C코스는 어떠세요? 가로수길이 이어져서 동네에서도 가깝고 곳곳에 멋진 찻집이나 레스토랑도 있습니다. 그리고, 마지막으로.
남: 예.
여: D코스. 이쪽은 자연은 없지만 이곳 출신 화가의 기념미술관을 보면서 걷는 코스입니다. 오늘은 평일이니까 혼잡하지 않고 천천히 돌아볼 수 있을 거라 생각합니다. 관내에 이 지역을 대표하는 아주 유명한 레스토랑도 있어요.
남: 그래요? 아무래도 먼 것은 싫고, 자연도 꼭 보고 싶은데. 맛있는 것도 먹고 싶고. 그럼 이 코스로 할게요.

남자는 어느 코스로 합니까?

1 A코스
2 B코스
3 C코스
4 D코스

어휘

観光案内所(かんこうあんないじょ) 관광안내소 | 地図(ちず) 지도 | 係(かか)りの人(ひと) 담당자 | 緑(みどり) 녹색, 자연 | 山道(やまみち) 산길 | 離(はな)れる 떨어지다, 멀다 | 湖(みずうみ) 호수 | 見渡(みわた)す 바라보다 | 眺(ながめ) 전망 | 並木道(なみきみち) 가로수 | 喫茶店(きっさてん) 찻집 | 出身(しゅっしん) 출신 | 画家(がか) 화가 | 記念(きねん) 기념 | 美術館(びじゅつかん) 미술관 | 平日(へいじつ) 평일 | 混雑(こんざつ) 혼잡 | ゆっくり 천천히 | 見(み)て回(まわ)る 돌아보다 | 館内(かんない) 관내 | 地域(ちいき) 지역 | 代表(だいひょう)する 대표하다

해설

제일 처음에 남자는 동네에서 그리 멀지 않고 맛있는 것을 먹을 수 있는 산책 코스를 안내해 달라고 했다. 그러자 담당자는 4가지 산책코스를 안내했는데, A코스는 산길과 꽃공원을 볼 수 있지만 동네에서 멀고, B코스는 동네에서는 가깝지만 먹을 만한 곳이 없고, D코스는 기념미술관을 돌아보는 코스인데 지역을 대표하는 유명한 레스토랑은 있지만 자연은 없다고 했다. 정답은 3번 C코스인데, 가로수길이라서 자연을 느낄 수 있고, 동네에서도 가깝고 찻집이나 레스토랑도 있기 때문에 남자가 원하는 것이 모두 포함되어 있다.

02 정답 4 모의2-5-02.mp3

家族3人が明日の予定について話しています。

子：ねえねえ、ちゃんと明日の約束守ってくれるよね？
父：約束？あぁ、遊園地ね。もちろんさ。
母：でも、さっき天気予報で明日は午後からお天気が崩れるって言ってたわ。それも、雷を伴った激しい雨になるって。遊園地は次にしたほうがいいんじゃないかしら。
子：え～。雨でもいいから行きたいよ。
父：でも、風邪を引いたら大変だ。明日は外に出ないほうがいい気がするな。たけしの好きなアニメのDVDをみんなで見るのはどうだい？ほら、この前、見たいのがあるって言ってただろ。
子：それも見たいけど、明日の遊園地楽しみにしてたのに……。
母：じゃあ、雨でも大丈夫な博物館に行くのはどう?
子：博物館？面白くないよ。あ！じゃあ、水族館は？そこなら天気は関係ないよね。
父：なるほど。
母：そうね。
子：じゃあ、遊園地はまた今度、天気がいい時にね。

明日は何をすることに決めましたか。

1 外出しない
2 遊園地で遊ぶ
3 アニメのDVDを見る
4 水族館へ行く

해석

가족 셋이서 내일 예정에 대해서 이야기하고 있습니다.
자: 있잖아, 내일 약속 제대로 지켜줄 거지?
부: 약속? 아, 놀이동산말이야? 물론이지.
모: 그런데 조금 전 일기예보에서 내일은 오후부터 비나 눈이 온다고 하던데. 그것도 천둥을 동반한 심한 비가 온대. 놀이동산은 다음으로

미루는 편이 좋지 않을까?
자: 뭐~? 비가 와도 상관없으니까 가고 싶어.
부: 하지만 감기 걸리면 큰일나. 내일은 밖으로 나가지 않는 편이 좋을 것 같아. 다케시가 좋아하는 애니메이션DVD를 다같이 보는 건 어때? 그, 요전에 보고 싶은 게 있다고 했잖아.
자: 그것도 보고 싶지만 내일 놀이동산을 기대했었는데…….
모: 그럼 비가 와도 괜찮은 박물관에 가는 건 어때?
자: 박물관? 재미없어. 아! 그럼 수족관은? 거기라면 날씨는 관계 없잖아.
부: 괜찮네.
모: 그래.
자: 그럼, 놀이동산은 이 다음에 날씨가 좋을 때!

내일은 무엇을 하기로 결정했습니까?

1 외출하지 않는다
2 놀이동산에서 논다
3 애니메이션 DVD를 본다
4 수족관에 간다

어휘

予定(よてい) 예정 | ちゃんと 제대로 | 約束(やくそく) 약속 | 守(まも)る 지키다 | 遊園地(ゆうえんち) 놀이동산 | さっき 조금 전 | 天気予報(てんきよほう) 일기예보 | 天気(てんき)が崩(くず)れる 비 또는 눈이 오다 | 雷(かみなり) 천둥 | 伴(ともな)う 동반하다 | 激(はげ)しい 심하다 | 楽(たの)しみにする 기대하다 | 博物館(はくぶつかん) 박물관 | 水族館(すいぞくかん) 수족관

해설

가족끼리 내일 무엇을 하기로 했는지 묻는 문제이다. 아들이 놀이동산에 가고 싶어했지만, 내일은 비나 눈이 온다는 일기예보를 듣고 아버지는 감기 걸리면 안되니까 바깥으로 나가지 않는 편이 좋으니까 보고 싶었던 애니 DVD를 같이 보자고 했다. 아들이 승낙을 하지 않자 어머니는 박물관이 어떠냐고 물었고, 아들은 그것도 재미없다고 하다가 갑자기 수족관이 어떠냐고 하고, 이에 아버지와 어머니는 동의하게 된다. 그러므로 정답은 4번 수족관에 가는 것이다.

우선 이야기를 잘 들으세요. 그러고 나서 2개의 질문을 듣고, 각각 문제용지의 1~4 중에서 가장 알맞은 답을 하나 고르세요.

03 **질문 1 정답 4** **질문 2 정답 2** 모의2-5-03.mp3

男の人と女の人がこれから取る講座の説明を聞いています。
女1: えー、こちらではボランティア活動をするための準備講座を開いております。講座は全て無料ですが、終了後にここで習った技術を使って、6ヶ月間ボランティア活動をしていただくことになります。講座は4つありまして、まずは、ネイルアート。こちらは区役所で行われるいろいろなイベント行事において、参加者のネイルをきれいに飾っていただきます。ベイビーマッサージは講座の名前の通りで、赤ちゃんの体操を兼ねた簡単なマッサージです。そして、手話講座では基礎的な手話を習ったり、耳の不自由なお年寄りのために小説を読んであげたりしていただきます。最後にせっけん作りの講座ですが、この講座では使い終わった油を使ってせっけんを作っていただきます。
男 : どれにしようか。
女2: 少しでも興味のあるものを選んだほうがいいよね。あなたはやっぱり手話？
男 : 手話には関心があるけど、せっけん作りを習ってみたいと思ってるんだ。
女2: そうね。資源も節約できるし、環境にもいいし、一度習っておけばこれから役に立ちそう。
男 : 君は?
女2: 私はネイルアートか、ベイビーマッサージで迷ってるんだけど。
男 : うーん、君にはマッサージが似合うんじゃないかな？この前、君がやってくれて、すごく気持ちよかったよ。
女2: あら、ありがとう。うーん、それに赤ちゃんと接する機会があるっていうのも魅力的よね。よし、それに決めた。

質問 1 男の人はどのコースを選びましたか。

1 ネイルアート
2 ベイビーマッサージ
3 手話
4 せっけん作り

質問 2 女の人はどのコースを選びましたか。

1 ネイルアート
2 ベイビーマッサージ
3 手話
4 せっけん作り

해석

남자와 여자가 지금부터 선택할 강좌 설명을 듣고 있습니다.
여1: 예, 여기서는 봉사활동을 하기 위한 준비 강좌를 열고 있습니다. 강좌는 모두 무료지만 수료 후에 여기서 배운 기술을 사용하여 6개월 간 봉사활동을 해 주셔야 합니다. 강좌는 4개 있습니다만, 우선은 네일 아트. 이것은 구청에서 열리는 여러 이벤트 행사 때 참가자의 네일을 예쁘게 장식해 주시면 됩니다. 베이비 마사지 강좌는 이름대로 아기 체조를 겸한 간단한 마사지입니다. 그리고 수화 강좌에서는 기초적인 수화를 배우거나 귀가 불편한 노인 분들을 위해서 소설을 읽어서 주시면 됩니다. 마지막으로 비누 만들기 강좌인데, 이 강좌에서는 다 쓴 식용유를 사용해서 비누를 만들어 주시면 됩니다.
남 : 어떤 걸로 할까?
여2: 조금이라도 흥미가 있는 것을 고르는 편이 좋겠죠. 당신은 역시 수화로 할 건가요?
남 : 수화에 관심은 있지만 비누 만들기를 배우고 싶은데.
여2: 그렇네요. 자원도 절약할 수 있고 환경에도 좋고 한번 배워 두면 앞으로 도움이 될 것 같아요.

남 : 당신은?
여2 : 나는 네일 아트나 베이비 마사지 중에서 망설이고 있는데.
남 : 으음, 당신에게는 마사지가 어울리지 않을까? 요전에 당신이 해줘서 굉장히 기분이 좋았어
여2 : 어머, 고마워요. 음~ 게다가 아기들과 접할 기회가 있다는 것도 매력적이에요. 좋아, 그걸로 정할게요.

질문 1 남자는 어느 코스를 선택했습니까?

1 네일 아트
2 베이비 마사지
3 수화
4 비누 만들기

질문 2 여자는 어느 코스를 선택했습니까?

1 네일 아트
2 베이비 마사지
3 수화
4 비누 만들기

어휘

取(と)る 선택하다 | 講座(こうざ) 강좌 | 説明(せつめい) 설명 | ボランティア活動(かつどう) 자원봉사 활동 | 技術(ぎじゅつ) 기술 | 区役所(くやくしょ) 구청 | 行事(ぎょうじ) 행사 | 参加者(さんかしゃ) 참가자 | 飾(かざ)る 장식하다 | ベイビーマッサージ 베이비 마사지 | 体操(たいそう) 체조 | 兼(か)ねる 겸하다 | 手話(しゅわ) 수화 | 基礎的(きそてき) 기초적 | 不自由(ふじゆう)だ 부자연스럽다, 불편하다 | お年寄(としよ)り 노인 | せっけん 비누 | 油(あぶら) 기름 | 興味(きょうみ) 흥미 | 関心(かんしん) 관심 | 資源(しげん) 자원 | 節約(せつやく) 절약 | 環境(かんきょう) 환경 | 役(やく)に立(た)つ 도움이 되다 | 迷(まよ)う 망설이다 | 似合(にあ)う 어울리다 | 接(せっ)する 접하다 | 機会(きかい) 기회 | 魅力的(みりょくてき) 매력적 | 決(き)める 결정하다

해설

질문 1 봉사활동을 위한 4가지 준비 강좌 중에서 남자는 원래 수화에 관심이 많지만, 비누만들기를 배워 두면 자원도 절약하고 환경에도 좋고 해서 4번 비누 만들기를 하기로 결정한다.

질문 2 여자는 네일 아트나 베이비 마사지 중에서 망설이고 있었는데, 남자가 전에 여자의 마사지 실력이 좋아서 기분이 참 좋았다며 마사지를 해 보라고 권하자 기뻐하면서 아기들과 접할 기회도 있고 좋다면서 2번 베이비 마사지를 하기로 결정한다.

N2 第一回　模擬テスト　言語知識(文字・語彙・文法)・読解　解答用紙

受験番号 Examinee Registration Number		名前 Name	

問題 1				
1	①	②	③	④
2	①	②	③	④
3	①	②	③	④
4	①	②	③	④
5	①	②	③	④

問題 2				
6	①	②	③	④
7	①	②	③	④
8	①	②	③	④
9	①	②	③	④
10	①	②	③	④

問題 3				
11	①	②	③	④
12	①	②	③	④
13	①	②	③	④
14	①	②	③	④
15	①	②	③	④

問題 4				
16	①	②	③	④
17	①	②	③	④
18	①	②	③	④
19	①	②	③	④
20	①	②	③	④
21	①	②	③	④
22	①	②	③	④

問題 5				
23	①	②	③	④
24	①	②	③	④
25	①	②	③	④
26	①	②	③	④
27	①	②	③	④

問題 6				
28	①	②	③	④
29	①	②	③	④
30	①	②	③	④
31	①	②	③	④
32	①	②	③	④

問題 7				
33	①	②	③	④
34	①	②	③	④
35	①	②	③	④
36	①	②	③	④
37	①	②	③	④
38	①	②	③	④
39	①	②	③	④
40	①	②	③	④
41	①	②	③	④
42	①	②	③	④
43	①	②	③	④
44	①	②	③	④

問題 8				
45	①	②	③	④
46	①	②	③	④
47	①	②	③	④
48	①	②	③	④
49	①	②	③	④

問題 9				
50	①	②	③	④
51	①	②	③	④
52	①	②	③	④
53	①	②	③	④
54	①	②	③	④

問題 10				
55	①	②	③	④
56	①	②	③	④
57	①	②	③	④
58	①	②	③	④
59	①	②	③	④

問題 11				
60	①	②	③	④
61	①	②	③	④
62	①	②	③	④
63	①	②	③	④
64	①	②	③	④
65	①	②	③	④
66	①	②	③	④
67	①	②	③	④
68	①	②	③	④

問題 12				
69	①	②	③	④
70	①	②	③	④

問題 13				
71	①	②	③	④
72	①	②	③	④
73	①	②	③	④

問題 14				
74	①	②	③	④
75	①	②	③	④

N2 第一回　模擬テスト　聴解　解答用紙

受験番号 Examinee Registration Number		名前 Name	

問題 1				
1	①	②	③	④
2	①	②	③	④
3	①	②	③	④
4	①	②	③	④
5	①	②	③	④

問題 2				
1	①	②	③	④
2	①	②	③	④
3	①	②	③	④
4	①	②	③	④
5	①	②	③	④
6	①	②	③	④

問題 3				
1	①	②	③	④
2	①	②	③	④
3	①	②	③	④
4	①	②	③	④
5	①	②	③	④

問題 4			
1	①	②	③
2	①	②	③
3	①	②	③
4	①	②	③
5	①	②	③
6	①	②	③
7	①	②	③
8	①	②	③
9	①	②	③
10	①	②	③
11	①	②	③
12	①	②	③

問題 5				
1	①	②	③	④
2	①	②	③	④
3-1	①	②	③	④
3-2	①	②	③	④

N2 第二回　模擬テスト　言語知識(文字・語彙・文法)・読解　解答用紙

受 験 番 号 Examinee Registration Number		名 前 Name	

問 題 1				
1	①	②	③	④
2	①	②	③	④
3	①	②	③	④
4	①	②	③	④
5	①	②	③	④

問 題 2				
6	①	②	③	④
7	①	②	③	④
8	①	②	③	④
9	①	②	③	④
10	①	②	③	④

問 題 3				
11	①	②	③	④
12	①	②	③	④
13	①	②	③	④
14	①	②	③	④
15	①	②	③	④

問 題 4				
16	①	②	③	④
17	①	②	③	④
18	①	②	③	④
19	①	②	③	④
20	①	②	③	④
21	①	②	③	④
22	①	②	③	④

問 題 5				
23	①	②	③	④
24	①	②	③	④
25	①	②	③	④
26	①	②	③	④
27	①	②	③	④

問 題 6				
28	①	②	③	④
29	①	②	③	④
30	①	②	③	④
31	①	②	③	④
32	①	②	③	④

問 題 7				
33	①	②	③	④
34	①	②	③	④
35	①	②	③	④
36	①	②	③	④
37	①	②	③	④
38	①	②	③	④
39	①	②	③	④
40	①	②	③	④
41	①	②	③	④
42	①	②	③	④
43	①	②	③	④
44	①	②	③	④

問 題 8				
45	①	②	③	④
46	①	②	③	④
47	①	②	③	④
48	①	②	③	④
49	①	②	③	④

問 題 9				
50	①	②	③	④
51	①	②	③	④
52	①	②	③	④
53	①	②	③	④
54	①	②	③	④

問 題 10				
55	①	②	③	④
56	①	②	③	④
57	①	②	③	④
58	①	②	③	④
59	①	②	③	④

問 題 11				
60	①	②	③	④
61	①	②	③	④
62	①	②	③	④
63	①	②	③	④
64	①	②	③	④
65	①	②	③	④
66	①	②	③	④
67	①	②	③	④
68	①	②	③	④

問 題 12				
69	①	②	③	④
70	①	②	③	④

問 題 13				
71	①	②	③	④
72	①	②	③	④
73	①	②	③	④

問 題 14				
74	①	②	③	④
75	①	②	③	④

N2 第二回　模擬テスト　聴解　解答用紙

受　験　番　号 Examinee Registration Number		名　前 Name	

問　題　1				
1	①	②	③	④
2	①	②	③	④
3	①	②	③	④
4	①	②	③	④
5	①	②	③	④

問　題　2				
1	①	②	③	④
2	①	②	③	④
3	①	②	③	④
4	①	②	③	④
5	①	②	③	④
6	①	②	③	④

問　題　3				
1	①	②	③	④
2	①	②	③	④
3	①	②	③	④
4	①	②	③	④
5	①	②	③	④

問　題　4			
1	①	②	③
2	①	②	③
3	①	②	③
4	①	②	③
5	①	②	③
6	①	②	③
7	①	②	③
8	①	②	③
9	①	②	③
10	①	②	③
11	①	②	③
12	①	②	③

問　題　5				
1	①	②	③	④
2	①	②	③	④
3-1	①	②	③	④
3-2	①	②	③	④